D1704699

Herbert Hupka

UNRUHIGES GEWISSEN

Herbert Hupka

UNRUHIGES GEWISSEN

Ein deutscher Lebenslauf

Erinnerungen

Mit 41 Abbildungen

Langen Müller

Bildnachweis

Alle Bilder aus dem Archiv des Autors, außer: Keiner, München, 16, 17, 25 u. 33, Timpe, München, 10 u. 11, Joschko, Ratibor, 38 u. 40, Francé, München, 7, Vollradt, Neuenahr, 14, Darchinger, Bonn, 15, Nürnberger Nachrichten, 22, Karwacz, Dortmund, 23, Strack, Bonn, 29, Bachert, München, 26, Röpnack, Timmendorfer Strand, 29.

© 1994 by Langen Müller
in der F. A. Herbig Verlagsbuchhandlung GmbH, München
Alle Rechte vorbehalten
Schutzumschlag: Marianne Specht, München
Herstellung: VerlagsService Dr. Helmut Neuberger
& Karl Schaumann GmbH, Heimstetten
Satz: Filmsatz Schröter GmbH, München
Gesetzt aus der 10/11.5 Punkt Times
Druck und Binden: Wiener Verlag, Himberg bei Wien
Printed in Austria
ISBN 3-7844-2509-7

INHALT

Ceylon und Australien –
Oberschlesien 13

Berlin durfte es nicht sein –
Studienjahre in Halle und Leipzig 24

Eine »Falschmeldung« mit Folgen –
Soldat im Zweiten Weltkrieg 35

Ratibor –
Eine Stadt brennt 43

Theresienstadt –
Kriegsende 1945 52

Redakteur
Radio München – Bayerischer Rundfunk 56

WIR –
Die junge Generation meldet sich zu Wort 68

Landsmannschaft Schlesien –
Gründung in Bayern 73

Zwischenstation –
Radio Bremen 78

Auf dem Deutschlandtreffen der Schlesier –
Adenauer und Brandt 82

»Berufsvertriebene« –
Auseinandersetzung mit polnischen Stimmen 89

Ringen um Deutschlands Einheit in Freiheit –
Kuratorium Unteilbares Deutschland 98

Genfer Außenministerkonferenz –
Mitglieder der Beobachterdelegation 106

»Fehlende Dialogfähigkeit« –
Denkschrift der EKD 109

»Wahlkreis Weißenburg« –
Mitglied und Kandidat der SPD 117

Deutschlandtreffen in München –
Strauß und Wehner 121

»Wir stehen zu Schlesien« –
Bundesvorsitzender der Landsmannschaft 124

Die Kirche geht auf Distanz –
Eine katholische Denkschrift 130

»Anerkennen beziehungsweise respektieren« –
Ein Sozialdemokrat wird Bundeskanzler 133

»Danken für Dein Bemühen, aufrecht zu gehen« –
Herbert Wehner 147

Wie solidarisch sind die Deutschen? –
Pro und Contra Oder-Neiße-Linie 151

»Der Kommunismus hat gesiegt
Deutschland hat verloren« 161

»Maulkorb oder Demokratie« –
Ostpolitik im Kreuzfeuer 177

»Vollendete Tatsachen« –
Beim Heiligen Stuhl 188

»Schaltjahr 1972« –
Austritt aus der SPD – Eintritt in die CDU 196

Ein »Rohrkrepierer« –
Horst Ehmke und sein falscher Zeuge 210

Störsender – Störmanöver
Deutsche Welle 214

Zauberwort »Wohlwollend« –
Der Prager Vertrag 222

Leugnen der Vertreibung
Deutsch-polnische Schulbuchempfehlungen 226

»Schlesien, unvergessene Heimat« –
Herausgeber schlesischer Literatur 233

»Zeugenschriftgut« –
Dokumentation der Vertreibungsverbrechen 236

Die begehrte Ausreise –
»Tauschgeschäft« mit der Ware Mensch 240

»Abenteuerlicher Kurs« –
Blüten der Ostpolitik 252

Deutsch-polnische Vereinbarungen –
Attacke in den Medien 259

»Als ich observiert wurde« –
Politische Stationen 1980 269

»Für Freiheit und Menschenrechte« –
Breschnew in Bonn – Kriegsrecht in Polen 276

Wahlkreis Wuppertal-Barmen
10. Deutscher Bundestag 281

»In Tuchfühlung mit polnischen Kommunisten« –
Kriegsrecht in Polen 290

»Deutschland in allen seinen Teilen« –
Fortschreitender Erosionsprozeß 295

»Wer die Oder-Neiße-Linie anerkennt« –
Loccum 1983 – Der Papst in Schlesien 300

Der Bund der Vertriebenen –
»Anwalt für Deutschland« 311

»Das ganze Deutschland soll es sein!« –
Mertes, Grewe und Hillgruber 314

Mit dem Blick auf Polen –
Sozialdemokratische Assistenz für Jaruzelski 323

»Alle politischen Schattierungen«
Kurzer deutsch-polnischer Dialog 329

»Recht auf muttersprachliche Seelsorge« –
Der Kardinal und die Wahrheit 332

»Schlesien bleibt unser« –
Deutschlandtreffen der Schlesier 1985 336

»Noch ist Schlesien nicht verloren« –
Auseinandersetzung um ein Motto 345

Medienwirbel –
Helmut Kohl auf dem Deutschlandtreffen der Schlesier 353

»Kriegstreiberei und Kriegshetze« –
Destabilisierung erregt die Gemüter 360

»Anerkennen, was ist« –
Polen und die Oder-Neiße-Linie 367

»Das ist unter der Gürtellinie!« –
Im Bundestag 1986 372

»Demokrat und Patriot« –
Bundestagswahl 1987 375

»Bestimmt kein Anlaß zum Jubeln« –
Als »Scharfmacher« denunziert 385

»Hat mich nie abschreiben lassen!« –
Pater Johannes Leppich 390

»Schlesierschild« 1987 –
Mit Franz Josef Strauß 393

»Wir, deutsche Kommunisten und Sozialdemokraten« –
Krampfhafte Anbiederung 397

». . . Grenzen verschieben« –
Heiner Geißler und die deutsche Frage 402

»Die Geschichte in Ruhe lassen« –
Demokratischer Aufbruch in Polen 409

»Recht und geschichtliche Wahrheit« –
Revitalisiert und gekündigt 414

»Kette des Unrechts« –
Theo Waigel vor den Schlesiern 417

Auf derselben Wellenlänge –
Genscher und Skubiszewski 421

»Wir lassen von Schlesien nicht« –
Freude und Besorgnis 424

»Polen will Aufklärung« –
Erste Begegnungen in der bisherigen DDR 427

»Zum Schaden für ganz Deutschland« –
Der 21. Juni 1990 431

»Schlesien in Liebe umarmt« –
Wieder in der Heimat 433

»Schlesische Nachrichten« –
Polnische Behörden greifen ein 439

»Die Stalin-Linie wird bestätigt« –
Die beiden Verträge mit Polen 443

»Weder provozieren noch kapitulieren« –
Annaberg, Pfingstsonntag 1991 454

»Wie entspannt die Atmosphäre war« –
Kardinal Bertrams Heimkehr in den Breslauer Dom 456

30. Mai 1992 –
In Memel und auf der Kurischen Nehrung 459

»Offene Grenzen« –
Die große Chance 463

»Schlesien, das ungeheure Geschenk« –
Max Frisch in seinem Tagebuch 467

Namenregister 469

Es gab in Europa manchen Wandel und manchen Wechsel, aber eines immer ist gleichgeblieben – und das ist urewig – die Liebe zur Heimat und das Recht auf diese Heimat. Wer jemandem seine Heimat nimmt, der verstößt gegen seine menschliche Identität.

FRANZ JOSEF STRAUSS

21. JUNI 1987 AUF DEM
DEUTSCHLANDTREFFEN DER
SCHLESIER

Ceylon und Australien – Oberschlesien

Als die Republik am 9. November 1918 in Berlin ausgerufen wurde, waren meine Eltern mit ihrem damals gerade dreijährigen Sohn internierte Deutsche im Camp Molonglo in Australien. Molonglo war nach dem gleichnamigen Flüßchen und mit einem Wort aus der Sprache der Eingeborenen benannt; heute ist es in die damals erst im Entstehen begriffene Hauptstadt Australiens, Canberra, einbezogen. Das Camp für die deutschen Internierten befand sich bis zum November 1915 in Diyatalawa auf Ceylon, dort wo die Briten im Burenkrieg um die Jahrhundertwende ein Gefangenenlager errichtet hatten. 1974, als ich zum ersten Mal wieder Sri Lanka, wie Ceylon jetzt heißt, aufgesucht habe, waren die Wellblechbaracken von einst nicht nur noch vorhanden, sondern wurden jetzt von der Airforce benutzt. In einer dieser Baracken bin ich am 15. August 1915 (Mariä Himmelfahrt) geboren worden als »British subject of birth«. »Ich habe das Licht der Welt hinter Gittern erblickt«, so stand es später in einem Hausaufsatz. Meine Mutter entdeckte ihn gerade noch vor der Ablieferung, und ich mußte eine andere Formulierung wählen, da meine Mutter meinte: »Was wird man denn von mir halten, wenn zu lesen ist, was Du da geschrieben hast.« Vorausgeschickt werden muß, daß meine Eltern beide in Oberschlesien geboren, meine Mutter in Groß Strehlitz, mein Vater in Sohrau, Kreis Rybnik – 1914, drei Wochen nach dem Mord in Sarajevo, in Ratibor geheiratet hatten. Mein Vater, der sich als Physiker über »Die Interferenz der Röntgenstrahlen« in Berlin habilitiert hatte, war als Professor mit einem Lehrauftrag an die »Deutsch-Chinesische Hochschule« in Tsingtau berufen worden. In Genua stachen meine Eltern, noch vor Ausbruch des Krieges, in See, doch am 15. August 1914 endete die Überfahrt bereits gewaltsam. Als der holländische Dampfer in Colombo Kohlen faßte, holten die Engländer als die Kolonialherren von Ceylon meinen Vater vom neutralen Boden des Schiffes gegen jegliches Völkerrecht herunter. Offenbar befürchteten sie, daß dieser 30jährige Deutsche, obwohl er ausgemustert war, mit der Waffe Dienst leisten könnte.

Seine junge Frau, noch nicht 24 Jahre alt, sollte inzwischen die Weiterreise nach Holländisch Indien allein fortsetzen, was zu tun sich meine Mutter aus gutem Grund weigerte. Also kamen meine Eltern gemeinsam in das in den Bergen auf 1200 m Höhe gelegene Diyatalawa. (Hier wurde auch die Besatzung des seinerzeit berühmten deutschen Kreuzers »Emden« interniert.)
Im Frühjahr 1919 wurden die internierten Deutschen aus Australien heimtransportiert. Meine Mutter ging als Witwe mit mir im Juli 1919 in Rotterdam an Land und fuhr zurück nach Ratibor, woher meine Eltern fünf Jahre zuvor im Hochgefühl des Glücks aufgebrochen waren. Mein Vater war an Bord des hygienisch nicht gerade gut ausgestatteten und überbelegten britischen Dampfers »Kursk« (früher einmal ein russisches Auswandererschiff) an den Folgen einer plötzlich ausgebrochenen sogenannten Lungenpest gestorben und wurde zwei Stunden danach in der Höhe der südafrikanischen Ostküste unweit Durban ins Meer versenkt. Mich selbst pflegte meine Mutter, als mich dieselbe Krankheit erwischt hatte, durch ununterbrochene Tag- und Nachtwache gesund.
Die Jahre nach dem Kriegsende in Oberschlesien, die ersten beiden Jahre in der jungen Republik sahen so aus: Ringen der Oberschlesier um das Recht auf Selbstbestimmung, nachdem im ersten Entwurf für den Versailler Vertrag die Abtretung Oberschlesiens an das neu erstandene Polen niedergeschrieben worden war; internationale Besatzungstruppen, bestehend aus Franzosen, Engländern und Italienern; Gewährung einer Abstimmung für den Teil Oberschlesiens, in dem ein Sieg der polnischen Ansprüche erwartet wurde, weil hier mehrheitlich nicht nur Deutsch, sondern Wasserpolnisch (ein Mischdialekt aus dem Polnischen und Deutschen) gesprochen wurde; gewaltsame Störungen durch polnische Insurgenten; Abstimmung am 20. März 1921 und deutscher Sieg; Teilung Oberschlesiens entgegen dem Selbstbestimmungsrecht.
Es war eine nationalpolitisch aufregende Zeit, als ich, noch nicht ganz sechs Jahre alt, Ostern 1921 in die katholische Volksschule eingeschult wurde. Das Konfessionelle spielte zu jener Zeit eine bedeutsame Rolle. Meine Mutter war evangelisch, mein Vater katholisch, doch getauft wurde ich erst nach der Heimkehr im Wohnort der väterlichen Großeltern, 1919 im oberschlesischen Bad Ziegenhals, denn mein Vater hatte während der Internierungszeit erklärt: »Von einem katholischen Geistlichen, der die Deutschen haßt, lasse ich unseren Sohn im Camp nicht taufen.« Ungeachtet der katholischen Taufe und obwohl mich meine Mutter aus Treue zu ihrem Mann katholisch aufwachsen ließ, wobei der spätere Direktor der in Ratibor ansässigen Taubstummenanstalt, der

katholische Theologe Felix Zillmann, bei der Erziehung ein wenig mithalf, gab ich zuerst eine kurze Gastrolle in der evangelischen Volksschule. Aus Liebe zur Mutter bereitete ich ihr alljährlich an Heiligabend die Freude, mit ihr zur Andacht in die evangelische Kirche zu gehen. Das heißt, die Toleranz der Konfessionen war mir entweder anerzogen oder vielleicht auch bereits angeboren. (Um so weniger verstand ich nach 1945 den gerade in Bayern, meinem neuen Zuhause, ausgetragenen Kampf um die Konfessionsschule.)

In Ratibor waren 1920/21 die Italiener die Besatzungsmacht. Das Marschkommando »Uno-due« machte uns Kindern viel Spaß und wurde laut mitgebrüllt. Später erst erfuhr man, daß auch manche Ehe zwischen den Besatzern und braven Familientöchtern geschlossen wurde, was von vielen allerdings als »shocking« empfunden worden ist. Bei uns machte damals eine Geschichte die Runde, die dem heimischen Till Eulenspiegel namens Hugo Christoph nachgesagt wurde. Man hatte den Italienern, die die drei Brücken über die Oder zu bewachen hatten, zugeflüstert, daß nachts die Schloßbrücke gesprengt werden solle. Nachts geschah dies dann auch, aber es war besagter Hugo Christoph, der mit der Gießkanne seelenruhig auf die Oderbrücke zuging, zum Erstaunen der Italiener und zum späteren Hohngelächter der Ratiborer, wobei nicht ausgeschlossen bleiben darf, daß hier ein wenig anti-italienisches Vorurteil an der Geschichte mitgewebt hat.

Der für die Zugehörigkeit Oberschlesiens zum Deutschen Reich ebenso eifrig wie mutig streitende Pfarrer von Ratibor-Altendorf, der spätere Prälat Carl Ulitzka (über ihn habe ich Jahrzehnte danach mehrfach publiziert), Reichstagsabgeordneter des Zentrums während der ganzen Lebensdauer der Weimarer Republik, wurde mir erst später, als ich schon das humanistische Gymnasium besuchte, zum Begriff. Auf den polnischen Demagogen Wojciech Korfanty sangen wir plärrend ein böses Spottlied. Ulitzka galt als der »ungekrönte König Oberschlesiens«, denn er hatte die Selbständigkeit einer Provinz Oberschlesien durchgesetzt. Er war eine große und schöne Erscheinung, weshalb der langjährige Reichstagspräsident Paul Löbe in seinen Erinnerungen berichtet, daß er darob den Blick der Frauen auf sich gezogen habe. An Ulitzka führte bis 1933 kein Weg vorbei, so daß man ein wenig spöttisch Oberschlesien »Propiulka« zu nennen beliebte, um die Männer namhaft zu machen, die er gekürt und die nunmehr Oberschlesien repräsentierten: der Oberpräsident Alfons Proske in Oppeln, der Landeshauptmann Hans Piontek in Ratibor, Carl Ulitzka selbst und der Oberbürgermeister von Ratibor Adolf Kaschny. Ratibor war damals die eigentliche Hauptstadt von Oberschlesien, nicht Oppeln, wo der Oberpräsident residierte, und nicht eine der drei großen Industriestädte Gleiwitz, Beuthen oder Hindenburg. Kurz vor dem Ende der Weimarer Republik gründete Prälat Ulitzka, zugleich stellvertretender Landeshauptmann und Domherr im Breslauer Erzbistum, die »Kreuz-Schar«, deren Abzeichen ein schwarzes Kreuz auf weißem Grund mit einer schwarzrotgoldenen Gösch war, um junge Mitstreiter für das Zentrum und gegen den aufkommenden Nationalsozialismus zu gewinnen. Auch ich wurde Mitglied, und wir berauschten uns angesichts der Überfülle des Besuchs von Versammlungen im »Deutschen Haus« in Ratibor. Der Erfolg unseres Tuns bestand wohl darin, daß man sich gegenseitig Mut zusprach, um zu sichern, zu retten und zu behaupten, was wir gern und aus Überzeugung »unsere Republik« nannten. Der Ausdruck »Weimarer Republik« war uns damals nicht geläufig.

Oberbürgermeister der Stadt war Adolf Kaschny, als Mitglied des preußischen Staatsrates Kollege von Konrad Adenauer, mit dem zusammen man ihn auf Fotos erblicken kann. Später gehörte er zum Widerstandskreis des 20. Juli 1944. Ein eloquenter, leidenschaftlich engagierter Kommunalpolitiker, der 1934 seinen Stuhl räumen mußte, weil nun ein von außen importierter Subalterner namens Josef Burda als strammer Nationalsozialist sein Nachfolger werden sollte. Es kursierte schnell der Witz, daß Ratibor jetzt in »Burda-Pest« umgetauft sei, ein Witz, der dem Erstverbreiter sogar eine Freiheitsstrafe von sechs Monaten eintrug! Kaschny war in Köberwitz, einem der 38 Dörfer des Hultschiner Ländchens, zu Hause. Im Hultschiner Ländchen, Teil des Landkreises Ratibor, wurde außer Deutsch auch Mährisch gesprochen. Dies benutzte die neu erstandene Tschechoslowakei zur Begründung der Annexion des Hultschiner Ländchens. Da eine Volksabstimmung nicht stattfinden durfte, wurde diese privat veranstaltet, mit dem Ergebnis, daß über 90 Prozent der Bevölkerung für den Verbleib bei Deutschland stimmten. Aus diesem Hultschiner Ländchen stammt auch der Schriftsteller August Scholtis. »Ein Herr aus Bolatitz«, wie er, der Verfasser des expressionistischen Romans »Ostwind«, seine Memoiren überschrieben hat.

Größer als Ulitzka und Kaschny, die beide Ratibor, die Stadt zählte 50 000 Einwohner, mit der großen weiten Welt, nämlich mit der Hauptstadt des Deutschen Reiches, verbanden, unermüdlich politisch für Stadt und Provinz tätig, war der Ruhm eines Dichters, dessen Denkmal vor dem Landratsamt stand (bereits im Frühjahr 1945, als Polen von

Ratibor Besitz ergriff, wurde das Denkmal demontiert, in der Oder versenkt oder als Schrott verhökert, die Sache ist nie aufgeklärt worden), sein Name: Joseph Freiherr von Eichendorff. Er wurde 1788 in Lubowitz, zehn Kilometer oderabwärts, geboren und hat die Kreisstadt wiederholt zum Einkauf, zu Familienbesuchen und fröhlichen Festen besucht. Eichendorff, Oberschlesiens größter Sohn, wurde wie ein Säulenheiliger verehrt. Ob wir im Schülerchor, ob Singakademie oder Liedertafel als Chöre der Bürger der Stadt, alle bekannten Vertonungen seiner Gedichte wurden liebevoll eingeübt und vollendet vorgetragen. Unser Verhältnis zu Eichendorff war das der Verehrung und Bewunderung. Aus Liebe zu Eichendorff habe ich mein Studium gleich ihm im Wintersemester 1934/35 in Halle begonnen, dann aber nicht gleich ihm in Heidelberg, sondern in Leipzig fortgesetzt.

Ratibor, Stadt und Landkreis, hatte zwar mehrheitlich für Deutschland gestimmt – das Stimmenverhältnis betrug in der Stadt 22 000 zu 2000, im Landkreis 17 800 zu 11 800 –, aber durch den Genfer Schiedsspruch vom Oktober 1921 über 50 Prozent der Gesamtfläche und der Einwohner verloren. Es war zur »Stadt im schlesischen Winkel« geworden, die sich sonst gern als »Stadt des jungen Eichendorff« oder »Stadt der jungen Oder« etikettieren ließ. Bis zur polnischen Grenze waren es jetzt eine Wegstunde, bis zur tschechischen kaum zwei Stunden. Nicht anders als es später nach dem Zweiten Weltkrieg dem Zonenrandgebiet ergangen ist, es fehlte plötzlich das Umland, es fehlte das wirtschaftliche Einzugsgebiet. Manch renommierte Fabrik im Familienbesitz hauchte ihr Leben aus, die Arbeitslosigkeit wuchs, die bange Sorge, daß Ratibor eine sterbende Stadt werden könne, machte die Runde. An die »Vossische Zeitung«, die ich neben »Berliner Tageblatt«, »Deutscher Allgemeinen Zeitung« und »Germania« als Remittenden eines Zeitungskioskes (hier sprang ich gelegentlich aushilfsweise ein) regelmäßig erhielt und lesen konnte, schrieb ich meinen ersten Leserbrief als Anwalt für meine Heimatstadt, und der Leserbrief wurde zum Stolz des Schreibers auch abgedruckt, übrigens am 29. Januar 1933 (!), unter der Überschrift »Der kleine Anker«. Die Überschrift fand sich auch im Leserbrief, denn der kleine Anker besagte auf der Landkarte, daß bei Ratibor die Oder (angeblich) schiffbar sei. (In einem Buch von Wolfgang Paul fand sich dieser erste journalistische Gehversuch nach fünf Jahrzehnten wieder.) Politisch schlug die wirtschaftliche Not nicht in Radikalismus um, das katholisch bestimmte Zentrum blieb die beherrschende Kraft, nur regelmäßig am 1. Mai erklang Schalmeienmusik der Kommunisten, und die Germania, die als Denkmal auf dem nach ihr benannten Platz nahe der großmütterlichen Wohnung thronte, wurde rot drapiert, was für die älteren Generationen einem Majestätsverbrechen gleichkam.

Der Schule, sowohl der Volksschule mit einem musikbegeisterten Lehrer, der nur darunter zu leiden hatte, daß ich als sein Schüler ein schlechter Chorsänger war, als auch dem Gymnasium kann nur Lob attestiert werden. An diesem humanistischen Gymnasium machte der Vater Erich Hupka 1903 sein Abitur, unterrichtete mein Großvater Max Rosenthal als Studienprofessor von 1907 bis 1919 (mit 59 Jahren erlag er während einer Ansprache an die Schüler als stellvertretender Direktor des Gymnasiums einem Schlaganfall, »er starb in treuer Erfüllung seiner Pflicht, wie ein Soldat auf dem Schlachtfelde«, Der Kriegskursus). Hier habe ich 1934 mein Abitur bestanden. Es ging ausgesprochen streng zu und es wurde viel gelernt, da auch viel verlangt wurde.

Unsere Schule war eine republikanische Schule, vielleicht da und dort etwas deutschnational getönt, aber dies weniger im nationalistischen Sinne gemeint als vielmehr als Opposition zu dem nahezu alles beherrschenden Zentrum. Der Nationalsozialismus begann sich erst nach 1933 allmählich festzusetzen. Nur aus unserem Griechischlehrer, den es nicht störte, wenn wir ihm wiederholt bei den unregelmäßigen Verben eines Besseren belehrten, sein Name sei verschwiegen, wurde plötzlich ein begeisterter Nationalsozialist, der schon lange im geheimen dabei gewesen sein wollte. Während der Wirren der unmittelbaren Nachkriegszeit hat er auf tragische Weise den Tod gefunden.

Zu meinen politischen Idolen gehörten Gustav Stresemann und Heinrich Brüning. Die Ermordung von Matthias Erzberger 1921 und Walther Rathenau 1922 sollten von mir in ihrer Tragweite erst später zum historischen Ereignis werden. Die Inflation belustigte uns eher ob der Zahlenakrobatik der Millionen, Milliarden, Billionen, die täglichen Sorgen der Mutter waren nicht die des Achtjährigen. Die Aktivitäten und Reden von Gustav Stresemann in Locarno und später vor dem Genfer Völkerbund ließen Sympathie und Begeisterung aufkommen. Leidtragende war meine Mutter, denn ich wollte Reden halten im Stile von Gustav Stresemann, weshalb ich eine Fußbank, daheim »Ritsche« genannt, benutzte, um höher zu stehen, und meine Mutter zum Auditorium erklärte, was sie auch geduldig über sich ergehen ließ. Sie selbst stand wohl politisch eher den Deutschen Demokraten nahe, hatte aber auch noch innere Beziehungen zur Monarchie, in der sie groß geworden war. Ich setzte auf die Republik, vielleicht zuerst mehr aus Trotz gegenüber der Mutter, später dann auch aus innerer Überzeugung. Mich hatte das Zentrum, das ich ringsum geradezu in mich einatmen

konnte, gefangen. Darum war ich traurig, daß Paul von Hindenburg 1925 zum Reichspräsidenten gewählt wurde, denn »mein Mann« war Wilhelm Marx vom Zentrum, dem nun wiederum die Bayerische Volkspartei nicht zustimmen wollte. Ich war darum stolz darauf, daß Heinrich Brüning 1930 Reichskanzler geworden war, und identifizierte mich ganz mit ihm, heute würde ich sagen gar zu kritiklos, denn er war wohl doch eher Monarchist denn Republikaner, jedenfalls erlaubt diesen Schluß die Lektüre seiner Memoiren. Brüning war übrigens schuld daran, daß ich einen Schlag mit dem Gummiknüppel der preußischen Polizei über den Schädel erhielt. 1931 war Brüning auch zum Besuch nach Ratibor gekommen. Unter den Neugierigen und Schaulustigen auf dem Bahnhof, zu dem eine Treppe heraufführte, stand auch ich, als plötzlich Knallfrösche hochgingen und laute Proteste ertönten, für die lärmende Kommunisten verantwortlich waren. Ich hatte nicht das Geringste damit zu tun, aber so fein konnte hinwiederum die Polizei nicht unterscheiden, weshalb ich mit abbekam, was eigentlich für mich gar nicht bestimmt war.
Als der Reichspräsident Paul von Hindenburg unsere Stadt 1928 besuchte, war das eine Glücksstunde für den Frontkämpferbund »Stahlhelm« und die Veteranen des Krieges. Wir winkten mit Fähnchen und standen Spalier, als plötzlich der Wagen hielt, gerade dort, wo wir standen. Es sollte dem Reichspräsidenten eine handwerkliche Meisterleistung unseres Fleischermeisters Josef Chwalek gezeigt werden, der den kantigen Kopf Hindenburgs in Schmalz geformt und ins Schaufenster gestellt hatte.
Was uns begeisterte, war das Fliegen. »Was willst Du werden?«, auf diese Frage antwortete der Fünfzehnjährige: Flugzeugingenieur, obwohl ich nach späterer Einsicht nie das Zeug dazu gehabt hätte. Die 40 km nach Gleiwitz wurden schnell mit dem Fahrrad durchmessen, als es galt, Landung und Start des Zeppelins auf dem Gleiwitzer Flughafen als Zuschauer beizuwohnen. Und wie waren wir stolz auf die erste Überquerung des Atlantischen Ozeans von Ost nach West 1928 durch Hermann Köhl und seine zwei Begleiter!
Im Vorlauf zur »Machtergreifung« vom 30. Januar 1933 war der Nationalsozialismus in die Familie eingebrochen. Ein Mitschüler, zwei Schulklassen tiefer, Sohn einer mit uns gut bekannten Familie, es war wohl 1931, sprach mich daraufhin an, daß in unserem Familienstammbuch etwas Jüdisches zu finden sei. Als ich mit dieser Nachricht nach Hause kam, löste diese hinterhältig geführte Attacke bei meiner Mutter Tränen aus, und anschließend wurde ich aufgeklärt, daß Großvater und

Großmutter Rosenthal, aus dem Westerwald und der Pfalz stammend, bald nach dem Mündigwerden (damals mit 21 Jahren) sich hatten evangelisch taufen lassen, aus freien Stücken, ohne jeglichen opportunistischen Hintergedanken. Die Kinder, also auch meine Mutter, wurden evangelisch erzogen, und es gab eine herzliche Freundschaft mit dem evangelischen Pastor, als der Großvater in Strehlen (Geburtsort von Paul Ehrlich) Studienprofessor geworden war.
Seit 1933 wurden diese persönlichen Verhältnisse zu einem immer grausamer zupackenden Strafgericht. Vor lauter Angst, daß ich im Abitur zu Ostern 1934 nach dem aktuellen Zeitgeist gefragt werden könnte, schenkte mir meine Mutter zum Geburtstag im August 1933 Hitlers »Mein Kampf«. Mich hat dies jedoch sofort veranlaßt, in die Buchhandlung Eugen Simmich, unser aller Hofbuchhandlung, zu stiefeln und das Buch zurückzugeben. Die begleitenden Worte waren aber schon nicht mehr ehrlich, denn ich sagte nicht, daß ich mit dem Autor und dessen Buch überhaupt nichts im Sinne hätte, sondern redete mich darauf hinaus, schon von anderer Seite das gleiche Geschenk erhalten zu haben.
Meine Mutter wurde später, Januar 1944, in das Konzentrationslager Theresienstadt deportiert und hat überlebt. Im Ersten Waltkrieg war sie, weil sie Deutsche war, fast sechs Jahre interniert, im Zweiten Weltkrieg wurde sie nahezu anderthalb Jahre gefangen gehalten, weil sie keine »richtige« Deutsche sein sollte. Ein bitteres Los, das aber von ihr in bewundernswerter Weise gemeistert wurde. (Der Sohn hat der Mutter nach 1945 den Ehering geschenkt, weil ihr der Ehering von 1914 in Theresienstadt abgerissen worden war.)
Einen kleinen Aufstand gab es, als ich mit diesen Flecken in der Familiengeschichte nach einem mit »Gut« bestandenen Abitur vom Gymnasium die damals notwendige »Hochschulreife« zugesprochen erhielt, während der Sohn eines Kaufmanns, der schnell zu den Braunen abmarschiert war, dieses heiß begehrte Zertifikat nicht erhielt. Zwar konnte man mir nachträglich die Hochschulreife nicht mehr verweigern, aber demjenigen, dem sie infolge der minderen Güte des Abiturzeugnisses abgesprochen worden war, vermochte sie der Vater dank seiner Beziehungen zur herrschenden Staatspartei zu erstreiten. Zwei Mitschülern, der eine ein Konabiturient, sein Bruder eine Schulklasse tiefer, wurde diese Hochschulreife allein aus dem Grunde versagt, weil sie von einem katholischen Onkel und Lehrer ganz im Sinne der katholischen Kirche erzogen worden waren. Auch das gehört zum Ende der Weimarer Republik und zum Neubeginn der Hitlerdiktatur in einer

bis dahin für den Nationalsozialismus keineswegs anfälligen Stadt, obwohl es längst einen Kreisleiter gab, der es 1933 sogar zum Reichstagsabgeordneten gebracht hat.
Zu meinen Schulkameraden zählten auch der nach 1945 als »Maschinengewehr Gottes« berühmt gewordene Jesuitenpater Johannes Leppich. Wir beide, demselben Jahrgang angehörend, hatten den gleichen Schulweg, seiner führte ins Realgymnasium. Sein Vater war Wächter in dem unserer Straße nahen Zuchthaus. Als 1938 im Anschluß an die sogenannte Kristallnacht Max Weisskopf, Inhaber eines großen Ledergeschäftes, in automatische Haft genommen wurde, brach dessen Vertrauen in das Leben zusammen, doch Vater Leppich richtete ihn wieder auf und bekannte sich gleich ihm zum gemeinsamen Glauben an Gott und dessen Gerechtigkeit. In Israel wurde mir später diese Erzählung bestätigt. »Lepus, der Hase, sedebat, er saß, in via, auf der Straße, edebat, er fraß«, so frotzelten wir, denn wir waren gemeinsam Mitglieder von »Neu-Deutschland«, einer katholischen Jugendbewegung, aus der viele Jesuiten hervorgegangen sind. Ich war weniger engagiert als mein Schulkamerad Leppich, aber dies nicht etwa aus Gründen geringerer Katholizität, sondern weil ich in einer anderen Organisation an der Schule eifrig tätig war, zum Schluß als deren Schulsprecher. Es war der »Verein für das Deutschtum im Ausland«, VDA. Große Fahrten bis zu den Siebenbürger Sachsen oder Banater Schwaben habe ich nicht unternommen, aber viel Wissenswertes über die Deutschen im Ausland in mich aufgenommen, nicht zuletzt aus geographischer Neugierde. Vor allem schlossen wir in diesem VDA gute Freundschaften, gingen auf Fahrt, tanzten gemeinsam Volkstänze, machten mit unserer Spielschar Ausflüge auf Lastwagen ins Industriegebiet und begannen unsere ersten Liebschaften. Als dann der VDA vom Nationalsozialismus vereinnahmt wurde, gehörten wir schon nicht mehr dazu, denn wir waren, mein Abiturienten-Jahrgang, gleich nach dem Abitur für ein halbes Jahr zum Arbeitsdienst eingezogen worden, viele von uns nach Klein-Althammer im Kreise Cosel, »Abiturenten (sic!) vortreten!«, um neue Waldkulturen mit unzulänglichem Sachverstand anzulegen. Im Wintersemester 1934/35 begannen wir unser Studium, wobei es die Mehrzahl nach Breslau zog.
Breslau, Schlesiens Hauptstadt, war weder meines Vaters noch meine Universitätsstadt. Mein Vater promovierte und habilitierte sich an der Technischen Hochschule in Berlin, ich legte meine Promotion in Leipzig ab. Nach Berlin bin ich zum ersten Male als Student gekommen, Wien lernte ich viel früher, als Vierzehnjähriger 1929 kennen, damals waren

die Schaufenster der Buchhandlungen voll der trauerumflorten Bilder von Hugo von Hofmannsthal, der gerade gestorben war. Die Hauptstadt Österreichs vor der preußischen und Reichshauptstadt besucht zu haben, lag in Geschichte und Geographie beschlossen. Die beiden alten schlesischen Herzogtümer, Troppau und Jägerndorf, nach den Kriegen Friedrichs des Großen bei Österreich verblieben, waren nahe und luden zum wiederholten Besuche ein, auch wenn sie jetzt, in der Weimarer Republik, nicht mehr zu Österreich, sondern zur Tschechoslowakei gehörten. Breslau schloß sich mir 1930 zum ersten Male auf, ein Geschenk der Mutter für das gute Versetzungszeugnis. Es war zugleich neben dem obligaten Besuch der Kirchen und des Domes, neben der Bewunderung des Rathauses und des großstädtischen Verkehrs mein erster Besuch in einem damals zum traditionellen Zeitvertreib zu zählenden Varieté-Theater, als »Liebig-Theater« beliebt und weithin berühmt. Ein großes Programm wurde geboten: der Jongleur Enrico Rastelli, der jeden Ball, den er nicht fing, was ohnehin sehr selten geschah, ins Publikum warf, und der Couplet-Sänger Otto Reuter mit seinem Lied »In 50 Jahren ist alles vorbei!« Zuvor hatte meine Mutter mir mit auf den Weg gegeben, wohl um mögliche Anzüglichkeiten oder gar Zoten bangend, daß ich nicht fragen sollte, wenn ich etwas nicht verstünde, eine sicherlich recht merkwürdige Art der Pädagogik, obschon meine Mutter auf gute Pädagogik großen Wert legte. Gern zitierte sie ihren Johann Amos Comenius mit dem Satz, daß Strafe sein müsse wie Salat, der mehr Öl als Essig hat.

In Ratibor gehörte das Stadttheater zur Stätte der Bildung. Wir nannten es das beste Theater weit und breit, weil wir überhaupt kein anderes Theater kannten und uns jeder Maßstab fehlte. Elisabeth Bergner, Mutters großes Theateridol, spielte nicht gerade in Ratibor, um sie zu sehen, mußte man schon nach Berlin fahren, was die Mutter auch einmal unternommen hat. Uns eröffnete das Theater die Klassiker, aber auch Gerhart Hauptmanns »Fuhrmann Henschel« und »Die versunkene Glocke« und Hermann Sudermanns »Steine unter Steinen«, wobei das abwertende Urteil fiel, daß Sudermann doch ein »Sudelmann« sei. Willkommen waren die Gastspiele aus dem nahe gelegenen Troppau von drüben, und es wehte uns Wiener Theatertradition an, denn Troppau sah sich gern als Vorstufe für den Sprung nach Wien. Es kam aber auch vor, daß gelegentlich der Onkel, der im oberschlesischen Städtchen Oberglogau Rechtsanwalt und Justitiar des Reichsgrafen von Oppersdorf war, Schwester und Neffen zur Aufführung einer Operette nach Troppau mit dem Auto abholte. Um mich der »Weiberwirtschaft«

zu entführen, denn ich war ja ständig von Mutter, Großmutter und zwei Tanten umgeben, luden mich die Riedelkinder, eine Nichte und drei Neffen der Nachbarin unserer Großmutter, mit der man aus Sparsamkeitsgründen das Abonnement der Tageszeitung »General-Anzeiger für Schlesien und Posen« teilte, nach Kuchelna ein, seit 1920 nunmehr als Dorf des Hultschiner Ländchens im Tschechischen gelegen. Hier befanden sich die großen Besitzungen des Fürsten Karl Max von Lichnowsky (Botschafter des Kaiserreichs in London und als Kritiker der kaiserlichen Politik selbst in gesellschaftliches Widerlager geraten), hier sorgte Forstrat Riedel für Wald und Wild. In dem jetzt zum Grenzort gewordenen Kranowitz wurde man mit dem Wagen oder Schlitten abgeholt, in Fußsäcke fest eingepackt, und auf ging's in das so nahe, doch jetzt fremdbestimmte Kuchelna, über das auch Golo Mann in seinen Erinnerungen nach einem Besuch im Hause Lichnowsky, nicht nur Rühmliches, geschrieben hat. Für mich war Kuchelna eine Zauberwelt, ein romantisches Erlebnis, Eichendorffs Welt in natura.

Bis 1934 war die Stadt Ratibor meine Welt. Hier war das Zentrum zu Hause. Es war eine von der katholischen Kirche her bestimmte und geprägte Welt. Welch Jubel, wenn die Wallfahrer vom Annaberg heimkehrten und alle Glocken läuteten, als zöge der Heilige Geist selbst in die Stadt ein! Welche Ehrfurcht vor dem uns die Firmung spendenden Kardinal Adolf Bertram, eine kleine, geradezu zerbrechliche Erscheinung! Es war eine Stadt, die Strömungen und Einflüsse aus allen vier Himmelsrichtungen in sich aufnahm: das preußische Reglementierte und Protestantische aus dem Norden, das Polnisch-Slawische aus dem Osten und Südosten, das Mährische aus dem Westen und das Österreichische und Musische aus dem Süden. Bald nach 1933 wurde alles gewaltsam politisch und geistig verändert. 1945 wurde Ratibor bis zu 80 Prozent mutwillig ausgebrannt. Der Staat, ob gestern in monarchischer Prägung, ob jetzt als Republik, fand die Anerkennung der Mehrheit seiner Bürger. Der Nationalsozialismus aber hat sie eher jäh aufgeschreckt als bereitwillige Zustimmung erhalten, jetzt arrangierte man sich, wie es nun einmal in Diktaturen üblich ist. Heute sind diese drei aufeinander folgenden Epochen längst Vergangenheit.

Berlin durfte es nicht sein –
Studienjahre in Halle und Leipzig

Als ich in Halle mein Studium begann, wurde ich gleichzeitig Mitglied der dortigen katholischen CV-Verbindung Silesia. Mich hatte Gerd Riemel, der an der Martin-Luther-Universität Halle-Wittenberg Jura studierte, wie man zu sagen pflegte, »gekeilt«. Mit mir zog nach Halle mein bester Schulfreund aus der unmittelbaren Nachbarschaft, als wir in Ratibor in der Wohnung meiner Großmutter wohnten, Wilhelm Höffe, Lehrerssohn, nach dem Krieg Professor für Sprecherziehung an der Universität Münster. Auch aus Oppeln hatte Riemel, der aus dem Kreise Groß Strehlitz stammte und durch seinen Vater, einen überzeugten Anhänger des Frontkämpferbundes »Stahlhelm« bis zu dessen Auflösung 1933, geprägt, zwei weitere Studenten für die Verbindung gewonnen. Riemel ist im Zweiten Weltkrieg wie auch Jochen Anders, der sich schon als Abiturient in Oppeln fest gebunden hatte, gefallen. Wir wohnten in Halle im Haus der Verbindung, gegen deren bisweilen kasernenartigen Komment, vor allem gegen meinen bisweilen hochgeschätzten »Leibburschen« Riemel, ich mich wiederholt und sogar mit Erfolg zur Wehr setzen mußte, und spielten als farbentragende katholische Verbindung in der protestantisch bestimmten Stadt die Rolle einer jungen Mannschaft der Diaspora. Hochangesehen, und dies aus gutem Grund, war der katholische Studentenseelsorger Friedrich Maria Rintelen, später Weihbischof seiner Paderborner Diözese mit Sitz in der damaligen DDR, in Magdeburg. (Wir haben bis in seine letzten Lebensjahre hinein, er starb 1988 im 89. Lebensjahr, miteinander korrespondiert.) Die von ihm im Verbindungshaus mit dem evangelischen Studentenseelsorger geführten Streitgespräche über religiöse und ethische Fragen waren mit das Beste, was ich jemals von Theologen mit auf den Weg bekommen habe. Trotz des Namens »Silesia« bestand die Verbindung kaum zur Hälfte aus Schlesiern, meist Oberschlesiern, weswegen wir in den Semesterferien im Eisenbahnknotenpunkt Kandrzin (von den Nationalsozialisten in Heydebreck, wenige Wochen vor dessen Ermordung während des Röhm-Putsches, nach dem Freikorpskämpfer umbe-

nannt) gutbesuchte Zusammenkünfte pflegten, und zum größeren Teil aus Westfalen. Viele Studenten unserer Verbindung kamen zum landwirtschaftlichen Studium nach Halle, für das die Universität einen guten Namen hatte. Mir ist seitdem das Karakul-Schaf, das ob des Persianers gezüchtet wurde, ein fester Begriff. Beliebt waren die Einladungen zu Tanzveranstaltungen, die im Verbindungshaus stattfanden, beliebt vor allem bei den bewußt katholisch lebenden Familien, weil sich auf diese Weise katholische Ehen anbahnen ließen, was aber nicht so häufig gelungen ist, wie es die Eltern für ihre heiratsfähigen Töchter gewünscht hätten. Als Physiologe lehrte der aus dem Kanton St. Gallen stammende Professor Emil Abderhalden, in Erinnerung geblieben ist mir sein Name schon deswegen, weil seine Tochter zu den jungen Damen zählte, die wir zum Tanz aufgefordert haben.
Da das Radfahren zu jener Zeit ein bevorzugtes und billiges Verkehrsmittel war, haben wir von Halle aus während der durch die Feiertage unterbrochenen Studienzeit Ausflüge in den Harz, nach Halberstadt, Quedlinburg und Hildesheim (damals gab es gottlob noch keine Zonengrenze), nach Erfurt und Eisleben und durch ganz Thüringen unternommen, meist zu zweit und wenn möglich verbunden mit dem Ziel, auch einen Alten Herren heimzusuchen, um so die Kasse aufzufüllen. Ein Kommilitone, mit dem ich besonders gern unterwegs war, Schlafstätte war die Jugendherberge, ist auf tragische Weise in Breslau, wo er sein Studium fortsetzte, ums Leben gekommen. Gegen zu hohen Alkoholgenuß nicht gerade gefeit, frotzelte er in Breslau von der Oderbrücke herab mit der Mannschaft eines gemächlich vorbeifahrenden Oderkahnes und nahm deren Anregung, zur Mannschaft herunterzukommen, durch einen Sprung von der Brücke wahr und versank im Strom.
Halle gefiel uns als Musenstadt sehr (damals noch nicht industrialisiert wie bald danach), Moritzburg und Gibichenstein in Halle selbst, aber dann die Feste auf der Rudelsburg bei Bad Kösen, die wir ohnehin laut genug immer wieder besungen haben, waren rühmenswerte Festpunkte. Mit den Hallensern waren wir stolz auf den größten Sohn der Stadt, Georg Friedrich Händel, und mein erster Gang nach der Wende, als ich im Frühjahr 1990 zum ersten Male wieder nach 54 Jahren Halle besucht habe, führte mich zum Händel-Denkmal und zum Roten Turm sowie zur Doppelkirche; all die Jahrzehnte hatte mich ein guter Druck der herrlichen Arbeit von Lyonel Feininger begleitet und stets an Halle erinnert.
Aber in Halle wurde nicht nur gefeiert, in Halle haben wir auch fleißig

studiert. Ich wollte das philologische Staatsexamen ablegen und promovieren, mein Berufsziel war der Journalismus, mit allzu viel Optimismus darauf bauend, daß der Nationalsozialismus hoffentlich bald abgelöst würde, oder die wissenschaftliche Laufbahn. Obwohl nur drei Fächer für das Staatsexamen vorgesehen waren, habe ich nicht nur Germanistik, Geschichte und Geographie belegt, sondern in Halle wie dann auch in Leipzig zusätzlich auch Philosophie und Kunstgeschichte. Von den Professoren und Dozenten, bei denen ich Vorlesungen hörte und an deren Seminarübungen teilnahm, stehen vier – der Germanist, der Historiker, der Geograph und der Philosoph – in der jüngsten Ausgabe der Brockhaus Enzyklopädie, was mich noch nachträglich mit dankbarer Genugtuung erfüllt. Alte Germanistik, die mir besonders viel Freude bereitete und der ich bis zur Promotion treu geblieben bin, lehrte Georg Baesecke. Als ich nach drei Semestern aufbrechen wollte, bemühte er sich um mein Dableiben und wollte mich für das Langobardische als künftigen Wissenschaftler gewinnen, was ich aber schon deswegen abgelehnt habe, weil ich nicht nur in Halle studieren wollte. Walther Holtzmann, nach dem Krieg Direktor des Deutschen Historischen Instituts in Rom, machte uns die mittelalterliche Geschichte dank seines süddeutschen Temperaments fast schon zum Vergnügen. Der Geograph hieß Otto Schlüter, der sich als Siedlungsgeograph und Kulturmorphologe einen berühmten Namen erworben hatte, was wir Anfänger aber gar nicht so recht zu schätzen wußten. Philosophische Anfangsgründe eröffnete uns Paul Menzer, der trotz der nationalsozialistischen Ideologie ringsum ausführlich und ohne jegliches ressentimentgeladenes Adjektiv Max Scheler und Edmund Husserl vorgestellt hat. In der alten Geschichte lehrte Richard Laqueur, der aber bald aufgrund der nationalsozialistischen Gesetzgebung zu seiner Hörer großem Bedauern den Lehrstuhl räumen mußte. Aus Berlin von den Nationalsozialisten strafversetzt war Professor Wilhelm Waetzoldt, der Kunsthistoriker, dem ich, der ich aus kunsthistorischer Liebhaberei Kunstgeschichte belegt hatte, die ersten gründlichen Kenntnisse über Realismus, Impressionismus und Expressionismus verdanke. In der Germanistik gab ich bei Wolfdietrich Rasch, damals noch Dozent, nach dem Krieg an der Universität München, meine erste Proseminararbeit über »Das Bettelweib von Locarno« von Heinrich von Kleist ab, eine drei Seiten füllende Novelle, von mir auf mehr als zehn Seiten gründlich und gern analysiert. Und da gab es noch einen Lehrstuhl für Zeitungswissenschaft, eingenommen von einem braunen, in Phrasen sich ergehenden Professor, und den Sport als Pflichtfach, weshalb ich sogar Boxerhandschuhe anlegen mußte, aber zeit meines Lebens hat mich mit dem Boxen auch nicht das Geringste verbunden. Als im Herbst 1993 in der Hallenser Universitätszeitung ein vom Leiter des Universitätsarchivs in Leipzig, Gerald Wiemers, verfaßter Aufsatz erschien, unter der Überschrift »Herbert Hupka als Student in Halle«, wetterte gleich das »Neue Deutschland«, sich auf die kommunistische Ideologie besinnend, dagegen, daß man einem Revanchisten ein Denkmal habe setzen wollen. Nicht weniger intolerant waren die Nationalsozialisten mit mir umgegangen, denn als ich zum Sommersemester 1936 von Halle nach Berlin wechseln wollte, wurde dies von der Universität Berlin abgelehnt, denn ich könne nicht über irgendwelche Dienste in der SA oder SS verfügen, weswegen mir der Zugang nach Berlin verwehrt werden müsse. Im benachbarten Leipzig, zu dem ich schon über die dort ansässige CV-Verbindung Burgundia gute Kontakte hatte, gab es diese Schwierigkeiten nicht. Auf meinem Plan stand eigentlich auch noch Freiburg im Breisgau, aber das gestattete der schmale Geldbeutel der Mutter nicht, die ihren einzigen Sohn während der Semesterferien bei sich in Ratibor sehen und haben wollte. Erst viele Jahre nach dem Krieg habe ich meinen Fuß in Freiburg aufsetzen dürfen.

In Leipzig habe ich dieselben Fächer wie schon in Halle belegt. Wie ich später beim Philosophen Hans-Dietrich Gadamer, seit 1937 als Lehrer mit Leipzig auf das Engste verbunden gewesen, nachlesen konnte, war der »Rang Leipzigs unter den deutschen Universitäten sehr hoch«, und er berichtet in einem Rückblick, »daß in Leipzig von 92 Ordinarien 86 keine Kompromisse (mit den Natinalsozialisten) eingegangen und nicht in die Nazi-Partei eingetreten sind. Leipzig sei damals die freieste deutsche Universität gewesen. Die Nazis waren Barbaren, die uns verachtet haben. Das hat uns Freiräume gegeben.«

In Leipzig habe ich sehr gern studiert und auch so etwas wie das Große Los gezogen, denn es war eine mit Ordinarien hervorragend besetzte, im Rückblick des Althistorikers Alfred Heuß »konservative Universität«. In der Germanistik wurde ich nach einer Prüfung in das Hauptseminar aufgenommen und schließlich Famulus meines späteren Doktorvaters Theodor Frings. »Er war zu Lebzeiten wohl der bedeutendste Altgermanist«, wie 1992 in der »Frankfurter Allgemeinen Zeitung« nachgelesen werden konnte. Das Städtchen Dülken am Niederrhein war sein Geburtsort, 1919, mit 33 Jahren, wurde er in Bonn Ordinarius und war seit 1927 Lehrstuhlinhaber in Leipzig. Er war ein strenger Philologe und zugleich Kulturmorphologe, verfügte über die besten

Kenntnisse des Niederländischen und des Französischen, weshalb er den Minnesänger Heinrich von Veldeke in der Originalsprache lesen, dann übersetzen und interpretieren konnte, gleichzeitig die »Germania Romana« zusammen mit dem Schweizer Romanisten Walther von Wartburg veröffentlicht und zusammen mit den sächsischen Kollegen über »Kulturräume und Kulturströmungen im mitteldeutschen Osten« wissenschaftlich gearbeitet hat. Nicht die Kanzleisprache Karls IV., sondern das »Meißnische Deutsch« bereitete »Den Weg zur deutschen Hochsprache« vor, dies sein geradezu revolutionäres Forschungsergebnis. Zusammen mit dem aus dem sudetendeutschen Reichenberg stammenden Historiker Hermann Aubin hatte er seine erste Gemeinschaftsleistung »Kulturströmungen und Kulturprovinzen in den Rheinlanden« bereits 1926 vorgelegt. Frings war ein ausgeprägter Individualist, aber zugleich ein leidenschaftlicher Team-Arbeiter, was auch und gerade für seine Arbeiten am Althochdeutschen Wörterbuch und am Grimmschen Wörterbuch gilt. Als ich allerdings das Thema für meine Dissertation absprach »Gratia und Misericordia im Mittelhochdeutschen. Zur Geschichte religiös-ethischer Bereiche im Mittelalter«, von denen dann Teil I und Teil II über die althochdeutsche und frühe mittelhochdeutsche Zeit abgeschlossen worden sind, gab mir Frings mit auf den Weg: Wer bei mir promovieren will, muß Blut schwitzen und allein mit dem Thema fertig werden, ich kann und will nicht assistieren. Und in der Tat waren es wenige Schüler, die sich in ein solches Abenteuer gestürzt haben, einige der wenigen wurden später Lehrstuhlinhaber, die Frings als Doktorvater für sich in Anspruch nehmen konnten. Dank seinem Entgegenkommen als Direktor des Germanistischen Instituts durfte ich in einem von daheim nach Leipzig transportierten Vertiko meine mühsam ersparte Fachbibliothek unterbringen und im Institut aufstellen. Dies hatte dann allerdings die Folge, daß am 4. Dezember 1943, als Leipzig auf das Heftigste bombardiert wurde (ich sah den Brand aus weiter Ferne in Torgau, ohne zu ahnen, daß es auch mich total betreffen werde), und mit dem Germanistischen Institut auch meine bescheidene Bibliothek samt vieler Zettelkästen für die gottlob bereits abgeschlossene Dissertation den Brandbomben zum Opfer gefallen ist. Dreivierteljahr später erhielt ich vom »Amt für Kriegsschäden als Feststellungsbehörde« beim »Oberbürgermeister der Reichsmessestadt Leipzig« eine Vorauszahlung für den Schaden in Höhe von 750 Reichsmark überwiesen.

Da ich nicht nur promovieren, sondern auch das philologische Staatsexamen ablegen wollte, hatte ich um Zulassung zum Examen ersucht

und den Bescheid von der Wissenschaftlichen Prüfungskommission Leipzig am 12. Dezember 1939 bekommen, »daß das Ministerium für Volksbildung durch Verordnung vom 9. Dezember 1939 Ihr Gesuch um Zulassung zur Staatsprüfung für das höhere Lehramt abgelehnt hat, da nach Abschnitt IV Ziffer 1 des Erlasses des Herrn Reichsministers für Wissenschaft, Erziehung und Volksbildung vom 2. Juli 1937 Sie für den Beruf eines deutschen Jugenderziehers nicht in Frage kommen und auch sonst das Bestehen der Prüfung ohne praktischen Nutzen für Sie sein würde«. Wie der schon genannte Leiter des Universitätsarchivs Gerald Wiemers in den Archivalien hat feststellen können und dies von ihm inzwischen auch in den »Mitteilungen und Berichten für die Angehörigen und Freunde der Universität Leipzig« veröffentlicht worden ist, wurde mir auch die Zulassung zur Promotion im Jahre 1940 verweigert, worüber ich aber gar nicht informiert worden bin und was ich jetzt erst erfahren habe. Grund: »Der Student Herbert Valentin Max Hupka konnte seine deutschblütige Abstammung nur zu 50 Prozent nachweisen.« Wiemers schreibt dazu: »Aber drei Monate später geschah das Erstaunliche, Hupka wurde als Kriegsteilnehmer ›ausnahmsweise‹ zur Promotion zugelassen. Zweifellos haben sich seine Lehrer, vor allem Theodor Frings, für ihn verwandt.«
Nach den fünf Leipziger Semestern hatte ich mich mit dem Sommersemester 1938 exmatrikulieren lassen, um mich ganz der Dissertation zu widmen, aber dessen ungeachtet wurde ich am 29. August 1939, drei Tage vor Kriegsbeginn, eingezogen, obschon ich bis zum Examensabschluß vom Soldatendienst freigestellt worden war. Gleich in Naumburg an der Saale, wohin ich eingezogen wurde, beantragte ich eine kurze Beurlaubung und erhielt diese auch einige Monate später für wenige Wochen. Ich konnte mich nun für das Rigorosum vorbereiten und bestand dieses am 25. und 27. Mai 1940. Die Prüfer waren außer meinem Doktorvater der mir bis dahin unbekannte Historiker Peter Rassow, der die Vertretung von Hermann Heimpel übernommen hatte, und der Geograph Heinrich Schmidthenner, der mich plötzlich nach dem Entstehen eines Gewitters und der elektrischen Entladung der Wolken fragte, worauf ich nur mit meinen Kenntnissen aus der Schulstunde antworten konnte. Es verlief trotzdem alles bestens. Professor Rassow bat mich für den 29. Mai zu einem Privatissimum über die von Napoleon seinerzeit verhängte Kontinentalblockade, weil ich in meinen Antworten irgendeine, mir jetzt gar nicht mehr gegenwärtige Theorie der Interpretation entwickelt hatte, aber ich sagte sofort Nein, denn ich wollte schleunigst nach Breslau fahren, um mich mit

meiner Mutter, die aus Ratibor angereist kam, zu treffen und ein wenig zu feiern. Gemeinsam haben wir den Zobten, den »Hausberg« von Breslau, bestiegen. (1955 konnte ich Peter Rassow als Mitarbeiter für das Universitätskapitel des von mir herausgegebenen Buches »Breslau – Hauptstadt Schlesiens« gewinnen.) Die Pflichtexemplare der Dissertation, die einzureichen waren, habe ich selbst auf der Schreibmaschine des Militärgefängnisses Torgau geschrieben, nachdem mir meine Mutter das handschriftliche Original im Januar 1944 nach Torgau gebracht hatte. Am 23. Mai 1944 unterschrieb dann der Dekan der Philosophischen Fakultät, der Historiker Otto Vossler, Sohn des noch berühmteren Romanisten Karl Vossler, das Diplom mit dem »Gesamturteil sehr gut«.

Nach 1945 hielt ich mit Frings Verbindung, er wurde in Leipzig jetzt Präsident der Sächsischen Akademie der Wisssenschaften und durch das herrschende Regime hoch geehrt, was leider nicht ohne Eindruck auf ihn geblieben ist. Als er um 1950 in München Station machte und wir uns im Hotel mehrmals trafen, meinte er zum einen, daß ich als Journalist des Bayerischen Rundfunks und vordem des von den USA kontrollierten Senders Radio München »amerikanisiert« sei, weshalb er es für geboten erachte, mich über Walter Ulbricht und Otto Grotewohl aufzuklären, denn beide Exponenten der DDR würden im Westen falsch dargestellt. Ich antwortete ihm, daß er mich die Treppe im Germanistischen Institut heruntergestoßen hätte, wäre ich ihm mit ähnlich geschönten Darstellungen über Hermann Göring oder Joseph Goebbels gekommen. Meine Antwort habe ihm, wie er mich nach einer neuerlichen Zusammenkunft wissen ließ, eine schlaflose Nacht bereitet, aber an seiner mir unverständlichen positiven Beurteilung der kommunistischen Großkopferten hat dies nichts zu ändern vermocht, denn, wie ich später hören mußte, legte er Wert darauf, in der Walter Ulbricht huldigenden Festschrift zu dessen 70. Geburtstag unbedingt mitvertreten zu sein. Diese politische Torheit, von der er sich während der Hitler-Diktatur hat freisprechen können, denn er sah sich stets als einen liberalen Mann der Wissenschaft, habe ich zwar zur Kenntnis nehmen müssen, aber sie hat zu keiner Stunde das Bild des von mir hochgeschätzten Doktorvaters, dem ich, wie ich jetzt authentisch im nachhinein erfahren durfte, die Zulassung zur Promotion zu verdanken habe, beschädigen können.

Der offensichtlich unauflösbare Konflikt zwischen wissenschaftlicher Größe und politischer Naivität hat mich bis heute beschäftigt. Dies auch schon deswegen, weil gleich von einem anderen »Fall« zu berichten ist, von dem Althistoriker Helmut Berve, bei dem ich gleichfalls in Leipzig Vorlesungen gehört und dessen Seminare ich besucht habe, darunter mit einer Seminararbeit über die politische Rolle des Orakels von Delphi. Unter der nationalsozialistischen Herrschaft war Berve Parteigenosse geworden und zum Prorektor und Rektor der Leipziger Universität avanciert. Es war wohl übertriebenes Geltungsbedürfnis, das ihn bewogen haben muß, als einer der herausragenden Althistoriker aus der alten Geschichte für Adolf Hitler und den Nationalsozialismus huldigende Formulierungen zu filtern. Hier wurde das kritische Urteil, vielleicht auch aus Gründen der Eitelkeit, nicht anders als bei Frings, lahmgelegt, auch bei ihm mir unverständlich. Bei beiden ist leicht anzumerken, sie hätten es nicht notwendig gehabt, sowohl der eine vor 1945 als auch der andere nach 1945, durch kritiklose Ergebenheit Karriere zu machen.

Der dritte der hier zu nennenden Professoren aus meiner Leipziger Studentenzeit war Hermann Heimpel, der mittelalterliche Historiker, ein musischer Mensch (»Die halbe Violine«, seine frühen Erinnerungen sind Zeugnis dessen, später in Göttingen spielte er Bratsche), ein ausgezeichneter Beherrscher der deutschen Sprache, ein Meister des historischen Essays und der akademischen Rede. Als ich nach der kurzfristigen Freistellung vom Soldatendienst gleich nach dem Überfall auf Polen und den Sieg der Wehrmacht über Polen seine Leipziger Vorlesung besuchte, war zu hören, daß die Reichsgrenze nunmehr im Osten verdämmere, also ausgreife, ohne daß das damit verbundene Unrecht auch nur angedeutet worden wäre. Zu Beginn der vierziger Jahre erhielt Heimpel einen Ruf an die von den Nationalsozialisten neu gegründete Reichsuniversität Straßburg, und er nahm diesen Ruf auch gern an. Es ehrt Heimpel, daß es ihm nach 1945, wie er offen bekannt hat, große innere Schwierigkeiten ob seines Verhaltens im Dritten Reich bereitet habe. Nach einer Zwangspause, an der er in München gleich nach Kriegsende arg litt, wie ich aus Begegnungen in dieser Zeit mit ihm weiß, begann er bald wieder neu als Ordinarius und dies in Göttingen, das seinen hervorragenden Ruf als Bildungsstätte für Historiker gerade Heimpel zu danken hat. Seinen Satz, den er vor dem Kuratorium Unteilbares Deutschland einmal gesprochen hat: »Kein Volk kann aus seiner Geschichte desertieren«, habe ich wiederholt und zustimmend zitiert.

Während meines Studiums der Geographie störte mich schon in Halle, daß die Geographie in so viele Einzeldisziplinen aufgesplittert war, so daß ich, der Geographie als Nebenfach belegt hatte, nur schwer mithalten konnte. Kaum hatte ich Klimatologie hinter mich gebracht, ging es über die Geologie, dann über die Morphologie, schließlich auch noch über Wirtschaftskunde und Siedlungsgeschichte, von der Länderkunde ganz zu schweigen, und gerade die Erdkunde war auf dem Gymnasium mein Lieblingsfach neben Geschichte und Deutsch. Wenn ich in die philosophische Vorlesung früh um 8 Uhr c. t. zu Theodor Litt ging, sagte dann Frings zu mir, daß die ganze Philosophie doch nur ein unnützes Geschwätz sei, denn mit der Philosophie hatte der Philologe nichts im Sinn. Litt, ein berühmter Pädagoge wie Eduard Spranger, war ein Meister im Vortrag der Vorlesung, er sprach frei und holte nur gelegentlich zum Schluß der Vorlesung einen Zettel aus der Westentasche heraus, und er trug stets Westen, um noch ein Stichwort oder einige Sätze nachzutragen. Pünktlich nach 45 Minuten wurde geschlossen, denn die Medizinstudenten im Kolleg sollten mit dem Klingelzeichen in ihr Fachgebiet entlassen werden. Die Nationalsozialisten zwangen Litt 1937 zur Emeritierung. Als er 1945 wieder in Leipzig von neuem begann, setzten jetzt die Kommunisten ein Nein und Nicht durch. Unter dem Nationalsozialismus hatten wir übrigens ein böses Wort über den damaligen sächsischen Gauleiter Martin Mutschmann auf der Zunge: »Leberleidend ging er weg, leider lebend kam er wieder.« Und über den Leipziger Oberbürgermeister Carl Goerdeler, der 1937 zurückgetreten war, weil in seiner Abwesenheit das Denkmal des Komponisten Felix Mendelssohn-Bartholdy vor dem Gewandhaus entfernt worden war, hieß es damals: »Jetzt haben sie aus Mendelssohn das gemacht, was er schon immer gewesen ist, eine Kanone.«

Im Gewandhaus hörten wir gern die Generalproben, so auch, wenn Wilhelm Furtwängler mit den Füßen stampfend dirigierte. In der Oper auf dem Augustusplatz reichte das Geld nur für Stehplätze, so daß ich in Richard Wagners Oper den Kampf Siegfrieds mit dem Drachen nur durch den schnaufenden Atem des Untiers mitbekommen habe. Ehrlich gestanden zehre ich noch heute, was die musikalische Bildung, besser gesagt fragmentarische Bildung betrifft, von dem reichen Musikangebot während meiner Leipziger Studentenzeit, und dazu gehörte auch der regelmäßige Besuch der Motetten des berühmten Thomanerchores in der Thomaskirche.

Mein fünftes Fach, die Kunstgeschichte, war gleichfalls in Leipzig mit Theodor Hetzer bestens besetzt. In den Seminaren bei Professor Johannes Jahn glänzte ich als Historiker, so daß ich bei historischen Fragen Auskunft erteilten mußte, aber bei der Kunstgeschichte, Akzent auf Kunst, schwieg ich lieber und hörte lernend zu. Jahn las gelegentlich

Richard Wagners Stabreime im Originalton des Sächsischen vor, denn Wagner war ja in Leipzig im Brühl geboren.
Auch von meinen Leipziger Professoren ist zu berichten, daß alle, die ich gerade genannt habe, in der jüngsten Brockhaus Enzyklopädie vertreten sind. Und zu diesen Namen kommt noch als Sechster der von Herbert Grundmann hinzu, bei dem wir, als er noch Dozent war, mittelalterliche Urkunden zu lesen gelernt haben, später wurde er in München Direktor der Monumenta Germaniae Historica.
Da der monatliche Wechsel sehr klein gehalten war, denn meine Mutter bekam eine geringe Pension, hatte doch mein Vater keine Dienstjahre nachzuweisen, verdiente ich mir ein Zubrot durch Nachhilfestunden, aus denen sich mit den Schülern, aber auch mit den Eltern dauerhafte Freundschaften entwickelt haben. Für die Bergwerksdirektorin in Borna habe ich die Werksbibliothek in Ordnung gebracht, das heißt katalogisiert und dann noch ein prächtiges Zeugnis erhalten, das sogar den Krieg überlebt hat und worin es unter anderem heißt, gezeichnet vom Bergwerksdirektor: »Ihre für uns hier geleistete Arbeit ist uns außerordentlich wertvoll und erscheint mir, soweit ich dies beurteilen kann, vorbildlich.« In der Bücherstadt Leipzig verschaffte ich mir für einige Wochen die Mitarbeit am »Duden« des Bibliographischen Instituts. Mit den hauptamtlichen Lektoren arbeitete ich in einem großen Raum, und am 15. März 1939, als die Wehrmacht in Prag eingerückt war, kam es gleich zu einer Kontroverse, denn da setzte auf der einen Seite Jubel ein, auf der anderen Seite wagte ich Skepsis und Mißmut zu äußern. Folgen hat dies gottlob nicht ausgelöst, aber man wußte gegenseitig, mit wem man es zu tun hatte.
Da ich all die Jahrzehnte viel, sehr viel gereist bin, allein, mit der Familie, als Journalist, als Politiker und Parlamentarier, ist hier ein rühmendes Wort für den Althistoriker Helmut Berve am Platze, denn die ersten Reisen unternahmen wir als Studenten der alten Geschichte mit ihm, sei es nach Rom und Paestum, sei es nach Vindobona und Aquincum, das heißt nach Wien und Budapest und in die ehemaligen römischen Lager. Den Tag hindurch wurde eifrig studiert und inspiziert und referiert (dem Germanisten fiel es zu, die Reise auf der Donau mit dem Nibelungenlied als Quelle zu beschreiben und zu erläutern), am Abend haben wir gemeinsam gefeiert. Eins mußte ins andere greifen, niemand durfte ausscheren, immer mußte Wissen getankt werden, aber dies nicht bis zum Überdruß. Wenn mir bei Parlamentarierreisen, soweit ich diese zu leiten hatte, Lob gesprochen wurde, nannte ich stets Berve als den ersten, der mich das Reisen gelehrt hat.

In Leipzig gehörte ich nicht nur zu den eifrigen Besuchern des sehr guten Alten Theaters, an dem Agnes Fink, Peter Lühr und vor allem Erich Ponto brillierten, den ich dann auch bei den Heimfahrten nach Ratibor im Dresdener Schauspielhaus bewundern konnte, sondern hielt auch enge Verbindung zu den im 16. Jahrhundert gegründeten Oratorianern, einem katholischen Orden, dessen Mitglieder der Wissenschaft dienten und in jener Zeit zu den fortschrittlichsten Reformern der Liturgie zählten. Die Muttersprache sollte das Latein in der Messe ersetzen. Als dies dann tatsächlich lange nach dem Zweiten Weltkrieg liturgische Praxis wurde, fand ich das Latein als die lingua communis doch als die bessere Lösung, um Gemeinschaft über alle Grenzen hinweg zu bilden, aber die Einsicht kam jetzt zu spät. Der führende Kopf der Oratorianer war Professor Romano Guardini, dessen Predigten ich wiederholt in der Leipziger Diasporalkirche gehört habe, nach 1945 in der Münchner Ludwigskirche. Er beherrschte meisterhaft das geradezu ziselierte Wort. Als Studentenseelsorger hielt mit uns Heinrich Kahlefeld, gleichfalls Oratorianer, gute Verbindung. Unter seiner geistlichen Observanz habe ich dem Hallenser Beispiel folgend wiederholt zu einem Fünf-Uhr-Tee eingeladen, und manche Ehe kam auf diese Weise zustande.
Unter den Studienfreunden seien hier drei erwähnt. Heinz Döring, später Studiendirektor in Darmstadt, kam aus dem Hessischen, war vor allem auf das Fach Englisch ausgerichtet, das er bei Levin Ludwig Schücking (ich habe ihn später als »ehemaliger Leipziger« in seinem Ruhestandort Farchant besucht) belegt hatte. Seine Mutter, die bei einem Bombenangriff in Darmstadt ums Leben gekommen ist, freundete sich mit meiner Mutter an, wenn auch sie zufällig als Besucherin ihres Sohnes zugegen war. Fritz Rudolph, der Sachse, war unser historisches Genie, las sehr viel, wußte mehr als wir und hatte wie ein lebendes Lexikon alles stets präsent, auch er wurde später im westfälischen Herten Studiendirektor. Walter Müller, zwei Semester jünger als wir, kam aus der Sächsischen Schweiz und hat uns alle als Professor der Germanistik an der Münchner Universität, jetzt mit dem Doppelnamen Müller-Seidel, überrundet, ein Schöngeist und hervorragender Interpret der deutschen Gegenwartsliteratur. Ein beliebter Treffpunkt in Leipzig war die »Griechische Weinstube« des Anagnostopoulus, mit einer den Wein kredenzenden Tochter Penelope, die trotz des klassischen Namens weder eine Schönheit war noch die leiseste Erinnerung an die auf Odysseus wartende Penelope hochkommen ließ. 1986 las ich plötzlich die Nachricht vom Tode »unserer« Penelope, und die verräucherte und enge Weinstube war wieder lebendig.

Eine »Falschmeldung« mit Folgen – Soldat im Zweiten Weltkrieg

Den Winter 1939/40, mit Ausnahme der kurzen Unterbrechung durch die Beurlaubung für den Abschluß der Promotion, habe ich nach der Grundausbildung in Naumburg als Infanterist auf den Truppenübungsplatz Königsbrück, unweit von Kamenz, dem Geburtsort Lessings, 30 km nordwestlich von Dresden gelegen, als ein im doppelten Sinne Übender zugebracht. Wir übten brav das Kriegshandwerk und gleichzeitig waren wir die fast täglich früh um 4 oder 5 Uhr des Morgens ausrückende Übungstruppe für Reserveoffiziere aus dem Ersten Weltkrieg, die jetzt die Führung und den Einsatz eines Zuges, einer Kompanie, eines Bataillons lernen sollten. Der Winter sollte kein Ende finden, die Schneedecke wollte und wollte nicht schmelzen. Es war zum Verzweifeln. Lichtblicke waren die leider viel zu seltenen Urlaube nach Dresden, wo sowohl Schauspiel und Oper als auch die Tanzlokale im Wettstreit miteinander besucht wurden. Ein gelernter Konditor aus Leipzig, Walter Martin, war stets mit von der Partie, er war ebenso witzig veranlagt wie lernbegierig. Er ist während des Afrika-Feldzuges gefallen. Über Bitburg und nach dem Marsch durch das Großherzogtum Luxemburg waren wir im Mai und Juni 1940 in Frankreich die Nachhut der hier geschlagenen Schlachten. Mit meinem Schulfranzösisch wurde ich der Dolmetscher für die Kompanie. Als wir unweit Reims an der Aisne für mehrere Wochen einquartiert waren, kam der Dorfbürgermeister zu mir und teilte mir die dramatische Nachricht mit, daß eine Kuh in den Wald ausgebrochen sei und man sie jetzt nicht einfangen könne, weshalb die Erlaubnis erbeten werde, daß die Soldaten die Kuh aufspüren und erschießen. Dem wurde zur Freude der Dorfbewohner auch entsprochen, so daß für die Fleischversorgung des Dorfes zunächst gesorgt war. Wir durchschauten zwar diese Bauernschläue, aber spielten, uns dummstellend, mit.
Zu unseren militärischen Übungen gehörten alsbald in Belgien, wohin wir inzwischen verlegt worden waren, das Landen sowie das Ein- und Ausladen unserer Fahrzeuge für eine bevorstehende Invasion in Eng-

land, zu der es bekanntlich nie gekommen ist. Mir wurde vorgeschlagen, da ich doch »british subject by birth« sei, mich in eine andere Truppe versetzen zu lassen, damit sich die Engländer nicht an mir, vielleicht sogar an einem »Fahnenflüchtlingen«, rächen könnten. Später wurde mir mein Verhalten im Prozeß vor dem Kriegsgericht als Pluspunkt angerechnet, denn ich hatte das Verbleiben bei meiner Truppe zu keinem Augenblick in Frage stellen lassen.

Die nächste Station war der Balkan, aber auch für den Krieg gegen Griechenland kam unsere sächsische Division 164, mit den beiden gekreuzten Meißner Schwertern als Kennzeichen, wiederum nur als Nachhut und Besatzungstruppe zum Zuge. Als wir mitten im Winter in Rumänien ausgeladen wurden, begrüßte uns ein eiskalter Winter, der alles am Körper anfrieren ließ. Auch hier half mir das Französische, aber es brachte mir beinahe eine harte Strafe ein, denn ich hatte bei der Familie, bei der ich einquartiert war, regelmäßig den deutschen Dienst von BBC London gehört und die wichtigsten Nachrichten den Familienmitgliedern übersetzt. Plötzlich war dies dem Kompanieführer, der mit der Goldenen Parteinadel ausgezeichnet war, zu Ohren gekommen, bestimmt nicht durch denunzierende Rumänen, weswegen ich zur Rede gestellt wurde, aber den Kopf gottlob aus der Schlinge ziehen konnte.

Bei Giurgiu/Russe überquerten wir die Donau, in Bulgarien, durch das wir von Nord nach Süd marschieren mußten, war dann der etwa 1200 m hohe Schipka-Paß zu überwinden. Das Überwinden geschah auf die Weise, daß die Fahrzeuge ausgeladen und uns die Last aufgebürdet wurden, denn die Zugpferde mußten entlastet werden, jedenfalls war es damals so, daß dem Pferd die schlimmsten Strapazen erspart und uns jede Anstrengung zugemutet wurde. An der ägäischen Küste des griechischen Mazedoniens, in Kavala, das jetzt bulgarisch geworden war, solange der Krieg gegen Griechenland geführt wurde, waren wir die deutsche Besatzungstruppe, die auf seiten Bulgariens deutsche Präsenz darzustellen hatte.

In Griechenland bezogen wir zuerst Quartier in Saloniki, später in Jianitsa. Nach heißem Bemühen durften ein Kamerad und ich, weil wir auf unsere humanistische Bildung verweisen konnten, nach Athen fahren und die Akropolis, von der Mehrheit der Truppe immer Akropólis ausgesprochen, besteigen. In Erinnerung geblieben sind mir die da und dort an den Wänden und Mauern zu lesenden Sätze: Vinceremo und Enenikamen, letzteres in griechischen Lettern geschrieben, auf deutsch: die Italiener, die sich mit ihren Siegen schon in Albanien so schwer taten, hatten »Vinceremo« gepinselt, »Wir werden siegen«, worauf die Griechen mit dem »Enenikamen«, »Wir haben gesiegt«, antworteten.

In Mazedonien habe ich mir leider die Malaria eingefangen, Malaria tertiana, die mildere Form gegenüber der Malaria tropica. Da die Malaria in meinem griechischen Jahr gleich mehrmals wiederkehrte, wurde ich nach Freiberg in Sachsen versetzt, wo ein Lazarett auf die Behandlung dieser Krankheit spezialisiert sein sollte. In Griechenland habe ich eifrig Neugriechisch gelernt, von dem ich nach dem Krieg auf vielen Urlaubsreisen, die meine Familie und mich auf alle großen griechischen Inseln und wiederholt nach Athen geführt haben, profitieren konnte.

In Freiberg, das ich 1992 zum ersten Male wieder besucht habe, war ich, wie ortskundige Schlesier inzwischen festgestellt hatten, in der zum Lazarett erklärten Dürerschule untergebracht. An der Freiberger Bergakademie hatte Theodor Körner studiert, die Goldene Pforte und der Dom waren während der Lazarettmonate nicht nur Besuchsziel, sondern Objekt von kunsthistorischen Führungen, hier konnte ich meine kunsthistorischen Kenntnisse »an den Mann bringen«. Im Lazarett wurde nach dem ersten Malaria-Anfall auf den nächsten gewartet, weil man im Augenblick des ersten Schüttelfrostes durch den harten Strahl von eiskalten Duschen in die Milzgegend das Ende der Malaria herbeizwingen wollte. Eine Pferdekur, aber es muß zugegeben werden, daß mich seit Freiberg die Malaria nicht mehr befallen hat.

Aber jetzt erreichte mich eine kriegsgerichtliche Anklage »wegen falscher Meldung«. Ich war über alle notwendigen Ränge bis zum Leutnant der Reserve emporgestiegen. Indes, diese Beförderung hätte nicht sein dürfen. Ich hatte nirgendwo angegeben, daß ich nach den »Nürnberger Gesetzen« als »jüdischer Mischling ersten Grades« einzustufen sei. In der Urteilsbegründung der zweiten Instanz heißt es ausdrücklich:»Der Führer hat klar und unmißverständlich zum Ausdruck gebracht, daß er die Wehrmacht im allgemeinen und das Offizierskorps im besonderen von Juden oder jüdischen Mischlingen rein erhalten wissen möchte. Besonders unerträglich für den nationalsozialistischen Staat ist es, daß Juden oder jüdische Mischlinge etwa im Offizierskorps verwendet werden und als Vorgesetzte deutscher Soldaten auftreten. Die Interessen des Staates gebieten daher, daß ohne Einschränkung Juden oder jüdische Mischlinge vom Dienst der Wehrmacht auszuschließen sind. Wer gegen diese Interessen verstößt, muß streng bestraft werden, auch wenn er erhebliche Milderungsgründe für

sich in Anspruch nehmen kann.« Zu den sogenannten Milderungsgründen für mich gehörten der schon erwähnte Verzicht, mich auf das »british subject by birth« berufen zu wollen, dann die Absage, mich darauf zu beziehen, der einzige Sohn eines Kriegsopfers des Ersten Weltkrieges zu sein und aus der Truppe abgezogen werden zu können, schließlich die bisherigen Beförderungen aufgrund meiner militärischen Leistungen. Ich hatte zwei Gründe, weshalb ich schließlich eine Verurteilung »wegen falscher Meldung« auf mich genommen habe. Zum einen war es der innere Widerstand gegen die rassistische Klassifizierung, dann der Wunsch und das Ziel, meiner Mutter auf diese Weise, nämlich durch das Soldatsein und die jeweilige Beförderung, war sie doch als »Jüdin« mit dem zusätzlichen Vornamen Sara aus der Gesellschaft gleichsam ausgestoßen, helfen zu können. Daß ich gleichzeitig in Kauf nehmen mußte, im Krieg auch den Soldatentod zu sterben, habe ich eigentlich nie ernst erwogen, was sicherlich nur als leichtfertig bezeichnet werden kann. Außerdem baute ich darauf, was gleichfalls als naiv eingeschätzt werden muß, daß ich, müßte ich mein »Fehlverhalten« bekennen, mit heiler Haut davonkommen werde, denn ich diente doch als Soldat dem Vaterland. All diese Erwägungen und inneren Bekenntnisse habe ich nicht nach außen getragen, wie hätte ich dies auch tun können. Das erste Gericht, das über mich und die »falsche Meldung« zu befinden hatte, bestrafte mich mit drei Wochen Arrest und nicht mit dem Rangverlust, doch es war Generalfeldmarschall Wilhelm Keitel, der als Chef des Oberkommandos der Wehrmacht das Urteil mit der Paraphe »zu milde« aufhob und den Fall an die nächste Instanz verwies. Der Urteilsspruch des Gerichts der Wehrmachtkommandantur Berlin vom 22. März 1943 lautete: »Der Angeklagte wird wegen falscher Meldung zu einem Jahr Gefängnis und Rangverlust verurteilt.« Die bereits verbüßte Arreststrafe wurde auf das Strafmaß angerechnet, übrigens hatte ich während des Arrestes Dantes »Göttliche Komödie« mir als Lektüre mitgenommen und gründlich mit dazugehörigem Kommentar (allerdings nicht in Italienisch) gelesen.
Vom Juni 1943 bis zum Mai 1944 habe ich im Wehrmachtsgefängnis Torgau-Brückenkopf meine Strafe verbüßt. Es gab in Torgau zwei Wehrmachtsgefängnisse: Brückenkopf, unweit der Elbe und gegenüber dem schönen Schloß Hartenstein, und das ein wenig weitergelegene Fort Zinna. Nach den ersten Wochen harten Außendienstes kam ich in die Schreibstube, in der ich dann auch meine Dissertation mit Beginn 1944 ins Reine schreiben konnte, des Nachts, wozu mir aus-

drücklich die Erlaubnis erteilt worden war. Ich setzte auch durch, daß den Mitgefangenen regelmäßig der Wehrmachtsbericht übermittelt werden müsse. Also hörte ich den Wehrmachtsbericht täglich im Zimmer des Hauptfeldwebels ab und steckte zugleich mit bunten Stecknadeln den jeweiligen Frontverlauf ab, nachdem ich zuvor die weiteste Ausdehnung der Front als Ausgangslage markiert hatte. Zusammen mit dem Putzer des Hauptfeldwebels, Erich Friedrich, Sozialdemokrat und Pazifist, leisteten wir insofern unseren geheimen Widerstand, als wir über den tatsächlichen Frontverlauf stets Bescheid wußten und diesen auch anderen, so in unserer Zelle der Kommandierten, mitteilen konnten. Mit Erich Friedrich, der aus der Coburger Gegend stammt, halte ich bis heute Verbindung, jetzt wohnt er bei seiner Tochter und den Enkelkindern in den USA. Im Gefängnis herrschte ein grausam harter und kalter Ton, von dem wir, die Kommandierten, nicht betroffen waren, aber es darf nicht verschwiegen werden, daß im Torgauer Militärgefängnis auch manches Todesurteil vollstreckt worden ist, wovon wir in der 2. Kompanie, zu der die sogenannten Delinquenten nicht zählten, meist spät, wenn überhaupt etwas gehört haben. Ich hatte nicht nur über die täglichen Zählappelle und Arbeitsleistungen Protokolle zu erstellen, sondern auch für die Überweisungen nach den Außenlagern Leipheim, Wildflecken oder in das Strafbataillon 999 die Korrespondenz zu führen. Dem zum Offiziersstab gehörenden Kohlenhändler aus Nordhausen schrieb ich nebenbei noch die gesamte Kaufmannspost. Festhalten möchte ich, daß sich nirgendwo angesichts der Begründung des Urteils gegen mich irgendeine antisemitische Äußerung gerichtet hat, im Gegenteil, ich glaube sogar behaupten zu können, daß man in mir einen zu Unrecht Bestraften und Verfolgten gesehen hat.
Wie mir später in die Hand kam, hat Kardinal Adolf Bertram, der Erzbischof von Breslau, in seiner Eigenschaft als Vorsitzender der Fuldaer Bischofskonferenz unter dem 29. Januar 1944 einen Protestbrief an den Reichsminister der Justiz in Sachen »Jüdische Mischlinge« gerichtet. Das dreiseitige Schreiben beginnt mit den Sätzen: »Wie zuverlässig verlautet, sind seit einiger Zeit ernsthafte Bestrebungen im Gange, die gegen die Juden erlassenen Gesetze und Anordnungen nunmehr auch auf die Mischlinge auszudehnen: So sind diese Mischlinge, die bekenntnismäßig durchweg Christen sind, für wehrunwürdig erklärt und vom Kriegsdienst ausgeschlossen worden. Sie dürfen keine höheren Schulen mehr besuchen... Alle Maßnahmen zielen deutlich auf eine Aussonderung hin, an deren Ende die Ausmerzung droht...«

Als ich in Chemnitz, wo ich noch kurz als Soldat Dienst tat, im Sommer 1944 ausgemustert wurde, bekam ich die Kennzeichnung »wehrunwürdig« mit auf den Weg. Ich sollte nunmehr der Organisation Todt als Zwangsarbeiter unterstellt werden, was aber dadurch verhindert wurde, daß mich der Ratiborer Kreisarzt Ernst Urbach für körperlich untauglich erklärt hat, zum Leidwesen des Arbeitsamtes, das in der Hand eines strammen Nationalsozialisten lag.

Als »Schreibstubenhengst« im Torgauer Gefängnis war es mir gelegentlich auch möglich, Briefe an der Zensur vorbei herauszuschmuggeln, so einen Brief mit dem Datum 18. Januar 1944 an meine Mutter, die mir kurz zuvor meine handgeschriebene Dissertation nach Torgau gebracht hatte. Mit dem bloßen Vermerk »Zurück« kam der Feldpostbrief wieder an mich zurück. Das Datum dieses Briefes, den ich gerettet habe, ist der Tag, an dem meine Mutter in unserer Ratiborer Wohnung verhaftet, ins Ratiborer Polizeigefängnis und anschließend ins Konzentrationslager Theresienstadt bei Leitmeritz gebracht worden ist. Wäre der Brief von der Polizei aufgegriffen und geöffnet worden, wäre herausgekommen, daß ich diesen contra legem verfaßt und abgeschickt hatte, eine Bestrafung im Gefängnis und meine Abkommandierung wären die Folge gewesen. In der von meiner Mutter und mit mir gemeinsam bewohnten Dreizimmerwohnung wurden zwei Räume versiegelt, ich durfte nur das Schlafzimmer und die Küche benutzen. Frech wie ich war, besorgte ich mir einen Nachschlüssel, löste behutsam den Papierstreifen und betrat auch die versiegelten Zimmer, um den einen oder anderen mir wertvollen Gegenstand herauszuschaffen. Später habe ich aus dem Banksafe, der von der NS-Dienststelle unbeachtet geblieben war, das ganze Silber und den Schmuck meiner Mutter, bevor die Rote Armee einrückte, herausgeholt und eingegraben, dann wieder ausgegraben, schließlich nach Theresienstadt mitgenommen, um nach der Befreiung meiner Mutter eine Freude zu bereiten. Jedoch auf dem Wege dahin, als ich im Eisenbahnwagen früh um vier Uhr eingeschlafen war, für Minuten, war das Köfferchen mit all den wertvollen Sachen gestohlen, und ich trat mit leeren Händen meiner Mutter am 15. August 1945, an meinem 30. Geburtstag, in Theresienstadt gegenüber. Gleich noch im Februar 1944 hatte ich sieben Tage Urlaub vom Gefängnis bekommen, um in dieser Zeit, was ich auch mit der Schwester meines Vaters, Margot Rosenthal, verheiratet mit dem Bruder meiner Mutter, zuwege gebracht habe, in der Berliner Albrechtstraße, dem berüchtigten Sicherheitshauptamt, für meine Mutter vorzusprechen. Meine Tante sollte auf die englische Zwangsinternierung meines Vaters während des Ersten Weltkrieges und dessen Tod auf der Rückkehr aus der Internierung während der Fahrt in die Heimat und die gleichlange Internierung meiner Mutter, nur weil sie Deutsche war, verweisen, was sie auch als beredte Anwältin glänzend besorgt hat. Auf den SS-Mann einer höheren Charge machte das nicht den geringsten Eindruck, kalt und erbarmunglos fertigte er uns ab. Unsere Absicht, meine Mutter in Theresienstadt frei zu bekommen, war gescheitert.

Ich versuchte nach der Entlassung aus der Wehrmacht zuerst in Ratibor und dann in Gleiwitz, wo die Industrieverwaltungen zu Hause waren, einen Arbeitsplatz zu finden, nachdem ich für körperliche Arbeit ausgemustert war. Während dieser Arbeitssuche war ich auch in Kandrzin, jetzt Heydebreck genannt, um nach Reigersfeld (Birawa) zu den großen chemischen Werken zu fahren und anzuklopfen, als der erste Bombenangriff, es war am 7. Juli 1944 vormittags, niederging. Als ich mir 14 Tage Urlaub gönnte und nach dem Bodensee unterwegs war, traf mich in Straßburg gleichfalls der erste hier niedergehende Bombenangriff. Ich wollte Professor Hermann Heimpel, von dem schon die Rede war, besuchen. Dummerweise, wie ich mir im Luftschutzkeller vorsagte, war ich in einem Hotel am Bahnhof untergebracht, also werde hier am ehesten mit dem Schrecklichsten zu rechnen sein. Weit gefehlt, nicht das Bahnhofsgelände wurde bombardiert, sondern das Zentrum. Der Besuch an der Universität fand nicht statt, da Heimpel gar nicht anwesend war. Im Straßburger Hotel war ich übrigens französisch begrüßt worden, denn mein Name wurde asch-ü-p-k-a-, französisch, buchstabiert und eingegeben.

Arbeit fand ich schließlich im Laufe des Septembers 1944 in Teschen, 50 km südlich von Ratibor, bei der Berg- und Hüttenwerksgesellschaft. Ich hatte die Ein- und Ausgänge der Anlieferungen und Fertigprodukte des dazu gehörenden Stahlwerkes zu registrieren. Aus dem Statistiker hat die kommunistische Propaganda später einen »Wirtschaftsführer« gemacht. Das nach dem Ersten Weltkrieg geteilte Teschen, Tschechisch- und Polnisch-Teschen, geteilt durch die Olsa, war damals eine Einheit. Ich nahm ein Zimmer im ehemals tschechischen Teil der bis zum Ersten Weltkrieg österreichischen und auch jetzt noch österreichisches Fluidum atmenden Stadt und fuhr zum Wochenende jeweils nach Ratibor. Im Februar 1945 wurde ich in das nahe, aber nicht so schöne Karwin zum Kohlenbergwerk versetzt, dicht bei Mährisch Ostrau, der großen Industriestadt, gelegen. Die Partei hatte verfügt, daß ich als »jüdischer Mischling« nicht in einem Rüstungsbetrieb arbeiten dürfe. Als Oberschlesier und mit dem Vorlauf, kein Nazi zu sein, kein Goldfasan, wie

man gern die Parteigenossen bezeichnet hat, wurde ich sehr schnell heimisch und vertraut, und auch im Politischen waren wir, der Neue und die Angestellten, eines Sinnes. Einerseits wurden dieser Krieg und Adolf Hitler verflucht, andererseits beschlich uns gemeinsam die Angst vor der Roten Armee und dem Kommunismus. Mehrere Angestellte haben nach der Befreiung aus Verzweiflung Selbstmord begangen.
In dieser Zeit konnte ich meiner Mutter, soweit dies das Reglement von Theresienstadt zuließ, Pakete schicken und in diese Produkte packen, die mir Ratiborer Freunde unter dem Ladentisch zusteckten. Diese geheime und ehrliche Solidarität soll rühmend angemerkt werden.
Um mich persönlich sorgte sich die Familie des Rechtsanwaltes Georg Pawlik. Während der ersten Jahre der nationalsozialistischen Diktatur, als Eduard Pant in dem in dieser Zeit zu Polen gehörenden Ost-Oberschlesien als Vorsitzender der »Deutschen Christlichen Volkspartei« bis 1935 Politik betrieb und die Wochenschrift »Der Deutsche in Polen« herausgab, besorgte er regelmäßig das gut redigierte Blatt mit der aus katholischer Sicht begründeten Kritik an Hitler und seinen Untaten, etwa im Röhm-Putsch mit dessen grausamen Begleiterscheinungen. Ich war damit auf dem laufenden, später dann vor allem durch das regelmäßige Hören des deutschen Dienstes von BBC London. Georg Pawlik, den ich mir 1931 zum Firmpaten ausgesucht hatte, als mich Kardinal Bertram in der Ratiborer Liebfrauenkirche firmte, war ein Anhänger des Zentrums und ein glaubensstarker Katholik, ein ruhige, familiäre Behaglichkeit ausstrahlender Mann mit einem unbestechlichen Urteil, gerade auch in den Alltagsfragen der Politik. Nach 1945 wurde er zu seinem großen Leidwesen Staatsanwalt in Halle an der Saale. Als das Weihnachtsfest 1944 vor der Tür stand, bin ich, es sollte eine bescheidene Gegenleistung sein, nach dem Dorf Keuzenort gefahren, um Karpfen zu holen, dieses Leib- und Magengericht der Oberschlesier zu Heilig Abend.
Zum Jahreswechsel 1944/45 war ich Gast des Geistlichen Rates Felix Zillmann in Breslau. Am 1. Januar kam er vom Festtagsempfang des Kardinals auf der Breslauer Dominsel zurück, und niemand von uns ahnte, daß es der letzte Jahresbeginn für den Kardinal und für uns alle in einem zum Deutschen Reich gehörenden Breslau gewesen war. Einen Monat später war Breslau eingeschlossen und das Ziel der ein Vierteljahr währenden Offensive der Roten Armee.

Ratibor –
Eine Stadt brennt

Es waren kaum acht Tage nach Beginn der sowjetischen Offensive am 12. Januar 1945 vergangen, als auch meine Heimatstadt Ratibor von Unruhe erfaßt wurde. Es herrschte allgemeine Aufbruchstimmung. Die Kreisleitung der NSDAP drängte auf Evakuierung, und nur derjenige sollte noch Lebensmittelmarken erhalten, der eine Verpflichtung auf einen bestimmten Arbeitsplatz nachweisen konnte.
Gerade in den Familien, die bislang mit dem Nationalsozialismus nichts zu tun gehabt hatten, und dies schon deswegen, weil sie fest im Glauben der katholischen Kirche verankert waren, setzte sich mehr und mehr die Überzeugung durch, daß man nicht weggehen, sondern bleiben sollte. Ohnehin könne einem, falls die Russen Ratibor erorbern sollten, nichts passieren, denn man habe doch nie gemeinsame Sache mit dem Hakenkreuz gemacht. Und obendrein könne es doch auch gar nicht wahr sein, was ständig durch die offizielle Propaganda über das Verhalten der Roten Armee gegenüber Frauen und Kindern und der gesamten Bevölkerung verbreitet wurde. Dieser Hinkefuß Joseph Goebbels sei ein Lügner und bleibe ein Lügner. Leider erlag man hier, dem alten Sprichwort »Wer einmal lügt, dem glaubt man nicht, und wenn er auch die Wahrheit spricht« folgend und ihm fest vertrauend, einem unheilvollen Trugschluß. Das Verhalten der Eroberer gab dem Erzlügner dieses Mal, Gott sei es geklagt, recht.
Maria Jokiel, aus Oberbayern gebürtig und am Stadtrande mit drei Kindern wohnend, während der Mann, überzeugter Katholik und leidvoll geprüfter Journalist, und zwei Söhne Soldaten waren, hatte ganz allein die Entscheidung zu fällen, ob sie sich »evakuieren« lassen solle oder ob es besser sei, hier zu bleiben. Sie blieb. Ihr Beispiel veranlaßte viele in der Umgebung, es dieser frommen Frau gleich zu tun. Und es war vielerorts so. Man blieb.
Da die Konzentrations- und Arbeitslager, je näher die Front rückte, aufgelöst werden mußten, zogen lange Kolonnen von schwer geschlagenen und verfolgten Menschen durch die Stadt. Unter diesen waren auch

fünf Belgier, die aus Laband bei Gleiwitz kamen und in der Wallfahrtskirche Mater Dei, auch Matka Boza genannt, in Verzweiflung und Erschöpfung rettende Zuflucht gesucht hatten. Pfarrer Alois Spyrka verständigte Mutter Jokiel, und diese nahm die Geschundenen bei sich auf. Die Pflege, die sie ihnen angedeihen ließ, war deswegen gefährlich und gefährdet, weil im benachbarten Annunziata-Kloster die SS ihr Quartier aufgeschlagen hatte und wiederholt ins Nachbarhaus zum Telefonieren herüberkam. Da der Kaufmann vor seiner Flucht die Schlüssel für das Lebensmittelmagazin hinterlassen hatte, fehlte es nicht an Nahrung, und für die Pflege sorgten die Schwestern des Klosters, die durch die einquartierte SS ins Gartenhaus und in den Schweinestall vertrieben worden waren.

Als bekannt wurde, daß der letzte Lazarettzug Ratibor verlassen werde, faßte Mutter Jokiel Mut und eröffnete sich dem Arzt. Beim Morgengrauen wurden die fünf inzwischen wieder zu Kräften gelangten Belgier mit Schlitten abgeholt, in einen Sanitätskraftwagen gebettet und mit dem Lazarettzug abtransportiert. Alle fünf haben Belgien wieder erreicht, und der Dank blieb nicht aus.

Obwohl es nur wenig mehr als eine Zugstunde von meinem Arbeitsort Karwin, zuvor Teschen, bis Ratibor war, wurde die Fahrt mit dem Zug immer schwieriger und vor allem gefährlicher, denn es fielen Züge aus, andere wurden während der Fahrt von sowjetischen Jägern beschossen, Nächte mußte man im Kreuzungspunkt Oderberg verbringen, bis der Anschluß wieder möglich war, entweder nordwärts nach Ratibor oder südwärts nach Teschen. Auch war zu entscheiden, ob man sich in Ratibor an der Oder oder in Teschen an der Olsa von der mit Gewißheit anrollenden Roten Armee überrollen lassen solle. Meine eigene Entscheidung fiel selbstverständlich für Ratibor und das Bleiben in der Stadt.

Das aber bedeutete, nachts auf die Dächer zu klettern und die leichten Brände zu löschen, die durch die Bombenabwürfe der wie Nähmaschinen ratternden sowjetischen Flugzeuge entstanden waren. Das mußte zusammen mit all denen geschehen, die dies als junge Menschen überhaupt zu tun vermochten. Wo dies nicht möglich war, brannte das Haus vom Dach her allmählich aus. Aber die Häuser, die wir damals mühsam genug als freiwillige Feuerwehr gelöscht hatten, brannten nach dem Einmarsch der Roten Armee, nunmehr mutwillig vom Keller aus angesteckt, straßenweise nieder.

Es ist Karfreitag, 30. März 1945, fliehende deutsche Einheiten setzen sich im Schutz der Mauern ab. Brandbomben krachen nieder, Artillerie schlägt ein. Wir hocken im Keller. Gelegentlich steige ich als Späher empor. Während einer Erkundung in unserer Wohnung in der benachbarten Parkstraße schlägt dort, wo ich im Keller der Victoriastraße gestanden habe, eine Bombe ein und verletzt einen mir bis dahin unbekannten Nachbarn so schwer, daß er einige Tage später stirbt, ohne daß wir eine Möglichkeit finden, ihn würdig zu beerdigen. Diese Granate hätte auch mich treffen können, wäre ich nicht gerade zum »Lokaltermin« in die eigene Wohnung fortgegangen.

Am Abend des Karfreitages rücken die Russen vom Norden her in die Vororte der nahezu zwei Monate hindurch umkämpften Stadt ein.

Am nächsten Morgen, es ist der 31. März, treibt es mich auf die nahe Wiese des Parks am Gondelteich, die Spannung der Nerven nach durchwachter Nacht entlädt sich in einem (heute kaum recht zu begreifenden) geruhsamen Pflücken der Krokusse. Dabei werde ich des ersten Russen ansichtig. Offenbar hat er mich nicht entdeckt, denn der zweite Russe befreit mich gleich von meinen Stiefeln, der dritte von meiner Uhr. Die ersten Truppen erobern, die nachrückenden Truppen plündern, vergewaltigen und brandschatzen. Und all dies geschieht an einem einzigen Tage. Lastwagen fahren vor und laden Wäsche, Kleider, Möbel, Radioapparate, kurz alles, woran man sich bereichern kann, auf. In der Nacht wird brutal an die Türen geklopft und nach Frauen verlangt. Am Tage holt man sich die Frauen gierig heraus. »Erschießt mich, bespuckt mich!«, mit diesem Schrei kehrt eine 50jährige Frau, die zu unserer während der letzten Tage rein zufällig entstandenen Wohngemeinschaft gehört, in unseren Kreis zurück, nachdem sie mehrmals vergewaltigt worden war. Elfi Holle, kindergelähmt und vor bald 25 Jahren im Kindergarten meine Spielgefährtin, vermag ich dadurch vor dem Schlimmsten zu bewahren, daß ich sie als meine Frau ausgebe. Später mußte sie sich wochenlang in einem Schweinekoben verstecken, um nicht entdeckt zu werden. In der Annahme, bei den Grauen Schwestern im Notburgaheim am sichersten zu sein, hatte sich die Tochter meines Patenonkels dort verborgen gehalten, aber der Schutzwall brach grausam zusammen.

Noch am 31. März wird das zweistöckige Haus, in dem unsere Wohnung liegt, im Keller angesteckt und brennt gänzlich aus, obwohl Elfi Holle und ich zu löschen und zu retten versuchen, indem wir alles, dessen wir bei zunehmender Rauchentwicklung habhaft werden können, in den Hof werfen. Später entdecke ich eine kleine gelbe Tonente, die einmal als Mitbringsel ins Haus gekommen war, auf dem verkohlten Papier des einst übervollen Bücherschranks und nehme sie als letztes Eigentum

mit. Sie erinnert mich bis heute trotz eines damals erlittenen Lochs im Bauch schmerzlich an Zuhause.
Der Bericht des Oberkommandos der Wehrmacht meldete an diesem 31. März 1945, wie ich viel später nachlesen konnte: »In Oberschlesien griffen die Bolschewisten erneut südwestlich Schwarzwasser und südlich Leobschütz vergeblich an, konnten jedoch unter Einsatz starker Kräfte und unter hohen Verlusten in Ratibor und Katscher eindringen. In den erbitterten Abwehrkämpfen wurden 77 Panzer vernichtet.«
Am 1. April werde ich zum ersten Mal von den Sowjets verhaftet, zwei weitere Verhaftungen folgen und schließlich auch noch die serienweise Verhaftung an einem einzigen Tag durch die polnische Miliz. Ich werde ins nahe Zuchthaus gebracht, wo ich mit vielen Leidensgefährten zusammentreffe. Man weiß offenbar nichts so Rechtes mit uns anzufangen. Es will in den Kopf der Fragesteller nicht hinein, daß es Deutsche gibt, die nicht zugleich auch Nationalsozialisten gewesen sind. Wer dies behauptet, wie nachher gelegentlich zu erfahren war, wird als Lügner besonders schlecht behandelt, so daß mancher schließlich zugibt, was er gar nicht zuzugeben brauchte, nämlich Anhänger Hitlers gewesen zu sein, nur um endlich in Ruhe gelassen zu werden.
Nach zwei Tagen im benachbarten Zuchthaus und einer Wassersuppe als Ration sowie dem Nachtlager auf dem Betonboden werde ich mit der Auflage entlassen, mich unverzüglich zur Stadtkommandantur zu begeben. Indes gehe ich schnurstracks in die Wohngemeinschaft zurück. Während die einen plündern, versuchen andere ein freundliches Gespräch. Aber diese Freundlichkeit täuscht, denn zehn Tage nach dem Einmarsch ergeht das Kommando, binnen 50 Minuten alles stehen und liegen zu lassen. Die Front sei näher gerückt, man müsse sich nach Eichendorffmühl (Brzesnitz), mehr als zwei Wegstunden von Ratibor entfernt, in Sicherheit bringen. Ein solcher Befehl, wie wir hinterher wissen, bietet die doppelte Möglichkeit zur Plünderung: einmal die Marschkolonne auszunehmen und zum anderen daheim ohne Zeugen »reinen Tisch zu machen«. Der Zufall will es, daß die besonders freundlich gesonnenen Rotarmisten als die Hauptplünderer beobachtet werden, offenbar hatten sie zuvor nur Maß nehmen wollen.
Ich werde abgesondert und als Häftling in die Kolonie Vogelsang, wie die für die Landsleute aus dem 1922 an Polen abgetretene in Ost-Oberschlesien entstandene Siedlung auf dem Wege nach Ottitz genannt wird, geführt. Wieder ist es eine Verhaftung aus Freude am Verhaften, aber selbstverständlich zum Schrecken des Verhafteten, der nicht weiß, was jetzt aus ihm wird. Unter den hier versammelten 50 Häftlin-

gen fleht mich eine Frau auf den Knien an, nachdem ich unvorsichtigerweise von einer Rasierklinge, die ich mit mir herumtrage, erzählt hatte, ihr diese Rasierklinge auszuhändigen, denn sie wolle, nachdem sie zwanzigmal vergewaltigt worden sei, endlich Schluß machen. Fast wären wir handgreiflich geworden, denn mein Nein steht fest.
Ich werde entlassen und erhalte den Befehl, mich nach Pleß zu begeben, aber ich kehre in die Notbehausung zurück. Kaum angekommen, ist schon wieder ein neues Verhaftungskommando zur Stelle, ohne von der eben vorangegangenen Verhaftung und Entlassung auch nur das Geringste zu wissen. Man entdeckt drei Soldatenbilder bei mir und glaubt, daraus eine Anklage formulieren zu können. Es geht wieder über ein offenes Feld zurück zur Kolonie Vogelsang, ich bin von zwei Rotarmisten vorn und hinten eskortiert. Soll ich jetzt erschossen werden? Während ich auf eine Vernehmung warten muß, zerreiße ich in einem unbewachten Augenblick das mir seltsamerweise wieder überlassene corpus delicti und schiebe es in einen Strohhaufen. Schließlich habe ich noch das Glück, daß eine Ukrainerin wohlwollend meinen Lebenslauf dolmetscht, denn ich werde, indem mir der verhörende sowjetische Major eine Zigarette anbietet, entlassen.
Jetzt suche ich die Familie des Lehrers Fritz Konietzny im Stadtteil Altendorf auf, wobei ich meines kürzlich erst irgendwo aufgestöberten Mantels von einem plündernden Soldaten beraubt werde. Die Lehrerfamilie bewohnt den vierten Stock in der Schulze-Delitzsch-Straße, und das wirkt sich günstig aus. Die plündernden Soldaten sind zu faul, so weit hinaufzusteigen, was zur Folge hat, daß eine Reiseschreibmaschine, die ich vor vielen Wochen Bärbel Konietzny geliehen hatte, alles gut übersteht und auch gerettet werden kann, den Anfang nach 1945 dadurch erleichternd.
Nachdem bereits am 8. April die ersten weißroten polnischen Fahnen in der Stadt entdeckt worden waren, wunderte es uns gar nicht, daß plötzlich ein polnischer Leutnant eindringt und Quartier machen will. Er sei das Vorkommando der polnischen Sicherungsgruppe. In den wenigen Räumen wohnen aber bereits drei Männer, drei Frauen und zwei Kinder. Rasch kommen wir mit dem gut deutsch sprechenden, kaum 25jährigen Polen ins Gespräch. Es stellt sich heraus, daß er in Fulda geboren ist, als Jude mit Eltern und Geschwistern aus Deutschland verjagt wurde und nach abenteuerlichen Irrfahrten jetzt in polnischen Diensten steht. Als ihm klar wird, daß er es mit Deutschen zu tun hat, die keinerlei Schuld an dem, was geschehen ist, tragen, wächst er zum Beschützer empor. Er verhindert, daß ein Sowjetrusse sich die

Frauen als Beute holt, indem er sich zur Abwehr seiner Pistole bedient. Er geht mit mir quer durch die Straßen, gleichsam als mein Schutzmann (sonst würde ich wieder verhaftet werden), denn ich wollte in der Notwohnung nach dem Rechten sehen. (Inzwischen ist dieser Pole Issy Wygoda wieder deutscher Staatsbürger geworden.)

Die bei den Soldaten so gern gebrauchte Redensart »Es sieht aus wie in einem Saustall« war hier am Platze, als wir die Wohnung in der Victoriastraße betreten. Sämtliche Federkissen sind aufgeschlitzt, die während des Brandes in der Parkstraße aus der Wohnung geretteten Bilder vom Vater, ein Aquarell aus dem Ersten Weltkrieg und der Internierung, und von der jung verstorbenen Großmutter ein schönes Portrait, sind zerstochen und mit eingeweckten Erdbeeren besudelt. Unter den herumfliegenden Federn liegen Erinnerungsstücke und Exkremente, Nahrungsmittel und weggeworfene Beutestücke.

Warum diese konsequent aufgeschlitzten Federbetten, warum diese täglichen Brände – es schien vom vierten Stock aus, als brenne jeden Abend von neuem die ganze Stadt (es mögen wohl täglich fünf bis zehn Brände gewesen sein) –, warum diese ständigen Vergewaltigungen, an denen viele gestorben sind und wegen derer sich manche Frau das Leben genommen hat, warum diese ununterbrochenen Plünderungen, obwohl man hätte wissen müssen, daß man nicht das ganze Beutegut unbeschädigt bis nach Hause würde transportieren können, warum diese ziellosen Verhaftungen? Fragen über Fragen, auf die eine logisch überzeugende Antwort kaum zu geben ist. Die Rache am Feind, die Rotarmisten aufgehetzt durch die Propaganda der Parteiideologen, vielleicht war es das. Aber warum wurden noch dann Häuser angesteckt, als die Polen bereits das Regiment übernommen hatten, wie es auch in Ratibor dem Haus in der Wilhelmstraße widerfahren ist, dort wo mein Vater aufgewachsen war? Zum Schluß ist Ratibor, das während des Krieges kaum Blessuren erlitten hatte, zu 80% ausgebrannt und zerstört.

Während sich eine polnische Verwaltung niedergelassen hat und bereits in polnischer Sprache plakatiert wird, denken wir voller Sorge an das Überleben. Die Vorräte sind aufgezehrt, eine Scheibe Brot ist wie eine Wundergabe. Es blüht der Flieder, es blühen die Maiglöckchen, die Baumblüte ist gerade im Verblühen, aber die Gemüsefelder der Altendorfer Bauern, das Kapital der Ratiborer Ackerbürger, bringen noch keine Ernte. Mutter Konietzny kocht Tag für Tag für uns Sirup, und wir schaffen immer neuen Nachschub an Zuckerrüben herbei. Dazu gibt es gelegentlich Mohrrüben und Kartoffeln, immer wieder

Kartoffeln. Früh um 5 Uhr brechen wir nach dem nahen Sanssouci, einem beliebten Ausflugsrestaurant der Ratiborer, auf, um dort mit dem Spaten den Acker umzugraben, bis in die Nacht hinein, denn wir werden Kartoffeln stecken müssen, damit wir nicht zu verhungern brauchen. Während die Männer umgraben und anschließend Korn mit dem Dreschflegel bearbeiten, werden Mutter Konietzny und Schwiegertochter Fafflock zur Arbeit weggeholt. Die Frauen kehren gottlob wieder zurück. Eine weitere Schreckensnachricht, im Haus gegenüber seien zwei tote Russen entdeckt worden – was wird sich daraus für uns ergeben? Die Entdeckung blieb ohne verheerende Folgen, offenbar hatten sich die beiden gegenseitig selbst umgebracht.

Wer die Wege gut kennt, macht sich auf die Reise, um ins nahe Hultschiner Ländchen, den Teil des Kreises Ratibor hinüberzuwechseln, der jetzt wieder zur Tschechoslowakei gehört. Hier hatte die einrückende Rote Armee nicht so gehaust, die sauberen Dörfer waren unzerstört geblieben, und wir Deutsche aus dem jetzt polnisch beherrschten Ratibor werden als Menschen aufgenommen, denen man helfen muß. Selbst die kommunistischen Ortsausschüsse handeln nach dieser Maxime. Es sieht danach aus, als würden Ratibor und Leobschütz wie auch die Grafschaft Glatz nicht polnisch, sondern tschechisch werden. Der traditionelle Gegensatz zwischen Tschechen und Polen bricht auf, das alte Streitobjekt heißt Teschen, das neue Streitobjekt sind die dem eigenen Staate vorgelagerten deutschen Kreise, die man mit einem Zugang bis zur Oder gern der Tschechoslowakei einverleiben möchte. Darum diese zur Schau gestellte und auch tatsächlich praktizierte Freundlichkeit gegenüber den vor der polnischen Administration fliehenden oder sich Lebensmittel beschaffenden »unerlösten« Deutschen und hoffentlich, wie man wähnt, zukünftigen tschechischen Staatsbürgern.

In Prag setzt man dabei auf den früheren Ratiborer Oberbürgermeister Adolf Kaschny, der aus dem Hultschiner Ländchen stammt. Er hofft, seinen Ratiborer Mitbürgern nach besten Kräften helfen zu können, aber am Ende muß er eine Niederlage einstecken, denn Raibor wird Polen zugesprochen.

Der andere bedeutende Name in der Stadt, Carl Ulitzka, ihn hatten die Nationalsozialisten 1939 aus seiner Pfarrei in Ratibor-Altendorf vertrieben, dann war er 1944 ins Konzentrationslager Dachau deportiert worden, jetzt kehrt er, August 1945, in die Heimatstadt zurück, aber nach wenigen Tagen muß er wieder in Eile davon, denn die Polen haben es ihm nicht verziehen, daß er während des Abstimmungskampfes nach

dem Ersten Weltkrieg für die Zugehörigkeit Oberschlesiens zu Deutschland gekämpft und obsiegt hatte.
Allmählich kann man sich wieder in die Stadt wagen, ohne Gefahr zu laufen, gleich hinter Schloß und Riegel gesteckt zu werden. Um älter zu erscheinen, lasse ich mir gleich zwei Bärte wachsen, einen Lippen- und eine Spitzbart, und gebe mich als Pater aus, indem ich mich radebrechend des schnell und oberflächlich gelernten Polnisch und Tschechisch bediene. Mit dieser Tarnung habe ich Erfolg und kann sogar wieder einmal zur Kirche gehen, ohne gleich hinterher verhaftet zu werden. Will ich jemanden besuchen, um mich nach seinem Wohl und Wehe zu erkundigen, wie nach dem meines Patenonkels Pawlik, so ziehe ich mit Hacke und Eimer aus, als ob ich gerade aufs Feld gehen müßte.
Bedrückend sind die vielen schwankenden Gestalten, Mitbürger, die, dem Verhungern nahe, sich gerade noch dahinschleppen oder von dem um sich greifenden Hungertyphus bereits gezeichnet sind. Wer zusammenbricht, bleibt liegen, niemand kann ihm noch auf- oder gar weiterhelfen, und an eine würdige Beisetzung ist gar nicht zu denken. Wer nicht im Familienverbund lebt, wer zu alt war oder nur auf sich gestellt, wer niemanden wußte, der Zubrot zu beschaffen vermochte, der war vom Tode gezeichnet.
Otto Reiter, einer der bekanntesten Zahnärzte der Stadt, Flieger im Ersten Weltkrieg, ein überzeugter und standfester Gegner des Nationalsozialismus, was ihn allerdings nicht vor sowjetischer Verhaftung und Drangsal geschützt hat, konnte erst zu einem späteren Zeitpunkt Ratibor verlassen und hat einige Zahlen, die ihm als Arzt zugänglich waren, mitgebracht. In der schlimmsten Zeit des Hungertyphus zwischen Juni 1945 und Januar 1946 sind ungefähr 15 Prozent der Bevölkerung dieser mörderischen Krankheit zum Opfer gefallen. In den Monaten August bis November 1945 sind durchschnittlich 80 Tote wöchentlich auf den fünf Ratiborer Friedhöfen beigesetzt worden. Diese Epidemie wurde darüber hinaus durch die anfänglich sehr schlechte ärztliche Versorgung der Stadt in ihrer Auswirkung noch verstärkt. Als Ratibor in Friedensjahren über 50 000 Einwohner hatte, zählte man 45 Ärzte, 16 Zahnärzte und acht Apotheken. Jetzt, da es 20 000 Einwohner sind, gibt es nur noch fünf Ärzte, einen Zahnarzt und eine Apotheke.
Ein besonders tragisches Schicksal ereilt gleich nach dem Einrücken der Roten Armee den Bäckermeister Anton Friedrich mit seiner Frau. Beide, biedere und fromme Leute, werden von einer Ukrainerin, die bei ihnen gearbeitet hatte und wegen Diebstahls entlassen worden war, denunziert. Sie brachte das Erschießungskommando gleich selbst mit.

Wer überleben will, muß einfallsreich sein. Man wird im Laufe der Zeit wieder ein wenig dreist, indem man sowjetische Fahrzeuge, die einen nach dem Weg fragen, in die falsche Richtung weist oder auf der Landstraße frühmorgens im Räuberzivil einen Militärlastwagen der Roten Armee einfach anhält, um mitgenommen zu werden. Welche Freude, als ich dabei entdecke, daß der Wagen mit Fleischkonserven der Wehrmacht beladen ist, wobei es einen angenehm berührt, daß der Soldat auf dieser Last tief schläft. Das verführt dazu, über eine kurze Wegstrecke Büchsen in den Straßengraben zu schleudern und einen Sack hinterher, dann bei passender Gelegenheit abzuspringen, um die Büchsen wieder einzusammeln und mit schwerer Bürde – endlich wieder einmal Fleisch! – heimzukehren.

Diese Ausflüge in die Dörfer und über die Grenze nach dem Hultschiner Ländchen unternehme ich am liebsten mit einem Jesuitenpater, der überdies noch sehr gut russisch spricht, weil das priesterliche Gewand ein wenig mehr Schutz gewährt. Als ich allein die Grenze auf dem Rückweg nach Ratibor überschreite, werde ich durch Schüsse zum Stehen gebracht und den gehamsterten Meßwein, den ich dem Pfarrer von Altendorf aus Köberwitz mitbringen wollte, los. Allerdings erst, nachdem die beiden Grenzwächter mich einen Probeschluck hatten trinken lassen, um nicht Gefahr zu laufen, sie könnten sich vergiften. Die Polen bieten den zurückgebliebenen Ratiborern die »obywatelstwo«, die polnische Staatsbürgerschaft, an. Wer nicht bereit ist, diese anzunehmen oder sich aufzwingen zu lassen, sinnt nach einen Exodus. Viele haben sich zunächst erst einmal im Hultschiner Ländchen niedergelassen, die Dörfer sind mit Ratiborern überflutet. Nachher wird es allerdings schwer, weiter zu kommen, denn Transporte werden hier nicht zusammengestellt.

THERESIENSTADT – KRIEGSENDE 1945

Am 23. Juni 1945 hatte ich meine Mutter zum ersten Male in Theresienstadt besucht, nachdem das Konzentrationslager am 8. Mai durch die Rote Armee befreit worden war. Bis zu meiner ersten von im ganzen drei Fahrten nach Theresienstadt hatte es so lange gedauert, weil ich gar keine Möglichkeit hatte, die neu errichtete Grenze, die jetzt zwischen Polen und der Tschechoslowakei gezogen war, zu überqueren und auch ein Papier für meine deutsche Nationalität sowie die amtliche Reiseerlaubnis einer tschechischen Behörde zu erhalten, um dann bis nach Theresienstadt fahren zu können. Zuerst mußte ich illegal die Grenze überschreiten, dann erfuhr ich gottlob in Teschen, wohin ich mich gleich wieder begab, indem ich mich als »illegaler Besucher ohne amtliche Aufenthaltserlaubnis« versteckt hielt, von einer aus Theresienstadt heimgekehrten Tschechin jüdischer Konfession, daß meine Mutter lebt, denn ich selbst hatte die letzte Nachricht von ihr, datiert im Dezember 1944, im Januar 1945 erhalten. Eine Teschenerin, die ich bei der Berg- und Hüttenwerksgesellschaft kennengelernt hatte, begleitete mich als Dolmetscherin. Die Freude des ersten Wiedersehens mit meiner Mutter, zwar ein Wiedersehen in der Fremde, aber in Freiheit, kann und will ich nicht in Worte fassen. Die Behausung in Theresienstadt war nach wie vor in den Steinbaracken und auf den Holzpritschen mit Hunderten von Wanzen unmenschlich. Für die Verpflegung war – im Gegensatz zum heimischen Ratibor – reichlich und gut gesorgt, und dies schon deswegen, weil meine Mutter, die in der KZ-Zeit Glimmerplättchen für irgendwelche Rüstungsprojekte bearbeiten mußte, jetzt in der Küche beschäftigt war. Mein spätes Eintreffen in Theresienstadt hatte sich meine Mutter damit erklärt, daß ich erst unsere Ratiborer Wohnung zum Empfang würde herrichten lassen. Welch Irrtum! Meinen zweiten Besuch in Theresienstadt nutzte ich zu einem Gespräch mit dem Bischof von Leitmeritz, Anton Alois Weber. Er litt unter der Behandlung seiner deutschen Landsleute durch die Tschechen, vor allem unter den ersten wilden Vertreibungen aus den Wohnungen, Häusern

und Gemeinden. Am schwersten hatte ihm die erschütternde Selbstmordrate unter den Deutschen seiner Diözese zugesetzt. Obwohl der Bischof als betont tschechenfreundlich gegolten hatte, sah er sich bald nicht mehr in der Lage, sein Bistum souverän zu verwalten und zu regieren, denn ihm wurde ein tschechischer Generalvikar vorgesetzt, und die Ausübung seines Bischofsamtes untersagt, so daß er schließlich resignierte und sein Bistum in Richtung Deutschland zu verlassen entschlossen war.
Schließlich wurde ich in Theresienstadt von der Repatriierungskommission offiziell registriert (nur mit einem gültigen Ausweis ist man ein Mensch), so daß wir jetzt, Mutter und Sohn, in Richtung Westen auf große Fahrt in einem Sonderzug für Repatrianten in den letzten Augusttagen gehen konnten. Die erste Station in Deutschland war ein Notaufnahmelager in Deggendorf in Niederbayern. Erste Anlaufstelle war gleich danach das nahe Regensburg, weil dort eine Mitgefangene meiner Mutter, eine Apothekersfrau, wohnte. Aber für Quartier konnte sie nicht sorgen, so daß wir in der unmittelbaren Umgebung auf Quartiersuche gingen. Ohne Erfolg, denn niemand wollte uns, die wir keine offizielle Zuweisung hatten, aufnehmen. Ein amerikanischer Soldat oder Offizier, den wir in unserer Not ansprachen, ob er uns nicht helfen könne, handelte zu unserem Glück in eigener Anmaßung als Amtsperson, und wir erhielten ein notdürftiges Quartier, bis es dann gleich nach München weiterging, denn ich wollte ja neu beginnen und hoffte, dies in der Universitätsstadt München am ehesten zu erreichen.
In München, wo wir, Gott sei es geklagt, keine Seele kannten, kamen wir zunächst im Jüdischen Altersheim in der Kaulbachstraße in Schwabing unter. Obwohl wir beide weder zum Religions- noch Kulturkreis der Juden gehörten, wurden wir ebenso herzlich wie ohne jegliches Bedenken als Gleiche unter Gleichen aufgenommen. Wir waren wohl die einzigen Nicht-Juden in diesem Hause. Hier wohnten wir, besser gesagt hausten wir, jeweils zu fünf nach Frauen und Männern getrennt, in unseren Zimmern. Das erste Weihnachten begingen meine Mutter und ich auf die Weise, daß wir die Schubladen einer Kommode terrassenförmig auszogen und Kerzen auf die Ränder steckten, um einen Christbaum zu imitieren. Gleich noch im September 1945 fuhr ich per Anhalter auf offenen Lastwagen, die mit Holzgas betrieben wurden, in einige Universitätsstädte, so nach Tübingen, Heidelberg, Frankfurt am Main und Marburg, um dort mit den Professoren der Germanistik in Verbindung zu treten und die Möglichkeit einer Assistentenstelle und einer sich daraus ergebenden Habilitation zu erörtern. Da ich nicht ohne

Grund viel von meiner Promotion hielt und stolz auf den berühmten Doktorvater Theodor Frings verweisen konnte, meinte ich, daß man mich zum Bleiben oder Wiederkommen einladen würde, eigentlich sogar müßte. Nach Leipzig wollte ich auf keinen Fall wieder zurück, einmal weil jetzt nach dem Abzug der Amerikaner hier die Sowjetunion Besatzungsmacht war und ich die Rote Armee hautnah kennengelernt hatte, und zum anderen weil mich Frings wissen ließ, daß es besser sei, angesichts der gegenwärtig so schwierigen Verhältnisse an der Leipziger Universität im Westen zu bleiben. Die von mir besuchten Germanisten an den gerade angeführten Universitäten erklärten nahezu einhellig, daß sie auf ihre eigenen Schüler und Assistenten als Heimkehrer aus dem Krieg warteten.

Da ich sowieso vor dem Nichts stand, einer der Millionen Habenichtse jener Zeit, entschloß ich mich für den Oktober erst einmal zu einer abenteuerlichen Fahrt, wiederum quer durch die Tschechoslowakei, nach Ratibor. Ein tollkühnes Unternehmen, das mich beinahe um Kopf und Kragen brachte. Denn beim Überschreiten der neuen Grenzlinie zwischen den Tschechen und Polen wurde ich gleich mehrmals von den Polen binnen eines Tages verhaftet, wieder frei gelassen, wurde aber schließlich im Keller eines in der Ratiborer Zwingerstraße eingerichteten Gefängnisses festgehalten. Jetzt bestimmten Polen über mich. Mit List und Tücke kann ich mich frei reden und sogar eine Bescheinigung für das Überschreiten der Grenze zurück in die Tschechoslowakei erwirken.

Der Büchernarr wollte auch gleich noch drei Kisten mit geretteten Büchern in die Scheuer bringen. Fast zum Verhängnis wird, daß der Handwagen mit den schweren Kisten kurz vor der Grenze zusammenbricht. Es mußte erst eine Fuhre herbeigeholt werden, um die Bücher über die Grenze zu transportieren. Später ist dann wieder eine Kiste »verloren gegangen«.

Gottesdienst mit polnischem Gesang, polnische Predigt und polnische Marschmusik sind mein Abschied am Sonntag, dem 14. Oktober 1945, von der geliebten Heimatstadt, die ich erst wieder am 20. Juli 1990 nach 45 Jahren betreten habe. Es ist allerdings gut zu wissen, daß die Grabstätten der Familienmitglieder, soweit diese Gräber nicht aufgebrochen und eingeebnet worden sind, sich in guter Pflege befinden. Landsleute, die daheim geblieben sind, hatten diese Pflege übernommen.

Als ich dann nach Wochen und einer abenteuerlichen Fahrt (als Deutscher blieb ich am liebsten stumm) die Grenze bei Bayerisch Eisenstein überschritten hatte, versuchte ich nunmehr auf dem anderen Weg meiner beruflichen Ziele, auf dem des Journalismus, eine Beschäftigung und Anstellung zu erreichen. Beim Sender Radio München, der unter amerikanischer Kontrolle stand, hatte ich Erfolg. Hier hatte man nicht so sehr ob meiner nicht vorhandenen journalistischen Berufserfahrungen – woher hätte ich diese als »Aussätziger« der Nazi-Zeit auch gewinnen können! – Bedenken als vielmehr ob meines Lebenslaufes, den man nicht durch Zeugenaussagen nachprüfen konnte, denn ich war ein Fremder in der Fremde. Aber es klappte, ich wurde im November 1945 mit einem Monatsgehalt von 500 Reichsmark als Nachrichtenredakteur angestellt.

REDAKTEUR
RADIO MÜNCHEN – BAYERISCHER RUNDFUNK

Schon in der ersten Dezemberwoche 1945 bot sich mir die Chance, auch einen Kommentar zu verfassen, einen Kurzkommentar zum Tode von Adam Stegerwald, der am 3. Dezember 1945 im 71. Lebensjahr gestorben war, ein führender christlicher Gewerkschaftler, preußischer Ministerpräsident, unter Reichskanzler Heinrich Brüning Reichsarbeitsminister. (Die CDU-Sozialausschüsse haben in Königswinter bei Bonn ein Haus der Begegnung nach ihm benannt.) Es gab aber auch bald Ärger, weil ich in einer von mir zu verantwortenden Nachrichtensendung entsprechend der von den Agenturen DANA, DPD und BBC gelieferten Meldung am 7. und 8. Februar 1946 über Radio München den Nachrichtensprecher sagen ließ: »Jerusalem: In Palästina verbreitete eine organisierte Gruppe jüdischer Terroristen Flugblätter, in denen jüdische Einwanderung nach Palästina gefordert wird. Anläßlich eines Angriffs von Terroristen auf ein Militärlager kam es zu einem kurzen Feuergefecht...« Daß ich als Nachrichtenredakteur die Meldung verfaßt hatte, verdankte ich einem Gefälligkeitsdienst, denn ich hatte inzwischen auf meine Bitte hin den Auftrag erhalten, das Archiv und später die Bibliothek von Radio München einzurichten, so daß ich lediglich aushilfsweise eingesprungen bin, weil der zum Dienst verpflichtete Redakteur wegen plötzlicher Erkrankung ausgefallen war. Es setzte die heftigste Empörung der verantwortlichen Amerikaner ein, obwohl die von mir verfaßte Nachrichtensendung wie zu dieser Zeit jede Sendung von Radio München von einem amerikanischen Kontrolloffizier abgezeichnet worden war. Dem obersten Kontrolloffizier, Captain, später Major Field Horine, übermittelte ich einen vierseitigen Brief über das Zustandekommen der Meldung aufgrund der Quellenlage, und daß es keinerlei Grund gebe, mich etwa des Antisemitismus zu verdächtigen. Da aber ein Schuldiger gefunden werden mußte, hatte ich meinen Kopf hinzuhalten und wechselte für ein knappes Jahr zur Militärregierung der Amerikaner in Bayern in die Tegernseer Landstraße in München, um dort Berichte über das sich allmählich in München wieder regende kulturelle Leben – Theater, Kunstausstellungen, Buchneuerscheinungen – zu verfassen und das Archiv zu leiten, das auf Bestände der »Münchner Neuesten Nachrichten« zurückging, der Vorgängerin der jetzigen »Süddeutschen Zeitung«. Diese Arbeit hat mir übrigens viel Spaß gemacht. Zwei Freundschaften wurden in dieser Zeit geschlossen, die Jahrzehnte bis zum Tode der Freunde gewährt haben. Mit dem aus Nürnberg stammenden Amerikaner Paul Freedman, den ich später wiederholt in New York besucht habe und der mich während eines Besuches auf einem für mich gegebenen Empfang auch mit Hannah Arendt, der von mir hochgeschätzten Philosophin und Politologin, näher bekannt gemacht hat; er selbst war leidenschaftlicher Zeitungsleser und Nachrichtenverarbeiter, bei einem Besuch in Israel hat ihn plötzlich der Tod ereilt. Der andere Kollege aus jener Zeit war Georg Wulffius, ein gebürtiger Deutschbalte aus Reval, in Dresden aufgewachsen, später angesehener Korrespondent bei Radio München und dem ihm folgenden Bayerischen Rundfunk, in München jahrzehntelang bekannt und gerühmt als Vorsitzender des Presseclubs, als dessen Gast ich nach dem Verlassen des Bundestags mehrmals Pressekonferenzen abhalten konnte.

Unter dem 25. Januar 1947 reichte ich meine Kündigung bei der Militärregierung ein, »da ich finanziell mit dem Job beim OMBG nicht bestehen kann (476,00 RM Brutto-Einkommen). Ich muß meine Mutter unterhalten und besitze nichts, so daß alles erst teuer und schwer zu beschaffen ist. Ich arbeite darum seit Monaten außerdem als Buchkritiker bei Radio Munich und zwar in den Nachtstunden, doch kann ich die Bewältigung der beiden Jobs nicht mehr durchhalten. Ich will darum ganz zu Radio München gehen, wo mir eine aussichtsreiche Position angeboten wurde.« Und so wechselte ich nun wieder ganz zum Münchner Sender. Hier oblag mir erneut der Auf- und Ausbau von Archiv und Bibliothek und das Ressort der Buchrezensionen. Später werde ich Leiter der Abteilung Kultur und Erziehung, die ich zuvor erst noch aufzubauen hatte. (Nach knapp einem Jahr erhielt ich das damals in der Relation hohe Gehalt von 1400 Reichsmark.) Die Tendenz hieß für mich: Weltoffen und heimatbewußt. Sendungen nannten sich »Das offene Fenster« (stand jahrzehntelang auch nach meinem Weggang im Programm wie ebenfalls), »Für den Bergsteiger und Naturfreund«, »Esperanto« mit der jungen und großartigen Schauspielerin Gertrud Kückelmann als Sprecherin des Esperanto-Textes. Gleichzeitig brachte ich die Thematik Flucht und Vertreibung, Ostdeutschland und das kommunistisch beherrschte Mittel –, Ost- und Südosteuropa in das

Programm von Radio München ein und baute diesen Teil des Programmes beim späteren Bayerischen Rundfunk zu einer eigenen Abteilung aus, während die Abteilung Kultur und Erziehung (in der Zeit meines achtwöchigen Aufenthaltes im Sommer 1949 in den USA waren vom Intendanten die Weichen neu gestellt worden) dem katholischen Publizisten Clemens Münster übertragen wurde. Ich galt als Vertriebener und nicht gerade linientreuer Katholik bei Alois Hundhammer, der als bayerischer Kultusminister eine überragende Rolle spielte und als Katholik bestimmend war. Als Demokraten, der unter dem Nationalsozialismus Schuhmachermeister geworden war, um zu überleben, habe ich ihn stets hochgeachtet. Eine freundliche Geste: mitten in einem starken Schneegestöber bot er mir, als er mich auf der Straße entdeckte, einen Sitz in seinem Dienstwagen an.

In den ersten Monaten hatte ich meine Manuskripte durch die Sprecher der Station vortragen lassen, dann aber bat mich der aus Berlin stammende amerikanische Sendeleiter Norbert Grünfeld, den ich später in Buffalo nach einem Besuch der Niagarafälle getroffen habe, um ein Probesprechen, und von da ab habe ich alle Texte selbst gesprochen. Ich war gleichsam durch Porky, wie wir den leibesfülligen Amerikaner nannten, mit meiner etwas dunklen Stimme als Radiosprecher entdeckt worden. Die ersten Buchbesprechungen, die ich bei Radio München ablieferte, waren Franz Werfels posthum veröffentlichter Roman »Stern der Ungeborenen« aus dem Jahre 1946 und zuvor das in Deutschland bis dahin unbekannte »Lied von Bernadette«.

Als politisch engagierter junger Mann, darum auch die Herausgabe der Jugendzeitschrift »Wir«, schuf ich die Sendung »Das Colloquium«, eine Diskussionssendung mit jungen Menschen, vornehmlich Studenten der Münchner Maximilians-Universität, zu der prominente Politiker der Zeit und sachkundige Fachleute wie der Historiker Franz Schnabel oder der Mitherausgeber der »Frankfurter Hefte«, Walter Dirks, eingeladen wurden. Der Vorsitzende der damals von unzufriedenen Mitbürgern gern gewählten »Wirtschaftlichen Aufbauvereinigung«, WAV, Alfred Loritz, drohte bei einer Vorbesprechung, ins Mikrophon zu spucken, falls er in seinem Redefluß während der Rundfunkaufnahme beeinträchtigt werde.

In der Literatur sorgte ich mich um das Bekanntwerden von Autoren, die erst jetzt frei schreiben durften und ihre Werke wie Elisabeth Langgässer »Das unauslöschliche Siegel« und Hermann Kasack »Die Stadt hinter dem Strom« vorlegten. Ich besprach aufregende Theateraufführungen wie Thorton Wilders »Unsere kleine Stadt«, schloß

Freundschaft mit Werner Finck, dem Kabarettisten, der es nicht sein wollte, einem unerschöpflichen Wortspieler, und genoß die moderne Kunst, wie sie uns vor allem der Galerist Günter Franke präsentierte. Hier erwarb ich auch die erste Grafik von Otto Mueller für noch nicht einmal 1000 Mark, was zu einer Auseinandersetzung mit meiner Mutter führte, nicht ob der Geldverschwendung für eine Grafik in dieser ärmlichen Zeit der Habenichtse, sondern ob des Sujets, das drei nackte Mädchen in den Dünen zeigte, was zu dieser Zeit noch als shocking galt. Inzwischen bin ich Besitzer einiger weiterer Grafiken (dann aber bedeutend teurer erworben) von Otto Mueller geworden, darunter auch ein Blatt aus der Zigeunermappe.

1948, unmittelbar nach der Währungsreform, die auch West-Berlin miteingeschlossen hatte, verhängte die vierte Kontrollmacht, die Sowjetunion, die Berlin-Blockade, alle Zugangswege von und nach Berlin mit Ausnahme des Luftweges wurden gesperrt. Der Chefredakteur von Radio München, wie der Bayerische Rundfunk damals noch hieß, Walter von Cube, hatte aus diesem Anlaß mit seiner tiefen klangvollen Stimme und die Kunst des ausgefeilten Formulierens beherrschend einen, wie ich meine, schlimmen Kommentar gesprochen, weshalb ich mich veranlaßt sah, über den Sender in den »Gedanken zur Zeit« am 1. Juli, also wenige Tage nach Verhängung der Berlin-Blockade, mit einem Gegenkommentar zu antworten. Auf die allgemein gestellte Frage »Was sagen Sie zu Berlin?« hatte von Cube folgende Antwort erteilt: »Die Gesetze des politischen Handelns diesseits wie jenseits des Eisernen Vorhangs nehmen höchstens noch rhetorisch Bezug auf Berlin; es ist dahin gekommen, daß zwölf Stadtverordnete der Bayernpartei in München ein aufregenderes Symptom für die deutsche Entwicklung darstellen als die entscheidenden Auseinandersetzungen im Berliner Stadtparlament. Daraus folgt, daß es unklug ist, aus noch so dramatischen Differenzen der Besatzungsmächte unter den Linden ein Problem von substantieller Bedeutung zu machen.« Schon der Vergleich eines Münchner Stadtparlamentes mit dem Parlament in Berlin, das zu jener Zeit im Mittelpunkt der Aufmerksamkeit der ganzen Welt stand, konnte bei allem Respekt vor Münchner Lokalpatriotismus und bei aller Liebe zu Bayern nicht nachvollzogen werden, hier hatte sich von Cube, um es milde zu sagen, vergaloppiert, aber auch in den folgenden Jahren war von Cube nicht nur ein leidenschaftlicher Föderalist, sondern ein geradezu verbohrter Anti-Berliner, Anti-Preuße, Anti-Gesamtdeutscher.

Ich antwortete mit einem Epigramm von Erich Kästner: »Hier wo ich stehe, sind wir Bäume,/ die Straße und die Zwischenräume/ so unvergleichlich groß und breit./ Mein Gott, mir tun die kleinen Bäume/ am Ende der Allee entsetzlich leid!«. Ich sagte in meinem Kommentar gleich zu Beginn: »Wer ein ›aufregenderes Symptom‹ in der Existenz der Bayernpartei im Münchner Stadtrat sieht als in den Geschehnissen in Berlin, nimmt entweder den eigenen Kirchturm für den Petersdom oder bagatellisiert, was nur unter Verzerrung der Perspektive bagatellisiert werden kann. Wir dürfen Berlin nicht in kühler Distanz betrachten, lediglich als Wettkampfplatz, an dessen Rand wir voller Neugier über den Ausgang des politischen Spiels zuschauen. Seien wir uns doch darüber klar, daß es in Berlin nicht nur um eine Position der Westmächte geht, nach der die Sowjetunion greift, sondern daß in Berlin drei Millionen Deutsche wohnen. Diese Berliner sind seit drei Jahren vor die alltägliche Alternative gestellt, ob sie die Freiheit höher schätzen als die Friedhofsruhe der Gleichmacherei. Wer heute in der Welt Berlin sagt, der weiß, daß in Berlin Deutsche, die bis 1945 verallgemeinernd als Nationalsozialisten gesehen, dann allenthalben auch weiterhin als Nationalsozialisten verdächtigt wurden, tatsächlich um der Freiheit willen Not auf sich nehmen. Berlin ist ein Beispiel. Berlin ist ein Prüfstein, Berlin ist drittens ein deutscher Vorposten, sowohl gegen die Flut der diktatorischen Gleichmacherei wie vor allem Vorposten für die deutsche Demokratie.« Ich fragte dann nach der Solidarität derer, die um der Freiheit willen gegen den Nationalsozialismus immun geblieben waren und gekämpft hatten: »Wo bleiben die Stimmen von Johannes R. Becher und Anna Seghers, von Professor Hans Mayer und Friedrich Wolf? Wer den Kampf gegen den Nationalsozialismus geführt hat, darf jetzt nicht die Freiheit preisgeben, weil er einmal auf die rote Fahne geschworen hat. Wir verlangen die Solidarität zum freien Berlin und zum Recht auf eine freie Lebensmittelversorgung der Millionenstadt.« Nachdem ich mich noch mit der Stellung der westlichen Alliierten und der Herausforderung durch die Sowjetunion in meinem Kommentar befaßt hatte, sprach ich in einer Tonlage, die das berühmte Wort von Ernst Reuter »Schaut auf diese Stadt!« bereits vorwegnahm: »Berlin ist unser Berlin und ist die Hauptstadt Deutschlands, und in einem ganz anderen Sinne die Hauptstadt Deutschlands, ja darüber hinaus nicht nur Deutschlands, was uns indes nicht vermessen machen soll, uns und unser Berlin zu gewichtig zu nehmen. Auch Berlin will in den Perspektiven der Weltpolitik gesehen werden. Auch wir wollen den Kirchturm nicht für die Kuppel des Petersdomes nehmen, wobei allerdings gleich hinzugefügt werden muß, daß dieser Kirchturm eine große Bedeutung für die

Welt hat, weil dieser Kirchturm nicht der irgendeiner Dorfkirche ist.
Entgegen den eingangs zitierten Ansichten Walter von Cubes ist das
Berlin-Problem von substantieller Bedeutung. Es ist ein Gradmesser für
unser demokratisches Handeln. ›Weimar hatte‹, so hieß es kürzlich in
einer Berliner Zeitung, ›der Republik ihren Namen gegeben, die deutsche Demokratie wird einmal von Berlin ihren Inhalt bekommen‹«.
Am 24. Oktober 1948 stand zum ersten Male eine Sendung über Schlesien im Programm »Lied aus Schlesien«, und zu Weihnachten erklang
zum ersten Male das schönste schlesische Weihnachtslied »Transeamus«
von Franz Schnabel. Gerade dieses Weihnachtslied, das inzwischen
längst auch in Bayern und nicht nur hier beliebt geworden ist, löste eine
Flut von Zuschriften und Notenwünschen aus. Eine Sendung, die bis
heute am Heiligen Abend vom Bayerischen Rundfunk ausgestrahlt
wird, erhielt den Titel des Weihnachtsliedes und übermittelt Erinnerungen an Weihnachten in der Heimat sowie Grüße mit heimatlichen
Klängen an die Landsleute, die bis zur Wende 1989 als »Landsleute
hinter dem Eisernen Vorhang« angesprochen wurden.
Zu den sehr geschätzten Mitarbeitern all dieser Sendungen wie Städtebilder, Landschaftsschilderungen, Beschreibungen und Nachzeichnungen von Mitteldeutschland über Ostdeutschland und das Sudentenland
bis hin zu den Staaten unter der kommunistischen Diktatur gehörten
Otfried Preußler, der jetzt einer der berühmtesten Kinderbuchautoren
ist, Leonhard Reinisch, der später das Nachtstudio in der Nachfolge von
Gerhard Szczesny – beide hatte ich zum Rundfunk gebracht – geleitet
hat, und Ernst Günther Beisch, Lyriker aus Breslau und ein hervorragender literarischer Essayist. Indem ich einen Monat der fünfziger Jahre
herausgreife, sei vermerkt, daß es innerhalb von 31 Tagen 14 Sendungen
mit mittel-und ostdeutscher sowie osteuropäischer Thematik waren. Ich
selbst produzierte im ganzen 30 Sendungen der Reihe »Arbeit schafft
Heimat«, zusammen mit Eva Maria Kochanke als Interviewerin und
Ruth Kappelsberger als Sprecherin. In dieser Reihe, die jeweils in der
Mittelwelle erstgesendet wurde und über UKW wiederholt worden ist,
sollte deutlich werden, mit welcher Energie von Traunreut im Kreise
Traunstein bis Espelkamp im Kreise Lübbecke von den Vertriebenen
und Flüchtlingen Neues gewagt und Hervorragendes geleistet worden
ist. (Aus diesen Sendungen, deren Kopien gelegentlich bei Jubiläen aus
Anlaß der Gründungsdaten etwa von Alsdorf bei Marburg oder Neutraubling bei Regensburg angefordert wurden und in Büchern als Dokumentationen abgedruckt worden sind, wollte ich ein Buch machen und
die Vergangenheit mit der Gegenwart konfrontieren. Leider ist es bei

diesem unausgeführten Plan geblieben.) Ein weiteres Sendethema hieß »Der unbehauste Mensch« und befaßte sich mit Problemen wie »Piding, Wartesaal der Südostdeutschen«, »Die Sowjetzonenflüchtlinge in Bayern«, »Kinder ohne Muttersprache«.
Selbstverständlich begleitete ich auch stets die aktuellen Ereignisse, entweder mit Magazin-Sendungen wie »Zwischen Elbe und Oder, eine Zonenzeitung«, »Zwischen Ostsee und Karpatenbogen« oder mit bunten Unterhaltungsprogrammen, wenn ein großes Treffen der Vertriebenen in Bayern stattfand, oder mit den aus der Aktualität der Ereignisse geborenen Kommentaren. Als das zweite Schlesiertreffen im September 1951 erstmalig in München stattfand, wurde der Zirkus Krone gemietet und erlesene Namen wie Edmund Nick als Dirigent und musikalischer Leiter oder Schlesiens größter Mundartdichter Ernst Schenke traten auf, der Komponist Herbert Jarczyk und der Volkskundler und meisterhafte Interpret des Schlesischen, Professor Wilhelm Menzel, lösten einander mit Musik und Wort ab.
Grausame Politik kam über den Sender zu Wort, als unter meiner Verantwortung die Ereignisse in Ungarn im Oktober und November 1956 zu kommentieren waren. Eine Ungarin, jüdisch-deutscher Herkunft, schrieb die ausgezeichneten Kommentare, sie wollte aus verständlichem Grunde aber diese nicht unter ihrem Namen sprechen, weil ihre Angehörigen noch in Ungarn lebten, weshalb diese Kommentare unter dem Namen ihres Ehemannes Franz Schönhuber gesendet wurden. Beide sind längst getrennt, Franz Schönhuber schlug sich auf die Seite der euphorischen Ostpolitiker wie Willy Brandt und Walter Scheel, griff mich ob meiner Opposition hierzu während meiner Zugehörigkeit zum Deutschen Bundestag jahrelang heftig an, um jetzt – so vielfarbig kann ein Chamäleon schillern – im extremen Gegensatz zu seinem einstigen Standpunkt ganz neue Ansichten und Argumente zu offerieren. Im Bayerischen Rundfunk äußerte sich zu dieser Zeit, 1956, Friedrich Carl Kobbe, für Hörspiel und Literatur verantwortlich, ungehalten über mich und die Kommentare, denn er meinte, daß dieser Hupka schuld daran sein könnte, wenn plötzlich Panzer der Roten Armee auf dem Königsplatz rollten.
Auch die sogenannte Zonenzeitung erregte Unmut bei Walter Kröpelin und Helmut Hammerscheidt, Ressortleiter von Politik und Zeitfunk. Man rieb sich an meinen Kommentaren und witterte »kalten Krieg«. Die zum Widerspruch und zum Protest bei Chefredakteur Walter von Cube versammelten Rundfunkkollegen erwarteten und favorisierten eine sanftere, sich mit der Situation abfindende Tonlage. Der viel und

gern in Bayern gehörte Chefredakteur und Kommentator Walter von Cube, obwohl wir beide gegensätzliche Positionen in der Deutschlandfrage bestritten, ergriff für mich und meine Kommentare Partei, nicht weil er mit ihnen übereinstimmte, sondern ob des Respektes vor der anderen Meinung, wohl auch um dem Bayerischen Rundfunk seine Eigenheit zu bekunden, gegensätzliche Standpunkte sowohl vortragen als auch tolerieren zu können. Überspitzt könnte man es auch so sagen: »Ich bitte um Widerspruch«, wie ein Buchtitel von Cubes Kommentaren lautete, sollte auch der Gegenposition eingeräumt werden. Diese geradezu vorbildlliche Toleranz Walter von Cubes habe ich hochgeschätzt. Als ich um ein Papier gleichsam als Zeugnis bat, nachdem ich nach Bremen als Programmdirektor berufen worden war, schrieb er, der inzwischen stellvertretender Intendant geworden war: »Hupka war vom 16. November 1945 bis zum 10. Juli 1957 Mitglied des Bayerischen Rundfunks beziehungsweise von dessen Vorgänger Radio München... Über seine eigentlichen Arbeitsgebiete hinaus hat er dem Bayerischen Rundfunk während seiner fast zwölfjährigen Zugehörigkeit als leitender Redakteur über eine das erwartete Maß weit hinausgehende Fülle von Anregungen, von Programmideen und von politischer und kultureller Substanz gegeben. Die unzweideutige Art, sich Meinungen zu bilden, sie zu vertreten und sich nur durch bessere Argumente überzeugen zu lassen, hat die Zusammenarbeit mit ihm fruchtbar gemacht und mit zu seinem hohen persönlichen Ansehen im Hause beigetragen.«
Im März 1947 hatte der aus Wien stammende Dr. Edmund Schechter die Geschäfte des Kontrolloffiziers von Radio München übernommen, seit dem 25. Januar 1949, als der Sender ganz in deutsche Hand überging und nun Bayerischer Rundfunk hieß, war er nur noch Berater des Intendanten Rudolf von Scholtz, einem zur katholischen Kirche konvertierten Deutschbalten, Journalisten und Übersetzer, gleich nach 1945 als Oberbürgermeister in Passau von den Amerikanern eingesetzt. Mit der Berufung von Schechter war die stark nach der äußersten Linken, auch zum Kommunismus neigende innere Führung von Radio München abgelöst worden. Sprecher dieser Gruppierung – von Horine geduldet, von Victor Vehlen geleitet – war der ständige Kommentator von Radio München, Herbert Gessner, der nach seinem plötzlichen Ausscheiden aus dem Sender sich als Kommentator des Ost-Berliner Rundfunks zu Worte gemeldet hat wie bald danach auch sein Nachfolger Karl-Georg Egel.
Schechter übermittelte mir die Einladung nach den USA für den Sommer 1949. Zusammen mit weiteren Kollegen aus den Sendern in der

amerikanischen Besatzungszone war ich für acht Wochen in den Vereinigten Staaten von Amerika und habe als Lernender Rundfunk studiert. Nach Rückkehr habe ich nicht nur im eigenen Sender berichtet (zusammen mit Dieter Fuss, der sich als erfahrener Nachrichtenredakteur und Autor von Features in den vielen Jahrzehnten seiner Zugehörigkeit zur Station einen guten Namen gemacht hat, und Alois Fink, der Jahrzehnte für das Bayerische in bester Qualität zuständig gewesen ist), sondern in zwei langen Aufsätzen in der von den Amerikanern herausgegebenen »Neuen Zeitung«, deren gelegentlicher Mitarbeiter ich war, meine Erkenntnisse und Folgerungen für die journalistische Arbeit ausgebreitet. Die Überschriften der beiden Aufsätze beschreiben bereits in aller Kürze die Summe der Eindrücke: »Freundlicher Rundfunk«, »Rundfunk im freien Wettbewerb«. Was heute selbstverständlich geworden ist, die Art, wie Rundfunk vermittelt wird und auch die Fülle des Angebotes, waren damals sensationelle Neuigkeiten. Ich zitierte den New Yorker Rundfunkkritiker John Crosby mit seinen an die Adresse der deutschen Besuchergruppen gesprochene Sätzen: »Die deutschen Besucher sind wie alle Ausländer tief von der Formlosigkeit (informality) des amerikanischen Rundfunks beeindruckt. Das europäische Radio, so erklärte einer der deutschen Rundfunkleute, gebe sich zu offiziell. Die Europäer haben noch nicht gelernt, über das Mikrophon zu einem kleinen Kreis von Menschen zu sprechen, der irgendwo vor dem Lautsprecher sitzt. Die Europäer sprechen so, als seien ihre Zuhörer die Versammlung eines großen Saales. Die private, inoffizielle Art des amerikanischen Rundfunks würde dem deutschen Rundfunk etwas von seiner Steife nehmen.« Auf zwei Tendenzen lasse sich, so schrieb ich, der amerikanische Rundfunk und Rundfunk überhaupt fest ausmachen: Informieren und unterrichten, um Gottes willen aber nie belehren wollen. Ein Rezept, das bis heute, nicht zuletzt auch im Fernsehen, keineswegs beachtet wird, denn das eigene Besserwissen und der vom produzierenden Journalisten sich selbst angemaßte moralische, hohe Anspruch sind genau das Gegenteil des Informierens und Unterrichtens, es wird belehrt und bis zum Überdruß missioniert.
Ich war sehr gern in den USA und habe diese seitdem wiederholt besucht. Während des ersten Aufenthaltes fielen die ersten freien Wahlen für den Deutschen Bundestag. Die von den deutschen jüdischen Emigranten herausgegebene und von Manfred George ausgezeichnet redigierte Wochenschrift »Der Aufbau« bat mich zu einem Kommentar gleich nach dem Wahltermin vom 14. August 1949. Für mich persönlich sprach ich dabei das Bedauern aus, an dieser Wahl nicht teilgenommen

zu haben; Briefwahl gab es damals noch nicht. Während des Aufenthaltes in den USA boten sich viele Gelegenheiten, auch Verwandte aufzusuchen, die ich zum ersten Male kennenlernte. Durch verwandschaftliche Verbindungen meiner Mutter kam ich auch mit Professor Otto Nathan zusammen, der in Washington lehrte, in New York wohnte und später der Nachlaßverwalter von Albert Einstein gewesen ist. Er war ein Pfälzer, wie seine deutsche Rede deutlich machte, aber zugleich ein glühender, geradezu ideologischer Pazifist, für den damals Kurt Schumacher als ein unverbesserlicher Nationalist und möglicher Kriegsanzettler galt, was zu den heftigsten Kontroversen geführt hat. Und diese haben über die Jahrzehnte, jeweils entsprechend den gerade herrschenden politischen Verhältnissen, angehalten, unserem gegenseitigen Verhältnis der Achtung voreinander aber nicht geschadet.

Zu denen, die in der ein wenig chaotischen Zeit von »Radio München« zu den schillerndsten Figuren gehörten, war der täglich den Nürnberger Kriegsverbrecherprozeß kommentierende Journalist Gaston Oulmàn. Seine Kommentare waren ebenso brennend aktuell wie scharf in der Akzentuierung. Als ich für die »Schwäbische Zeitung« in Augsburg beim Aufrollen des Falles Franz von Papen als Journalist in Nürnberg mit dabei war, habe ich in seinem schnellen und rasant gefahrenen Wagen von Nürnberg nach München neben ihm gesessen. An seiner kubanischen Nationalität, auf die er sich berief, und an seinem Namen war nichts Wahres, wie sich erst sehr spät herausgestellt hat. Zwar war er im Lager Moosburg von den Amerikanern befreit worden, doch saß er dort als Walter Ullmann nicht als politisch Verfolgter ein, sondern wegen Eigentumsdelikten.

Bekannt geworden bin ich in Bayern vor allem durch die regelmäßig gesendeten Buchbesprechungen, die seit dem Februar 1946 meine Domäne waren, so daß mich noch nach vielen Jahrzehnten der spätere Ministerpräsident Bernhard Vogel auf diese Buchbesprechungen angesprochen hat, denn er habe sie damals während seiner Münchner Studentenzeit regelmäßig gehört. Bereits 1956 schrieb die »Bayerische Rundfunk Zeitung«: »Seine Buchbesprechungen sind zum unentbehrlichen Bestandteil des Sendeprogramms geworden«. Sowohl literarische als auch politische Themen wurden in diesen Besprechungen behandelt wie auch in vielen Sendungen, mit denen ich so etwas wie Erwachsenenbildung und Volkshochschule betrieb. Die großen Namen der Weimarer Republik von Friedrich Ebert bis Heinrich Brüning, der Liberale Friedrich Naumann genauso wie der Sozialdemokrat Kurt Schumacher, zeitgeschichtliche Ereignisse wie die Konferenzen von Jalta und Potsdam waren Inhalt von Sendungen, die mit 45 bis 60 Minuten angesetzt waren. Ich war schon zu »Radio Bremen« ausgeflogen, als ich für die Sendereihe »Aus Romanen des 19. Jahrhundert« des Nachtstudios im Bayerischen Rundfunk Alessandro Manzoni, Nikolai Gogol, Theodor Fontane ausführlich gewürdigt habe. Und von meinen Auslandsreisen brachte ich Gespräche mit Max Tau aus Oslo und Fritz von Unruh aus New York mit. Auf dem Internationalen Kulturkritiker-Kongreß zum 800. Geburtstag der Stadt München diskutierte ich mit der schon genannten Philosophin und Politologin Hannah Arendt. Mir war es stets darum zu tun, nicht nur einseitig politisch oder einseitig geisteswissenschaftlich und literarisch informiert, belesen und kundig zu sein.

Während meiner Tätigkeit beim Münchner Sender hatte ich zusammen mit Gleichgesinnten die »Lessing-Gesellschaft zur Förderung der Toleranz« gegründet und auch eine Gesellschaft gleichen Namens in Nürnberg aus der Taufe gehoben. Unter Berufung auf die Parabel aus »Nathan dem Weisen« heißt es in einer Selbstdarstellung: »Der Kampf für Toleranz gilt jeder offenen und versteckten Form der Unterdrückung, die auf den Unterschieden der Rasse, des religiösen Bekenntnisses, der politischen Überzeugung, der nationalen und gesellschaftlichen Herkunft gründet. Er gilt im besonderen den durch Erziehung und Überlieferung tief eingewurzelten Vorurteilen, verallgemeinernden Schlagworten, jeder Art von Fanatismus und Kollektiv-Verurteilungen.« Der frühere Botschafter Deutschlands in Washington, Friedrich Wilhelm von Prittwitz und Gaffron, war unser erster Vorsitzender, übrigens der einzige deutsche Botschafter, der seinen Dienst quittierte, als Hitler an die Macht kam. Ich wurde bald sein Nachfolger. Der Frankfurter Soziologe Max Horkheimer wurde zu einem Vortrag eingeladen, aber auch Dr. Ernst Müller-Meiningen jr., einer der am häufigsten gedruckten Mitarbeiter der »Süddeutschen Zeitung«. Sein Vortrag blieb lange im Gedächtnis, denn er unterschied zu recht zwischen dem zu verurteilenden Antisemitismus und dem Recht zu eigenem Urteil, wenn man jemanden nicht mag, ganz gleich ob er nun Christ oder Jude, Weißer oder Schwarzer ist, womit er einen verlogenen Philosemitismus, der heuchelt und es mit seinem Urteil, wo dieses angebracht wäre, nicht ehrlich meint, gleichzeitig bloßstellen wollte. Mein Rundfunkkollege Felix Heidenberger übernahm nach meinem Weggang nach Bremen 1957 die Geschäftsführung der »Lessing-Gesellschaft«, aber sie hat leider nicht lange überlebt.

Zu den Aktivitäten der »Lessing-Gesellschaft zur Förderung der Toleranz« gehörte der Aufruf zu einer Protestveranstaltung gegen die Renaissance von Veit Harlan, den übel beleumundeten Regisseur des antisemitischen Hetzfilmes »Jud Süß« der nationalsozialistischen Ära. Zusammen mit unserer Gesellschaft hatten auch der Deutsche Gewerkschaftsbund, die Gesellschaft für christlich-jüdische Zusammenarbeit und die Hochschule für Politische Wissenschaften eingeladen. Veit Harlan hatte sich mit seinem neuen Film »Unsterbliche Geliebte« gerade wieder in Erinnerung gebracht. Der Münchner Sophiensaal war mit über 800 Besuchern bis auf den letzten Platz besetzt, als ich die Eröffnungsrede hielt. Die »Süddeutsche Zeitung« zitierte mich mit dem Satz: »Ärzte, die den Tod ihrer Patienten verschuldet haben, werden nicht mehr ihr Chirurgenmesser benutzen dürfen. Filmregisseure, die mitschuld an der Verteidigung des Antisemitismus sind, sollten nicht mehr an der Kamera stehen. Sie haben so ungeheuerlich versagt, daß man die Filmgewaltigen zur Rechenschaft ziehen sollte, die einem Harlan erneut mit dem Drehen von Filmen beauftragen. Wenn unsere Protestversammlung erreichen sollte, daß man ein wenig aufhorcht, nicht nur in den Kreisen des Films, sondern auch höheren Ortes, vor allem aber in der Öffentlichkeit, dann nehmen wir gern in Kauf, daß wir mit unserer Versammlung dem Unternehmen Harlan den einen oder anderen Mitläufer verschafft haben. Wir selbst aber wollen nicht untätig Zuschauer einer für unsere junge deutsche Demokratie ebenso peinlichen und, was die Folgen betrifft, furchtbaren Wiedergeburt der nationalsozialistischen Prominenz sein.«

Als 1955 das »Tagebuch der Anne Frank« auf die Bühne kam, meldete sich gleichfalls die »Lessing-Gesellschaft« zu Wort, um zu einer intensiven Diskussion über den Antisemitismus als Staatsräson des Nationalsozialismus einzuladen, wobei auch das Verhältnis der Elterngeneration zu ihren Kindern bezüglich der eigenen Verstrickung in Schuld und deren Aufarbeitung im Verhältnis zueinander Thema waren.

WIR –
Die junge Generation meldet sich zu Wort

Obwohl ich erst wenige Monate an einem eigenen Schreibtisch saß und Nachrichten für Radio München formulierte, gelegentlich auch die eine oder andere Nachricht kommentieren durfte, wagte ich die Herausgabe einer eigenen Zeitschrift. Am 1. Juni 1946 erschien die erste Nummer unter dem Titel »Wir und Heute«, mit der Unterzeile »Das Blatt der Jugend«. Dann gab es aber gleich eine Unterbrechung, denn die Nummer 2 datierte auf die zweite Septemberhälfte 1946, es hatten bereits nach dem Erscheinen der ersten Nummer die Schwierigkeiten eingesetzt. Das Blatt, das sich später auf eine verkaufte Auflage von 30 000 berufen konnte, bedurfte zum Erscheinen einer Lizenz durch die amerikanische Militärregierung, weshalb ihr Einspruch gegen den Titel ernst genommen werden mußte. Es gab schon auf dem Markt die von Amerikanern herausgegebene Halbmonatsschrift und Illustrierte »Heute«, und im Namen »Wir und Heute« sah man eine Konkurrenz, was an sich angesichts der unterschiedlichen Ressourcen und anvisierten Auflagenhöhe eher den Vergleich einer Konkurrenz zwischen Zwerg und Riese erlaubt hätte. Also wurde auf höhere Anordnung hin das »Heute« im Namen gestrichen. Gleichzeitig setzten Komplikationen mit dem Verlag ein. Helmut Kinon vom Tegernsee war unser erster Verleger, ein junger Mann, der sich mehr vorgenommen hatte als er zu leisten vermochte. Unser neuer Verlag war der Erasmus Verlag in München, der allerdings gleich nach der Währungsreform mit der Ausgabe von Anfang Juli 1948 (statt 50 Pfennigen wurden jetzt nur noch 30 Pfennige verlangt) sein Verlagsprodukt eingestellt hat. In dem Verlag steckte Schweizer Geld, und man ließ uns schalten und walten, wie wir wollten. Ein finanzielles Zuschußunternehmen war die Zeitschrift bestimmt nicht, zumal eigentlich nur die Herstellung Kosten bereitete, nicht die geringen Honorare der Mitarbeiter, die im Grunde das Entgeld für ihre Arbeit gern darin sahen, gedruckt zu werden und das Licht der Öffentlichkeit zu erblicken. Übrigens änderte sich auch die Unterzeile von Nummer 2 an, wir nannten uns nicht mehr »Das Blatt der Jugend«, sondern bescheidener »Ein Blatt der Jugend«. Im ersten Impressum erschienen die Namen Dr. Herbert Hupka, Bernhard Uecker und Willy Purucker, in dieser Reihenfolge. Später kam noch Albert Baier hinzu, aber das Impressum wurde im Verlauf der zwei Jahre zwischen Juni 1946 und Juli 1948 des öfteren geändert, denn so eine Redaktion junger Leute war keineswegs frei von Konflikten. Schließlich wurden im Impressum ich als Herausgeber genannt, Albert Baier und Bernhard Uecker als Redakteure. Dies hatte seinen Grund darin, daß es unvermeidliche Gegensätze zwischen den beiden ein wenig jüngeren Ur-Bayern und mir, dem Zugereisten, geben mußte, zwischen den süddeutsch Motivierten und dem eher preußischen Schlesier, der allerdings auch immer gern die Verbindung Schlesiens zu Österreich bekannt und sich in Bayern aus Überzeugung von einem Zentralisten zum Föderalisten gewandelt hat. Es waren nicht parteipolitische Gegensätze, die sich auftaten, sondern traditionelle und tendenzielle, aber wir haben trotzdem bis zum Schluß fleißig zusammengearbeitet.

Auf der ersten Seite der ersten Ausgabe heißt es in der Vorstellung von »Wir und Heute«: »Wir sind im ersten (damals so geschrieben) Weltkrieg oder in den ersten Nachkriegsjahren der Inflation und Weltwirtschaftskrise geboren. Den zweiten Weltkrieg führte Hitler mit uns als Soldaten und Arbeitssklaven. Jetzt sind wir politisch mündig geworden und dazu bestimmt, die Last den Vätern abzunehmen, die das Trümmerfeld sichten und in die Zukunft planen. Heute, das ist der Weg zum besseren Morgen, da der Fluch und die Schuld durch das von uns neu zu gewinnende Vertrauen wieder genommen werden. Zonendeutschland und die Verpflichtung zur Wiedergutmachung, auch das heißt Heute. Politik heißt in dieser Zeitschrift nicht das Bekenntnis zu einer Partei, das ist und muß die Sache jedes einzelnen sein, sondern Politik heißt Aufgeschlossenheit für die Wirklichkeit und das Erwägen aller Möglichkeiten. Wir müssen das Haus, in dem wir wohnen wollen, unsere Heimat und unser Vaterland vom Kellergeschoß an selbst bauen. ›Das Blatt der Jugend‹ soll das Parlament der Jugend werden. Wir sprechen für die Jugend und zur Jugend. Wir wollen uns aber auch ansprechen und belehren lassen von der älteren Generation. Wir wollen diskutieren und vom Wort zur Tat schreiten.« Auf dieser ersten Seite erschienen eine Reportage »Jugend baut auf« von Bernhard Uecker über das Handanlegen beim Aufbau der Münchner Universität, mit zwei dazugehörenden Fotos, und eine Zeichnung von Willy Purucker »Kurzer Prozeß«, mit den Gesichtern der in Nürnberg vom Internationalen Militärtribunal Angeklagten, die durch lange Bärte und greisenhafte Gesichter charakterisiert wurden. Die ganze Ungeduld der jungen Generation sprach aus dieser Zeichnung des begnadeten Zeichners und Mitautors der Zeitschrift, später als Autor von Fernsehspielen bestens bekannt geworden, wie überhaupt zur Redaktion und zum Kreise der Mitarbeiter Journalisten des Bayerischen Rundfunks und der gedruckten Medien zählten, Bernhard Uecker war später Jahrzehnte hindurch Kommentator und Berichterstatter des Bayerischen Landtags, Heinz Höhne wurde Redakteur des Nachrichtenmagazins »Der Spiegel«, Manfred Lütgenhorst leitender Redakteur beim »Münchner Merkur«.

Die Zeitschrift war aus einem Kreis von engagierten jungen Menschen entstanden, die ich durch meine Arbeit bei Radio München kennengelernt hatte, und es kamen dann als Mitstreiter junge Frauen und Männer hinzu, die jüngsten Jahrgänge waren die von 1929 und 1930, die sich an der Auseinandersetzung mit der Gegenwart beteiligen wollten. Schließlich bezog ich Studienfreunde aus meiner Leipziger Studentenzeit wie etwa Walter Müller-Seidel und Gerhard Heilfurth, Ordinarius in Marburg, in den Kreis der Mitarbeiter ein. Übrigens gab es zu jener Zeit den später viel beschworenen und auch tatsächlich vorhandenen Generationskonflikt nicht, im Gegenteil, wir wollten damals nicht nur debattieren und von neuem beginnen, wir wollten uns auch belehren lassen und uns gewissenhaft über die jüngste Vergangenheit und all das, was uns zwölf Jahre vorenthalten worden war, informieren. Da gab es Aufsätze über Friedrich Ebert, Matthias Erzberger, Walter Rathenau, Gustav Stresemann (verfaßt von Friedrich von Prittwitz und Gaffron, dem früheren Botschafter in den USA), Heinrich Brüning, über die Schriftsteller Franz Werfel, Kurt Tucholsky, Alfred Döblin, Stefan Zweig, über die Musiker Gustav Mahler und Paul Hindemith, über die Maler Max Liebermann, Max Beckmann und Xaver Fuhr. Die politischen Wortführer der Gegenwart wurden vorgestellt: Kurt Schumacher, Jakob Kaiser (auffallend ist, daß Konrad Adenauer fehlt), Wilhelm Pieck, Wilhelm Külz und, da wir in München unseren Erscheinungsort hatten, auch Wilhelm Hoegner, Josef Müller (»Ochsensepp« genannt), Thomas Dehler. In einer anderen Portraitreihe unterrichteten wir über die »Politiker, die über Deutschland beschließen«: Georges Bidault, Ernest Bevin, George Marshall und Wjatscheslaw Molotow. Erst im zweiten Jahrgang wurde die Leserbriefspalte gepflegt, und hier kam auch der bayerische Landesvorsitzende der KPD, Fritz Sperling, zu Wort, indem er die SED in Ost-Berlin verteidigte.

Außer durch die Karikaturen und Graphiken von Willy Purucker und Erwin Metz zeichneten sich die einzelnen Nummern vor allem durch kurze, nur wenige Zeilen zählende Glossierungen unter dem Obertitel »Im Brennglas« aus. Im allgemeinen waren wir nicht so offensiv und auf ein geradezu professionell wirkendes Kontra aus wie die gleichfalls für die junge Generation als Leser bestimmte Zeitschrift »Der Ruf«. Es könnte sogar im nachhinein der nicht unbegründete Vorwurf erhoben werden, daß wir zu etatistisch, pädagogisch und altklug eingestellt, zu sehr auf den Aufbau und das Positive ausgerichtet waren. Wir wollten, vor allem gilt das für mich, die Einheit Deutschlands nicht nur nicht aus dem Auge verlieren, sondern für die Wiedervereinigung des »Viergeteilten Deutschlands« – dies der Titel eines Aufsatzes von mir – eintreten und die Widersacher der Einheit beim Namen nennen. Meinen Leitartikel in Nummer 2 überschrieb ich »Deutschland – ein Fremdwort?«, einen anderen »Nach Westen wandernde Ostgrenze« und »Kreislauf des Hasses«. Nach der gescheiterten Münchner Ministerpräsidentenkonferenz 1947 nannte ich meinen Kommentar »Der deutsche Graben«, einen der letzten Aufsätze »Unser Berlin«. Über die Geschwister Scholl schrieb ich 1946 unter der Überschrift »Sieben von 70 Millionen« und gegen den Antisemitismus »Der falsche Ton«. Wir setzten uns mit der Tagespolitik auseinander, ohne einer Parteirichtung, wie in der Vorstellung des Blattes angekündigt, verpflichtet zu sein. Wir waren geradezu wild entschlossen, den Nationalsozialismus und dessen Erbe zu bekämpfen und leidenschaftlich für die Freiheit einzutreten, weshalb auch geschrieben wurde »Das Diktat der Partei«, »Freiheit verboten«, »Schaffen's die Parteien?«, »Die Partei der Unzufriedenen«, um gegen die uns zu omnipotent erscheinende Parteiendemokratie Stellung zu beziehen. Gerade zu dem wohl zu idealistisch gemeinten Leitartikel »Das Diktat der Partei« erreichten uns Zuschriften und Entgegnungen von Josef Müller (CSU) und Thomas Dehler (FDP). Mit der Moral in der Politik, die wir zwar nicht predigten, aber in unserer noch so jungen Demokratie wiederfinden wollten, taten wir uns angesichts des Augenscheins schwer: »Sind wir noch Christen?«, »Laßt uns Menschen werden«, »Christliche Internationale«.

An der Jahreswende 1947/48 zog ich eine bittere Bilanz: »Am Ende des Jahre 1947 stehen wir, Regierte und Regierungen, nicht anders da als zu Beginn eben dieses Jahres: mit leeren Händen. Es wird die Not verwaltet und das Nichts regiert. Nirgendwo läßt sich ein ›Silberstreifen am Horizont‹ entdecken. Wir machen uns einander selbst Mut, indem wir sagen, daß es doch nicht so weitergehen könne, daß endlich eine Wandlung kommen müsse. Die Hoffnung, so wollen es Besatzungsmächte und deutsche Regierungsvertreter, ist die unsichtbare Nahrung, die die Deutschen am Leben erhält, ihnen den Anreiz geben soll, weiter zu vegetieren.« Der so düster beginnende Artikel schloß mit den flehentlichen Sätzen: »Das Ohr der Welt wollen wir erreichen, nicht weil wir glauben, daß wir, so wie gestern Ausgezeichnete der Stärke, heute Ausgezeichnete des Leids wären, eine Mission des Leids zu erfüllen hätten, sondern weil leere Hände gefährliche Hände sind, umstürzlerische, zerstörende. Aufbau darf keine Phrase sein, kein Wort für rote Transparente, kein Füllsel für Ministerreden. Nüchtern, ohne Hoffnung und Begeisterung, werden wir nicht aufhören, von den leeren Händen zu sprechen. Es droht Unheil, wenn es immer nur bei betäubenden Selbstgesprächen bleibt.« Man hört aus solchen Sätzen den Ton von Kurt Schumacher heraus, von heute aus beurteilt, aber in der Tat, in diesen Jahren war Kurt Schumacher mein politisches Idol, als Sozialdemokrat, der früh gegen den Nationalsozialismus entschieden opponiert hatte, der zehn Jahre in den Konzentrationslagern Hitlers festgehalten worden war und der jetzt als kämpferischer Demokrat und Anwalt des geteilten Vaterlandes ohne Rücksicht auf die Kritik aus dem Ausland das Wort nahm.

Als ich die gebundenen Ausgaben der Jugendzeitschrift »Wir« einem Studenten der beginnenden neunziger Jahre zur kritischen Lektüre in die Hand gab, faßte er sein Urteil so zusammen: »Idealistische Aufbruchstimmung durchzieht die Zeitung. Ihre Artikel sind von einem gewissen Menschheitsoptimismus geprägt. Für eine Jugendzeitung nach heutigen Maßstäben recht anspruchsvoll, heutzutage als Jugendzeitung nicht zu vertreiben. Das Zielpublikum waren wohl Abiturienten und Studenten, eine Zeitung mit einem allgemeinbildenden Inhalt.« Diesem Urteil möchte ich nicht widersprechen, auch wenn in der Rückblende darauf verwiesen werden muß, daß wir alle, die wir uns damals zur jungen Generation zählten, ausgebrannt waren und von dem Verlangen beseelt, nachzuholen, aufzuholen, eingedenk des Wortes »Wissen ist Macht«. Bestimmt war die Geisteshaltung gar zu optimistisch und idealistisch, aber auch das gehört in jene Jahre nach 1945. Die heutige Untugend einer geradezu professionell gezüchteten Unzufriedenheit war damals noch unbekannt. Auch gab es damals noch nicht das Massenangebot an Informationen, im Gegenteil, Bücher waren noch Mangelware, die gängigen Informationen wurden durch die Tageszeitungen, die Zeitschriften und den Rundfunk vermittelt, weshalb es auch nicht zufällig geschah, daß viele der Mitarbeiter von »Wir« im Rundfunk arbeiteten und diese Zeitschrift als das nicht so schnell verrauschende und immer wieder nachzulesende gedruckte Wort sehr geschätzt haben.

Landsmannschaft Schlesien –
Gründung in Bayern

Gleich nachdem das Koalitionsverbot der amerikanischen Besatzungsmacht aufgehoben worden war, haben wir in München am 5. Juli 1948, genau zwei Wochen nach der Währungsreform, die Landsmannschaft Schlesien gegründet. Das heißt, wir nannten uns »Schlesierverein München«, und dieser Name hat bis heute bei den konservativen Schlesiern im konservativen Bayern Bestand gehabt. Das zum Münchner Schlesiertreffen 1951 geschaffene Erkennungszeichen, das an die Münchner Frauentürme angelehnte Wappen Schlesiens, hat sich gleichfalls nicht verändert. Wortführer der Gründungsversammlung war Walter Rinke, früher Kattowitz, dann Ratibor und Breslau, ein Zentrumsmann, nach der Gründung der Bundesrepublik Deutschland Ministerialrat im Bundesvertriebenenministerium, von 1953 bis 1957 Mitglied des Deutschen Bundestages für die CSU, erster Bundesvorsitzender der Landsmannschaft Schlesien. Er war ein eifriger und gelegentlich auch eifernder Sprecher der Schlesier. Die Charta der deutschen Heimatvertriebenen vom 2. August 1950, in Stuttgart-Bad Cannstatt beschlossen, trägt auch seine Unterschrift. Die Gründungsversammlung zählte 120 Teilnehmer, über ein Jahr später waren es bereits nahezu 2000 Mitglieder. Rinke hatte mich, ohne daß ich mich ins Gespräch gebracht hatte, als Vorsitzenden vorgeschlagen. Bereits in dem zu Ende gehenden Jahr 1945 hatte ich zusammen mit Landsleuten, die aber weit älter als ich waren, den Versuch zur Gründung einer schlesischen Vereinigung unternommen, dies vor allem mit dem Blick auf die während der wilden Vertreibungen in der Heimat zurückgebliebenen und auch festgehaltenen Familienmitglieder vieler vertriebener Landsleute. Darum auch unsere besondere Nähe zum Deutschen Roten Kreuz, das sich uns damals eher als Bayerisches Rotes Kreuz vorstellte. Aber für landsmannschaftlich gefügte Gründungen verweigerten die Amerikaner die Lizenz. Kaum waren wir im Sommer 1948 gegründet, Voraussetzung für die Lizenzierung durch die Besatzungsmacht waren blütenweiße Westen ohne auch nur einen bräunlichen Spritzer, luden wir bereits zur

»Schlesischen Kirmes« in die neben einer Werksküche gelegene riesige Betriebshalle ein. Es gingen auch gleich die Glastüren in Scherben, nicht so wie später gelegentlich, wenn ich irgendwo als Repräsentant der Landsmannschaft Schlesien von sogenannten antifaschistischen Gruppen angegriffen wurde, sondern weil mehrere Tausend in den Saal strömten, obwohl dieser gar nicht so viele Menschen zu fassen vermochte. Ich hatte als Festredner den Schriftsteller Horst Lange gewonnen, und er hielt eine Rede der Sehnsucht nach der Heimat und zugleich des Mutes zum Neubeginn in den neuen Wohnsitzen.
Am 12. Juni 1949 folgte die erste »Groß-Kundgebung«, und angekündigt waren »Die Rede des Oberpräsidenten a. D. Dr. Paul (mit falschem Vornamen) Lukaschek-Oppeln. Es sprechen ferner Ministerpräsident Dr. Hans Ehard München, Evangelischer Landesbischof Dr. Hans Meiser München, Reichstagspräsident a. D. Paul Löbe Breslau. Im Hinblick darauf, daß Dr. Lukaschek, der derzeitige Leiter des Hauptausgleichsamtes zum Lastenausgleich, und Paul Löbe zum Problem der Oder-Neiße-Linie sprechen werden, erwarten wir stärkstes Interesse.«
Wie bei zwei Schlesiern gar nicht anders zu erwarten: beide Redner schlossen ihre politischen Ausführungen mit Verszeilen schlesischer Dichter, ohne Poesie geht es bei den Schlesiern nicht, diesem Land der 666 Dichter, wie Detlef von Liliencron als Nicht-Schlesier spöttisch behauptet hat.
Auch in einer Landsmannschaft gibt es eine Hierarchie und einen demokratischen Aufstieg von unten nach oben. Nach vier Jahren als Vorsitzender in München wurde ich 1952 Landesvorsitzender in Bayern, zuvor schon war ich Bezirksvorsitzender von Oberbayern, 1954 stellvertretender Bundesvorsitzender und schließlich 14 Jahre später Bundesvorsitzender der Landsmannschaft Schlesien. Das Soziale stand neben dem Bekenntnis zum heimatlichen Herkommen im Vordergrund, immer begleitet von dem reichen Schatz der Kultur mit dem schlesischen Gütezeichen. Die Mehrheit der Mitglieder war keineswegs politisch bestimmt oder engagiert, man ging davon aus, daß die demokratischen Parteien in gemeinsamer Verantwortung für Schlesien und ganz Ostdeutschland eintreten und wirken. Erst mit den evangelischen und katholischen Memoranden in den sechziger Jahren, erst mit den im Fernsehen gezeigten Filmen, deren Tendenz offen lag, und aufgrund bestimmter politischer Äußerungen von deutschen und ausländischen Politikern wurden sich auch die Vertriebenen dessen bewußt, daß es um die Gemeinsamkeit beim Aufrechterhalten und Verfechten des eigenen Standpunktes nicht zum besten bestellt war.

Aber ich greife voraus. Ich gehörte allerdings von Anbeginn zu denen, die in eigener Sache dem politischen Aufklären, Informiertsein und Handeln das Wort geredet haben. Schon früh in den fünfziger Jahren, wenn man alte Sitzungsprotokolle heute nachliest, wurde zu Recht beklagt, daß die Öffentlichkeit kaum – wenn überhaupt – Anteil am Tun der Vertriebenen und den Aussagen und Handlungen ihrer führenden Kräfte nehme. Allzu vieles geschah im Ghetto, woran sich bis heute nichts geändert hat. Wäre eine Anfälligkeit der Vertriebenen zu Gewalt oder Radikalität zu registrieren gewesen, hätte ihr Tun bestimmt größte Aufmerksamkeit erregt. Man hat darum auch von der »Vertreibung der Vertriebenen aus der Öffentlichkeit« gesprochen. Wo es notwendig war, wo ich es als Politiker und Journalist zu tun vermochte, habe ich das Wort genommen.

Die erste große Anstrengung, die wir in München zu meistern hatten, war das Schlesiertreffen 1951, es war das zweite nach 1950 in Köln. Max Hönsch, ein Breslauer Konditormeister, später Hotelier in Kulmbach, als Geschäftsführer und ich mußten Neuland betreten, noch nie hatten wir so etwas vorher getan, ein Treffen für Hunderttausende zu organisieren. Es waren Mitte September geradezu sommerlich heiße Nächte, so daß, da die notwendigen Nachtquartiere fehlten, die Landsleute die Nacht im Freien verbracht haben. Als Treffpunkte der Heimatkreise dienten, da noch keine Messehallen zur Verfügung standen, Gaststätten in der Stadt, und diese konnten die Menschen kaum fassen. Der Königsplatz in München als Kundgebungsort war mit Zigtausenden Besuchern und Zuhörern überfüllt. Leider war dieses Treffen mit einer bitteren Tatsache verbunden, mit dem jähen Tod von Adolf Kaschny, dem Ratiborer Oberbürgermeister bis 1934. Jetzt war er, der sich in Detmold als Rechtsanwalt niedergelassen hatte, Landtagsabgeordneter der CDU in Düsseldorf. Er war nach München gekommen, woran ich eigentlich durch meine persönliche Einladung schuld war, um auf einer großen Versammlung über das Zusammenrücken und Zusammengehen der beiden schlesischen Landsmannschaften, denn inzwischen hatte sich eine Landsmannschaft der Oberschlesier gebildet (diese besteht bis heute neben der Landsmannschaft Schlesien), zu sprechen. Auf dem nächtlichen Heimweg wurde der gerade Siebzigjährige auf der breiten Ludwigstraße von einem amerikanischen Auto überfahren und war auf der Stelle tot. Ein schwerer Verlust, der mich bis heute wegen der von mir ausgesprochenen Einladung nicht losgelassen hat.

Aus diesen frühen fünfziger Jahren, in denen ich versucht habe, Leitli-

nien des politischen Handelns für Schlesien abzustecken, seien nur die Absage an jeglichen Nationalismus und die Bereitschaft zum Dialog aus den Aufsätzen »Das Jahr Zehn« und »Landsmannschaft und Außenpolitik« kurz zitiert: »Das an Schlesien begangene Unrecht muß wieder gut gemacht werden. Die Wegweiser dürfen aber nicht auf Nationalismus und Herabsetzung unseres polnischen Nachbarn gestellt sein, sondern müssen auf Heimatliebe und freundnachbarliches Verhältnis aller europäischen Völker, zu denen die Polen ebenso gehören wie all die anderen slawischen Völker, hinweisen.« In dem anderen Aufsatz heißt es: »Es ist nicht damit getan, daß wir als Heimatvertriebene uns immer nur unseren eigenen Standpunkt in einer Art Dauermonolog bestätigen. Wir müssen aus diesem Selbstgespräch heraus, wir müssen ins Gespräch mit der anderen Seite kommen.«
Als dem mit 40 Jahren Jüngsten im Bundesvorstand der Landsmannschaft Schlesien fiel es mir 1955 in Hannover auch zu, am Vorabend der großen Kundgebung während des fünften Schlesiertreffens – es sprachen Jakob Kaiser, Bundesminister für gesamtdeutsche Fragen, Otto Suhr, Regierender Bürgermeister von Berlin, Kurt Georg Kiesinger, Vorsitzender des Auswärtigen Ausschusses! – das Wort zur Jugend zu sprechen. Ich sagte unter anderem: »Die schlesische Jugend hat die Heimat nicht erlebt, aber sie hat sie ererbt. Aber ist es nicht so, daß wir in unserer Zeit unhistorisch aufwachsen, wie der Bonner Philosoph Theodor Litt kürzlich gesagt hat, und daß wir ein vergeßliches und undankbares Volk gegenüber unserer politischen und geistigen Geschichte sind, wie ich das gerade vor acht Tagen von dem großen und weisen Dichter Hermann Hesse in der Schweiz zu hören bekam. Wir wollen nicht Vertreibung mit Vertreibung vergelten, die vertriebene Jugend will es ganz bestimmt nicht. Aber fest steht, daß die gegenwärtigen Herren zu Unrecht auf unserem Lande sitzen. Wir sind gern Bundesgenossen der freien westlichen Welt, doch Bundesgenossenschaft, die nicht auch die politischen Probleme des Bundesgenossen miteinbezieht, ist eine einseitige Partnerschaft, an der uns nicht gelegen sein kann. Wir wollen keine Bundesgenossen mit verbundenem Munde sein. Wir möchten als Bundesgenossen nicht die Furcht hegen müssen, daß man uns auf der immer noch ausstehenden Friedenskonferenz mit unseren berechtigten Forderungen einmal allein stehen läßt. Gern haben wir zur Kenntnis genommen, daß der freie Westen bis jetzt die Oder-Neiße-Linie nicht als deutsche Ostgrenze anerkannt hat...
Gewiß, die schlesische Jugend ist keine Ratiborer und keine Glogauer, keine Breslauer und keine Gleiwitzer Jugend, sie hat ein viel größeres

Erbe zu verwalten sich vorgenommen – ganz Schlesien. Und dieses ganze Schlesien muß ihr als Erbe zum Erlebnis werden.«
In einer Auseinandersetzung mit dem Herausgeber der »Süddeutschen Zeitung«, Werner Friedmann, wandte ich mich gegen die von ihm wie auch sonst immer wieder aufgestellte Alternative: entweder Eingliederung oder Rückkehrwillen: »Für Sie«, so schrieb ich in einem Leserbrief, »gibt es nur ein Entweder-Oder. Vielleicht rührt das daher, daß Sie eingliedern und verschmelzen für gleichbedeutend halten. Die Schlesier, und für sie darf ich sprechen, werden auch als bayerische Staatsbürger nicht aufhören, Schlesier zu bleiben. Verschmelzen heißt, sein Herkommen verleugnen, Schlesien untreu werden. Eingliedern hingegen heißt, dieselben Pflichten und Rechte haben wie alle anderen Staatsbürger, ohne dabei auf sein landsmannschaftliches Anderssein zu verzichten. Gäben sich die Schlesier auf, ließen sie sich einschmelzen anstatt eingliedern, dann arbeiteten sie dem sowjetischen Machtblock in die Hände, denn dieser rechnet genau so, wie es Hitler getan hat, mit der Verjährung und dem Vergessen. Die Vertriebenen aber werden nicht aufhören, das unruhige Gewissen der gegenwärtigen Machthaber in unserer angestammten Heimat zu sein. ›Der Wunschtraum der baldigen Rückkehr‹ wird von keinem verantwortlichen landsmannschaftlichen Vertreter geträumt oder den Vetriebenen vorgegaukelt. Man sollte aber von keinem Vertriebenen verlangen, seinen Rückkehrwillen ob der gegenwärtigen politischen Konstellation aufzugeben.

ZWISCHENSTATION – RADIO BREMEN

Da der Posten eines Programmdirektors bei Radio Bremen seit drei Jahren unbesetzt war, sollte dies kurz vor Abgang des Intendanten von Radio Bremen, Walter Geerdes, endlich korrigiert werden. Ohne mein unmittelbares Zutun hatte man mich ausgeguckt. Ich hatte nur wiederholt geäußert, daß ich nicht auf dem Stuhl eines Abteilungsleiters für Ostfragen in München sitzen bleiben möchte. Walter Geerdes war der erste Intendant dieses kleinsten Senders der Bundesrepublik Deutschland. Bremen war ein Relikt der amerikanischen Besatzungszone und Exklave (das Freihalten des Hafens Bremerhaven war der Grund). Geerdes stand jetzt zur Wahl in Berlin, um dort Intendant des Senders Freies Berlin (SFB) zu werden. Die Wahl des Sozialdemokraten Geerdes, eines verschlossenen, aber energisch seine Pläne verfolgenden Mannes, war eigentlich nur eine Formsache. Bei meiner Berufung nach Bremen war die Absicht mit im Spiel, sich für diesen Posten eines Sozialdemokraten zu vergewissern. Ich wagte gern den Sprung nach Bremen, doch kaum daß ich mit der Arbeit im Mai 1957 begann, war der bisherige Intendant nach Berlin berufen. Er machte aus seinem Vorhaben kein Hehl, die beiden aus eigenen Kräften nicht lebensfähigen Sender miteinander zu verbinden, weshalb gleich nach meinem Dienstantritt die Bremer Programmgestalter wie auch Mitglieder der Aufsichtsgremien in mir so etwas wie den Statthalter eines ungeliebten Intendanten eines ungeliebten Vorhabens für die Zukunft gesehen haben. Geballtes Mißtrauen begegnete mir. Unten wurde gegen mich gegrummelt, und über mir war niemand, der für mich hätte gerade stehen können. Dazu kam auch gleich, daß jetzt ein neuer Intendant als Nachfolger von Geerdes zu wählen war, und die Wahl fiel am 8. Juli 1957 auf den vom Scheitel bis zur Sohle sozialdemokratisch bestimmten Journalisten der Deutschen Welle und früheren Nachrichtenredakteur der Deutschen Presseagentur, Heinz Kerneck, der wiederum gleich in mir einen intellektuellen Gegenspieler befürchtete, womöglich in einem geheimen Komplott mit Geerdes in Berlin. Die Redakteure des Senders störte auch, daß ich in der Tat intensive Verbindungen zum Bayerischen Rundfunk pflegte und Programmübernahmen vorschlug und auch durchsetzte, worin man eine Unterschätzung der Radio-Bremen-Produktionen zu sehen meinte. Da ich viele gute Kritiken in den Rundfunkkorrespondenzen gelesen hatte, überschätzte ich die Hörbarkeit und Akzeptanz von Radio Bremen. Schließlich war auch mein Engagement für die Vertriebenen nicht gerade Anlaß zur Zustimmung. Hinzu kam noch, daß man in den Aufsichtsgremien Rache am Intendanten Geerdes nehmen wollte, weil man meinte, von ihm »überfahren« worden zu sein, als er mit einem persönlichen Coup, an welcher Kritik auch etwas Wahres war, mich nach einem einstimmigen Votum des Verwaltungsrates als Programmdirektor durchgesetzt hatte. Es stand daher für mich bald fest, daß ich in Bremen nicht würde bleiben können und wollen, weshalb ich vertragsgerecht meine Kündigung zum 30. Juni 1959 aussprach und vorzeitig aus den Diensten ausscheiden konnte. Ich nutzte die Zeit, um in Hamburg beim Norddeutschen Rundfunk mehrere Wochen hindurch Fernsehen als Volontär zu lernen, und der Intendant Heinz Hilpert war mir großzügigerweise entgegengekommen.

Dem Rundfunk bin ich trotzdem treu geblieben, als Mitarbeiter vieler Rundfunkanstalten bis hin zu regelmäßig produzierten Halbstundensendungen für deutsche Programme in den USA. Nur einmal habe ich in bester Sendezeit einen zweiteiligen Film als Dokumentation über die Weimarer Republik für den Westdeutschen Rundfunk produziert. Es war ein Gespräch mit dem früheren Reichskanzler Hans Luther, aus Anlaß seines 80. Geburtstages am 10. März 1959. Er war 1925 und 1926 Reichskanzler, später Reichsbankpräsident und schließlich von 1933 bis 1937 Botschafter des Deutschen Reiches unter Adolf Hitler in den USA. In der Bundesrepublik Deutschland war er mit Gutachten zur Neugliederung des Bundesrepublik Deutschland beauftragt. Ein kluger und agiler Mann, der stolz darauf war, ein »Politiker ohne Partei«, wie er seine Memoiren betitelt hat, gewesen zu sein.

Wilhelm Kaisen war als Bremens Bürgermeister die überragende politische Gestalt der Freien Hansestadt Bremen, ein Mann aus dem Volk und ein visionär in die Zukunft denkender und handelnder Politiker der ersten Stunde. Zum Tag der Heimat im September 1957 war er der Hauptredner und er begann seine Rede mit dem Grußwort an die zum »Tag der Arbeit« Versammelten! Dazu fügt sich die Anekdote, daß Bremer Schulkinder bei der Fahrt durch den Kaiser-Wilhelm-Kanal diesen kurz »Wilhelm-Kaisen-Kanal« titulierten. Kaisen umgab stets

das Fluidum – besser gesagt die Aura – des pflichtbewußten, gerechten und zugleich bescheidenen Landesvaters.
Das Jahr 1957 war nicht nur wegen meines Neubeginns in Bremen ein für den eigenen Lebenslauf bedeutsames Jahr, sondern auch deswegen und dies vor allem, weil ich am 29. Oktober an einem herrlichen, sonnendurchfluteten Herbsttag in der Klosterkirche in Andechs, diesem barocken Juwel, Eva Zink, die gebürtige Münchnerin, geheiratet habe. Andechs war absichtlich als Ort für die kirchliche Trauung gewählt worden, denn Andechs ist der Geburtsort der späteren Herzogin von Schlesien, der Heiligen Hedwig, und diese die Schutzpatronin Schlesiens, aus dem Geschlecht Andechs-Meranien stammend. Nach der Wende von 1989/90 habe ich zusammen mit meiner Frau inzwischen endlich auch das Kloster Trebnitz, Gründung der Heiligen und ihre Begräbnisstätte, besuchen können. 1960 wurde dann unser Sohn Thomas geboren.
Auch wenn wir inzwischen eine schöne Wohnung in der Bremer Rutenstraße unweit der prachtvollen Contrescarpe bezogen hatten, hatte ich keine Scheu, meine Fühler, um mich neu irgendwo zu verpflichten, weit auszustrecken. Eine Rückkehr zum Bayerischen Rundfunk bot sich zunächst an, zumal man mich nicht gern hatte ziehen lassen, mein Weggang sei, wie sich Walter von Cube geäußert hatte, ein »Verlust für den Sender« gewesen. Nun war der Posten eines Programmdirektors so hoch in der Rundfunkhierarchie, daß man mir meinen alten Posten als Abteilungsleiter für Ostfragen nicht mehr anbieten wollte. Ich erfuhr viel Schmeichelndes, auch vom Intendanten Franz Stadelmayer, aber ein Neubeginn am alten Ort schied bald aus. Auch andere Rundfunkanstalten wie zum Beispiel der Westdeutsche Rundfunk, wo ich mich an Edmund Nick, den von mir hochgeschätzten Leiter der Musikabteilung gewandt hatte, konnten mir keine Offerte machen. Auch beim Intendanten des Südwestfunks Friedrich Bischoff klopfte ich an. Es wurden da und dort auch meine Vorschläge, sogenannte Programmideen, bereitwillig aufgenommen, aber nirgendwo öffnete sich eine Tür für den Runkfunkjournalisten.
Ich ging daher sehr gern zur Presse, um als schreibender Journalist mein Brot zu verdienen. Daß es dann auch noch in Bonn, der Bundeshauptstadt, sein sollte, wurde gern akzeptiert, denn hier konnte ich auf jeden Fall zur Politik (nicht zuletzt auch zum Bundesvertriebenenministerium und zum Bundesministerium für gesamtdeutsche Fragen und deren Ressortchefs) auf Tuchfühlung gehen. Mein Dienstantritt als Pressechef beim Kuratorium Unteilbares Deutschland im Februar 1959

bestimmte für die nächsten Jahrzehnte meinen Lebensweg als Journalist und Politiker. Bonn wurde mein Arbeitsplatz und unser Wohnsitz. Als ich 1963 mit dem Verleger des Verlags Langen Müller in München, Hans Schondorff, auf der Rheinterrasse zusammensaß und ihm nahelegte, ohne überhaupt dabei an mich gedacht zu haben, er sollte zu seinen Bänden mit dem Obertitel »Einladung nach...« nicht nur nach Israel oder Rhodos einladen, sondern auch nach Bonn, nahm er diese Anregung gern auf und fragte mich bald danach, ob ich nicht bereit sei, eine Anthologie »Einladung nach Bonn« für den Verlag zu edieren. Und so geschah es dann auch, daß ich mich nach gerade fünf Jahren Aufenthalt in Bonn sehr intensiv mit den letzten Jahrhunderten und den jüngsten Jahrzehnten von Bonn beschäftigt habe, wobei mir die Stadtbücherei und alteingesessene Bonner helfend zur Seite standen. Das Buch, das 1964 erschien, wurde ein Erfolg und erreichte drei ergänzte und erweiterte Auflagen, eine vierte, um die ich in den siebziger Jahren gebeten worden war, bin ich bis heute schuldig geblieben. Stolz war ich, daß auch die eingesessenen Bürger einschließlich des seinerzeitigen Oberbürgermeisters Wilhelm Daniels Gefallen an diesem Buch gefunden hatten. Manches Zeugnis zu Bonn habe ich ausgraben können, mußte allerdings später festellen, daß derlei Fundsachen inzwischen ohne jeglichen Bezug zum ersten Entdecker gern nachgedruckt werden.

AUF DEM DEUTSCHLANDTREFFEN
DER SCHLESIER –
ADENAUER UND BRANDT

Zur Eröffnung des Schlesiertreffens 1961 in Hannover sagte der Bundesvorsitzende der FDP, der aus Groß Strehlitz in Oberschlesien stammende Dr. Erich Mende: »Der Bundesvorstand der Landsmannschaft Schlesien war gut beraten, als er sich entschloß, den Exponenten der politischen Parteien die Möglichkeit zu geben, auf diesem Schlesiertreffen 1961 das Wort zu ergreifen. Dadurch, daß sich die Exponenten der für das politische Schicksal der Bundesrepublik Deutschland verantwortlichen Parteien zu Schlesien und zu den Schlesiern bekennen, kommt diesem Treffen weit über das landsmannschaftliche Ausmaß hinaus eine allgemeine politische Bedeutung zu. Die Sache der Schlesier wird damit über den Rahmen des Landsmannschaftlichen hinaus zu einer Angelegenheit des ganzen deutschen Volkes.« Ich hatte die Großkundgebung in Hannover zu leiten und konnte am 12. Juni vor 120 000 versammelten Landsleuten und Mitbürgern – auf dem Treffen selbst, das drei Tage währte, wurden 300 000 Teilnehmer gezählt, es war das größte derartige Treffen in der Geschichte der Landsmannschaft Schlesien – in der zu beachtenden Rangfolge – begrüßen: Bundeskanzler Konrad Adenauer, zugleich für die CDU, Berlins Regierenden Bürgermeister Willy Brandt, zugleich für die SPD, Frank Seiboth für die Gesamtdeutsche Partei (hervorgegangen aus dem Gesamtdeutschen Block/Bund der Heimatvertriebenen und Entrechteten BHE), Hinrich Wilhelm Kopf, Ministerpräsident von Niedersachsen, dem Patenland für Schlesien und die Schlesier, den Bischof der Diözese Hildesheim, Heinrich Maria Janssen, den Weihbischof des Erzbistums Köln, früher Breslau, den Schlesier Joseph Ferche, für die Evangelische Kirche Professor Joachim Konrad, der am 30. Juni 1946 die letzte deutsche Predigt in der Breslauer Elisabethkirche gehalten hatte, und Prinz Louis Ferdinand von Preußen. Daß die politische Prominenz das Wahljahr im Kopf hatte und auch deswegen gern zugesagt hatte, lag nah. Auf einer nächtlichen Jugendkundgebung sprach Brandt selbstverständlich ausführlich über Berlin, fast auf den Tag zwei Monate vor Errichtung der

Mauer am 13. August 1961: »Es gehört nicht viel Phantasie dazu, um sich vorzustellen, daß wir vor einer neuen harten Auseinandersetzung um die bedrängte deutsche Hauptstadt stehen.« In seiner Rede hieß es dann zu Schlesien: »Schlesien bleibt in unserem Bewußtsein ein deutsches Land. Es wäre unmenschlich, wenn man uns auch noch die Erinnerung an die Heimat aus dem Herzen reißen wollte. Keine Macht dieser Welt wird uns daran hindern, unser ganzes Wollen auf die Wiederherstellung unserer staatlichen Einheit zu konzentrieren und mit friedlichen Mitteln um eine gerechte Grenzziehung und um das Recht auf Heimat zu ringen. Und jeder deutsche Politiker muß sich verpflichten, daß er keine nationalpolitische Entscheidung hinter dem Rücken unserer heimatvertriebenen und geflüchteten Landsleute treffen wird. Die Bundesrepublik ist kein Endziel, weder im Verhältnis zur europäischen Gemeinschaft noch im Verhältnis zur nationalen Einheit. Die große Welle der Selbstbestimmung, die das Denken und Handeln der Völker in allen Kontinenten des Erdballes erfaßt hat, wird nicht vor den Toren Berlins haltmachen, sie wird auch nicht an den Grenzen des deutschen Volkes vorbeigehen.«
Bundeskanzler Adenauer nutzte seine Rede zu einer ersten Antwort auf die Schriftstücke, die Nikita Chruschtschow kurz zuvor in Wien Präsident John F. Kennedy in bezug auf Deutschland übergeben hatte und die »diese Nacht Moskau veröffentlicht hat«. Adenauers Rede erschien darum unmittelbar danach im Bulletin der Bundesregierung, worin es hieß: »Bisher ist es nicht so klar zutage getreten, was Sowjetrußland will: es will uns Deutsche so lange wie irgend möglich niederhalten. Es wirft uns vor, wir seien Militaristen und Revanchisten, dabei weiß man ganz genau, daß keine Silbe davon wahr ist. Meine lieben Freunde aus Schlesien, gerade Ihnen brauche ich wohl nicht mit vielen Worten zu sagen, daß derartige Spannungen, derartige Verwicklungen, wie sie sich seit nunmehr 20 Jahren über den ganzen Erdball erstrecken, nicht von heute auf morgen beseitigt werden können. Verlieren Sie – ich bitte Sie darum – nicht den Mut, verlieren Sie nicht die Hoffnung und pflanzen Sie diesen Ihren Willen Ihrer Jugend ein, die auch heute wieder so zahlreich hier erschienen ist. Denken Sie daran, daß das Saarland erst nach 37 Jahren sein Ziel, die völlige Ruhe und den völligen Aufgang in der Bundesrepublik, gefunden hat. Denken Sie auch daran, daß Elsaß-Lothringen, nachdem es 1871 gegen seinen Willen von Frankreich getrennt war, erst nach 47 Jahren wieder, seinem Willen entsprechend, zu Frankreich zurückgekommen ist. Haben Sie Geduld, haben Sie Ausdauer, haben Sie Hoffnung. Unser Ziel ist es, dafür zu arbeiten, daß

die Gegensätze der Nationalstaaten in Europa im Laufe der Zeit verschwinden. Das gilt auch für die europäischen Länder, die jetzt dem Ostblock angehören. Unser Ziel ist, daß Europa einmal ein großes, gemeinsames Haus für alle Europäer wird (dies wurde Jahrzehnte später ein geflügeltes Wort von Michail Gorbatschow!), ein Haus der Freiheit. Die Einheit Europas wird auch Ihren Wünschen und Ihren Forderungen Erfüllung bringen. Jeder Schritt, den wir in der Integration zunächst Westeuropas tun, ist auch ein Schritt auf dem Wege zu Ihrer Heimat. Halten Sie fest an Ihrem Willen! Halten Sie fest an Ihrer Hoffnung! Ich bin dessen sicher, daß eines Tages der Tag der Erfüllung auch für Sie kommen wird.«

»Neues Deutschland«, Zentralorgan der SED, überschrieb seinen Bericht »Bonn besteht auf Hitlerannexionen« und meldete »Ehrengast Brandt führte den Umzug an«. ADN, die kommunistische Presseagentur, schrieb: »Mehr als 200 000 frühere Bewohner Schlesiens waren als Menschenkulisse nach Hannover transportiert worden. Auf sentimentalen Heimatabenden weich gemacht, mit Fanfarenklängen aufgeputscht, versehen mit dem Segen der Kirche, wurden sie mißbraucht, der Verkündigung dieser regierungsamtlichen Revanchistenpolitik geräuschvoll Jubel zu spenden – ganz wie das im Nazi-Staat Brauch war.«

Während dieses Teffens in Hannover wurde auch zum ersten Male die höchste Auszeichnung der Landsmannschaft Schlesien, der Schlesierschild, verliehen. (Er darf nur an 30 lebende Persönlichkeiten, die sich um Schlesien verdient gemacht haben, vergeben werden.) Die ersten Träger des Schlesierschildes waren Paul Löbe, der niedersächsische Ministerpräsident Hinrich Wilhelm Kopf, 1950 Begründer der Patenschaft zwischen Niedersachsen und Schlesien, und Wolfgang Jaenicke, während der Weimarer Republik Regierungspräsident in Breslau und Potsdam, nach 1945 Staatssekretär für das Flüchtlingswesen in Bayern und schließlich Botschafter in Pakistan und beim Heiligen Stuhl.

Zwei Monate nach dem Film von NDR-Chefreporter Jürgen Neven-DuMont »Polen in Breslau« fand vom 7. bis 9. Juni 1963 das 10. Schlesiertreffen in Köln statt, an dem wieder Bundeskanzler Konrad Adenauer teilnahm. Auch Berlins Regierender Bürgermeister, Willy Brandt, der an der Spitze der schlesischen Jugend auf den Festplatz am 9. Juni einzog, war als Redner auf der Hauptkundgebung vorgesehen. In der Berichterstattung über das Treffen, an dem 280 000 Teilnehmer anwesend waren, allein auf dem Festplatz 80 000, standen weniger die Reden der beiden Politiker im Vordergrund als vielmehr der Zwischenfall während der Hauptkundgebung. An der Anwesenheit des eifrig auf

einer über den Köpfen der versammelten Schlesier herausragenden Tribüne filmenden NDR-Fernsehreporters Neven-DuMont erhitzten sich die Gemüter. Den letzten Anstoß gaben die Worte des Bundesvorsitzenden der Landsmannschaft Schlesien, des niedersächsischen Landesministers a. D. Erich Schellhaus. Er bezichtigte den Reporter aufgrund seines jüngsten Filmes der »gefährlichen Lüge«. In dem Film war, was den Teilnehmern an dem Treffen gegenwärtig war, gezeigt worden, daß die Schlesier selbst schuld daran seien, wenn heute Polen die Herren in Schlesien und seiner Hauptstadt Breslau sind, denn sie seien, wofür ein Meer von Hakenkreuzfahnen sprechen sollte, gläubige Anhänger Hitlers gewesen. Zwischenfrage: Wo in Deutschland war unter Hitler aus jeweils sich bietendem Anlaß nicht ein Meer von Hakenkreuzfahnen zu sehen?
Übrigens war wenige Wochen nach dem umstrittenen Fernsehfilm zu erfahren, daß Neven-DuMont während der Aufnahmen in Breslau auch den aus Oberschlesien stammenden Professor der Germanistik Marian Sczyrocki, der sich durch seine Forschungen zum Werk von Andreas Gryphius ausgezeichnet und der mit mir während seiner Aufenthalte in Bonn persönlichen Kontakt über die Jahrzehnte vor der Wende gehalten hat, aufgesucht hatte und bei ihm erst auf das von mir 1955 herausgegebene Buch über »Breslau – Hauptstadt Schlesiens« gestoßen war. Dies war nicht gerade die beste Vorbereitung für einen Film über Breslau, wenn man Literatur zu diesem Thema erst in Breslau selbst, obwohl seit langem in einem deutschen Verlag erschienen, in die Hand bekommen hat. Der Film hatte sich vorgenommen, »daß wir die Wahrheit zeigen wollen und daß wir die Wahrheit vertragen müssen«. Aber die geschichtliche Wahrheit und die Rechtsposition waren auf der Strecke geblieben. Darum waren Aufschrei und Empörung durchaus zu verstehen. Nun drehte derselbe Journalist einen neuen Film auf dem Schlesiertreffen. Die Wogen der Empörung gingen hoch, und es waren Kräfte der Landsmannschaft Schlesien, die jede Gewalt, die zu eskalieren drohte, verhinderten und für die Sicherheit des Fernsehautors gesorgt haben. Der Betroffene und auch die Medien stellten es später ganz anders dar. Der Fernsehmann, der gerade seinen neuen Film »Sind wir Revanchisten?« vorbereitete, hatte hinterher erklärt, »daß er und sein Team von einer Hundertschaft der Polizei vor den aufgebrachten Kundgebungsteilnehmern geschützt werden mußten«. Richtig daran ist, daß in der Tat Polizei während der Kundgebung zugegen war, denn es sollte Bundeskanzer Konrad Adenauer sprechen, so daß das Eingreifen der Polizei lediglich den Schutz verstärkte, denn die Landsmannschaft

Schlesien ließ verlauten: »daß sich 30 junge Schlesier um die Fernsehtribüne von Jürgen Neven-DuMont scharten, um ihm persönlich Schutz zu gewähren«. Das in Hamburg erscheinende »Sonntagsblatt« überschrieb seinen Kommentar ebenso knapp wie falsch »Faustrecht in Köln«. Der den Hunderttausenden nicht gerade willkommene Fernsehautor ließ genüßlich verbreiten, daß er nur dank der Polizei vor einer Lynchjustiz gerettet worden sei.
Da ich die Kundgebung auf dem Kölner Messegelände zu leiten hatte, war mein Sitz neben dem des Bundeskanzlers. Noch während der Kundgebung erklärte Adenauer mir gegenüber, worüber ich später in der schlesischen Presse auch berichtet habe, »daß er als Kölner, wenn ihm Ähnliches passiert wäre wie jetzt durch den Film den Schlesiern, genau so reagiert hätte«. Acht Tage nach diesem Schlesiertreffen sollte Adenauer vor den Ostpreußen reden, doch sagte er ab und tat dies ausdrücklich aus dienstlichen Gründen, weshalb er die Öffentlichkeit auch darüber informierte: »Meine Absage hat nichts mit der berechtigten Erregung der Schlesier zu tun, die wegen einer zweifelhaften Fernsehsendung entstanden ist. Die Bundesregierung tritt unverändert für das Recht auf Heimat und Selbstbestimmung ein.« Ich schrieb in meinem Bericht für die SPD-Wochenzeitung »Vorwärts«: »Ob es angesichts dieser umstrittenen Fernsehsendung (schon Kölns sozialdemokratischer Oberbürgermeister Theo Burauen hatte in seiner Eröffnungsrede am Tage zuvor die Sendung kritisiert) klug war, daß der Norddeutsche Rundfunk den Verfasser der umstrittenen Fernsehsendung, Chefreporter Neven-DuMont, nach Köln als Hauptberichterstatter entsandte und auf der erhöhten Fernsehtribüne postierte, muß bezweifelt werden.« Jedenfalls lag die Berichterstattung der Medien nach dem Treffen einseitig und einhellig auf seiten von Neven-DuMont.
In seiner Rede am 9. Juni erinnerte Brandt an die schlesische Tradition der SPD und nannte Ferdinand Lassalle, den Gründer der SPD, weshalb diese auch im Jahre 1963 das hundertjährige Bestehen feierlich beging, in Breslau geboren, auf dem jetzt wiederhergerichteten jüdischen Friedhof beigesetzt, Paul Löbe, »unser väterlicher Freund«, auch daß »auf dem letzten Erdenweg von Kurt Schumacher, dem leidenschaftlichen Patrioten, seinen Sarg eine Breslauer Fahne deckte«. Es seien noch diese Sätze aus seiner Rede zitiert: »Wer die Oder-Neiße-Linie als eine Grenze bezeichnet, die innerlich vom deutschen Volk akzeptiert ist, der belügt die Polen, auch den Polen ist mit falschen Freunden nicht gedient. Verzicht auf Gewalt bedeutet nicht die Hinnahme der Gewaltanwendung anderer. Die gegenwärtige Grenzlinie zwischen Deutsch-

land und Polen ist weder von den Polen noch von uns Deutschen bestimmt worden. Das Diktat des Jahres 1945 ist keine Sache der Völker. Wir bekennen uns zur deutschen Geschichte mit ihren Tiefen und Höhen. Auch Schlesien ist nicht wegzudenken aus unserer Geschichte...«
Der Vorstand der SPD, gezeichnet vom Parteivorsitzenden und seinen beiden Stellvertretern, von Erich Ollenhauer, Willy Brandt und Herbert Wehner, hatte der Landsmannschaft Schlesien zum Deutschlandtreffen in Köln ein Grußtelegramm geschickt, das schon deswegen hier wörtlich wiedergegeben werden soll, weil es eine so klare Aussage enthält, wie sie überzeugender gar nicht hätte formuliert werden können. Dieses Grußwort ist seitdem, vor allem während der Debatte um die Ostverträge von 1970, immer wieder zitiert und der SPD vorgehalten worden: »Breslau – Oppeln – Gleiwitz – Hirschberg – Glogau – Grünberg, das sind nicht nur Namen, das sind lebendige Erinnerungen, die in den Seelen von Generationen verwurzelt sind und unaufhörlich an unser Gewissen klopfen. Verzicht ist Verrat, wer wollte das bestreiten: Hundert Jahre SPD heißt vor allem 100 Jahre Kampf für das Selbstbestimmungsrecht der Völker. Das Recht auf Heimat kann man nicht für ein Linsengericht verhökern – niemals darf hinter dem Rücken der aus ihrer Heimat vertriebenen oder geflüchteten Landsleute Schindluder getrieben werden. Das Kreuz der Vertreibung muß das ganze Volk mittragen helfen: Vertriebene und geflüchtete Landsleute sind keine Bürger zweiter Klasse, weder in der Wirtschaft noch in der Gesellschaft. Daß es ihr ernst damit ist, hat die SPD bewiesen. Der Wiedervereinigung gilt unsere ganze Leidenschaft. Wer an diesem Feuer sein kleines Parteisüppchen zu kochen versucht, kann vor dem großen Maßstab der Geschichte nicht bestehen. Wir grüßen die Schlesier.« Selbstverständlich war das Grußwort, da es rechtzeitig eingetroffen war, in der Festschrift, Motto »Bekenntnis zu Schlesien«, abgedruckt. Der Entwurf dieses Grußwortes stammte von Hans Stephan, der in der »Baracke« als gebürtiger Breslauer für die Belange der Vertriebenen und Flüchtlinge zuständig und zugleich innerlich engagiert war.
Die Rede des Bundeskanzlers am 9. Juni in Köln war die letzte Rede, die Konrad Adenauer vor den Schlesiern und den vertriebenen Deutschen gehalten hat. Es war keine sehr starke Rede. Die Charta der deutschen Heimatvertriebenen und das kulturelle Erbe, wobei der Satz fiel: »Mich hat in meiner Jugend kein deutscher Dichter so beeinflußt wie Eichendorff«, wurden zuerst angesprochen, bevor ein etwas optimistischer Ausblick gewährt wurde: »Mir scheint heute, daß sich der

Beginn einer besseren – oder lassen Sie mich sehr vorsichtig sagen –, einer Besserung der Atmosphäre zeigt. Ich möchte hier besonders auch die Beziehungen hervorheben, die wir zu Polen angeknüpft haben. Ich bin der Auffassung, daß es nur bei sehr vorsichtiger Anknüpfung wirtschaftlicher Beziehungen einmal möglich sein wird, auch politischen Entwicklungen damit den Weg zu bahnen. Mir scheint doch, als wenn wir auf diesem Wege Schritt für Schritt dem Ziel näherkommen, näherkommen einer Ordnung im östlichen Europa parallel der Ordnung im westlichen Europa, die allen Europäern die Möglichkeit gibt, nach ihrem eigenen Willen dort zu leben.«
In meiner Ansprache als stellvertretender Bundesvorsitzender der Landsmannschaft Schlesien verwies ich auf den gerade unterzeichneten deutsch-französischen Vertrag als Modell für den einmal abzuschließenden deutsch-polnischen Vertrag »eines neuen gutnachbarschaftlichen Verhältnisses«. Da immer wieder auf Hitler zur Begründung der Vertreibung abgehoben werde, erklärte ich: »Mit Hitler und den in seinem Namen begangenen Verbrechen kann zwar die heutige Situation erklärt, aber nicht gerechtfertigt werden. Man kann nicht Unrecht mit Unrecht kompensieren. Es sind nicht nur unter dem Nationalsozialismus furchtbare Verbrechen gegen die Menschlichkeit begangen worden, auch unter dem Kommunismus wurden und werden Verbrechen gegen die Menschlichkeit begangen. Die Absage an das Unrecht von gestern ist zugleich eine Absage an das Unrecht von heute. Freiheit setzt voraus, daß sie die Unfreiheit überwindet. Was vor zehn Jahren am 17. Juni 1953 geschehen ist, ist im Grunde das Programm unseres eigenen Tuns: Eintreten für die Freiheit und gegen die Unterdrückung, handeln für das Recht und die soziale Gerechtigkeit. Die Teilung unseres Vaterlandes darf uns nicht ruhen lassen. Der von den Heimatvertriebenen wiederholt bekräftigte Verzicht auf Gewalt darf nicht die Anerkennung der Gewaltanwendung durch andere Mächte bedeuten. Das Selbstbestimmungsrecht, das wir als deutsches Volk in Anspruch nehmen, darf nicht dividiert werden in ein Selbtsbestimmungsrecht höheren und minderen Ranges. Die Heimatvertriebenen haben genau so einen Anspruch auf die Gewährung des Selbstbestimmungsrechtes wie die Bewohner Berlins und die 17 Millionen in Mitteldeutschland und die 50 Millionen in der Bundesrepublik Deutschland.«

»Berufsvertriebene« –
Auseinandersetzung mit polnischen
Stimmen

Im August 1960 besuchte ich London und hier Repräsentanten der polnischen Emigration. Die Gespräche kamen durch den Vorsitzenden der polnischen Sozialdemokratie, Adam Ciolkosz, zustande, der wiederum die Verbindung zur sudetendeutschen Sozialdemokratie in Großbritannien gehalten hatte, und hier wirkte weiterhin, weil er – anders als Wenzel Jaksch – nicht nach Deutschland zurückgekehrt war, Rudolf Storch. Als Sozialdemokrat ein Konservativer und somit Harry Hochfelder ähnlich, diesem großartigen zum Mitglied der englischen Konservativen gewordenen Analytiker der nationalen englischen, aber auch der deutschen Politik und der Weltlage, den Blick immer kühn und visionär auf die Zukunft der Sudetendeutschen und ihrer sudetendeutschen Heimat gerichtet. Die Verbindung zur polnischen Emigration hatte Storch für mich geknüpft. Während meines Londoner Aufenthaltes kam es dann auch zu einem ausführlichen Gespräch mit General Wladyslaw Anders, der sich durch die Einnahme von Monte Cassino unter der mitentscheidenden Beteiligung polnischer Verbände einen hervorragenden Namen gemacht hatte und so etwas wie der mythische Kopf der polnischen Emigration gewesen ist. In einem Aufsatz »Polen – unser ewiger Nachbar. Gespräche zwischen zwei Völkern« habe ich nach Rückkehr in der Wochenschrift »Der Schlesier« berichtet, ohne den Namen meines Londoner Gesprächspartners preiszugeben, denn für General Anders war dieses Gespräch schon deswegen ein Wagnis, weil er sich gegen jeden Verdacht freisprechen wollte, irgendwie gemeinsame Sache mit den deutschen »Revanchisten« machen zu wollen. Es gab in diesem Gespräch zunächst etliche Gemeinsamkeiten: »Wir beide, Polen und Deutsche«, so der polnische Gesprächspartner, »sind Leidtragende des Kommunismus und Gegner des Kommunismus. Es falle den Polen auch gar nicht schwer, Befürworter der deutschen Wiedervereinigung zu sein. Diese ist unausweichlich und belastet das deutsch-polnische Verhältnis nicht. Aber ein ganz anderes Problem ist die Frage nach der deutsch-polnischen Grenze. Deutschland hat unter

Hitler den Krieg begonnen, Deutschland hat den Krieg verloren. Polen hat den Tod von 22 Prozent seiner Bevölkerung zu beklagen und Furchtbares erlitten. Dafür muß bezahlt werden. Außerdem hat Polen 180 000 qkm an die Sowjetunion abtreten müssen.« Ich entgegnete: »Deutschland hat unter Hitler zwar den Krieg begonnen und verloren, Deutschland hat aber nicht das Recht verloren. Wir kennen das schwere Leid der Polen, aber man darf nicht selbstgerecht werden, sondern muß die dem deutschen Volk zugefügten Leiden zur Kenntnis nehmen. Die Vertreibung von Millionen Deutschen aus ihrer Heimat ist ein Verbrechen. Die Verluste der ostdeutschen Bevölkerung betragen in Ostpreußen 22 Prozent, in Schlesien 19 Prozent, in Pommern 16 Prozent. Die Oder-Neiße-Linie ist keine gerechte Grenze, sondern eine Grenze des immerwährenden Unrechts. Die polnisch-russische Rechnung kann nicht mit deutschem Land beglichen werden.«
Die Gegenrede des polnischen Generals griff in die Geschichte: »Wir Polen werden nie aufhören, für Lemberg und Wilna einzutreten, doch wissen wir, daß die Tatsachen eine grausame Sprache sprechen, vergleichbar mit dem Ereignis von 1453, als die Türken Konstantinopel eroberten. Obwohl die christliche Welt dieses Faktum nie anerkennen konnte, hat sie es auch nicht zu ändern vermocht. Moralisch, menschlich mag der deutsche Standpunkt viel für sich haben, aber der Zweite Weltkrieg ist die Hypothek, die abgetragen werden muß. Und wer wüßte heute zu sagen, wie man die Sowjetunion zur Preisgabe ihrer gegenwärtigen Herrschaftsausdehnung bringen könnte?« Der Schlesier antwortete: »Auch die Herrschaft der Türken über den ganzen Südosten Europas ist zerfallen. 1683 wurden die Türken vor Wien geschlagen. Auch der Bolschewismus wird nicht in den Himmel wachsen. Wir Deutsche können nichts preisgeben. Gerade auch das freie Polen sollte wissen, daß das Polen von heute Ostdeutschland ausschließlich sowjetrussischen Bajonetten verdankt, nicht aber einem polnischen Rechtstitel. Warum unterstützen eigentlich die freien Polen durch ihre eigenen Agitationen für die Oder-Neiße-Linie den kommunistischen Expansionsdrang und Imperialismus?« Ich schrieb, all das kommentierend, daß die Antworten des Polen von hohem Rang »leider nur aus dem polnischen Nationalismus zu verstehen sind«.
Die abschließenden Sätze des polnischen Gegenübers waren ebenso deutlich wie Zeugnis einer unbeugsamen, selbstüberheblichen Haltung: »Wir freien Polen sind nur dann glaubwürdig für unsere Landsleute daheim, wenn wir sie als polnische Patrioten bezüglich ihrer Haltung in der Oder-Neiße-Frage nicht im Stich lassen. Jeder Pole, der national

denkt und empfindet, und ein anderer Pole ist nicht denkbar, ist ein überzeugter Verfechter des gegenwärtigen Besitzstandes bis zur Oder und Neiße. Hat nicht bereits General Charles de Gaulle die Zeichen richtig erkannt? Man muß alles tun, daß Polen nicht durch die einseitige Garantie seitens der Sowjetunion weiterhin ausschließlich an die Sowjetunion gefesselt wird.«
Ich schloß meinen Bericht über diese Begegnung in London – die Gespräche etwa mit den polnischen Sozialdemokraten verliefen keineswegs anders – mit dem Stoßseufzer: »Unbegreiflich bleibt, wie hier das freie Polen und das kommunistische Polen als Nationalisten einander die Hände reichen. Fest steht jedoch, daß die Oder-Neiße-Linie weder von freien Deutschen noch von freien Polen gezogen worden ist. Das freie Deutschland kann sie nicht anerkennen.« Ich schlug trotz der Unvereinbarkeit der Standpunkte zur Oder-Neiße-Linie vor, das deutsch-polnische Gespräch fortzusetzen, gebe es doch »einige unleugbare Gemeinsamkeiten, ohne daß darum der eigene Standpunkt auch nur um einen Zentimeter verrückt werden müsse. Wir müssen uns als Patrioten begegnen«, dies war ein Zitat aus polnischem Mund.
»Polens Kardinal als extremer Nationalist«, so war ein Artikel überschrieben, in dem ich die Äußerungen von Kardinal Stefan Wyczynski, dem Primas Polens, am 31. August 1965 vor dem Dom zu Breslau kommentiert habe. Ich zitierte den Kardinal: »Wenn wir umherblicken auf diese Gotteshäuser (gemeint in Breslau), wissen wir, daß wir nicht deutsches Erbe übernommen haben. Es ist nicht die deutsche, es ist die polnische Seele, die aus diesen Steinen zu uns spricht. Diese Gebäude haben gewartet und gewartet, bis sie schließlich in polnische Hände zurückkehrten.« Zuvor schon hatten die Bischöfe in Allenstein, Stettin und Breslau, als die »Rückkehr« der Diözesen 1945, also vor 20 Jahren, in die polnische Geschichte feierlich begangen wurde, in dem gleichen nationalistischen Tone für die »ewige Zugehörigkeit zu Polen« Partei ergriffen. Mit am deutlichsten und härtesten beliebte sich Erzbischof Boleslaw Kominek in Breslau zu äußern. Kominek nannte den gegenwärtigen Besitzstand Polens dessen Existenzfrage, zugleich auch »eine Existenzfrage für neun Millionen Menschen«. Was das deutsche Volk erfahren und erlitten haben mag, war für ihn nichts anderes denn eine Entschädigung, »die ein Staat zu zahlen hat, durch dessen Verschulden einer der scheußlichsten Kriege ausgebrochen ist, der die Ausrottung des polnischen Volkes zum Ziele hatte«.
Im Jahre 1966 gab Kominek, der ebenso gut deutsch wie polnisch sprach, in Oberschlesien geboren, in seinem österreichischen Urlaubs-

ort ein Interview für das Fernsehen der ARD, in dem er von seinem festen Standpunkt nichts aufgab, aber zugleich das grobe Nein der kommunistischen Staats- und Parteiführung in Polen nach dem Briefwechsel zwischen dem deutschen und dem polnischen Episkopat auffangen und glätten wollte. Man kann es auch so ausdrücken: Kominek wollte gegenüber Wyszynski schon deswegen Figur machen, weil er der eigentliche Autor des polnischen Briefes an den deutschen Episkopat gewesen ist und es ihm nicht angenehm war, daß in Warschau von offizieller Seite so hart reagiert worden ist. Um sich als gefällig zu erweisen, formulierte er es in dem Interview so: »Die Oder-Neiße-Grenze ist sozusagen heute seit 20 Jahren schon Gemeingut des ganzen polnischen Volkes. Jeder denkt so, wie ich jetzt spreche: Die Oder-Neiße-Grenze kann nicht geändert werden, weil es ein Existenzproblem des polnischen Volkes ist, und dieser Meinung sind sowohl die Kommunisten wie die katholischen Bischöfe, die Katholiken und auch die polnische Emigration, da gibt es kein Kontra. Genau so, was Potsdam anbelangt, ist es für Polen ein ganz positiver Friedensschluß gewesen.« Eine tollkühne, völkerrechtlich überhaupt nicht haltbare Behauptung, wenn nicht sogar absichtliche Lüge! Zur Zukunft wußte Kominek zu sagen, sicher zur großen Freude der Kommunisten: »Wir Polen haben ja keinen Haß gegen Deutschland als Polen, keinen nationalistischen Haß. Wir fürchten Deutschland immer noch, weil wir nicht wissen, was eigentlich in der deutschen Volksseele brodelt, ob sie nicht wieder explodiert wie ein Vulkan, und deshalb haben wir ein wenig Angst, wir fürchten derartige Sachen wie Wiederaufrüstung, atomare Bewaffung und dergleichen mehr, und wir bitten das deutsche Volk, die polnische Politik in dieser Hinsicht verstehen zu wollen.«
Über die zwischen dem polnischen und deutschen Episkopat in Rom während des Konzils ausgetauschte Korrespondenz ist viel, auch im nachhinein bis in unsere Tage, geschrieben worden. Immer wieder wird gern der Satz aus dem polnischen Einladungsschreiben an die deutschen Bischöfe zur Teilnahme am polnischen Millennium im Jahr 1966 zitiert: »Wir strecken unsere Hände zu Ihnen hin, gewähren Vergebung und bitten um Vergebung.« »Polens Bischöfe sprechen zwei Sprachen«, so schrieb ich mit dem Hinweis auf das, was im Sommer und Herbst 1965 aus dem Mund der polnischen Bischöfe zu vernehmen war, und ich hatte bei Abfassung meiner Stellungnahme noch keine Kenntnis von dem Interview, das Erzbischof Kominek dann im Januar 1966 geben sollte. Ich schrieb: »Halten wir uns an das römische Einladungsschreiben. Mit diesem Brief soll der erste Schritt zum Dialog zwischen dem deutschen

und dem polnischen Volk versucht werden. Der Dialog ist allerdings schon dadurch gleich erschwert, daß die deutsche Geschichte benotet wird, ohne daß diese Noten mit der Geschichtsforschung übereinstimmen, sie kommen ausschließlich aus der Legende. Die Zustimmung sollte man aber nicht von kleinlicher Rechthaberei abhängig machen, also den Dialog beginnen. Aber man muß sich auch klar darüber sein, daß der Dialog nach polnischer katholischer Auffassung mit dem Verschweigen der Problematik der polnischen Forderungen bezüglich ihrer Westgrenze beginnen soll. Das aber erschwert den Dialog. Unwahre Behauptungen kann kein deutscher Gesprächspartner hinnehmen, niemand von uns vermag der Bemäntelung eines Unrechtszustandes, der Beschönigung eines Gewaltsystems zuzustimmen. Trotzdem, der Versuch zum Gespräch sollte gewagt werden, indem wir uns die römische Haltung zu eigen machen.« Die Antwort der deutschen Bischöfe, die mit der polnischen Seite abgesprochen war und die Handschrift des Essener Bischofs Franz Hengsbach trug, war, so meinte ich feststellen zu dürfen, »wohl abgewogen und vorsichtig«.

Eine große Enttäuschung war allerdings dann der Hirtenbrief des polnischen Episkopats, der am 6. März 1966 von den Kanzeln verlesen wurde. Darin wurde die Attacke der Kommunisten, daß es nicht angehe, die Deutschen um Verzeihung zu bitten und damit eigene Schuld zu bekennen, aufgegriffen und der Rückzug angetreten: »Wir haben Worte der Verzeihung gegenüber denjenigen ausgesprochen, die ihre Schuld verstehen und guten Willen zu einem friedlichen Zusammenleben mit uns haben: die verstehen, daß die Erde, die wir besitzen und unter Mühe bewirtschaften, nicht nur von alters her unsere piastische Heimat, sondern auch eine Notwendigkeit für unsere Existenz ist. Hat das polnische Volk einen Grund dafür, seine Nachbarn um Verzeihung zu bitten? Sicherlich nicht!« Erneut hat hier, wie es später der katholische Theologe Franz Scholz beweiskräftig dargestellt hat (»Zwischen Staatsräson und Evangelium«), die nationale, besser gesagt nationalistische Staatsräson über den Glauben der katholischen Kirche, über das Evangelium gesiegt. Die Kirche als rühmenswerte Streiterin für die Wahrung und Sicherung der polnischen Identität in Zeiten der Fremdherrschaft, aber auch die Kirche als Dienerin des Staates, als Vollstreckerin einer Staatsräson, hinter welcher die Kirche mit ihrem Dogma und Ethos zurücktritt.

Der Phantasie in der polnischen Berichterstattung über mich waren keine Grenzen gesetzt. 1965 erschien in Kattowitz eine Sammlung von »Revisionistischen Lebensläufen« (»Rodowody rewizjonistów«) und darin eine Schilderung meiner »Biographie«. Es heißt, selbstverständlich mit dem Anspruch fundierter Erkenntnisse: »Der jetzige stellvertretende Bundesvorsitzende der Landsmannschaft der Schlesier und Bundesvorstandsmitglied des Bundes der Vertriebenen stammt aus einer seit dem 18. Jahrhundert in Neisse ansässigen Patrizierfamilie, geboren in Ratibor«, eine Feststellung, an der auch nichts stimmt, denn bis zu dieser Veröffentlichung habe ich nirgendwo erfahren können, wie hochgestellt meine Vorfahren gewesen sein sollen und woher sie angeblich stammen, und auch der Geburtsort Ratibor ist falsch. Um mir eine militaristische und braune Vergangenheit anzuhängen, wurde ohne jeglichen Wahrheitsgehalt behauptet: »Er erweitert den Lebensraum in der Gegend um Warschau. Er bleibt in Polen und wird in der Wirtschaftsverwaltung tätig. 1944 wird Hupka aus der Wehrmacht beurlaubt und bekleidet sechs Monate lang den verantwortungsvollen Posten eines Wehrwirtschaftsführers bei der Berg- und Hüttenwerksgesellschaft in Teschen und Karwin.« Nie hatte ich als Soldat polnischen Boden betreten. Richtig daran ist nur die Ortsangabe der Berg- und Hüttenwerksgesellschaft in Teschen und Karwin, wo ich in einer subalternen Stellung als Registrator von Aufträgen beschäftigt wurde. Originaltext wieder: »Er führte die Befehle des später in Nürnberg angeklagten Albert Speer aus.« Es folgt schließlich der antiamerikanische Akzent in meiner Biographie, nachdem wahrheitsgemäß berichtet worden ist, daß ich in München beim Bayerischen Rundfunk, urspünglich unter amerikanischer Verwaltung, gearbeitet habe: »Durch die Ausnutzung alter Bekanntschaften seines Vaters, der früher in Tsingtau in China mit den Amerikanern zusammengearbeitet hat, knüpft Hupka Beziehungen zur amerikanischen Administration.« Das Stichwort Tsingtau in meiner tatsächlichen Biographie, weil mein Vater als Professor der Physik einen Lehrauftrag nach Tsingtau an die deutsch-chinesiche Hochschule hatte, obwohl er nie nach Tsingtau gekommen ist, reichte, mich gleich als Kontaktfigur zu den verhaßten amerikanischen Kapitalisten hinzustellen. Eingeleitet wurde diese Lebensbeschreibung mit dem Hinweis auf die angebliche Bedeutsamkeit und zugleich Gefährlichkeit dieses Mannes: »Unter den Führern der Landsmannschaft der Schlesier ist Dr. Herbert Hupka die am meisten aktive und exponierte Person. Verfolgt man in der Vertriebenenpresse die Aktivitäten ihrer Vertreter, könnte leicht der Eindruck entstehen, daß es hundert Hupkas gibt. Hupka leitet Konferenzen und Treffen, schreibt Bücher und Artikel, verschickt Proteste und Appelle, verhandelt mit dem Kanzler, fährt als Beobachter zu internationalen Treffen nach Genf, Washington und London, organi-

siert, plant, lenkt. Er ist das typische Beispiel der Funktionäre der Revisionisten, die von der unabhängigen Presse in der Bundesrepublik Deutschland als Berufsvertriebene bezeichnet werden. Revisionismus ist Hupkas Beruf.«
In der Ausgabe vom 3. August 1975 veröffentlichte die polnische Bauernzeitschrift »Chlopska Droga« unter der Überschrift »Wer kannte Herbert Hupka während der Besatzungszeit?« einen Aufruf der Bezirkskommission für die Untersuchung von Naziverbrechen in Breslau. Unter obiger Überschrift werden Zeugen gesucht und aufgefordert, »Aussagen über die Tätigkeit von Herbert Hupka während der Besatzungszeit in Polen zu machen, wo er als Direktor der Tiefbaufirma ›Riesner und Söhne‹ verschiedene Projekte geleitet« habe. Darüber unterrichtete mich das Auswärtige Amt nach dem Eingang eines Telegramms aus unserer Botschaft in Warschau. Ich teilte dem Auswärtigen Amt umgehend mich: »Mich belustigt diese Rufmord-Kampagne der polnischen Kommunisten, da ich zu keiner Zeit während des Zweiten Weltkrieges jemals meinen Fuß auf polnischen Boden gesetzt habe. Außerdem war ich auch nicht demzufolge jemals Direktor einer Tiefbaufirma ›Riesner und Söhne‹, wie in der Meldung behauptet wird.« Ich bat das Auswärtige Amt um eine offizielle Demarche beim polnischen Außenministerium. Botschafter Hans H. Ruete hat dann, wie es in einem Brief des Auswärtigen Amtes vom 17. Oktober 1975 (!) heißt, »gestern Gelegenheit genommen, Vizeaußenminister Czyrek und Vizedirektor Kulski auf den Artikel in der Zeitschrift ›Chlopska Droga‹ vom 3. August 1975 aufmerksam zu machen und gleichzeitig darauf hinzuweisen, daß Dr. Hupka zu keiner Zeit während des Zweiten Weltkrieges seinen Fuß auf polnischen Boden gesetzt habe. Er sei auch nicht Direktor der Tiefbaufirma ›Riesner und Söhne‹ gewesen. Die Reaktion war zurückhaltend, immerhin machte sich Kulski Notizen. Czyrek sagte, er halte es für das Zweckmäßigste, wenn Dr. Hupka sich unmittelbar mit der genannten Zeitschrift in Verbindung setze.«
Die ominöse Firma »Riesner und Söhne« tauchte zwei Jahre später in einem neuen Angriff gegen mich in der polnischen Presse auf. Die Tageszeitung »Zycie Warszawy« veröffentlichte am 15. März 1977 eine scharfe Attacke gegen mich, unter der Überschrift »Was möchte Herr Hupka?« Darin wurde mir vorgehalten und vorgeworfen, daß ich Teile meines Lebenslaufes, wie er da und dort zum 60. Geburtstag zu lesen gewesen sei, entweder verschweige oder frisiere. In der Benachrichtigung des Auswärtigen Amtes durch unsere Warschauer Botschaft heißt es als Wiedergabe des Artikels von Adam Wysocki, »aus Archivmaterial

und Veröffentlichungen westdeutscher, amerikanischer und französischer Zeitungen sei jedoch zu entnehmen, daß Hupka dem berüchtigten ›Bund Deutscher Osten‹ angehört habe und in diesen Jahren der Firma ›Riesner und Söhne Tiefbau‹, die verschiedene Arbeiten in den Ortschaften Heydebreck, Blechhammer, Tarnowitz und Trzyniec durchführte, vorgestanden habe. In diesem Zusammenhang fragt Wysocki, ob Hupka sich nicht an die polnischen Arbeiter (die jetzt, neun an der Zahl, namentlich angeführt werden!) erinnere.« Ich übergab sofort der Deutschen Presseagentur, die den Artikel von Wysocki als Meldung verbreitet hatte, ein Dementi, das von dieser auch auszugsweise veröffentlicht wurde. In diesem Dementi heißt es: »Ich bin nie Mitglied der Organisation ›Bund Deutscher Osten‹ gewesen, so daß ich auch nicht, entgegen der Behauptung von ›Zycie Warszawy‹, daran beteiligt gewesen sein kann, den ›ganzen Hupka bis heute so verhaßten slawischen Osten germanisieren‹ zu wollen. Ich bin zu keiner Zeit Direktor irgendeiner Firma gewesen, so daß ich auch nicht entgegen der Behauptung von ›Zycie Warszawy‹ ›Tausende von polnischen, russischen, französischen und jugoslawischen Zwangsarbeitern in der Firma habe arbeiten lassen‹. Ich habe nie einen Haß gegen das polnische Volk gehegt, und es findet sich auch keine Äußerung, die eine derartige Behauptung rechtfertigen könnte. Die von ›Zycie Warszawy‹ veröffentlichten Behauptungen sind ein Dokument der Lüge und Verleumdung eines Demokraten, der für die Freiheit und das Recht seines Volkes eintritt und Sprecher der aus ihrer Heimat vertriebenen Schlesier ist.« Zwei Tage später übermittelte unsere Botschaft die Nachricht: »›Zycie Warszawy‹ veröffentlicht am 17. März 1977 unter der Überschrift ›Methoden des Herrn Hupka‹ erneut einen Beitrag von Wysocki, der eine Interpretation seines Artikels vom 15. März darstellt. Die ursprünglich aufgestellten Behauptungen werden nunmehr von Wysocki geleugnet. Das Heranziehen der Akten sei nur erfolgt, um die geistige Haltung und Einstellung Hupkas zu Polen zu verdeutlichen.« Daß sich ein kommunistischer Pole zu einem klaren Dementi bereit finden könnte, war nicht zu erwarten, immerhin wurde der Versuch unternommen, die grobschlächtigen Behauptungen abzuschwächen, aber bei der Behauptung von den »antipolnischen Aussagen eindeutig in Ton und Inhalt« wollte der Artikelschreiber verharren: »Interessant, daß Hupka nicht mit einem einzigen Wort versucht, unsere Bewertung seines politischen Programms zu korrigieren, das sich eigentlich auf eine einzige Feststellung beschränkt: ›Das Dritte Reich existiert weiterhin in den Grenzen von 1937.‹ Dieses weiterexistierende Dritte Reich und die ›Grenzen aus dem

Mutter Therese
upka (geb. 1890
Groß-Strehlitz,
st. 1964 in Mün-
en)

Vater Erich
upka (geb. 1884
Sohrau, Kreis
ybnik, gest. 1919
Höhe von Dur-
n)

as Humanisti-
e Gymnasium
Ratibor (1994
 unveränderten
stand) mit dem
m der alten
ngelischen
che

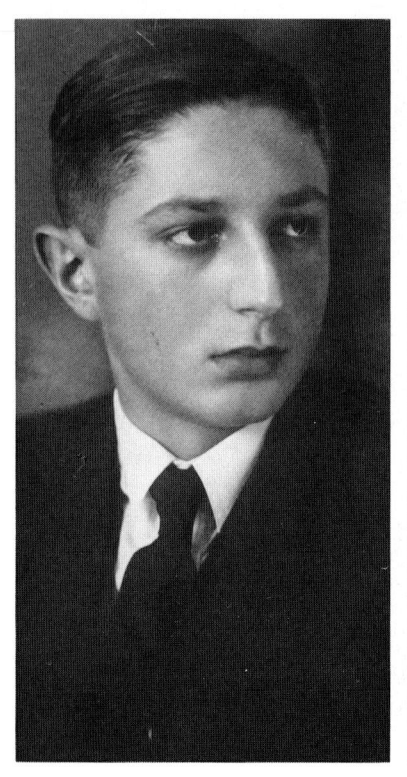

4 Der Abiturient 1934

5 Als Soldat im Zweiten Weltkrie[g]

6 Die Mariensäule auf dem Rin[g] in Ratibor überstand Krieg und Brand

Mit Colonel
McMahon, USA,
dem Verantwort-
lichen für Presse
und Rundfunk

Ressort »Buch-
kritik«

Mit Hans Werner
Richter, dem Vorsit-
zenden der Gruppe,
in der Evange-
lischen Akademie
Tutzing

10 Gründung der »Lessing-Gesellschaft zur Förderung der Toleranz« mit Botschafter a.D. Friedrich Wilhelm von Prittwitz und Gaffron

11 »Breslau – Hauptstadt Schlesiens«, 1955 an Münchens Oberbürgermeister Thomas Wimmer überreicht

Jahre 1937‹, das sollen Äußerungen der Sympathie für das polnische Volk und Polen sein?« Ich teilte lediglich Botschafter Ruete mit, um ihn auch gegen diese neue Verleumdung zu munitionieren, als Zusatz zu meinem bisherigen Dementi: »Hupka ist ein Verfolgter des nationalsozialistischen Regimes gewesen und darum sowohl ein Jahr in Torgau inhaftiert und auch anschließend ein halbes Jahr strafweise im niedrigsten Angestelltenverhältnis in Teschen und Karwin beschäftigt gewesen. Hupka hat zu keiner Zeit gesagt, ›das Dritte Reich existiert fort‹, sondern aus der Entscheidung des höchsten deutschen Gerichtes den Satz zitiert: ›Das Deutsche Reich in den Grenzen von 1937 existiert fort.‹ Diese Grenzen haben nicht das Geringste mit Hitler zu tun, sondern sind Deutschlands Grenzen nach Versailles und vor der Expansionspolitik Hitlers.«

Ringen um Deutschlands Einheit in Freiheit – Kuratorium Unteilbares Deutschland

Im Jahre 1954 wurde im Kursaal von Bad Neuenahr das »Kuratorium Unteilbares Deutschland« gegründet. Der Name entsprach dem Vorschlag von Bundespräsident Theodor Heuss. 133 Persönlichkeiten des öffentlichen Lebens waren die Mitglieder des Gründungskuratoriums. Zum Präsidenten wurde, nachdem man erst kurz zuvor diesen ihn überraschenden Vorschlag gemacht hatte, der frühere Reichstagspräsident und erste Alterspräsident des Deutschen Bundestages, der Schlesier Paul Löbe, der seinen Wohnsitz in Berlin hatte, gewählt. Gegen diesen altgedienten Sozialdemokraten, um nur wenige Wochen jünger als Konrad Adenauer, erhob sich keinerlei Widerspruch. Es gab einhellige Zustimmung, was schon deswegen geboten erschien, weil dieses »Kuratorium Unteilbares Deutschland« überparteilich sein und auch gegensätzliche politische Meinungen und Standpunkte integrieren sollte. Geschäftsführer, seit 1975 Geschäftsführender Vorsitzender genannt, worauf er auch entscheidenden Wert legte, wurde Wilhelm Wolfgang Schütz. Der geborene Franke aus Bamberg, Jahrgang 1911, war nach seiner Promotion in die Emigration nach England gegangen und hatte von London aus während des Krieges für die »Neue Zürcher Zeitung« berichtet; 1951 war er nach Deutschland zurückgekehrt und fungierte in dem 1949 neu errichteten Bundesministerium für gesamtdeutsche Fragen als Berater von Bundesminister Jakob Kaiser, mit dem ihn später eine herzliche Freundschaft verbunden hat. Am 1. Februar 1959 bin ich hauptberuflich zum »Kuratorium Unteilbares Deutschland« gestoßen und habe hier fünf Jahre als »Leiter des Pressereferates« gearbeitet.

Zum Jahresende 1958 war ich aus den Diensten von Radio Bremen ausgeschieden. Paul Löbe, mit dem ich gleich nach 1945 im engen Kontakt stand und über den ich auch publiziert habe, befürwortete meinen Eintritt in das »Kuratorium Unteilbares Deutschland« und die Übernahme des neu geschaffenen Pressereferates. Hier sei auch erwähnt, daß ich, seitdem es das Bundesministerium für gesamtdeutsche

Fragen gab, eine gute Verbindung zu Jakob Kaiser und vor allem zu seinem Pressereferenten Ludwig Freiherrn von Hammerstein hatte. Im Jahre meines Eintritts in die Arbeit des Kuratoriums war Kaiser nicht mehr Minister und gesundheitlich schwer angeschlagen. Ich erinnere mich aber gern langer Gespräche mit ihm in Bonn entlang dem Rhein, als er mir, dem aus München angereisten Rundfunkjournalisten und in der Landsmannschaft an vorderster Stelle agierenden Schlesier, in des Wortes Bedeutung offenherzig nicht nur seinen Standort in der (seinerzeit heiß diskutierten) Saarfrage offenbarte, sondern auch seine Schwierigkeiten gerade diesbezüglich mit Bundeskanzer Konrad Adenauer. Er war für eine feste und wohl auch forsche Linie, Adenauer für eine diplomatische, französische Befindlichkeiten einkalkulierende Operation.

Mit der fünften rheinischen Jahreszeit, dem Karneval, war ich zu Beginn der fünfziger Jahre auf eine gleichsam preußische Art bekannt geworden. Ich hatte an einem Montag im Februar einen Besuch beim Bundesvertriebenenminister Hans Lukaschek oder, falls er nicht anzutreffen wäre, auf jeden Fall in seinem Ministerium geplant, und dies als Journalist wie auch als Schlesier, doch ich stand an besagtem Montag vor verschlossenen Türen, denn dieser Montag war der Rosenmontag, geheiligter Feiertag im Rheinland. Die verschlossenen Türen zwangen mich dann, übrigens eine höchst angenehme Beschäftigung, gleich nach Köln zu fahren, um mir den Rosenmontagszug anzusehen, indem ich mich währenddessen an der herumgereichten Flasche eines Cognacs oder Weinbrands gütlich tat.

Doch zurück zu meiner Arbeit im Kuratorium (spöttisch hieß es auch »Kuratorium Unheilbares Deutschland«). Die prägende und repräsentierende Figur: Ich, Wilhelm Wolfgang Schütz, bin das Kuratorium und neben mir gibt es niemanden. Er war der Geschäftsführende Vorsitzende, mit dem Akzent auf Vorsitzender. Diese Konzeption wurde ihm auch dadurch leicht gemacht, weil alle sogenannten demokratischen Organe dieses Kuratoriums aus vielbeschäftigten Parlamentariern oder Amtsträgern, sprich Honoratioren, bestanden, so daß Schütz allein und absolut regieren und verwalten konnte. Zum anderen gab man gern seinen Namen für die gute Sache her, ohne auch nur im geringsten zum persönlich engagierten Mittun bereit zu sein.

Unsere Zusammenarbeit im Kuratorium funktionierte zu Beginn sehr gut, und dies nicht zuletzt aus dem Grunde, weil ich während der vielen Auslandsreisen von Schütz, die er gleichsam als Botschafter des Verlangens der Deutschen nach Wiedervereinigung unternahm, um das Aufmerken in der deutschen Öffentlichkeit besorgt war, mit mehr oder weniger großem Erfolg. Da ich aber selbst auch andernorts viel publiziert habe, was übrigens Schütz mit seinen regelmäßigen Kommentaren im Süddeutschen Rundfunk auch getan hat, und zudem mich noch um einen Sitz im Deutschen Bundestag bemühte, 1961 als potentieller Nachrücker, für 1965 mich bereits wieder 1964 um einen Landeslistenplatz bewerbend, bin ich wohl in zunehmendem Maße als ein zu auffälliger Journalist und als ein in das Parlament strebender Politiker unangenehm aufgefallen.

Am 20. April 1964 war der letzte Tropfen, der zum Überlaufen des Fasses noch gefehlt hatte, in den Augen von Schütz gefallen. Eine Presseerklärung wird veröffentlicht, in der es heißt: »Ein Artikel von Dr. Herbert Hupka zur Rede des Bundesaußenministers vor dem Evangelischen Arbeitskreis der CDU/CSU in München wurde von ihm ohne Absprache mit dem UNTEILBAREN DEUTSCHLAND und als Ausdruck seiner persönlichen Meinung veröffentlicht. Dr. Hupka ist Pressereferent des Kuratoriums UNTEILBARES DEUTSCHLAND und nicht, wie es in einer Zeitungsmeldung hieß, stellvertretender Vorsitzender.« Diesen Titel hatte ich mir auch nicht in meinem Aufsatz, der in der Wochenschrift der sudetendeutschen Sozialdemokraten »Die Brücke« am 18. April erschienen war, zugelegt und auch sonst nie angemaßt. Auch war der Artikel nicht mit meinem vollen Namen, wohl aber mit dem Kürzel Ha der Zeitung zugegangen. Und auch das war passiert: Die Überschrift »Schröder bleibt unverbindlich« wurde in der FAZ am 20. April 1964 als »Schröder bleibt unerbittlich« wiedergegeben. Aber das waren nur Äußerlichkeiten. Das Crimen war überdies nicht so sehr der Inhalt des Artikels, sondern die von den Agenturen herausgepickten wenigen Zeilen: »Kaffeesatzspekulationen dienen nicht unserer Einsicht, sondern benebeln sie nur. Wie lange sollen wir noch warten, bis auch der deutsche Außenminister klare, zitierungsreife Ausführungen zu Ostdeutschland und zur Oder-Neiße-Linie macht?« Diese Kritik am Bundesaußenminister Gerhard Schröder, der mich übrigens später nie auf diesen Artikel in den folgenden Jahrzehnten eines vertrauensvollen Verhältnisses zwischen ihm und mir angesprochen hat, hatte sich vor allem dagegen gerichtet, daß klare Aussagen zur Verantwortung für Deutschland unter Einbeziehung von Ostdeutschland jenseits von Oder und Neiße fehlten und daß zu viel unbegründeter Optimismus in Schröders Annahme einer offeneren Einstellung der Satellitenstaaten gegenüber Moskau mitschwang. Der Artikel hatte mit den Sätzen geschlossen: »Mit Unverbindlichkeiten mag man im Ausland

Beifall auf sich ziehen, in Deutschland bleiben allzu viele Fragen weiterhin unbeantwortet. Stresemann und von Brentano, Schröders Amtsvorgänger, beliebten, auch in heiklen Fragen, sich verbindlicher auszudrücken.« Als »heftige Kritik« eines Sozialdemokraten an dem Außenminister, dessen Politik wegen seiner Nähe zur Entspannungspolitik, wie sie von der SPD propagiert wurde, zu dieser Zeit gerade gerühmt worden war, wurden die verkürzten Zitate aus meinem Artikel verstanden. Volkmar Gabert, zu dieser Zeit Landesvorsitzender der SPD in Bayern und im Impressum der »Brücke« als »ständiger Mitarbeiter« genannt, ließ gleich verlautbaren, daß er sich aus dem Impressum ab sofort habe streichen lassen. Dem Bundesaußenminister teilte Schütz umgehend mit, daß er die »notwendigen Konsequenzen ziehen« werde. Diese sollten darin bestehen, daß ich meinen Dienst zu quittieren hätte. Es wurde eine »Kündigung zum 30. September 1964« ausgesprochen, verbunden mit einer sofortigen Beurlaubung.

Als neuen Stein des Anstoßes hatte Schütz entdeckt, »daß der Artikel, der unsere grundsätzliche Auseinandersetzung ausgelöst hat, in der Remigiusstraße (Büro des Kuratoriums in Bonn) vervielfältigt wurde«, eine Feststellung, die insofern nicht stimmte, weil ich den Artikel erst einmal den Aufsichtsgremien des Kuratoriums zuleiten mußte.

Da mir meine freie Meinungsäußerung außerhalb des Kuratoriums, ohne daß ich irgendeinen Grundsatz des Kuratoriums dabei aufgegeben hätte, verweigert werden sollte, setzte ich mich entschieden zur Wehr und bemühte Herbert Wehner, der als Sozialdemokrat eine entscheidende Rolle im Präsidium des Kuratoriums – zusammen mit Johann Baptist Gradl von der CDU – spielte wie auch den gleichfalls zum Präsidium gehörenden früheren FDP-Vorsitzenden und Bundestagsvizepräsidenten Thomas Dehler, schließlich trat ich auch mit dem SPD-Bundestagsabgeordneten Wenzel Jaksch in seiner Eigenschaft als Präsident des Bundes der Vertriebenen in Verbindung. Die erste Frage von Dehler während einer Unterredung über diese Angelegenheit war, wie ich es denn mit der Frau von Wilhelm Wolfgang Schütz, mit Barbara Schütz-Sevin halte, womit gesagt sein sollte, daß ihr Einfluß im Kuratorium und in dessen Leitung gar nicht hoch genug eingeschätzt werden dürfte. Das Ergebnis war, daß die Kündigung zurückgezogen werden mußte, während ich die Zusicherung gab, daß ich bis zum 31. März 1965 das Kuratorium verlassen werde. Aber selbst dieses Faktum wurde von Schütz der »Süddeutschen Zeitung«, wie er es unverzüglich eingestehen mußte, »mißverständlich« übermittelt, so daß am Tage nach der ersten Verlautbarung am 15. Mai 1964 eine zweite am 16. Mai nachgeschoben werden mußte, denn »richtig sei es, daß Herr Dr. Hupka im Laufe des nächsten Jahres – nicht zum Jahresende – auf eigenen Wunsch die Geschäftsstelle des Kuratoriums UNTEILBARES DEUTSCHLAND verlassen wird. Seine Tätigkeit als Pressereferent setzt er uneingeschränkt fort.« Dann folgt die fromme Lüge: »Es besteht kein Kausalzusammenhang zwischen dem Artikel (in der Zeitung »Die Brücke«) und dem Wunsch von Herrn Dr. Hupka nach freier selbständiger Tätigkeit.« Mit einer Nummer 13 hatte ich im Mai 1959 den bisherigen Rundbrief des Kuratoriums fortgesetzt, jetzt bis zum Juni 1964 als Zeitschrift redigiert und herausgegeben – im Jahr erschienen sechs bis sieben Nummern – und hier über die Aktivitäten des Kuratoriums informiert, vor allem aber die Politik und die Rolle, die darin die deutsche Frage spielte, zum Gegenstand dieser kostenlos abgegebenen Zeitschrift gemacht. Daneben wurde auch ausführlich über die kommunistische Deutschlandpolitik, das Regiment der SED und über Mittel- und Ostdeutschland in Städte- und Landschaftsbildern berichtet. Der Hauskrach löste bei Schütz die weiterzielende Konsequenz aus, daß er nun selbst eine eigene Vierteljahresschrift unter dem Titel »Politik« im Colloquium-Verlag herauszugeben beschlossen hatte, so daß jetzt seine eigene Federführung mit einem bevorzugten hohen intellektuellen Niveau übermittelt werden konnte. Mit dieser Edition widersprach Schütz allerdings der eigentlichen Zielvorstellung des Kuratoriums, das sich ursprünglich nicht ohne Grund eine »Volksbewegung« genannt hatte und so auch verstanden werden wollte.

Meine Abschiedsvorstellung in diesem Kuratorium war die Herausgabe eines Bandes für die »Schriftenreihe der Bundeszentrale für politische Bildung« unter dem Titel »17. Juni. Reden zum Tag der Deutschen Einheit«. Binnen weniger Wochen war das Buch vergriffen, so daß in einer zweiten Auflage noch in demselben Jahr 1964 auch die Rede, die der Historiker Professor Theodor Schieder von der Kölner Universität im Deutschen Bundestag am 17. Juni 1964 gehalten hatte, mitveröffentlicht werden konnte. Schütz ließ es sich nicht nehmen, meinem Vorwort als Herausgeber noch ein Geleitwort nachzuschieben. (Er wollte überall die erste Geige spielen.) Im letzten Absatz meiner Einführung schrieb ich: »Noch kennen wir den Zeitpunkt der Wiedervereinigung nicht, doch dürfen wir alle uns darauf berufen, daß wir uns während der Teilung Deutschlands zu keinem Augenblick mit ihr abgefunden haben. Mit diesen Reden – es waren die Reden zwischen 1954 und 1964 im Deutschen Bundestag und die andernorts gehaltenen Reden prominenter deutscher Politiker aus den Jahren 1955, 1962, 1963 und 1964 – haben wir als freie Deutsche Zeugnis abgelegt für die Freiheit ganz Deutschlands und waren zugleich Sprecher der Deutschen in Unfreiheit. Auch wenn diesen Reden die befreiende Tat nicht hat folgen können, so waren und sind sie doch selbst ein Stück Freiheit, die Selbstbehauptung der Freiheit gegen die Unterdrückung.«

Aktionen wie »Macht das Tor auf«, Stafettenlauf quer durch die Bundesrepublik Deutschland zum Auftakt des Tages der Deutschen Einheit, Kerzen zum Weihnachtsfest in den Fenstern als Zeichen der inneren Verbundenheit waren einige der eher symbolischen Handlungen, zugleich aber Aktivitäten, die – immerhin ein wenig – aufrütteln und kundtun sollten, daß sich die Deutschen noch nicht mit der Teilung ihres Vaterlandes abgefunden hätten. Dazu war auch in jedem Jahr der nationale Gedenktag am 17. Juni ein guter und notwendiger Anlaß, obwohl gerade auch von mir, der ich landauf landab am 17. Juni Reden gehalten habe, registriert werden mußte, daß der 17. Juni als ein willkommener Feiertag zum Sommerbeginn wahrgenommen, nicht so sehr aber als ein nationaler Tag mit einem Ausrufungszeichen verstanden wurde. Dann aber vielleicht, so redete ich mir jedenfalls ein, als ein Tag, der mit einem schlechten Gewissen zu Ende geht, weil man sich eingestehen müsse, ohne jedes innere Verhältnis zu dem nationalen Gedenktag diesen Tag begangen zu haben. Ich schrieb 1963 in der Zeitschrift »UNTEILBARES DEUTSCHLAND«: »Daß wir wenigstens diesen Tag haben, um unseren Willen zur Wiedervereinigung und unseren Protest gegen die Unfreiheit zu bekennen, dafür sollten wir dem Gesetzgeber dankbar sein, anstatt unseren kritischen Intellekt mit sicherlich gutgemeinten Vorschlägen gegen den Tag mobil zu machen. Wer kein Gewissen für sein Volk hat, wem die Teilung seines Vaterlandes nicht Schmerzen bereitet, wer nicht den Mut zu den kleinsten Schritten aufbringt, dem werden wir auch mit einer Werktagsregelung nicht beikommen können...«

Umstritten war immer wieder die Einstellung des Kuratoriums zur Oder-Neiße-Linie, obwohl feststand, daß sich die Mehrheit der aktivsten Mitglieder und Ortskuratorien aus den Reihen der Flüchtlinge und Vertriebenen rekrutierte. Im Sommer 1963 wurde eine Klarstellung durch den Geschäftsführenden Vorsitzenden Schütz aus gegebenem Anlaß im Wortlaut veröffentlicht: »Wenn von Deutschland gesprochen wird, so meint das Kuratorium UNTEILBARES DEUTSCHLAND immer den Rechtsstandpunkt in den Grenzen von 1937 als Grundlage der deutschen Politik. Selbstverständlich bedeutet die Rechtsgrundlage von 1937 kein Ultimatum, sondern den Ausgangspunkt von Verhandlungen. Zugleich wird aber auch das Heimat- und Siedlungsrecht der Sudetendeutschen in ihrer Heimat, die nicht zu Deutschland in den Grenzen von 1937 gehört, anerkannt.«

Schütz hat immer die Nähe zu den Großen in der Politik und zu den Handelnden gesucht. Das waren zu meiner Zeit der Zusammenarbeit zwischen 1959 und 1964 die beiden Bundeskanzler Konrad Adenauer und Ludwig Erhard, das waren die Bundespräsidenten Theodor Heuss und Heinrich Lübke, das waren Berlins Regierender Bürgermeister Willy Brandt und der SPD-Vorsitzende Erich Ollenhauer, das war der Bundesminister für gesamtdeutsche Fragen, Ernst Lemmer, das waren die Bundestagsabgeordneten Herbert Wehner, Fritz Erler von der SPD und Johann Baptist Gradl von der CDU. Entsprechend der Konstruktion des Kuratoriums mußte auch enger Kontakt zu den Vertretern der Arbeitgeberverbände und des Deutschen Gewerkschaftsbundes geknüpft werden, denn beide trugen zur Finanzierung des Kuratoriums in erheblichem Ausmaße bei. Schütz galt eigentlich als ein Konservativer und dementsprechend auch bewußt in großer Nähe zur CDU stehend. Das sollte sich aber später überraschenderweise ändern, denn unmittelbar vor dem im Bundestag am 27. April 1972 zu verhandelnden konstruktiven Mißtrauensantrag der CDU/CSU als Oppositionspartei trat Schütz in einem spektakulären Akt, der ihm gleich eine Fülle von Interviews eingebracht hat, in die SPD ein, legte sein Amt als Geschäftsführender Vorsitzender des Kuratoriums nieder (blieb aber gleichzeitig Mitglied des Präsidiums) und führte nunmehr als Einzelkämpfer Wahlkampf für die SPD und deren Kanzlerkandidaten Brandt. Zur Begründung gab er an, daß er sich unbedingt mit der neuen Ostpolitik der SPD solidarisieren wolle und müsse. Später hat sich Schütz schriftstellernd nach Sankt Gallen in die Schweiz zusammen mit seiner zweiten Frau, die aus dem Mitarbeiterbüro des Kuratoriums kam, zurückgezogen.

Als die Stunde der staatlichen Vereinigung 1990 geschlagen hatte, löste sich das Kuratorium ohne viel Aufhebens auf. Sein Wollen und sein Ziel waren im Ansatz gut und richtig, auch wenn die Unterstützung durch das Volk, der Zustrom aus dem Volk gleich von Anbeginn, aber später in immer stärkerem Maße ausgeblieben ist. Der Grund lag wohl auch darin, daß das ganze Unternehmen zu sehr auf eine Person ausgerichtet war, was aber nicht nur die Schuld von Schütz selbst gewesen ist, sondern auch daher kam, daß man das Tun auf ein gleichsam irreales Ziel hin, auf das der Wiedervereinigung, lieber ihm, dem Einzelkämpfer, überließ, anstatt sich selbst ganz zu engagieren. Mehr und mehr wurde auch danach gefragt, jedenfalls von den Parteien, was ist denn überhaupt noch unter Deutschland zu verstehen, und vor allem aus der Richtung der SPD und FDP erging man sich mehr und mehr im Hochgefühl der Entspannungseuphorie. Man hatte begonnen, sich auf die Teilung, an die man sich ja auch bereits gewöhnt hatte, als nun einmal nicht zu überwinden oder zu verändern, politisch einzustellen, warum dann erst noch Menschen motivieren und mobilisieren, gegen die Teilung anzugehen, aufzustehen, aktiv zu werden.

Genfer Aussenministerkonferenz – Mitglied der Beobachterdelegation

Zur Genfer Außenministerkonferenz, die von Mai bis zum August 1959 tagte, ausgelöst durch Chruschtschows Berlin-Ultimatum vom 27. November 1958, und an der auch die Deutschen, Bundesrepublik Deutschland und DDR, an den sogenannten Katzentischchen Platz nehmen durften, entsandte der gerade ein halbes Jahr bestehende Bund der Vertriebenen eine Beobachterdelegation. Aus dem Deutschen Bundestag gehörten zu dieser Delegation Hans Krüger (zugleich Präsident des Bundes der Vertriebenen) als CDU- und Reinhold Rehs als SPD-Vertreter, frühere Beamte aus dem Auswärtigen Dienst, Otto Ulitz, der bewährte Sprecher der Oberschlesier während der Abstimmungszeit und der Zugehörigkeit Ost-Oberschlesiens zu Polen, und ich für die Landsmannschaft Schlesien. Wir beide, Ulitz und ich, waren es auch, die den ersten Bericht Anfang Juni dem Präsidium des BdV erstatteten. In Genf operierte ein Aufgebot von 1000 Journalisten, und wir erhielten unsere Informationen vor allem vom Pressesprecher der deutschen Delegation, Karl-Günther von Hase, der sich in Genf hervorragend zu schlagen wußte. Informationen über das internationale Klima zu sammeln, obwohl in Genf nicht mehr der Friedensvertragsentwurf von Nikita Chruschtschow, sondern eigentlich nur noch die Regelung des Berlin-Status auf der Tagesordnung standen, und selbst Informationen zu vermitteln, war unsere Absicht. Auf das Gespräch mit dem Leiter der Deutschlandabteilung im State Department der USA, Martin Hillenbrand, dem ich später in Washington wieder begegnet bin und der dann auch Botschafter der USA in Bonn gewesen ist, haben wir ausdrücklich Wert gelegt. In einem Resumee unseres Berichtes ist zu lesen: »Man achtet uns Deutsche, weil wir fleißig waren und unser Land wieder gut aufgebaut haben, aber man weiß nichts von unseren Problemen, wenn es um geraubtes Gebiet und um die Vertreibung geht. Allzu lange haben wir geschwiegen. Bis zur Wiedervereinigung und bis zu einem gültigen Friedensabschluß kann noch eine lange Zeit verstreichen. Diese ist uns gegeben, um ohne Leidenschaft, aber mit dem Ernst, den die Lage

erfordert, jetzt von Mensch zu Mensch und über die Grenzen hinweg das aufklärende Gespräch zu führen und den Sinn und den Wert der Heimat nicht nur für den einzelnen, sondern für die Gesamtheit zu wecken.«
Besonders herausgestellt wurde der Satz des amerikanischen Außenministers Christian A. Herter: »Die sogenannte Deutsche Demokratische Republik ist weder deutsch noch demokratisch noch ist sie eine Republik.«
Man durfte aber die Härte des sowjetischen Standpunktes nicht unterschätzen. Es ging den Russen um die politische Aufwertung der Zonenregierung, das heißt um die Anerkennung des Ulbricht-Regimes auch durch die westliche Welt und damit die Verhärtung der Theorie von den zwei deutschen Staaten, von denen der eine als Satellit bedingungslos Moskau untersteht und die Aufgabe einer bis über die Elbe vorgeschobenen Basis des Warschauer Militärpaktes erfüllt. Das andere Ziel der sowjetischen Politik aber hieß Berlin.
Nach Rückkehr aus Genf schrieb ich in einem Artikel: »Das Schaufenster der freien Welt soll zerschlagen und zugemauert werden. Berlin ist nicht nur im Fleische des Zonenregimes ein Stachel der Freiheit, Berlin ist dies auch für den ganzen Satellitenbereich. Zeigte man sich in den ersten Junitagen noch verhandlungsbereit, einen Kompromiß über Berlin abschließen zu wollen, so spielte in der fünften Verhandlungswoche Andrej Gromyko plötzlich wieder ganz hart und übertrumpfte sogar noch den Text des Berlin-Ultimatums vom 27. November 1958.«
Während meines Aufenthaltes in Genf überzeugte immer wieder das gute Einvernehmen unter den drei Westmächten. Die Delegation der Bundesrepublik Deutschland war nach außen der Vierte im Bunde, aber selbstverständlich eher Objekt der Verhandlungen denn Subjekt. Am 2. Juni war zum letzten Male in einer öffentlichen Sitzung von Deutschlands Ostgrenze die Rede, als nämlich Botschafter Dr. Wilhelm Grewe als Sprecher der deutschen Delegation die Lösung der Grenzfrage einem Friedensvertrag vorbehalten wissen wollte, der nur mit einem wiedervereinigten Deutschland, nicht aber mit einer Konföderation zweier deutscher Staaten abgeschlossen werden könne. Als diese Frage dann in Gesprächen mit westlichen Delegationskreisen erörtert wurde, bekam ich zu hören, daß das Grenzproblem zur Zeit gar nicht vordringlich sei, denn erst müsse die Wiedervereinigung vollzogen sein, bis man an den Abschluß eines Friedensvertrages denken könnte. »Inzwischen arbeitet aber«, so notierte ich damals, »die polnische Propaganda eifrig daran, den Westmächten einzureden, daß die Frage der Oder-Neiße-Linie sich eines Tages von selbst lösen werde, denn die Vertriebenen

stürben allmählich aus, und überdies mache die fortschreitende Eingliederung den Anspruch der Vertriebenen hinfällig. Da man unter unseren Bundesgenossen gelegentlich das östliche Schlagwort vom Revisionismus und Revanchismus kolportierte, verwies ich auf die Charta der Vertriebenen aus dem Jahre 1950, nur mußte man voller Erstaunen erfahren, daß diese Charta westlichen Experten der Deutschlandfrage bis zur Stunde nicht bekannt war. Wir als das Objekt der großen Politik dürfen nicht versäumen, den Wert und die Bedeutung dieses Objektes auf die Wagschale zu legen.«

Die Verbindung zum Ausland hin war für den Bund der Vertriebenen und die Landsmannschaften ebenso notwendig wie schwierig. Notwendig, weil man sich nicht gerade auf das Beste durch die offizielle Außenpolitik vertreten fühlte. Schwierig, weil die finanziellen Mittel fehlten und sich gelegentlich eher dilettierende denn politisch erfahrene Helfer im Ausland anboten. Das Ausland war weiterhin von der kommunistischen Darstellung und Richtung, ganz im Sinne einer unauslöschlichen Kriegsschuld, und nicht so sehr von einer kenntnisreichen und auch die Auseinandersetzung unter den Bundesgenossen nicht scheuenden hartnäckig geführten Informationspolitik bestimmt.

»Fehlende Dialogfähigkeit« –
Denkschrift der EKD

Am 6. November 1961 hatten sich acht evangelische Laien und Theologen an die evangelischen Abgeordneten im Deutschen Bundestag gewandt und Vorschläge für eine andere, eine in ihren Augen bessere Politik unterbreitet. Im Mittelpunkt der öffentlichen Diskussion, die nach Bekanntwerden dieses Memorandums, später gern das »Tübinger Memorandum der Acht« genannt, im Februar 1962 (erst zu dieser Zeit veröffentlicht) einsetzte, standen nicht so sehr die rüstungs- oder sozialpolitischen Vorschläge und Empfehlungen als vielmehr das erste Kapitel »Die Außenpolitik«. Dieses Memorandum, das von bekannten Namensträgern wie Klaus von Bismarck, Präses Joachim Beckmann, Werner Heisenberg, Ludwig Raiser und Carl Friedrich von Weizsäcker unterzeichnet worden war, war die erste Bekundung herausragender Persönlichkeiten für eine Preisgabe des Rechtsanspruchs auf Ostdeutschland. Unter dem Schock der Errichtung der Mauer in diesem Jahre 1961 bangte man um Berlin und die Landsleute in Mitteldeutschland und glaubte, etwas zu erreichen und zu retten, indem man Ostdeutschland opferte. In der Evangelischen Denkschrift von 1965 hat sich dies dann wiederholt. Man bekannte sich in diesem Tübinger Memorandum zur Freiheit von West-Berlin und zum »Selbstbestimmungsrecht der Deutschen in der DDR«. Es wurde erklärt: »Wir können beide Forderungen nur deshalb erheben, weil wir damit nicht ausschließlich nationale Interessen verfolgen, sondern uns auf die Menschenrechte der Freiheit und der Selbstbestimmung berufen dürfen, deren Verteidigung das westliche Bündnis dient. 1. Wir belasten unsere nationalen Anliegen der Wiedervereinigung, wenn wir es mit der Forderung der Grenzen von 1937 verknüpfen. 2. Das öffentliche Bewußtsein der Welt unterscheidet zwischen der auf die Menschenrechte gegründeten Forderung der Selbstbestimmung und unseren nationalen Anliegen.« Absicht der Autoren war es, »die Anerkennung der Oder-Neiße-Grenze« zum Ziel deutscher Politik zu machen mit der Begründung, »daß die öffentliche Anerkennung dieser Grenze unsere Beziehungen zu Polen entscheidend entlasten, unseren westlichen Verbündeten das Eintreten für unsere übrigen Anliegen erleichtern und der Sowjetunion die Möglichkeiten nehmen würde, Deutschland und Polen gegeneinander auszuspielen.«

Ich wandte mich in einem Aufsatz unter der Überschrift »Ein Achter mit falschem Ruderschlag« gegen die Unterscheidung zwischen dem Anspruch auf Selbstbestimmung und Menschenrechte, wenn es um Berlin und Mitteldeutschland und einem nur nationalen Anliegen, wenn es um Ostdeutschland geht. »Damit haben die Acht«, wie ich schrieb, »die unverantwortliche Behauptung aufgestellt, daß die Forderung nach Wiederherstellung des Rechts auch in Ostdeutschland nichts mit den fundamentalen Menschenrechten zu tun hat, sondern nur ›ein nationales Anliegen‹ ist, um nicht zu sagen ein nationalistisches, die Grenzen ausweitendes Vorhaben. Damit haben die Acht nachträglich die Vertreibung von Millionen Menschen aus ihrer Heimat gebilligt und für Rechtens erklärt, denn sie sehen darin keinen Grund mehr zum Aufbegehren, zur Forderung nach Änderung, zur Mahnung an das Recht. Die Acht nehmen die prophetische Gabe für sich in Anspruch, daß wir jeden Anspruch auf Ostdeutschland verloren geben müssen, denn die Zeiten sind nun einmal so. Das hat zur Folge, daß der Kommunismus weiter im Vormarsch bleibt, er muß sich nur gehörig Zeit nehmen, abschnittsweise vorzugehen. Die bessere Kombinationsgabe der Acht besteht offenbar darin, das Mißtrauen, das dem deutschen Volk in der freien Welt begegnet, dadurch aufzufangen, daß man Zugeständnisse an den Kommunismus macht.«

Während sich die Acht als sogenannte Tabu-Brecher von den Medien rühmen ließen, distanzierten sich die Parteien des Bundestages von der empfohlenen Preisgabe der Rechtsposition, und dies unisono, wenn auch in unterschiedlich formulierten Erklärungen. Aus den Reihen der Vertriebenen war der Protest, wie ich schrieb, »ebenso einmütig wie heftig«.

Wenzel Jaksch, SPD-Bundestagsabgeordneter und Präsident des Bundes der Vertriebenen, hatte angesichts des Disputes, der durch die von der Evangelischen Kirche in Deutschland (EKD) veröffentlichten Denkschrift »Die Lage der Vertriebenen und das Verhältnis des deutschen Volkes zu seinen östlichen Nachbarn« das Wort von der »fehlenden Dialogfähigkeit der Vertriebenen« geprägt. Ein zutreffendes Wort, das besagen sollte, daß die Masse der Vertriebenen in den nationalen Fragen und ob des Rechtsstandpunktes zwar richtig reagiert, aber dies eher aus dem Herzen heraus denn mit nicht zu widerlegenden, vom

Verstand bestimmten Argumenten. Man könnte es auch so formulieren, wie ich es wiederholt, den Gedankengang von Jaksch aufgreifend, gesagt habe: »Bekanntlich spuckt man in einer Kirche nicht. Aber plötzlich ist das Sanctissimum, die Heimat, das Recht auf die Heimat, in Frage gestellt. Darum das Entsetzen, daß man offenbar doch in der Kirche spuckt.« Durch die am 1. Oktober 1965 von der »Kammer der EKD für öffentliche Verantwortung« unter dem Vorsitz von Professor Ludwig Raiser (Universität Tübingen) beschlossene und am 14. Oktober veröffentlichte Denkschrift war ein Sturm der Entrüstung und des Protestes, zuerst und vor allem unter den vom Inhalt dieser Denkschrift unmittelbar Betroffenen, den Vertriebenen, ausgelöst worden, der sich in ungezählten spontanen Äußerungen bis hin zu Kirchenaustritten niederschlug. Wie das bei uns in Deutschland gern üblich ist, wurde dann auch gleich nach einer »Versachlichung der Diskussion« gerufen und »einige schrille Mißtöne in der bisherigen Diskussion« zutiefst bedauert, obwohl Verständnis dafür hätte aufgebracht werden müssen, daß mit dieser Denkschrift unter dem schützenden Dach der Evangelischen Kirche und mit dem Anspruch der Wegweisung für die Politik aus religiös-ethischer Verantwortung die bisherigen Grundfesten eines common sense in der Beurteilung und Behandlung der Oder-Neiße-Linie erschüttert worden sind, auch erschüttert werden sollten.

Bereits am 16. Oktober, also unmittelbar nach offizieller Bekanntgabe der Denkschrift der EKD, reagierte die in Berlin tagende Delegiertenversammlung der Landsmannschaft Schlesien nach einstimmigem Beschluß mit einer von mir formulierten Fünf-Punkte-Erklärung. Darin heißt es: »Das deutsche Volk ist nach besten Kräften bestrebt, mit allen Nachbarn ein freundschaftliches Verhältnis, selbstverständlich auch mit dem polnischen Volke, herzustellen. Die Aussöhnung zwischen dem polnischen und dem deutschen Volke ist ein Gebot verantwortlicher Politik, doch setzt diese Aussöhnung die Verurteilung des Unrechts beider Seiten voraus, sowohl des Unrechts, das von Hitler dem polnischen Volke zugefügt worden ist, als auch des Unrechts, das vom kommunistischen Regime dem deutschen Volke zugefügt wurde. Ohne die Anerkennung der sittlichen Kraft des Rechts kann es zu keiner gegenseitigen Verständigung kommen. Es ist moralisch, historisch, rechtlich und politisch unverantwortlich, dem deutschen Volke und seiner freigewählten Regierung zu empfehlen, die in Ostdeutschland durch Gewalt und List geschaffenen Zustände endgültig anzuerkennen und damit auf ein Viertel deutschen Territoriums zu verzichten. Das Argument von einem nationalen, vitalen Wirtschaftsinteresse Polens an

Ostdeutschland ist genau so verwerflich wie Hitlers Lebensraumthese. Die in den letzten 20 Jahren eingetretenen Veränderungen in Ostdeutschland können nicht die Annexion fremder Gebiete sanktionieren. Selbstverständlich darf durch die Wiederherstellung des Rechts und der Freiheit in Ostdeutschland kein neues Unrecht geschaffen werden.« Die Kirchenkanzlei der EKD reagierte mit der in solchen Fällen gängigen Erklärung, daß diese erste Stellungnahme »ohne Kenntnis des vollen Wortlautes der Denkschrift erfolgt« sei, worauf der Bundespressereferent der Landsmannschaft Schlesien, Heinz Rudolf Fritsche, ein bewährter Journalist von Rundfunk und Fernsehen, über dpa mitteilen konnte, daß die Landsmannschaft Schlesien bereits am Morgen ihrer Bundesdelegiertentagung in Berlin, am 16. Oktober, »im Besitz des vollen Wortlautes der Denkschrift gewesen ist. Die Landsmannschaft Schlesien hat ihre Stellungnahme abgegeben, nachdem ein Fachausschuß den vollständigen Text eingehend geprüft hatte.«
In einem für den Pressedienst der Landsmannschaft Schlesien geschriebenen Aufsatz bin ich auf drei Überlegungen dieser Denkschrift eingegangen: 1. Wir Deutsche haben die Pflicht, das von uns selbst dem polnischen Volk zugefügte Unrecht in neues Recht zu verwandeln. 2. Die inzwischen in Ostdeutschland eingetretenen Veränderungen haben ihr eigenes Gewicht. 3. Ostdeutschland gehört zur Aufrechterhaltung der polnischen Existenz. Zu 1.: »Es werden in der Denkschrift nicht nur die Untaten während der Hitler-Herrschaft unter dem Begriff des ›verletzten fremden Rechts‹ verstanden, sondern auch der Pakt zwischen Hitler und Stalin, durch den Polen 1939 gezwungen wurde, auf 180 000 qkm seines Territoriums zu verzichten. Gleich die Gegenfrage: Vorausgesetzt, daß hier die erste neuerliche Schuldverstrickung vorliegt, für die wir Deutsche gleichsam als Büßende einer Kollektivschuld zu zahlen hätten, warum wird nicht mit derselben Schuldverstrickung bezüglich des Verhältnisses von Rußland zu Polen operiert? Kein Wort darüber wird gesagt, daß unabhängig vom Hitler-Stalin-Pakt Polen in seinen Ostgebieten lediglich eine ethnische Minderheit von noch nicht einem Drittel der Bevölkerung dargestellt hat (später war hier anzumerken: 22 bis 25 Prozent), und daß diese Gebiete im Zuge der polnischen Expansion nach dem Siege über die Rote Armee erobert worden sind und die spätere polnische Ostgrenze lediglich als Waffenstillstandslinie von der Sowjetunion empfunden wurde, wobei man sich auf die von Polen mißachtete und als Eroberer überschrittene Curzon-Linie des Jahres 1919 berufen konnte. ›Eine deutsche Regierung muß heute zögern‹, so deutlich drückt sich die EKD aus, ›einen Rechtsanspruch auf

die Rückgabe von Gebieten zu erheben, deren Besitz wegen des Verlustes von Ostpolen zu einer wirtschaftlichen Lebensnotwendigkeit für Polen geworden ist"«. Zu 2.: »Das Argument der polnischen Wiegen fehlt nicht. Man übernimmt die polnische Statistik des Jahres 1960 und will damit beweisen, daß 36 Prozent der heute in Ostdeutschland lebenden Bevölkerung hier bereits geboren sind, daß 21,9 Prozent sogenannte Repatrianten aus den polnischen Ostgebieten seien, womit also zuzüglich 11,5 Prozent einheimischer Bevölkerung, mehr als zwei Drittel, irgendeinen Rechtsgrund für ihren Aufenthalt in Ostdeutschland nachweisen können.« (Zusätzlicher Kommentar aus heutigen Erfahrungen: Dauern die sogenannten ethnischen Säuberungen und Begradigungen im ehemaligen Jugoslawien nur lange genug an, dann schaffen sie ein neues Recht!) Zu 3.: »Ostdeutschland gehört zur Aufrechterhaltung der polnischen Existenz, diese These vertrat kürzlich auch der polnische Erzbischof in Breslau, Boleslaw Kominek. Ihren publizistischen Niederschlag fand sie in der Dissertation von Georg Bluhm (›Die Oder-Neiße-Linie als Problem der auswärtigen Politik der Bundesrepublik Deutschland‹), der darum auch sehr ausführlich in der Denkschrift der EKD zitiert wird. Um Polen lebensfähig zu erhalten, sollen wir auf Ostdeutschland verzichten, denn nach den Überlegungen der EKD ist Polen nur dank des ostdeutschen Besitzes lebensfähig. Zwar wird die Vertreibung Vertreibung genannt, aber zugleich wird geradezu beschwörend verlangt, daraus nicht die Wiederherstellung des Rechts ableiten zu wollen. Es gilt, so schlägt es die Denkschrift vor, einen Ausgleich zu suchen, der eine neue Ordnung zwischen Deutschland und Polen herstellt. Dieser Ausgleich heißt aber Verzicht. Die Denkschrift verwirft zwar den Begriff des Verzichts, denn er sei moralisierend und mit Emotionen beladen, aber der Inhalt der Denkschrift ist der Verzicht auf Rechtspositionen, auf deutsches Land, auf Wiedergutmachung. Man wirft zwar der Regierung und den Vertriebenen ›Selbstgerechtigkeit‹ vor, nimmt aber für sich eben diese Selbstgerechtigkeit in Anspruch. Auch wenn nicht der ganze Umfang des Verzichts genannt wird, so ist man doch bereits darum bemüht, alle Argumente für einen Verzicht zusammenzutragen, um dadurch den ›Handlungsspielraum der Politiker zu erweitern‹.«

Als einer der herausragenden Repräsentanten der evangelischen Kirche und zugleich der aus der Heimat vertriebenen Schlesier nahm Professor Joachim Konrad das Wort gegen diese Denkschrift. Er war in Breslau mitzugegen, als zwei katholische und zwei evangelische Theologen den General Hermann Niehoff am 6. Mai 1945 erneut aufsuchten, um ihn zu

bitten, ja zu drängen, die weiße Flagge der Übergabe von Breslau zu hissen. Der evangelische Theologe beklagte wohlbegründet, daß die Repräsentanten der Vertriebenen innerhalb der EKD von der Endfassung und Veröffentlichung dieser Denkschrift absichtllich ausgeschlossen worden seien. Dieses Verhalten und der Inhalt führten zum Rücktritt des von der EKD beauftragten Vertriebenen-Bischofs Reinhard Wester. Das Fehlen eines Bezugs zur Charta der deutschen Heimatvertriebenen wurde genau so kritisiert wie die politische Blauäugigkeit und schließlich auch das Verkennen der gegenreformatorischen katholischen Position in den heutigen polnischen Westgebieten. Professor Konrad schrieb: »Wenn aber – für uns tragischerweise! – Rußland der eigentliche Schlüssel für die gesamten politischen Ostpositionen ist, glauben dann die Verfasser der Denkschrift, daß man mit Polen auch nur über einen Quadratkilometer der de facto annektierten Ostgebiete rechtspartnerschaftlich und frei verhandeln kann? Oder meinen sie durch opferbereite Zugeständnisse, die man als indiskutable Selbstverständlichkeit hinnehmen werde, Rußland veranlassen zu können, nur im geringsten seine indirekten Machtbefugnisse in Mitteldeutschland aufzugeben? Begibt man sich also nicht mit einem solchen isolierten Blick auf die bloße Nachbarschaft Polens in illusionäre und gerade nicht realistische Vorstellungen? Wenn in der Denkschrift kommentarlos nicht nur Georg Bluhm, sondern auch Kardinal Wyszynski und der Erzbischof von Breslau Kominek für das Lebensrecht der Polen in Ostdeutschland zitiert werden, dann muß man sie allerdings auf den nicht nur antideutschen, sondern entsprechend antiprotestantischen kirchlich mythologisierten Nationalismus dieser Bischöfe hinweisen. Dieser Nationalismus hat aber gleichzeitig ihre Machtstellung im katholisch wie kommunistisch bestimmten polnischen Staat zu stützen vermocht.«
Im Jahre 1966 fand in der Evangelischen Akademie Bad Boll eine auf drei Tage angesetzte öffentliche Tagung und Diskussion über besagte Denkschrift statt. Es waren an die 150 Teilnehmer versammelt, auch ich war dabei. Die geistigen Väter Professor Ludwig Raiser und Oberkirchenrat Erwin Wilkens kamen ebenso zu Wort wie die Kritiker Wenzel Jaksch und Reinhold Rehs, beide Mitglieder der SPD-Bundestagsfraktion, für das Präsidium des Bundes der Vertriebenen. Beide Seiten blieben bei ihren Standpunkten, aber man ging fair miteinander um. Die Wochenschrift »Die Zeit« meinte jedoch feststellen zu können: »Anwälte und Ankläger der EKD-Denkschrift wichen der Auseinandersetzung aus.« In der CDU/CSU meldeten sich Stimmen der Kritik zu Wort,

so wenn Bundestagspräsident Eugen Gerstenmaier »beim Hören der nicht gerade seltenen und nicht immer hinreichend differenzierten Bußworte« die Frage stellte, »ob sich einige Instanzen unserer Evangelischen Kirche in Deutschland nicht mehr als Gottes Staatsanwälte denn als priesterliche Gestalten fühlen«. In der SPD war ein Sowohl-als-Auch die ausgegebene Richtung. Wie immer in Fällen der öffentlichen Auseinandersetzung über ein Thema, über eine Verlautbarung – die gründlichste Beschäftigung, aus der eine überzeugende Argumentation resultierte, bewies Herbert Wehner, und so auch jetzt zur vorliegenden Denkschrift der EKD. Die SPD-Wochenzeitung »Vorwärts« überschrieb die eine ganze Seite füllende Erklärung von Wehner ein wenig pythisch »Eine Denkschrift, die zu denken gibt«. In Wehners Text heißt es: »Angesichts der aggressiven kommunistischen Verleumdungskampagnen, deren Ziel es ist, die Bundesrepublik Deutschland und die Verbände der Heimatvertriebenen besonders als ›revanchistisch‹ und aggressionswütig abzustempeln und so in der Welt zu isolieren, ist das, was die Denkschrift darüber sagt, worauf es zunächst ankomme, nicht gerade überzeugend. Es ist das um so weniger, weil die Denkschrift einige Sätze enthält, die wohl mancher im Zorn als eine einseitige Belastung der Heimatvertriebenen verstehen wird oder verstanden hat.« Aufschlußreich war dann allerdings die bereits am 27. Oktober 1965 von der SPD bekanntgegebene Nachricht über die Bildung eines Ausschusses, der sich mit der Denkschrift befassen sollte, weil diesem Ausschuß außer Jaksch und Rehs nur Befürworter der von der EKD betriebenen Politik gegenüber Polen befanden: Gustav Heinemann, Carlo Schmid, Hans-Jürgen Wischnewski, Erhard Eppler und Ludwig Metzger.
Als die Synode der Evangelischen Kirche in Deutschland Mitte März 1966 in Berlin-Spandau tagte, wurde in einer auf den 18. März datierten Erklärung »Vertreibung und Versöhnung« ein wenig zu glätten versucht und erst einmal auf die Versöhnung der aus unterschiedlichen Gesellschaftsschichten und Herkunftstraditionen kommenden Gläubigen der Evangelischen Kirche das Auge gerichtet. Ganz befriedigen konnte dieser Interpretationsversuch allerdings nicht. Einen Aufsatz zu dem Synodal-Beschluß überschrieb ich »Denkschrift zu halbem Kurs« und schloß: »Der Eifer der letzten Monate war nicht umsonst. Der Standpunkt der Vertriebenen hat jetzt in seiner Klarheit wenn nicht gleich jedermann überzeugt, so aber seine Berechtigung bewiesen.« Anerkennend wurde in dem Aufsatz von mir bemerkt: »Die Zugehörigkeit zum eigenen Volke, die Verantwortung gegenüber der Geschichte, der

Anspruch auf die Wahrung des eigenen Lebensrechts, all das findet jetzt in der Spandauer Erklärung spät genug, aber endlich doch, seinen Niederschlag. Daß Ostdeutschland ›ein wesentliches Stück deutscher Geschichte‹ ist, wird nun als späte Erkenntnis nachgeliefert. Nachgeliefert wird auch die Einsicht in die geschichtlichen Zusammenhänge des Jahres 1945: ›Auch die evangelische Kirche hat schwere Einbußen erlitten. Viele Gemeinden wurden zerstört: Landeskirchen oder Teile von ihnen gingen verloren.‹ Was die Schreiber der Einladung des polnischen Episkopats an den deutschen Episkopat zum Ärger der Parteidiktatur längst erkannt hatten, daß Versöhnung gegenseitige Vergebung voraussetzt, wird in der Spandauer Erklärung nun auch von evangelischer Seite nachgeholt.« Kritisch habe ich dann noch hinzugefügt: »Zwischen den Zeilen steht indes wohl gar zu oft, daß es sich bei Ostdeutschland, der Heimat der Vertriebenen, um einen zum Faktum gewordenen und kaum mehr reparablen Heimatverlust handele. Wie der Kampf um die Denkschrift nun weitergeführt wird, ist schwer zu sagen. Es wird aber ein Wort zu zwei Schriften sein: Die Denkschrift in ihrer unerbittlichen Verzichtsbereitschaft und die Spandauer Erklärung, der man den guten Willen, erst einmal im deutschen Volk zur Verständigung und Aussöhnung zu gelangen, nicht absprechen kann.« Rückblickend muß allerdings gesagt werden, daß die ursprüngliche Erstfassung im Gespräch und in der Diskussion geblieben ist, während die glättende Interpretation eher für den innerkirchlichen Gebrauch gedacht gewesen ist.

»WAHLKREIS WEISSENBURG« –
MITGLIED UND KANDIDAT DER SPD

Franz Zdralek, Mitglied der SPD und Abgeordneter im Bayerischen Landtag, zugleich auch Vorstandsmitglied der Landsmannschaft Schlesien, war zwar mit meinem politischen Wirken als Schlesier uneingeschränkt einverstanden, aber er meinte, daß es gut sei, wenn ich nicht nur politisch redete, sondern auch parteipolitisch handelte. Dies wäre sowohl für die Schlesier im Lande und Schlesien gut, aber auch und vor allem für die allgemeine Politik in dem gerade neu gegründeten Staat Bundesrepublik Deutschland. »Warum werden Sie eigentlich nicht Mitglied der SPD?« Endlich, wie er es beurteilte, trat ich als Vierzigjähriger 1955 in die SPD ein. »Du mußt«, jetzt waren wir ja Parteigenossen und hielten uns an das Du, »Dich um ein Bundestagsmandat bemühen, ich will nach besten Kräften helfen.« Der Wahlkreis Weißenburg in Mittelfranken, zu dem die Landkreise Gunzenhausen, Dinkelsbühl, Feuchtwangen, Weißenburg, Hilpoltstein und Eichstätt damals gehörten, suchte für die Bundestagswahl 1961 einen geeigneten Kandidaten, nach Möglichkeit mit bundespolitischer Ausstrahlung, denn der sichere und stets wiedergewählte CSU-Kandidat war hier Richard Stücklen. Ein in Bonn arbeitender Journalist war darum willkommen. Bevor ich mich überhaupt im Dezember 1960 der Wahlkreiskonferenz vorstellte, wußte ich, daß dieser Wahlkreis mit der übergroßen Mehrheit des CSU-Kandidaten nicht zu holen war, aber immerhin bestand die Chance, über einen Landeslistenplatz als Nachrücker den Weg in den Bundestag zu finden. Mit einem sicheren Landeslistenplatz wurde es bei dem vorauszusehenden Gerangel um jeden einzelnen Platz für den Wahlkreis Weißenburg nichts, also begann ich den Wahlkampf als aussichtsloser Bewerber. Aber ich muß gestehen, daß mir als Journalisten und kritischen Beobachter der Zeitläufe so ein Wahlkampf »an der Front« gut getan hat. Natürlich beendete ich den Wahlkampf als Verlierer, einmal gegenüber Richard Stücklen und der CSU, dann aber auch für die SPD und für mich persönlich. Die wenigen Prozente, die wir als Plus registrierten, waren nichts anderes als Kosmetik.

Da sich im Verlauf der vier Jahre und des Draußen-vor-der-Tür-Stehens kein anderer Wahlkreis anbot, ich überdies im Wahlkeis 232 Weißenburg inzwischen bekannt war und ich mich auch inzwischen in den lokalen Gegebenheiten gut auskannte, war ich zu einer erneuten Kandidatur, worum ich bereits 1964 gebeten worden war, bereit.
Im Oktober 1964 wurde über die Kanditatur im Wahlkreis entschieden. Beide Seiten, sowohl der SPD-Unterbezirk Weißenburg als auch ich, erhofften sich beim zweiten Anrennen einen günstigeren Listenplatz und damit den Einzug in den 5. Deutschen Bundestag. In dem einleitenden Bericht, den der Unterbezirksvorsitzende Friedrich Kropf aus Weißenburg, ein tapferer Sozialdemokrat auch während der nationalsozialistischen Diktatur, gab, heißt es, daß »die Vorstandschaft zu der einmütigen Auffassung gekommen sei, Dr. Herbert Hupka erneut als Kandidat zu benennen. Wer zweimal von der SPD aufgestellt werde, müsse Vertrauen verdienen. Für die SPD sei es selbstverständlich, mit allen Kräften zu versuchen, Dr. Hupka an günstigerer Stelle auf der Landesliste zu plazieren, günstiger als 1961, als Dr. Hupka den 33. Platz der Landesliste einnehmen mußte.« In der Aussprache, wie es in der Lokalpresse später hieß, wurde betont, »daß die Partei sich dessen bewußt sein müsse, was es heiße, einen Kandidaten gegen den Bundespostminister Richard Stücklen aufzustellen«. In der geheimen schriftlichen Abstimmung erhielt ich bei 115 anwesenden Delegierten 112 Stimmen.
In meiner Antrittsrede bezog ich mich vor allem auf das Godesberger Programm. »Das Godesberger Programm«, so berichtete das »Weißenburger Tagblatt« am 19. Oktober 1964 über meine Rede, »und die SPD selbst wären Garanten dafür, daß weder die nationale Freiheit noch der konfessionelle Friede noch der Bestand der Nation aufs Spiel gesetzt würden, wenn die SPD die Mehrheit erlange. Unsere Prinzipien werden unverändert lauten: Wiedervereinigung, Europa, Stärkung der Freiheit im Inneren und Stärkung der Freiheit nach außen.«
Die gut aufgemachte Wahlillustrierte mit dem Wahl-Slogan »SPD vorn« zeigte mich mit meiner Familie, als Journalist auf der Pressetribüne des Bundestages, zusammen mit Fritz Erler, zusammen mit Soldaten der Bundeswehr, im Gespräch mit Wenzel Jaksch, der mir dann auch im Wahlkampf durch seinen persönlichen Einsatz geholfen hat, als »Lehrer« in einer Mittelschulklasse, bei dem Landrat von Feuchtwangen, Paul Keim, der sich auch stark im »Kuratorium Unteilbares Deutschland« engagiert hatte, in einer Glashütte, im Altenheim, auf welche Weise nun einmal in Wahlkämpfen geworben wird. Als die Landesliste

zusammengestellt wurde, in vielen Wahlvorgängen, rückte ich gegenüber 1961 von Platz 33 auf Platz 32, welcher Fortschritt! Die Liste zog dann lediglich bis zum Platz 30. Ich hätte mich nunmehr der Illusion hingeben können, daß es zu einem aussichtsreichen Nachrückeplatz reicht, aber so optimistisch war ich nicht. Allerdings greife ich bereits weit voraus, denn zuerst mußte Wahlkampf geführt werden und zum anderen stand das Wahlergebnis selbstverständlich noch nicht fest.
In der heißen Wahlkampfphase nahm ich in Weißenburg Quartier und habe täglich bis in die Nacht hinein im eigenen Wagen den Wahlkreis durchmessen, und das konnten bei schlecht miteinander koordinierten Terminen dann auch einmal je 100 km hin und zurück sein. Wichtig war es, in der Presse präsent zu sein, das heißt ins Gespräch zu kommen, und als Wahlhelfer Redner zu gewinnen, die durch ihren Bekanntheitsgrad die Aufmerksamkeit auf sich und damit auf den Wahlkreiskandidaten lenken konnten und sollten. Es waren dies der schon genannte Wenzel Jaksch, ferner der Sozialpolitiker Ernst Schellenberg, der Landwirtschaftsexperte Martin Schmidt-Gellersen, alle drei Mitglieder der SPD-Bundestagsfraktion, und Frankfurts Oberbürgermeister Willi Brundert, der zu den Verfolgten sowohl der Hitler-Diktatur als auch zu denen des Kommunismus zählte.
Man konnte aber noch so populäre Wahlhelfer bemühen, gegen einen Auftritt von Franz Josef Strauß als den zugkräftigsten Wahlhelfer für Richard Stücklen in diesem Wahlkreis kam keiner von ihnen an. Ich selbst rackerte fleißig und eifrig, was mir zum Schluß des Wahlkampfs auch die »Fränkische Landeszeitung« bestätigte. Die letzte Kundgebung war in Herrieden, einem Städtchen von über 6000 Einwohnern, zum Kreis Feuchtwangen gehörend: »Seine Kundgebungsteilnehmer, und es waren fürwahr nicht wenige, waren jedoch davon angetan, daß er das Schimpfen und Hetzen ließ. Dr. Hupkas Schlußauftritt gestern abend in Herrieden bot noch einmal die gesamte Skala der sozialdemokratischen Vorstellungen. Bildungs- und Gesundheitspolitik gehörten ebenso dazu wie die Vorstellungen der Innen- und Außenpolitik, der Rentengesetzgebung und jener Punkte, die zum Programm der SPD-Regierungsmannschaft gehörten. Auch Hupka (im Vergleich zu Richard Stücklen) war während des Wahlkampfes ein reiselustiger Politiker und Kämpfer. Er tauchte in den Gemeinden auf, hielt Frühschoppen mit politischen Themen ab und verteilte Bücher an Volksschulen (die SPD hatte eine großzügige Buchspende zeitgeschichtlicher Literatur ohne spezifische Ausrichtung ermöglicht). Obschon gerade diese Aktion gar nicht gern in Zusammmenhang mit der Wahl gebracht werden

sollte, lag sie doch psychologisch günstig für die Wahlkampagne. Seine Bemühungen um die Wählergunst waren jedenfalls nicht gering.«

Das Wahlergebnis am 19. September 1965 sah im Wahlkreis Weißenburg Richard Stücklen als überlegenen Sieger. Er hatte zwar gegenüber 1961, als ich das erste Mal gegen ihn angetreten war, 4600 Stimmen oder 2,2 Prozent verloren, aber war mit 69,7 gegenüber 71,9 Prozent nach wie vor reich ausgestattet. Ich war mit 20,5 Prozent deutlich genug unterlegen, auch wenn ich mich damit trösten konnte, daß ich 3,6 Prozent für die SPD hinzugewonnen hatte und diese nunmehr nicht bei 16,9 Prozent wie 1961 stehengeblieben war. Nur noch der Wahlkreis München-Mitte hatte noch mehr dazugewonnen, was sich zwar arithmetisch gut machte, aber auch gar nichts zu bedeuten hatte. Selbstverständlich hatten, als es um die Plazierung auf der bayerischen Landesliste gegangen war, weder die Vorstöße aus dem Wahlkreis noch ein persönlich gehaltener Brief des Präsidenten der Schlesischen Landesversammlung, Dr. Eckart von Wallenberg, an den SPD-Vorsitzenden Willy Brandt über einen in diesem Gremium einstimmig gefaßten Beschluß, »daß Hupka besonders geeignet ist, die Interessen der heimatvertriebenen Schlesier im Deutschen Bundestag zu vertreten«, den geringsten Erfolg. In einem freundlichen Brief des SPD-Bezirksvorsitzenden von Franken, des Bundestagsabgeordneten Max Seidel, standen zwar anerkennende Worte: »Bei der politischen Situation und zahlenmäßigen Ausgangsposition Deines Wahlkreises gehörte viel persönliches Engagement dazu, den Kampf um die Gunst der Wähler für die Partei und für Dich aufzunehmen. Du hast Dich wirksam geschlagen. Wir haben in Bayern 30 Mandate errungen, davon entfallen auf den Bezirk Franken 13 Mandate, wir nehmen den 30. Platz auf der Liste gerade noch ein.« Die Würfel waren aber gefallen, ich würde dem 5. Deutschen Bundestag nicht angehören.

Deutschlandtreffen in München – Strauss und Wehner

"Hitzewelle über Bayern« überschrieb die Münchner Presse ihre Berichte über Sonntag, den 25. Juni 1967,»das Thermometer kletterte auf mehr als 30 Grad«. Dieser Sonntag war der Haupttag des Schlesiertreffens, des zweiten nach 1951 wieder in München, und dieses Treffen stand ganz im Zeichen der Heiligen Hedwig, weswegen man auch nach München gegangen war, denn es jährte sich die Heiligsprechung 1267 der Herzogin Hedwig aus dem Geschlecht der Andechs-Meranier zum 700. Male. Man traf sich im Kloster Andechs mit Abt Odilo Lechner, wo Prälat Josef Gottschalk, der Autor einer ausgezeichneten Hedwigsbiographie mit viel Homor über das Leben und Wirken der Schutzpatronin Schlesiens berichtete. Ausstellungen in der Bayerischen Staatsbibliothek, eine Modellveranstaltung der bayerischen Schulen gehörten zum sogenannten Rahmenprogramm. Der bayerische Ministerpräsident Alfons Goppel und Münchens Oberbürgermeister Hans-Jochen Vogel sprachen zur Eröffnung. Die höchste schlesische Auszeichnung wurde dem Gründer der Landsmannschaft Schlesien, Walter Rinke, außerdem Otto Graf Pückler und dem unter Hitler in die USA emigrierten Kunsthistoriker Professor Ernst Scheyer aus Breslau verliehen. Die Medien berichteten von 250 000 Teilnehmern. Allerdings machte die Berichterstattung am Tag nach dem Treffen großen Kummer, denn es wurde vielfach falsch oder tendenziös oder, wie es die »Münchner Abendzeitung« praktizierte, überhaupt nicht berichtet. Auch an bösen Kommentaren fehlte es nicht, wobei sich selbstredend wieder die kommunistischen Zeitungen und Agenturen von Ost-Berlin bis Moskau zielsicher eingeschossen hatten. Man las und hörte dann: »Großtag des Revanchismus«, »Gefährliche Ekstase«, »Eskalation des Revanchismus in der BRD«, »Strauß und Wehner hetzen gegen Volkspolen«.

Das war eigentlich das Außergewöhnliche dieses 12. Schlesiertreffens in München, daß zwei prominente Mitglieder der vor einem halben Jahr neu gebildeten Regierung der Großen Koalition, Herbert Wehner,

Bundesminister für gesamtdeutsche Fragen und gleichzeitig stellvertretender SPD-Vorsitzender, und Franz Josef Strauß, Bundesfinanzminister und CSU-Vorsitzender, nacheinander das Wort nahmen. Als Wehner die Sätze sprach: »Wir wollen in einem Prozeß fortschreitender Entspannung Lösungen suchen und Lösungen finden helfen für die Probleme, die uns treffen. Solange die Grenze so ist, wie sie jetzt ist, wird sie nicht angetastet. Wenn beide Völker in einer europäischen Ordnung den Rahmen ihres Zusammenlebens gefunden haben, werden beide Seiten aus Überzeugung und Erfahrung auch ihre Grenzverhältnisse nicht mehr als Streitfrage betrachten und behandeln«, gab es ein wenig Unruhe und einige nicht zu billigende Zwischenrufe wie »Heuchler«, »Verräter«, was dann wiederum zu grimmigen Verallgemeinerungen durch kommentierende Journalisten geführt hat. Aber auch die Rede von Strauß bereitete Sorgen, und zwar nicht wegen des tatsächlich gesprochenen Textes, sondern wegen der von der Deutschen Presseagentur verbreiteten Fassung, die als Referentenentwurf so, wie nachgewiesen werden konnte, gar nicht gehalten worden ist, aber gleich als die tatsächliche Aussage in vielen Meldungen und Berichten, so auch in den »Münchner Merkur« und in die Wochenzeitung »Die Zeit« eingegangen ist. Der »Münchner Merkur« meldete: »Strauß: Keine Hoffnung auf Wiedererlangung der deutschen Ostgebiete. Auf der Schlußkundgebung erklärte Bundesfinanzminister Strauß, nur ein Narr oder ein verbrecherischer Demagoge könnte Versprechungen machen, daß wieder einmal ein Deutsches Reich entstehen würde, in dessen Grenzen die Schlesier an ihre alten Wohnsitze zurückkehren könnten...« In Wirklichkeit hieß die betreffende Redepassage, an die sich übrigens die andere große Münchner Zeitung, die »Süddeutsche Zeitung«, gehalten hat, so: »Nur ein Narr oder ein verbrecherischer Demagoge könnte Ihnen Versprechungen machen und Hoffnungen erwecken, daß wieder das alte Deutsche Reich, das großdeutsche Reich, glanzvoll erstehen würde, machtvoll nach Westen und Osten, unabhängig, nach allen Seiten hin ausstrahlend, daß einer der Prozesse rückgängig gemacht werden könnte bis zum Jahre 1910...«

»Viel Europa und wenig Deutschland« hieß die Überschrift »einer politischen Nachlese« in der Wochenzeitung »Der Schlesier«. Wehner wurde an seine Reden vor den Ostpreußen und den Oberschlesiern ein Jahr zuvor erinnert, damals noch in der Opposition: »Wir streben eine friedensvertragliche Regelung an. Aber niemand hat das Recht, über uns Deutsche hinweg mit anderen so zu handeln, als sei der Friedensvertrag schon geschlossen. Gegen den Roßtäuschertrick, ein Teilungsdiktat als Friedensvertragsgrundlage auszugeben, werden wir immer protestieren.« Zu Strauß wurde geschrieben, daß »schon 1955 auf dem Schlesiertreffen viel von Europa die Rede gewesen ist und nur ein wenig von Deutschland. Es war das Jahr der Entscheidung des Saarlandes. Empfohlen wurde den Saarländern, für Europa zu optieren und die Option für Deutschland vorerst zu vertagen. Die Wahl am 23. Oktober 1955 brachte ein anderes Ergebnis. Die Saarländer waren der europäischen Schwärmerei überdrüssig. Das schien auf dem Schlesiertreffen in München vergessen worden zu sein. Das nächste Mal möchten wir mehr von den deutschen Realitäten als von den europäischen Nebelschwaden hören.«

Ich hatte zur Eröffnung der Hauptkundgebung als stellvertretender Bundesvorsitzender am 25. Juni 1967 erklärt: »Wir Schlesier befinden uns nicht im Ghetto, wir stehen mitten in unserem Volk. Schlesien – von dort kommen wir, Schlesien – dorthin wollen wir, Schlesien – das sind wir hier und heute, frei und treu. Wir wollen keine Gewalt, sondern das Recht. Wir wollen die Versöhnung auch mit unserem polnischen Nachbarn, aber kein Diktat des Unrechts. Wir wollen den Frieden, aber keinen Frieden des Faustrechts.« Und ich schloß die Versammlung mit diesen Sätzen: »Wer Deutschland sagt und Schlesien leugnet, ist morgen bereit, auch Berlin und Mitteldeutschland preiszugeben, denn Schlesien gehört genau so zu Deutschland wie Berlin, Bayern oder Thüringen, Ostpreußen oder das Saarland. Unsere Nation muß sich in der Demokratie, in dem bisher einzigen freien Teil Deutschlands, in der Bundesrepublik Deutschland, geborgen wissen.«

»WIR STEHEN ZU SCHLESIEN« – BUNDESVORSITZENDER DER LANDSMANNSCHAFT

Im September 1968 war die Wahl des Bundesvorsitzenden der Landsmannschaft Schlesien angesetzt. Erich Schellhaus, mit einer kurzen Unterbrechung elf Jahre niedersächsischer Vertriebenenminister und seit 1955 Bundesvorsitzender der Landsmannschaft Schlesien, war aus Gesundheitsgründen von seinem Amt zurückgetreten. Seit 1954 war ich bereits stellvertretender Bundesvorsitzender. Zwei Kandidaten stellten sich zur Wahl, die am 20. September in Heilbronn erfolgte: der Landesvorsitzende der Landsmannschaft Schlesien in Nordrhein-Westfalen, Franz Mader, Mitglied des Düsseldorfer Landtages und hier der FDP-Fraktion, und ich, der selbstverständlich als Sozialdemokrat abgestempelt war. Mader unterlag mit neun Stimmen, ich wurde mit 23 Stimmen bei 32 stimmberechtigten Delegierten, das heißt mit 72 Prozent der Stimmen gewählt. Zuerst gebührte Erich Schellhaus, der zu den ersten Männern des Blockes der Heimatvertriebenen und Entrechteten (BHE) gehörte und aus dem oberschlesischen Kreise Neisse stammte, ein Mann des Ausgleichs, aber zugleich von unbeugsamer Kampfesgesinnung, Dank zu sagen. Wir hatten gut zusammengearbeitet und waren freundschaftlich bis zu seinem Tode am 19. Februar 1983, als er mit 82 Jahren starb, verbunden. Mader, auf der österreichisch-schlesischen Seite der Grafschaft Glatz geboren und mit dieser stammlich verknüpft, war Rechtsanwalt in Bielefeld und galt als Nationalliberaler. Als die FDP ohne jeden Abstrich die Ostpolitik zusammen mit der SPD betrieb, hat Mader die FDP verlassen und ist für die CDU als Abgeordneter Bielefelds in den Landtag eingezogen. Auch Schellhaus hatte den BHE verlassen und war Mitglied der CDU geworden, ihn störte die Tendenz seiner bisherigen Partei zum Fortbestand bei aller Aussichtslosigkeit, politische Erfolge zu erzielen.

In Heilbronn erklärte ich nach der Wahl: »Sie wissen, daß ich einer Partei angehöre und ich mich ihr auch arbeitsmäßig widme. Zuerst kommt aber für mich Schlesien und Deutschland und dann erst die politische Überzeugung. Das ist in aller Nüchternheit und ohne Um-

schweife und Arabeske so gesagt und auch so gemeint. Schlesien ist ein Teil Deutschlands, und ohne Schlesien ist Deutschland ein Fragment und amputiert. Wenn Sie mich nach einem Motto fragen, unter das ich die Arbeit für Schlesien stellen will, zu der Sie mich berufen haben, dann würde ich sagen: ›Schlesien liegt nicht als Vergangenheit hinter uns, sondern als Zukunft und Aufgabe vor uns.‹«
Zu den vielen Gratulanten vom Bundesvertriebenenminister Kai-Uwe von Hassel bis zum SPD-Parteivorstand und dem Apostolischen Protonotar Oskar Golombek gehörte auch der seit seiner Emigration in London lebende Professsor der Jurisprudenz, Ernst Cohn. Nachdem die Landsmannschaft Schlesien gegründet worden war, sind wir miteinander bekannt geworden und haben viele Gespräche geführt. Cohn gehörte zu den ersten akademischen Opfern des aufkommenden Nationalsozialismus, denn schon im Wintersemester 1932/33 störten Vertreter des NS-Studentenbundes in Breslau die Vorlesungen des mit jungen Jahren zum Professor an der Universität seiner Geburtsstadt Berufenen.
»Ein Schlesier in London«, so überschrieb ich einen Aufsatz im Mai 1957 und wollte damit Professor Ernst Cohn charakterisieren und rühmen. Ich schrieb: »In diesen Tagen hat sich unser Landsmann, dem im November 1932 an der Breslauer Universität von fanatisierten Studenten auf das Gemeinste zugesetzt worden war, erneut und vor aller Öffentlichkeit zu seiner schlesischen Heimat und zum Rechtsanspruch Deutschlands bekannt.« Bereits in dem 1955 vom Bundesvertriebenenministerium herausgegeben Band »Zehn Jahre nach der Vertreibung« war ein Ausspruch Cohns aus jüngster Zeit wiedergegeben worden. Der seit 1933 in London lebende und arbeitende Jurist hatte erklärt: »Solange man sich nicht selbst aufgibt, solange geben einen die anderen nicht auf. Wenn man sich aber selbst aufgibt, dann hat man alles verloren. Das ist auch eine Lehre der mir natürlich besonders naheliegenden jüdischen Geschichte.« In der englischen Zeitschrift »International Affairs«, herausgegeben von demselben »Chatham House«, wo auch das in Deutschland stark umstrittene Buch von Elizabeth Wisekmann »Deutschlands östliche Nachbarn« erschienen war, veröffentlichte Cohn 1955 eine überzeugende Stellungnahme gegen die Autorin und deren Thesen, in denen sie alles für Rechtens erklärte, so wie es heute ist. Cohn schrieb: »Seit wann ist es für einen unparteiischen Richter, der über die rechtswidrige Wegnahme von Eigentum zu urteilen hat, angängig, daß er die Gesetzwidrigkeit dieser Handlung damit entschuldigt, daß der Eigentümer ohne dieses sein Gut auskommen

könne und daß die Person, die es ihm weggenommen hat, zu lernen beginnt, wie sie dieses Gut nutzen kann? Auch spielt es hierbei keine Rolle, ob der (rechtmäßige) Besitzer etwa in Zukunft von seinem Eigentum einen gesetzlichen Gebrauch machen könnte.« Die Schlußfolgerung, die Cohn zieht, verläßt die rechtliche Beweisführung und bedient sich der allgemeinen menschlichen Grundsätze, mit seinen Worten niedergeschrieben: »Es hätte unter der Würde der westlichen Sieger sein müssen, sich zu der Ansicht zu bekennen, daß eine noch so große unmoralische Handlung das Begehren einer andern unmoralischen Handlung entschuldige.« Ich notierte: »Professor Ernst Cohn, der von dem braunen Unrechtsstaat seiner deutschen Staatsbürgerrechte verlustig erklärt wurde und längst britischer Staatsbürger geworden ist, steht dieser unüberhörbare Hinweis auf die Moral unter den Völkern wohl an. Gestern war es der amerikanische Republikaner Carroll Reed, der seine Stimme für Deutschlands Rechtsstandpunkt erhob, heute können wir einen vor Jahrzehnten emigrierten Landsmann zitieren, um unseren Rechtstitel zu bekräftigen. Wo aber bleiben die binnendeutschen Stimmen von Gewicht? Scham erfüllt einen angesichts der geradezu hörbaren Stummheit.«

Als 1953 plötzlich die Frage eines Kondominiums für Ostdeutschland in die Diskussion eingeführt wurde, indem Paul Löbe als Vorreiter und mutiger Formulierer das Wort nahm, war Professsor Cohn um ein Urteil aus seiner völkerrechtlichen und staatsrechtlichen Sicht gebeten worden. Er führte als Beispiele für die nicht gerade ermutigende Praxis mit einem Kondominium Bolivien, Schleswig-Holstein und Lauenburg und die Regelung zwischen Großbritannien und Ägypten bezüglich des Sudan an. Schlußfolgerung: »Ein Beispiel dafür, daß der Kondominiumsgedanke eine politische Streitfrage von größter Bedeutung auf die Dauer erfolgreich gelöst habe, gibt es in der gesamten Geschichte des Völkerrechts nicht. Wenn die Historiker schon von dem kurzlebigen Kondominium in Schleswig-Holstein berichten, daß der von ihm geschaffene Zustand ›selbstverständlich für die Dauer unhaltbar und von Anfang an eine Quelle von Reibereien und Streitigkeiten‹ war, so kann man sich ohne große Phantasie ausmalen, wie ein Kondominium in Ostdeutschland (Deutschland und Polen sind Nachbarn) aussehen und welche Folgen es haben würde.« Nach Veröffentlichung dieser schlüssigen Argumentation verstummte sehr bald die Diskussion. Und das war das Verdienst von Cohn.

Zum Deutschlandtreffen der Schlesier 1961 in Hannover schickte Ernst Cohn unter dem 25. Mai 1961 ein ausführliches Grußwort – zur Veröffentlichung freigegeben – aus London, da er selbst nicht hatte teilnehmen können. Daß der nunmehrige britische Staatsbürger trotz allem, was ihm widerfahren war unter Hitler und schon zuvor, sehr eng mit seinen schlesischen Landsleuten verbunden blieb, zeichnete ihn besonders aus. In dem Brief hieß es unter anderem: »Ich brauche Ihnen nicht zu sagen, wie sehr ich mit den sich in Hannover versammelten Landsleuten mitfühle. Ich gehöre zu den gewiß sehr vielen, in denen weder die Jahre nationalsozialistischer Verfolgung noch die auf sie folgenden Jahre der Unmöglichkeit, schlesischen Boden zu betreten, die Erinnerung an die Heimat haben verlöschen lassen. Der Wunsch, daß die schlesische Heimat einmal wieder in die Gemeinschaft der europäischen Kultur, der sie erst der Nationalsozialismus und dann der Kommunismus entrissen hat, zurückgeführt werden möge, ist in mir genau so rege wie in Ihnen und den anderen Freunden. Heute mag dies als eine Zukunftsmusik klingen, aber die historische Erfahrung hat gelehrt, daß es nicht selten gerade die Träumer gewesen sind, die in Wirklichkeit Recht behielten, auch in Lagen, in denen die sogenannten Realisten ihre Hoffnungen für verloren hielten. Daher kann ich mich nicht der Auffassung derjenigen anschließen, die immer wieder dazu raten, um der sogenannten Realität willen, sich mit dem geschehenen Unrecht abzufinden. Gerade wer selbst am eigenen Leibe Unrecht erfahren hat und dann doch erleben durfte, wie ein gut Teil dieses Unrechts wieder gut gemacht wurde, wird sich solchen bequemen Ratschlägen naturgemäß widersetzen...«

Da die Kölner Universität die Patenschaft über die Breslauer Friedrich-Wilhelms-Universität, wie sie bis 1945 bestand, übernommen hatte, unternahm ich den Versuch zu erreichen, daß Professor Ernst Cohn die Ehrendoktorwürde verliehen werde, sowohl als eine Geste der Wiedergutmachung als auch zum Dank für sein mannhaftes Auftreten für das Recht unseres Volkes. Gleichzeitig sollte meiner Intention zufolge auch Wolfgang Jaenicke mit der Ehrendoktorwürde geehrt werden, gleichfalls ein aus der Karriere als Regierungspräsident Geworfener, weil er ein überzeugter Republikaner gewesen ist, gleichfalls ein Bekenner zu Schlesien. Nicht nur die zu Ehrenden, sondern auch ich freute mich sehr, daß 1964 Ernst Cohn und 1963 Wolfgang Jaenicke mit dem Ehrendoktor durch die Kölner Universität ausgezeichnet wurden. Als der Doktorhut von Ernst Cohn mit einem Festessen gefeiert wurde, war ich der einzige, der unter lauter Professoren während des Festbanketts nur seinen Doktortitel vorweisen konnte.

Als meine Frau und ich London zum ersten Mal besuchten, lud uns

Professor Cohn zum Abendessen in seinen Club, dem er seit Jahrzehnten als guter Engländer der oberen Klasse angehörte, ein. Dies war insofern etwas Besonderes, als Frauen in den Clubs nicht zugelassen waren, was aber das Clubmitglied Cohn keineswegs zu stören schien. Hilfreich für ihn war vielleicht indes, daß dies an einem Wochenende geschah, als mit einem großen Besuch des Clubs ohnehin nicht gerechnet werden konnte.

Kaum war ich zum Bundesvorsitzenden der Landsmannschaft Schlesien gewählt, als eine für Münster am 16. November 1968 vorbereitete große Kundgebung angesetzt war unter dem Motto »Wir stehen zu Schlesien«. 1200 Besucher füllten den Zoo-Saal bis auf den letzten Platz, sogar aus dem fernen Traunstein in Oberbayern war ein Bus angerollt. Mit dieser Kundgebung wollten wir Schlesier uns gegenüber der Bundesregierung zu Worte melden. Die Überschriften der örtlichen Berichterstattung lauteten, indem Zitate aus meiner Rede aufgegriffen wurden, »Nicht zur Untreue zwingen lassen«, »Wir suchen die Verständigung und Aussöhnung mit Polen«. Aus dem »Siebenpunkteprogramm«, das ich für die Landsmannschaft Schlesien verkündete, sollen wenige Punkte herausgegriffen werden: »Wir Schlesier wollen nicht allein bleiben, sondern mitten in unserem Volke wirken. Wir sprechen als die unmittelbar vom Machtanspruch des Kommunismus Betroffenen, als Erste und für Schlesien. Aber wir wollen nicht die Minderheit der Schlesier bleiben, sondern uns mit der Mehrheit des ganzen Volkes in gemeinsamer Sorge um Schlesien vereint wissen. Den Status quo nicht festzuschreiben, sondern ihn zu überwinden, heißt Politik auch für Schlesien. Auch das deutsche Volk hat einen Anspruch auf das Selbstbestimmungsrecht. Im Augenblick können wir nichts anders tun, als diesen Anspruch auf das Selbstbestimmungsrecht, das auch das Recht auf die Heimat zum Inhalt hat, aufrechtzuerhalten und anzumelden. Unser Nachbarschaftsverhältnis zu Polen ist gestört, gestern durch Hitler, heute durch Ulbricht und Gomulka und den kommunistischen Parteiapparat. Polen und Deutsche müssen zueinander finden. Das bedeutet in aller Deutlichkeit, daß jede Vertreibung als Mittel der Politik verurteilt wird und ausscheidet. Deutsche Geschichte hat nicht mit Hitler begonnen und mit ihm aufgehört. Während Polen stolz ist auf seine 1000jährige Geschichte, blicken wir ständig nur auf das bitterböse Jahrzwölft unserer eigenen Geschichte. Zur Geschichte Deutschlands gehört auch die Geschichte Schlesiens seit der Heiligen Hedwig bis zu James Graf von Moltke, 1241 gegen die Mongolen, 1813 gegen Napoleon, 1942/43 gegen Hitler, einmal bei Wahlstatt, das andere Mal bei Breslau, schließlich in Kreisau, in

Schlesien sammelten sich die Kräfte der Freiheit gegen die Fremdherren und Diktatoren. Wir wissen, daß der Wegweiser nach Schlesien nur die Entfernung und die Richtung anzugeben vermag, nicht aber die Schwierigkeiten, die zu meistern sind, die tödlichen Gefahren, die auf uns lauern. Todbringend wäre auf dem Wege nach Schlesien, wenn wir irre würden an dem Rechtstitel und unserer Nation, die Freiheit verrieten und vor der Gewalt kapitulierten.«

Die Kirche geht auf Distanz –
Eine katholische Denkschrift

Im März 1968 gab es erneut wegen einer Denkschrift Aufregung, dieses Mal waren Katholiken die Verfasser, zweieinhalb Jahre nach der Ost-Denkschrift der Evangelischen Kirche in Deutschland. Im Gegensatz zu 1965 stand jetzt nicht gleich die Amtskirche hinter einer solchen Ost-Denkschrift, sondern ein Kreis von »fortschrittlichen Katholiken«, der sich Bensberger Kreis nannte. Man wies zunächst 200 Unterzeichner unter der Denkschrift nach, mußte aber gleich zur Kenntnis nehmen, daß einige, die am Entstehen der Denkschrift mitgearbeitet hatten, unter ihnen die Professoren Otto B. Roegele und Georg Smolka, nicht bereit waren, das Dokument auch zu unterzeichnen. Die Amtskirche distanzierte sich ausdrücklich von diesem Papier, aber, wie auch nicht anders zu erwarten, die Denkschrift des Bensberger Kreises fand einhellige Zustimmung in den Medien, insbesondere die ARD versuchte, für das Memorandum eine möglichst große Breitenwirkung zu erreichen. In einem kritischen Kommentar schrieb ich: »Die Wetten stehen 9:1 darauf, daß sich die Reihe ›Panorama‹ des Norddeutschen Rundfunks im Deutschen Fernsehen das Bensberger Papier nicht entgehen lassen würde, um in dasselbe Horn zu blasen. Der Sprecher der Bensberger kam in der Tat auch ausführlich zu Worte; garniert wurde das mit der Bemerkung, daß nun ›die Katholiken‹ ihren Standpunkt bezogen hätten. Sind 200 Katholiken bereits *die* katholische Kirche?« Weitere Zugabe: »Illusionen müssen und werden durch die Bensberger abgebaut.«
Die Deutsche Bischofskonferenz unter Kardinal Julius Döpfner nannte das Bensberger Memorandum die »Äußerung einer einzelnen Meinungsgruppe« und tat kund, »daß in solchen Fragen (Anerkennung der Oder-Neiße-Linie vor einem Friedensvertrag) keine Gruppe von Katholiken die Autorität der Kirche ausschließlich für sich und ihre Meinung in Anspruch nehmen kann.«
In einem Aufsatz für das »Deutsche Allgemeine Sonntagsblatt« nahm ich zu dem Bensberger Papier eingehend Stellung, einige Sätze seien

zitiert: »Wem zum Nutzen? Es wird angenommen, daß es ein heilsamer Vorgang für die Gesundung des deutschen Volke sei, wenn es aus freien Stücken auf ein Viertel seines Territoriums, so wie dieses in der Weimarer Republik und vor Hitler bestanden hat, verzichtete. So wie es töricht war, aus dem Deutschen einen Übermenschen zu formen, ist es nicht minder töricht, von ihm ein Übermaß an selbstlosem Großmut zu verlangen. In der Geschichte unseres Volkes hat sicher für alle Zeiten Hitler einen Platz, aber unsere Geschichte, auch die Ostdeutschlands, hat weder mit ihm begonnen noch mit ihm aufgehört. Zum Nutzen des polnischen Volkes? Niemand wird das dem polnischen Volk zugefügte Unrecht leugnen. Ist aber nicht auch im Namen des polnischen Volkes uns Deutschen Unrecht zugefügt worden? Es darf weder aufgerechnet noch kann Unrecht durch Unrecht erklärt und entschuldigt werden. Darum verlangt Versöhnung zwischen den beiden Völkern, daß wir aufeinander zugehen, also gegenseitiges Verständnis und Vergeben. Es ist ein Phantom, dem die Bensberger erlegen sind, wenn sie annehmen, daß die Deutschen als Opfer der Vertreibung eine neue Vertreibung im Sinne hätten. Zum Nutzen unserer demokratischen Ordnung? Hitler hat offenbar nicht genügend Fortune besessen, das war sein Unglück, denn Rechtsbruch, der mit gehöriger Macht ausgestattet ist, wird zum neuen Recht! Wie soll man diesen Widersinn einem Mitbürger klarmachen, von dem verlangt werden muß, daß er im Recht das Fundament unserer demokratischen Ordnung sieht und daß er deswegen alle Macht verurteilt (also auch Hitler wie Stalin und auch Ulbricht), die mit dem Makel des Unrechts behaftet ist. Mit Gruppenmonologen und wohlgeformter Rechthaberei kommen wir bestimmt nicht weiter.«
Sowohl der Präsident des Bundes der Vertriebenen, Reinhold Rehs, als auch der Hildesheimer Bischof, mit der Seelsorge für die Vertriebenen von der Deutschen Bischofskonferenz beauftragt, Heinrich Maria Janssen, wie schließlich auch die Deutsche Bischofskonferenz selbst distanzierten sich nicht nur von diesem Bensberger Memorandum, sondern nahmen auch dagegen Stellung. Rehs erklärte: »Die Verfasser des Memorandums argumentieren überwiegend nach polnischen Gesichtspunkten und zugunsten polnischer Interessen. Völlig sinnwidrig wird der zu Unrecht nach 1945 in den deutschen Ostgebieten angesiedelten und dort geborenen polnischen Bevölkerung ein Heimatrecht auf deutschem Boden zugestanden, während das gleiche Recht der dort seit 700 Jahren ansässig gewesenen und gewaltsam vertriebenen deutschen Bevölkerung auf ihre Heimat abgesprochen wird.« Bischof Janssen führte aus: »Das Unrecht der Vertreibung kann nur durch einen Ausgleich

nach den Grundsätzen der Menschenrechte und der christlichen Moral geheilt werden. Das Memorandum übersieht, daß wahre Aussöhnung freie Partner voraussetzt. Macht und Gewalt des Bolschewismus in Rußland, Polen und Mitteldeutschland werden nicht mit einem Wort erwähnt.« Die Deutsche Bischofskonferenz verlautbarte: »Die Denkschrift ist die Äußerung einer einzelnen Meinungsgruppe. Die Bischöfe werden ihrerseits die Bemühungen um die Versöhnung zwischen dem polnischen und dem deutschen Volk im Sinn ihres Briefwechsels mit dem polnischen Episkopat während des Konzils fortführen und vertiefen. Ohne Zweifel wird dieses Bemühen ungleich größere Schwierigkeiten zu überwinden haben, als sie sich bei der Abfassung der Denkschrift innerhalb des Bensberger Kreises gezeigt haben.«

Auch ich nahm noch einmal (»Die Brücke«, 9. März 1968) in acht Punkten zur Bensberger Denkschrift Stellung, einige Sätze will ich zitieren: »In einer Sprache, die brutaler ist als die der EKD-Denkschrift, soll offenkundig gemacht werden, daß es höchste Zeit ist, die ›öffentliche Meinung‹ für den Verzicht auf Ostdeutschland zu gewinnen. Hat man erst einmal die ›öffentliche Meinung‹ gewonnen, wird es auch der Regierung leicht fallen, sich diesem Diktat der ›öffentlichen Meinung‹ zu beugen. Es wird ausdrücklich gesagt, daß durch freiwiligen Verzicht deutscherseits, und das ist die unverhüllte Absicht des ganzen Papiers, der Frieden schnell zu finden wäre. Polen wird geraten, es aufzugeben, die ›Gebietsansprüche mit weit zurückliegenden Ereignissen historisch zu begründen. Die Berufung auf die jüngsten und gegenwärtigen Tatsachen ist für die Heimatvertriebenen annehmbarer und sie leuchtet uns allen eher ein.‹ Die Bensberger raten, sich in der Argumentation nur auf Hitler zu beziehen, aber es gehört seit Jahr und Tag zum polnischen Sprachgebrauch, den imperialen Besitzstand, den das heutige Polen allein dem Kommunismus verdankt, historisch zu verputzen und geradezu glaubhaft zu machen, indem man behauptet, auf uralt slawisches Land zurückgekehrt zu sein. Davon daß die Vertriebenen jeder erneuten Vertreibung ihr Nein entgegengesetzt haben, davon daß Okkupation und Annexion kein neues Recht schaffen können, von all dem ist den Bensbergern nichts bekannt. Um eine neue Vertreibung der Polen zu verhindern, und das ist eine falsche Hypothese, müssen wir schleunigst anerkennen, was ist.« Zu den prominenten Unterzeichnern des Bensberger Memorandums gehörten unter anderem Eugen Kogon, Walter Dirks, Karl Rahner, Hans Heigert.

»ANERKENNEN BEZIEHUNGSWEISE RESPEKTIEREN« – EIN SOZIALDEMOKRAT WIRD BUNDESKANZLER

Im Jahre 1968, auf dem SPD-Bundesparteitag in Nürnberg, stellte sich zum ersten Male seit Bestehen der Bundesrepublik Deutschland ein Vorsitzender der Partei in der Funktion eines Mitgliedes der Bundesregierung zur Wiederwahl. Als Parteivorsitzender und Bundesaußenminister eröffnete Willy Brandt mit einer programmatischen Rede den Parteitag. In den Schlußsätzen dieser Rede äußerte sich Brandt am 18. März 1968 mit ganz neuen Formulierungen zur Frage der Oder-Neiße-Linie und zum deutsch-polnischen Verhältnis. Brandt sagte: »Es gibt keine Grenzprobleme nach Westen mehr, es gibt Grenzprobleme nach Osten. Da gibt es einen Rechtstitel. Den gibt es erst recht für das Recht auf Selbstbestimmung unseres ganzen Volkes. Solche Rechtstitel haben ihre Bedeutung. Aber sie begründen keine Ansprüche, aus denen Wirklichkeit wird. Ihrer Verwirklichung sind jedenfalls heute Grenzen gesetzt. Wir wissen, daß heute eine Anerkennung der Oder-Neiße-Linie nicht einmal diplomatische Beziehungen zu Polen zur Folge haben würde. Das ist eine Realität. Realität ist auch, daß 40 Prozent der Menschen, die in jenen Gebieten leben, schon dort geboren wurden. Und niemand ist so vermessen, an eine neue Vertreibung zu denken. Eine weitere Realität ist es, daß das deutsche Volk die Versöhnung auch mit Polen will und braucht. Es will sie und braucht sie, ohne zu wissen, wann es seine staatliche Einheit durch einen Friedensvertrag findet. Was ergibt sich daraus? Daraus ergibt sich die Anerkennung beziehungsweise Respektierung der Oder-Neiße-Linie bis zur friedensvertraglichen Regelung. Es ergibt sich, daß die bestehenden Grenzen in Europa nicht durch Gewalt verändert werden dürfen und die Bundesrepublik zu entsprechend verbindlichen Übereinkünften bereit ist. Alle Völker sollen in der sicheren Gewißheit leben können, daß Grenzen nicht mehr gegen ihren Willen verändert werden. Das meinen auch die heimatvertriebenen Landsleute, deren Fragen und Sorgen ich keinen Augenblick vergesse.«
Unter den am Ende der Passage so wohlwollend angesprochenen »hei-

matvertriebenen Landsleuten« fanden diese Sätze nicht nur keinen Beifall, sondern Widerspruch und lösten Empörung aus. Das geschah auch gleich auf dem Nürnberger Parteitag. Zusammen mit Parteifreunden formulierte ich einen Brief an den Parteivorsitzenden Brandt und brachte die Unterschriften prominenter Sozialdemokraten zusammen, auch die des SPD-Bundestagsabgeordneten und Präsidenten des Bundes der Vertriebenen, des Ostpreußen Reinhold Rehs, der allerdings mit dem Ende der Rede von Brandt Nürnberg bereits verlassen hatte, so daß ich erst telefonisch sein Einverständnis, dessen ich allerdings sicher war, einholen mußte. Der Brief wurde auf den 19. März 1968 datiert. Zu den 15 Unterzeichnern, die ihre Unterschrift als Parteitagsdelegierte oder -teilnehmer leisteten, gehörten außer Rehs und mir die Bundestagsabgeordneten Ernst Paul, Vorsitzender der sudetendeutschen Seliger-Gemeinde, und die Schlesier Willy Bartsch, Günter Jaschke und Heinz Pöhler. Aus dem Brief seien die entscheidenden Absätze zitiert: »Ihr Wort aus der Parteitagsrede am 18. März 1968, daß die SPD bereit sei zur ›Anerkennung bzw. Respektierung der Oder-Neiße-Linie bis zur friedensvertraglichen Regelung‹ hat in der deutschen und ausländischen Presse Mißverständnisse aufkommen lassen, als ob die SPD damit den Friedensvertrag präjudizieren wolle und nicht mehr bereit sei, entsprechend Ihrem Worte, so viel wie möglich von Deutschland für Deutschland bei Friedensverhandlungen zu retten. Wir stimmen Ihrem Satz zu, ›daß bestehende Grenzen in Europa nicht durch Gewalt verändert werden dürfen‹. Das muß doch zugleich zum Inhalt haben, daß auch die durch Gewalt gezogene Oder-Neiße-Linie keine rechtmäßige und endgültige Grenzregelung sein kann. In dieser Überzeugung wurden wir durch die bisherigen Parteitagsbeschlüsse z. B. in Karlsruhe (1964) und Dortmund (1966) bestätigt. Auch wir als die unmittelbar von der Vertreibung aus unserer Heimat Betroffenen lehnen jede gewaltsame Lösung ab, doch kann das nicht heißen, daß wir unsere Rechtspositionen aufgeben und damit die Vertreibung als ein Mittel der Politik anerkennen. Ein klärendes Wort auf diesem Parteitag aus Ihrem Munde würden wir aufrichtig begrüßen als eine Bestätigung des seit Kurt Schumacher und Erich Ollenhauer eingeschlagenen Kurses der SPD in der Deutschland- und Ostpolitik.«

Das klärende oder korrigierende Wort von Brandt blieb auf dem Parteitag aus. Brandt zitierte zwar im Verlauf der Debatte den an ihn gerichteten Brief, ließ aber die entscheidenden Sätze fort, so daß sogar, wie eine Zeitung schrieb, »ein falsches Bild vom Verlangen der Briefschreiber in der Öffentlichkeit entstehen mußte«. In seinem Schlußreferat ging Brandt dann lediglich auf den Protest einer Landsmannschaft ein: »Inzwischen sehe ich noch einmal, daß ein Wort durch eine Landsmannschaft hochkommt, das Wort, das mich schmerzt, davon, daß hiermit vielleicht hinter dem Rücken der Vertriebenen entschieden worden sei. Es tut mir leid. Ich hoffe, es gelingt, alle davon zu überzeugen, daß es nicht so ist.« Gemeint war die Erklärung der Landsmannschaft Schlesien, in der ich in meiner Eigenschaft als deren stellvertretender Bundesvorsitzender wiederholt habe, was auch in dem Brief auf dem Parteitag Brandt bereits übermittelt worden war: »Die SPD unter Willy Brandt ist offenbar entschlossen, den von Kurt Schumacher und Fritz Erler wiederholt gebrauchten Satz, um jeden Quadratmeter deutschen Territoriums zu ringen, aufzugeben und sich einem tagesbezogenen Opportunismus sowie den polnischen Forderungen nach rechtlicher Fixierung des Unrechts an der Oder und Neiße zu beugen. Die SPD hat das den Vertriebenen feierlich versicherte Wort, ›nichts darf hinter dem Rücken der Vertriebenen geschehen‹, gebrochen.«

Die auf dem SPD-Parteitag verabschiedete »Plattform« für die künftige Arbeit der Partei wiederholte die Sätze aus der Rede des Parteivorsitzenden Brandt: »Diese Politik – gemeint ist die vom Bundesaußenminister und SPD-Vorsitzenden vertretene Politik – wird um so erfolgreicher sein, je klarer unser Wille zum Ausdruck kommt, die bestehenden Grenzen in Europa, insbesondere die gegenwärtige polnische Westgrenze, zu respektieren und anzuerkennen, bis die deutschen Grenzen in einer friedensvertraglichen Regelung, die von allen Beteiligten als gerecht und dauerhaft empfunden werden kann, endgültig festgelegt werden.«

Die CDU/CSU-Bundestagsfraktion distanzierte sich von der Grenzpassage in der Rede Brandts und nannte sie »mißverständlich und kontrovers«. Zwar werde auch von der CDU/CSU der gegenwärtige Zustand respektiert, aber »wir erkennen den Status quo nicht an. Wir wollen ihn vielmehr politisch mit friedlichen Mitteln ändern.« Als zwei Wochen später das Präsidium der CDU, Mitglieder der CDU/CSU-Bundestagsfraktion und das Präsidium des Bundes der Vertriebenen in Bonn zusammenkamen, wurde in der gemeinsamen Erklärung, für die Bundeskanzler Kurt Georg Kiesinger als CDU-Vorsitzender und Reinhold Rehs (SPD) als Präsident des Bundes der Vertriebenen verantwortlich zeichneten, verlautbart: »Strittige territoriale Fragen zwischen Deutschland und Polen können erst in einem Friedensvertrag mit einer Gesamtdeutschen Regierung verhandelt und abschließend geregelt werden. Beide Gesprächspartner lehnen jede gewaltsame Änderung der jetzigen

Verhältnisse ab. Insofern respektieren sie die gegenwärtige Situation. Aber sie erkennen den Status quo damit nicht an.«
Herbert Wehner, in der Großen Koalition Bundesminister für gesamtdeutsche Fragen, betätigte sich in gekonnter Weise als Feuerwehrmann, denn er versuchte abzuwiegeln, die gegen die SPD anbrandende Strömung in den Landsmannschaften und im Bund der Vertriebenen aufzufangen und die SPD gerade auch für diesen Bevölkerungskreis als wählbar darzustellen. Dazu diente ihm die dialektische Methode, die Protestierer wegen ihres Tonfalles und ihrer Wortwahl vorzuführen, um dann gebetsmühlengleich den eigenen Standpunkt in vorgegebener Übereinstimmung mit dem der Vertriebenen zu wiederholen. Ohnehin war Wehner der Meinung, wie er im vertraulichen Kreis damals sagte, daß die Sätze von Brandt nicht zuvor mit ihm abgesprochen worden seien und wohl aus der Werkstatt von Egon Bahr und Erhard Eppler kämen. Ob dem auch so gewesen sein muß oder das im Vertrauen gesprochene Wort nur eine vorgeschobene Schutzbehauptung war, bleibe dahingestellt. Die Frage eines Journalisten der Tageszeitung »Die Welt« lautete: »Vom Bund der Vertriebenen ist die SPD wegen ihres Nürnberger Parteitagsbeschlusses zur Oder-Neiße-Linie beschuldigt worden, Verzichtspolitik zu betreiben, wortbrüchig zu sein und auf die Anerkennung hinzuwirken. Indirekt hat der Bund der Vertriebenen seine Mitglieder aufgefordert, nicht die SPD zu wählen. Was sagen Sie zu dieser Haltung der Vertriebenenverbände?« Darauf Wehner: »Ich halte diese Unterstellungen für ungeheuerlich, denn auch diejenigen, die jene Erklärung beschlossen haben, wissen, daß die SPD in keiner Weise die Bezichtigung verdient, sie kapituliere vor Unrecht und Gewalt und sie anerkenne sozusagen nachträglich Vertreibung und Annexion.« Und es folgt einer der Wehnerschen Bandwurmsätze, bei denen man sich immer nur wundern konnte, daß er sich kaum jemals verhaspelte oder die Syntax durchbrochen hätte. »Was die Sozialdemokraten mit ihrem Nürnberger Beschluß bewirken wollen, ist, einmal mehr und so nachdrücklich wie möglich zu betonen, bis zu einer friedensvertraglichen Regelung, von der wir wünschen, daß alle Beteiligten sagen werden, daß es sich um eine gerechte und dauerhafte Regelung handeln wird, soll die Grenze nicht angetastet werden.« Das Protokoll des Bundestages verzeichnet am 5. April nach einer Rede des Bundesministers für gesamtdeutsche Fragen »Beifall bei allen Fraktionen« und zum Schluß »lebhafter, anhaltender Beifall bei allen Fraktionen«, nachdem Wehner gesagt hatte: »Die Bundesrepublik Deutschland muß von Deutschland für die Deutschen so viel wie nur möglich retten, durch ihr

tägliches Wirken und die Summe ihres Wirkens.« Zuvor hieß es in seiner Rede: »Die Bundesrepublik Deutschland ist ein Gemeinschaftswerk von Deutschen aus Nord- und Süddeutschland, aus West-, Ost- und Mitteldeutschland und – nicht zu vergessen – von Deutschen aus den Siedlungsgebieten außerhalb der alten Reichsgrenzen. Diese Bundesrepublik muß als die demokratische Komponente der deutschen Politik jene gerechte, dauerhafte Lösung unserer nationalen Frage anstreben, eine demokratische Lösung unserer nationalen Frage, die offensichtlich nur möglich ist im Rahmen einer europäischen Friedensordnung.« Für Jahre und Jahrzehnte wurde das Wort von der »europäischen Friedensordnung« zum geflügelten Wort, das sich als Pleonasmus und durch seine Ungenauigkeit ausgezeichnet hat, denn Frieden heißt Ordnung, und selbstverständlich konnte und kann es sich nur um einen Frieden innerhalb Europas mit den Nachbarn Deutschlands handeln.
Noch bevor das Jahr 1969, das Wahljahr, begann, kam in Bonn unter Vorsitz des Parteivorsitzenden Brandt und in Anwesenheit von Wehner der »Vertriebenen- und Flüchtlingsausschuß beim SPD-Parteivorstand« zu seiner konstituierenden Sitzung zusammen (nach einer Wahl des Parteivorstandes mußten auch die der Partei zuarbeitenden Ausschüsse neu berufen werden). In einem Protokoll wird über die Sitzung am 2. Dezember 1968 ausgeführt: »Es gibt nach wie vor drei Fragenkomplexe, um die immer wieder heftige Auseinandersetzungen entbrennen: a) um den Begriff ›Anerkennung‹, der von den Vertriebenen nicht so sehr in bezug auf die DDR, sondern vielmehr in bezug auf die Oder-Neiße-Grenze gesehen wird. Sie verstehen ihn als bedingungsloses Akzeptieren einer vollendeten Tatsache und damit als einen endgültigen Verzicht auf ihre Heimat; b) um das Münchner Abkommen, bei dessen Diskussion der SPD häufig unklare oder unterschiedliche Auslegungen hinsichtlich seiner Gültigkeit unterstellt werden. Die Vertriebenen akzeptieren zwar in ihrer Mehrheit die Tatsache, daß dieses Abkommen als nicht mehr gültig angesehen werden kann, sie wenden sich jedoch, nicht zuletzt wegen der damit in Zusammenhang stehenden Rechtsfolgen, gegen eine Nichtigkeitserklärung von Anbeginn an; c) um das Nichtansprechen des Unrechts der Vertreibung. Dabei geht es den Vertriebenen im Grunde nicht so sehr um eine Rechtsfrage, sondern um eine entsprechende Würdigung ihres Schicksals, das sie letzten Endes stellvertretend für das ganze Volk erlitten haben.«
Sollte ich 1969 noch einmal für den Bundestag kandidieren, diese Frage hatte ich mir selbstverständlich schon lange zuvor gestellt und mit Ja beantwortet. Gerade auch die Schlesier erwarteten von mir, daß ich

wieder, in welchem Bundesland auch immer, ins Rennen gehen sollte. Es bot sich auch die Parallele zu Walter Rinke an, der 1953 für die CSU als Bundesvorsitzender der Landsmannschaft Schlesien in den Bundestag eingezogen war, allerdings nur für eine Wahlperiode. Im November 1968 teilte mir der Vorsitzende des SPD-Unterbezirks Weißenburg, Alfons Böll, mit: »Trotz aller Bemühungen unsererseits ist abzusehen, daß es unserem Wahlkreis nicht gelingen wird, für unseren Kandidaten einen besseren Listenplatz auf der SPD-Landesliste zu bekommen. In Würdigung Deiner Persönlichkeit wollte es der Unterbezirksvorstand nicht mehr verantworten, Dich ein drittes Mal an aussichtsloser Stelle kämpfen zu lassen.« (Der 1969 für diesen Wahlkreis aufgestellte Hans Büchler ist dann zwei Jahre nach dem Wahltag für den zum Richter des Bundesverfassungsgerichts in Karlsruhe berufenen Martin Hirsch innerhalb der bayerischen SPD nachgerückt.) In Nordrhein-Westfalen, wo ich seit 1959 meinen Wohnsitz hatte, bot sich im März 1969 eine Kandidatur an. Fürsprecher für meine Kandidatur auf einem aussichtsreichen Landeslistenplatz war der Arbeits- und Sozialminister Werner Figgen, hinter dem der mächtige Bezirk Westfalen stand und mit dem ich aufgrund der Patenschaft des Landes Nordrhein-Westfalen für die Oberschlesier auch in unserer Landsmannschaft Schlesien ein herzliches Verhältnis hatte. Im Gespräch war zur gleichen Zeit auch der Präsident des Bundes der Vertriebenen, Reinhold Rehs, der dem Bundestag bereits seit der zweiten Legislaturperiode angehörte. In Schleswig-Holstein bestand für ihn keine Chance mehr aufgestellt zu werden. Auch in Niedersachsen, wie inzwischen bekannt wurde, hatte sich keine Möglichkeit für einen Platz auf der Landesliste der SPD ergeben. In Düsseldorf agierte als Vorsitzender der Landesarbeitsgemeinschaft für Heimatvertriebene und Flüchtlinge der SPD Wilhelm Matull, ein Königsberger Landsmann von Rehs, mit dem er auch befreundet war, weshalb es nahelag, daß er sich dank seines sehr engen Verhältnisses sowohl zum Ministerpräsidenten und Parteivorsitzenden Heinz Kühn als auch zur Parteihierarchie für Rehs stark machen würde, worauf auch Rehs gesetzt hatte. In einem Brief, den Ministerialrat Matull ausdrücklich als »äußerst vertraulich« bezeichnete, teilte er mir unter dem 26. März 1969 mit, daß man bereits von Wenzel Jaksch, der in Nordrhein-Westfalen kandidiert hatte, enttäuscht worden sei, weil er »sich nach der Kandidatur nie um NRW gekümmert hat«. (Die enge Beziehung zum Wahlkreis und gewissenhafte Pflege desselben durch den jeweiligen Kandidaten ist halt stets das A und O der Beurteilung des Abgeordneten, eine kurzsichtige und lediglich lokalpatriotische Beur-

teilung!) Ich wurde zu einer Vorstellung vor dem »Ost- und Mitteldeutschen Arbeitskreis der SPD« eingeladen. Allerdings wurde mir auch über ernstzunehmende Gegenstimmen Auskunft erteilt, so habe ein gewichtiger Mann, Stadtrat in Bielefeld, stark opponiert, und er stehe für »Schlesier und Genossen, die es Hupka etwas übelnehmen, daß für ihn erst Schlesien, Deutschland und dann erst die Partei komme. Bitte solche Ressentiments vorher ausräumen.« Richtig war, daß ich diesen Satz, für mich habe Schlesien die erste Priorität, tatsächlich im vorigen Jahr, als ich zur Wahl zum Bundesvorsitzenden der Landsmannschaft Schlesien anstand, aus Überzeugung gesagt hatte. Nach der Vorstellung, zu der auch anderthalb Stunden vor mir Rehs in das Haus des Deutschen Ostens nach Düsseldorf für den 15. April geladen worden war und die zu meinen Gunsten ausging, wurde das Ergebnis dem Landesvorstand mitgeteilt, so daß dieser mich auf Platz acht der Landesliste im ersten Block vorschlug. Spitzenreiter, gleich mir ohne die Verpflichtung zu einem eigenen Wahlkreis, war der Parteivorsitzende Willy Brandt. Unter der Überschrift »In NRW sind Brandt und Schiller Spitzenkandidaten der SPD« berichtete das traditionsreiche Wochenblatt der SPD, der »Vorwärts«: »Am 3. Mai wurde im Plenarsaal des Landtages zu Düsseldorf die Landesliste beschlossen. Man geht mit ›großen Kanonen‹ ins Gefecht. Nr. 1 ist der Parteivorsitzende Willy Brandt. Ihm folgen Bundeswirtschaftsminister Professor Dr. Karl Schiller, Bergarbeiterführer Walter Arendt.« Nach weiteren Namen »und Dr. Herbert Hupka, der Vorsitzende der Landsmannschaft der Schlesier, für die das Land die Patenschaft übernommen hat.« Am frühen Morgen dieses 3. Mai hatte mich Annemarie Renger angerufen, die in Neuß kandidierte, ein für sie nicht zu holender Wahlkreis, und mich gebeten, mich mit dafür einzusetzen, daß sie besser plaziert würde als auf Platz 37 der Landesliste. Hier wurde meine Stellung und mein Einfluß weit überschätzt, und es blieb bei der Plazierung. Bis zum Platz 49 hat dann die Landesliste der SPD gezogen.
Die SPD hatte für den 16.–18. April 1969 nach Bad Godesberg, auch in Erinnerung an das hier zehn Jahre zuvor beschlossene Godesberger Programm, zu einem Sonderparteitag eingeladen. Auf diesem Parteitag wurde unter anderem, und dies aus durchsichtigem Grund, die Nürnberger Aussage zur Deutschland- und Ostpolitik nicht nur modifiziert, sondern korrigiert, so daß sich der Parteivorsitzende Brandt bis zum Wahltag stets darauf berufen konnte, für eine Partei sei immer nur der letzte Parteitag mit seinen Aussagen verbindlich. Nunmehr hieß es: »Die SPD setzt sich in Bundesregierung und Bundestag dafür ein, daß

durch verbindliche Abkommen über Gewaltverzicht und Verzicht auf Gewaltandrohung bis zu den endgültigen friedensvertraglichen Regelungen die territoriale Integrität und die Unverletzlichkeit der Demarkationslinien in Deutschland und der Grenzen im Osten gewährleistet wird, das unter Gewalt zustandegekommene Münchner Abkommen, das von Anfang an ungerecht war und ungültig ist, ausgelöscht wird durch vertragliche Regelungen, die ein für allemal jede auf Zerstörung des tschechoslowakischen Staatsverbandes gerichtete Politik unmöglich machen. Dabei wird es darum gehen, in Erfüllung der Obhutspflicht gegenüber den Vertriebenen dafür zu sorgen, daß den von den Folgen des Münchner Abkommens und der Nachkriegszeit betroffenen Menschen keine weiteren Nachteile entstehen.« Die Handschrift von Wehner war deutlich zu spüren. Die SPD ging offensiv vor, um die berechtigte Verstimmung der Vertriebenen, gerade auch in deren Organisationen, in den Landsmannschaften und im Bund der Vertriebenen, wie diese seit dem Nürnberger Parteitag vom März 1968 das Verhältnis zur SPD belastet hatte, aufzufangen und in Zustimmung, zumindest in eine abwartende und neutrale Haltung umzuwandeln. Brandt sprach zu den Mitgliedern des Beirates für Vertriebene und Flüchtlinge beim Parteivorstand vier Tage nach dem Parteitag, um die Beschlüsse des Parteitages zu erläutern und in Politik umzusetzen. Am 29. April empfing Brandt als Bundesaußenminister die Sprecher der Vertriebenen und das Präsidium des Bundes der Vertriebenen und wiederholte, jetzt in anderer Funktion, all das, was er zuvor schon als Parteivorsitzender im internen Kreis besprochen hatte.
Während der Vorbereitung des Wahlkampfes legte ich den Entwurf eines Papiers vor, in dem noch einmal in einer gerade auch von den Vertriebenen und Flüchtlingen benutzten Sprache die entscheidenden, ganz Deutschland betreffenden Fragen deutlich gemacht werden sollten. Hier einige Sätze aus meiner Vorlage: »Für die Sozialdemokratische Partei Deutschlands gilt nach wie vor die Obhutspflicht gegenüber den Vertriebenen und Flüchtlingen. Die Vertreibung von Menschen aus ihrer Heimat ist und bleibt ein Verbrechen und darf sich nicht wiederholen. Die Regierung in Ost-Berlin ist nicht demokratisch legitimiert. Der Staat, der sich ›DDR‹ nennt, ist für uns kein Ausland. Die Deutschen im anderen Teil unseres Vaterlandes sind für uns kein anderes Volk. Die SPD lehnt die völkerrechtliche Anerkennung der DDR als zweiten deutschen Staat ab. Die SPD ist bereit, ohne Vorbedingungen auf allen Ebenen und ohne Diskriminierungen Verhandlungen zu führen, um ein Auseinanderleben zu verhindern und Erleichterungen für die Menschen

zu erreichen. Über die künftige deutsch-polnische Grenze kann nur in einem frei ausgehandelten Friedensvertrag von einer gesamtdeutschen Regierung entschieden werden. Beide Völker, das deutsche und das polnische Volk, haben einen Anspruch darauf, in gesicherten Grenzen zu leben. Aufgabe deutscher Politik muß es sein, so viel wie möglich von Deutschland für das deutsche Volk zu retten. Schon jetzt sollte jede Möglichkeit zu deutsch-polnischen Gesprächen ergriffen werden.« Es folgen Sätze zum Münchner Abkommen entsprechend der Regierungserklärung der Großen Koalition und zur »wirtschaftlichen, sozialen und rechtlichen Eingliederung der Heimatvertriebenen, Flüchtlinge und Kriegsgeschädigten« sowie zur Erhaltung und Pflege der »kulturellen und geistigen Substanz der Ostgebiete (als) Aufgabe der ganzen Nation. Nur so kann im Inneren gewonnen werden, was draußen verloren ging.« Dies war auch mein Konzept auf zahlreichen Veranstaltungen während des Wahlkampfes. Auch wenn meine Formulierungen nicht wörtlich übernommen worden sind, so konnte ich doch auf Aussagen sowohl von Brandt als auch von Wehner verweisen, Aussagen jüngsten Datums, die diesem Konzept nicht nur nicht widersprachen, sondern es bestätigten. Meine Ausarbeitung für die Antworten, die Brandt den Zeitungen von Karl W. Goldammer – er verlegt ein Dutzend schlesischer Heimatkreisblätter – erteilte, wurden fast wörtlich übernommen. Ich berief mich auf Sätze von Brandt, gesprochen am 2. September 1969 vor der IG Chemie, Papier, Keramik: »Man muß die Realitäten erkennen, aber man darf sich ihnen nicht einfach beugen. Man muß die Realitäten in Rechnung stellen, ohne seine Prinzipien zu verraten. Einige sagen, mit Moral sei keine Politik zu machen, jedenfalls keine erfolgreiche. Ich sage: es gibt Grundüberzeugungen, die muß man durchhalten, auch wenn man nicht von allen Seiten Beifall bekommt.« Und Wehner hatte in einem Gespräch mit dem Journalisten Reinhard Appel, das in der Broschüre »gefragt: Herbert Wehner« veröffentlicht worden war, gesagt: »Ich weigere mich, Annexionen anzuerkennen, bloß weil sie durch Stärke vollzogen werden können. Ich warne andererseits davor zu meinen, es gebe irgendwo ein Gericht, bei dem man einklagen kann, was an territorialem und hoheitlichem Besitz und Befugnissen verlorengegangen ist. Ich verhehle gar nicht, daß ich in den machtpolitischen Gegebenheiten nicht das letzte Wort der Geschichte sehe, sondern die Aufforderung zum Ringen und Bemühen um den für die Menschen erträglichen Modus vivendi. Wobei ich es auch nicht für unerheblich halte, mir immer wieder die Frage zu stellen, ob ich ein Recht habe oder hätte, auf Rechte zu verzichten, die mein Nächster, der durch Demarkationslinien oder befestigte Grenzen von mir und von uns getrennt ist, selbst nicht wirkungsvoll geltend machen kann.« Der Bundesjustizminister Horst Ehmke, der später unter Bundeskanzler Willy Brandt ganz anders argumentiert hat, ließ sich vor der Wahl im Deutschen Fernsehen so vernehmen: »Ich glaube, auf dem Weg zu einer europäischen Lösung ist zwar der Gewaltverzicht, das Respektieren dessen, was im Augenblick besteht, bis zu einer europäischen Friedensordnung wichtig. Dagegen glaube ich, daß die völkerrechtliche Festschreibung dieser Grenze (Oder-Neiße-Linie) eine kurzfristige psychologische Entlastung bringen würde, aber keinen Beitrag zu einer langfristigen europäischen Lösung wäre.«

Am 21. Oktober stand die Wahl zum Bundeskanzler an, nachdem am 26. September der sechste Deutsche Bundestag gewählt worden war. Die Wahl hatte einen sichtlichen Erfolg für die SPD gebracht, denn sie konnte ihren Stimmenanteil bei den Zweitstimmen von 39,3 auf 42,7 Prozent steigern. Das waren ein ganz klein wenig mehr Pluspunkte, als die FDP Minus gemacht hatte, denn während die SPD 3,4 Prozent gewinnen konnte, verlor die FDP gegenüber 1965 3,7 Prozent. CDU und CSU kamen gemeinsam jetzt auf 46,1 gegenüber 47,6 Prozent 1965, das war ein Verlust von 1,5 Prozent. Aber auch die NPD, das heißt die rechtsradikalen Nationaldemokraten, konnten Gewinne verbuchen, sie steigerten sich um mehr als die Hälfte von 2 Prozent 1965 jetzt auf 4,3 Prozent, konnten sich also verdoppeln, aber zum Einzug in den Bundestag reichte es nicht. Bei der Wahl zum Bundeskanzler hätten es für die SPD und FDP zusammen 254 Stimmen sein müssen, es waren dann drei Stimmen weniger, als arithmetisch zu erwarten gewesen wären, jedoch reichten die 251 Stimmen zum Gewinn der absoluten Mehrheit, die bei 249 Stimmen lag. Aber auch die CDU/CSU brachte es nicht auf das Soll von 241 Stimmen (ein Abgeordneter fehlte aus Krankheitsgründen), sondern lediglich auf 235 Stimmen. Wer waren die drei Enthaltungen aus dem neuen Regierungslager, wer bei CDU/CSU die zwei Enthaltungen, wer die vier ungültigen Stimmen, Anlaß genug zum Spekulieren.

Seit 39 Jahren, so jubelte die SPD, wieder ein Sozialdemokrat als Kanzler. Wehner erinnerte nicht ohne Grund an das von ihm entscheidend mitbestimmte Godesberger Programm von vor zehn Jahren, denn jetzt präsentierte sich die SPD nicht mehr als eine ideologisch (marxistisch und sozialistisch) ausgerichtete Partei, auch nicht mehr als antikirchlich, sondern als fortschrittlich liberal und bürgerlich. Übrigens hatte ich für die Deutsche Welle, Sendetermin 9. September 1969, ein

Sendemanuskript unter dem Titel »Liquidierung des Klassenkampfes – zum 10. Jahrestag der Veröffentlichung des ›Godesberger Programms‹ der SPD« verfaßt und mit diesen Sätzen eingeleitet: »Das Grundgesetz der Bundesrepublik Deutschland ist die fortschrittlichste Verfassung, die sich die Deutschen bisher gegeben haben. Analog zu diesem Superlativ bezeichnen auch die Sozialdemokraten ihr in Bad Godesberg veröffentlichtes Grundsatzprogramm als das progressivste in ihrer hundertjährigen Geschichte. Mit dem Bekenntnis zur Liberalität war zugleich die Abkehr vom marxistischen Dogma verbunden. Man wollte mit dem neuen Programm keinen neuen Beitrag zum Klassenkampf des Proletariats gegen das Kapital liefern, sondern sich als für jedermann offene Volkspartei präsentieren. Selbstverständlich konnte nicht ausbleiben, daß ein Teil der SPD nur ungern von den überkommenen klassenkämpferischen Theorien Abschied nahm und das Programm als eine ›Kapitulation vor liberalen Gedankengängen‹ bezeichnete...«

Die F.D.P, die sich jetzt mit den Pünktchen zwischen den Buchstaben ihrer Abkürzung zitiert wissen wollte, war einer künftigen Festschreibung der Oder-Neiße-Linie als Grenze vorausgeeilt. Es war in der Zeit, in der die F.D.P. in der Opposition – ein einmaliger Vorgang in der Geschichte der Bundesrepublik Deutschland – zur Großen Koalition stand und sich auf die SPD zubewegte. Nachdem die Jungdemokraten in ihrem Pressedienst unmißverständlich für die Preisgabe des deutschen Rechtsanspruchs und die Anerkennung der Oder-Neiße-Linie plädiert hatten, begann ich einen Briefwechsel mit Walter Scheel, dem Parteivorsitzenden. Mir ging es in dem am 5. Februar 1969 an Scheel gerichteten Brief um Aufklärung bezüglich des Standortes der FDP. Zwar distanzierte sich der Parteivorsitzende Scheel von den Aussagen seiner Jugendorganisation, sagte aber mit anderen Worten eigentlich nichts anderes: »Die im Pressedienst der Deutschen Jungdemokraten vom 20. Januar 1969 vertretene Auffassung zur Grenzfrage entspricht bekanntlich nicht der erklärten Politik der FDP. Nach unserer Auffassung erledigt sich das Grenzproblem nach Herstellung staatlicher Beziehungen mit der DDR. Die Bundesrepublik Deutschland ist nicht befugt, über die Ostgrenzen des anderen deutschen Staates zu verfügen.« Darauf habe ich dann geantwortet. Unter dem 31. März schrieb ich in meiner Eigenschaft als Bundesvorsitzender der Landsmannschaft Schlesien: »Die beiden Sätze Ihres Briefes vom 26. Februar sind eine Bestätigung der Deutschen Jungdemokraten. Für Sie und die FDP gibt es demzufolge keine ungelöste Frage Oder-Neiße-Linie mehr, sobald ›normale Beziehungen mit der DDR‹ hergestellt worden sind. Dann ist, wie

Sie meinen, die Oder-Neiße-Linie keine Demarkationslinie mehr, die ganz Deutschland betrifft, sondern bereits die Grenze eines fremden Staates. Dieser Auffassung muß nachdrücklich widersprochen werden. Uns ist unverständlich, daß freie Demokraten ein Gewaltregime anerkennen und das kommunistische Diktat offenbar durch eigene Unterschriftsleistung sanktionieren wollen. Das Grundgesetz verpflichtet uns alle, die Einheit und Freiheit ganz Deutschlands in freier Selbstbestimmung zu vollenden. Das heißt, daß wir alle gemeinsam einen gerechten und demokratisch legitimierten Frieden anstreben müssen, daß wir unseren Anspruch nicht leichtfertig aufs Spiel setzen oder gar aufgeben dürfen, daß wir so viel wie möglich von Deutschland für das deutsche Volk retten sollten. Sie sehen in der Bundesrepublik Deutschland ein endgültig so fixiertes Deutschland und setzen das gleiche für Mitteldeutschland, die ›DDR‹, voraus und geben damit ganz Ostdeutschland, bevor überhaupt Friedensvertragsverhandlungen stattgefunden haben, preis. Wir bedauern zutiefst, daß die vom großen Liberalen Bundespräsident Theodor Heuss vertretene Haltung eines unteilbaren Deutschland offenbar nicht mehr Inhalt der gegenwärtigen FDP-Politik sein soll.«
Der Briefwechsel wurde übrigens von mir, worüber ich Scheel aber in Kenntnis gesetzt hatte, der Öffentlichkeit übergeben, wobei, wie nicht anders zu erwarten war, lediglich die Presse der Vertriebenen darüber berichtete. Scheel und ich haben uns dann noch zu einem klärenden Gespräch getroffen, bei einem guten Essen mit guten Weinen, worauf Scheel als der Einladende viel Wert legte, ohne uns auch nur einen Zentimeter einander zu nähern. Nach Bildung der SPD/FDP-Koalition im Herbst 1969 konnte Scheel jetzt als Bundesaußenminister in die Ostpolitik und die daraus resultierenden Verträge einbringen, was er zuvor schon einseitig und eindeutig für die FDP konzipiert hatte. Zwar legte er noch Wert darauf, wenn er sich offiziell zu den abgeschlossenen Ostverträgen nachher äußerte, daß durch diese nichts aufgegeben worden sei, auch kein Verzicht ausgesprochen werde, aber das waren weniger Sätze eines ehrlichen Bekenntnisses als vielmehr die Absicht, gegenüber dem Bundesverfassungsgericht bestehen zu können, denn die Zession deutschen Territoriums war verfassungswidrig. Mit Ausnahme derer, die später wegen dieser Ostpolitik die FDP verlassen haben – Erich Mende, Knut Freiherr von Kühlmann-Stumm, Heinz Starke, Siegfried Zoglmann und Wilhelm Helms – stand die Mehrheit der Parteiführung, der Fraktion und auch des ohnehin nicht gerade zahlreichen Parteivolkes hinter dem Konzept von Scheel.

Ein Vierteljahr nach der Wahl vom 28. September 1969 für den Bundestag hielt ich am 12. Dezember 1969 meine erste Rede im Parlament. Sie behandelte den von der CDU/CSU-Fraktion eingebrachten »Entwurf eines Dreiundzwanzigsten Gesetzes zur Änderung des Lastenausgleiches«. Zwar war ich zum Vorsitzenden des Arbeitskreises der SPD-Fraktion für Vertriebene und Flüchtlinge berufen worden, aber in Fragen des Lastenausgleichs habe ich mich nie als Experte empfunden. Ich habe zu keiner Stunde eines Ghostwriters bedurft, aber in Sachen Lastenausgleich griff ich nur zu gern auf die Erfahrung, Sachkompetenz und Ausformulierungen des Pommern Walter Hack und des Sudetendeutschen Willi Jäger, angestellte Mitarbeiter der SPD-Fraktion, zurück. Es waren darum sowohl dieser erste Auftritt als auch der zweite neun Monate später, hier ging es um den entsprechenden Gesetzentwurf der SPD/FDP-Bundesregierung und für mich um die Erfüllung ungeliebter Pflichten. Für die Fraktion mußte geredet werden, einmal dagegen, beim Entwurf der Opposition, das andere Mal dafür, bei der Vorlage des Gesetzesentwurfes der Bundesregierung. Ich hatte mich zwar kundig gemacht, wenn es wie im vorliegenden Falle unter anderem um die Gleichstellung von Vertriebenen und Flüchtlingen im Lastenausgleich ging, um eine verbesserte Entschädigungsregelung, um Unterhaltshilfe oder den Entwurzelungszuschlag, aber ich trug nichts Eigenes vor, sondern war Dolmetscher mir aufgesetzter Texte. Die Anreicherung mit dem einen oder anderen sprachlichen Bild war dann Eigenwuchs. In meiner ersten Einlassung sprach ich davon, daß man »im Dezember 1969 leider nur die Geräuschkulisse ankurbeln kann« und hielt der Opposition entgegen: »Das Tempo, das uns hier von der CDU/CSU-Fraktion vorgelegt wird, entspricht eher dem Motto ›Seid nett zueinander‹ und dies zu Weihnachten besonders, als daß es, um im Bild zu bleiben, dem benutzten Fahrzeug und der gegebenen Straßenlage entspricht.«

Da derartige Debatten über eine Materie, die im Grunde nur von den Sachkundigen ernst genommen werden, lediglich mit einer Kleinstbesetzung von Kollegen im Sitzungssaal rechnen können, waren es wohl kaum mehr als 15 bis 20 Zuhörer, die an meinen Ausführungen und denen der anderen Fraktionssprecher Anteil genommen haben. Für mich, den Neuling, war dies zunächst eine bittere Enttäuschung, und das scheint damals auch der anwesende Ressortminister, Bundesinnenminister Hans-Dietrich Genscher, gespürt zu haben, denn er kam auf mich zu, nicht um mir zu meinen Ausführungen zu gratulieren, sondern um mich zu trösten, weil dem halt immer so sei und ich mich deswegen nicht verwundern sollte. Der zweite Beitrag von mir und damit auch der letzte zum Problem Lastenausgleich am 18. September 1970 war auf 15 Minuten angesetzt und endete laut Protokoll wie der erste mit »Beifall bei der SPD«, was aber nichts anderes besagte, als daß die wenigen anwesenden Fachkollegen entsprechend dem Ritual etwas tun mußten, um nicht stumme Zuhörer zu bleiben. Es ging um die 23. Novelle des Lastenausgleichsgesetzes. Ich nannte diese Novelle »einen großen Schritt nach vorn in Richtung einer längst überfälligen uneingeschränkten Gleichstellung von Vertriebenen und Flüchtlingen in der Gesetzgebung« und unterbreitete für die Fraktion Verbesserungsvorschläge. Als ich vor der Rednerkanzel stand, erschütterte mich abermals, es war ein Freitag um die Mittagsstunde, die geringe Präsenz, worunter ich eine Mißachtung sowohl des Redners als auch des parlamentarischen Betriebs zu sehen wähnte, eine bald als irrig korrigierte Auffassung, denn am Freitag einer Sitzungswoche beginnt schon früh aus verständlichen Gründen der große Aufbruch in die Wahlkreise.

Gleich meine erste Zwischenfrage während einer Fragestunde im Januar 1970 beschäftigte sich mit den Deutschen in der Heimat, in Oberschlesien, denn ich stellte die Zusatzfrage, ob nicht von der deutschen Handelsmission in einem Faltblatt die »Information« zum Warschauer Vertrag bezüglich der Ausreise der Deutschen, »etwa aus Oberschlesien«, bekannt gemacht werden könnte. Dies ist übrigens nie geschehen.

»Danken für Dein Bemühen, aufrecht zu gehen« – Herbert Wehner

Vor der Bundestagswahl 1969 hatte der Parteivorstand der SPD erklärt: »Kein vernünftiger Deutscher kann und will die Forderung nach Wiederherstellung der deutschen Einheit mit Hilfe neuer Vertreibungen diesmal von West nach Ost erfüllen. Die sich daraus ergebende Respektierung der Linie an Oder und Neiße bedeutet keinen Verzicht auf eine Rechtsposition. Eine endgültige Regelung der Grenzprobleme in Europa kann erst durch eine friedensvertragliche Regelung im Rahmen einer europäischen Friedensordnung erfolgen.« Das wurde jedoch, nachdem im Herbst 1969 die neue Bundesregierung von SPD und FDP gebildet worden war, über den Haufen geworfen. Jetzt war das alles hinfällig so wie später, 1990, alle Rechtspositionen, auf die sich CDU/CSU als Regierungspartei, aber zuvor schon als Opposition, berufen hatte, als nunmehr die staatliche Einheit zu verhandeln und schließlich einzubringen war, nicht mehr gelten sollten.

In den Jahren der SPD/FDP-Regierung sollten nur noch die Bundesrepublik Deutschland Inland, die DDR weder Inland noch Ausland und Ostdeutschland jenseits von Oder und Neiße Ausland sein. Es sollte überhaupt nicht mehr, wie Wehner nunmehr vorschlug, von der Wiedervereinigung die Rede sein, denn es sei ohnehin eine falsche Auslegung des Grundgesetzes, wenn die Präambel gleichgesetzt würde mit einem Wiedervereinigungsgebot. Davon stünde im Text überhaupt nichts, was sogar philologisch richtig ist, aber an der Auslegung der Präambel des Grundgesetzes als Wiedervereinigungsgebot nichts zu ändern vermag. »Schon das Wort Wiedervereinigung ist ein Wort, das nicht in die Entwicklung paßt, die in den letzten Jahren hat durchlaufen werden müssen. Der Begriff ist ein nicht mehr brauchbarer Begriff«, so Wehner in einem Interview aus dem Jahre 1979.

Wehner pflegte die Verbindung zu mir als dem zuerst stellvertretenden, dann Bundesvorsitzenden der Landsmannschaft Schlesien herzlich und nicht minder die Verbindungen zu den beiden anderen Sozialdemokraten, die bei den Vertriebenen an vorderster Stelle wirkten: Reinhold

Rehs bei den Ostpreußen und Wenzel Jaksch bei den Sudetendeutschen und schließlich als Präsidenten des Bundes der Vertriebenen. Die Post, die mich von Wehner erreichte, gelegentlich aus seinem schwedischen Domizil während seiner Urlaubszeit, war in einer leicht lesbaren Handschrift geschrieben. Auch am 12. August 1970, an dem Tage, an dem Bundeskanzler Willy Brandt in Moskau den Moskauer Vertrag unterzeichnete, schrieb Wehner handschriftlich einen längeren Brief, der ganz persönlich begann: »Ein Gewitter hat die Stunde, die ich mir für eine Radfahrt durch die Felder gedacht hatte, gestört, und ich setze mich gleich hin, um Dir zu schreiben, was ich sonst heute nachmittag getan hätte.« Es war ein Brief zu meinem Geburtstag, und es hieß nach den guten Wünschen: »Ich will Dir zugleich für manches danken. Vielleicht fragst Du, wofür; vor allem für Dein Bemühen, aufrecht zu gehen... Daß ich dabei auch an Deine Situation in der praktischen Politik denke, wirst Du verstehen. Gäbe es etwas, durch das ich Dir sie erleichtern können dürfte, würde ich's gern tun. Doch das läßt sich nur im Gedankenaustausch herausfinden. Ob es Gelegenheit dazu geben wird, das liegt in Deinen Überlegungen und ist Deiner Entscheidung anheimgegeben. Bei allen Unterschieden und möglicherweise auch Gegensätzen in der Betrachtung und Bewertung der politischen Entwicklungen sollte es kein Hemmnis für einen aufrichtigen Gedankenaustausch geben.« Zum Schluß dann der Hinweis auf das Ereignis des Tages und das Werben um ein Einschwenken auf die Linie des Bundeskanzlers, der Regierung und Wehners eigenes Konzept: »Während ich diese Zeilen an Dich schreibe, wird in Moskau die Unterzeichnung des Vertrages eingeleitet. Wer diesen Vorgang recht verstehen will, muß ihn in größeren Zusammenhängen sehen. Du machst Dir Gedanken über größere Zusammenhänge, und ich denke, bei allen Schwierigkeiten und sogar schmerzhaften Überlegungen könnten die Berührungspunkte gewichtiger sein als die Befürchtungen. Doch auch dieses gehörte in einen Gedankenaustausch, und ich wäre dankbar, wenn Du es so verstündest.« Zu dem Gespräch ist es nie gekommen, denn Wehner stellte sich einer Auseinandersetzung über den Inhalt der Ostverträge überhaupt nicht.
Ein halbes Jahr später war die Offerte Wehners an mich längst vergessen, besser gesagt verdrängt. Der Fraktionskollege Udo Hein hatte sich Wehner gegenüber von mir distanziert. Er wollte als Schlesier nicht in die von mir beiläufig genannte Zahl von Kollegen, ohne sie beziffern und auch Namen nennen zu können, von denen ich annahm, daß sie auch gegen die Ostverträge votieren würden, einbezogen werden. Jetzt begann die deutliche Abwendung Wehners von mir. In seinem Antwort-

schreiben an Hein vom 30. Dezember steht zu lesen: »Herbert Hupka hat leider manches gesagt und geschrieben, das genauerer Prüfung nicht standhält. Er wird dies vor allem mit sich selbst abzumachen haben. Die Situation, in die er sich selbst gebracht hat, ist nicht zu beneiden. Deutsche Politik wird nicht nach Landschaftszugehörigkeit entschieden werden können.« Es folgt dann die Beschwörung »des verbrecherischen Abenteuers Zweiter Weltkrieg« auf der einen Seite und der Verantwortung »für die Organisierung des Friedens« andererseits.

Eine die Person und sein Wirken objektiv darstellende Biographie Herbert Wehners gibt es bis heute noch nicht, übrigens eine Aufgabe, die mich als Politiker und Historiker nach wie vor reizen würde. Wehner ist bei aller Kritik, die er geradezu herausgefordert hat, eine der die ersten Jahrzehnte der Bundesrepublik Deutschland entscheidend prägenden Gestalten gewesen.

Er rühmte sich gern selbst dafür, daß er brav in allen Bundestagssitzungen einschließlich der am mäßigsten besuchten Fragestunden anwesend war. Er beklagte sich, daß er für seine Arbeit die ihm gebührende Anerkennung auch aus den eigenen Reihen nicht zugesprochen bekomme. Er wollte mit seiner Partei an die Macht und wußte immer im voraus die Fäden zu ziehen, die Weichen zu stellen, die Zielgerade freizulegen. Mit der Großen Koalition begann es, zuvor schon mit seiner NATO-Rede am 30. Juni 1960 im Bundestag und dem Godesberger Parteiprogramm. Seine Härte, die sich in lautem Anschreien und vielen zum Teil unqualifizierten Zwischenrufen Luft machte, war aufgesetzt, diente der Einschüchterung seines Gegenübers und sollte Zeugnis von seiner steten Wachheit und seinem persönlichen Engagement ablegen. Wehner verstand es, bei aller Bescheidenheit, die er an den Tag legte, sich in der Öffentlichkeit durch seine Bereitschaft zu Interviews und dank seiner Kontakte zu bestimmten Journalisten, die er an seinem Herrschaftswissen und auch an seinen verwinkelten und verschachtelten Darlegungen Anteil nehmen ließ, ins rechte Licht zu setzen. Er war ebenso fleißig wie ehrgeizig. An sich war er immer ein Einsamer, zugleich aber der Sentimentalität, die auch Raum für herzliche oder auch zynische Zwiesprache gab, zugeneigt. Der Stratege, der mit langen Fristen rechnete, bevor ein Ziel erreicht sein würde, verstand meisterlich zu taktieren. Hier opferte er leichten Herzens den Glaubenssatz von gestern, wenn dieser ihm nunmehr im Wege stand. Das war seine Unzuverlässigkeit, seine Unberechenbarkeit, sein Täuschungsvermögen. Dem Kommunismus hatte er, so meinten wir, abgeschworen. Im Grunde ein genialer Einzelkämpfer, weshalb er auch weder mit Willy

Brandt noch mit Helmut Schmidt auf die Dauer eng zusammenarbeiten konnte und wollte. Mit ihm war stets in der SPD und auf dem Felde der Politik zu rechnen, auch wenn auf ihn nicht wie auf einem soliden demokratischen Fundament zu bauen war. Die Frage bleibt: Überwiegen in diesem Lebenslauf die düsteren Schatten oder das Licht?

Wie solidarisch sind die Deutschen? – Pro und Contra Oder-Neisse-Linie

Nachdem Berlins Regierender Bürgermeister Klaus Schütz von einer dreitägigen Reise in die Volksrepublik Polen zurückgekehrt war, berichtete er am 27. Juni 1969 auf einer ganzen Seite in der Wochenzeitung »Die Zeit«. Der Bericht war angereichert durch ein großes Foto mit Fanfaren blasenden jungen Burschen auf einem Vertriebenentreffen, und dieses Foto zeigte als Flagge unter den Fanfaren die Aufforderung »WIR FORDERN UNSERE HEIMAT«, dazu die Unterschrift als ein Zitat »Das Starren in die Räume der Vergangenheit bringt nichts ein.« Begleitet wurde der Artikel von Schütz durch einen Bericht des Dauer-Korrespondenten in Warschau, Hansjakob Stehle, unter der Überschrift »Gomulka wartet auf ein Zeichen«. Stehle hat man nicht grundlos nachgesagt, daß er die besten Verbindungen und Beziehungen sowohl zur herrschenden Nomenklatura der Kommunisten als auch zur katholischen Kirche habe, was im übrigen an seiner weniger nüchtern objektiven als vielmehr tendenziösen, propolnischen Berichterstattung über Jahrzehnte hinweg auch abzulesen war. Die Thesen des Polen-Besuchers Schütz waren einfach. Es muß so bleiben wie es ist: »Die Geschichte kann nicht ungeschehen gemacht werden. Es gibt weder eine Wiederherstellung noch eine Wiederholung dessen, was jenseits von Oder und Neiße war ... Die Rede vom Friedensvertrag wird und bleibt darum ein nahezu unübersteigbares Hindernis für normale Beziehungen und für den Beginn der Aussöhnung zwischen Polen und Deutschen.« Es kehren in dem Aufsatz von Schütz all die Thesen wieder, die von den polnischen Kommunisten gebetsmühlenartig seit zwei Jahrzehnten vorgetragen worden waren: Uns Polen genügt eben nicht das Wort der DDR, wir wollen das Ja zur Endgültigkeit der Oder-Neiße-Linie als Grenze durch die BRD, mit welchem Kürzel die Kommunisten die Bundesrepublik Deutschland gern bezeichneten. Daß gleichzeitig die polnischen Kommunisten auf der Zweitstaatentheorie beharrten, worüber auch in diesem Artikel zu lesen war, störte Berlins Regierenden Bürgermeister nicht, indem er über seine Warschauer Gespräche schrieb: »Die staatliche Existenz der DDR ist so selbstverständlich wie die Zuordnung West-Berlins zur Bundesrepublik. Die Geschichte ist zuerst eine Kategorie der Zeit, nicht eine des Raumes. Starren in die Räume der Vergangenheit bringt nichts ein; es ist vergeblich.« An sich war das ein Freibrief für jegliche Annexion, auch für das Gebilde Ost-Berlin und DDR. Für die Landsmanschaft Schlesien erklärte ich: »Jeder gutwillige Deutsche ist für eine Aussöhnung auch mit dem polnischen Volk. Aber diese Aussöhnung darf nicht, wie es Klaus Schütz soeben vorschlägt, die Zustimmung zur gewaltsamen Annexion von einem Viertel von Deutschland in seinen Grenzen von 1937 zur Bedingung setzen. Realitäten wie die Schaffung des ›Protektorats Böhmen und Mähren‹ und des ›Generalgouvernements‹ trugen den Stempel des Unrechts und konnten darum nicht von Bestand sein. Genauso verhält es sich mit der von Klaus Schütz noch nicht einmal erwähnten Vertreibung von Millionen Menschen aus ihrer Heimat und der brutalen Aneignung Ostdeutschlands. Auch diese Realitäten sind und bleiben Unrecht, übrigens genauso wie die Behauptung, daß Berlin auf dem Territorium der DDR liegt, eine vom Regierenden Bürgermeister bestimmt nicht akzeptierte Realität. Die Landsmannschaft Schlesien protestiert schärfstens gegen die von Klaus Schütz vorgeschlagene Anpassungspolitik an den kommunistischen Imperialismus und gegen den unverantwortlichen Verzicht auf Friedensverhandlungen und einen gerechten Frieden, zu dem auch das deutsche Volk Ja sagen kann.«

Schütz schlug aufgrund dieser Erklärung und zahlreicher Bekundungen wohl eher des Unmuts als der Zustimmung vor, »über die Fragen, die ich in meinem Artikel behandelt habe und über die das Präsidium der Landsmannschaft Schlesien so schnell geurteilt und entschieden hat, ein öffentliches Gespräch mit Vertriebenen und vor Vertriebenen zu führen«. Die Landsmannschaft Schlesien antwortete unverzüglich mit Ja und schlug als Ort für die Diskussion »die Landeshauptstadt des Patenlandes Niedersachsen, Hannover, oder die deutsche Hauptstadt Berlin« vor. Der 2. September wurde vereinbart. Es zeichnete Schütz aus, daß er sich einer derartigen Diskussion zu stellen bereit war. Nahezu drei Stunden diskutierten im Alten Rathaussaal des Rathauses zu Hannover Schütz und ich als die eigentlichen Kontrahenten. Bei der Vorbereitung des Streitgespräches war man auf Wunsch der Landsmannschaft Schlesien so »verblieben, das Fernsehen deswegen nicht zuzulassen, weil es auch bei gutem Willen nicht möglich ist, die ganze Diskussion auszustrahlen, Ausschnitte aber ein entweder unzulängliches oder unzutreffendes Bild vermitteln«. Als dann doch in Begleitung von Schütz ein

Team des Senders Freies Berlin erschien, beharrten wir Schlesier auf der ursprünglichen Vereinbarung, weil eine Zulassung des SFB unfair gegenüber NDR und dem Zweiten Deutschen Fernsehen, die auch hatten filmen wollen, gewesen wäre, zum anderen weil mitgeteilt wurde, daß Ausschnitte in einer Wahlkampfsendung ausgestrahlt werden sollten, aber »das Streitgespräch sollte keine Wahlveranstaltung sein und werden«.
Die gegensätzlichen Standpunkte wurden ausgetauscht, unter der umsichtigen Leitung von Heinz Lorenz, dem stellvertretenden Bundesvorsitzenden der Landsmannschaft Schlesien, die sich anschließende Diskussion verlief leidenschaftlich, was durchaus verständlich war. Als ein Diskussionsredner meinte, daß man ohnehin mit »Barbaren«, mit welchem Ausdruck er die Polen meinte, nicht verhandeln könne, widersprach ich und distanzierte mich von solcherlei Bekundungen und Kollektiv-Verurteilungen, was übrigens auch von den Medien fair berichtet wurde. Am heftigsten reagierten die Teilnehmer auf die von Schütz ausgesprochenen Verdächtigungen in Richtung NPD, indem er auf diejenigen verbal losging, »die mit den Erinnerungen und mit den Empfindungen derer, die aus Ostdeutschland kommen, Schindluder treiben. Das sind die, die schamlos und hemmungslos bereit sind, unser Land wieder ins Verderben zu stürzen und wieder zu verraten, wie ihre Vorgänger, die Nationalsozialisten, und bei der Nationaldemokratischen Partei eines Adolf von Thadden ist es schon wieder so weit. Dies möchte ich hier in aller Schärfe sagen.« Dazu hieß es in einem Kommentar des Norddeutschen Rundfunks: »Das war zweifellos zu scharf und sehr vom Wahlkampf dieser Wochen geprägt. Die Antworten entbehrten nun ebenfalls nicht der Schärfe, wobei die Diskussionsleitung das Überschäumen echten Schlesierzorns klug vermied, indem sie verbale Entgleisungen auch einmal überhörte, insgesamt aber auf Disziplin hielt.« Aus meiner Rede wurde zitiert: »Was gewaltsam verändert worden ist, unter Mißachtung des Willens der Bevölkerung und nach Vertreibung der Menschen aus ihrer Heimat, kann nicht durch freiwilligen, demokratischen Beschluß sanktioniert werden. Das würde bedeuten, daß Demokraten bereit sind, Mitläufer der Gewalt zu werden. Gerade in Polen weiß man, daß nur glaubwürdig ist, wer in der Not seines Volkes um das Recht ringt und nicht vorzeitig Unrecht anerkennt. Die Bundesrepublik Deutschland ist nicht das ganze Deutschland, das zu vollenden uns die Väter des Grundgesetzes aufgetragen haben.«
In den achtziger Jahren haben sich erneut unser beider Wege gekreuzt.

Schütz war 1981 Intendant der Deutschen Welle, des Auslandssenders der Bundesrepublik Deutschland in Köln, geworden, nachdem überraschend Conny Ahlers, gleich ihm Sozialdemokrat, mit 59 Jahren gestorben war. Ich war zu dieser Zeit zuerst stellvertretender Rundfunkratsvorsitzender und hatte dann den Vorsitz inne, so daß wir viel dienstlich miteinander zu tun hatten. Auf unsere gegensätzliche Beurteilung der Ostpolitik und vor allem der Deutschlandpolitik sind wir nie mehr zu sprechen gekommen. Aber es waren immer gute, der Sache dienliche Gespräche. Übrigens war auch das Verhältnis zu seinem Vorgänger, Conny Ahlers, nicht nur korrekt, sondern freundschaftlich aufgeschlossen, weshalb ich mir auch einiges zugute hielt, als es um die Wahl zum Intendanten ging, seinen Namen meinerseits in die Diskussion eingeführt zu haben. Später erzählte mir der Vollblutjournalist, dem im Grunde der parlamentarische Betrieb, war er doch seit 1972 für zwei Legislaturperioden Mitglied der SPD-Fraktion im Deutschen Bundestag, gar nicht lag, daß zu den Opponenten für seine Kandidatur in den Führungsgremien der SPD Egon Bahr gehört habe, dem er wohl ein zu weit rechts stehender Sozialdemokrat gewesen ist.

Der Süddeutsche Rundfunk in Stuttgart sorgte in seiner Sendung »Pro und Contra« gern für heiße Themen und nicht minder heiße Diskussionen. Was lag darum näher, nachdem gerade eine neue Bundesregierung gebildet worden war und offensichtlich eine ganz neue Ostpolitik betrieben werden sollte, die Frage zu stellen, ob nicht die Oder-Neiße-Linie als endgültige deutsche Grenze anerkannt werden müßte und was eigentlich dagegen spräche. Am 12. Februar 1970 stellten sich der WDR-Journalist Martin Schulze als Pro-Anwalt und ich mich als Contra-Anwalt dem Fernsehpublikum. Als Experten auf der Pro-Seite argumentierten der Tübinger Professor der Politologie, Theodor Eschenburg, und der FDP-Vorsitzende in Berlin, Hermann Oxfort; auf der Contra-Seite der Schlesier Heinrich Windelen, Bundesvertriebenenminister a.D., und der Ostpreuße Herbert Marzian, der mit dem Göttinger Arbeitskreis eng verbunden war. Zu Beginn wurde eingeblendet, wie sich die versammelten Zuhörer, nach Angaben des Senders rein willkürlich aus dem Telefonbuch ausgesucht, entschieden hatten: 16 waren für die Anerkennung, neun dagegen. Das Schlußergebnis lautete: 15 Ja-Stimmen, zehn Nein-Stimmen, so daß die ganze Mühe des Plädoyers von mir wenigstens mit der einen hinzugewonnenen Stimme belohnt wurde. In der Argumentation des Pro-Anwaltes hieß es: Die Oder-Neiße-Linie ist mit friedlichen Mitteln nicht zu ändern, Gewalt scheidet aus, außerdem warten wir bereits 20 Jahre auf einen Friedens-

vertrag, in dieser Zeit haben wir zunehmend an Terrain verloren, die Anerkennung der Oder-Neiße-Linie kann uns vom ständigen Druck aus dem Osten befreien, der Verhandlungsspielraum kann endlich größer werden, ohne daß wir wirklich etwas aufgeben müssen, denn die Ostgebiete gehören eben nicht mehr uns. Mein Plädoyer der Contra-Position: Wer heute die Oder-Neiße-Linie anerkennt, sanktioniert damit die Vertreibung als ein Mittel der Politik, von einem Demokraten kann man nicht verlangen, daß er sich den Postulaten der Diktatur anpaßt, wer für ein gutes deutsch-polnisches Nachbarschaftsverhältnis ist, darf sich nicht zuvor einem Diktat beugen, es muß frei verhandelt werden, uns muß auch zugestanden werden, daß wir als Deutsche um nationale Interessen ringen. Die sogenannten Experten waren auf beiden Seiten darum bemüht, die Aussagen des Pro- und Contra-Anwaltes durch zusätzliche Aussagen und Argumente zu unterstützen. So sagte Professor Eschenburg, indem er ausdrücklich die Vertreibung verurteilte, daß das Beharren auf dem Rechtstitel inzwischen irreal geworden sei. Oxfort vertrat den polnischen Standpunkt, demzufolge die »Westgebiete Polens« inzwischen ein wesentlicher Bestandteil Polens geworden seien. Es sei ein langjähriges Versagen der Bundsregierung gewesen, die Illusion wachzuhalten, als gebe es auch nur die geringste Chance, die Gebiete jenseits von Oder und Neiße zurückzuholen. Die gegenwärtige Bundesregierung sei durch den Wählerwillen dazu legitimiert, über die Grenzfrage endgültig zu entscheiden. Auf der Contra-Seite erinnerte Windelen daran, daß selbst in der Stunde der Kapitulation eine Grenzregelung nicht getroffen worden sei. Er spreche sich dafür aus, daß über strittige Fragen verhandelt werden müsse, und er halte nichts davon, daß die Bundesregierung einseitige Festlegungen treffe. Nur Vereinbarungen, die von einer Mehrheit in der Bevölkerung getragen werden, ergäben eine dauerhafte Lösung. Für Marzian standen gute Beziehungen zur Sowjetunion im Vordergrund, weshalb er von einer einseitigen Erklärung gegenüber Polen nichts halte, zumal diese dann auch das Mißtrauen in Moskau zur Folge haben dürfte.
Ich glaube, daß das Ergebnis der Zuschauerbefragung sowohl zu Beginn als auch zum Schluß ungefähr die augenblickliche Stimmung in der Bevölkerung wiedergegeben hat. Man befand sich allgemein in einer ostpolitischen Euphorie und wollte mehrheitlich die Last der Oder-Neiße-Linie abschütteln, ohne nach Recht und Unrecht erst noch lange zu fragen.
Bald nachdem ich in den Deutschen Bundestag eingezogen war, hatte mich Franz Josef Strauß als Sprecher der CDU/CSU-Opposition in

ungewöhnlich ausführlicher Weise mit meinem am 9. April 1970 im offiziellen Organ der Landsmannschaft Schlesien »Der Schlesier« unter der Überschrift »Die schrecklichen Vereinfacher« erschienenen Aufsatz zitiert. An die SPD gerichtet sagte Strauß am 27. Mai 1970 im Bundestag: »Hat nicht ein Mitglied Ihrer Fraktion, Herr Herbert Hupka, in der Wochenschrift ›Der Schlesier‹ einen Aufsatz über ›die viel differenziertere Haltung der Polen‹ geschrieben, ›als sie aus den landläufigen Berichten hervorgeht‹. Er sagte wörtlich: ›Hier sind schreckliche Vereinfacher am Werk. Für sie ist die offizielle Einstellung der kommunistischen Diktatur gleichbedeutend mit dem Willen des regierten und unterdrückten Volkes. Jedes Entgegenkommen einer westlichen Macht gegenüber den Forderungen eines kommunistisch beherrschten Staates, also auch Polens, muß als Substanzverlust des Westens und Substanzgewinn des Ostens verbucht werden. Aus diesem Grunde sieht man in Polen in der Anerkennung der Oder-Neiße-Linie durch den freien Teil Deutschlands eine Stärkung der kommunistischen Position und einen Verlust an Hoffnungen, daß es eines Tages zu einer Besserung der innenpolitischen Verhältnisse in Polen kommen könnte.‹ Werten Sie jetzt nicht Herrn Hupka als Funktionär eines Vertriebenenverbandes. Man sollte überhaupt mit dieser Klassifizierung aufhören. Ich bin bestimmt weder Funktionär irgendeines Verbandes noch gehöre ich zu den Vertriebenen, aber was hier von Herrn Hupka und von anderen aus der gleichen Richtung gesagt wird, das ist nicht eine spezifische Forderung eines besonders isolierten Elementes des deutschen Volkes, der Vertriebenen, das ist die Meinung der Deutschen oder sollte es jedenfalls sein. Man kann die Vertriebenen nicht einfach mit dem Ausdruck ›Vertriebenenfunktionäre‹ wegdividieren.« Das Protokoll verzeichnet »Beifall bei der CDU/CSU«.
Am 14. März 1970 hatte die Bundesversammlung des Bundes der Vertriebenen in Bonn ein neues Präsidium gewählt. Dr. Herbert Czaja, der Sprecher der mit uns Schlesiern konkurrierenden »Landsmannschaft der Oberschlesier«, setzte sich mit 68 von 105 Stimmen gegen den Präsidenten der Schlesischen Landesversammlung, des Parlaments der Schlesier, Clemens Riedel, wie Czaja Mitglied der CDU/CSU-Bundestagsfraktion, der 34 Stimmen erhielt, durch. Zu einem der sechs zu wählenden Vizepräsidenten, seinerzeit arithmetisch aufgeteilt in drei aus den Landesverbänden und drei aus den Landsmannschaften kommenden Repräsentanten, wurde ich, bislang Präsidialmitglied dieser Organisation, gewählt; ich erhielt 76 Stimmen. Dieses neugewählte Präsidium erließ bald danach einen Aufruf zu einer für den 30. Mai auf

dem Bonner Marktplatz angesetzten Kundgebung. Unter der Überschrift »Unserer Heimat droht Gefahr« wurde der Aufruf mit den Sätzen eingeleitet: »Entgegen der Verpflichtung des Grundgesetzes, Deutschlands Einheit in Freiheit zu vollenden, entgegen der vertraglichen Verpflichtung der Bundesrepublik Deutschland und ihrer Bündnispartner, die Festlegung der Grenzen Deutschlands bis zu einer vereinbarten friedensvertraglichen Regelung für ganz Deutschland aufzuschieben; entgegen dem wiederholten Versprechen, über die Heimat nichts hinter dem Rücken der Vertriebenen zu entscheiden«, und der Aufruf fuhr dann fort: »Wer Gewalt anerkennt, verliert den Frieden!« Die Schlußzeile lautete »Widerstand wird jetzt erste Bürgerpflicht!« Dieser Aufruf trug die Unterschrift des siebenköpfigen BdV-Präsidiums, also auch die meine. Ein Donnergrollen, besser gesagt ein Sturm der Entrüstung brach aus. Der SPD-Fraktionsvorsitzende Herbert Wehner schrie mich während der Fraktionssitzung in höchster Lautstärke an und verlangte meinen Widerruf oder eine Distanzierung, wozu ich mich aber nicht bereit fand. Alle Mitglieder der Fraktion stimmten ihm durch Schweigen zu, ausgenommen der Berliner Abgeordnete Klaus Dieter Arndt, Parlamentarischer Staatssekretär beim Bundeswirtschaftsminister Karl Schiller, aus dessen Haus er in demselben Jahr 1970 wieder nach vierjähriger Zugehörigkeit ausgeschieden ist. Arndt ist 1974 mit noch nicht 47 Jahren gestorben. Die aufbrausende Tonlage und die Ausfälle Wehners wollte Arndt nicht hinnehmen. Das sei nicht der angemessene Umgang mit einem Fraktionskollegen, auch wenn er selbst keineswegs mit meinen Ansichten und Äußerungen übereinstimme. Ich habe diese ehrliche und redliche, zugleich auch tapfere Haltung von Klaus Dieter Arndt immer in bester Erinnerung behalten und ihn sogleich meinen Dank und meine Hochachtung wissen lassen. Beim Herausgehen aus dem Sitzungssaal kamen einige SPD-Kollegen verschämt auf mich zu und distanzierten sich gleichfalls von Wehners ungehemmtem Zornesausbruch, wobei allerdings auch zu sagen ist, daß ein derartiges, von ihm gern gepflegtes Toben wohl eher als Theaterdonner und Regieeinfall zu verbuchen war. Wehner wollte seine Macht verdeutlichen und den anderen, die anderen beeindrucken und so in die Schranken weisen, gleich einem losbrüllenden Spieß der Kompanie, ohne daß dies dessen Ruf, als Hauptfeldwebel die Mutter der Kompanie genannt zu werden, bei der Truppe geschadet hätte. Zu denen, die gleich Wehner ihrer Empörung angesichts meiner Unterschrift unter dem Kundgebungsaufruf, wenn auch in gedämpfter Tonlage, Ausdruck gaben, gehörte mein Bonner Kollege Freiherr Wilderich Ostmann von der Leye, dem ich auch später wiederholt in der Kirche unserer katholischen Pfarrei begegnet bin, denn er legte gerade als Sozialdemokrat auf seine Zugehörigkeit zur katholischen Kirche besonderen Wert.

Ein Übriges tat noch, daß mich Franz Josef Strauß als Hauptredner während der Kundgebung am 30. Mai besonders erwähnte und mir Stehvermögen als Mitglied der SPD-Fraktion bescheinigte. Die Zeitungen genossen es mit der dazugehörigen Häme, daß ich Strauß nach seinem Eintreffen auf dem Bonner Marktplatz mit Handschlag und einem freundlichen Lächeln begrüßt habe. Offenbar wäre feindliche Gesinnung und grimmige Haltung eher angebracht gewesen, um den Beifall der Medien zu erhalten. Die durch meine Unterschrift unter den Aufruf und eine nur stumme Teilnahme an der BdV-Protest-Kundgebung aufgebrachte Öffentlichkeit, was auch immer darunter zu verstehen ist, hatte sich mit diesem Ereignis noch gar nicht abgefunden, als schon wieder eine neue Meldung ins Haus kam. Auf einer ganzen Seite veröffentlichte der »Rheinische Merkur« in seiner auf den 5. Juni datierten Ausgabe unter der Überschrift »Nein zur Oder-Neiße-Formel« den fast vollständigen Wortlaut meiner Rede, die ich acht Tage zuvor vor dem Mitarbeiterkongreß der Landsmannschaft Schlesien in Mainz gehalten hatte. Die Schlußsätze dieser Rede und des Artikels wurden als Kriegserklärung absichtlich mißverstanden, als Aufruf zum militanten Aufruhr: »Sollte ein Grenzvertrag ratifiziert werden, in dem zur Grenze erklärt wird, was bis heute nur Linie sein kann, dann gilt es, als Demokrat Widerstand zu leisten. Jeder Demokrat hat das Recht zum Widerstand und Ungehorsam, wenn er etwas nicht für Rechtens ansehen und nicht mit seinem Gewissen vereinbaren kann.« Die von der Deutschen Presseagentur verbreitete Meldung datierte bereits vom 3. Juni, nannte den Abdruck im »Rheinischen Merkur« irrtümlicherweise ein Interview und verbreitete unter anderem auch noch dies: »In einem Interview des ›Rheinischen Merkur‹ erklärte der SPD-Bundestagsabgeordnete und Vorsitzende des Arbeitskreises für Heimatvertriebene und Flüchtlinge der SPD-Bundestagsfraktion, wer die Oder-Neiße-Linie als Grenze ›festschreibe‹, legalisiere die Beute des Zweiten Weltkrieges, sanktioniere die Vertreibung und festige den kommunistischen Hegemonialanspruch. Darum dürfe es zu der Formel, wie sie einem deutsch-polnischen Grenzvertrag zugrunde liegen soll, keine Zustimmung geben. Die Bundesrepublik dürfe das Erbe der nationalsozialistischen Ostpolitik, die Polen der Unfreiheit ausgeliefert habe, nicht noch völkerrechtlich sanktionieren. Hupka forderte die Bundesregierung auf, ein ›Europa mit durchlässigen Grenzen‹ zu bauen.« Selbstver-

ständlich war in dieser Meldung auch die Schlußpassage der Rede als Wiedergabe aus dem »Rheinischen Merkur« enthalten, weshalb Zeitungen am nächsten Tage gleich mit der Überschrift aufmachten: »Hupka: Legalen Widerstand leisten. SPD-Abgeordneter wendet sich gegen die Ostpolitik der Bundesregierung.«
Die erste Reaktion gegen mich nach der erst später durch eine Indiskretion bekanntgewordene Auseinandersetzung in der Bundestagsfraktion kam jetzt vom »Arbeitskreis für Heimatvertriebene und Flüchtlinge« der Fraktion, wobei der aus dem Sudetenland stammende Coburger Abgeordnete Karl Hofmann, der übrigens später der SPD den Rücken gekehrt hat, als Wortführer fungierte. Indem man sich von mir und dem von mir vertretenen Standpunkt distanzierte, wurde in einer Erklärung für die Öffentlichkeit zum Ausdruck gebracht, daß der Arbeitskreis, dem Hupka vorstehe, sich ausschließlich mit sozialen und rechtlichen Fragen der Geschädigten befasse. Darum seien Meldungen, die Mitglieder dieses Arbeitskreises hätten sich mit den Ansichten ihres Vorsitzenden Hupka zur Deutschland- und Ostpolitik solidarisiert, unzutreffend. Die Deutschland- und Ostpolitik werde in anderen Arbeitskreisen erörtert. Die »Frankfurter Rundschau« meldete: »Das Votum fiel einstimmig gegen Hupka aus.«
Der Bundesgeschäftsführer Hans-Jürgen Wischnewski ging zur Offensive, besser gesagt zum Entlastungsangriff über. Der Bericht eines Bonner Korrespondenten war überschrieben »SPD sagt Spaltung bei den Vertriebenen voraus«. Es heißt dann, unter Bezug auf Wischnewski, »daß der Bund der Vertriebenen von einer Spaltung bedroht sei. Mehrere führende Mitglieder des BdV hätten sich bei der SPD gemeldet, um mitzuteilen, daß sie mit der Kundgebung am 30. Mai auf dem Bonner Marktplatz nicht einverstanden seien und daran dächten, ›eine eigene Organisation zu gründen, die bereit ist, die Politik der Bundesregierung zu unterstützen‹. Wischnewski wollte keine Namen nennen.« Meine vom »Spiegel« verbreitete Entgegnung lautete: »Für eine Abspaltung gibt es im BdV überhaupt keine Anzeichen. Wichtig ist, daß sich möglichst viele Demokraten in ihm betätigen, damit sich seiner keine antidemokratischen Kräfte bemächtigen.«
Am 6. Juni, also acht Tage nach der Bonner Kundgebung und wenige Tage nach der Veröffentlichung des Artikels im »Rheinischen Merkur« meldete die »Bild«-Zeitung auf der ersten Seite: »SPD-Rebell kommt vors Parteigericht. Brandts eigene Parteifreunde torpedieren die Ost-Politik.« Ereignissen, die dann gar nicht eingetreten sind, vorauseilend, hieß es im Text: »Die SPD wird gegen Hupka ein Partei-Ausschlußver-

fahren durchführen; am 15. Juni soll er vors Parteigericht«. Richtig war daran nur, daß zwei Ortsvereine des SPD-Unterbezirks Bonn und des Rhein-Sieg-Kreises (Poppelsdorf und Alfter) ein Ausschlußverfahren beantragt hatten. Für den Bonner Unterbezirk ging im Bonner SPD-Mitteilungsblatt »bonn heute« Rudolf Maerker, der sich als Unterbezirksvorsitzender später durch Ansichten im engsten Schulterschluß mit den kommunistischen Regimen jenseits der Bundesrepublik Deutschland ausgezeichnet hat, gegen mich ins Gefecht. Ich wurde in die Nähe zur NPD, den Neonazis, gebracht und für jedes Transparent auf der Bonner Kundgebung verantwortlich gemacht: »Der Unterbezirk der SPD hat eine Affäre. Den Fall des MdB Herbert Hupka, der in aller Öffentlichkeit zum Widerstand gegen die Regierung Brandt/Scheel aufgerufen hat; der sich an der Organisierung einer Veranstaltung beteiligte, auf der gefordert wurde, Brandt ins Zuchthaus zu werfen, da er ein Landesverräter sei; und der auch ganz offensichtlich nichts dagegen einzuwenden hatte, daß auf dieser Veranstaltung Transparente gezeigt wurden, auf denen sich die NPD als Alternative empfahl und die Grenzen von 1913 als Verständigungsgrundlage angeboten wurden.« Nachdem der SPD-Ortsverein Alfter des SPD-Unterbezirks Rhein-Sieg-Kreis als erster bereits am 28. Mai 1970 aufgrund meiner Unterschrift zur Bonner Kundgebung ein Parteiordnungsverfahren gegen mich beschlossen hatte, wurde elf Monate später am 27. April 1971 von demselben Ortsverein dieser Antrag »zurückgezogen. Der SPD-Ortsverein Alfter möchte mit diesem Beschluß den Ereignissen der Diskussion in der SPD-Bundestagsfraktion nicht vorweggreifen.« In einem mir nach meinem Auftritt in Alfter zugeleiteten Bericht wird dazu ausgeführt: »Dein Auftreten in Alfter hat bei den Mitgliedern einen guten Eindruck hinterlassen. Es ist sachlich diskutiert worden, wobei sich die Haltung der älteren Genossen, Dir Deine Meinung zuzugestehen, gegenüber den jungsozialistischen Heißspornen durchsetzte.«

»DER KOMMUNISMUS HAT GESIEGT –
DEUTSCHLAND HAT VERLOREN«

Nachdem der Moskauer Vertrag nach der feierlichen Unterzeichnung am 12. August 1970 in Moskau auf dem Tisch lag, erbat ich eine Unterredung mit dem wichtigsten Mann neben dem Bundeskanzler und Herbert Wehner, dem Fraktionsvorsitzenden der SPD – es war dies der Bundesverteidigungsminister Helmut Schmidt. Diese fand am 29. September 1970 auf der Hardt-Höhe im Verteidigungsministerium statt und dauerte über eine Stunde, so daß der Generalinspekteur der Bundeswehr, General Ulrich de Maizière, und der Parlamentarische Staatssekretär Wilhelm Berkhan über Gebühr warten mußten. Schmidt gehörte, was ich jetzt deutlich erfuhr, zu den klaren Befürwortern des Moskauer Vertrages und der Entspannungspolitik überhaupt, auch wenn er sowohl über Brandt, als dessen Kronprinzen er sich selbst einschätzte, als auch über Bundesaußenminister Walter Scheel nicht immer gerade positiv geurteilt hat. Schmidt meinte, daß Brandt und Scheel vor dem deutschen Volk den Eindruck vermittelten, als seien wir Deutsche international bedeutsamer als wir tatsächlich sind. Daß Brandt in Moskau härtere Formulierungen über und für Berlin gefunden habe, sei auf Schmidt zurückzuführen, denn es gehöre zu seinem Konzept, daß Berlin nicht weiter ausgetrocknet werden dürfe. Es ginge ihm dabei auch darum, nicht ständig mit sogenannten Sandkastenspielen in Richtung einer neuen Berlin-Krise beschäftigt werden zu müssen. Zum Moskauer Vertrag hörte ich von Schmidt nur ein bedingungsloses Ja, ohne Wenn und Aber. In wenigen Jahren hätten wir Deutsche einen so günstigen Vertrag nicht mehr abschließen können, und dies schon deswegen, weil die amerikanische Position in Europa immer schwächer würde. Auch wäre in das Urteil über den Moskauer Vertrag einzubeziehen, daß die Sowjets im eigenen Lager Schwierigkeiten hätten, man brauche nur an Walter Ulbricht und China zu denken, wobei ich eingewendet habe, daß Ulbricht doch ein braver Gefolgsmann der Moskauer Politik sei, weshalb mich diese Bemerkung nicht überzeugen könne. Das Gespräch berührte auch eingehend das Verhältnis zu Polen, das im Moskauer Vertrag bereits verbindlich angesprochen worden war. Hier warf mir Schmidt vor, daß ich wohl zu gefühlsmäßig als Schlesier und deren Sprecher die Angelegenheit beurteilte. Sein Konzept sei es und selbstverständlich auch das des Bundeskanzlers und des Kabinetts, daß den Polen die Angst vor uns Deutschen genommen werden müsse. Er gehe davon aus, daß Polen jetzt mehr Spielraum erhalte, weil nunmehr »die Stalinisten nicht mehr auftrumpfen könnten«, was ich in Frage stellte, weil es mir zu hypothetisch erschien, denn hier war lediglich eine Hoffnung, noch nicht einmal eine Vermutung im Spiel. Gerade im Falle Polen müsse ich meine These wiederholen, daß durch den Moskauer Vertrag und den bevorstehenden Warschauer Vertrag die kommunistische Diktatur gemästet werde. An dieser Stelle fügte Schmidt, wie meine Aufzeichnung nach dem Gespräch ausweist, auch gleich noch kritische Bemerkungen über die Verbände der Vertriebenen an. Er könne nicht einsehen, daß deren Arbeit vom Staat subventioniert werde, zumal auch andere vergleichbare Verbände nicht subventioniert würden. Ich antwortete mit dem Hinweis auf die Herausforderung gerade der Vertriebenen durch die Politik der kommunistischen Regierungen, weil diese ständig mit falschen Parolen gegen die Rechtspositionen der Vertriebenen, die zugleich die der Bundesrepublik Deutschland bis zur Stunde gewesen seien, operierten.

Ich sprach auch die moralische Qualität der Ostpolitik der Bundesregierung an, denn durch ihre Politik werde die kommunistische Diktatur nur gestärkt, also die Chance für die Freiheit der Völker gemindert. Hier antwortete Schmidt geradezu unbarmherzig, denn er stellte ernüchternd fest: »Mit Moral ist keine Politik zu machen«, wozu ergänzend auf meinen Einwand von ihm zu hören war, daß durchaus die Moral Kern jeglicher Politik sein müsse, also gleichsam nur als platonische Idealvorstellung. Auch meine Erinnerung an die früheren Parteitage der SPD, etwa 1964 in Karlsruhe mit der großen Deutschlandkarte, die auch Ostdeutschland unter dem Motto »Erbe und Auftrag« gezeigt hatte, und an die Äußerungen von Willy Brandt und Herbert Wehner aus den Jahren 1966 und 1968 wurde von Schmidt als Aussagen von gestern und vorgestern verworfen, man habe damals zu groß von den eigenen deutschen Möglichkeiten gedacht. Im Grunde meinte er die USA, auf die sich deutsche Politik heute nicht mehr in der gleichen Weise wie noch in den letzten Jahren stützen könne. Brandt hatte es so formuliert, als er die Ostpolitik entsprechend seinem Konzept betrieb: Die Bühne war leer nach den Ereignissen in der Tschechoslowakei 1968. Es änderten sich eben ständig die Weltlage und die politischen Kräfteverhältnisse,

meinte Schmidt, um sich nicht länger an gestern und vorgestern erinnern lassen zu müssen.
Das Gespräch mit Schmidt war für mich eine Enttäuschung, denn ich hatte eine andere Einstellung zur gegenwärtigen Entspannungseuphorie der Bundesregierung erwartet, zumindest eine andere Akzentuierung. Als wir uns trennten, war sein Rat, daß ich doch unbedingt mit Brandt sprechen sollte, damit er erfahren könnte, »daß nicht alle mit dem Moskauer Vertrag nur einverstanden sind«. Mich warnte er vor dem Beharren auf meinem Nein, dies auch schon deswegen, weil mir sonst dasselbe Schicksal wie Reinhold Rehs widerfahren könnte, womit die Isolierung in der SPD und das notwendig gewordene Verlassen der SPD durch Rehs angedeutet werden sollten.
Ich sprach dann auch kurz mit Georg Leber, dem Bundesverkehrsminister und immer zum rechten Flügel der SPD eingeordneten Parlamentarier. Er ließ einigen Zweifel, allerdings wenig artikuliert, durchscheinen, riet dann, daß ich unbedingt mit Egon Bahr sprechen sollte, denn er sei der Architekt des Ganzen. Ich sprach mit Egon Bahr wiederholt am Rande von Sitzungen des zuständigen SPD-Arbeitskreises, aber diese Gespräche verliefen ohne neue Erkenntnisse auf beiden Seiten, denn man war von der Richtigkeit und sogar Notwendigkeit dieser Ostpolitik überzeugt, und ich muß gleich noch das Adverb »felsenfest« anfügen.
Auf dem Gelände des Grenzdurchgangslagers Friedland bei Göttingen sollte eine vom Bund der Vertriebenen in Niedersachsen organisierte Kundgebung zum Moskauer Vertrag unter dem Motto »25 Jahre Vertreibung aus der Heimat« stattfinden. Die niedersächsische Landesregierung, an deren Spitze der Sozialdemokrat Alfred Kubel stand, weigerte sich, auf dem Gelände von Friedland (selbstverständlich nicht im Lager selbst) die Kundgebung gegen den Moskauer Vertrag stattfinden zu lassen. Hier kam der Lagerpfarrer Wilhelm Scheperjans dem Bund der Vertriebenen entgegen, indem er dem Veranstalter den Platz vor der Lagerkirche zur Verfügung stellte, denn hier hatte die Kirche und nicht die Regierung in Hannover das Sagen. Diese hatte ihre Ablehnung damit zu begründen versucht, daß durch eine derartige Kundgebung und die dort gehaltenen Reden negative Wirkungen auf die Ausreisegenehmigungen durch die Volksrepublik Polen zu befürchten seien. Aber nicht nur das tönte aus Hannover, der zuständige Ressortminister für die Vertriebenen drohte damit, daß den Vertriebenenverbänden Zuschüsse für Veranstaltungen versagt werden müßten, falls auf der Kundgebung polemische Reden gehalten würden.
Ich hatte als BdV-Vizepräsident längst zugesagt, auch wenn ich wußte,

daß der Veranstalter vor allem daran interessiert war, daß ein Mitglied der größten Koalitionsfraktion, der SPD, aufgrund seiner bisherigen Einlassungen gegen den gerade unterzeichneten Moskauer und den in den nächsten Wochen zu erwartenden Warschauer Vertrag klar Stellung beziehen werde. Die Kundgebung am 23. August 1970 in Friedland brachte, wie in der Presse berichtete wurde, 6500 Menschen zusammen. Mitten während der Veranstaltung wurden plötzlich rechtsradikale Transparente entrollt, die Kameras des Fernsehens hatten diese sofort in ihrem Objektiv. So schnell wie die Transparente gezeigt worden waren, wurden diese auch schon wieder eingerollt. Aber am Abend brachte das Fernsehen gerade diese Transparente, um über die Kundgebung und die Atmosphäre auf einer solchen Veranstaltung zu berichten. Man sprach hinterher davon, daß die Männer mit den Transparenten bestellt gewesen seien.

Da es die erste Rede von mir war, sowohl als Mitglied der SPD-Bundestagsfraktion als auch als Bundesvorsitzender der Landsmannschaft Schlesien, angesichts des schon offiziell bekannten Moskauer Vertrages und in klaren Umrissen bekannt gewordenen Warschauer Vertrages, sollen einige Passagen hier wiedergegeben werden: »Man glaubt, die Vertriebenen dadurch zum Schweigen zu bringen, daß man ihnen einredet, 25 Jahre seien nun ins Land gegangen, und sie seien doch wirtschaftlich eingegliedert. Oder man möchte ihnen empfehlen, nur noch in seligen Erinnerungen zu schwärmen und erlaubtermaßen auf Kant und Eichendorff stolz zu sein. Auch diese Auffassung beginnt sich einzunisten, daß es inopportun sei, heute noch vom Unrecht der Vertreibung und vom Rechtstitel der Vertriebenen und des ganzen deutschen Volkes auf die geraubte Heimat zu sprechen. All diese Ratschläge erscheinen einem schon deswegen so unsinnig, weil doch gleichzeitig behauptet wird, die Vertriebenen seien überhaupt gar keine ernstzunehmende Größe mehr, sie seien lediglich ein Grüppchen von Funktionären und Veteranen der Vertreibung. Hier sind deutliche Antworten am Platze, nicht um zu polemisieren oder eine Position der Aggression zu beziehen, sondern um richtig zu stellen und das Gemeinsame in unserem Volke nicht verschütten oder gar ausradieren zu lassen.

1. Die Vertreibung ist und bleibt Unrecht, Vertreibung schafft weder heute noch morgen ein Recht. Darum können die Vertriebenen sich gar nicht anders verhalten, als daß sie für das Recht und gegen das Unrecht streiten, ja kämpfen. Darum ist jede ihrer Kundgebungen eine Kampfdemonstration für mehr Recht und weniger Unrecht, für mehr Menschlichkeit und weniger Unmenschlichkeit – nicht nur zum Wohle des

deutschen Volkes, sondern aller Völker. 2. Die Vertriebenen sind nicht anders strukturiert als die Deutschen überhaupt, bei ihnen gibt es nicht mehr Radikalismus und Extremismus als bei anderen Deutschen auch. Die Hannoveraner sind keine besseren Deutschen als die Breslauer. Schon deswegen ist das Geschrei vom Radikalismus der Vertriebenen grundlos. 3. Es besteht keine Veranlassung, die Vertriebenen in die Ecke zu drängen oder gar aus unserer Gesellschaft als die Ewiggestrigen herauszumanövrieren. Nicht die Vertriebenen sind die unverbesserlichen Nationalisten, sondern diejenigen, die mit nationalistischen Parolen ihr Imperium ausbauen und zementieren wollen. 4. Niemanden darf es verwundern, daß die Vertriebenen heftig reagieren auf das, was ihnen in der Vergangenheit widerfahren ist und heute und hier widerfährt. Nicht die Vertriebenen haben sich für ihre Existenz zu entschuldigen, sondern schuldig an der Vertreibung sind die Vertreiber. Darum wäre es angebracht, das grelle Licht der Scheinwerfer nicht auf das angeblich vermißte Wohlverhalten der Vertriebenen zu richten, sondern auf die Ursachen, deren Opfer die Vertriebenen geworden sind. Hier muß endlich wieder zwischen Ursache und Wirkung unterschieden werden. 5. Wir sollten unser gespaltenes Volk nicht noch weiter dividieren, etwa in diejenigen, die Ruhe geben, und die anderen, die nach wie vor an der Teilung Deutschlands leiden, in diejenigen, die sich mit allem abfinden, auch mit Realitäten des Unrechts, und die anderen, die immer und immer wieder Nein sagen werden zu den Realitäten des Unrechts.

Da es aufgrund des vorliegenden Textes des Moskauer Vertrages eine Fülle von Interpreten gibt, die uns wissen lassen möchten, damit sei ein Ende aller deutschen Rechtsansprüche ausgesprochen und nur noch das Selbstbestimmungsrecht kehre in einem einseitig gefaßten Schreiben der Bundesregierung wieder, hier gleich einige Anmerkungen: 1. Der Status quo, so wie ihn die Sowjetunion festgeschrieben wissen möchte, heißt Unterdrückung von 17 Millionen in Mitteldeutschland, heißt Annexion eines Viertels von Deutschland in seinen Grenzen vor Hitler, heißt Schießbefehl und Mauer, heißt Teilung Berlins und ständige Gefährdung des freien West-Berlins. 2. Von diesem Status quo haben wir selbstverständlich bei all unserem Tun auszugehen. Ihn als unveränderbar zu registrieren oder gar zu bestätigen, bedeutet Unrecht zum Recht erklären. 3. Der Auftrag an die deutsche Politik, die gehalten ist, jeden Schaden vom deutschen Volk abzuwehren, lautet, den Status quo zu überwinden, sich mit ihm nicht abzufinden. Selbstverständlich scheidet die Gewalt als Mittel der Politik aus. Darum haben gerade auch die Vertriebenen zu einem sehr frühen Zeitpunkt unserer Nachkriegsgeschichte auf die Anwendung von Gewalt zur Austragung politischer Gegensätze verzichtet. 4. Der Gewaltverzicht kann nicht als gleichbedeutend mit einem Rechtsverzicht verstanden werden. Der Protest und das Aufbegehren gegen das Unrecht und die Gewalt sind nicht als Verhaltensweisen nationalistisch eingestellter Bürger zu verurteilen, sondern zu verstehen als das demokratisch fundierte Nein zu all dem, was Diktaturen in brutaler Weise an sogenannten Realitäten geschaffen haben.

Wer so schnell bereit ist, die Oder-Neiße-Linie zur Grenze zu erklären, dem sei in aller Deutlichkeit gesagt: 1. Diese Linie – willkürlich gezogen, nur weil die Flüsse es einem so leicht machten, genau so gerade Striche auf die Landkarte einzutragen wie ehedem die Kolonialherren in Afrika oder Asien – kann nur dann zur Grenze erklärt werden, wenn gleichzeitig auch Okkupation, Annexion und Vertreibung als legitime Mittel der Politik anerkannt werden. Denn nur durch diese Unrechtshandlungen konnte die Westverschiebung Polens vonstatten gehen. 2. Über Deutschlands Ostgrenze kann endgültig erst in einem frei ausgehandelten Friedensvertrag entschieden werden. So sieht es auch der Deutschlandvertrag vor, worin es heißt, ›daß die endgültige Festlegung der Grenzen Deutschlands bis zu dieser Regelung – frei vereinbarte friedensvertragliche Regelung für ganz Deutschland – aufgeschoben werden muß.‹ 3. Niemand hegt, bestimmt nicht unter den Vertriebenen, Haß oder Feindschaft gegenüber dem polnischen Volk, niemand denkt an die Rechtswidrigkeit einer neuen Vertreibung. Jedermann weiß auch, daß es bestimmt nicht mehr genau so werden kann, wie es einmal gewesen ist, aber es gehört auch zum demokratischen und nationalen Selbstverständnis, daß es nicht so bleiben darf, wie es ist. ›Die bedingungslose Hinnahme dessen‹, so sagte Bundesaußenminister Brandt am 29. April 1967 vor dem Kongreß der Ostdeutschen Landesvertretungen, ›was einseitig zu Lasten Deutschlands vorentschieden wurde, jene immer wieder von uns geforderte extreme Vorleistung, wäre eine Mißachtung des Rechtsempfindens, die keine Regierung ihrem Volke zumuten könnte.‹ 4. Die Gewährung von Menschlichkeit kann nicht davon abhängig gemacht werden, daß man diese zuerst verweigert, sich dann aber zu ein wenig Menschlichkeit bereit findet, wenn die Gegenseite, also die Bundesrepublik Deutschland, alle politischen Forderungen erfüllt. Das wäre in der Tat ein unmenschliches Geschäft! 5. Nur dann wird es ein neues und gutes deutsch-polnisches Nachbarschaftsverhältnis geben können, vergleichbar dem deutsch-französischen, wenn nicht die eine Seite das unterzeichnen muß, was die andere Seite zur

Sanktionierung ihres gegenwärtigen Besitzstandes als conditio sine qua non fordert. Zwischen einer schrecklichen Vergangenheit, die auch das Verhältnis von Deutschen und Franzosen belastet hat, und der heutigen deutsch-französischen Freundschaft stand eine demokratische Entscheidung der Deutschen im Saarland entsprechend dem Selbstbestimmungsrecht. Davon kann leider bei der uns angekündigten deutsch-polnischen Regelung überhaupt nicht die Rede sein. 6. Wir Deutsche haben den Zweiten Weltkrieg verloren. Heute und morgen gilt es, so wie es Frankreich nach der Niederlage des Eroberers von halb Europa, nach der Niederlage des europäischen Gewaltherrn Napoleon, 1815 verstanden hat, nicht auch noch den Frieden zu verlieren.
Niemand macht sich Illusionen, zuletzt die Vertriebenen, denn sie sind die am schwersten betroffenen Opfer der Gewalt. Aber Illusionen macht sich, wer sich der Macht der Tyrannen beugt oder sich ihr anpaßt oder ihre Gefährlichkeit nicht sieht oder Vorteile für den Augenblick dadurch zu gewinnen hofft, daß er nicht länger mehr aufbegehrt und nicht länger mehr das Unrecht und die Gewalt beim Namen nennt. Gewaltverzicht ist nur dann überzeugend, wenn er nicht nur die Gewaltanwendung von heute und morgen ausschließt, sondern auch die Gewaltanwendung von vorgestern und gestern verurteilt. Die Sorge um Deutschland kann uns niemand in der Welt abnehmen. Die ersten, die gerufen sind, sind wir Deutsche selbst. Nicht Ruhe ist erste Bürgerpflicht, wie es so schön im Biedermeier hieß. Unruhe, die Beunruhigung durch das, was mit Deutschland geschehen und aus Deutschland werden könnte, heißt das Gebot. Wir wollen – wie es Jakob Kaiser einmal ausgedrückt hat – die heilsame Unruhe in unserem Volk sein und bleiben. Zum Schluß eine notwendige Erinnerung an die Invasion in der Tschechoslowakei vor zwei Jahren. Damals gab es dort den Spruch: Wir wollen lieber stehend sterben als kniend untergehen. In unsere Sprache der freien Deutschen übersetzt heißt das: Wir wollen gerade stehen und uns einsetzen für das, was wir als Recht erkannt haben, Recht ist und als Recht zu verfechten haben. Wir wollen nicht aus opportunistischen Gründen, nur um der Gefälligkeit willen, aufstecken, nachlassen, uns anpassen. Es gilt, sich als Demokrat und Patriot zu bewähren. Mitläufer der Gewalt gibt es genug und hat es genügend gegeben.«
Während der Vorbereitung der Ostverträge und danach, als diese auf dem Tisch lagen und die Ratifizierung anstand, habe ich viele Gespräche geführt und mit mir wurden Gespräche von Persönlichkeiten, die sich um ein Ja meinerseits bemühten, angesetzt. Der vom Bundeskanzler Brandt hochgeschätzte Staatssekretär im Auswärtigen Amt, Georg

Duckwitz, unterrichtete mich auf mein Verlangen hin über den mit Polen geplanten Vertrag, zumal er ständig den Kontakt mit den polnischen Unterhändlern pflegte. Das mit ihm geführte Gespräch war nicht ob der mir vermittelten Informationen so deprimierend, sondern wegen des physischen Zustandes meines Gegenübers. Mehrmals nickte Duckwitz, nachdem er eben noch aufmerksam zugehört hatte, zu einem Sekundenschlaf ein, und dies war nicht so sehr auf dienstliche Überlastung als vielmehr auf seinen Gesundheitszustand zurückzuführen, was mir aber den Eindruck vermitteln mußte, daß die polnische Seite es also gar nicht so schwer haben dürfte, mit ihm zu verhandeln, denn mit voller Konzentrationsfähigkeit war bei ihm offensichtlich nicht zu rechnen.

Als ich mit meiner Familie im August 1970 auf der Insel Bornholm Urlaub machte, erreichten mich nicht nur »Der Spiegel«, um mich auszufragen, was ich aber schon aus grundsätzlichen Erwägungen ablehnte, sondern auch die »Baracke«, das heißt die SPD-Zentrale in Bonn, und bat umgehend um ein Gespräch, weshalb es für 24 Stunden schnell nach Bonn ging. Hier führte Hans Hermsdorf in seiner Eigenschaft als Mitglied des Parteivorstandes zusammen mit anderen aus der SPD-Zentrale ein sehr langes Gespräch mit mir, um mich zu einem Ja des in wenigen Tagen zu unterzeichnenden Moskauer Vertrages zu überreden. Nach meinem Nein, das ich auch klar begründet habe, flog ich zur Fortsetzung des Urlaubs zurück. Ein Jahr später, nachdem es in der SPD und in der Öffentlichkeit wegen meiner Haltung zu den Ostverträgen bereits eine große Unruhe gegeben hatte, lud mich Hans-Jürgen Wischnewski in seinen Urlaubsort im Schwarzwald ein, um Seelenmassage zu betreiben. Später hat Wischnewski, indem er seiner Phantasie freien Lauf ließ, behauptet, daß ich zu einem Ja bereit gewesen wäre, wenn man nur meinen sehnlichsten Wunsch hätte erfüllen können, meine Heimat Schlesien wieder zu besuchen. Das ist nichts anderes denn ein arabisches Märchen, vielleicht gespeist aus seiner stets sehr engen Nähe zur arabischen Welt. Wischnewski erzählt, wie in seinen Erinnerungen nachzulesen ist, daß er und die SPD sich sogar um eine Reise von mir nach Schlesien bemüht hätten, doch habe sich das Politbüro der Vereinigten Polnischen Arbeiterpartei – so hoch soll dieser angebliche Wunsch angesiedelt gewesen sein! – »zu einer Reisegenehmigung für Herbert Hupka nicht durchringen« können. »Hupka hat daraufhin die SPD verlassen und ging zur CDU«, wie weiter zu lesen ist. Zu keiner Stunde war von einem derartigen Linsengericht die Rede, und mein Ausscheiden aus der SPD und mein Eintritt in die CDU hatten mit derlei Phantastereien nicht das Geringste zu tun. Die Absicht von

Wischnewski war vielmehr zu verhindern, daß ein großes Szenario in der Öffentlichkeit in Gang gesetzt würde, weil Gliederungen der Partei den Ausschluß von Hupka aus der Partei forderten und durchzusetzen entschlossen waren. Es sollte Ruhe an der innerparteilichen Front eintreten.

Während eines in der SPD-Baracke geführten Gespräches vermochte Wischnewski bestens darüber Auskunft zu erteilen, was Hermann Höcherl von der CSU, ehedem Bundesinnenminister, in Warschau bei seinem Besuch von sich gegeben habe, nämlich eine Zustimmung zum Warschauer Vertrag. Höcherl, ein kluger und, wie man in Bonn gern dazu sagte, schlitzohriger Mann, hatte wohl dem Alkohol zu stark zugesprochen und gegenüber seinen polnischen Gastgebern losgeplaudert, aber zugleich war erstaunlich, welch gute und enge Kontakte in der SPD-Zentrale mit den polnischen Kommunisten gepflegt wurden, so daß man aus dieser Quelle über das Verhalten von Politikern der damaligen Opposition zuverlässig gespeist wurde.

Auch Bundespräsident Gustav Heinemann bemühte sich um mich, indem er zusammen mit seiner Frau Anfang Dezember 1971 meine Frau und mich zum Mittagessen mit anschließender Kaffeestunde einlud. Das eingehend geführte Gespräch wurde nun keineswegs geradeaus auf ein Ja oder Nein zu den Ostverträgen geführt, sondern war vielmehr darauf gerichtet, meine politische und geistige Haltung zu erforschen, kurz gesagt, Heinemann wollte sich ein Bild von mir machen. In die Tiefe ging das Gespräch, als wir uns über den schlesischen Protestantismus in der Zeit der Habsburger Regierung und der Gegenreformation in Schlesien unterhielten, wobei wir beide uns auf die ausgezeichnete Darstellung von Professor Herbert Schöffler über das fruchtbare 17. und das beginnende 18. Jahrhundert in Schlesien – protestantische Größe im Angesicht des katholischen Herrscherhauses – beziehen konnten. Selbstredend wollte Heinemann auch wissen, warum ich zu den Ostverträgen Nein sagte und ob nicht doch ein Ja bei der entscheidenden Abstimmung im Bundestag erreicht werden könnte.

Das erste Mal bin ich Gustav Heinemann in der Evangelischen Akademie in Tutzing begegnet, als ich in den beginnenden fünfziger Jahren für den Bayerischen Rundfunk wiederholt deren Veranstaltungen am Starnberger See besuchte. Damals war Heinemann Vorsitzender der Gesamtdeutschen Partei. Er kam unmittelbar aus Berlin, es wurde über die NATO, Deutschlands Mitgliedschaft und die Verteidigung debattiert. Um seine Ansicht, die man als pazifistisch bezeichnen konnte, glaubwürdig zu unterbauen, zog Heinemann plötzlich aus seiner rückwärtigen Hosentasche das Neue Testament in einer Mini-Ausgabe hervor und begann wie ein Prediger zu zitieren, in der Erwartung, die Zuhörer so zu überzeugen. Auch sein damaliger Parteifreund und gleich ihm später Mitglied der SPD, Diether Posser, lud mich als SPD-Mitglied zu einem ausgedehnten Mittagessen in die Vertretung von Nordrhein-Westfalen, der er vorstand, ein, dies war kurz vor dem 29. Februar 1972. Das Gespräch zeichnete sich durch das Zuhörenkönnen und die Chance, meinen Standpunkt ruhig und ausführlich vorzutragen, aus, aber auch dieses Gespräch, sicherlich im Einvernehmen mit der Parteiführung zustande gekommen, führte zu nichts.

Zu denen, die mit mir unbedingt unter vier Augen sprechen wollten, gehörte auch der SPD-Parteivorsitzende und Bundeskanzler Willy Brandt. Der Berliner Abgeordnete Kurt Mattick, ein getreuer Parteisoldat, hatte Wert auf dieses Gespräch gelegt und es auch zu Wege gebracht. Als ich das Zimmer von Brandt betrat, begrüßte er mich mit dem Satz: »Soeben ist Dein Landsmann, Prinz Louis Ferdinand, hier fortgegangen«, worauf ich gleich korrigieren mußte, daß Louis Ferdinand in Potsdam geboren sei, sich wohl aber immer wieder im schlesischen Oels, wo die Familie des Kronprinzen ein Schloß ihr Eigentum nannte, aufgehalten habe. Der Kaiserlichen Hoheit, Prinz Louis Ferdinand, haben die Schlesier 1992 ihre höchste Auszeichnung, den Schlesierschild, verliehen; in früheren Jahren hatte Louis Ferdinand auch regelmäßig die Schlesiertreffen zusammen mit seiner Frau, der russischen Prinzessin Kyra, besucht, eines rauschenden Begrüßungsbeifalls stets sicher. Das Gespräch mit Brandt wurde knapp und sachbezogen geführt, ohne daß Brandt irgendwie versucht hätte, mich zu überzeugen oder umzustimmen, es war eher ein dem Kollegen Mattick zuliebe geführtes Gespräch als ein eigenwilliges Unternehmen. Brandt hatte sich wohl schon zuvor von einem Gespräch mit mir nichts versprochen.

Bereits zu einem frühen Zeitpunkt der Auseinandersetzung um die Ostverträge der Regierung Brandt/Scheel wurden Aktionen gegen mich, wo auch immer ich als Redner auftrat, gestartet. Ich war für die zweite Jahreshälfte 1970 als willkommene Zielscheibe freigegeben, und das setzte sich im nächsten Jahr und in den folgenden Jahren, von linken Hintermännern gut gelenkt, fort. In Marburg stellte der Allgemeine Studentenausschuß (AStA) an den Oberbürgermeister der Stadt den Antrag, die für den 12. September geplante Veranstaltung des Bundes der Vertriebenen und des Gesamtverbandes der Sowjetzonenflücht-

linge mit mir als Redner zu verbieten. Im Flugblatt des AStA hieß es: »Das Treiben der Vertriebenen erinnert fatal an die faschistischen Hetztiraden – Nationalismus, Chauvinismus, militanter Antikommunismus. Es ist notwendig, aus dem Moskauer Vertrag die richtigen Schlußfolgerungen zu ziehen: Schluß mit Revanchismus und Antikommunismus. Gegen die Neonazis und Revanchismus ist jetzt der entschlossene Kampf zu führen.« Es ist dann in dem Aufruf von »verfassungsfeindlichen Umtrieben« die Rede, von »friedensgefährdenden Gebietsansprüchen«, und unter anderem wird auch gleich noch die »völkerrechtliche Anerkennung der Deutschen Demokratischen Republik« gefordert. Unterzeichnet war der Aufruf des AStA unter anderem vom Sozialdemokratischen Hochschulbund, der Sozialistischen Deutschen Arbeiterjugend (ein Kind der SED), den Jungdemokraten, den Jungsozialisten und dem Jugendausschuß des Deutschen Gewerkschaftsbundes. Extrem links zu sein, gehörte seinerzeit zum guten Ton. Marburgs Oberbürgermeister hat die Kundgebung des Bundes der Vertriebenen nicht verboten, und noch vor der Veranstaltung, nachdem der AStA zu einem sogenannten Teach-in zur Bekundung der Opposition gegen mich eingeladen hatte, versuchte der zuständige SPD-Abgeordnete und Bundesjustizminister Gerhard Jahn zwischen den allerdings nur 100 Teilnehmern des Teach-ins und den Kundgebungsteilnehmern vergebens zu vermitteln. (Sprechchöre skandierten »Zickzack – Nazi-Pack«.) In der Lokalpresse wurde nach der Veranstaltung berichtet: »Turbulenter Tag der Heimat. Polizeiaufgebot mußte Feierstunde gegen Studenten sichern.« Und es heißt dann: »›Kriegshetze‹ warfen Studenten dem Schlesiervorsitzenden Herbert Hupka vor. Die Heimatvertriebenen aus Stadt und Landkreis Marburg hatten dafür kein Verständnis. Sie bedachten ihn mit Beifallsstürmen.« Das Thema meines Referates hatte gelautet: »Wer Gewalt anerkennt, verliert den Frieden«. 24 Jahre später, im Januar 1994, haben wiederum sogenannte »MarburgerUniLinke« gegen mich mit viel Lärm protestiert, als ich zu einem Vortrag vor einer Marburger Burschenschaft sprechen sollte; »nahezu eine Hundertschaft Polizisten war im Einsatz, um das Haus der Burschenschaft gegen die lautstark demonstrierenden Kritiker abzuriegeln. Drinnen konnte Hupka ungestört reden«, so der Zeitungsbericht.
In der oberbergischen Stadt Gummersbach versuchte man es mit einem »Rundmarsch« junger Zuhörer, die auf ein Kommando durch den Saal marschierten, um meine Rede vor 1100 Zuhörern nicht nur zu unterbrechen, sondern mich zum Abbruch meiner Ausführungen zu zwingen. Die Polizei wurde vom Veranstalter daraufhin ersucht, die Störenfriede

aus dem Saal zu weisen. Ich setzte meine Rede mit dem Satz fort: »Ich lasse mir weder von linksaußen den Mund verbieten, noch mich von rechtsaußen als Fahnenträger mißbrauchen.«

Im Sommer 1971 häuften sich die Vorstöße aus der SPD gegen mich, immer mit dem Ziel, über ein sogenanntes Parteiordnungsverfahren meinen Ausschluß aus der SPD durchzusetzen. Der Ort und auch der Zufall bestimmten darüber, wie groß das Aufsehen in der veröffentlichten Meinung war. Am spektakulärsten waren die Fälle Ravensburg und Berlin. Am 19. Juni hatte ich in Ravensburg im Rahmen der traditionellen »Ostdeutschen Woche« vor vollbesetztem Haus gesprochen. Gleich in der Einleitung des Berichts der »Schwäbischen Zeitung« wurde gemeldet: »Unter den Zuhörern befanden sich mehr Persönlichkeiten aus den Reihen der CDU als bekannte Leute der SPD.« Der zum Beckmesser neigende Berichterstatter stellte dann im ersten Teil seines drei Spalten füllenden Berichtes fest: »Soweit bewegten sich die Ausführungen von Dr. Hupka in etwa auf der Linie der Regierungspolitik«, um anschließend festzustellen: »Doch was er dann sagte, stand in deutlichem Widerspruch zur derzeitigen Bonner Ostpolitik.« Ich hatte in Ravensburg keine Neuigkeiten verbreitet, sondern meine Kritik an den Ostverträgen wiederholt, aber schon der Sachverhalt bezüglich der Ausreise der Deutschen aus Ostdeutschland und deren Situation in der Heimat erregten sichtlich den Unwillen des Berichterstatters: »Hupka wolle von demokratischen Rechten für die rund 700 000 (wie sich später herausgestellt hat, eine zu niedrig angegebene Zahl!) noch im Osten lebenden deutschen Landsleute gar nicht reden. Solche Rechte seien in Diktaturen nicht zu erreichen, doch elementare Menschenrechte, zum Beispiel der Gebrauch der deutschen Sprache in den Kirchen, müsse die andere Seite den Deutschen in ihrem Machtbereich einräumen, andernfalls seien die Verhandlungen abzubrechen. Um dem Vorwurf zu entgehen, er äußere sich nur in negativem Sinne, trat Hupka anschließend für die Schaffung eines deutsch-polnischen Jugendwerkes ein, für einen Kulturaustausch, wirtschaftliche Zusammenarbeit und neue deutsch-polnische Verhandlungen. Es müsse alles getan werden, um die deutsche Frage offen zu halten, doch sei es ein schlechter Beginn, wenn eine Seite alle Forderungen der anderen Seite erfüllen muß. Erforderlich sei ein Entgegenkommen beider Seiten. Man dürfe nicht bestehende Grenzen anerkennen und dann darauf hoffen, daß sie durchlässiger werden, sondern müsse erst mehr Durchlässigkeit erreichen...« Der Bericht war zwar ausführlich und nahezu protokollarisch abgefaßt, zum anderen aber wie ein Kommentar akzentuiert.

Am 2. und 3. Juli wurde dann bundesweit verbreitet, daß der SPD-Ortsverein Ravensburg am 30. Juni ein Parteiordnungsverfahren gegen mich beantragt habe: »Die Ravensburger SPD distanzierte sich von der Rede Hupkas und bezeichnete seine Worte als ›unsachliche Ausführungen‹. Besonders übelgenommen werde Hupka, daß er die Bemühungen der CDU um die Aussöhnung lobend erwähnt habe, für die Ostpolitik seiner Partei jedoch nur Kritik übrig hätte. Hupkas Rede in Ravensburg gipfelte darin, daß er es für unmöglich ansah, daß die Sowjetunion je ernsthaft um Frieden und Entspannung bemüht sein werde.« Die SPD-Korrespondenz in Hamburg meldete chronologisch richtig, daß »ein erstes angestrebtes Verfahren des SPD-Ortsvereins Bonn gegen Hupka nach Rücksprache des Parteivorstandes im letzten Jahr mit dem Unterbezirk Bonn abgewendet werden konnte; jetzt aber hat der SPD-Ortsverein Ravensburg ein Parteiordnungsverfahren gegen den kalten Krieger angestrengt.« Dem Ortsverein Ravensburg schrieb ich im August, daß ich bislang nur durch Zeitungsmeldungen über den Beschluß, ein Parteiordnungsverfahren zu beantragen, informiert worden sei. Aus der Zeitung war inzwischen allerdings zu erfahren, daß der Bundesgeschäftsführer der SPD, Hans-Jürgen Wischnewski, drei Mitglieder des Ravensburger Ortsvereins zu sich nach Stuttgart gebeten habe, wobei angemerkt wird, daß es für die Ravensburger »keine Kopfwäsche« gegeben habe, »wir sind auch nicht vergattert worden«, obwohl die Rücknahme des Antrages auf ein Parteiordnungsverfahren Inhalt der Unterredung gewesen sein muß, allerdings ohne Erfolg. Aber ich habe nie etwas von Ravensburg vernommen, auch nicht auf meinen Brief hin. Das Ravensburger Ereignis wurde von vielen mich unterstützenden, mir zustimmenden Leserbriefschreibern, vor allem im süddeutschen Raum, begleitet. Es meldete sich spontan ein katholischer Theologe, der mich in Ravensburg gehört hatte und gegen die in seinen Augen einseitige und unzutreffende Berichterstattung Stellung bezog und sich als Zeuge für mich anbot, falls dies notwendig sein sollte. Der »Bayernkurier« nannte das ganze Ravensburger Unternehmen »Inquisition gegen Hupka«.
Während die Sache Ravensburg, angezettelt von den dortigen Jungsozialisten, denen der Lokalreporter durch seine Berichterstattung assistierte, unter dem Aktenstoß »Wiedervorlage« in der Bonner SPD-Baracke vergammelte, legten sich die Berliner mit mir an, indem sie gegen meinen Auftritt zum Tag der Heimat auf Einladung des Bundes der Vertriebenen im August 1971 mit Telegramm und Presse-Erklärungen Sturm liefen. Der Berliner SPD-Abgeordnete Jürgen

Egert nannte die geplante Veranstaltung in einem offenen Brief ein »Spektakulum reaktionärer politischer Traumtänzerei«, das nur noch dadurch übertroffen werde, daß der SPD-Abgeordnete Hupka seinen Namen und seine Stimme den Vorgestrigen leihe. Er habe die winzige Hoffnung, daß Hupka im letzten Moment doch noch »seine Funktion als nützlicher Idiot der organisierten Rechten« erkenne. Die »Rache« für meinen Auftritt in Berlin folgte auf dem SPD-Landesparteitag am 1. November, auf dem mit großer Mehrheit (aufgrund eines Antrages des Kreisverbandes Kreuzberg) beschlossen wurde: »Der Landesparteitag mißbilligt das Verhalten des SPD-Bundestagsabgeordneten Hupka, der die Ostpolitik der Bundesregierung und das Berlin-Abkommen in der Öffentlichkeit mehrfach einseitig kritisiert und Aktionen gegen diese Politik unterstützt hat. Der Landesparteitag verurteilt, daß sich der sozialdemokratische Bundestagsabgeordnete Hupka dazu hergegeben hat, auf einer Veranstaltung zum ›Tag der Heimat‹ in Nürnberg zu sprechen und dabei eine Aktion gegen die Ostpolitik der Bundesregierung und das Berlin-Abkommen mitzutragen.« Was ich Schlimmes in Nürnberg angerichtet haben soll, ist mir nie aufgegangen, denn in der keineswegs immer wohlwollenden Berichterstattung der »Nürnberger Nachrichten« findet sich nichts von einer bösen Aktion, die ich mitgetragen hätte. Auch von den vielen anderen Veranstaltungen zum »Tag der Heimat«, auf denen ich als Hauptredner eingeladen war, ist nichts Derartiges in Umlauf gesetzt worden. Es mußte auf dem Parteitag das ferne Nürnberg herhalten, obwohl mein Auftritt auf dem »Tag der Heimat« in Berlin gemeint war. Das war wieder so ein Antrag aus übersteigertem Selbstwertgefühl und mit der gehörigen Portion Unfehlbarkeit und Rechthaberei. Intoleranter hätte man sich gar nicht verhalten können!
Nach der Kundgebung des Bundes der Vertriebenen am 26. Februar 1971 in Bonn wurde ich in der Presse mit den Sätzen zitiert: »Der Vizepräsident des Vertriebenenverbandes, Herbert Hupka (SPD), zog eine Parallele zwischen den Vertriebenen und den Teilnehmern an der Verschwörung gegen Hitler am 20. Juli. Er sagte wörtlich: ›Wer sich um die Zukunft ganz Deutschlands und vor allem des deutschen Volkes Sorgen macht, der handelt in der gleichen Verantwortung und mit dem gleichen Pflichtbewußtsein wie die Männer und Frauen des 20. Juli.‹« In derselben Meldung hieß es dann auch gleich: »SPD-Vorstandssprecher Jochen Schulz wies die Feststellung des SPD-Bundestagsabgeordneten Herbert Hupka entschieden zurück, zwischen den Vertriebenen und den Widerstandskämpfern ließe sich eine Parallele ziehen. Schulz be-

zeichnete diesen Vergleich als makaber.« Ich teilte dem SPD-Sprecher nach Bekanntwerden der Zeitungsmeldung mit: »Du hast Dich leider zu etwas geäußert, was ich überhaupt nicht gesagt habe, denn die zur Dokumentierung herangezogene Passage habe ich in meiner tatsächlich gehaltenen Rede ganz weggelassen, und zum anderen hat diese Passage im verteilten Redetext anders gelautet. Der Text der Rede lautete: ›Wer öfters, als heutzutage die Mini-Mode empfiehlt, von Deutschland spricht und zwar von ganz Deutschland in Freiheit, wer sich um die Zukunft ganz Deutschlands und vor allem um die Freiheit und das Recht des deutschen Volkes Sorgen macht, der handelt in gleicher Verantwortung wie die Männer des 20. Juli. Und sie waren alles andere denn Nationalisten. Sie suchten nach Antworten auf die Herausforderung durch die Diktatur des Nationalsozialismus. Wir, die wir in Freiheit leben dürfen und uns darum selbstverständlich mit den mutigen Männern und Frauen von gestern nicht vergleichen dürfen, suchen nach Antworten auf die Herausforderung durch die genauso verbrecherische Diktatur des Kommunismus. Und wir tun das zugleich für unsere von diesem Gewaltregime tyrannisierten Nachbarn im Osten und Südosten Europas. Soll dieses Mitdenken und Mithandeln nationalistisch sein?‹ Daß ich den Vorwurf des ›Makabren‹ nicht auf mir sitzen lassen kann, dafür wirst Du sicherlich Verständnis haben, schon aus Gründen eines fairen Journalismus.«

Das wohlbegründete Dementi reichte aber nicht, denn sowohl der nicht gesprochene Text der Rede als auch eine falsche und verkürzte inhaltliche Wiedergabe der im verteilten Text tatsächlich vorhandenen Redepassage geisterten in den nächsten Wochen weiter durch die Presse. In der »Süddeutschen Zeitung« erschien unter der Überschrift »Hupkas maßloser Vergleich« ein böser Kommentar. Ich wiederholte meine Richtigstellung: »Ich muß mich auf das entschiedenste zur Wehr setzen, wenn mir ›Infamie‹ vorgeworfen wird, obwohl ich ausdrücklich im Redetext vor einem Vergleich von gestern mit heute eindeutig Abstand genommen habe. Aber man wird doch wohl noch behaupten dürfen, daß wir als Deutsche durch Diktaturen herausgefordert sind, gestern wie heute, nur daß wir uns in Freiheit lediglich zu behaupten und zu bewähren haben, ganz im Unterschied zu den unter einer Diktatur Herausgeforderten; nur gehörte damals ungeheurer Mut dazu, unter der Diktatur Hitlers diese Herausforderung anzunehmen.«

Sechs Wochen später spießte mich Jürgen Kellermeier vom Norddeutschen Rundfunk auf. Der Kommentar begann mit dem verhinderten Attentat gegen den Bundespräsidenten Gustav Heinemann und schloß dann die angeblich aufhellenden Sätze an: »Wer an Ängste und Instinkte appelliert, der allerdings muß sich fragen lassen, ob er damit nicht hilft, die Saat der Gewalt zu legen. Wenn zum Beispiel der Vorsitzende der Landsmannschaft Schlesien, der SPD-Abgeordnete Hupka, den Widerstand gegen die Ostpolitik mit dem Widerstand der Männer des 20. Juli 1944 vergleicht, dann darf man sich nicht wundern, wenn sich Neurotiker und Psychopathen zur Tat gerufen fühlen.« Zu der in der »Neuen Westfälischen Zeitung« abgedruckten Kolumne Kellermeiers schickte ich eine Entgegnung, die auch am 30. April 1971 abgedruckt wurde: »Hier wird das Geschäft des Rufmordes betrieben, denn 1. stehe ich selbstverständlich nicht im geringsten Zusammenhang mit dem Attentatsversuch von Carsten Eggert (gegen den Bundespräsidenten), und 2. ist völlig falsch zitiert worden.« Nach der sachlichen Richtigstellung schloß ich meine Gegendarstellung: »Durch wahrheitswidrige Berichterstattung und durch ehrenverletzende Beleidigung bin ich auf diese Weise zum Mitverantwortlichen für die Geisteshaltung des Attentäters gemacht worden. Ich muß mich in aller Entschiedenheit dagegen zur Wehr setzen und jede Verdächtigung und Verleumdung zurückweisen.«

»Maulkorb oder Demokratie« – Ostpolitik im Kreuzfeuer

Am 20. März 1971 sollte in der Braunschweiger Stadthalle in würdiger Form der Abstimmung in Oberschlesien vor genau 50 Jahren gedacht werden. Der Vorsitzende des Arbeitskreises Ost-Oberschlesien, Helmut Kostorz, Sohn der Stadt Kattowitz und für den BHE, später für die CDU in mehreren Wahlperioden Mitglied des Niedersächsischen Landtages, hatte aufgrund seiner von ihm gern gerühmten guten Verbindung zum Ministerpräsidenten des Landes Niedersachsen, Alfred Kubel, ihn als Hauptredner gewonnen. Er wollte damit zugleich auf die Patenschaft zwischen Niedersachsen und Schlesien, die 1950 vom Ministerpräsidenten Hinrich Wilhelm Kopf begründet worden war, aufmerksam machen. In der mit 3000 Zuhörern voll besetzten Stadthalle kam es zu einem Eklat, denn Kubel verließ vorzeitig unter Protest das Rednerpult. Er wollte nach zahlreichen Störungen durch Zwischenrufe und Lärm seine Rede nicht mehr zu Ende führen. Von Vertretern der schlesischen Jugend war zu Beginn der Veranstaltung ein fingierter Dialog vortragen worden, in dem unüberhörbar heftig Kritik an dem Warschauer Vertrag und am Kniefall von Bundeskanzler Willy Brandt in Warschau geübt wurde. Mit einer Gegenkritik begann Kubel seine Rede und löste erste Pfui-Rufe aus. Anstatt im folgenden auf den eigentlichen Anlaß dieser Gedenkveranstaltung einzugehen, wobei sich der Sozialdemokrat Kubel auch auf den sozialdemokratischen Reichspräsidenten der Weimarer Republik, Friedrich Ebert, hätte berufen können, verteidigte er mit allem Nachdruck die Vertragspolitik der sozial-liberalen Koalition und vermochte eigentlich nur Verständnis für die gegenwärtige Politik der polnischen Inbesitznahme und die daraus sich ergebenden Folgen aufzubringen, ohne jegliches Gespür für die Erfahrungswelt und den Rechtsanspruch seines Auditoriums. Nachdem Kubel unter der Begleitung von sozialdemokratischen Bundes- und Landtagsabgeordneten den Saal verlassen hatte, versuchte ich einleitend zu meiner Rede, die Wogen zu glätten, und bedauerte die »Dramatik dieser Kundgebung. Toleranz gilt auch für die Meinung eines ande-

ren, die wir nicht teilen, denn auch wir erwarten, daß man unsere Argumente zur Kenntnis nimmt.«
Die Presse berichtete von Zwischenrufen, die unter die Gürtellinie gegangen waren, obwohl Ehrengäste in der ersten Reihe all die Anwürfe in ihrer extremen Formulierung gar nicht gehört hatten, wie sie später bezeugten. Kubel erklärte in der Öffentlichkeit, daß die Leitung der Kundgebung versagt habe, weil man es erst gar nicht zum aggressiven Vorspruch der schlesischen Jugend und zu den Zwischenrufen samt der Geräuschkulisse hätten kommen lassen dürfen. Der Leiter der Veranstaltung, Helmut Kostorz, hatte dreimal den Versuch gemacht, vergeblich, Kubel Gehör zu verschaffen und die Zwischenrufer zur Ordnung gerufen. Die Landsmannschaft Schlesien erklärte durch mich, indem gleichzeitig ein Gesprächsangebot an des Ministerpräsidenten Adresse erging: »daß die 3000 Teilnehmer der Gedenkfeier zum 50. Jahrestag der Abstimmung in Oberschlesien nicht gerade deswegen zusammengekommen waren, um einer Rede, die die Anerkennung der Oder-Neiße-Linie als Grenze zum Inhalt hatte, zuzustimmen, mußte dem Ministerpräsidenten als Gast der Kundgebung bekannt gewesen sein. Politische Veranstaltungen wie die in Braunschweig sind nicht zum ersten und letzten Male gestört und unterbrochen worden. Damit muß jeder Politiker rechnen.« Seine ersten scharfen Vorwürfe mildernd, mußte auch Kubel in der Öffentlichkeit zugeben, daß Störungen und Zwischenrufe nicht von der Mehrheit, sondern von einer kleinen Minderheit inszeniert worden waren. Kubel hatte mit seiner Rede falsch taktiert und mit seinem Auszug überreizt reagiert. Das Ergebnis war allerdings, daß diese Kundgebung, zu der außer der Ortspresse nur die Agenturen Korrespondenten und die ARD ein Team entsandt hatten, breit die Medien und deren Kommentatoren beschäftigte. Die wildesten Kritiker forderten zur Aufkündigung der finanziellen Zuschüsse seitens des Patenlandes Niedersachsen auf, weil man in bekannter deutscher Hysterie rechtsradikale Kräfte am Ruder der Landsmannschaft wähnte.
Das Deutschlandtreffen der Schlesier, zu dem für 1971 nach München eingeladen worden war, löste bereits in der Phase der Vorbereitung bis zum 9. Juli, dem Tag der Eröffnung durch Bayerns Ministerpräsident Alfons Goppel, eine heftige und sich lautstark in den Medien gerierende Opposition aus. Dies hatte zunächst seinen Grund darin, daß im Jahre darauf, 1972, die Olympischen Spiele in München stattfinden sollten, weshalb als Argument gegen das Schlesiertreffen herhalten mußte, mit dem »Aufmarsch von Extremisten« würden die Olympi-

schen Spiele 1972 wenn auch nicht gleich in Frage gestellt, so doch sehr stark gefährdet. Zum anderen würden durch ein derartiges Treffen und den vorauszusehenden Inhalt der Aussagen die Ostverträge des vorigen Jahres, vor allem der Warschauer Vertrag, zur Disposition gestellt. Schließlich diente ich selbst als willkommenes Ziel, denn hier trat ein Opponent gegen die Brandtsche Ostpolitik in seiner Eigenschaft sowohl als Mitglied der SPD-Bundestagsfraktion als auch mit der Legitimation eines Bundesvorsitzenden der Landsmannschaft Schlesien vor die Öffentlichkeit.

Der zur äußersten Linken zu zählende Presseausschuß der »Demokratischen Aktion« unter ihrem leidenschaftlich agierenden Vorsitzenden Kurt Hirsch, der sich als willkommenes Werkzeug des Kommunismus verstand (was nach 1989 sogar aktenkundig gemacht wurde), hatte im Mai 1971 den Münchner Oberbürgermeister Hans-Jochen Vogel (später Partei- und Fraktionsvorsitzender der SPD) und den Münchner Stadtrat dringend ersucht, das Deutschlandtreffen der Schlesier zu meiden und jeglichen Zuschuß – es ging um 10 000 DM – zu streichen: »Bisher wurden diese Zusammenkünfte immer zu extrem nationalistischen Demonstrationen.« Zur Erhärtung dieser Behauptung mußte der Zwischenruf auf der Kundgebung mit dem niedersächsischen Ministerpräsidenten Alfred Kubel im März in Braunschweig herhalten, als jemand »Judensau«, wie der dpa-Korrespondent gehört haben will, gebrüllt haben soll, außerdem ein unliebsamer Empfang, der im Jahre zuvor auf dem »Sudetendeutschen Tag« in München dem Münchner Oberbürgermeister bereitet worden war. »Aus diesem Grunde und vor allem in Anbetracht der Tatsache, daß im kommenden Jahr die Olympischen Spiele stattfinden werden, ersuchen Sie (der offene Brief war an Vogel gerichtet) der Presseausschuß und die Unterzeichner, dieser zu erwartenden extrem nationalistischen Kundgebung durch die Stadt München keine wie immer geartete finanzielle und politische Unterstützung zu gewähren. Eine offizielle Begrüßung dieser Demonstration der Unversöhnlichkeit durch den Oberbürgermeister der Olympiastadt widerspräche dem Geist der Verständigung.« Mitunterzeichner dieses tiefroten Appells waren die Schriftsteller Heinrich Böll, Bernt Engelmann, Erich Kästner, Hans-Hellmut Kirst, Günter Wallraff und Martin Walser. Der Münchner SPD-Bundestagsabgeordnete Franz Marx bedauerte scheinheilig, daß sich die Mitglieder der Landsmannschaften nicht entschiedener dagegen zur Wehr setzten, durch die Spitzenfunktionäre ihre Gefühle mißbrauchen zu lassen, und zu diesen schlimmen »Spitzenfunktionären« wurden namentlich der CSU-Bundestagsabge-

ordnete Walter Becher als Sprecher der Sudetendeutschen und ich, übrigens zu dieser Zeit Fraktionskollege von Marx, gezählt.
Das Ergebnis dieses Vorstoßes ließ nicht lange auf sich warten. Münchens Oberbürgermeister sagte das Grußwort ab, obwohl er zu diesem Zeitpunkt noch gar nicht um ein Grußwort gebeten worden war, aber im vorauseilenden Gehorsam gegenüber einer aufmüpfigen Linken seine »Größe« beweisen wollte. Der im Bayerischen Landtag in der Folge dieses Münchner Wirbels von der SPD-Opposition unternommene Vorstoß, den Schlesiern einen Zuschuß in Höhe von 35 000 DM zu verweigern, schlug angesichts der Mehrheitsverhältnisse mit den Stimmen der CSU fehl, das Stimmenverhältnis betrug 106 zu 53 Stimmen.
Auch die Bundesbahn bekam »kalte Füße« und verbot, daß die Sonderzüge entgegen den bisherigen Gepflogenheiten bei derartigen Schlesiertreffen nach schlesischen Städten wie Breslau, Oppeln oder Liegnitz benannt würden. Auch durfte die Landsmannschaft Schlesien nicht auf den Bahnhöfen im Aushang für das Treffen werben. Die Verbreitung des Plakats mit der Aufschrift des Mottos »Heimat in Freiheit« und dem Bild von Gerhart Hauptmann (dieses Motiv war angesichts des 125. Geburtstages des berühmten Dichters aus Schlesien gewählt worden) wurde untersagt. Auch hier obwaltete der vorauseilende Gehorsam gegenüber dem kommunistischen Angriffspotential!
Kurz vor dem Treffen wurden auch noch, wie es in einem Zeitungsbericht hieß, durch die »Demokratische Aktion« einige prominente »Ex-Schlesier« – unter ihnen auch der Kabarettist Dieter Hildebrandt – mobilisiert, die sich in einem offenen Brief gegen das Deutschlandtreffen aussprachen. An deren Spitze stand der ohnehin seit eh und je gegen die Landsmannschaft Schlesien polemisierende oberschlesische SPD-Abgeordnete Günter Slotta aus dem Saarland. Und es durfte auch diese gern auch vom »Spiegel« gebrauchte Anmerkung nicht fehlen: »Was will denn der Hupka eigentlich? Sein Heimatrecht auf Ceylon macht ihm doch niemand streitig.«
Der Fraktionsvorsitzende der CDU/CSU im Deutschen Bundestag, Rainer Barzel, und weitere 50 Mitglieder der Fraktion appellierten ihrerseits an Vogel: »Wir vertrauen auf Ihre demokratische Gesinnung und somit auf Ihre Bereitschaft, mit allen auf dem Boden des Grundgesetzes stehenden Gruppen zu kooperieren. Unser Brief soll Ihnen dabei Aufmunterung und Unterstützung zugleich sein. Wir möchten Sie ersuchen, sich diesem Ansinnen – dem Boykottbegehren – nicht zu beugen. Sie wissen so gut wie wir, daß die Vertriebenenverbände seit

ihrer Gründung viel dazu beigetragen haben, ein Ausbrechen des Nationalismus zu verhindern, die Vertriebenen zu integrieren und somit zur Konsolidierung unseres demokratischen Staatswesens beizutragen.« Das Ergebnis dieser so leidenschaftlich hochgeputschten Furcht vor einem neuen Nationalismus und sogar Nationalsozialismus waren Absagen von Schauspielern mit bekannten Namen, Texte, die zu Ehren von Gerhart Hauptmann ausgewählt worden waren, auf einer Veranstaltung der Schlesier zu sprechen.
Ich fragte in der Öffentlichkeit den Münchner Oberbürgermeister: »Sind die Schlesier Gäste minderen Ranges als jede auch kommunistische Delegation, die selbstverständlich vom Oberbürgermeister begrüßt wird? Wir werden uns auch ohne jedes Grußwort des Oberbürgermeisters in München wohlfühlen, obwohl es eine Neuerung sein dürfte, den Heimatvertriebenen einen Willkommensgruß zu versagen.« Dies erklärte ich als Antwort und fügte hinzu: »Man verwechsele uns nicht mit Museumswärtern, wir wollen nicht nur Überkommenes hüten, wir wollen auch mithandeln.«
In dem von der Landsmannschaft Schlesien herausgegebenen Artikeldienst hatte ich wiederholt Aufsätze veröffentlicht, die sich kritisch mit dem Warschauer Vertrag von 1970 auseinandersetzten. Es konnte gar nicht ausbleiben, daß der eine oder andere Aufsatz ohne mein Zutun aus dem Artikeldienst, der ausdrücklich zum Nachdruck freigegeben war, auch in Blättern des auf der äußersten Rechten beheimateten Gerhard Frey erschien. Dies aber löste gleich einen neuen Lärm aus, so als hätte ich diese kritischen Aufsätze als Redakteur der »Deutschen National-Zeitung« publiziert. Die Deutsche Presse-Agentur verbreitete am 2. Juli zu allem Überdruß, die Atmosphäre gegen mich so richtig anheizend, die Meldung »Deutsche National-Zeitung druckt Hupka-Artikel«. Die Meldung besagte: »Der Bundesvorsitzende der Landsmannschaft Schlesien und SPD-Bundestagsabgeordnete Herbert Hupka hat in einem mit seinem Namen gezeichneten Beitrag in der rechtsgerichteten ›Deutschen National-Zeitung‹ Vorwürfe gegen das bevorstehende Schlesiertreffen in München scharf zurückgewiesen. In dem Artikel heißt es: ›Der Geist der Unterdrückung geht durch unser Land.‹ Es sei ›zur Mode geworden, die Vertriebenen schon deswegen zu verdächtigen, weil sie Unrecht Unrecht nennen, für das Selbstbestimmungsrecht auch des deutschen Volkes eintreten und sich vor der kommunistischen Diktatur nicht beugen‹.«
Erst im zweiten Absatz dieser Meldung wurde auch meine Presse-Erklärung dazu auszugsweise veröffentlicht. Ich hatte gleich nach Be-

kanntwerden der dpa-Meldung in Bonn über den Ticker nach Hamburg zu dpa verlautbart: »Der SPD-Bundestagsabgeordnete Dr. Herbert Hupka hat keinen mit seinem Namen gezeichneten Artikel für die in München erscheinende ›Deutsche National-Zeitung‹ geschrieben. Am 18. Mai 1971 veröffentlichte der ›Artikeldienst der Landsmannschaft Schlesien‹ einen Aufsatz des Bundesvorsitzenden Dr. Herbert Hupka unter dem Titel ›Maulkorb oder Demokratie – Kesseltreiben gegen das Münchner Schlesiertreffen‹. Dieser Artikel ist sowohl in Agenturmeldungen als auch durch Nachdrucke der Öffentlichkeit bekannt geworden. Dieser Artikel ist jetzt in der ›Deutschen National-Zeitung‹ ohne jeden Bezug auf den ›Artikeldienst der Landsmannschaft Schlesien‹ als Quelle nachgedruckt worden.« Das Kesseltreiben, von dem in meinem Artikel die Rede war, hörte eben nicht auf, sondern wurde – nicht ganz ungeschickt – fortgesetzt, all dies von einem fairen Umgang miteinander sehr weit entfernt. Es sollte, so wollten es linke Kräfte und auch deren Souffleure von Ost-Berlin über Warschau bis Moskau, das Bild eines Rechtsradikalen und Faschisten projiziert werden, dies auch schon deswegen, um so die SPD zu zwingen, diesen unbotmäßigen und selbständig handelnden Abgeordneten herauszuschmeißen.

»Schlesiertreffen in München. 150 000 Teilnehmer«, so lautete die Überschrift nach Abschluß des Treffens in der »Neuen Zürcher Zeitung«, und es wurde in einem objektiv verfaßten Bericht gemeldet: »Trotz sommerlicher Hitze waren überdurchschnittlich viele – erstmals seit der Unterzeichnung des Warschauer Vertrags – dem Aufruf des Bundesvorsitzenden Hupka gefolgt, sich zur angestammten Heimat zu bekennen, die durch das Diktat des Kommunismus zur Fremde wurde, und darum zu ringen, daß überall dort, wo Unfreiheit herrscht, wieder Freiheit obsiegen möge. Zum Teil dürfte die massierte Präsenz der meist Vierzigjährigen auch erklärlich sein als eine Art Trotzreaktion auf verschiedene Bemühungen der SPD, sich vom diesjährigen Deutschlandtreffen der Schlesier zu distanzieren. Der zentrale Vorwurf richtete sich indes gegen die amtierende Bundesregierung, die in ihren Erklärungen und Taten fortlaufend dem Grundgesetz zuwider handele, insbesondere auch ›mit der Aufwertung der Demarkationslinie an Oder und Neiße und Elbe und Werra zu völkerrechtlich verbindlichen Staatsgrenzen.‹«

Die Überschriften in den am 12. Juli über den Ablauf des Treffens berichtenden Tageszeitungen waren breit gefächert: »Anspruch auf Schlesien aufrechterhalten« (»Süddeutsche Zeitung«), »Hupka: Noch

ist Schlesien nicht verloren« (»Die Welt«), »Schlesier dulden NPD-Aktivität« (»Frankfurter Rundschau«), »Hupka verurteilt NPD-Parolen« (»Bild«), »Die große Demonstration blieb aus« (»Frankfurter Allgemeine Zeitung«), »Reden, Bier und Grüße aus Chicago« (»Münchner Merkur«), »Für viele ein Wiedersehen mit den Landsleuten« (»Rheinische Post«), »Heimatanspruch wird nicht aufgegeben« (»Nürnberger Nachrichten«). Viele Journalisten waren ausgezogen, um Krawalle, rechtsextremistische oder gar neonazistische Äußerungen und Transparente zu entdecken, was dann in der »Frankfurter Rundschau« so zu lesen war: »Schlesier dulden NPD-Aktivität. Hupka läßt gegen Brandt gerichtete ›Verrats‹-Parolen nicht entfernen.« Daß ich ausdrücklich in meiner Kundgebungsrede vor den 15 000 Teilnehmern die Verantwortung mit den Sätzen geklärt hatte: »Die politische Aussage wird von dieser Stelle gemacht. Die Transparente, die hier gezeigt werden, haben nicht die Zustimmung der Landsmannschaft«, wurde unterschlagen. Der ganze Bericht stammte aus der Feder des seit Jahr und Tag mit vorgefaßter Meinung gegen die Vertriebenen und deren Sprecher schreibenden Journalisten Eckart Spoo, während die »Frankfurter Allgemeine Zeitung« meldete: »Die zentrale Figur des Deutschlandtreffens der schlesischen Landsmannschaft, an dem an diesem Wochenende rund 150 000 Menschen teilnahmen, war Herbert Hupka. Als Bundesvorsitzender der Landsmannschaft lehnt er die Ostpolitik der Bundesregierung entschieden ab. Trotzdem scheinen die Versuche, den Vertriebenenpolitiker und SPD-Bundestagsabgeordneten aus der Sozialdemokratischen Partei auszuschließen, auf absehbare Zeit ohne Erfolg zu bleiben.« Eine kühne Vorhersage!
Großartig war die im Westdeutschen Rundfunk von Hans Heigert, der »Süddeutschen Zeitung« in München beruflich auf das Engste verbunden, später auch Präsident der Goethe-Institute, ausgesprochene Empfehlung: »Man sollte solche Treffen künftig nicht mehr subventionieren und nicht mehr hochoffiziell besuchen. Man kann die Erinnerung an den schlesischen Teil der deutschen Geschichte anders pflegen, indem man Museen einrichtet oder sehr gute Bildbände herausgibt und diese subventioniert. Das soll alles sein.« Wie herrschaftlich doch hierzulande die Meinungsfreiheit und auch die politische Auseinandersetzung unter Demokraten ausgelegt werden kann!
Ein wohlwollender Kommentar wurde im Bayerischen Rundfunk von Bernhard Uecker, mit dem zusammen ich 1946 bis 1948 die Zeitschrift »Wir« geleitet und redigiert hatte und der jetzt regelmäßig über die bayerische Landespolitik kommentierte, gesprochen: »Einen Dr. Her-

bert Hupka, diesen SPD-Politiker und gewählten Sprecher der schlesischen Landsmannschaft aus den Reihen der eigenen Partei in die nationalistische, schier braune Ecke drängen zu wollen, das ist glatte Infamie. Denn ich kann's einem Zeugen gleich beschwören: Dieser Hupka hat in harten Zeiten mit allen Kräften dafür gearbeitet, daß die Jungdemokraten von heute schon zur Geburt oder in ihrer Kindheit bereits eine komplette Demokratie geschenkt bekamen. Väterchen Stalin aber hat er im Gegensatz zu manchem seiner Kritiker nie für einen Weihnachtsmann gehalten. Herbert Hupkas Gegner, meine ich, sollten ihre wider ihn vergeudeten begrenzten Geisteskräfte lieber der Besinnung auf das Goethewort widmen: ›Den Teufel spürt das Völkchen nie, und wenn er sie beim Kragen hätte.‹«

Jede meiner Äußerungen in der Öffentlichkeit wurde mit erhöhter Aufmerksamkeit registriert, denn es lag den Medien daran, einen Konflikt zwischen mir als dem SPD-Bundestagsabgeordneten und der SPD zu entfachen. Dieser Hupka, der zu der so vielgerühmten neuen Ostpolitik nicht Ja, sondern Nein sagt, ist längst zum Fall Hupka geworden, jedenfalls wird dies so verkündigt. Ein neuer Anlaß, mich in gebührender Weise vorzuführen, war der »Tag der Heimat«, zu dessen Auftakt alljährlich eine besondere Veranstaltung in Berlin stattfindet. Es waren im Berliner Sportpalast an die 6000 Teilnehmer versammelt, am 29. August 1971, unmittelbar vor der Unterzeichnung des Berlin-Abkommens. Ich sagte unter anderem: »Die Bundespräsenz wird abgebaut und sowjetische Präsenz in West-Berlin aufgebaut. Wir wollen auch nicht vergessen, daß vieles, was jetzt plakativ als großer Gewinn betrieben wird, im Grunde vielfach nichts anders ist als daß das Selbstverständliche, nachdem es lange genug nicht mehr selbstverständlich war, wieder und endlich selbstverständlich werden soll.«

Ganz offen wurden jetzt Rechnungen aufgemacht, ob die SPD bei einer Abstimmung über die Ost-Verträge im Deutschen Bundestag die Mehrheit zusammen mit der FDP absichern oder ob es nicht eine Niederlage geben könne, und in dieser Rechnung spielte ich eine besondere Rolle. Es wurde bemängelt, daß man mich nicht schon längst aus der SPD ausgeschlossen habe, koste es was es wolle, oder aber der SPD wurde vorgeworfen, aus Gründen der Machterhaltung und Opportunität gegenüber den Vertriebenen und einem sogenannten rechten Flügel mich in der Partei zu halten, in der Hoffnung, daß ich für die Ostverträge stimmen würde. »Die Parteiführung ist der Ansicht«, so ließ sich die Münchner »Abendzeitung« nach meiner Berliner Rede aus der SPD-Baracke berichten, »man sollte ›aus Hupka nicht dadurch einen Märty-

rer machen, daß man ihm ein Parteiverfahren anhängt‹. Das ist fein ausgedrückt, trifft jedoch nicht den Kern der Sache. Hier geht es um die Glaubwürdigkeit der SPD, und die sollte den Sozialdemokraten wichtiger sein als ein taktisches Wischi-Waschi.« Der NDR-Kommentator Bernhard Wördehoff holte weiter aus, als er einen Tag nach der Berliner Rede meinte: »Wenn Degenhardt den Kommunisten freundliche Töne widmet, dann wird er konsequenterweise aus der SPD ausgeschlossen. Wenn Hupka ständig die Ostpolitik, das wichtigste, weil erfolgreichste Stück aus der Politik der sozialdemokratisch geführten Bundesregierung, öffentlich angreift, gemeinsame Sache mit dem ultrarechten Großverleger Springer macht, dann wäre das in der Sache etwas anderes? Freilich, Hupka ist halt Bundestagsabgeordneter, in einer Fraktion, die gerade eben die nötige Mehrheit hat. Macht sich die SPD-Führung noch Hoffnung, Hupka werde den Ostverträgen zustimmen? Doch wohl kaum nach seinem Auftritt beim ›Tag der Heimat‹ in West-Berlin. Also doch blanke taktische Erwägung mit dem Schielen auf ein paar Vertriebenen-Stimmen?«
Die »Süddeutsche Zeitung« in München machte sich mit einem Artikel von U.-K. Heye meinetwegen aufgrund meiner Rede in Berlin Sorgen: »Herbert Hupka, Vertriebener aus Ratibor in Oberschlesien, Präsidiumsmitglied des Bundes der Vertriebenen, Bundesvorsitzender der Landsmannschaft Schlesien und SPD-Bundestagsabgeordneter, braucht wahrlich nicht zu fürchten, wegen Rechtsabweichlertum von der eigenen Partei gefeuert zu werden. Sollte sich Hupka aber selbst gewünscht haben, als SPD-Verstoßener und Märtyrer in die Geschichte des deutschen Widerstandes neuer Zeitrechnung einzugehen, so wird dieser Wunsch ebensowenig in Erfüllung gehen wie jener, sich von ›rechtsaußen‹ nicht als ›Mitmarschierer‹ usurpieren zu lassen: Hupka marschiert längst im Takt. Eine ganz nach den Maßstäben praktischer Politik funktionierende Regie der Bonner Parteibaracke verhinderte bislang, daß sich der aufgestaute Groll entlädt: alle Anträge aus Unterbezirken und Ortsvereinen auf ein Parteiordnungsverfahren mit dem Ziel, Hupka aus der Partei auszuschließen, wurden bislang erfolgreich abgewehrt. SPD-Bundesgeschäftsführer Wischnewski: ›Es gibt kein Feindverhältnis zwischen der Partei und Hupka.‹ Mittlerweile gelingt es der SPD sogar, das Unverhältnis zu Hupka zu einem Modellfall innerparteilicher Meinungsfreiheit zu stilisieren. Ein Fraktionsangestellter nannte die arithmetisch begründete Immer-Noch-Parteizugehörigkeit Hupkas gar emphatisch ›einen exemplarischen Fall‹ für die Spannweite innerparteilicher Demokratie.« Begleitet war der Text von einem Bild

von mir unter dem Transparent »Gefahr für Deutschland – Gefahr für Europa« mit der Unterschrift »SPD-Abgeordneter Hupka: Ins rechte Licht gerückt«, weshalb ich in einem Leserbrief gegen diese Manipulation – »dieses Bild verdankt seine Existenz der Schere und dem Kleistertopf« – protestierte, was zur Folge hatte, daß die »Süddeutsche Zeitung« zugeben mußte, aus einer Aufnahme von einer Kundgebung des Bundes der Vertriebenen am 27. Februar 1971 in Bonn die beiden rechts von mir sitzenden Mitglieder des Deutschen Bundestages, Karl Theodor Freiherr von und zu Guttenberg und Herbert Czaja, weggeschnitten zu haben. Es war der Zeitung um die Aussage »Ins rechte Licht gerückt« gegangen.
Unabhängig von dieser Manipulation nutzte Linus Kather den Inhalt des mir durchaus kritisch gegenüber stehenden Urteils, um noch eins draufzusetzen und vor mir zu warnen. Sicherlich werde Hupka mit Nein stimmen, wenn die Ostverträge dem Bundestag vorliegen, aber im Grunde sei er nur als Zugpferd der SPD für die Vertriebenen einzuschätzen. Kather, der den Artikel gegen mich unter der Überschrift »Sie werden nicht alle«, gemeint die Dummen, kursieren ließ, hatte bereits früher gegen mich polemisiert, im zweiten Band seines Buches »Die Entmachtung der Vertriebenen«, weil ich während der Amtszeit des ersten Kabinetts Adenauer nicht für ihn, den Gegner von Hans Lukaschek, dem ersten Bundesvertriebenenminister, sondern gegen ihn Stellung bezogen hatte. Damals strebte Kather dieses Ressort an und hatte auch bereits Konrad Adenauer auf seiner Seite, denn er verstand es sehr gut, Massen zu bewegen und anzusprechen, was Lukaschek, dem Feinsinnigen, dem jegliche Polemik und jeglicher Populismus fern lag, nicht gegeben war. Wir Schlesier haben damals in Kundgebungen und mit Adressen für Lukaschek und gegen Kather operiert und votiert, was Kather mir nie verziehen hat. Kather, einst Zentrumsabgeordneter im Königsberger Stadtparlament, hatte nach 1945 bei der CDU seine politische Heimat gefunden, war aber dann als der ständig Unzufriedene, als der Ehrgeizige, der sein Ziel, Minister zu werden, nicht erreicht hat, zum BHE abgeschwenkt und schließlich zu den Rechtsradikalen. Man könnte ihn einen leidenschaftlichen Anwalt der Vertriebenen nennen, aber nicht frei von allzu stark ausgeprägtem Geltungsbedürfnis, so daß er rücksichtslos, auch gegen sich selbst, sein parteipolitisches Forum gewechselt hat.
Rechtzeitig zur Frankfurter Buchmesse, die ich übrigens über die Jahrzehnte regelmäßig besucht habe (mit Ausnahme der groß aufgezogenen sonntäglichen Feierlichkeiten zur jährlichen Verleihung des Friedens-

preises des Deutschen Buchhandels, weil mir das daselbst verkündete Pathos der Prominenz und deren spektakuläre Präsenz nicht gelegen haben), erschien das von meinem Fraktionskollegen Hans Graf Huyn herausgegebene Buch »Ostpolitik im Kreuzfeuer«. Hier waren neun Beiträge zu den Ostverträgen, genauer gesagt gegen die Ostverträge, veröffentlicht, zusammen mit dem offiziellen Text der Verträge und den Verlautbarungen von Bundeskanzler Willy Brandt. Mein Thema war »Der Warschauer Grenzvertrag«. 25 Seiten standen mir zur Verfügung. Nicht so sehr juristisch als vielmehr historisch und politisch habe ich mich mit diesem Vertrag auseinandergesetzt.
Ein heller Schein fiel in dieses Jahr 1971 mit der Ausstellung »Kunst im Besitz von Abgeordneten« im Rheinischen Landesmuseum unter der Ägide von Museumsdirektor Hugo Borger, welchen Ruf er kurz danach an das Kölner Römisch-Germanische Museum erhielt. Über 30 Abgeordnete hatten Bilder aus ihren privaten Sammlungen zur Verfügung gestellt. In drei Stockwerken wurden die Bilder 14 Tage lang ausgestellt, und man konnte der Zeitung entnehmen, daß die Ausstellung mit 3,5 Millionen DM versichert worden ist. Das Glanzstück war aus der Sammlung von Erik Blumenfeld August Mackes »Vor dem Hutladen« aus dem Jahre 1913. Ich hatte Grafiken von Otto Mueller und Bilder von Oskar Moll, Willi Baumeister und Xaver Fuhr zur Verfügung gestellt. Bei der Eröffnnung, die Carlo Schmid am 10. November vornahm, ein Mann, der jederzeit dazu fähig war, in geistreichen oder auch nur geistreichelnden Szenen zu brillieren, fehlten die Abgeordneten, weil im Bundestag gerade wieder einmal die Abstimmungsmaschinerie lief. Als zu meinem 70. Geburtstag eine Festschrift unter dem Titel »Für unser Schlesien« erschien, habe ich diese mit Abbildungen meiner kleinen Kunstsammlung angereichert. Am reichhaltigsten ist in dieser Sammlung der Expressionist Otto Mueller vertreten. Es sind alle Schlesier, die zu dem großen Quartett der berühmten M gehören – Adolph von Menzel (allerdings ganz bescheiden nur), Ludwig Meidner, Oskar Moll und Otto Mueller – versammelt, aber auch Willi Jaeckel, René Sintenis, Wolfgang von Websky, Isi Aschheim, Gerhard Neumann, Alexander Camaro, Birgitta Heyduck, Eckard Alker, Reiner Zimnik und jüngst Sigmar Polke mit Gemälden und Grafiken.

»Vollendete Tatsachen« –
Beim Heiligen Stuhl

Zweimal bin ich bis in die höchsten Ränge der katholischen Kurie emporgestiegen, 1971 und 1972, um den Vatikan zu informieren und dringend darum zu bitten, daß in Ostdeutschland nicht vollendete Tatsachen durch eine neue Circumscription der jenseits von Oder und Neiße gelegenen Diözesen geschaffen werden. Noch gab es keinen frei ausgehandelten Friedensvertrag, und auch die soeben abgeschlossenen Ostverträge ließen sich nicht als Friedensverträge auslegen, weshalb auch die katholische Kirche sich an diesen objektiven Sachverhalt gebunden fühlen sollte. Daß es jedoch ganz andere Tendenzen im Vatikan gab, war längst bekannt. Hier bewegten sich gleichfalls auf Entspannung, was auch immer darunter zu verstehen war, tendierende Kleriker und die katholische Kirche Polens aufeinander zu. Und die katholische Kirche Polens war nicht nur selbst der Expansion Polens bis zur Oder und Neiße höchst gewogen, sondern befand sich gerade auf diesem Felde der Politik in Übereinstimmung mit der kommunistischen Führung des Landes. Vermochte sich Polens Kirche in Rom durchzusetzen, nutzte das nicht nur ihr selbst, sondern auch ihrem Ansehen bei den herrschenden Kommunisten, so daß sich aus einem Erfolg in Rom eine Verbesserung des Klimas zwischen Kirche und Staatsführung in Polen ergeben mußte. Obwohl selbstverständlich der katholischen Kirche in Polen nicht etwa Neigungen hin zum atheistischen Kommunismus nachgesagt werden durften, im Gegenteil, es hatte viele heftige Konflikte gegeben, aber andererseits verdankte die katholische Kirche ihre geschichtlich weiteste Ausdehnung bis zur Oder und Neiße dem Kommunismus, genauer gesagt der Roten Armee, denn sie hatte für die Annexion Ostdeutschlands gesorgt und diese als Sowjetunion militärisch und politisch abgesichert. Daß das mehrheitlich protestantische Niederschlesien, Ost-Brandenburg, Hinterpommern und Ostpreußen rekatholisiert werden konnten, war die Folge von Vertreibung und kommunistischem Machtvollzug. Es war daher selbstverständlich, wenn auch nicht hinnehmbar, daß hier Kirche und Staat gemeinsame Sache machten, um die Kirchenordnung in den sogenannnten Westgebieten nunmehr kirchenrechtlich festzuschreiben.

Die Ostverträge boten Kirche und Staat in Polen eine willkommene Gelegenheit, die Verträge dahingehend auszulegen, daß jetzt und endlich »vollendete Tatsachen« geschaffen worden sind. Ganz in die Richtung lief auch die Mission, die im November 1970 der SPD-Fraktionsvorsitzende Herbert Wehner und Bundesverkehrsminister Georg Leber hinter dem Rücken des deutschen Botschafters beim Heiligen Stuhl, Hans Berger, übernommen hatten, wobei Leber auch als Mitglied des Zentralkomitees der deutschen Katholiken auftreten konnte. Die unmittelbare Folge dieser Mission war die vorzeitige Abberufung Bergers als Botschafter, indem er im März 1971 mit 61 Jahren vom Auswärtigen Amt in den »einstweiligen Ruhestand« entlassen wurde. Zwar war diesem hervorragenden Diplomaten, der auch als Staatssekretär im Bundespräsidialamt unter Bundespräsident Heinrich Lübke in vorbildlicher Weise seine Pflicht erfüllt hatte, keine Illoyalität seitens der sozial-liberalen Koalition vorzuwerfen, aber er trat gegenüber dem Vatikan nicht als des Bundesaußenministers Walter Scheel Lautsprecher auf, zumal er jeden Anschein zu vermeiden trachtete, als ob mit den Ostverträgen bereits ein Friedensvertrag vorweggenommen worden sei. Das heißt, Berger interpretierte die Ostverträge entsprechend ihrer offiziellen Auslegung in Bonn nicht so, wie sie insgeheim eigentlich angelegt waren. Den »Todesstoß« versetzte dem Botschafter der polnische Journalist Andrzej Micewski von »Zycie Warszawy«, indem er sich am 13. März 1971 in dieser Zeitung auf einen angeblich »enthüllenden« Kommentar des deutschen Publizisten Heinz Theo Risse, Mitglied des Präsidiums von »Pax Christi«, berief. Unter der Überschrift »Wer sabotiert Brandt?« wurde Botschafter Berger als der eigentliche »Saboteur« beim Heiligen Stuhl »entlarvt«. Zwei Wochen später war es dann geschehen, daß Scheel die Konsequenz aus diesem Zusammenwirken der katholischen Mitspieler der polnischen Kommunisten auf der einen und der nach links tendierenden deutschen Katholiken auf der anderen Seite zog. Die gegensteuernden deutschen Katholiken und auch die deutschen Vertriebenen besaßen in Rom keine hiermit vergleichbare Lobby. Auf einer Gästeliste der Ordinariatskonferenz, zu der der Münchner Kardinal Julius Döpfner am 13. Juli 1972 nach München eingeladen hatte, stehen als Mitglieder der »Znak-Delegation«, zum Teil auch als Mitglieder des polnischen Sejm, Professor Stanislaw Stomma, Haupteinpeitscher einer Anerkennung der Oder-Neiße-Linie als Grenze, und in der Bundesrepublik Deutschland jahrelang als

Stargast herumgereicht, Tadeusz Mazowiecki, zu dieser Zeit Chefredakteur der Monatsschrift »Wiez«, später als erster freier polnischer Ministerpräsident ständiger Gesprächs- und Verhandlungspartner von Helmut Kohl, der soeben schon genannte Andrzej Micewki und Mieczeslaw Pszon, später eifriger Verhandlungspartner von Horst Teltschik, dem außenpolitischen Mitarbeiter von Bundeskanzler Helmut Kohl. Berger hatte zu den Politikern gehört, die offen und ohne jede Umschweife für den Rechtsstandpunkt des deutschen Volkes, 1985 auch für die Berechtigung des ursprünglichen Mottos zum Deutschlandtreffen der Schlesier eingetreten sind, weil »das Motto ›Vierzig Jahre Vertreibung – Schlesien bleibt unser‹ sowohl der feierlich bekundeten Ansicht des Deutschen Bundestages als auch der vom höchsten deutschen Gerichtshof, dem Bundesverfassungsgericht, festgestellten Rechtslage entspricht. Warum also diese Aufregung um das Leitwort dieses Treffens und insbesondere den Bundestagsabgeordneten Dr. Hupka, wenn die Parteien ihre eigenen Entschließungen und die Rechtsprechung des Bundesverfassungsgerichtes selbst noch ernst nehmen?« Dies schrieb Berger in der katholischen »Deutschen Tagespost« am 13. Februar 1985. Zu dem Essen, zu dem wir uns für den 12. März 1985 verabredet hatten, konnte es leider nicht mehr kommen, weil Berger am 6. März plötzlich verstorben ist. Er war ein standpunktfester Demokrat und ein tiefgläubiger Katholik, er war ein Patriot und allen politischen Modeströmungen abgeneigt. Bestimmt hat ihm die Geschmeidigkeit eines diplomatischen Erfüllungsgehilfen gefehlt. Die sozial-liberale Koalition hat ihn absichtlich ins Abseits gedrängt, und die neue Bundesregierung nach 1982 schien seines Rates nicht zu bedürfen.
Zurück zum Jahre 1971. Vom 20. bis 24. März waren Herbert Czaja, Mitglied der CDU/CSU-Bundestagsfraktion, und ich, Mitglied der SPD-Fraktion, in unserer Eigenschaft als Mitglieder des Auswärtigen Ausschusses und als Präsident und Vizepräsident des Bundes der Vertriebenen, der eine auch als Vorsitzender der Landsmannschaft der Oberschlesier, der andere als Vorsitzender der Landsmannschaft Schlesien, in Rom, um mit dem Vatikan über Ostdeutschland nach Unterzeichnung der Ostverträge Gespräche zu führen. Das wichtigste Gespräch fand mit Erzbischof Agostino Casaroli, dem Außenpolitiker des Vatikans, statt, zu einer außergewöhnlichen Zeit von 19 bis 20 Uhr, obwohl nur 20 Minuten ursprünglich eingeplant waren. Wir überreichten ein Memorandum, das ein halbes Jahr später in der deutschen Öffentlichkeit, aber auch in Polen große Verwirrung auslöste. Von polnischer Seite war dieses Memorandum »Publik«, einer im allgemei-

nen links von der Mitte anzusiedelnden katholischen Wochenschrift, zugespielt worden. (Die Lebenszeit dieser modern aufgemachten Zeitschrift war von kurzer Dauer.) Im Begleittext, aus dem man polnische Souffleure heraushören konnte, wird dem Memorandum vorgeworfen, »zweierlei bewußt ignoriert« zu haben: »Einmal, daß es sich bei dem ›Unrecht‹, das den Polen zugefügt worden ist, um geplanten und teilweise durchgeführten Völkermord handelt, zum anderen, daß zwischen diesem Völkermord, unter dessen Trauma die Polen auch heute noch leben, und dem Unrecht der Vertreibung deutscher Menschen aus ihrer Heimat ein Kausalzusammenhang besteht. Dieser Zusammenhang hebt zwar das Unrecht der Vertreibung nicht auf, er spielt jedoch für die Frage nach den politischen Folgen eine entscheidende Rolle.« Eine übrigens auch andernorts gern gebrauchte Schlußfolgerung: die Vertreibung, Verbrechen hin, Verbrechen her, resultiert nun einmal aus den vorangegangenen Verbrechen, sie ist gleichsam die logische Folge! Vermißt wird in diesem Kommentar, daß »man hätte ein Wort über ›eine mögliche und zumutbare Wiedergutmachung‹ für die Folgen des Hitlerschen Völkermordes an den Polen erwarten dürfen«. Offenbar führte der Begriff einer deutschen Kollektivschuld die Feder, und es wird »unabhängig von moralischen Problemen« auf die »derzeitige politische Realität« verwiesen. Auf eine Kurzformel gebracht heißt das: die Vertreibung ist wohl zu verurteilen, aber die Kommunisten haben jetzt die Macht, und an diese haben wir uns, weil sie eine Realität ist, zu halten! Dessen ungeachtet wurde der Inhalt des Memorandums kurz und richtig so publiziert: »Scharfe Ablehnung der Ostverträge, denen Verstöße gegen allgemeines Menschenrecht und gegen die europäische Menschenrechtskonvention vorgeworfen werden, wird verknüpft mit einem doppelten Appell: Der Vatikan soll einerseits sein gesamtes moralisches Gewicht in die Waagschale werfen, damit das Unrecht der Vertreibung der Deutschen aus den ehemaligen Ostgebieten nicht durch die Ostverträge sanktioniert wird. Er soll andererseits alle kirchlichen Schritte vermeiden, die von seiner Seite eine faktische Anerkennung der derzeitigen Oder-Neiße-Grenze bedeuten.«

In einer knappen Zusammenfassung sollen die wichtigsten Passagen dieses Memorandums wiedergegeben werden. »Die Verbrechen gegen die Menschlichkeit, die seitens der Deutschen an Polen begangen wurden, werden immer wieder in der Weltöffentlichkeit und oft seitens des Ostblocks besonders betont und zur moralisch politischen Rechtfertigung von Annexion und Massenvertreibung herangezogen. Wir verschleiern nicht die Verbrechen gegen die Menschlichkeit, die an den

Polen begangen wurden. Uns bedrückt es aber, daß in der Weltöffentlichkeit die Verbrechen gegen die Menschlichkeit, die an Deutschen begangen wurden, verschleiert werden. Wir bitten den Heiligen Stuhl als eine Macht, die die Sittlichkeit in der Welt vertritt, bei der notwendigen Betonung des Unrechts, das den Polen und dem polnischen Volk zugefügt wurde, dazu beizutragen, daß das Unrecht, das den Ostdeutschen durch die Massenvertreibung und durch vorherige nationale Unterdrückung deutscher Minderheiten zugefügt wurde, nicht verschwiegen werde.

Bei dem derzeitigen Warschauer Vertrag ist die Hinnahme der Folgen der Massenvertreibung zur Vertragsgrundlage gemacht. Wir bitten die moralische Macht des Heiligen Stuhles, weiterhin gegen eine Billigung der Massenvertreibung und ihrer Folgen – auch für die Deutschen – einzutreten, weiterhin diese als ein Mittel zur Ordnung politischer Fragen abzulehnen, und wir bitten, Fürsprecher für die Ostdeutschen darin zu sein, daß ihnen und ihren Gemeinschaften eine mögliche und zumutbare Wiedergutmachung für die Folgen der Massenvertreibung und die Wiederherstellung des Rechts auf Freizügigkeit in die Heimat und zur freien Entfaltung daselbst in einem Zeitpunkt geordneter Freiheit und in gesicherten Strukturen in Europa offengehalten werden. Wir sind der Auffassung, daß es nicht Sache der Kirche sein kann, umstrittene Fixierungen von Grenzen durch kirchenpolitische Schritte zu festigen. Das Konkordat ist für ganz Deutschland geschlossen und besteht weiterhin.

Wir bitten, die Rechte der betroffenen ostdeutschen Diözesanen, der Laien und Priester, ihre Rechte als Glieder der Kirche, aber auch die Rechte der evangelischen Christen, nicht zuletzt auf ihr kirchliches Eigentum und ihre kirchliche Organisation, schließlich aber die Menschenrechte und die nationalen Rechte der Ostdeutschen, zu welcher Überzeugung sie sich immer bekennen mögen, zu schützen. Wir bitten den Heiligen Stuhl, die ostdeutschen Katholiken vor einer bitteren und in pastoraler Hinsicht gefährlichen Enttäuschung zu bewahren.«

Erzbischof Casaroli ließ sich das von Czaja und mir unterzeichnete Memorandum erläutern. Er meinte, daß ihm all diese Argumente für den Zeitpunkt nach der Ratifizierung des Warschauer Vertrages deutscherseits nicht vorgetragen worden seien, die Kirche aber auch nicht deutscher sein könne als die Deutschen selbst. Nach der Ratifizierung gäbe es auf jeden Fall einen neuen Standort gerade auch für die Kirche und die dann notwendig werdende Handlungsweise. Es sei geboten, auf die »polnische Mentalität« Rücksicht zu nehmen, ein

Bei der Kundgebung
des ersten Münchner
Schlesiertreffens auf dem
Königsplatz 14. September 1951

Am »Tag der Heimat«
53 in Beilngries

Bei einer Journalistentagung mit Bundespräsident Theodor Heuss

15 Mit Fritz Erler (SPD) 1965

17 Beim Deutschlandtreffen der Schlesier in Hannover 1965 mit Ministerpräsident Georg Diederichs, Willy Brandt, Bundeskanzler Ludwig Erhard

18 Saarbrücken 1969: Diskussion des Bundes der Vertriebenen mit Herbert Wehner

16 Beim Deutschlandtreffen der Schlesier 1963 in Köln mit Bundeskanzler Konrad Adenauer, Bundesvorsitzendem Erich Schellhaus, Berlins Regierendem Bürgermeister Willy Brandt

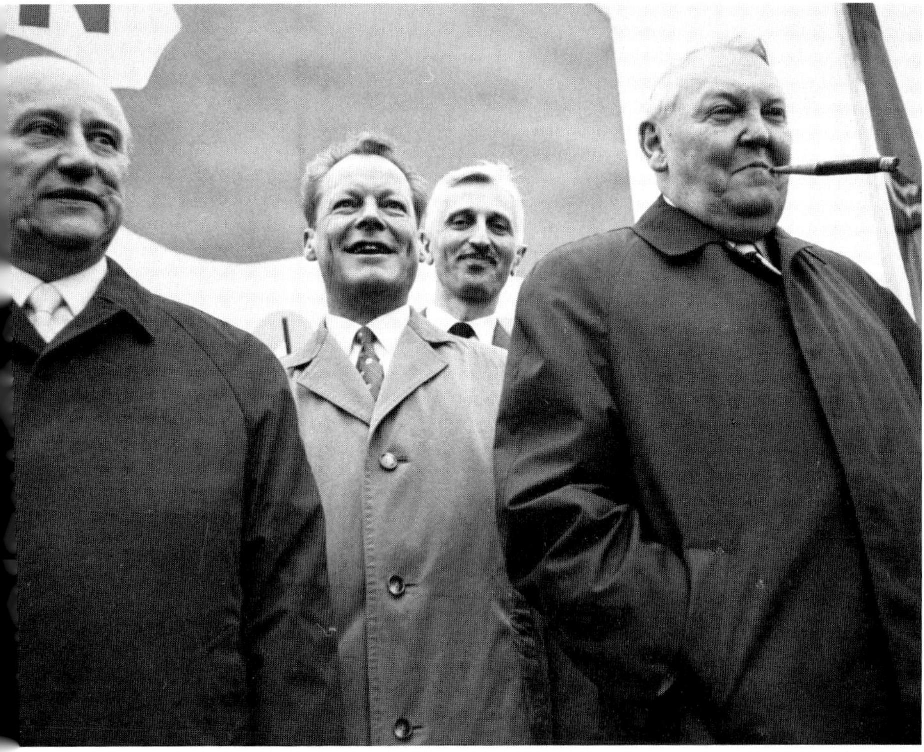

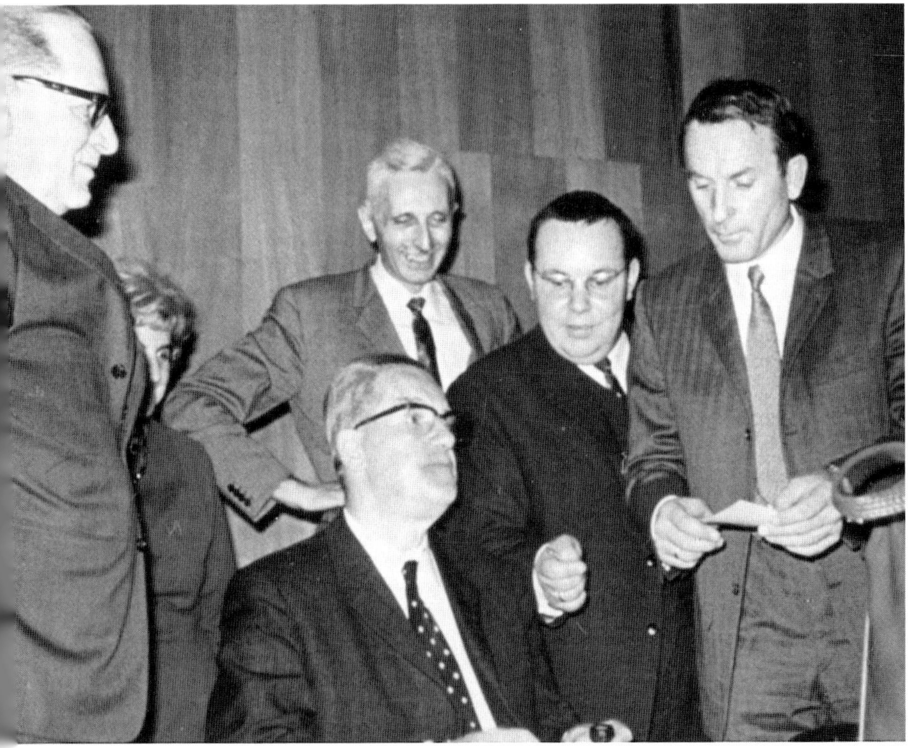

19 29. Oktober 1957: Trauung mit Eva Zink in Kloster Andechs

20 Im Arbeitszimmer und auf der Pressetribüne des Bundestages in Bonn

Argument, das schon zuvor vom polnischen Bischof Wladyslaw Rubin, einem Mann der polnischen Emigration, überdeutlich vorgetragen worden war. Ich wiederholte, was ich zuvor auch Rubin gesagt hatte, daß es nicht nur eine »polnische Mentalität«, sondern dann wohl auch eine »deutsche Mentalität« zu achten gebe, wobei der Begriff Mentalität für politische Erwartungen und Ziele, nicht nur für das Gefühl verwendet wurde. Es sollte darunter die von Polen gewünschte und geforderte Anerkennung der politischen Realität der Oder-Neiße-Linie und die dann damit zu verbindende neue Circumskription der Diözesen in Ostdeutschland verstanden werden. Gleichzeitig wurde nicht nur von Casaroli die seelsorgerliche Pflicht gegenüber den polnischen Katholiken jenseits dieser Linie an Oder und Neiße ins Spiel gebracht, wobei zum anderen Gleiches für eine Neueinteilung der bislang polnischen Diözesen in dem jetzt zur Sowjetunion geschlagenen Teil Polens jenseits von Bug und San erst gar nicht in Erwägung gezogen wurde. Zum Schluß meinte Casaroli wie ein geschickter Diplomat, daß es einerseits durchaus sein könne, daß der Heilige Vater schon seine Meinung für ein Handeln nach der Ratifizierung des Warschauer Vertrages gebildet habe, aber es auch noch möglich sei, ihm neue Argumente zu vermitteln, wozu vielleicht, wie wir hätten meinen können und sollen, auch das überreichte Memorandum gehören könnte.

Ein Jahr danach sprach ich erneut im Vatikan vor, dieses Mal zusammen mit meinem Fraktionskollegen der CDU, Professor Manfred Abelein. Ihn beneidete ich darum, daß es für ihn die erste Reise nach Rom war, so daß er sich als anima candida von der heiligen Stadt ganz hat gefangennehmen lassen, während ich bekennen mußte, daß ich seit meiner Studentenzeit in Leipzig, als ich bei Professor Helmut Berve alte Geschichte hörte, wiederholt Rom besucht hatte, also nicht mehr so unbefangen die Stadt genießen konnte. Vom 22. bis 26. Mai 1972 waren wir in Rom, nachdem wir unmittelbar nach der Ratifizierung der Ostverträge und nach der nahezu einstimmig beschlossenen Gemeinsamen Entschließung zu den Verträgen mit diesem Text aufgebrochen waren. Übrigens gehörte ich zu den zehn Abgeordneten, die zum Moskauer Vertrag, und zu den 17 Abgeordneten, die zum Warschauer Vertrag, mit Nein votiert hatten, während bekanntlich SPD und FDP zu beiden Verträgen Ja sagten und die CDU/CSU auf Vorschlag von Walter Hallstein und Franz Josef Strauß mit Enthaltung die Verträge passieren ließen. Es traf sich überdies gut, daß gleichzeitig mit uns zufällig auch der Hildesheimer Bischof Heinrich Maria Janssen, der im Auftrag der Deutschen Bischofskonferenz für die Angelegenheit der

Vertriebenen und Flüchtlinge zuständig war, in Rom weilte, so daß wir uns über die Gespräche jeweils austauschen und unseren gemeinsamen Standpunkt klären konnten. Janssen war ein frommer Mann, ein Hirte seiner Gläubigen, zugleich aber auch darauf bedacht, daß den Deutschen ihre Rechte nicht geschmälert werden und es beim Vatikan nicht nur polnische Fürsprecher geben sollte. Gerade auch die Schlesier haben seinem Wort auf den Deutschlandtreffen in Hannover still ergeben und innerlich zustimmend gelauscht.

Wiederum war Casaroli der wichtigste Gesprächspartner. Konnte 1971, wohlwollend interpretiert, noch Aufgeschlossenheit und anscheinend lernendes Zuhören registriert werden, so schien jetzt unser Gesprächspartner nur noch um der Höflichkeit willen bereit zu sein, uns zuzuhören, denn wir mußten den Eindruck gewinnen, daß im Vatikan die Entscheidung nach der Ratifizierung am 17. Mai im Deutschen Bundestag gegen die deutsche Rechtsposition und für die von Staat und Kirche in Polen gemeinsam vorgetragene Anerkennung der Fakten inzwischen gefallen war. Zwar tat man so, als könne man angesichts der Gemeinsamen Entschließung des Deutschen Bundestages mit dem Satz »Die Ostverträge nehmen eine friedensvertragliche Regelung für Deutschland nicht vorweg« dies als ein neues Argument zur Kenntnis nehmen, aber unser Vortrag löste keinerlei Veränderung der endgültig fixierten Position des Vatikans aus. »Der Vatikan war bereits fest entschlossen«, wie es in meiner Gesprächsnotiz heißt, »eine neue Circumskription der ostdeutschen Diözesen vorzunehmen.« Wir beide konnten uns lediglich bestätigen, noch einmal versucht zu haben, daß der Vatikan keine vorschnellen und falschen Schlüsse aus der Ratifizierung der Ostverträge in Bonn zöge, aber es war im Grunde ein vergeblicher Versuch in letzter Stunde.

Am 28. Juni 1972 vollzog der Vatikan das, was Staat und Kirche in Polen gefordert hatten und jetzt als Konsequenz aus dem Warschauer Vertrag deklariert wurde: Papst Paul VI. anerkannte die polnischen Diözesen in Ostdeutschland und verfügte die Bildung von vier neuen Diözesen: Oppeln, Landsberg an der Warthe, Stettin und Köslin. Gleichzeitig wurden die bisherigen Apostolischen Administratoren Boleslaw Kominek in Breslau und Joseph Drzerga in Allenstein zum Erzbischof der eine und zum Bischof der andere ernannt. Die Deutsche Presseagentur meldete: »Die kirchliche Neuregelung in den Oder-Neiße-Gebieten ist in Polen mit großer Genugtuung aufgenommen worden. Mit den Maßnahmen des Vatikans sind die polnischen Wünsche voll erfüllt worden.« Für die Landsmannschaft Schlesien erklärte ich am 28. Juni 1972: »Wir

protestieren auf das Schärfste gegen die ebenso übereilte wie einseitige Entscheidung des Vatikans. Diese ist ohne jedes Einverständnis mit den Betroffenen, den katholischen Heimatvertriebenen, erfolgt, und zu unser aller großem Entsetzen ein Beweis dafür, daß sich selbst der Vatikan bereit erklärt hat, Macht vor Recht ergehen zu lassen und gewaltsam geschaffene Veränderungen zu sanktionieren. Als Katholiken, Schlesier und Deutsche müssen wir die Entscheidung des Vatikans für verantwortungslos, undemokratisch und im Widerspruch zum bisher vom Vatikan respektierten Recht, nichts vor einem Friedensvertrag verbindlich und endgültig zu ordnen, bezeichnen. Die erste Schuld für die jetzige Entscheidung des Vatikans trifft die Bundesregierung. Sie hat offensichtlich die Gemeinsame Entschließung des Deutschen Bundestages vom 17. Mai 1972 dem Vatikan nicht darzustellen vermocht, wie es ihre Aufgabe gegenüber diesem Dokument der Bundesrepublik Deutschland gewesen wäre. Vor allem aber hat die Bundesregierung mit dem Warschauer Vertrag jeder Doppeldeutigkeit – ob Gewaltverzicht oder Grenzregelung – die Tür geöffnet. Nicht minder groß ist die Schuld des Vatikans, der mit seiner Entscheidung nur seine Fehlbarkeit auf dem Felde der Politik bewiesen hat. Die vorliegende Entscheidung, die die Handschrift von Erzbischof Casaroli trägt, kann nur als Anpassung an die Forderungen der kommunistischen Regierung in Warschau und als Erfüllung der nationalistischen Konzeption des polnischen Episkopates charakterisiert werden...«
Für die katholischen Schlesier erklärte Prälat Hubert Thienel, später dann der erste Apostolische Visitator für die Priester und Gläubigen der Erzdiözese Breslau: »Im Grunde genommen sind es eigentlich keine pastoralen Gründe, die die polnische Kirche veranlaßt, so schnell eine Umschreibung zu fordern. Es sind im Grunde genommen Prestige-Forderungen, vielleicht auch nationalbedingte Forderungen. Pastoral gesehen ist heute eigentlich schon alles in der rechten Ordnung, und man kann höchstens sagen, daß die katholische Kirche in diesen ehemals protestantischen Gebieten eine erhebliche Erweiterung ihres Territoriums bekommen hat, denn die ehemals protestantischen Kirchen sind heute alle katholische Kirchen – nur in ganz wenigen Fällen gibt es noch evangelische Kirchen. Insofern sind die Forderungen der Kirche in Polen für uns nicht ganz einsichtbar, aber immerhin sie haben natürlich das Recht heute auf ihrer Seite, nachdem wir auf unsere Rechte verzichtet haben.«

»SCHALTJAHR 1972« – AUSTRITT AUS DER SPD – EINTRITT IN DIE CDU

An dem zusätzlichen Tag eines Schaltjahres, am 29. Februar 1972, betrat ich zum letzten Male den Sitzungssaal der SPD-Bundestagsfraktion als deren Mitglied und verließ diesen mit dem Entschluß, die Mitgliedschaft in der Sozialdemokratischen Partei Deutschlands aufzukündigen und Mitglied der Christlich Demokratischen Union zu werden. Der Korrespondent der »Stuttgarter Nachrichten« meldete in seinem Bericht: »Im Dunst eines kühlen Vorfrühlingstages endet zu später Stunde ein dramatischer Nachmittag im Bonner Regierungsviertel.« Ein Spötter formulierte: Die SPD werde einen Gesetzesentwurf einbringen, demzufolge das Schaltjahr in Zukunft gestrichen wird, damit nicht alle vier Jahre so etwas passieren könne. Begonnen hatte es damit, daß bereits Anfang Februar zu lesen war, die Fraktionsführung der SPD, besser gesagt Herbert Wehner als Fraktionsvorsitzender und in seiner Eigenschaft als Mehrheitserhalter und Mehrheitsbeschaffer, von sich selbst immer als dem Kärrner seiner Partei sprechend, habe den Plan gefaßt, die drei Gegner der Ostverträge, Franz Seume, Willy Bartsch, beide Berlin, und mich als Mitglieder des Auswärtigen Ausschusses, wohin uns die SPD entsandt hatte, abzuberufen und durch andere, das hieß willfährige Abgeordnete zu ersetzen. In der Fraktionssitzung am 29. Februar wurde dieser Plan unter dem letzten Tagesordnungspunkt »Ausschüsse« der Fraktion zur Abstimmung vorgelegt und gebilligt. Ich sollte auch meinen Sitz im Ausschuß für innerdeutsche Beziehungen verlieren und somit innerhalb der parlamentarischen Arbeit arbeitslos werden. Als dies durch Wehner verkündet wurde, meldete ich mich protestierend zu Wort und verkündete, daß ich aufgrund dieser undemokratischen Entscheidung keinen Platz mehr für mich in der SPD sähe. Ich bedankte mich bei denen, die mich trotz meiner abweichenden Haltung und Meinung korrekt und tolerant behandelt hätten und klagte generell diejenigen an, die in mir einen Aussätzigen gleich einem »Nichtarier« gesehen hätten. Eine Zeitung berichtete: »Hupka stürmte protestierend aus dem Saal.«

Kurz danach übergab ich der Presse eine Erklärung, aus der ich zitiere:
»Es ist schlechter politischer Stil, wenn ich zusammen mit meinen
Fraktionskollegen Willy Bartsch und Dr. Franz Seume als Mitglied des
Auswärtigen Ausschusses und als stellvertretendes Mitglied des Ausschusses für innerdeutsche Beziehungen – beiden Ausschüssen gehöre ich seit Beginn der Legislaturperiode im Herbst 1969 an – in dem Augenblick von der Fraktionsspitze der SPD abberufen werde, da es um eine für den einzelnen und das ganze deutsche Volk gravierende Entscheidung geht. Wer als Sozialdemokrat gegen Text, Inhalt und die Folgen der Ostverträge schwere Bedenken vorbringt, soll mundtot gemacht werden, indem er von den Beratungen über die Verträge ausgeschlossen wird. Parteidisziplin rangiert vor Gewissensentscheidung, und wer mit der Fraktionsspitze in dieser Schicksalsfrage nicht übereinstimmt, hat entweder wider besseres Wissen und sein Gewissen ›ja‹ zu heucheln, oder er muß schweigen. Ich habe mich noch nie einer Autorität gebeugt, die für sich Unfehlbarkeit in Anspruch nimmt. Eine offene und faire Auseinandersetzung um die Ostverträge darf nicht dadurch gesteuert und verhindert werden, daß es auf der einen Seite nur das uneingeschränkte Kommando der Fraktionsspitze gibt und auf der anderen Seite die Pflicht zum strikten Gehorsam einer Kader-Partei. Noch bis zur Wahl vom Herbst 1969 war von den ersten Repräsentanten der SPD zu hören, daß so viel wie möglich von Deutschland für das deutsche Volk zu retten ist, daß das Faustrecht nicht als Recht ausgegeben werden darf. Wie lange werden dieselben Verantwortlichen, die sich an vergangene Äußerungen nicht mehr erinnern lassen wollen und auch nicht mehr dazu stehen, das gelten lassen, was sie heute sagen? Wenn es die SPD-Fraktion nicht mehr erträgt, daß einige ihrer Mitglieder der seit 1969 eingeschlagenen politischen Taktik und darum auch den Ostverträgen widersprechen und mit anderen als von der Fraktionsspitze und Parteiführung abgesicherten Argumenten in den Ausschüssen des Deutschen Bundestages ihren Standpunkt vertreten, ist in der Fraktion der SPD und in der SPD kein Platz mehr für mich. Darum verlasse ich nach reiflicher Überlegung die SPD. Gleichzeitig trete ich als Vorsitzender des Arbeitskreises der SPD-Bundestagsfraktion für Heimatvertriebene und Flüchtlinge zurück und lege meine Herausgeberschaft des Pressedienstes ›Selbstbestimmung und Eingliederung‹ nieder. Ich werde auch weiterhin im Deutschen Bundestag für meinen Standpunkt eintreten und in der Öffentlichkeit diesen verfechten. Darum habe ich mit heutigem Datum meinen Eintritt in die Bundestagsfraktion der CDU/CSU beantragt.«

Eine Bemerkung am Rande: Den in meiner Erklärung zitierten Pressedienst der SPD mit den Vertriebenen und Flüchtlingen als Adressaten hatte ich unter diesem Namen 1965 gegründet, abgekürzt s. u. e., und er behielt in wöchentlicher Erscheinungsweise auch bis zu seiner Einstellung 1993 die von mir geprägte Benennung bei.

Während der Fraktionsvorsitzende der CDU/CSU, Rainer Barzel, bekannt gibt, daß er der Fraktion empfehlen werde, Hupka als Mitglied aufzunehmen, weshalb für Freitag, den 3. März, eine Sondersitzung der Fraktion um 8 Uhr angesetzt wird, ist Wehner schnell genug mit dem Informationsdienst der Fraktion zur Stelle, um auf diese Weise die Berichterstattung in seinem Sinne und in dem der SPD zu kanalisieren: »Niemand hat versucht, Hupka mundtot zu machen. Er hätte sich bei der ersten Lesung der Verträge im Bundestag ebenso wie bei der bevorstehenden zweiten Lesung zu Wort melden können. Dies hat er nicht getan.« Diese Behauptung war gelogen, denn mir war von Kurt Mattick, der die Rednerliste für die erste Lesung zusammenstellte, gesagt worden, daß Redezeit für mich nicht eingeräumt werden könne. Grund: Den Hauptteil der Redezeit, die der SPD zur Verfügung stand, nahmen ohnehin bereits Mitglieder des Kabinetts ein. Wehner fuhr in seiner Erklärung fort: »Ich habe der Fraktion die Gründe der Umbesetzung im einzelnen dargelegt und dabei auch darauf hingewiesen, daß die Fraktion ihre Abgeordneten vor dem Gewissenskonflikt bewahren müsse (!), entweder gegen die eigene Überzeugung oder aber gegen den Fraktionszwang verstoßen zu müssen. Im Plenum hätte Hupka gegen die Verträge sprechen und gegen die Verträge stimmen können: wir hätten es ihm nicht verübelt.«

24 Stunden später schob Wehner einen Artikel für die »Münchner Abendzeitung« nach und ließ ihn durch den Pressedienst der Fraktion verbreiten. Darin bezieht er sich auf die Geschäftsordnung des Bundestages und dessen Paragraphen 68, der bestimmt, daß die Fraktionen ihre Mitglieder für die Ausschüsse benennen. »Daraus ergibt sich klar, daß im Ausschuß die Ansicht der Frakton wiedergegeben werden soll, die Abgeordneten also einen Fraktionsauftrag zu erfüllen haben.«

Das steht allerdings nirgendwo geschrieben, daß einem in den Ausschuß entsandten Abgeordneten die freie Meinungsäußerung verwehrt ist. Wehners Dialektik ist ganz simpel: »Stimmt ein Abgeordneter mit der Meinung der Fraktion nicht überein, so gerät er in einen Konflikt: Entweder erfüllt er den Fraktionsauftrag, dann muß er gegen seine Überzeugung sprechen, oder aber er handelt nach seiner Überzeugung, dann kann er den Fraktionsauftrag nicht erfüllen. Wir haben den drei

Abgeordneten, die anderer Meinung als die übrigen 233 sozialdemokratischen Abgeordneten sind, diesen Konflikt ersparen wollen und mußten – auch dazu bekennen wir uns – dafür sorgen, daß im Ausschuß die Meinung der Fraktion und nicht die eines Außenseiters in der Frage der Verträge zum Zuge kam.« Es wurde also nach dem Prinzip gehandelt: Für die Mitgliedschaft im Ausschuß gilt Gewissenszwang, im Plenum kann der »Abweichler« sich dann tummeln. Da die Koalition im Auswärtigen Ausschuß nur über eine Stimme Mehrheit verfügte, wollte man, koste es was es wolle, siegreiche Geschlossenheit vorführen.
Die SPD sorgte dafür, daß der Begriff des »Überläufers« für mich die Runde machte, und dies hinauf bis zum Bundeskanzler Willy Brandt, obwohl dieser Ausdruck aus der Sprache der Kriege kommt. Außerdem wurde in der Öffentlichkeit verbreitet, daß ich das Mandat an die SPD zurückgeben müsse, denn ihr verdankte ich doch dieses, wie gesagt wurde. In einem Leserbrief in der »Frankfurter Allgemeinen Zeitung« schrieb ich: »Offenbar will man mit dem Wort ›Überläufer‹ bestimmte Ressentiments wecken. Als übrigens die Abgeordneten Peter Nellen von der CDU und Wolfgang Stammberger von der FDP zur SPD übertraten, wurde dies keineswegs als Charakterlosigkeit gewertet.«
Die SPD übte auch keinerlei Kritik daran, daß die Abgeordneten ihr Mandat behielten. Ich erklärte immer wieder aus ehrlicher Überzeugung, daß erstens nicht ich mich gewandelt hätte, sondern die SPD und zweitens durch meinen aussichtsreichen Listenplatz in Nordrhein-Westfalen Wählerstimmen gerade unter den Vertriebenen und Flüchtlingen gewonnen werden sollten und gewonnen worden sind. An schnöden Verdächtigungen fehlte es nicht, bis zu dem aus dem Kanzleramt verbreiteten Gerücht, daß ich für den Wechsel aus der SPD in die CDU Gelder erhalten hätte. Auch Bundeskanzler Willy Brandt bediente sich während des Wahlkampfes im Herbst 1972 dieses als Gerücht wiedergegebenen Verdachtes. Ich habe ihn daher stets unter Bezugnahme auf derlei Behauptungen einen Lügner genannt, ohne daß deswegen gegen mich vorgegangen worden wäre.
Am 3. März 1972, in der Fraktionssondersitzung der CDU/CSU, gab ich eine Erklärung ab. »Ich glaube«, so begann ich vor der Fraktion, »sagen zu können, daß ich hier seit langem nicht ganz unbekannt bin und vor allem aber, daß ich in der CDU/CSU-Fraktion nicht nur Kollegen gehabt habe, sondern immer auch Freunde und Mitstreiter. Aus der Vergangenheit darf ich zwei Namen nennen. Als ersten den Namen von Jakob Kaiser, dem ich persönlich immer aufs Engste verbunden war und der für mich auch bis heute in seiner Haltung zu den deutschen Dingen

Vorbild geblieben ist. Der zweite Name ist der von Dr. Hans Lukaschek, dem ersten Bundesvertriebenenminister im ersten Kabinett Adenauer. Seine Haltung, sowohl früher in Oberschlesien als auch unter der Hitler-Diktatur, und sein Mithandanlegen am Aufbau unserer Demokratie, auch sie sind Wegmarken für meine politische Wirksamkeit. Überdies finde ich hier einen Kollegen aus meiner früheren Fraktion, Dr. Klaus-Peter Schulz. Ich freue mich, daß ich mit ihm zusammen nun Mitglied dieser Fraktion sein kann.

Um meinen politischen Standort darzulegen: Eine der schmerzlichsten Einsichten besteht darin, daß es heute eine Gemeinsamkeit in der Überwindung der Teilung Deutschlands und in dem Streben nach Selbstbestimmung auch für das deutsche Volk zwischen den großen demokratischen Parteien nicht mehr gibt. Diese Gemeinsamkeit ist seit 1969 Schritt für Schritt aufgekündigt worden, und zwar nicht von der Opposition, sondern von der gegenwärtigen Regierungskoalition. In der Auseinandersetzung, die ich sowohl in der SPD als auch in der Öffentlichkeit geführt habe, ging es immer nur darum, das einmal Gemeinsame nicht aufzugeben, sondern bewußt zu erhalten.

Mir sei, so wird behauptet, die Freiheit gewährt worden, in der SPD meinen von der gegenwärtigen SPD-Führung unterschiedlichen Standpunkt zu vertreten. Dies klingt zwar sehr schön, aber in Wirklichkeit befand ich mich einerseits in einer zunehmenden Isolation angesichts einer sich überschnell an die neue Deutschland- und Ostpolitik der SPD-Spitze anpassenden Umgebung und zum anderen wurde mein Tun von zahlreichen Ausschlußanträgen begleitet, wobei ich zwar die Anträge aus der Presse erfuhr, aber nie und nirgendwo auch selbst gehört worden bin. Ein direkter Druck wurde nicht ausgeübt, aber der indirekte war um so spürbarer. Man nahm schon Anstoß daran, wenn ich Aussiedlerlager besuchte oder bestimmte Fragen für die Fragestunde des Deutschen Bundestages einreichte. Man ließ, und dies seitens der Fraktionsspitze, nicht ohne innere Genugtuung, Fraktionskollegen auf das Heftigste gegen mich polemisieren und mich verdächtigen. Hupka als Aushängeschild für Toleranz und Hupka als Zielscheibe für nicht unwillkommene Angriffe aus den eigenen Reihen. Beides gehörte zum Konzept der Fraktionsspitze.

Als Nein-Sager sei ich zu einer Nein-Sager-Partei gegangen, so war es zu vernehmen. Weder die CDU/CSU noch ich selbst sagen Nein zum Frieden, zur Gewaltlosigkeit, zur Freiheit, zu Gesprächen und Verträgen mit dem Osten. Wir sagen entschieden Ja zur Überwindung der Teilung Deutschlands, zu einem Frieden, der demokratisch legitimiert sein muß, zur Freiheit für die Unterdrückten, welcher Nationalität auch immer, zu einem neuen Zusammenleben mit unseren östlichen Nachbarn, zu europäischen Lösungen. Was uns jedoch in den Verträgen vorgesetzt worden ist, festigt die Teilung, erfüllt die Forderungen der Gegenseite, ohne daß von Gegenleistungen die Rede sein kann, stärkt die sowjetische Vorherrschaft und verhilft dem vom Kommunismus protegierten Nationalismus dazu, den Weg der Völker nach Europa zu verlangsamen, wenn nicht gar zu verhindern.

Der Schritt, den ich gestern getan habe, ist mir nicht leicht gefallen. Kurt Schumacher und Ernst Reuter, Paul Löbe und Wenzel Jaksch waren meine Vorbilder. Die SPD ist leider im Begriff, sich vom Godesberger Programm allmählich zu entfernen und sich von neomarxistischen Tendenzen bestimmter Gruppierungen nicht scharf genug zu distanzieren. Mein Wunsch wäre es, daß die großen demokratischen Parteien unseres Landes möglichst bald wieder zu einer gemeinsamen Aussage und zum gemeinsamen Handeln, wenn es um die Freiheit und Zukunft ganz Deutschlands geht, zusammenfinden mögen. Allerdings darf heute nicht verworfen werden, was gestern noch gegolten hat. In der CDU/CSU bekennt man sich auch heute noch zu dem, was gestern Prinzip einer Politik für Deutschland war. Aus Sorge um die Einheit und Freiheit Deutschlands bin ich Mitglied der CDU/CSU-Bundestagsfraktion geworden.«

Wehner war noch an demselben Freitag, 3. März, mit einer Gegenerklärung, wie man in Bonn journalistisch zu sagen pflegte, auf dem Markt: »Hupka hat Loyalität und Solidarität seiner Parteifreunde bis zum Äußersten strapaziert. Jeder hat das erleben und verfolgen können. Die Art, in der er jetzt vom ›indirekten Druck‹ spricht, ist unehrlich und widerwärtig, weil er nicht leugnen kann, daß es keinen ›direkten‹ gegeben hat.« Mit Geschick hatte Wehner die von mir absichtlich so tolerant wie möglich dargestellte SPD-Praxis aufgespießt, um sich sogleich mit der Formulierung vom »indirekten Druck« ein gefälliges Etikett zuzusprechen.

Seit 1957 hatte Franz Seume als Berliner Abgeordneter der SPD dem Deutschen Bundestag angehört. Gleich mir war er ein Gegner der jetzt von der SPD/FDP-Regierung betriebenen Ostpolitik. Für die SPD hatte er den interfraktionellen Antrag 1967 begründet, daß die Bundesregierung alljährlich einen »Bericht zur Lage der Nation im gespaltenen Deutschland« abzugeben habe (Der Zusatz im »gespaltenen Deutschland« fiel unter der SPD/FDP-Regierung fort). Er war ein Fachmann auf dem Felde der Finanz- und Wirtschaftspolitik, vor allem aber ein

patriotischer Streiter für Berlin und dessen Rechte als eines Bundeslandes der Bundesrepublik Deutschland, stets auch eingedenk der vielen Beschränkungen durch das Viermächtestatut der Siegermächte. In seiner stillen Art versuchte er, für seine, für unsere Beurteilung der gegenwärtig betriebenen Ostpolitik bis in die höchsten Ränge der Fraktion, es seien Annemarie Renger und Hermann Schmitt-Vockenhausen, Präsidentin und Viezpräsident des Parlaments, genannt, Zustimmung und Unterstützung zu finden, und dies schien auch fast zu gelingen, wenn nicht am Ende auch hier die Parteidisziplin um jeden Preis über die Einsicht in das, was eigentlich richtig und notwendig für Deutschland ist, gesiegt hätte. Diskret geführte Gespräche wurden von seinen Gesprächspartnern leider gleich der Fraktions- und Parteispitze übermittelt. Am 2. März 1972 teilte Seume dem Berliner Parteivorsitzenden und Regierenden Bürgermeister Klaus Schütz seinen Austritt aus der SPD nach 46jähriger Zugehörigkeit mit und wurde Hospitant in der CDU/CSU-Bundestagsfraktion, schließlich Mitglied der CDU. In den letzten Wochen war gegen ihn, wie auch gegen Willy Bartsch, eine Diffamierungskampagne geführt worden, mit Henri Nannen in der Illustrierten »Stern« als Wortführer, denn er sollte angeblich Geheimprotokolle zur Ostpolitik dem Axel-Springer-Inlandsdienst zugeleitet haben. Ich habe das klug abwägende Urteil und den Sachverstand, die vaterländische Gesinnung und die warmherzige Kameradschaft Seumes stets hoch geschätzt, wir waren wirkliche Freunde geworden.
Willy Bartsch war ein lieber schlesischer Landsmann, der sich vor seinen Landsleuten aus Haynau und innerhalb der Landsmannschaft Schlesien in unerschütterlicher Treue zu Schlesien bekannt hat. Aber als ein Mann, der in der SPD groß geworden war, brachte er die Kraft zur eigenen Entscheidung gegen die Partei nicht auf. Die SPD-Bundestagsfraktion wußte, wie er als Schlesier zu den Ostverträgen stand, darum auch der Herauswurf aus dem Auswärtigen Ausschuß, aber sie war sich auch dessen sicher, daß er zuerst Mitglied der SPD und erst dann auch als Schlesier und Widersacher einzuordnen war.
Zusammen mit Wolfgang Höpker, Journalist und Publizist, konzipierte ich eine Anzeige in den großen Zeitungen und sammelte Unterschriften sowohl aus der Prominz als auch aus den Reihen der viel gepriesenen mündigen Bürger. In dem Aufruf unmittelbar vor der Ratifizierung der Ostverträge im Deutschen Bundestag »An alle Deutschen« heißt es: »Die Ostverträge, deren Ratifizierung von der Sowjetunion in widerrechtlichen Zusammenhang mit einer längst überfälligen Regelung für West-Berlin gestellt worden ist, erfüllen die Forderungen der kommuni-

stischen Regierungen. Sie zementieren die Teilung Deutschlands und stärken die kommunistischen Diktaturen.« Von den Unterzeichnern seien einige Namen angeführt: Schauspieler Axel von Ambesser, Botschafter a. D. Hans Berger, Margarete Buber-Neumann, Ministerialrat Anton Furch, Botschafter Hasso von Etzdorf, Rennleiter Huschke von Hannstein, Volkmar Hopf als Rechnungshofpräsident a. D., Professor Klaus Hornung, Regierungspräsident Hans Keller, Journalist Botho Kirsch, Professor Otto Kimminich, Professor Kurt Kluxen, Fußballspieler Norbert Köppel, Regisseur Rudolf Noelte, Professor Konrad Repgen, Verleger Heinrich Seewald, Professor Hatto H. Schmitt, Olympiasieger Alwin Schockemöhle, Professor Hans-Joachim Schoeps, Verleger Axel Springer, Publizist Carl Gustav Ströhm, Professor Kurt Stürmer, Redakteur Paul Wilhelm Wenger, Vizeadmiral K. A. Zenker. Der Schriftsteller Ernst Jünger war auch um eine Unterschrift gebeten worden, aber er unterschrieb aus grundsätzlichen Erwägungen nicht, denn er stimme zwar dem Inhalt zu, aber er wolle seinem Grundsatz nicht untreu werden, jeglichem Aufruf seine Unterschrift zu verweigern.

Bevor dann die Entscheidung im Plenum des Deutschen Bundestags fiel, war ich wieder Mitglied des Auswärtigen Ausschusses, und dies war ein Verdienst der CSU und ihres Landesgruppenvorsitzenden Richard Stücklen, denn eigentlich hatte auf den durch den Tod von Freiherrn von und zu Guttenberg frei gewordenen Sitz im Auswärtigen Ausschuß die CSU das Zugriffsrecht. Ich habe mich schon deswegen bei Stücklen und dessen fairem Verhalten besonders bedankt, weil ich doch 1961 und 1965 sein parteipolitischer Gegner in seinem Weißenburger Wahlkreis gewesen war.

Unmittelbar vor der zweiten Lesung über die Ostverträge im Deutschen Bundestag am 17. Mai 1972 hatte sich die CDU/CSU-Fraktion auf eine Stimmenthaltung festgelegt. Man wollte verhindern, daß einige wenige Abgeordnete der CDU mit ihrer Ja-Stimme zur Regierungskoalition abschwenkten und ihr dadurch eine respektable Mehrheit verschafften. Zuerst kam der Vorschlag von Profesor Walter Hallstein, dem früheren ersten Präsidenten der Euroäpischen Wirtschaftsgemeinschaft, ein Vorschlag, der dann gleich von Franz Josef Strauß aufgegriffen worden ist. So wie man damit erreicht zu haben glaubte, daß es keine Ja-Stimme aus der Fraktion geben werde, wollte man gleichzeitig auch die Nein-Stimmen möglichst niedrig halten, woran vor allem Rainer Barzel interessiert war, hätte doch auch er zum Schluß der monatelangen Debatte am liebsten für ein Ja plädiert. Kai Uwe von Hassel, Gerhard

Stoltenberg und auch Alfred Dregger meinten in Vieraugengesprächen, daß es sich auch für mich empfehle, mit Stimmenthaltung abzustimmen. Allein Helmut Kohl bestärkte mich, dessen es aber auch gar nicht bedurft hätte, bei meinem Nein zu verharren, denn eine andere Entscheidung sei mir auch gar nicht zuzumuten und auch von mir nicht zu erwarten.

Am 11. März 1972 hatte der Bund der Vertriebenen in die Bonner Beethovenhalle zu einer Protestkundgebung gegen die zur Ratifizierung anstehenden Ostverträge eingeladen. Einer der Redner war Freiherr von und zu Guttenberg, und auch ich erhielt das Wort, in meiner Eigenschaft als Vizepräsident des Bundes der Vertriebenen, vor allem aber wollte man hören, was ich zu sagen hätte, nachdem ich gerade vor zehn Tagen die SPD-Bundestagsfraktion verlassen und in die CDU/CSU-Fraktion eingetreten war. Ich begann mit den Worten: »Hier steht kein Abtrünniger vor Ihnen, sondern einer, der bekennen muß, daß die Partei, für die er 1969 in den Deutschen Bundestag gezogen war, abtrünnig geworden ist. Aber nicht der Fall Hupka ist das Entscheidende, entscheidend ist das Ringen um die Ostverträge, der Kampf gegen Text, Inhalt und vor allem die Folgen der Ostverträge.« Ich bezog dann zum Moskauer und zum Warschauer Vertrag Stellung, indem ich insbesondere den Warschauer Vertrag erläuterte und analysierte.

Mit dem Parlamentarischen Staatssekretär im Auswärtigen Amt, dem strammen FDP-Mann Karl Moersch, setzte ich mich in der Korrespondenz und in der Presse auseinander. Am 10. März 1972 schrieb ich ihm: »Ich werde soeben angerufen, weil Sie vor Gymnasiasten in Winnenden (Stadt im Württembergischen) gesagt haben sollen, daß mir ein gut bezahlter Posten für meinen Übertritt zur CDU angeboten worden sei. Ich halte eine derartige Behauptung, falls sie gefallen sein sollte, für eine Lüge und werde das, sollte ich nicht umgehend eine Berichtigung erhalten, auch der Öffentlichkeit mitteilen. Ich ersuche Sie dringend, den Wahrheitsgehalt für Ihre Behauptung zu erbringen.« Die Antwort erfolgte prompt, nur wich Moersch ins Nebulöse aus: »Entgegen Ihrer Darstellung habe ich nicht behauptet, daß Ihnen ein gut bezahlter Posten für den Übertritt zur CDU angeboten worden sei... Ich habe dann gesagt, daß sicherlich die CSU, wenn sie jetzt mit dem Rundfunkgesetz direkten Personaleinfluß auf die Besetzung aller wichtigen Stellen im Bayerischen Rundfunk nehmen könnte, auch die Möglichkeit habe, etwas für Politiker zu tun, die aus diesem Beruf stammten. Daß dies im Zusammenhang mit der nicht von mir erfolgten Nennung Ihres

Namens geschah, will ich gern bestätigen. Meine Schlußfolgerung war, man sollte in den nächsten Jahren einmal aufpassen, ob sich solche Zusammenhänge nicht öffentlich zeigten...« Inzwischen erfuhr ich, daß die »Waiblinger Zeitung« tatsächlich bereits am 10. März gemeldet hatte, daß mich Moersch in der im Briefwechsel zum Ausdruck gebrachten Darstellung, ich sei nun einmal ein gekauftes Subjekt, den Schülern und Lehrern des Winnender Gymnasium vorgeführt habe. Ich verlangte umgehend in einem Leserbrief einen Widerruf; der Brief wurde dann auch vier Tage später unter der Überschrift »Dr. Hupka: Lüge« mit dem Schlußsatz abgedruckt: »So, wie das durch den Herrn Staatssekretär Moersch geschehen sein soll, darf man im hitzigsten politischen Wahlkampf (für April stand in Baden-Württemberg die Wahl eines neuen Landtags an) nicht umspringen.«

Subtiler war das Vorgehen von Herbert Wehner, indem er der uninformierten Öffentlichkeit einreden wollte, daß ich doch seit dem Nürnberger SPD-Parteitag vom März 1968 die Richtung der SPD gekannt haben müßte. Ich bediente mich gleich des Pressedienstes der CDU/CSU-Bundestagsfraktion, um unter der Überschrift »Wehner manipuliert Parteitagsbeschlüsse« darüber aufzuklären, daß der Nürnberger Parteitagsbeschluß von 1968 längst durch den Parteitagsbeschluß von 1969, daß Nürnberg 1968 durch Gad Godesberg 1969 aufgehoben worden sei. Ich zitierte den SPD-Vorsitzenden auf seiner Pressekonferenz, die er als Bundesaußenminister am 19. Mai 1969 gegeben hatte. Frage: »Bleiben Ihre Äußerungen vor dem SPD-Parteitag vom vorigen Jahr noch völlig aufrecht – die Akzeptierung der Oder-Neiße-Grenze?« Brandt: »Dies war der Versuch, das Problem des Gewaltverzichtes in einen Zusammenhang zu bringen mit dem Problem einer friedensvertraglichen Regelung. Aber bei Parteitagen ist es immer so, daß immer der letzte gilt. Der letzte, nämlich der außerordentliche Parteitag (von Bad Godesberg) hat dieses nicht nur in meiner Rede, sondern in einem Beschluß den jetzigen Stand der Überlegungen formuliert.« Ich rief in die Erinnerung zurück, daß in Godesberg »nicht mehr von ›Anerkennung beziehungsweise Respektierung‹ der Oder-Neiße-Linie als Grenze« gesprochen wurde, sondern von der »Unverletzlichkeit der Demarkationslinien in Deutschland und der Grenzen im Osten«. Ich berichtete, daß Wehner vor den Wahlen in Baden-Württemberg im April 1968 ein Flugblatt verbreiten ließ: »Die Respektierung der Linie an Oder und Neiße bedeutet keinen Verzicht auf eine Rechtsposition.« Das Manöver von Wehner war durchsichtig, denn er hatte sich längst im Zuge der neuen Ostpolitik über die Godesberger Parteitagsbeschlüsse und die darin enthaltene und von ihm selbst so mitveranlaßte Korrektur des Begriffspaares »Anerkennung beziehungsweise Respektierung« der Oder-Neiße-Linie als Grenze hinweggesetzt, aber dem abtrünnigen Hupka wollte er den Vorwurf machen, daß er als SPD-Bundestagskandidat von 1969 auf den Nürnberger Parteitagsbeschluß festgelegt gewesen sei. Gestern noch hatte Wehner alles daran gesetzt, den schlechten Eindruck, den der Nürnberger Parteitag hinterlassen hatte, zu revidieren, jetzt hingegen wollte er nur noch Nürnberg als verbindlich gelten lassen und Godesberg 1969 einfach leugnen!

Auf dem Bahnhof in Mainz, als ich hier umstieg und mich auf dem Weg zu einer Rede in Wiesbaden befand, wurde ich am 2. Juni 1972 tätlich angegriffen und stürzte angesichts des wuchtigen Schlages zu Boden, konnte dann aber meine Reise fortsetzen. Die Verwaltung des Deutschen Bundestages hatte daraufhin in meinem Auftrag Strafantrag gestellt. Ein Zimmermann, 43 Jahre alt, wie später aus dem Strafbefehl hervorging, hatte mich zuerst freundlich angesprochen, dann aber mit seiner Aktentasche und der darin befindlichen Thermosflasche unter den heftigsten Beschimpfungen auf mich eingeschlagen. Das Mainzer Amtsgericht verhängte wegen Vergehens nach dem Paragraphen 223 des Strafgesetzbuches eine Strafe von 350 DM oder eine Ersatzfreiheitsstrafe von 25 DM für jeden Tag. Das geschah nach acht Monaten am 6. Februar 1973. Sicherlich, ich hatte außer meinem Sturz und einigen Schrammen an der Hüfte keinen größeren körperlichen Schaden genommen, aber fest steht auch, daß das Leben eines Bundestagsabgeordneten gerichtlich nicht gerade sehr hoch eingeschätzt und beurteilt wird. Während der Zeit, als ich im 10. Deutschen Bundestag für den Wahlkreis Wuppertal-Barmen kandidiert hatte, nahm ich selbstverständlich an einer Fülle von Veranstaltungen innerhalb dieses Wahlkreises, einschließlich Wuppertal-Elberfeld, teil. So auch am 3. Juli 1983, als ein Mahnmal für die Opfer des Konzentrationslagers Kemna eingeweiht werden sollte. Der »Wuppertaler General-Anzeiger« meldete »Über 3000 Menschen nahmen teil/Hupka attackiert«, Der »Remscheider General-Anzeiger« schrieb »Proteststürme gegen MdB Hupka«. Als man mich während der Veranstaltung entdeckt hatte, riefen viele Hunderte »Hupka raus!«, und das setzte sich in Sprechchören fort, so daß auch die Ansprache des Oberbürgermeisters Gottfried Gurland und des Ministerpräsidenten Johannes Rau stark gestört wurden. Die »Remscheider Zeitung« schrieb am nächsten Tag: »In minutenlangen Poteststürmen forderte man den Hinauswurf des als Nazi geltenden Politikers und Vorsitzenden der Schlesischen Landsmannschaft. Weil Hupka den

Forderungen der Menge nicht entsprach, stürmte ein alter Widerstandskämpfer zur Rednerbühne: ›Wir holen uns den Hupka‹, schrie der Radevormwalder Antifaschist Harald Kayser. Hupka sei Nazi gewesen, habe den deutschen Truppen den Weg zum Einfall in die Tschechoslowakei und Polen bereitet. Genauer vermochte er seine Wut gegen Hupka nicht zu begründen.« Ich verlangte einen Widerruf von der »Remscheider Zeitung« und eine Richtigstellung, denn mit dem Nationalsozialismus hatten weder ich noch meine Familie die geringste Verbindung, im Gegenteil, wir waren Opfer der Hitler-Diktatur. Der Widerruf erfolgte entsprechend meinem Bericht prompt: »Hiermit widerrufen wir die Passage (Bericht vom 4. Juli über die Veranstaltung vom 3. Juli). Mit der Formulierung sollte der Grund für die Proteste deutlich gemacht werden. Es wurde jedoch nicht beabsichtigt, den Eindruck entstehen zu lassen, die Redaktion mache sich die Meinung der Demonstranten zu eigen. Wir haben uns bei Dr. Hupka für diese falsche Formulierung entschuldigt. Dr. Hupka selbst kündigte an, er werde gegen den in diesem Bericht zitierten Radevormwalder Antifaschisten Harald Kayser gerichtlich vorgehen.«

Dies war leichter gesagt als ausgeführt, denn es mußte erst einmal der wahre Aufenthalt des Harald Kaiser, wie er sich tatsächlich schrieb, erkundet werden. Dann aber teilte mir der Wuppertaler Oberstaatsanwalt Pathe unter dem 2. November 1983 mit, daß nach den Bekundungen von drei Polizeibeamten, die unabhängig voneinander mit Besagtem gesprochen hatten, zu schließen sei, daß es sich um einen geistig Verwirrten handle. Zum Beweis: er sei Jude, doch wisse das außer ihm niemand; er wünsche sich seit Jahren einen Prozeß in einem schönen großen Saal, an dem alle teilnehmen sollten; er müsse bedauern, daß ihn niemand ernst nehme. Es müsse daher, wie es in dem Schreiben des Oberstaatsanwaltes hieß, »davon ausgegangen werden, daß die Fähigkeit des Beschuldigten, das Unrecht seiner Tat einzusehen oder nach dieser Einsicht zu handeln, infolge einer krankhaften seelischen Störung ausgeschlossen oder so erheblich gemildert war, daß die Schuld als gering im Sinne der Vorschrift nach Paragraph 153 des Strafgesetzbuches anzusehen ist.« Damit war also der Fall erledigt, obwohl die Öffentlichkeit nie darüber bis heute etwas hat erfahren können. Der Ruf eines Bundestagsabgeordneten kann von jedermann in Frage gestellt und ins Zwielicht gerückt werden, manches, vieles, eigentlich fast alles bleibt ohne Folgen, nicht für den betroffenen Abgeordneten, wohl aber für die Täter.

Kurz vor der zweiten Lesung der Ostverträge, die für den 17. Mai angesetzt war, rief der Bund der Vertriebenen am 7. Mai zu einer großen »Deutschland-Kundgebung« nach Bonn auf den Marktplatz auf, die Teilnehmerzahl betrug mindestens 2000. Es waren nicht die Linken, die störten, sondern auch und vor allem die äußerste Rechte. Die NPD und eine Aktion »Widerstand« hatten wohl etwa 1000 Anhänger mit einer großen Zahl von Plakaten und Transparenten, die wie auf ein Kommando aufgestellt wurden, mobilisiert. Zu den Rednern gehörte der Bundesvertriebenenminister in der Koalitionsregierung unter Kurt Georg Kiesinger, Heinrich Windelen, und auch ich. Aus der Rede sollen einige Sätze zitiert werden, dies auch schon deswegen, um die Argumentation gegen die Ostverträge aus der damaligen Situation zu verdeutlichen: »Jedermann weiß, daß das Recht nicht heute oder morgen durchzusetzen sein wird, doch darf die eigene Ohnmacht nicht dazu verführen, aus diesem Grunde der Macht noch mehr Macht einzuräumen und das Recht preiszugeben. Gerade aber darauf warten die Gewaltherren im Osten: 1. Sie wollen den Status quo, ihre Kriegsbeute, nicht in Frage stellen lassen, 2. sie wollen für die Okkupation, Vertreibung und Annexion, diese drei völkerrechtswidrigen Tatbestände, den Stempel des Rechts erhalten, 3. sie wollen mit der Legalisierung ihres gegenwärtigen Besitzstandes und der dadurch erreichten Erfüllung ihrer Forderungen zugleich mehr Macht im Inneren erhalten und ausüben können. Darum werden durch jede Zustimmung seitens des Westens, insbesondere seitens der Bundesrepublik Deutschland, zum Status quo immer nur die Diktaturen gemästet, die Hoffnungen der Unterdrückten auf Freiheit gemindert und die Demokratien geschwächt. Bessere Verträge, Verträge des garantierten Selbstbestimmungsrechts und des reinen Gewaltverzichtes, Verträge, die die Substanz von Deutschland bewahren und sichern, Verträge, in denen nicht nationalistische Expansion fixiert, sondern europäische Lösungen angestrebt werden, müssen unser Ziel sein.« Indem ich darauf hinwies, daß »jetzt in letzter Stunde der Versuch unternommen wird, die offizielle Interpretation der beiden Verträge in völkerrechtlich verbindlicher Form durch unsere Vertragspartner in Moskau und Warschau zu erhalten«, stellte ich abschließend fest: »1. Was bis zur Stunde von der Bundesregierung in Verlautbarungen über die Ostverträge behauptet worden ist, findet keine Bestätigung auf der Gegenseite. Im Gegenteil, der Zwiespalt in den Auslegungen, neuerdings Dissens genannt, wird immer größer. 2. Die Bundesregierung muß sich, will sie glaubwürdig erscheinen, ihre Auslegung der Verträge von den Vertragspartnern bestätigen lassen. Das kann nicht durch ein bloßes Zurkenntnisnehmen geschehen, sondern muß Bestandteil der Substanz der Verträge werden und völkerrechtlich verbindlich sein. 3. Die Ostverträge sind in vorliegender Fassung unannehmbar.«

Daß man sich in der CDU-Fraktion auf eine Stimmenthaltunng geeinigt hatte, habe ich nie für gut geheißen. Daß für die CDU/CSU die Bundestagswahl am 19. November 1972 mit einer Niederlage endete, ist auch und gerade auf diese Stimmenthaltung zurückzuführen, wie sich dies schon zuvor in vielen Diskussionen im Verlauf der Wahlversammlungen herauskristallisiert hatte. In den für das Volk entscheidenden nationalen Fragen kann es eben nur ein Ja oder ein Nein geben. Eine Stimmenthaltung sieht nach Unentschiedenheit, ja sogar nach Feigheit aus und wird auch so beurteilt.

Ein »Rohrkrepierer« –
Horst Ehmke und sein falscher Zeuge

Die SPD mußte im Frühjahr 1972 um die Mehrheit im Bundestag bangen. Da schien sich plötzlich die große Chance aufzutun, daß das durch den Übertritt von mir in die Fraktion der CDU/CSU der SPD verlorengegangene Mandat wieder gewonnen werden könnte. Die Taktiker der SPD glaubten, dank der Aussagen des Schweizers Franz J. Disler mit Wohnsitz Ascona es endlich geschafft zu haben, mich zur Niederlegung des Bundestagsmandates zu zwingen und damit ein SPD-Mandat zurückgewinnen zu können. Die Illustrierte »Stern« brachte nämlich auf der Titelseite der Nummer 27 über dem Bild einer sich räkelnden, nahezu nackten Schönheit in roten Lettern die knallige Überschrift »Der Verrat. Wie Springer aus Ascona die geheimen Ostprotokolle zugespielt wurden.«
Die vier Seiten im Innern mit der zu dieser Überschrift passenden Geschichte zeigten in voller Statur und in dieser Reihenfolge mich, den Schriftsteller Hans Habe und den Verleger Axel Springer. Dazu die als Faksimile abgedruckte »Erklärung« des zum Zeugen des »Verrats« emporgehievten Disler bei einem Notar in Bern. In dieser fortan als »Eidesstattliche Erklärung« gehandelten Aussage Dislers war unter dem 16. Juni 1972 zu lesen, wobei sich Disler auf seine halbjährige Aushilfszeit als Sekretär bei Hans Habe in Ascona berief: »Ende Januar/Anfang Februar traf ein dickes Kuvert DIN C 6 von Hupka bei Habe ein. Im Umschlag befand sich ein mehrseitiges Schreiben von Hupka und – nach meiner Erinnerung – ein vier- bis fünfseitiges Protokoll auf Durchschlagpapier. Ich konnte – während ich zum Diktat bei Habe war – nur das oberste Blatt des Papiers mir einprägen. Auf Grund des ›Spiegel‹-Titelblattes vom 24. April 1972, das die Kopie des anonym veröffentlichten Protokollauszuges von Verhandlungen über den Vertrag zwischen der Bundesrepublik Deutschland und der UdSSR wiedergab, bin ich sicher, daß Habe von Hupka schon damals ein identisches Exemplar zugeschickt erhalten hatte ... Ich sah, wie Habe von diesem Papier eigenhändig Fotokopien herstellte, was er mit Aus-

nahme beim ersten Hupka-Brief sonst nie selbst getan hat und obwohl er unter dem Zeitdruck von Reiseterminen stand. Die Kopien sandte er an Springer, Löwenthal und den Chefredakteur der Kölnischen Rundschau Rudolf Heizler sowie an den Chef des britischen Geheimdienstes im britischen Außenministerium John (Hans) Welser und den amerikanischen Diplomaten und CIA-Agenten Martin F. Hertz.«
Die sonst stets erst donnerstags ausgelieferte Illustrierte wurde im vorliegenden Fall bereits am Mittwoch, dem 21. Juni 1972, den Bonner Journalisten zugespielt und in den sogenannten politischen Kreisen in Bonn verteilt. Das hatte am nächsten Tag zur Folge, daß im Blätterwald verbreitet wurde, wie es auch die »Süddeutsche Zeitung« in München tat: »›Stern‹: Hupka gab Protokolle weiter«, allerdings mit der Unterzeile »Der Vertriebenenpolitiker bestreitet, Geheimnismaterial verschickt zu haben.« Ich hatte sofort nach Vorlage der ersten dpa-Meldung den Bericht in der Illustrierten als unwahr und Irreführung der Öffentlichkeit gebrandmarkt. Nicht anders reagierten auch die anderen »Betroffenen«. Mit einer »Einstweiligen Verfügung«, am 21. Juni erlassen, die weitere Auslieferung des inkriminierten Blattes und Artikels zu verhindern, gelang dank eines Tricks des Verlages nicht, denn der Empfänger der »Einstweiligen Verfügung« war lediglich der Pförtner des Verlages, weil die Redakteure oder ein anderer Verantwortlicher um 22 Uhr abends vorgeblich nicht zu erreichen gewesen sein sollen und das Blatt inzwischen endgültig ausgeliefert worden war. Die 7. Zivilkammer des Bonner Landgerichts sattelte zwei Wochen später noch eins drauf, weshalb die »Frankfurter Allgemeine Zeitung« sogar melden konnte »Bonner Landgericht entscheidet zugunsten des ›Stern‹«. Das Landgericht hatte nämlich meine Klage, daß der Verlag des »Stern« gegen die »Einstweilige Verfügung« durch die Auslieferung des Blattes verstoßen habe, mit der törichten Einsicht zurückgewiesen, daß in dem Artikel lediglich berichtet werde, Disler habe Hupka der Weitergabe der Protokolle verdächtigt; jedoch habe sich der »Stern« diese Verdächtigung nicht zu eigen gemacht und nicht als erwiesene Tatsache dargestellt. O simplicitas! Die gerichtliche Erhellung und endgültige Schuldigsprechung der Illustrierten erfolgte erst ein Jahr später.
In einem Interview mit dem Hessischen Rundfunk, am Tage der Verbreitung von Dislers »Enthüllung« geführt, hatte ich unmißverständlich erklärt: »Die vom ›Stern‹ verbreiteten Nachrichten über mich und eine Weitergabe der Moskauer Protokolle an den Schriftsteller Hans Habe sind von A bis Z erlogen. Der verantwortliche Herausgeber der Illustrierten ›Stern‹ (gemeint ist Henri Nannen) mag zwar das besondere

Vertrauen des Bundeskanzlers (Brandt) genießen, aber mit Lügen verdient er nicht nur kein Vertrauen, sondern den Abscheu eines jeden wahrheitsbewußten Mitbürgers. Ich bezeichne das Verhalten der Illustrierten ›Stern‹ als gemeine Hetze und die Verbreitung der Falschmeldung als unvereinbar mit verantwortungsvollem Journalismus.«
In zwei Dringlichkeitsfragen verlangte die CDU/CSU-Bundestagsfraktion am 23. Juni von der Regierung Auskunft über die Hintergründe dieser ganzen Geschichte, hatte sich doch am 21. Juni der verantwortliche Redakteur der Illustrierten, Heiner Bremer, in einem Rundfunkinterview auf den Bundesminister für besondere Aufgaben im Kanzleramt, Professor Horst Ehmke, berufen, der der Illustrierten versichert hatte, daß »Disler sehr glaubwürdig ist«. Ehmke beharrte auf seiner Einschätzung von Disler als einem »vertrauenswürdigen Informanten«, weshalb er auch gar keinen Anlaß gesehen habe, die Horror-Geschichte im »Stern« zu dementieren. Auch beharrte Ehmke darauf, daß eine Verbindung zwischen ihm persönlich und der Illustrierten bezüglich der Vermittlung der heißen Ware an den »Stern« nicht bestanden habe. Es sei lediglich ein Brief dieses Disler, gerichtet an den Bundeskanzler, in Bonn eingegangen, weshalb er sich veranlaßt gesehen habe, den Mann auf Kosten der Bundesregierung unverzüglich nach Bonn kommen zu lassen, was dann am 12. Juni geschehen sei. Ehmke wollte auch Disler abgeraten haben, sein »Wissen« journalistisch auszuwerten und ihm empfohlen haben, sich der Bonner Staatsanwaltschaft mitzuteilen.
Bereits am besagten 22. Juni schrieb Rudolf Heizler, Chefredakteur der »Kölnischen Rundschau«, auch einer der »Betroffenen«: »Natürlich hat sich Nannen bei seiner Veröffentlichung auch etwas gedacht. Man kann sich leicht ausrechnen, was er gewollt hat. Ihm ging es offenbar darum, einen Abgeordneten, der jetzt der Regierung zur Mehrheit fehlt, zu diffamieren und ihn durch das Etikett ›Verrat‹ in die Ecke zu drängen. Vielleicht zu zwingen, sein Mandat niederzulegen. Das ist mißlungen. Bumerang.« Es war die Methode der Inszenierung eines Rufmordes mit dem Mittel der Lüge.
Hans Habe und ich erhoben Anklage gegen den »Stern«. Das Verfahren zog sich bis in den Juni 1973 hin und endete mit einem gerichtlich protokollierten Vergleich. Wir setzten, indem der Illustrierten die Kosten des Verfahrens aufgegeben wurden, den Widerruf durch und dessen Abdruck auf der ersten Seite im »Stern«, für die Nummer vom 14. Juni 1973, verbunden mit einem Schadensersatz in Höhe von 30 000 DM für den Schriftsteller und von 20 000 DM für den Abgeordneten. Wenn ich später gefragt worden bin, nachdem ich vom »Opel« auf einen

»Mercedes« umgestiegen war, warum dies, habe ich spöttisch geantwortet: »Dieser Wagen ist ein Geschenk von Henri Nannen«, was dann regelmäßig großes Verdutzen ausgelöst hat. »Kein Verrat der Geheimprotokolle durch Hupka/Habe« lautet die vom Gericht vergebene Überschrift des Widerrufs, und in dem gleichfalls vorgegebenen Text heißt es nun unter anderem: »Inzwischen hat das Bonner Landgericht die Zeugen vernommen, denen Habe nach Dislers Aussage die Geheimnisprotokolle zugespielt haben sollte. Das Ergebnis: Die Zeugen haben erklärt, sie hätten weder von Dr. Hupka noch von Hans Habe jemals geheime Protokolle erhalten. Nach diesen Zeugenaussagen hält es der STERN für seine Pflicht, seine Leser über die Ergebnisse der gerichtlichen Beweisaufnahme zu informieren. Sie hat ergeben, daß Dislers Beschuldigungen gegen Habe und Hupka nicht zutreffen.«
Wenige Monate später hat der Vorsitzende der CDU/CSU-Bundestagsfraktion, Professor Karl Carstens, am 26. Oktober 1972 im Parlament den Fall Hupka, der längst ein Fall Ehmke geworden war, noch einmal aufgegriffen: »Ich darf Sie daran erinnern, daß Herr Ehmke eine dubiose Persönlichkeit aus der Schweiz kommen ließ, um sich von ihm Material gegen eine hochverehrte Persönlichkeit dieses Hohen Hauses zu beschaffen – Behauptungen übrigens, die sich hinterher alle als falsch erwiesen –, daß offenbar zwischen dieser Aktion und seiner Veröffentlichung im ›Stern‹, die in denselben Tagen erfolgte, ein innerer Zusammenhang bestand mit dem Erfolg, daß der ›Stern‹ eine Entschädigung von 20 000 DM, nachdem er einen Prozeß verloren hat, an den Abgeordneten zahlen mußte, von dem ich jetzt spreche.«
Der »Zeuge« für den Coup des Kanzleramtsministers Ehmke, mit dem die SPD um einen Abgeordneten reicher gemacht werden sollte, wurde später gerichtlich in der Schweiz gesucht, weil ihm eine Fülle von Delikten vorgeworfen werden mußte. In seinen Memoiren »Mittendrin« verschweigt Horst Ehmke seinen als Handstreich gegen Hupka angelegten Coup, der ein Rohrkrepierer wurde und den Urheber Ehmke als Strippenzieher, dem jedes Mittel recht ist, entlarvt hatte. So mies, wie er im vorliegenden Fall operiert hat, wollte er sich der Mit- und Nachwelt nicht darstellen, darum der Radiergummi als Handwerkszeug.

Störsender – Störmanöver
Deutsche Welle

Dem Rundfunk bin ich, obwohl ich 1958 aus dem unmittelbaren Rundfunkbetrieb ausgeschieden war, als gelegentlicher Mitarbeiter bis heute und als Mitglied eines Aufsichtsgremiums treu geblieben. Die CDU/CSU-Bundestagsfraktion schlägt alle vier Jahre ein von ihr zu benennendes Fraktionsmitglied dem Plenum, das zu entscheiden hat, aber sich an die Vorschläge aus der Fraktion hält, zur Wahl in den Rundfunkrat der Deutschen Welle vor. Seit 1973 wurde ich, entsprechend der Dauer der Legislaturperiode des jeweiligen Rundfunkrates, entsandt, auch noch 1989, obwohl ich dem Deutschen Bundestag nicht mehr angehörte. Als ich am 31. August 1973 zum ersten Mal in den Rundfunkrat der Deutschen Welle einzog (bis 1990, als ein neues Gesetz beschlossen wurde, waren es elf Mitglieder, seitdem sind es 17, das jüngste Gesetz nennt 30 Mitglieder!), hatte die 1969 gebildete Koalition von SPD und FDP die absolute Mehrheit. Zusammen mit dem vom Bundesrat entsandten Mitglied der Regierung von Rheinland-Pfalz, Staatssekretär Professor Roman Herzog, später dann Kultusminister und Innenminister in Baden-Württemberg, schließlich Präsident des Bundesverfassungsgerichts und nunmehr Bundespräsident, waren wir beide als CDU-Mitglieder in der hoffnungslosen Minderheit und wurden wiederholt nur noch von dem Vertreter der katholischen Kirche, Prälat Professor Gerhard Fittkau, dem katholischen Theologen aus dem Ermland, Autor des großartigen Berichtes »Mein 33. Jahr«, unterstützt, obwohl er grundsätzlich gegen jegliches parteipolitisches Übergewicht in den Aufsichtsgremien war. Ich fungierte, als Herzog ausschied, seit dem 17. November 1978 als stellvertretender Rundfunkratsvorsitzender, Vorsitzender war der von der SPD nominierte Hamburger Senator Ernst Heinsen. Ihn löste ich dann, als die Mehrheit nach der Wahl zum Deutschen Bundestag gewechselt hatte, am 23. Oktober 1985 als Rundfunkratsvorsitzenden ab. Zum ersten Mal erhielt jetzt seit dem Bestehen der Deutschen Welle, seit 1963, ein CDU-Politiker dieses Amt.
Obwohl gar nichts Aufregendes an diesem Ereignis war, legte die SPD

gleich los. Der »Parlamentarische Pressedienst« der SPD zitierte Peter Glotz, den SPD-Bundesgeschäftsführer, mit dem Ausdruck »politische Instinktlosigkeit. Die Union schießt Ernst Heinsen kalt ab und setzt an seine Stelle den rechten Flügelmann Herbert Hupka. Ausgerechnet Herbert Hupka soll einem Sender vorstehen, der in die ganze Welt hinein sendet und eine besondere außenpolitische Funktion hat. Der Druck der ›Stahlhelm-Fraktion‹ auf Kohl muß immens sein«, wie Peter Glotz folgerte. Die »Frankfurter Rundschau« überschrieb ihren Zweispalter »Mit Hupka kam die Wende« und kommentierte brav linksgestrickt: »Beobachter der rundfunkpolitischen Szene in Bonn bewerten die Wahl Hupkas in eine Schlüsselfunktion der Deutschen Welle als ein Erschwernis für die Bemühungen des bundesdeutschen Auslandsrundfunks, durch seriösen und qualifizierten Journalismus den Programmauftrag gerade gegenüber den Völkern der Ostblockstaaten zu erfüllen. Sie sehen Gefahren für die Akzeptanz der Glaubwürdigkeit des Senders, der nun über die staatlich gelenkten Medien des Ostens dank des ›willkommenen Buhmanns‹ Hupka einem ideologischen Trommelfeuer ausgesetzt werden könnte. Durch eine einzige fragwürdige Personalentscheidung würde das in mühseliger und langwieriger Arbeit errungene Prestige der Deutschen Welle im osteuropäischen Ausland aufs Spiel gesetzt.« »Die Zeit«, dieses Flaggschiff des Linksliberalismus, durfte bei der Kritik an meiner Wahl zum Rundfunkratsvorsitzenden und der Verbreitung von gestanzten Vorverurteilungen nicht fehlen. Am 1. November 1985 war zu lesen: »Ist Herbert Hupka der Mann, der über diese Aufgabe des Senders mit seiner umfassenden Rolle nach außen kompetent und repräsentativ wachen kann? Hupka ist Vorsitzender des Bundes der Vertriebenen (was ich übrigens nie gewesen bin), Schlesier aus Profession, einer, der sich mit den Grenzen, den Ostverträgen und der Ostpolitik nie abgefunden hat. Jetzt hat der Rundfunkrat in geheimer Abstimmung (sechs gegen vier) Hupka als Vorsitzenden durchgepaukt. Wie anders kann denn die Hupka-Wahl im Osten gedeutet werden, als daß die Deutsche Welle, die ihren Ruf letzthin verbessert hat, wieder stärker ins Fahrwasser der Ideologie-Kompanien von Voice of America und Radio Free Europe gebracht werden soll.« Bei so viel Aufmerksamkeit der Linken wollte auch der katholische »Funkreport« nicht fehlen. »›Die deutsche Frage ist offen und bezieht auch Ostdeutschland jenseits von Oder und Neiße mit ein‹. O-Ton Herbert Hupka. Worte eines inzwischen 70jährigen, die es zu erinnern gilt, wenn der Schaden gemessen werden soll, den seine Wahl zum Vorsitzenden des Rundfunkrates der Deutschen Welle darstellt. Der Preis für dieses

Spiel der Macht ist auf alle Fälle zu hoch. Einmal für die ›Welle‹, die sich zugleich von TASS und den übrigen Ost-Medien wieder als ›Instrument des psychologischen Krieges‹ heruntergemacht sah, die sich wieder der Kontrolle eines ›unverbesserlichen Revanchisten‹ (Radio Moskau) unterstellt fand. Der Preis ist für die auswärtige Politik eines Landes zu hoch, die ihr Verhältnis zu den Menschen und Staaten Osteuropas mit aller Behutsamkeit stabilisieren und entwickeln und sich der Mitschuld und Ängste vergewissern muß, die das Verhältnis von Russen, Polen, Tschechen zu den Deutschen mitbestimmen. Auf einem solchen Felde kann eine Schlüsselfigur, die sich jederzeit als personifizierter Beweis des Revanchismus in Anspruch nehmen läßt, nur schaden.«
Ich bekam vor mir gleich selbst Angst. Mit Genugtuung wurde bald danach das kommunistische Parteiorgan Polens, »Trybuna Ludu«, zitiert: »Das Blatt warnt vor Änderungen im Programm der Deutschen Welle unter dem ›Einfluß des kämpferischen Revanchisten Hupka‹, der selbst in der eigenen Partei als Vertreter des extrem-rechten Flügels bezeichnet werde. Die Wahl Hupkas, der sich ›seiner großdeutschen Ambitionen rühmt‹, habe unter den ›realistisch Denkenden‹ am Rhein verständliche Empörung hervorgerufen.« Die Wochenzeitung »Die Zeit« witterte schon laut Überschrift des Berichts »Rechten Vormarsch«, und das »Deutsche Sonntagsblatt« prophezeite: »Mit dem ›Revanchisten‹ Hupka an der Spitze des Aufsichtsrats besteht die Gefahr, fortan wieder mit ›Propaganda-Sendern‹ wie ›Radio Free Europe‹ oder ›Radio Liberty‹ in einen Topf gesteckt zu werden.«
Unabhängig von dem Unsinn, der hier nach dem Modell »Wie hätten es denn die Kommunisten am liebsten« zusammenphantasiert worden ist, war es offensichtlich den Schreibern auch gar nicht klar, wie immens tatsächlich die Bedeutung und der Einfluß eines Vorsitzenden des Rundfunkrates ist. Die einzige wirkliche Entscheidung, die der Rundfunkrat überhaupt treffen konnte, war die Wahl des Intendanten. Das waren von Walter Steigner über Conny Ahlers und Klaus Schütz die Jahrzehnte hindurch Sozialdemokraten. 1986 wurde zum ersten Male ein CDU-Mann, Heinz Fellhauer, zum Intendanten gewählt, doch trat er bereits zwei Jahre nach Amtsantritt aus persönlichen Gründen wieder zurück. Es folgte ihm der frühere CDU-Bundestagsabgeordnete und Medienspezialist Dieter Weirich. Die Vorschlagsliste für die Wahl des Intendanten unterbreitet, so war es bis zum neuesten Gesetz die Übung, der Verwaltungsrat mit drei Namen, von denen dann einer das Rennen machen muß.
Ich habe mich all die Jahre immer damit gebrüstet, insofern doch ein

einflußreiches Mitglied des Rundfunkrates gewesen zu sein, denn mir sei es geglückt zu erreichen, daß in den jeweiligen Angaben über den Kurs der Währungen der bis dahin vergessene Yen mitaufgeführt wird. Diese Anregung, die dann tatsächlich umgesetzt worden ist, brachte ich 1986 von meinem Besuch bei der Relais-Station in Ruanda mit, denn mich hatte ein deutscher Bankier in Kigali angesprochen und als ein Defizit der Deutschen Welle das Verschweigen des Yen als einer wichtigen Währung genannt. Vielleicht war aber auch ein Erfolg, daß es uns beiden Einzelkämpfern, Roman Herzog und mir, gelungen ist zu verhindern, daß Botho Kirsch, der hervorragende Kenner der Sowjetunion und engagierte Gegner des Kommunismus, während der sozialliberalen Ära gefeuert wurde. Aus dem Hause wurden bis in die Presse hinein ständig Breitseiten gegen Kirsch geschossen, dies auch schon deswegen, weil er ein Gegner der euphorischen Entspannungspolitik der sozial-liberalen Koalition gewesen ist. In den 70er Jahren beschäftigte sich der Rundfunkrat wiederholt mit dem sogenannten Fall Kirsch. Obwohl gleichfalls Angestellter der Deutschen Welle, nahm sich Kirschs Kollege Hermann Bortfeldt als braver Sozialdemokrat dieses »Sicherheitsrisikos«, um ihn aus seiner Attacke im SPD-Zentralorgan »Vorwärts« zu zitieren, scharf an. Zu fragen sei, »ob von einem fanatischen Hirn immer dem gesetzlichen Auftrag der Anstalt gemäß gesendet, ob da den Völkern Rußlands und Polens wirklich unser Leben und Denken hier getreulich wiedergegeben wird – vielleicht mit zurückhaltendem Werben um die Freundschaft dieser Völker, die unsere Nachbarn waren (zu ihrem Leidwesen), sind und bleiben werden.« Ja es wurde in diesem Artikel vom 13. September 1973 Kirsch sogar vorgeworfen, »uns in außenpolitische Verwicklungen zu stürzen. Nichts anders bleibt als der Appell an den persönlichen Stolz: Nicht länger das Geld des Volkes zu nehmen, das falsch gewählt hat, sondern den Hut bei der ›Welle‹. Für den Kampf gegen die Koalition ist die innenpolitische Arena wahrhaftig breit genug, und Springer und der Bayernkurier zahlen nicht schlecht.« Ich hielt, gerade in den Rundfunkrat eingezogen, hart im »Rheinischen Merkur« vom 28. September 1973 dagegen: »Just zur gleichen Zeit, als bekannt wurde, daß die Sendungen der Deutschen Welle in russischer Sprache nicht mehr durch die Sowjetunion gestört werden (mit dem 20. August 1980 wurden allerdings diese Störungen wieder aufgenommen), wurde ein SPD-Störsender gegen die russischsprachigen Sendungen und deren verantwortlichen Redakteur Botho Kirsch installiert.« Für den Intendanten Walter Steigner, den ich auch genüßlich zitierte, sprach ein Ausspruch, mit dem er sich in einem

Interview kurz zuvor vor den jetzt so heftig attackierten Journalisten gestellt hatte: »Botho Kirsch hat wie alle Journalisten der Bundesrepublik das Recht, von der offiziellen Regierungspolitik abweichende persönliche politische Meinungen zu publizieren. Wer das beanstandet, ist ein Gegner der verbrieften Meinungsfreiheit.« Ich fragte daher in meiner Stellungnahme: »Sollte der Angriff aus der SPD-Baracke (der Autor Bortfeldt war engster Mitarbeiter der SPD-Parteispitze) dem Intendanten gegolten haben, weil bestimmte Leute nicht nur einen anderen Sender, sondern auch gleich noch einen anderen Intendanten wollten?«

Auch noch 1977 war Botho Kirsch bevorzugte Zielscheibe sozialdemokratischer Angriffe. Dieses Mal blies Siegfried Berndt, gleichfalls getreuer Parteisoldat der SPD und Mitglied der SPD-Betriebsgruppe der Deutschen Welle, in einem hausinternen Papier zum Angriff, in der Absicht: »Ziel: Ablösung Kirsch«. In gut abgestimmter Kooperation leistete der Chefredakteur des Senders, Hans Dieter Jaene, als linker FDP-Mann ganz auf die Koalition eingeschworen, leistete Schützenhilfe, indem Botho Kirsch jetzt die Osteuropa-Abteilung abgenommen werden sollte, nachdem ohnehin die Sprachen der drei unmittelbaren fremdsprachigen deutschen Nachbarn, Polen, Tschechoslowakei und Ungarn, von der Deutschen Welle an den Deutschlandfunk abgegeben worden waren, an sich ein Schildbürgerstreich, der damit getarnt wurde, daß auf diese Weise viel Geld gespart werden könnte. Und der so verhaßte Botho Kirsch sollte jetzt als Oberkommentator hochgelobt werden. Ich sprach in einem Artikel im »Deutschland-Union-Dienst« von »einem goldenen Stuhl in einem goldenen Käfig«. Der Rundfunkrat hatte mit der Mehrheit von 6:5 Stimmen (sechs Mitglieder aus der Regierungskoalition und den Ministerien gegen fünf Stimmen der beiden CDU-Vertreter und der drei Bekenntnisse) für die Abberufung von Botho Kirsch gestimmt, was am 25. März 1977 geschehen war. Professor Roman Herzog und ich gaben dazu eine Erklärung ab, in der es heißt: »Die Empfehlung, Botho Kirsch von der Leitung der Osteuropaabteilung abzuberufen, bedeutet den vorläufigen Höhepunkt der seit Jahren unternommenen Versuche, diesen bekannten und bewährten Journalisten mundtot zu machen. Der Mehrheitsbeschluß des Rundfunkrates kam zustande durch Übereinstimmung der SPD/FDP-Vertreter unter Wortführung des Staatsministers im Bundeskanzleramt Hans-Jürgen Wischnewski.« Übrigens hat der sozialdemokratische Intendant Walter Steigner, dies sei zu seiner Ehre gesagt, der Mehrheit nicht entsprochen und Kirsch weiterhin auf seinem Posten belassen.

In einem anderen Punkt hatte ich zwei Jahre zuvor, im Februar 1975, dem Intendanten heftig widersprochen, als er den in englischer Sprache in die USA gesendeten Dienst einstellen wollte, was dann auch geschehen ist. Als Grund wurde vorgegeben, daß gespart werden müsse und ohnehin kaum jemand in den USA diesen Dienst der Deutschen Welle höre. Gestützt auf Berichte unserer diplomatischen Vertretungen in den USA erklärte ich für die CDU/CSU-Bundestagsfraktion, »daß die DDR die jetzt entstehende Marktlücke mit ihren für Nordamerika bestimmten Sendungen ausnutzen wird. In dem Augenblick, da Washington und Ost-Berlin diplomatische Beziehungen aufgenommen haben, schickt sich die Bundesregierung an, das Feld zu räumen und hinfort ausschließlich der DDR zu überlassen.« Es wurde in diesem Zusammenhang von mir darauf verwiesen, daß die DDR als Mitglied des Warschauer Paktes zur Zeit 45 bis 60 Minuten, für die Ost- und Westküste der USA zeitversetzt, täglich ein Programm ausstrahle, während nunmehr der NATO-Bundesgenosse Bundesrepublik Deutschland schweigen werde. Erst nach einem Jahrzehnt setzte sich die Erkenntnis durch, daß Deutschland über die Deutsche Welle gerade auch in den USA mit seinen englischsprachigen Sendungen präsent sein müsse.
Weder die Auseinandersetzung mit Klaus Schütz in Sachen Ostpolitik, als wir noch beide derselben Partei angehörten, noch das von mir verschuldete Scheitern seiner Personalpolitik in der Deutschen Welle haben die Zusammenarbeit während seiner sechs Jahre währenden Intendanz gestört oder belastet. Als Schütz 1987 als Intendant ausschied, habe ich ihm in meiner Abschiedsrede nachrufen können, daß er ein geordnetes Haus seinem Nachfolger übergeben und sich durch Toleranz gegenüber jedermann ausgezeichnet habe. Schütz war kein vorwärts stürmender Hausherr der Deutschen Welle, aber ein ruhiger, seine Freizeit genießender Hausverwalter. Gern wäre er noch ein zweites Mal Intendant geworden, aber die politischen Verhältnisse hatten sich mehrheitlich inzwischen zu seinen Ungunsten gewandelt.
Stolz bin ich ein wenig darüber, daß ich mich zu den Promotoren der Einbeziehung des Fernsehens in die Aufgaben des Auslandssenders zählen darf. Heute ist das Fernsehprogramm eine Selbstverständlichkeit für die Deutsche Welle, aber es gab Zeiten, da die Stimmung im Hause sich in Angst vor dem neuen Medium erging, denn es könnte, so argumentierte man, der eigene Arbeitsplatz gefährdet werden. Gehänselt wurde ich, als der Plan durch Intendant Steigner in die Debatte eingeführt wurde, eine Relais-Station auf Sri Lanka zu errichten, weil ich auf dieser Insel geboren bin und mir, allerdings ohne besonderen

Ernst, unterstellt wurde, ich sei aus eigenem Interesse hier als Einpeitscher für die neue Relais-Station in Trincomalee tätig gewesen. Von 1977 bis 1987 – nach meinem Ausscheiden aus dem Bundestag hörte dieser Unterausschuß auf zu existieren, was ich nur bedauern kann – leitete ich den Unterausschuß für Rundfunkfragen des Auswärtigen Ausschusses. Da er zur frühen Morgenstunde ob der Räumlichkeiten im »Langen Eugen« und des benötigten Personals willen tagen mußte, zeichnete er sich nicht gerade durch hohe Präsenz der Kollegen aus. Viel wurde über die Sender nach Bundesrecht – Deutsche Welle und Deutschlandfunk – gesprochen, meist im Einvernehmen zwischen Regierung und Opposition, aber mein »Steckenpferd« waren die Störsender, und ich habe viel und oft darüber geschrieben oder auch die Bundesregierung in den Fragestunden belästigt. Ich sprach aufgrund der mir zugegangenen Informationen von 3000 Störsendern, die vor allem von der Sowjetunion betrieben wurden und einen jährlichen Kostenaufwand von einer Milliarde Dollar ausmachten. Am längsten währten die Störungen der bulgarischen Sendungen der Deutschen Welle. Sogar Berichte von diplomatischen Besuchen höchstrangiger bulgarischer Staatsmänner und Kommunisten wurden konsequent gestört. Mit der polnischen Krise nach der Gründung der selbständigen Gewerkschaft »Solidarität« in Danzig begann am 20. August 1980 auch die Sowjetunion wieder mit dem sogenannten Jamming. Ich verwies in meinen öffentlichen Einlassungen auf den Widerspruch des Verhaltens im Ostblock zu der in Helsinki selbst mitunterzeichneten Verpflichtung zum »Free flow of information«, später dann auf den Widerspruch zwischen der von Michail Gorbatschow verkündeten »Glasnost« und der Operation der Störsender auf sowjetrussischem Boden. Wenn es auch sehr lange gedauert hat, der Erfolg blieb nicht aus, allerdings war ich zu dieser Zeit nicht mehr im Bundestag. Zuerst wurden die bulgarischen Störsendungen nach 24 Jahren am 6. Juli 1987 eingestellt, bald danach auch die russischen. Heute ist es hocherfreulich, feststellen zu können, daß nunmehr die russischen Störsender von der Deutschen Welle aufgekauft worden sind und als Relais-Stationen betrieben werden, so daß jetzt vor allem in Asien die Deutsche Welle gut empfangen werden kann. Die Welt hat sich verändert!
Im April 1990 hatte der Bundestag eine neue Fassung des Gesetzes über die Rundfunkanstalten nach Bundesrecht beschlossen, das nun zur Folge hatte, daß der Rundfunkrat sich neu konstituieren mußte. Als dann auch ein neuer Rundfunkratsvorsitzender zu wählen war, unterlag ich am 30. Oktober 1990 dem Sozialdemokraten Günter Verheugen mit

neun zu sieben Stimmen und übernahm mit zehn zu sechs Stimmen das Amt des stellvertretenden Vorsitzenden, außerdem das des Vorsitzenden im erstmalig gebildeten Progammausschuß für das Fernsehen. Durch die Einbeziehung des von RIAS Berlin betriebenen Fernsehens hat jetzt die Deutsche Welle ein festes Standbein auch in Berlin und betreibt ein bis nach Nord- und Südamerika, aber auch nach dem Nahen Osten und nach Osteuropa ausgestrahltes Fernsehprogramm.
Zwar hatte ich meinen Streit mit Radio Free Europe in München, denn konsequent wurde nur der nationalistische Standpunkt bezüglich des gegenwärtigen territorialen Umfanges von Polen eingenommen, ohne daß auch der gegensätzliche Standpunkt nicht nur der Schlesier, sondern der Bundesregierung das Wort erhalten hätte. Dennoch war ich stets ein Befürworter und engagierter Verfechter der beiden in München stationierten Sender Radio Free Europe und Radio Liberty. Während meines Vorsitzes im Unterausschuß für Rundfunkfragen des Auswärtigen Ausschusses standen die beiden Sender nicht nur wiederholt auf der Tagesordnung, sondern dieser Unterausschuß hat mehrere Male die beiden Sender an Ort und Stelle besucht. Absicht war, die Bedeutung der Sender für die Freiheit herauszustellen und politische Unterstützung zu gewähren.
Aus Richtung des linken Flügels der SPD wurden die beiden Sender attackiert. Im Jahre 1972, dem Jahr der Olympischen Spiele, veröffentlichen acht SPD-Bundestagsabgeordnete unter Federführung von Karl-Heinz Hansen einen Brief, der dann auch in der Broschüre »Radio Free Europe – ein Kind des Kalten Krieges« promt abgedruckt worden ist. Darin stand der Satz: »Grundsätzlich ist die Frage zu stellen, ob die Tätigkeit dieser beiden Sender von deutschem Boden noch zeitgemäß ist« und die Anmerkung von »einem unerträglichen Zustand«. Bedenklicher als die Selbstdarstellung der Linken war eine Äußerung des SPD-Fraktionsvorsitzenden sieben Jahre danach, als er 1979 in einem dem niederländischen »NRC Handelsblad« gegebenen Interview das, was Radio Free Europe tue, »entsetzlich« nannte: »Wenn in Polen durch Preiserhöhungen oder Knappheit Unruhen entstehen, dann tut Free Europe so, als stünde dieser Sender in Polen und gibt Anweisungen. Das alles weiß ich, und das sind doch entsetzliche Dinge.« Im »Deutschland-Union-Dienst« der CDU schrieb ich am 15. Februar 1979: »Warum soll jetzt, so muß sich Wehner kurz vor Antritt einer Reise nach Warschau fragen lassen, die freie Stimme, die aus München die Wahrheit ins Haus bringt anders beurteilt werden, als seinerzeit die unterdrückten Deutschen BBC beurteilt haben? Am liebsten sähe es Wehner, wenn die Stimmen der Freiheit verstummen würden.«

Zauberwort »wohlwollend« – Der Prager Vertrag

Im Jahre 1973 wurde das Schlußstück in den Ostverträgen der SPD/FDP-Regierung gesetzt, und das war der Vertrag mit Prag. Die Behandlung des Münchner Abkommens und dessen Gültigkeit – ob ex tunc, wie die Gegenseite in Prag behauptete und interpretierte, oder ex nunc, wie der nicht ganz klare Standpunkt der Bundesregierung gewesen ist – spielte eine entscheidende Rolle sowohl in den Debatten des Auswärtigen Ausschusses als auch während der beiden Lesungen im Plenum des Bundestages. Ich hatte für die Auseinandersetzung während der zweiten und abschließenden Lesung den menschenrechtlichen Teil des Vertrags übernommen, und dies auch schon deswegen, weil ich mich wiederholt in der Öffentlichkeit mit der Unzulänglichkeit und Unverbindlichkeit der »Information« zum Warschauer Vertrag beschäftigt hatte. Erst mit dem Abschluß des deutsch-polnischen Ausreiseprotokolls von 1975 und infolge der deutscherseits gezahlten Milliardenbeträge trat ein wenig Übersicht und Ordnung in die Aussiedlerproblematik ein. Die Zahlen der in der Tschechoslowakei bezüglich der von einer möglichen Ausreise Betroffenen waren weit geringer. Man sprach von 25 000 Ausreisewilligen, die dem Deutschen Roten Kreuz bekannt seien, und von 110 000 Deutschen in der Tschechoslowakei.

Das »Zauberwort«, auf das sich die Bundesregierung unter Berufung auf den gegenseitig ausgetauschten Brief bezüglich der Ausreise bezogen hatte, hieß »wohlwollend«, und darunter war alles und nichts zu verstehen, wenn es darum ging, die Ausreise von Deutschen zu ermöglichen. Da die kommunistische Gegenseite, um bei solchen Absprachen ihr Gesicht zu wahren, stets auf Gegenseitigkeit Wert legte, gab es eben nicht nur einen Brief des tschechoslowakischen Außenministers über die Ausreise der Deutschen, sondern auch einen deutschen Brief bezüglich der Ausreise von Bürgern der Tschechoslowakei aus der Bundesrepublik Deutschland, obwohl es in unserer freien Rechtsordnung selbstverständlich jedem Tschechen oder Slowaken jederzeit frei stand, die Bundesrepublik Deutschland zu verlassen.

»Auch wenn der ›Briefwechsel über humanitäre Fragen‹ als fester Bestandteil zum Prager Vertrag gehören soll und auf Gegenseitigkeit beruht«, so führte ich am 19. Juni 1974 im Deutschen Bundestag aus, »ist seine Unverbindlichkeit höchst bedenklich. Aus Schaden – ich spreche von der ›Information‹ zum Warschauer Vertrag – sollte man eigentlich klug geworden sein. Hätte der Mensch tatsächlich im Mittelpunkt gestanden, welche Maxime die Bundesregierung ständig im Munde führt, dann hätte dieser Briefwechsel über humanitäre Fragen ganz anders, nämlich konkreter und für die Menschen hilfreicher ausfallen müssen.«
Ich vermißte im Vertrag ferner jegliche Einlassung zum Völkerrecht und über einen Kulturaustausch. »Wie allwöchentlich in der deutschsprachigen ›Prager Volkszeitung‹ nachzulesen ist, stehen die 110 000 Deutschen in der Tschechoslowakei ganz unter dem Einfluß der benachbarten DDR. Die DDR beherrscht das Feld des Kulturaustausches in einer perfekten Ausschließlichkeit. Sich für die Bundesrepublik Deutschland hier zu Worte zu melden, daran haben unsere Vertragsunterhändler nicht gedacht – oder nicht denken wollen, um allen Schwierigkeiten im vorhinein aus dem Wege zu gehen.« Ich sprach vom »schuldhaften Versagen unserer Verhandlungsführung«, was mir laut Bundestagsprotokoll von meinem Fraktionskollegen Werner Marx den Zwischenruf »Sehr wahr!« einbrachte.
Selbstverständlich nahm ich auch, obwohl ich das nur wiederholte, was bereits von anderen Kollegen aus der Oppositionsfraktion der CDU/CSU gesagt worden war, zum eigentlichen Vertragstext Stellung. Ich griff die unterschiedliche Gewichtung und Behandlung der jüngsten Vergangenheit heraus: »Da Vergangenheitsbewältigung das Kernstück des Prager Vertrages ist, hätte nie und nimmer nur die eine Seite der Vergangenheit, die dem deutschen Volk anzulastende Vergangenheit, beim Namen genannt werden dürfen, während die der Tschechoslowakei anzulastende Vergangenheit strikt verschwiegen wird. Es war eben nur das Münchner Abkommen von 1938 gefragt, nicht aber die Vertreibung von 1945. Nur dann hätte man von einer Normalisierung der Verhältnisse, von einem Neubeginn sprechen können, wenn alles Unheil der jüngsten Vergangenheit beim Namen genannt, nicht aber nur eine einseitige Auswahl vorgenommen worden wäre. Niemand – ich wiederhole noch einmal – niemand will und darf aufrechnen. Aber Verträge, die die Vergangenheit verschweigen, sind nicht nur unvollkommene, ungleiche, sondern auch unglaubwürdige Verträge. (Beifall bei der CDU/CSU).«

Es war auch bei diesem Vertrag wiederum so, daß die Vergangenheit nur unter dem deutschen Schuldzeichen gesehen, beurteilt und zum Inhalt des Vertrages gemacht worden war. Gleich zu Beginn meiner Bundestagsrede hatte ich mich mit dem SPD-Abgeordneten Günther Metzger auseinandergesetzt, denn er hatte unmittelbar vor mir erklärt, daß durch die Behauptung des Rechtsstandpunktes, wobei er vor allem die Sudetendeutschen meinte, »neues Unrecht« entstehe, worauf ich antwortete: »Man kann doch nicht, weil es einen Michael Kohlhaas gegeben hat, das Behaupten eines Rechtsstandpunktes von vornherein verdächtigen!«

Während der Beratung des Prager Vertrags legte der Berliner SPD-Abgeordnete Kurt Mattick, zugleich stellvertretender Vorsitzender im Auswärtigen Ausschuß, mit einem, wie er es am 20. Juli 1974 nannte, »sehr heißen Wort« gegen Konrad Adenauer los und griff ihn als für die Mauer in Berlin Verantwortlichen an, eine Ungeheuerlichkeit. »Der 13. August 1961«, so Mattick, »befreite die Alliierten – das sage ich aus voller Überzeugung – und befreite auch damals die deutsche Bundesregierung vom Alpdruck, unter dem sie standen, in dem Wissen, daß der Flüchtlingsstrom so nicht mehr weitergehen könnte. Ich sage Ihnen also ganz offen: Die Mauer, die Sie so beklagen, ist damals gezogen worden auch als eine Entlastung der Verhältnisse der westlichen Alliierten zur Sowjetunion und der Bundesregierung und ihrer Position in Berlin.« Ich antwortete unmittelbar, zwar nicht im Bundestag, weil sich dazu keine Gelegenheit bot, sondern im »Deutschland-Union-Dienst«: »Was soll diese Verrenkung nach Ost-Berlin bedeuten, einleiten? Ist das wieder eine Gefälligkeitsübung wie der Versuch, den Tag der Deutschen Einheit aus dem Kalender zu streichen? Wer bis dahin gemeint hatte, alle Parteien des Deutschen Bundestags seien darin einig, die Mauer als Zeugnis der kommunistischen Gewaltherrschaft über Deutschland zu verurteilen und die Urheber dieser Schandmauer anzuklagen, muß sich heute sagen lassen, daß dem nicht so ist. Denn Verurteilung und Anklage sind einseitig, die SPD (auch die FDP?) macht nicht mehr mit. Mattick hob seine Rechtfertigung der Mauer besonders dadurch hervor, daß er an die Adresse der CDU/CSU gerichtet – sich selbst distanzierend – im Bundestag sagte: ›Die Mauer, die Sie seitdem beklagen...‹, was auf Deutsch nichts anderes heißen kann als: Die Mauer, die wir nicht beklagen.« Dem Bundeskanzler des Jahres 1961 hatte Mattick in seiner Einlassung vorgeworfen, daß »die Mauer an dem Tag für Adenauer erledigt war, an dem sie gezogen wurde. Man hatte darauf gewartet, weil man wußte, daß der Flüchtlingsstrom nicht mehr hinzunehmen ist.« Ich merkte dazu an, daß »in der Logik dieser Argumentation dann auch eine Rechtfertigung des Schießbefehls läge«. Sich erklärend antwortete mir Mattick in den »Informationen der SPD-Fraktion« und machte die Sache eher noch schlimmer, denn er schrieb: »Mein Vorwurf gegen Adenauer und die CDU-Führung richtet sich nicht gegen die seinerseits deutlich gewordene Duldung der Ereignisse (was hätte denn Adenauer tun sollen und können?), sondern gegen die Verschleierung der damaligen und heutigen Wirklichkeit gegenüber unseren Bürgern. Hupka mißbraucht die Mauer als Klagemauer, um von den Fehlern der Vergangenheit abzulenken.« Welche Fehler wurden denn gemacht, welche Fehler hätten vermieden werden können, um an der Mauer, wie Adenauer vorzuwerfen ist, nicht schuldig zu werden, so mußte sich Mattick fragen lassen und mit ihm die SPD.

Leugnen der Vertreibung – Deutsch-polnische Schulbuchempfehlungen

Der Vertrag mit Polen sollte, wie das gängige Wort der Tagespolitik lautete, mit Leben erfüllt werden. Die nationalen UNESCO-Kommissionen in der Bundesrepublik Deutschland und in der Volksrepublik Polen ließen sich den Auftrag erteilen, »wie sich die deutsch-polnischen Beziehungen und wie Polen in deutschen und Deutschland in polnischen Geschichts- und Erdkundebüchern wissenschaftlich einwandfrei und frei von emotionalem Beiwerk dargestellt werden sollten«, so die Formulierung des Pädagogen Enno Meyer. Für die deutsche Seite wurde das Internationale Schulbuchinstitut in Braunschweig unter der Leitung des Sozialdemokraten Professor Georg Eckert, eines Mitgliedes der Gewerkschaft Erziehung und Wissenschaft, federführend; seit 1974, nach dem Tode des 1912 in Berlin geborenen Eckert, stand Professor Walter Mertineit von der Pädagogischen Hochschule Flensburg, ein gebürtiger Ostpreuße, der deutschen Kommission nicht minder engagiert vor. Dem Zufall und der subjektiven Auswahl durch Eckert war die Zusammensetzung der deutsch-polnischen Schulbuchkommission überlassen. Noch bevor der Warschauer Vertrag durch den Deutschen Bundestag ratifiziert worden war, begann man mit den polnischen Gesprächspartnern zu verhandeln und konnte bereits 1972 nach zwei Kommissionssitzungen zuerst in Warschau und anschließend in Braunschweig die ersten Schulbuchempfehlungen bekannt geben. 1976 war es dann nach im ganzen neun Kommissionssitzungen so weit, daß »Empfehlungen für Schulbücher der Geschichte und Geographie in der Bundesrepublik Deutschland und in der Volksrepublik Polen« vom »Georg-Eckert-Institut für internationale Schulbuchforschung« (so hieß nach Eckerts Tod das jetzt neu benannte Institut), im ganzen 26 für die Geschichte und sieben für die Geographie vorgelegt werden konnten. Begleitet wurden die im Laufe der Jahre bereits veröffentlichten Empfehlungen von scharfer Kritik, aber selbstverständlich gleichzeitig auch von leidenschaftlichen Befürwortern. Es bildeten sich geradezu Fronten zwischen Befürwortern und Gegnern. Und der Streit um diese Empfeh-

lungen währte fast ein ganzes Jahrzehnt, zumal sich nicht nur der
Bundestag in den Fragestunden, sondern auch die Landtage und die
Landesregierungen mit dem Ergebnis und dessen Umsetzung befaßten.
Ich gehörte von Anbeginn, als sich die Kommissionen zusammensetzten, zu den eingeschworenen Gegnern des ganzen Unternehmens.
Übrigens war ein derartiges Vorhaben, aber unter ganz anderen Vorzeichen, bereits 1937 unter der nationalsozialistischen Diktatur aufgenommen worden, als man in der Folge des deutsch-polnischen Freundschaftspaktes von 1934, »im April im Reichserziehungsministerium zu
Berlin in der Frage der Angleichung der deutschen und polnischen
Schulbücher eingehende Besprechungen begonnen und im August im
Ministerium für Kultus und Unterricht zu Warschau fortgesetzt« hatte.
»Die Bereicherungen erstreckten sich zunächst auf die beiderseitigen
Geschichtslehrbücher«, wie es damals hieß. So wie unter Hitler die
deutschen Unterhändler getreue Anhänger des herrschenden Systems
sein mußten, sah es jetzt auf der polnischen Seite nicht anders aus. Mein
Vorwurf, daß sich auf der einen Seite Demokraten, auf der anderen
Seite vorprogrammierte Gesprächspartner – zumindest mehrheitlich –
zusammensetzten, wurde von den geistigen Vätern des jetzigen Unternehmens entschieden zurückgewiesen, indem von einer unbewiesenen
Verdächtigung gesprochen wurde, wenn ich solches behauptete.
Später mußte allerdings zugegeben werden, daß die polnischen Gesprächspartner nicht all das behandelt wissen wollten, was eigentlich
auch Thema derartiger Schulbuchempfehlungen hätte sein sollen. Professor Gotthold Rhode, einer der besten Kenner der polnischen Geschichte und einer der wenigen Teilnehmer auf deutscher Seite, der des
Polnischen mächtig war, versuchte nach Abschluß der Kommissionssitzungen in einem ganzseitigen Aufsatz in der »Frankfurter Allgemeinen
Zeitung« am 31. Januar 1977 Gründe für sein Mittun und Ja-Sagen der
Öffentlichkeit zu vermitteln, was ihm jedoch nicht so recht abgenommen werden konnte, weil er es besser gewußt haben müßte, als es dann
Resultat der deutsch-polnischen Schulbuchempfehlungen geworden ist.
Er schrieb: »Derartige Verhandlungen sind von politischen Gegebenheiten abhängig, politische Entwicklungen wirken beschleunigend oder
retardierend auf ihren Gang und auf ihre Ergebnisse ein. Es wäre
Augenwischerei, wollte man dies ableugnen und behaupten, hier gehe
es um einen rein wissenschaftlichen Gedankenaustausch zwischen Historikern und Geographen.« Und zum Beweis wird gleich darauf verwiesen, daß das Adjektiv deutsch kommentarlos nur für die Zeit bis
1945 gebraucht werden durfte, denn nach 1945 gebe es doch die zwei

deutschen Staaten, worauf die polnische Seite Wert legte. Rhode opponierte eigentlich erst nach der Veröffentlichung der Schulbuchempfehlungen, indem er zugeben mußte, daß »manche Empfehlungen zur neueren Geschichte anfechtbare oder mißverständliche Formulierungen enthalten und in der Dosierung der Mitteilung von Fakten uneinheitlich sind.« Zu den angeblich wissenschaftlich argumentierenden Mitformulierern und in Übereinstimmung mit der polnischen Seite die Schulbuchempfehlungen aufdringlich anbietenden Begleitern gehörten die Professoren Walter Mertineit und Hans-Adolf Jacobsen. Wiederholt habe ich mich mit beiden in der Öffentlichkeit auseinandergesetzt. Einer der Hauptstreitpunkte war das Verschweigen des Verbrechens der Vertreibung. Man erfand dafür den Begriff der »Bevölkerungsverschiebung« und suchte diese auch noch obendrein zu rechtfertigen. So heißt es in der 22. Empfehlung: »Die territorialen Veränderungen bei Ende des Zweiten Weltkrieges wurden mit umfangreichen Bevölkerungsverschiebungen verbunden. Sie zielten darauf, staatliche und ethnische Grenzen nach Möglichkeit in Übereinstimmung zu bringen. Die historischen Erfahrungen der Nationalitätenkonflikte und die unmittelbar vorhergegangene nationalsozialistische Bevölkerungs- und Besatzungspolitik spielten in diesem Zusammenhang eine erhebliche Rolle.« 1992/93 wird wiederum, jetzt im ehemaligen Jugoslawien, die Vertreibung zur »ethnischen Begradigung«, auch »ethnische Säuberungen« genannt, benutzt. Professor Mertineit ging in einer Polemik mit mir so weit zu behaupten: »Für die polnischerseits auch durchaus zugestandenen einzelnen Willkürhandlungen als Reaktion auf die Vernichtungspolitik Hitlers eignet sich der Begriff ›Vertreibung‹ nicht, weil er nur einen Aspekt, wenn auch den schlimmsten, der gewaltigen Bevölkerungsverschiebung ausdrücken kann und gerade um der Wahrheit willen nicht verallgemeinert werden darf. Außerdem würde er in seiner verallgemeinernden Form den Polen eine Verantwortung für vieles zuschreiben, was nicht durch sie, sondern durch den Krieg und die anderen kriegsführenden Mächte in erster Linie verursacht worden war.« Wenn man schon polnischerseits wenigstens dazu bereit war, das Wort »zwangsumgesiedelt« zuzulassen, dann wird aber gleich von einem »interalliierten Transitabkommen« gesprochen, ohne daß dieses näher definiert worden wäre. Ganz brutal heißt es im Zusammenhang mit der von den Polen und den Deutschen in dieser Schulbuchkommission bewußt nicht zur Kenntnis genommenen Vertreibung: »In den von der deutschen Bevölkerung geräumten Gebieten wurde systematisch eine inzwischen dort ansässig gewordene Bevölkerung angesiedelt.« Wie man ein leeres

Haus neu bezieht, wird hier das Verbrechen von 1945 und in den Folgejahren beschrieben, und wie erklären sich Zeitenfolge und Kausalität mit den Begleitumständen von »ansässig geworden« und »systematisch angesiedelt«?!
In einer groß angelegten Apologie dieser Empfehlungen operierte Professor Hans-Adolf Jacobsen mit der Waffe der »Friedenspädagogik«, so daß, wer diese Empfehlungen verwerfen mußte, ein Feind dieser »Friedenspädagogik« war und somit Kriegspädagogik betrieb. Nachdem Jacobsen »seine« Empfehlungen auf diese Weise ausgelegt wissen wollte: »Derartige Empfehlungen, zumal wenn sie hochaktuelle politische Probleme berühren, können natürlich nicht ohne Berücksichtigung der Besonderheiten in der internationalen Politik und der Innenpolitik beider Staaten konzipiert werden«, erfand er die exculpierende Phrase von der »historischen Diplomatie oder diplomatischer Historie. Wie man es nimmt.« Ich entgegnete am 31. Januar 1976 in der Wochenschrift »Das Parlament«: »Es mag sein, und Erfahrungen sprechen dafür, daß Historiker gute Diplomaten ihres Landes abgeben können, dann aber als Beauftragte und Entsandte ihres Landes. Aber wenn ein Historiker je nach Bedarf und Opportunität in den Mantel der Diplomatie schlüpfen will, wo er als Historiker, also als Wissenschaftler gefordert ist, geschieht das zum Nachteil der Wissenschaft.« Ich hätte auch hinzufügen können, daß sich hier ein Wissenschaftler auf Kosten der historischen Wahrheit in Gefälligkeit übt.
Auch das trug unter anderem den Stempel des kommunistischen Parteiapparates in Polen, wenn in den Schulbuchempfehlungen vom Hitler-Stalin-Pakt, durch den ja der Zweite Weltkrieg ausgelöst wurde, indem beide Tyrannen die Angriffstermine und -ziele ausgehandelt hatten, nicht die Rede sein durfte. Professor Mertineit ließ sich in einem Kommentar dahingehend vernehmen, daß er sein Verständnis bekundete für das polnische »Bedürfnis nach Schutz und Sicherheit im sozialistischen Bündnissystem«. Das kommunistische Imperium hatte einen Verteidiger mehr.
Die Bundeszentrale für politische Bildung bat mich, für deren Schriftenreihe »Aus Politik und Zeitgeschichte«, Beilage zum »Parlament«, Ausgabe 26. November 1977, »Eine kritische Stellungnahme« zu den deutsch-polnischen Schulbuchempfehlungen zu veröffentlichen, eine Aufforderung, der ich gern nachgekommen bin, zumal ich neben den Autoren Professor Walter Mertineit und Siegfried Graßmann, dem Vorsitzenden des Verbandes der Geschichtslehrer Deutschlands, in dieser Publikation die einzige kritische Stimme war. In meinem Aufsatz

hieß es zum Schluß: »Polens Standpunkt, übrigens nirgendwo der Standpunkt eines freien Polens, hat sich durchgesetzt, einmal durch Weglassen und Aussparen, zum anderen durch Formulierungen, die die historische Wahrheit verfälschen oder beschönigen. Ehrlich wäre es gewesen, die unterschiedliche Auslegung von Akten gegenüberzustellen und darauf zu drängen, daß nichts ›um des lieben Friedens willen‹ unterschlagen wird. Die Wahrheit blieb auf der Strecke. ›Der kleinste gemeinsame Nenner‹ sollte um jeden Preis gefunden werden, auch wenn dadurch die Kompromißformel die Wahrheit getötet hat.« Ich führte den Historiker Hermann Heimpel an, wie er die deutsch-französischen Schulbuchempfehlungen 1953 eingeleitet hatte, als er deren Formulierungen so charakterisierte: »Sie bedeuten nicht Kompromiß zwischen verständigungsbereiten, streitmüden Leuten zu Lasten der Wahrheit. Die Wahrheit schließt keine Vergleiche, und sie liegt auch keineswegs ›in der Mitte‹.«

Mein Fraktionskollege Professor Paul Mikat hatte angesichts des Streites um die Schulbuchempfehlungen das ebenso zutreffende wie zynische Wort zur Hand: »Warum so viel Aufregung, denn es wird doch ohnehin an unseren Schulen Geschichte der Neuzeit überhaupt nicht oder nur als Kurzinformation gelehrt, also können diese Schulbuchempfehlungen auch gar keinen Schaden anrichten.«

In einem »Abkommen über kulturelle Zusammenarbeit« vom 11. Juni 1976 sicherten sich die beiden Regierungen in Bonn und Warschau einander zu, »ihre Bemühungen fortzusetzen, in den Schulbüchern eine Darstellung der Geschichte, Geographie und Kultur der anderen Seite zu erreichen, die eine umfassendere Kenntnis und ein besseres gegenseitiges Verständnis fördert: sie werden darauf hinwirken, daß dabei die Empfehlungen der gemeinsamen Schulbuchkommission berücksichtigt werden.« Hier sollten die Regierungen als Steuerungsinstrument fungieren, was vor allem die polnischen Kommunisten dahingehend auszulegen versuchten, daß sie unsere deutschen Schulbücher zu kontrollieren die Möglichkeit erhielten. Die Bundesregierung mußte 1979 in der Fragestunde des Bundestages selbst zugeben: »Von polnischen Gesprächspartnern wurde (der eben zitierte) Artikel 4 verschiedentlich dahingehend interpretiert, daß eine Verpflichtung zur Einführung der deutsch-polnischen Schulbuchempfehlungen und eine Verbindlichkeit der wissenschaftlichen Empfehlungen für den Schulunterricht gegeben sei«, und dagegen ins Feld führen: »Dieser Interpretation kann die Bundesregierung nicht folgen. Der polnischen Seite ist daher die verfassungsrechtliche Situation in unserem Lande, wonach die Bundesregierung keine Verpflichtung zur Einführung von Schulbuchempfehlungen übernehmen kann, wiederholt dargestellt worden.« Trotzdem nannte das Auswärtige Amt im Bundestag mit innerer Genugtuung die Länder, denen eine »positive Einstellung zu den Schulbuchempfehlungen« bescheinigt werden konnte. »Positiv sind die Länder Berlin, Bremen, Hamburg, Hessen, Nordrhein-Westfalen, zurückhaltend Rheinland-Pfalz, Niedersachsen und Schleswig-Holstein, ablehnend Bayern und Baden-Württemberg.«

Inzwischen, 1978, waren von den Professoren Josef Joachim Menzel und Wolfgang Stribrny sowie Studiendirektor Eberhard Völker »Alternativ-Empfehlungen« in einem Mainzer Verlag veröffentlicht worden. Die ursprüngliche Veröffentlichung sollte durch die Bundeszentrale für politische Bildung erfolgen. Obwohl den Autoren die Druckfahnen zur Korrektur bereits zugeschickt worden waren, sprach plötzlich die Bundeszentrale für politische Bildung unter ihrem Direktor Josef Rommerskirchen ein klares Nein »aus allgemeinen politischen Gründen, die dem speziellen Auftrag unseres Hauses übergeordnet sind«. Zwar wurde es von der deutsch-polnischen Schulbuchkommission strikt abgelehnt, diese Alternativ-Empfehlungen in die künftigen Beratungen mit einzubeziehen, aber einige Bundesländer wie Rheinland-Pfalz, Niedersachsen und Schleswig-Holstein, die von der CDU regiert wurden, veröffentlichten die Alternativ-Empfehlungen, während sich Bayern und Baden-Württemberg auf ihre Ablehnung der deutsch-polnischen Schulbuchempfehlungen bezogen und ihre Position durch Übernahme der Alternativ-Empfehlungen nicht relativiert wissen wollten. Kritik bekundete übrigens auf dem Hamburger Historikertag 1978 auch Bundeskanzler Helmut Schmidt: »Bei den Schulbuchverhandlungen haben sich die Polen wohl ein bißchen zu entschlossen durchgesetzt. Keine Seite darf sich überfahren lassen, darf andere überfahren. Niemand soll sich überfahren fühlen.« Bei der Begründung von deutsch-polnischen Städtepartnerschaften beharrte die Volksrepublik Polen hartnäckig auf diesen Empfehlungen, die stets als Richtlinien ausgelegt wurden, um einmal das eigene kommunistische und nationalistische Weltbild uns gegenüber durchzusetzen und um zum anderen den Nein-Sagern in Deutschland nachsagen zu können, daß sie Feinde der Entspannung und Aussöhnung mit Polen seien.

Inwieweit sich diese Empfehlungen wunschgemäß auch in den deutschen Schulbüchern niedergeschlagen haben, wäre Thema für eine wissenschaftliche Arbeit. In Polen galt ohnehin die ideologische Ausrichtung, auch wenn gern in Warschau behauptet worden ist, daß man den Empfehlungen entsprechend seine Schulaufgaben gemacht habe, während die Deutschen immer noch nachsitzen müßten. Daß die ohne viel Zögern sich der kommunistischen Konzeption anpassenden Historiker von damals, man erspare einem, all die Namen zu nennen, sich inzwischen eigentlich für ihre Kollaboration schämen sollten, spätestens nach der Wende des Jahres 1989, wäre zu erwarten gewesen, aber davon wurde nichts bekannt. Wohl aber steht fest, daß heute die seinerzeitigen deutsch-polnischen Schulbuchempfehlungen auf der Müllhalde der Geschichte, der deutsch-polnischen Beziehungen und ihrer euphorischen Ostpolitik ihren gebührenden Platz gefunden haben.

Einer der eifrigsten Befürworter einer Anerkennung der Oder-Neiße-Linie als endgültige deutsch-polnische Grenze, ohne daß erst auf einen Friedensvertrag gewartet werden sollte und dieser zu fordern wäre, war der Bonner Professor für politische Wissenschaften, Hans-Adolf Jacobsen. Es gab und gibt kein deutsch-polnisches Gremium, an dem er nicht mitgewirkt hat, ob es die deutsch-polnischen Schulbuchkonferenzen waren oder das deutsch-polnische Forum, und nach der Wende arbeitet er als Mitglied der FDP auch in der Stiftung für deutsch-polnische Zusammenarbeit mit; die Stiftung ist zur Aufarbeitung des 1975 Polen gewährten »Jumbo-Kredites« gebildet worden. Wiederholt habe ich in öffentlichen Veranstaltungen oder über die Zeitungen mit Jacobsen Streitgespräche geführt. Mir ist es stets unverständlich geblieben, daß ein Demokrat wie Jacobsen sich zu keiner Zeit daran gestoßen hat, daß seine Gesprächspartner entweder selbst getreue Kommunisten gewesen sind oder zumindest unter dem Zwang der herrschenden Parteiideologie standen und deswegen gar nicht frei sprechen und handeln konnten. Dazu kommt noch, daß jedes Entgegenkommen deutscherseits gegenüber der polnischen, bis 1989 hinein kommunistisch bestimmten Seite nur als Gewinn für das herrschende Gewaltregime verbucht werden konnte.

»SCHLESIEN, UNVERGESSENE HEIMAT« – HERAUSGEBER SCHLESISCHER LITERATUR

Die Sendungen im Bayerischen Rundfunk mit ostdeutscher Thematik – ich war seit 1948 und in den fünfziger Jahren verantwortlicher Redakteur und Abteilungsleiter – hatten weithin im Lande ein positives Echo ausgelöst. Nicht nur dank der reichlich eingehenden und durchwegs zustimmenden Hörerpost hatte ich viel Freude mit dem von mir konzipierten Sendeangebot, sondern auch wegen der damit verbundenen Möglichkeiten, Autoren anzuregen und überhaupt erst einmal zu entdecken, Chöre wie in Rosenheim, Bad Tölz und vor allem in Regensburg mit Solisten, die auch die Mundart beherrschten, zu gewinnen und zu beschäftigen, zugleich mit Aufnahmen das Tonarchiv des Senders anzureichern. Und es klopfte auch ein Verleger bei mir an, Bernhard Koch, ein geborener Nürnberger, ehedem österreichischer Honorarkonsul in Ostpreußens Hauptstadt Königsberg. Hier hatte er in die berühmte Buchhandlung Gräfe und Unzer eingeheiratet, die mit Immanuel Kant auf das Engste verbunden gewesen ist. Ein großartiges Porträt von Kant zierte die Verlagsräume. Nach 1945 hatte man in Marburg neu begonnen, war dann nach Bad Wiessee umgezogen und hatte schließlich in München Fuß gefaßt, mit einem Auslieferungslager in Garmisch-Partenkirchen. Konsul Koch, so ließ er sich gern anreden, hatte bereits Bücher über Ostpreußen aufgelegt, als er nun daran ging, mutig unternehmerisch, wie er stets war, sich auch eine schlesische Leserschaft zu verschaffen, und dies selbstverständlich mit schlesischen Titeln. Darum sein Besuch bei mir im Bayerischen Rundfunk, das war 1953, denn 1954 sollte zur Frankfurter Buchmesse das erste Buch über Schlesien vorliegen. Eine ausgewogene Verbindung von guten Texten und guten Bildern war geplant. »Schlesien – Unvergessene Heimat« nannte sich das erste von mir herausgegebene Buch. Das Wort »Zum Geleit« hatte der schlesische Dichter und Intendant des Südwestfunks, Friedrich Bischoff, geschrieben. Gleich ein Jahr darauf lag ein weiteres Buch, für das ich als Herausgeber zeichnete, auf dem Tisch, »Breslau – Hauptstadt Schlesiens«. Beide Bücher haben sechs beziehungsweise fünf Auflagen erzielt. 1989 und 1990 wurden die Bände vom Verlag Rautenberg in Leer, gleichfalls ein Verlag mit ostpreußischer Tradition, als Reprints mit neuen Aufnahmen angereichert, neu aufgelegt. So auch 1992 der Band über »Die Oder«, der erstmalig 1957 auf dem Büchermarkt war. Aber damals wie heute tut sich gerade dieses Buch schwer, eine höhere Auflagenziffer zu erklimmen, was ich so auslegen möchte, daß die Oder zwar durch die Oder-Neiße-Linie ein politischer Strom geworden ist, sonst aber landschaftlich und vor allem landsmannschaftlich als eine schlesische, eine brandenburgische und eine pommersche Oder aufgenommen und erlebt wird.

Unter der verlegerisch tüchtigen wie innerlich dem Thema der Bücher herzlich verbundenen Hand von Konsul Koch gab ich nicht nur jedes Jahr einen schlesischen Bildkalender mit Zitaten bekannter und berühmter Schlesier heraus, sondern auch zwei Erinnerungsbände »Leben in Schlesien« 1962 und »Meine schlesischen Jahre« 1964. Da in diesen beiden Bänden bedeutende Persönlichkeiten nicht nur Schlesiens, sondern unseres Volkes überhaupt hier ihre schlesischen Erinnerungen niedergeschrieben haben, wird gerade aus diesen beiden Bänden inzwischen viel zitiert, und bei Literaturangaben zu Werken mit schlesischer Thematik werden diese beiden Bände genannt. Später erschien ein Sammelband, eine Zusammenfassung beider Bände, unter dem Titel »Meine Heimat Schlesien – Erinnerungen an ein geliebtes Land«, jetzt beim Verlag Langen Müller in München, wo nunmehr auch weitere schlesische Titel von mir bei dem aus dem Egerland stammenden, in geradezu vorbildlicher Weise engagierten Verleger Herbert Fleissner ein Zuhause gefunden haben.

Zunächst aber brachte Gräfe und Unzer die Bücher, so »Schlesisches Panorama«, außerdem einen repräsentativen, groß angelegten Bildband »Schlesien in 260 Bildern« und schließlich »Große Deutsche aus Schlesien«, 1969 erschienen, heraus. Als der Verleger Konsul Koch von der Vorstellung dieses Bandes nach Bad Wiessee zurückfuhr, ereilte ihn im Fränkischen der Verkehrstod, eine Zementrolle für den Kanalbau war vor seinem Wagen heruntergerollt. An der Fortsetzung des Geschäfts mit Büchern über Schlesien und Ostdeutschland, so auch Ostpreußen, hatte der aus Wien stammende jüngere Verleger Kurt Prelinger, der bereits in den fünfziger Jahren in den Verlag eingetreten war, kein Interesse mehr. Daran mag in den siebziger Jahren auch die damalige ostpolitische Euphorie der SPD/FDP-Bundesregierung und die allgemeine Stimmungslage in den Medien erheblich mitschuldig gewesen sein. Der Verlag Gräfe und Unzer machte sich jetzt einen

Namen mit gutgehenden und geradezu verführerisch angebotenen Kochbüchern. Höchst bedauerlich auch, daß all die mühsam zusammengesuchten und neu erstellten Bildstöcke als Vorlagen für die notwendigen Reproduktionen vernichtet worden sind.

Den größten Erfolg erzielte ich mit dem 1981 erstmalig erschienenen Band »Letzte Tage in Schlesien – Tagebücher, Erinnerungen und Dokumente der Vertreibung«. Der Band hat inzwischen eine Auflage von weit über 100 000 erreicht. Nach der Wende von 1989/90 fand das Buch vor allem in den neuen Bundesländern einen geradezu berauschenden Absatz. In Mitteldeutschland – 40 Jahre DDR – durfte noch nicht einmal Schlesien Schlesien genannt werden. Der Titel »Letzte Tage in Schlesien« ist später durch den Verleger, jetzt Ullstein Langen Müller in München, als Flaggschiff für weitere Dokumentenbände über Ostpreußen, Pommern, das Sudetenland benutzt worden. Warum der große Erfolg gerade dieses Bandes? Es wird hierzulande zu viel und außerdem noch hartnäckig verschwiegen, was es geheißen hat, in der Heimat plötzlich vogelfrei und nur noch Opfer von Rache und Nationalismus zu sein. Vor lauter Angst, es könnte jemand aufrechnen wollen, was in der Tat niemand will und auch gar nicht versucht hat, wird das eine Verbrechen, das unter Hitler, weithin bekannt gemacht und auch zu Recht verurteilt, aber das Verbrechen danach, diesmal waren wir Deutsche die Opfer, wird verschwiegen. Ein unhaltbarer Zustand, und es ist auch gar nicht einzusehen, daß man sich so verhält, wie wir Deutsche uns in den letzten Jahrzehnten verhalten haben. In der Einleitung zu dem Band »Letzte Tage in Schlesien« zitierte ich den Benediktinerpater Ambrosius Rose, der zusammen mit den anderen Patres 1946 aus dem Kloster Grüssau am Fuße des Riesengebirges vertrieben worden war. »Echte Versöhnung ist nur dann möglich, wenn Deutsche und Polen sich zu ihrer Schuld in der Vergangenheit ehrlich bekennen. Nur die Wahrheit führt zu Freiheit und neuer Nachbarschaft.«

»ZEUGENSCHRIFTGUT« – DOKUMENTATION DER VERTREIBUNGSVERBRECHEN

Im Jahre 1974 wurde im Bundestag nach der »Dokumentation der Vertreibungsverbrechen« gefragt, weil bekannt geworden war, daß die Bundesregierung, bestehend aus SPD und FDP, diese vom Bundesarchiv erarbeiteten sogenannten Seelenlisten streng unter Verschluß hielt. Der an das Bundesarchiv erteilte Auftrag hatte gelautet, »das ihm und anderen Stellen vorliegende Material über Verbrechen und Unmenschlichkeiten, die an Deutschen im Zusammenhang mit der Vertreibung begangen worden sind, zusammenzustellen und auszuwerten«. Hinter diesem Auftrag vom 26. Juni 1969 stand die von der alten Bundesregierung auf Veranlassung von Bundesvertriebenenminister Heinrich Windelen bekundete Absicht, durch einen Vergleich von Einwohnerzahlen und zurückgemeldeten Bewohnern unter Nutzung der örtlich geführten Heimatkarteien, darum der Ausdruck »Seelenlisten«, den Verlust von Menschenleben während der Vertreibung glaubwürdig und überzeugend zu registrieren. Monoton wiederholte die Bundesregierung der jetzigen SPD/FDP-Couleur, daß es sich immerhin um ein »Zeugenschriftgut« (welch Wortungetüm!) handelt, das einen Umfang von 40 000 Einzelstücken habe, und daß diese 40 000 Einzelstücke in 3500 Auswertungsbogen zusammengefaßt seien. Aber, so der Standpunkt des Bundesinnenministeriums, die Einsichtnahme sei Mitgliedern der Fraktionen in einer eigens einzuberufenden Zusammenkunft möglich und sonst könne dies nur Wissenschaftlern gestattet werden, indem sie sich an die Benutzungsordnung des Bundesarchivs in Koblenz zu halten hätten. Es wurde jedoch gleichzeitig bekannt, daß man höherenorts bereits Wissenschaftlern den Zugang zu diesen Materialien versagt hatte, andere erst der Intervention von Bundestagsabgeordneten der Opposition bedurften.
Mehrere Fragestunden beschäftigten sich in den folgenden Jahren mit dieser Verschlußsache, und die Bundesregierung versuchte immer neue Formulierungen zu finden, um Gründe für ihr unverständliches Verhalten vortragen zu können. Anfangs redete man sich darauf hinaus, daß

seinerzeit eine Veröffentlichung überhaupt nicht vorgesehen worden sei. Schließlich kam es so weit, daß der Journalist Wilfried Ahrens im oberbayerischen Huglfing einen »Raubdruck« herausbrachte, nachdem er auf irgendwelchen Umwegen an die verheimlichte Dokumentation herangekommen war. Dadurch war zugleich bekannt geworden, nachdem auch danach gefragt worden war, daß die zwölfbändige Dokumentation über die Vertreibung, die das Vertriebenenministerium 1955 bis 1961 veröffentlicht hatte, nicht neu aufgelegt werde, obwohl gerade die Bände der bevölkerungsmäßig größten Vertreibungsgebiete vergriffen waren.

»Die Bundesregierung stellt sich weiterhin taub und stumm«, so schrieb ich 1979 im »Deutschland-Union-Dienst«. »Sie verweigert die Veröffentlichung einer Dokumentation, aus der hervorgeht, daß während der Vertreibung in Ostdeutschland jenseits von Oder und Neiße 400 000 Deutsche, im Sudetenland 130 000 und in Jugoslawien 80 000 Deutsche gewaltsam ums Leben gekommen sind. Seit 1974 ist die Bundesregierung ständig von Mitgliedern der CDU/CSU-Bundestagsfraktion danach gefragt worden, warum denn diese Dokumentation als Verschlußsache behandelt werde. Die Ausreden lauteten: ›mehrere tausend Blatt Quellenmaterial‹, ›wissenschaftlich aufgearbeitete Materialsammlung‹, ›innerdienstlicher Bericht‹, ›kein Augenblick, hieraus einen politischen Schlagstock zu machen‹. Staatssekretär Klaus Bölling faßte die Meinung der Bundesregierung bereits 1975 so zusammen, und daran klammert man sich auch heute noch fest: ›Unrecht ist im Namen Deutschlands anderen geschehen. Unrecht ist unseren Landsleuten geschehen. Es ist nicht einzusehen, welchen Nutzen es haben sollte, daraus politische Munition zu machen. Daß diese Fakten wahr sind, daß Schlimmes (ein gern gebrauchter, an sich beschönigender Ausdruck!) geschehen ist, dieses alles ist unbestritten. Hier braucht nichts verheimlicht zu werden. Was wir nicht wollen, ist, daß hier eine große Polemik entsteht und Gräben aufgerissen werden‹«. Man war dann seitens der Regierung so feige, daß man sich einerseits vom »Raubdruck« der Dokumentation distanzierte, aber sich in einem Atemzug gern hinter diesem »Raubdruck« versteckte. Die Bundesregierung erklärte: »Dieser Bericht ist unter Verletzung des Urheberrechts verbreitet worden, so daß jedermann, der sich dafür interessiert, Einsicht nehmen kann«, mit dem Zusatz, »daß die Bundesregierung den Bericht nicht als eine amtliche Veröffentlichung unter ihrer Verantwortung herausgeben kann, weil er den an solche Veröffentlichungen zu stellenden Anforderungen nicht genügt und genügen wollte«.

Die Fragestunden im Bundestag und deren Niederschlag in den Medien haben auch die kommunistischen Medien gleich auf den Plan gerufen. Man sprach in Warschau von »Geschichtsfälschung«, »Erpressungsversuchen«, »Pseudo-Dokumenten«, einer »provokatorischen Pressekampagne«, »angeblich nach Kriegsende an Deutschen begangenen Verbrechen«. Radio Prag meldete sich am 23. Februar 1975 mit diesem Kommentar zu Wort: »Im bundesdeutschen Blätterwald der Publizistik bereiten sich rechtsgerichtete Publikationen darauf vor, dem 30. Jahrestag der Zerschlagung des Hitler-Faschismus schwarzbraunen Kolorit zu verleihen, indem die Verbrecher zu Märtyrern aufgepäppelt, die Opfer des NS-Regimes aber zu Verbrechern gestempelt werden sollen. Es geht um die sogenannte Dokumentation der Vertreibungsverbrechen an Deutschen. Auf Kabinettsbeschluß soll diese Dokumentation der breiten Öffentlichkeit nicht freigegeben werden, sondern ist lediglich für wissenschaftliche Arbeit vorgesehen. Die Tatsache, wie die im Bundesarchiv gelagerten Materialien interessierten Revanchistenkreisen zu propagandistischen und entspannungsfeindlichen Zwecken zugänglich gemacht werden und dadurch eine Verkehrung der Verhältnisse von Opfer und Täter zu einem Zeitpunkt unternommen wird, wo die Weltöffentlichkeit eben des erwähnten 30. Jahrestages gedenkt, ist ein Affront gegen alle Völker, die unter der Nazi-Okkupation gelitten haben. Mit einer Reaktion der Nazi-Opfer in aller Welt auf die mit Bonner Komplizenschaft nun doch freigewordenen Materialien darf am Rhein schon jetzt mit Sicherheit gerechnet werden.«
Erst mit dem Regierungswechsel am 1. Oktober 1982 wurde die Dokumentation endlich für jedermann zugänglich. Die SPD/FDP-Koalition war jedenfalls schlecht beraten, daß sie der geschichtlichen Wahrheit, als wir Deutsche Opfer von Unmenschlichkeit geworden waren, Tür und Tor hartnäckig verschloß. Ich schrieb am 19. Juli 1979 im »Deutschland-Union-Dienst«: »Jedermann soll und muß erfahren, was Deutsche anderen an grausamem Leid zugefügt haben. Aber jedermann soll und muß auch erfahren, was uns Deutschen an grausamem Leid zugefügt worden ist. Niemand will und darf aufrechnen, aber man sollte nicht so tun, als sei 1945 dem Unrecht das Recht gefolgt. Leider wurde das alte Unrecht durch neues Unrecht fortgesetzt. Allzu schnell ist dann immer die Gegenfrage zu hören: Wer hat denn mit dem Unrecht angefangen? Der Mord unter dem Nationalsozialismus kann doch nicht den Mord unter dem Kommunismus rechtfertigen, denn Mord bleibt Mord, Unrecht Unrecht, wer auch immer wem auch immer dieses zugefügt hat.«
Zum Beginn des Jahres 1974 veröffentlichte ich zusammen mit Ingeborg

Schubbe ein Büchlein unter dem Titel »Menschliche Erleichterungen« mit Briefen aus Ostdeutschland jenseits von Oder und Görlitzer Neiße, mit einem Anhang von Briefen aus Mitteldeutschland. Auf den 72 Seiten waren Briefe aus den letzten Jahren, seitdem es die deutsch-polnischen Absprachen zur Ausreise der Deutschen gegeben hatte (Originalbriefe mit veränderten Namen und Orten – aus Sicherheitsgründen für die Betroffenen), zusammengetragen. Einleitend schrieb ich: »Die deutschen Unterhändler haben leichtfertig und schlecht verhandelt, wobei der Zeitdruck, unter dem man offensichtlich gestanden hat, nicht zur Entschuldigung herhalten kann, denn niemand war zur Eile gezwungen, es sei denn, man habe deutscherseits dem damaligen KP-Chef Wladyslaw Gomulka unbedingt einen spektakulären Erfolg zum politischen Überleben bescheren wollen. Es fehlt nämlich in der ›Information‹ nicht nur die verbindliche Unterschrift, sondern auch jede verbindliche Aussage über die Zahl der Betroffenen und den Zeitraum der ganzen Prozedur. Als 1970 über den Warschauer Vertrag und die ›Information‹ verhandelt wurde, hatte das Deutsche Rote Kreuz die Zahl von 280000 Aussiedlungswilligen benennen können. Der polnische Verhandlungspartner weigerte sich indes, diese Zahl als Realität zur Kenntnis zu nehmen, und die deutschen Unterhändler stimmten in geradezu unverantwortlicher Weise den höchst ungenauen Sätzen in der ›Information‹ zu: ›Die zuständigen polnischen Behörden verfügen nicht einmal annähernd über solche Zahlen von Anträgen auf Ausreise in der BRD‹.« Polen erklärte sich lediglich zu einer Bestätigung einer Zahl von »einigen Zehntausend zu einer eventuellen Ausreise aus Polen« bereit.
Über die psychologische Lage der aussiedlungswilligen Deutschen schrieb ich: »Die polnische Seite operiert gern mit der Auslegung des Begriffes ›Volksdeutscher‹ als ›Volkswagendeutscher‹. Den Aussiedlungswilligen soll angehängt werden, daß sie nur um der materiellen Güter willen und verführt durch die Verwandten in der Bundesrepublik Deutschland die Volksrepublik Polen verlassen wollten. Es hat auch schon propagandistischen Kampagnen mit bitter enttäuschten Rückkehrern gegeben.«
Zu den abgedruckten Briefen bemerkte ich: »›Wir sind verraten und verkauft‹, so ist wiederholt in den Briefen zu lesen. ›Wir Oberschlesier sind ein verlorener Haufen Menschen, ohne Rechte und ohne Heimat, ein Bettelvolk, angewiesen auf Gnade und Barmherzigkeit‹. Diese Stelle in einem Brief aus Oberschlesien ist nicht nur Klage, sondern auch Anklage, nicht nur Schmerz und Verbitterung, sondern Protest und Schrei um Hilfe.«

Die begehrte Ausreise –
»Tauschgeschäft« mit der Ware Mensch

In sehr vielen Fragestunden des Deutschen Bundestags habe ich immer wieder die Bundesregierung nach dem Schicksal der Deutschen, ob unter polnischer Hoheit oder in Rumänien und in der Sowjetunion, befragt. In gleicher Weise agierte auch Herbert Czaja. Im Auswärtigen Amt, an das sich die Fragen jeweils gerichtet haben, war ich inzwischen zur persona ingrata geworden, ich machte mit all diesen Fragen den Beamten sehr viel Arbeit und dies dann noch in fast jeder Sitzungswoche des Bundestages. Die Antworten der Bundesregierung, in vielen Jahren vom Parlamentarischen Staatssekretär Karl Moersch (FDP) vorgetragen, zeichneten sich durch Unverbindlichkeit und Beschwichtigung aus. Es sollte immer alles gefällig dargestellt werden, weniger gefällig mit dem Blick für die Deutschen unter fremder Herrschaft als vielmehr im Schongang gegenüber den kommunistischen Regierungen, vor allem der polnischen. Mehrere Male wurde die Problematik der Aussiedlung der Deutschen aus Schlesien und Ostpreußen – die überwältigende Zahl kam aus Oberschlesien – in Aktuellen Stunden behandelt, so daß dann für Kurzreferate wenigstens fünf Minuten zur Verfügung standen. Nur weil wir uns, einige Abgeordnete der CDU/CSU-Fraktion, intensiv, beharrlich und engagiert um die Deutschen in der Heimat sorgten und auch wohlbegründet die gegenwärtige polnische Regierung an ihre menschenrechtlichen Pflichten erinnerten, glaubte Kurt Mattick für die SPD eine »Warnung vor feindseliger Atmosphäre« (so die Überschrift des Berichts in der Wochenschrift »Das Parlament« über die Aktuelle Stunde vom 21. März 1974) aussprechen zu sollen. Aus dem Bundestagsprotokoll sei zitiert: »Mir ist es kalt über den Rücken heruntergelaufen bei Tönen von einigen der Herren Kollegen, die mich eben effektiv an die Zeit erinnert haben, die, wie ich noch einmal sagen möchte, dann dazu führte, daß zwischen Polen und Deutschland die Spannungen an den Punkt geführt haben, an dem Hitler seinen Krieg aufgehängt hat. (Abg. Dr. Hupka, CDU: Was soll denn das?) Was das soll? Das ist an Ihre persönliche Adresse gerichtet. Fragen Sie doch einmal Ihr Gewissen, ob die Art und Weise, die Sie hier anwenden – und ich sage das jetzt ganz laut – nationalistische Töne nach draußen zu blasen, ob diese Form der Auseinandersetzung uns bei all dem hilft, um was es geht. (Abg. Dr. Hupka: Wer bestimmt denn das?) Wer das bestimmt? Das bestimmt das Schicksal, in dem wir uns gemeinsam befinden. Sie und ich. (Abg. Dr. Hupka: Herr Gierek bestimmt das!) Was sich aus solch einer Atmosphäre, die wir in diesem Hause entwickeln, draußen allmählich formen kann, wird für Sie selbst eines Tags zur Angst werden. Ich appelliere an das Haus, dafür zu sorgen, daß wir dieses verhindern.« Das hieß im Grunde nichts anderes, daß wir zum polnischen Verhalten gegenüber den Deutschen zum Beispiel in Schlesien und gegenüber den Aussiedlern im besonderen die Praxis des schweigenden Wegschauens üben sollten, denn jedes Erinnern an die menschenrechtlichen Pflichten, die auch Polen als Mitglied der Vereinten Nationen und aufgrund der deutsch-polnischen Absprachen übernommen hat, sollte bereits ein Rückfall in den nationalsozialistischen Nationalismus sein!

Ich hatte in meinem Beitrag in dieser Aktuellen Stunde lediglich einige Zahlen vorgeführt und die Bundesregierung zum Handeln unter Berufung auf die dem Warschauer Vertrag angehängte »Information« über die Ausreisemöglichkeiten der Deutschen aufgefordert. Ich wehrte mich gegen Einlassungen aus der SPD-Fraktion und der Bundesregierung, daß die 280 000 aussiedlungswilligen Deutschen, soweit diese Zahl dem Deutschen Roten Kreuz bekannt ist, »gar keine Deutsche, sondern daß sie längst Polen geworden seien. Das sind Deutsche, die sich als Deutsche erklärt haben und die aussiedeln wollen«. Ich zitierte dann das große Wort der Bundesregierung vor den Vereinten Nationen: »Der Mensch steht im Mittelpunkt unserer Politik. Für die Deutschen aber, die jenseits von Oder und Görlitzer Neiße seit Jahr und Tag auf die Aussiedlung warten, scheint diese Maxime nicht zu gelten. Wie wäre es dann sonst erklärlich, daß die Aussiedlung in einem geradezu katastrophalen Ausmaß rückläufig ist? Wie wäre es sonst erklärlich, daß die Bundesregierung beharrlich dazu schweigt und erst Stellung nimmt, wenn sie von der Opposition dazu gezwungen wird? Wie wäre es sonst denkbar, daß immer wieder neue Erklärungen dazu herhalten müssen, um das geradezu unmenschliche Mißverhältnis zwischen der ›Information‹ zum Warschauer Vertrag und der polnischen Praxis zu bemänteln?«

Daß wir als Mitglieder des Bundestages absichtlich falsch informiert worden sind, ja daß uns die Unwahrheit, besser gesagt die Lüge statt der Wahrheit aufgetischt wurde, habe ich in einer Pressefehde mit dem Auswärtigen Amt nachgewiesen, ohne daß dies etwa Folgen ausgelöst hätte. Am 3. Oktober 1974 schrieb ich im »Deutschland-Union-Dienst« unter der Überschrift: »Die Wahrheit unterschlagen«: »Seit April 1974 weiß die Bundesregierung, daß der polnische Außenminister Stefan Olszowski seine im Dezember 1973 gegenüber der Bundesregierung gegebene Zusage, im Jahre 1974 würden 50 000 Menschen aus dem Bereich der Volksrepublik Polen aussiedeln können, widerrufen hat, nach polnischer Version widerrufen mußte, weil das Zentralkomitee der Kommunistischen Partei in Polen seine Zustimmung versagt hat. Bis heute hat die Öffentlichkeit aus dem Munde der Bundesregierung nichts davon erfahren. Der die zu diesem Thema gestellten Fragen beantwortende Staatsminister Karl Moersch hat trotz mehrmaligen Drängens soeben erst wieder in der letzten Fragestunde des Bundestags bestritten, daß die damalige Erklärung des polnischen Außenministers nichtig und widerrufen worden sei.« Ich erwähnte zur Erhärtung meiner Behauptung, daß die Unwahrheit gesagt worden sei, wer bereits im Mai 1974, nämlich Hans Apel als Parlamentarischer Staatssekretär im Auswärtigen Amt und der polnische Presseattaché an der Londoner Botschaft, die Zusage des polnischen Außenministers für nicht mehr gültig erklärt hatten. Aber noch am 13. August 1974 antwortete Moersch im Bundestag: »Die Bundesregierung ist nicht darüber informiert, daß die Erklärung des polnischen Außenministers vom Dezember 1973, die polnische Seite sei bereit, was zunächst das Jahr 1974 angehe, 50 000 Personen die Ausreise zu genehmigen, nichtig ist«. Man mag es drehen und wenden wie man will, die Bundesregierung war nicht bereit, vor dem Deutschen Bundestag die Wahrheit zu sagen.

Schon in der Fragestunde vom 22. September 1972 hatte ich der Bundesregierung vorwerfen müssen, daß seitens der polnischen Regierung der Bundesregierung in einer sogenannten vertraulichen Erläuterung zur »Information der Volksrepublik Polen« deren Vorstellungen über den zeitlichen Ablauf der Aussiedlung und auch über den Personenkreis übermittelt worden waren. Ich fragte: »Warum hat die Bundesregierung den Deutschen Bundestag und die deutsche Öffentlichkeit nicht darüber informiert, daß es sich hier offensichtlich um eine bewußte Beschränkung der erteilten Zusagen handelt«. Und wieder speiste der Parlamentarische Staatssekretär Karl Moersch den Fragesteller mit der nichtssagenden Antwort ab, »daß die vertraulichen Erläuterungen die ›Information der Regierung der Volksrepublik Po-

len‹ in einzelnen Punkten ergänzen und präzisieren. Sie beinhalten jedoch keine Änderung oder Einengung der Aussagen, die in der veröffentlichten ›Information‹ enthalten sind.« Warum dann aber eine »vertrauliche Information«, und warum dieses offizielle Verschweigen?
Die restriktive Methode der polnischen Kommunisten führte dazu, daß von den in Friedland registrierten Aussiedlern gar nicht alle tatsächlich Aussiedler waren. Bis zu 30 Prozent kamen als Besucher und blieben in der Bundesrepublik Deutschland, weil sie hofften, auf diese Weise ihre Familiemitglieder möglichst bald im Zuge der Familienzusammenführung nachkommen lassen zu können, was sich jedoch durchweg als eine Fehleinschätzung erwiesen hat. Es dauerte in der Regel drei bis fünf Jahre, bis die polnischen Dienststellen die Ausreiseerlaubnis für die Zurückgebliebenen erteilten. Aus der Familienzusammenführung wurde auf diese Weise eine Familienzerreißung, denn manche Familie hat diese jahrelange gewaltsam dekretierte Familientrennung nicht durchgehalten. Spöttisch sprach man gelegentlich von »Ehescheidung auf polnisch«. Obendrein war es dem Deutschen Roten Kreuz in seinen Gesprächen mit dem Polnischen Roten Kreuz unmöglich, obwohl beide Gesellschaften als Verhandlungspartner vorgesehen waren, Auskunft über die Ablehnungsgründe zu erfahren, wenn wieder und wieder die Ausreiseanträge abgelehnt worden waren. Es gab im Laufe der Jahre Familienschicksale, die bis zu 40 Ablehnungen der Ausreiseerlaubnis erleiden und durchstehen mußten.
Am 9. Oktober 1975 unterzeichnete Bundesaußenminister Hans-Dietrich Genscher in Warschau das zuvor schon und auch gleich danach heftig zwischen Regierung und Opposition umstrittene Ausreiseprotokoll, durch das in den nächsten vier Jahren 120 000 bis 125 000 »Deutschstämmige«, wie sich die Deutsche Presseagentur auszudrücken beliebte, die Erlaubnis zur Ausreise erhalten sollten. Dieses Ausreiseprotokoll war mit einem Renten- und Kreditabkommen gekoppelt. Die Bundesrepublik Deutschland überwies Polen eine Summe von 1,3 Milliarden Mark zur Abgeltung von Rentenansprüchen. Und Polen erhielt einen Kredit in einer Höhe von einer Milliarde Mark gewährt, mit einer Laufzeit von 25 Jahren, bei fünf Freijahren und einem Zinssatz von 2,5 Prozent (!). Die Zinsdifferenz gegenüber dem Zins auf dem Markt mußte durch den Haushalt der Bundesregierung aufgebracht werden. Da dann Polen bei diesem Billigkredit auf Kosten des deutschen Steuerzahlers in Verzug geriet, kam noch eine zu schuldende Summe von 570 Millionen Mark im Jahre 1990 heraus.

Dies ist heute der Grundstock für die über diese Summe verfügende Stiftung für deutsch-polnische Zusammenarbeit, die nunmehr jedes Jahr zehn Prozent dieser Summe zur Finanzierung von Projekten jenseits von Oder und Görlitzer Neiße ausgibt.

In meiner Rede zur zweiten Lesung des Ausreiseprotokolls nannte ich dieses Geschäft am 19. Februar 1976 im Bundestag eine Politik der »Menschen in Raten«. Es sollte die in bedrückender Weise stockende Ausreise der Deutschen nun erstens mit Geld beglichen werden, und zweitens war das Ganze auf vier Jahresraten gestreckt, indem man von einer fiktiven Zahl von höchstens 125 000 Ausreisewilligen innerhalb von vier Jahren ausging. Mit dem stellvertretenden SPD-Fraktionsvorsitzenden Bruno Friedrich hatte ich mich wochenlang gestritten, weil er, der zur Polen-Lobby seiner Fraktion gehörte, von einem Polenbesuch mit der Zahl von sogar nur 100 000 Ausreisewilligen zurückgekommen war. Ich aber berief mich aufgrund von Zahlen des Deutschen Roten Kreuzes und sogenannten Hochrechnungen erneut auf 280 000, die ihre Ausreise bereits beantragt hatten, auch wenn sie teilweise in den letzten Jahren aufgrund der polnischen Schikanen ihre Ausreiseanträge nicht mehr erneuerten, so daß die Sprecher der Bundesregierung genüßlich alle von mir genannten Zahlen schnell wieder herunterrechneten.

Ein weiterer Streitpunkt war die »Offenhalteklausel«, denn wir von der Opposition forderten, daß es mit der Ausreise nach Ablauf der vier Jahre nicht zu Ende sein dürfte, indem wir uns auf die »Information« zum Warschauer Vertrag beriefen. Schließlich wurde die Zustimmung der B-Länder im Bundesrat, also der von der CDU/CSU regierten Länder, durch ein Telefonat zwischen dem deutschen und dem polnischen Außenminister dadurch erreicht, daß das vage Wörtchen »können« im Zusammenhang mit der Weitergeltung der Ausreisemöglichkeiten über den 1. Januar 1989 hinaus gestrichen wurde. Es sollte dann keine Kann-Vorschrift in Kraft treten, sondern die Tatsache der Ausreiseerlaubnis gelten. Ich schrieb dazu: »Nunmehr war der Schluß erlaubt, daß auch nach vier Jahren alle Aussiedlungswilligen entsprechend den Kriterien aus der ›Information‹ – Familienzusammenführung und unbestreitbar deutsche Volkszugehörigkeit – ausreisen dürfen. In welcher Weise die Kriterien, die zur Aussiedlung berechtigen, von Polen ausgelegt werden, ist höchst ungewiß, verbindliche Absprachen zwischen beiden Seiten gibt es nicht. Die CDU/CSU-Bundestagsfraktion«, so schrieb ich im »Pressedienst Schlesien« am 29. März 1979, »war gut beraten, eine Kommission zu berufen, die die Ausführung der

jetzt in Kraft getretenen Vereinbarungen kritisch beobachten soll. Aber nicht nur die Aussiedlung ist eine offene Wunde im deutsch-polnischen Verhältnis, nach wie vor ist die Forderung nach Gewährung der Menschen- und Gruppenrechte für die Deutschen jenseits von Oder und Görlitzer Neiße bis heute unerfüllt geblieben.«
Ich habe dann 15 Jahre dieser Kommission für Volksgruppenrecht und Aussiedlerfragen vorgestanden. Hier haben Bundes- und Landtagsabgeordnete der CDU und CSU sowie Sachkenner aus den Ministerien des Bundes und der Länder gut zusammengearbeitet und an verschiedenen Orten während der drei- bis viermal im Jahr abgehaltenen Sitzungen vor allem die Aussiedlung der Deutschen sowie die Eingliederung gründlich behandelt. Es kam dann zu Vorstößen in den jeweiligen Parlamenten und im Bundestag, und wir haben versucht, auch in die Öffentlichkeit durch regelmäßig abgehaltene Pressekonferenzen zu wirken. Gleichzeitig wurde die Ausreise während der Fragestunden ins Visier genommen, und dies geschah nicht nur mit dem Blick auf Ostdeutschland, sondern auch unter Einbeziehung der sich aus der Ausreise der Rußlanddeutschen und der Deutschen aus Rumänien ergebenden Probleme. Bisweilen kam ich mir infolge des überreichen Posteingangs wie ein Anwalt der ausreisewilligen Deutschen vor, so daß sich eine ausführliche Korrespondenz mit dem Auswärtigen Amt und unseren Botschaften jahrelang ergeben hat. Solange es Schwierigkeiten mit der Ausreise gab, wurde ich ständig angeschrieben. War ich mit meinen Petitionen, indem ich die Botschaften und das Auswärtige Amt dringend um Interventionen bat, erfolgreich, so daß die Ausreiseerlaubnis abgeschlossen werden konnte, hörte ich nur noch selten Bestätigung und Dank. Auch damit muß man als Abgeordneter fertig werden.
Die polnische Regierung hat sich nach Ablauf der vier Jahre zunächst daran gehalten, auch weiterhin dem bis 1980 verabredeten Soll zu entsprechen. Im Jahre 1981 waren es sogar 50 900 Deutsche, die in Friedland, dem Aufnahme- und Durchgangslager, als Deutsche aus dem jetzt polnisch beherrschten Ostdeutschland registriert wurden, und 1982 noch einmal 30 300 – das war die Zeit der Gewerkschaft »Solidarnosc«. Aber dann sanken die Zahlen unter die 20 000. All diese Zahlen gaben aber nicht so sehr Auskunft über ausreisende Familien, sondern es waren mehrheitlich Besucher, die mit einem Besucher- und Touristenvisum eingereist waren und jetzt hier blieben. Bereits 1981 hatte sich der Bundesinnenminister Gerhart Baum damit abgefunden, daß nunmehr mit dem »Auslaufen des auf vier Jahre befristeten deutsch-polnischen Ausreiseprotokolls« die Ausreise eigentlich beendet sein müßte. Am

7. Mai 1985 war vom polnischen Staatschef Wojciech Jaruzelski, dem kommunistischen Diktator des Landes, ausgerechnet in Breslau zu hören: »Wir haben alle unsere Vereinbarungen zur Familienzusammenführung sogar übererfüllt.«

Ich begleitete bis zum Ausscheiden aus dem Bundestag sowohl in den Fragestunden als auch im Plenum all die sich mit der Lage der Deutschen unter fremder Souveränität ergebenden Probleme. Die Antworten der Bundesregierung unter Helmut Kohl fielen zuverlässiger und überzeugender aus, obwohl Jürgen Möllemann, anders als sein Nachfolger Alois Mertes, als Staatsminister des Auswärtigen Amtes umschreibend statt beschreibend die der Bundesregierung vorgehaltenen Fakten behandelte. So war von Mertes wahrheitsgemäß zu erfahren, daß in dem einen Jahr 39,5, dann 66,5 und schließlich 75 Prozent (später sogar 90 Prozent) der in der Bundesrepublik Deutschland Eintreffenden Besucher und nicht Aussiedler gewesen sind, daß die polnische Regierung die hier gebliebenen Besucher als »Illegale« behandelt und deswegen Interventionsnotizen der Bundesregierung und des deutschen Botschafters in Warschau nicht entgegennimmt, daß mit einer Wartezeit für die zurückgebliebenen Familienmitglieder von drei und mehr Jahren zu rechnen ist, bevor auch sie ausreisen durften, daß von der Bundesregierung unter Berufung auf die deutsch-polnischen Absprachen und Verpflichtungen die polnischen Behörden bezüglich ihrer Praxis angemahnt worden sind. Mertes war es auch, der die Zahl von 1,1 Millionen Deutschen in Ostdeutschland offiziell genannt hat.

In einem Aufsatz für den »Deutschland-Union-Dienst« schrieb ich über »Die hohe Barriere der polnischen Staatsangehörigkeit«, denn es war polnische Praxis geworden, die Deutschen erst nach einem Zeitraum von mindestens fünf Jahren aus der polnischen Staatsangehörigkeit zu entlassen, wozu dann noch für die Entlassung »Gebühren in Höhe zwischen 600 bis 1200 Mark aufzubringen sind«.

In der »Frankfurter Allgemeinen Zeitung« setzte ich mich mit Janusz Reiter, damals noch keineswegs Botschafter der Republik Polen in Deutschland, auseinander, denn er hatte von »Unsachlichkeit« und »Polemik« gesprochen, weil wir Deutsche sowohl die Zahl der Deutschen wie Mertes bezifferten und über »schreckliche Repressalien«, denen gerade die Deutschen ausgesetzt sind, die ausreisen wollen, berichteten. Auch der Ausdruck der Polen, daß es sich bei den Aussiedlern um »polnische Emigranten« handele, durfte so nicht stehen bleiben. In des Polen Einlassung fehlte auch nicht, entsprechend polnischer »Sprachregelung«, der Begriff der »westdeutschen Rechtskonstruktion«, mit dem die deutsche Rechtsposition bis hin zum Anspruch der Deutschen auf die deutsche Staatsangehörigkeit ad absurdum geführt werden sollte. Ich schloß mit dem Satz: »Der polnische Nationalismus von heute ist nicht besser als der deutsche Nationalismus von gestern.« Aufschlußreich stets die sozialdemokratische Begleitmusik zu den der Bundesregierung gestellten Fragen. Ganz im Sinne der nationalistischen polnischen Zuschrift in der »Frankfurter Allgemeinen Zeitung« stieß sich der aus Oberschlesien stammende SPD-Abgeordnete Horst Jungmann an dem von mir gebrauchten Ausdruck »Ostdeutschland« und bezog sich zur Begründung auf die »vertragliche und geschichtliche Entwicklung nach dem Zweiten Weltkrieg«, gemäß dem imperialistischen Selbstverständnis der Kommunisten. Der SPD-Kollege Helmuth Becker meinte, »daß es sich bei dem angesprochenen Personenkreis (doch nicht um Deutsche sondern) um Polen deutscher Abstammung handelt«, worauf sogar Möllemann (FDP) antwortete: »Es handelt sich um deutsche Volkszugehörige.«

Mit Rumänien war von Bundeskanzler Helmut Schmidt am 7. Januar 1978 ausgehandelt worden, daß in den nächsten Jahren jeweils 10 000 bis 12 000 Deutsche aus Siebenbürgen und dem Banat ausreisen dürften, und dies tatsächlich gegen ein hohes Kopfgeld, das zuerst pro Person bei 4000 Mark lag, sich dann aber stark in die Höhe entwickelt hat. Nun wurde plötzlich vom rumänischen Staat ein hoher finanzieller Gegenwert für die Ausbildung von den Ausreisewilligen verlangt, bis zu 80 000 und 100 000 Mark. In meiner Eigenschaft als Vorsitzender der gerade genannten Kommission erhob ich in der Öffentlichkeit Protest und erklärte: »Rumänien verstößt gegen die Menchenrechtspakte der Vereinten Nationen von 1966, die Schlußakte von 1975 und die Absprache, die zwischen dem rumänischen Staats- und Parteichef und dem deutschen Bundeskanzler getroffen worden sind.«

Dreimal habe ich Rumänien in den Jahren 1974, 1976 und 1977 besucht, um mich in Siebenbürgen und im Banat kundig zu machen. In Hermannstadt sprach ich lange mit Bischof Albert Klein. Zu unserer Geschichte gehöre es, womit er sich gegen die Ausreise seiner Pfarrer wandte, daß im Fenster des Pfarrers stets ein Licht brenne. Während allerdings der Bischof die weite Welt bereisen kann, er erzählte von Uppsala und Nairobi, zugleich auch zu den theologischen Quellen ungehindert Zugang hat, ist ein Pfarrer fest an die Gemeinde gebunden und auch nicht mit der neuesten theologischen Literatur ausgestattet. Daß die Pfarrer, die in die Bundesrepublik Deutschland ausgereist waren, für viele Jahre ihren theologischen Beruf nicht ausüben durften, hat mich stets zum

Widerspruch und Bekenntnis, dafür kein Verständnis aufbringen zu können, veranlaßt. Dies auch schon deswegen, weil ein evangelischer Pfarrer Familie hat und er sich nicht nur um seine Gemeinde sorgen muß, sondern auch und gerade um seine Familie, weshalb es gut zu verstehen war, daß der eine oder andere Pfarrer seine Heimat und damit die kommunistische Diktatur verlassen hat, um mit seiner Familie zwar in Ungewißheit, aber in Freiheit neu zu beginnen.

In Kronstadt habe ich auch den der kommunistischen Staatspartei ergeben dienenden Eduard Eisenburger besucht (»Es gibt hunderttausend Siebenbürger, aber Gott sei Dank nur einen Eisenburger«), wobei mir auffiel, daß er mich bat, eine Sportübertragung des Fernsehens im Zimmerton weiterlaufen zu lassen. Später bin ich belehrt worden, daß er dies allen fremden Besuchern gegenüber so handhabte, denn offenbar lief während des Gesprächs mit seinem Gast ein Aufnahmegerät, gedeckt durch den Geräuschpegel der Übertragung, ab. In Temeschwar sprach ich mit dem Vertreter der katholischen Kirche, es war ein nicht so aufregendes Gespräch wie in Hermannstadt. Es fiel jedoch das Wort von einer »Vivisektion durch allmähliche Aussiedlung«.

In Rumänien bin ich, auch während meines Aufenthaltes in dem einen Jahr zusammen mit meiner Frau, wiederholt observiert worden, ohne daß mir dies entgangen wäre. Das eine Mal kamen wir nicht mehr am Abend in unser Zimmer des Hotels »Boulevard« herein, weil plötzlich der Schlüssel nicht mehr das Zimmer aufschloß. Die Türfüllung mußte durchgebrochen werden, und wir erhielten angesichts dieser »Panne« eine Suite zugewiesen. Man war wohl während unserer Abwesenheit zum Abendessen in das Zimmer mit Nachschlüssel eingedrungen, um es zu »durchforsten«, hatte dann nur das Pech, daß jetzt nicht mehr der richtige Schlüssel passen wollte. Als wir nach drei Tagen abreisten, sollte ich die Suite bezahlen, was ich verweigerte, zur Freude eines hinter mir stehenden Rumänen, denn er sprach mir hinterher seine Anerkennung wegen meines obstruktiven Verhaltens aus.

In einer Bundestagsdebatte, die durch die KSZE-Konferenz von Ottawa ausgelöst worden war, stellte ich unter anderem auch die rumänische Problematik besonders heraus. Am 27. Juni 1985 sagte ich: »In Rumänien herrscht bei den Siebenbürger Sachsen und den Banater Schwaben ein großer Aufbruch, denn es geht um die Behauptung der nationalen, das heißt deutschen Identität. Bis zu 80 Prozent der Deutschen planen die Ausreise. Obwohl jährlich 12000 bis 16000 Deutsche ausreisen konnten, ist die Ausreiseprozedur nach wie vor ebenso langwierig wie schikanös. Vor allem ist man in Rumänien weit davon

entfernt, entsprechend der KSZE-Schlußakte die Erlaubnis zur Heirat von rumänischen Staatsbürgern mit Bürgern der Bundesrepublik Deutschland zu erteilen. Es dauert meist drei und mehr Jahre, bis die Heiratserlaubnis nach Erfüllung bestimmter bürokratischer Auflagen erteilt wird. Auch die Praxis der Zahlung sogenannter Schmiergelder bei der Gewährung der Ausreise ist ein Stein des Anstoßes, zumal illegaler Wildwuchs und offiziell geduldete Praxis schwer zu unterscheiden sind.« In Rumänien war man in geradezu verbrecherischer Weise auf Geld versessen, Geld für den einzelnen, und dies lieferte trotz »steigender Preise« in harter Valuta die Bundesregierung, was zwar vom Moralischen zu verurteilen, aber ob des damit verbundenen Erfolges, ausreisen zu können, wieder gebilligt oder zumindest hingenommen werden mußte; Geld für die Ausbildung bis zu 100 000 Mark, je nach dem Bildungsgrad, Zigtausende Mark, die individuell ausgemacht wurden, um überhaupt in den Genuß der notwendigen Papiere zu gelangen. Daß ich mich für die Deutschen unter fremder Herrschaft, für die von den kommunistischen Diktaturen fremdbestimmten Deutschen eingesetzt habe, war eine Selbstverständlichkeit. Viele Kollegen aus der CDU/CSU-Fraktion taten das Glciche. Aber von der SPD war nur etwas zu vernehmen, wenn es um die Menschenrechte in Chile oder Argentinien ging, die Verweigerung der Menschenrechte, worunter die Deutschen zu leiden hatten, war nie Gegenstand von Anfragen seitens der SPD an die Bundesregierung. Lediglich in Plenardebatten bequemte man sich dazu, seinen menschenrechtlichen Part als Regierungs- oder Oppositionspartei schlecht und recht zu spielen, aber zugleich immer voller Rücksichtnahme gegenüber den östlichen Nachbarn. Nachdem die Menschenrechte der Deutschen schon in den Ostverträgen keine Rolle gespielt hatten, wagte man auch danach nicht, sich mit den Herrschenden im Ostblock ausgerechnet wegen der Menschenrechte der Deutschen anzulegen. Ein derartiges Verhalten ließ sich nur als bewußt an den Tag gelegte menschenrechtliche Einäugigkeit bezeichnen und verurteilen.
Zum Beginn des neuen Jahres 1986 – es wurde mein letztes Jahr im Bundestag – schrieb ich einen Aufsatz »600 000 Deutsche warten auf die Ausreise. Geringe Anteilnahme am Schicksal der Deutschen im Ostblock« und erwähnte darin: »Am schwersten betroffen sind nach wie vor die Rußlanddeutschen. Die seit 1970, dem Jahr des Abschlusses des Vertrages von Moskau, niedrigste Ausreisezahl mit 460 Ausreisegenehmigungen war für 1985 festzustellen. Im Jahre 1976 waren es einmal 9704! In der Sowjetunion, wo zwei Millionen Deutsche leben, sind es an

die 100 000 Ausreisewillige.« Das waren die vom Deutschen Roten Kreuz registrierten und hochgerechneten Ziffern, heute wissen wir, daß allein in den Jahren 1990 bis 1993 nahezu 700 000 Deutsche aus der ehemaligen Sowjetunion, wie wir jetzt sagen dürfen, als Aussiedler hier eingetroffen sind! Mehrmals war die bedrückende Situation der Deutschen in der Sowjetunion Gegenstand von Debatten im Bundestag, in denen ich für meine Fraktion gesprochen habe. Der SPD-Abgeordnete Georg Schlaga plädierte angesichts einer gemeinsam vom Auswärtigen Ausschuß dem Plenum vorgelegten Beschlußfassung zur Situation der Rußlanddeutschen für Stimmenthaltung und sagte: »Sie, die CDU/CSU-Fraktion, wollen für die Menschenrechte und für die Minderheiten der Rußlanddeutschen eintreten. Das wollen wir auch. Ich bitte nur darum: tun Sie das sehr vorsichtig, mit viel Fingerspitzengefühl, und tun Sie es klug. Mit Vorwürfen holen wir keinen Deutschen aus der Sowjetunion und verschaffen ihm auch nicht mehr individuelle Menschenrechte. (Dr. Hupka CDU/CSU: Mit Schweigen auch nicht!)« Indem ich die katastrophale Lage der Rußlanddeutschen schilderte, führte ich am 28. März 1985 aus: »Das kann man nicht mit Schweigen und Zuschauen übergehen, hier muß man selber das Wort ergreifen. Wir dürfen nicht länger die deutscherseits geübte Praxis des Wegschauens, sobald etwas unangenehm sein oder werden könnte, üben. Die Deutschen in Rußland fühlen sich vereinsamt, ja übersehen. Sie fühlen sich vergessen. Die Sowjetunion muß immer wieder an ihre Verpflichtungen aus dem Internationalen Menschenrechtspakt und der KSZE-Schlußakte erinnert und auf die Umsetzung ihrer Unterschrift in menschenrechtlichen Handlungen gegenüber den Deutschen verwiesen werden. Bis jetzt konnte für die Deutschen in der Sowjetunion kaum etwas zum Besseren verändert werden. Aber wir dürfen nicht ablassen, die Lage der Deutschen eindringlich zu beschreiben und eine Änderung zu wünschen, zu erbitten und zu fordern.«

Die Deutschen aus der Sowjetunion, für die der Begriff »Rußlanddeutsche« zutreffend war, konnten und können, der Superlativ sei erlaubt, die besten Deutschen unter den Aussiedlern genannt werden, ohne daß damit den anderen weh getan werden soll. Die Rußlanddeutschen, von den Medien sogar bisweilen »Sowjetdeutsche« genannt!, sind eine in sich gefestigte Gemeinschaft mit enger familiärer Bindung innerhalb der vielfach als Großfamilien zu verstehenden Familienverbände; sie kommen mit einem sittlichen Wertekodex zu uns, der nur Bewunderung und Zustimmung auslösen kann, und sind fast durchweg religiös gebunden und glaubensstarke Christen. Allerdings birgt dies den Nachteil in sich, daß man als Aussiedler wieder unter sich bleiben möchte, zusammen nicht nur mit den Landsleuten, sondern auch und dies vor allem mit den Glaubensbrüdern und -schwestern, was wiederum leicht zur Ghetto-Bildung führt, also zur Abkapselung von der übrigen Nachbarschaft. Über viele Jahre, fast sollte ich sagen Jahrzehnte, habe ich mich für die Rußlanddeutschen eingesetzt und dies sehr gern getan, nicht zuletzt in vielen Anfragen und noch gründlicher in Erklärungen im Bundestag.

»ABENTEUERLICHER KURS« –
BLÜTEN DER OSTPOLITIK

Als in der Öffentlichkeit bekannt wurde, daß die im Korridor des Deutschen Bundestages ausgehängte Karte von Deutschland in den Grenzen von 1937 auf Anordnung der Präsidentin, seit der Wahl vom 19. November 1972 Annemarie Renger, 1975 abgehängt worden ist, begann ich eine Korrespondenz mit der Präsidentin, indem ich mich auf die Rechtmäßigkeit der Darstellung und auf das Urteil des Bundesverfassungsgerichts vom 31. Juli 1973 bezog, worin es heißt: »Das Deutsche Reich existiert fort.« Die Bundestagspräsidentin wies in ihrer Antwort und Begründung für die Anordnung, die Karte »künftig im Bundestagsarchiv aufzubewahren« (!), darauf hin, daß »es sowohl in der Presse als auch unter Mitgliedern des Bundestages und Besuchern des Bundeshauses seit längerem kontroverse Auffassungen über das Aushängen der großen Deutschlandkarte in einem Flur des Bundestages gegeben hat.« Selbstverständlich sei, wie entschuldigend und verlogen angemerkt wurde, »mit dem Aushängen dieser Karte keine politische Absicht verbunden« gewesen. Mein Protest fruchtete natürlich nicht, und ich konnte mir die Bemerkung nicht verkneifen, daß nunmehr die Deutschlandkarte aufgrund der Anordnung der Bundestagspräsidentin »im Bundestagsarchiv unter Ausschluß der Öffentlichkeit verstauben« werde. In der Antwort vom 13. Dezember 1975 hieß es phrasenhaft: »Selbstverständlich respektiere ich Ihre Einwände, ich bitte Sie aber um Verständnis, daß ich meinerseits aus den schon dargelegten Gründen bei meiner Anordnung bleibe. Im übrigen soll die Karte im Bundestagsarchiv keineswegs ›verstauben‹, sondern sie steht jederzeit für Ausstellungen oder sonstige Zwecke zur Verfügung.«
Als es wieder einen von der CDU gestellten Bundestagspräsidenten gab, wurde die Deutschlandkarte zwar aus dem Archiv hervorgeholt, aber in einem Flur aufgehängt, den nicht mehr die Besucher des Bundestages, sondern höchstens die Mitarbeiter der Bundestagsverwaltung durchmessen konnten. Man muß es so hart sagen: Für ganz Deutschland in seinen rechtmäßigen Grenzen war in der Öffentlichkeit kein Platz mehr!

»Im März 1977 reisten zehn polnische Journalisten nach Westdeutschland. Sie sollten mit je einem Vertreter der drei im Deutschen Bundestag vertretenen Fraktionen zusammentreffen. Für das Gespräch, das vom Deutschen Institut für publizistische Bildungsarbeit organisiert war, hatte die CDU/CSU-Bundestagsfraktion den Abgeordneten Dr. Herbert Hupka als Teilnehmer angemeldet.« So berichtete der CDU-Abgeordnete Gerhard Reddemann im Deutschland-Union-Dienst. »Bei der Erörterung des Seminarablaufs drohten die polnischen Journalisten jedoch mit ihrer Abreise, falls Hupka an der Diskussion teilnehme. Der Direktor des in Hagen beheimateten Instituts kapitulierte darauf und lud den Vertreter der CDU/CSU-Bundestagsfraktion aus. Obwohl die Vertreter der SPD- und der FDP-Koalition sowohl die polnische Stellungnahme als auch die Reaktion durch den Veranstalter kannten, nahmen sie am 11. März an der Diskussion über ›Die Entwicklung der deutsch-polnischen Beziehungen‹ teil, so als wäre nichts gewesen. Daß polnische Gäste mit einer bestimmten Ausrichtung in die Bundesrepublik Deutschland kommen, ist eine hinlänglich bekannte Tatsache. Entschiedenen Widerspruch muß jedoch herausfordern, daß nicht nur der provokatorischen Forderung der polnischen Journalisten entsprochen wurde, sondern daß die beiden Vertreter der SPD/FDP-Koalition ungerührt mit den polnischen Propaganda-Besuchern diskutierten, als sei es deren selbstverständliches Recht, über die Gesprächspartner des Gastgeberlandes zu entscheiden.«
Nach der Ratifizierung der Ostverträge spielte die sogenannte Gemeinsame Entschließung des Deutschen Bundestages, die während der abschließenden Lesung der Ostverträge am 17. Mai 1972 bei lediglich fünf Enthaltungen (ich hatte auch mit Enthaltung gestimmt, denn von den Menschenrechten und deren Gewährung war darin nichts enthalten) angenommen worden war, eine gewichtige Rolle. Und dies aus gutem Grund. Die Gemeinsame Entschließung war der SPD/FDP-Regierung von der CDU/CSU-Opposition abgetrotzt worden. Man hatte viele Stunden und sogar Tage über die Formulierungen verhandelt, obwohl zum Schluß die CDU/CSU zurecht sagen konnte, daß diese Gemeinsame Entschließung keinen Satz enthält, der nicht zuvor von dieser Bundesregierung während der Debatte über die Ostverträge gesagt worden ist. Die CDU/CSU legte mit dieser Gemeinsamen Entschließung Wert auf die darin ausgesprochene verbindliche Auslegung der Ostverträge. Allerdings war bei der Beratung über die Schlußfassung auch der sowjetrussische Botschafter Valentin Falin mit zu Rate gezogen worden!

Für uns lag die Bedeutung dieser Entschließung auf dem zweiten Absatz, worin erklärt wird: »Die Verträge nehmen eine friedensvertragliche Regelung für Deutschland nicht vorweg und schaffen keine Rechtsgrundlage für die heute bestehenden Grenzen.« Immer wieder habe ich mich in meinen Reden und Aufsätzen gerade auf diesen Satz bezogen, um deutlich zu machen, daß mit den Ostverträgen kein Vorfriedensvertrag abgeschlossen worden sei und die deutsche Frage nach wie vor offen ist, also auch der Entscheid über die künftige deutsch-polnische Grenze. Dazu paßte auch die Formulierung in Absatz drei dieser Entschließung: »Das unveränderte Recht auf Selbstbestimmung wird durch die Verträge nicht berührt. Die Politik der Bundesregierung, die eine friedliche Wiederherstellung der nationalen Einheit im europäischen Rahmen anstrebt, steht nicht im Widerspruch zu den Verträgen, die die Lösung der deutschen Frage nicht präjudizieren.« Selbstverständlich konnte durch die Gemeinsame Entschließung der Text der Verträge nicht verändert werden, wohl aber enthielt sie die amtliche deutsche Interpretation der leider ohnehin mit einem schweren Dissens belasteten Ostverträge und hatte darum auch völkerrechtswirksame Aussagekraft. Die Gemeinsame Entschließung war den Regierungen in Moskau und Warschau übermittelt und dort notifiziert worden, das heißt ohne ausdrücklichen Widerspruch angenommen und ins Ratifizierungsverfahren darum mit eingegangen.

Während der Haushaltsdebatte zum Haushalt des Jahres 1977 kam es am 21. Juni 1977 zu einem Eklat, als der stellvertretende SPD-Fraktionsvorsitzende Bruno Friedrich unmißverständlich deutlich die Distanzierung seiner Partei und Fraktion von der Gemeinsamen Entschließung zum Ausdruck brachte. Aus dem Protokoll des Deutschen Bundestages die Einlassung des SPD-Abgeordneten Friedrich: »Wir müssen aus gegebenem Anlaß davor warnen, eine andere Interpretation des Vertrages (mit Polen) einzuführen, ihn rückwärts verengend zu interpretieren, eine andere Interpretation als die, die bei Abschluß des Vertrages aus dem Geist des Vertrages entstanden ist. Es ist jene Zweideutigkeit, die nach meiner Meinung bei Ihnen (der CDU auf ihrem Parteitag) ganz bewußt gewollt ist, wenn in dieser Entschließung steht, daß wir für die Deutschen eintreten, sei es in Ostpreußen oder Schlesien, sei es in Brandenburg oder Thüringen. Hier ist eben ein ganz bestimmtes Offenhalten gemeint, das mit dem Geist der Verträge nicht zu vereinbaren ist.« Als daraufhin Alois Mertes von der CDU/CSU-Bundestagsfraktion danach fragte, ob noch der zweite Absatz aus der Gemeinsamen Entschließung des Deutschen Bundestages gelte, antwortete Friedrich für die SPD geradezu entwaffnend: »Diese Entschließung war eine Krücke. Es war eine Krücke für eine Fraktion, die nicht bereit war, ihrem Fraktionsvorsitzenden zu folgen, der nicht mehr hindurchsah.« Die nächste Zwischenfrage von Mertes: »Habe ich Sie richtig verstanden, daß die Gemeinsame Entschließung vom 17. Mai 1972, die der Sowjetunion als offizielles Dokument der Bundesrepublik Deutschland notifiziert worden ist, von Ihnen als eine Krücke bezeichnet worden ist?« Friedrich antwortete: »Da die Opposition der Hilfe (gemeint ist die Absicht, die Opposition zu einem Ja zu den Ostverträgen zu bewegen) bedurft hat, kann man das, mit dem man ihr entgegengekommen ist, durchaus eine ›Krücke‹ nennen. (Dr. Richard von Weizsäcker: Das genügt!) Dies ist eine Bezeichnung, die man im interfraktionellen Bereich gelten lassen kann. Im Protokoll ist es eine Entschließung des Bundestages. Ich habe – das möchte ich ausdrücklich festlegen – damit keine Minderung des Wertes dieser Entschließung vornehmen wollen.« Diese Abschwächung des Begriffes »Krücke« für die offizielle deutsche Lesart der Ostverträge war lediglich eine rhetorische Anmerkung. Der SPD-Abgeordnete gehörte ohnehin seit langem zu den Warschau-Wallfahrern und stieß sich darum auch daran, daß den offiziellen Vertretern Polens, den Kommunisten in der Regierung, die deutsche Lesart der Ostverträge wider den Strich ging, denn man wollte Endgültiges vernommen haben und las auch gerade den Warschauer Vertrag als einen vorweggenommenen Friedensvertrag. Aus Polen war von offizieller Stelle zu vernehmen: »Wenn wir diese Entschließung erhalten hätten (was eine Lüge war, denn man hatte sie offiziell zugestellt bekommen), hätten wir den Vertrag nicht ratifiziert.« Hans-Jürgen Wischnewski, Mitglied der SPD-Fraktion und prominenter Parteimann, kam eines Tages aus der Volksrepublik Polen mit der Einsicht zurück, daß er dieser Gemeinsamen Entschließung sein Ja nicht gegeben hätte, hätte er schon damals die polnische und ihm verständliche Reaktion vorausgesehen. Es störte die Sozialdemokraten, daß mit dem Warschauer Vertrag nicht schon endgültig über die deutsch-polnische Grenze entschieden worden ist. Zwar war in ihren Augen die Entscheidung endgültig, aber gerade die Gemeinsame Entschließung mit der Wiederaufnahme des Friedensvertragsvorbehalts sprach dagegen wie überhaupt auch die Rechtslage, wie sie wiederholt in Karlsruhe bestätigt worden ist. In diesen Entscheidungen des Bundesverfassungsgerichts von 1973, 1975 und 1983 (auch diejenige von 1987 ließe sich noch anführen) war klar zum Ausdruck gebracht worden, daß die deutsche Frage bis zu einem frei ausgehandelten Friedensvertrag offen ist.

All diese Rechtsvorbehalte hatten erstens entgegen den Absichten der SPD und auch FDP und zweitens entgegen dem von Anbeginn den Ostverträgen zugrundeliegenden kommunistischen Konzept bis zu den Zwei-Plus-Vier-Gesprächen und dem in Moskau abgeschlossenen Vertrag vom 12. September 1990 völkerrechtlich wirksame Geltung. Mit dem Moskauer Vertrag und der die souveräne Entscheidung des Deutschen Bundestages präjudizierenden Wirkung wurden alle Entscheidungen und auch die Gemeinsame Entschließung zur Makulatur. Ja man führte noch nicht einmal eine gründliche Aussprache, man nahm keine Gelegenheit, das Für und Wider fair auszudiskutieren. Restlos wurde, was gestern noch rechtsgültig war, ausgelöscht.

1979 überschrieb ich einen Artikel für den Deutschland-Union-Dienst »Wehners abenteuerlicher Kurs«, mit der Oberzeile »Opfer einer Täuschung«, womit ich sowohl mich persönlich als auch die allgemeine Öffentlichkeit meinte. Ich zitierte Wehner mit seinen Sätzen vor dem »Kongreß des Ständigen Rates der Ostdeutschen Landsmannschaften und Landesvertretungen« am 22. März 1964: »Was gewänne die Welt, wenn die Deutschen sich dazu überreden oder übertölpeln oder dazu nötigen ließen, zu heucheln und anzugeben, daß geraubtes, vorenthaltenes oder mißhandeltes Recht nicht mehr so genannt werden soll. Bitte, was gewänne die Welt damit? Sie gewänne vielleicht oder höchstens eine zeitweilige Betäubung, aber sie wäre damit Opfer einer Täuschung.« Und Wehner zitierte auf dieser Veranstaltung der Vertriebenen geradezu genüßlich Karl Marx, der in seiner Inauguraladresse vor der ersten Internationalen Arbeiterassoziation erklärt hatte, »daß die einfachen Gesetze der Moral und des Rechts, die das Verhältnis von Privatpersonen bestimmen und regeln, auch durchgesetzt werden müssen im Verhältnis zwischen den Staaten und den Völkern.« In der »Rheinischen Post« hatte Wehner am 16. Januar 1965 ausgeführt: »Ich bin der Überzeugung, daß wir an unserem Rechtsstandpunkt festhalten können. Denn auch bei einer noch so feierlich verbrieften Erklärung – falls in Deutschland eine Mehrheit dafür eintreten würde, die Grenzen von 1937 nicht mehr zu behandeln – würde die kommunistische Seite nichts anderes fordern, als daß wir über das, was übrigbleibt, und zwar die Bundesrepublik Deutschland und die Sowjetzone, verhandeln sollen. Entweder muß Deutschland in den Grenzen von 1937 zur Verhandlung stehen, oder die anderen haben eine wesentliche Schlacht gewonnen. Ich möchte und werde nicht helfen, die deutsche Politik in diese Zwangslage zu bringen.« Ich spielte auf die selbstgestellte Frage, wie dieses Verhalten der Täuschung zu beurteilen sei, drei Antworten

durch.«1. Wehner hat damals wirklich das für wahr gehalten, was er zum Beispiel vor den versammelten Ostdeutschen gesagt hat. Warum vermag er das nicht mehr heute aufrechtzuerhalten? 2. Wehner hatte sich damals geirrt, was allerdings gar nicht zu glauben wäre, warum gesteht er dann heute seinen Irrtum von gestern nicht ein? 3. Wehner hatte schon damals all das nur gesagt, um Menschen und damit Stimmen zu fangen, eine bewußte Täuschung. Warum soll das der Bürger nicht wenigstens im nachhinein erfahren? Wohin steuert Wehner heute, was wird von dem morgen und übermorgen noch gelten, was er heute sagt und beschwört?« Ich schloß mit der ebenso kritischen wie zutreffenden Bemerkung: »Nach bitterster Erfahrung mit Wehners goldenen Worten kann man nur sagen: Wer Wehner glaubt, ist selbst schuld. Man kann seine Mitbürger nur einmal täuschen, ein zweites Mal nicht.«
In der Fragestunde des Bundestages vom 20. September 1979 mußte Hans Jürgen Wischnewski als Staatsminister im Bundeskanzleramt aufgrund einer Fülle von Fragen Bundeskanzler Helmut Schmidt verteidigen und rechtfertigen, obwohl der Bundeskanzler in einer Diskussionsveranstaltung des Zweiten Deutschen Fernsehens viel dummes Zeug in seiner bewährten saloppen Art von sich gegeben hatte. Er hatte am 30. August 1979 gesagt: »Eines ist mir nicht vorstellbar, daß Gebiete in deutsche Hand zurückkehren, in denen Deutsche heute nicht mehr siedeln ... Wenn man ein bißchen in der Geschichte zurückdenkt oder sich orientiert, wie es damals war – 20, 30, 100 oder 200 Jahre –, dann gibt es Gebiete, da haben nacheinander Wenden und andere slawische Völker, dann Polen, Russen, dann deutsche Ritter, dann wieder Polen gesiedelt – ein ewiges Hin- und Hergeschiebe. Um Gottes Willen, laßt uns da nicht wieder anfangen.« Da ich zusammen mit mehreren Kollegen aus der Fraktion nach diesem peinlichen Par-Force-Ritt des Kanzlers durch die Geschichte Fragen gestellt hatte, nahm mich der in die Enge getriebene Minister Wischnewski direkt an: »Und was das Hin- und Hergeschiebe betrifft. Das kennt man doch. Da ist einer in Ceylon geboren, und hinterher ist er Vorsitzender der Schlesier. Das gibt es auch.« Ich antwortete darauf: »Sollten Sie mich meinen, dann kann ich Sie beruhigen. Ich stamme aus oberschlesischer Wurzel und werde Oberschlesien auch die Treue halten, ob ich nun auf Ceylon geboren bin oder nicht.«
Eine Frechheit war bereits der Hinweis des Kanzlers darauf, daß in dem betreffenden Gebiet, gemeint war Ostdeutschland jenseits von Oder und Neiße, »Deutsche nicht mehr siedeln«, denn bis zur Vertreibung der Deutschen haben diese nicht gesiedelt, sondern jahrhundertelang ge-

wohnt. Jetzt sollte also durch die Vertreibung eine vollendete Tatsache geschaffen worden sein, wobei die Geschichte in ihrer verzerrten und unrichtigen Kurzfassung die Begründung liefern mußte. »In diesem Zusammenhang«, indem ich mich auf das »ewige Hin- und Hergeschiebe« bezog, »wurden die Russen ausdrücklich genannt genauso wie die deutschen Ritter, die Polen und die Wenden. Also müssen doch die Russen nach dem Geschichtsverständnis des Bundeskanzlers irgendwann einmal dort gewohnt haben.« Wischnewski wußte nur kanzlertreu zu erklären: »Die Aussagen, die der Bundeskanzler in einer Skizze in der Beantwortung einer Frage gemacht hat, entsprechen der historischen Entwicklung, wie sie gewesen ist.« Frei nach dem Satz: Der Kanzler irrt nie! Aber leider griff in der die Aussagen des Kanzlers begleitenden Publizistik niemand solche Fehlleistungen überhaupt auf.

Deutsch-polnische Vereinbarungen – Attacke in den Medien

Zu Beginn des Jahres 1976 beantragte ich für eine Reise in die Tschechoslowakei ein Einreisevisum bei der Botschaft in Bonn. Ich wollte mit meiner Familie Prag besuchen, das ich zum ersten Male im Sommer 1945 zusammen mit meiner Mutter für mehrere Stunden besucht hatte, nachdem sie am 8. Mai 1945 aus dem Konzentrationslager Theresienstadt befreit und im August von mir mit noch gänzlich unbekanntem Ziel abgeholt worden war, und außerdem nach Theresienstadt fahren. Über Absicht und Ziel dieser Reise war unsere Botschaft in Prag informiert. Meine Frau und unser Sohn als offenbar die besseren Deutschen erhielten das Visum, mir wurde es abgelehnt, ohne daß Gründe angegeben worden wären. Die CDU/CSU-Bundestagsfraktion erklärte dazu am 27. Februar 1976, indem sie »gegen diese Diskriminierung eines Mitglieds der Fraktion Protest« erhob und anmerkte, »daß der Grund für die Ablehnung des Visums sowohl in Hupkas Einlassung während der Bundestagsdebatte über den Prager Vertrag als auch in seinen Äußerungen zu den jüngsten deutsch-polnischen Vereinbarungen liegen soll.«
Bei Einreisen nach Ungarn, Rumänien und Bulgarien, und dies vor dem Beschluß der KSZE-Schlußakte in Helsinki 1975, war mir das Visum gewährt worden. Jetzt sollte ein Strafgericht wegen meiner parlamentarischen Einlassung zum Prager Vertrag von 1973 und zum deutschpolnischen Ausreiseprotokoll von 1975 vollstreckt werden. Unsere Botschaft in Prag hatte zu dem Einreiseverbot als Grund in Erfahrung bringen können, daß ich sinngemäß gesagt hätte, die Tschechoslowakei werde ausschließlich von den Russen beherrscht, weshalb man seine Gespräche am besten doch gleich mit Moskau führen sollte. Allerdings hatte ich dies im Deutschen Bundestag nicht so formuliert, aber ein »triftiger Grund« mußte ja in Prag gefunden werden. Auf der Bundespressekonferenz am 27. Februar 1976 zierte sich der Sprecher des Auswärtigen Amtes sehr, eine das Prager Verhalten verurteilende Auskunft zu erteilen. Allerdings meldete sich am Tage darauf, am 28. Februar,

Bundesaußenminister Hans-Dietrich Genscher zu Worte und ließ mitteilen, daß er in einem Schreiben an seinen Prager Amtskollegen Bohuslav Chnoupek sein »großes Bedauern« zum Ausdruck gebracht und darauf hingewiesen habe, daß die Verweigerung eines Einreisevisums an Abgeordnete und Journalisten mit den Bestrebungen der KSZE zur Verbesserung der menschlichen Kontakte und des Informationsaustausches nicht vereinbar sei. Über die Formulierung »schwer verständlich« und die zum Ausdruck gebrachte »Hoffnung, daß die Regierung der CSSR ihre Praxis der Sichtvermerkserteilung im Lichte der Entspannungsbemühungen und der in einem konstruktiven Geiste verlaufenden Konsultationen unserer engen Mitarbeiter in Bonn überprüfen wird«, ging Genscher nicht hinaus. Zu einem unmißverständlichen Protest hatte er sich nicht aufschwingen können. Selbstredend blieb die Regierung in Prag von Genschers Pflichtübung unberührt, während ich mich der trügerischen Hoffnung hingab, 1977 ein Visum zu erhalten, weil ich annehmen wollte, daß Genschers Einspruch und die Wiederholung des Begehrens vielleicht doch Wirkungen ausgelöst haben könnten. Aber auch zu Beginn des Jahres 1977 wiederholte sich die tschechoslowakische Praxis. Dieses Mal sollte es eine dienstliche Reise des Mitglieds des Auswärtigen Ausschusses vom 19. bis 22. Februar sein, weshalb das Einreisevisum vom Deutschen Bundestag beantragt worden war. Das erneute Nein löste nun nicht etwa ein erneutes Aufbegehren des Außenministers aus, sondern erst nach Wochen, nachdem ich ihn unterrichtet hatte, obwohl es dessen gar nicht bedurft haben dürfte, schrieb mir Genscher: »Ich bedauere diese Entscheidung der zuständigen tschechoslowakischen Behörden.« Dann wird auf die KSZE-Schlußakte Bezug genommen und hinzugefügt: »Diese Auffassung hat auch Botschafter G. Ritzel nochmals ausdrücklich im tschechoslowakischen Außenministerium zum Ausdruck gebracht.« Damit war die Sache erledigt!
Zwölf Jahre später, im Februar 1989, jetzt bereits nicht mehr Mitglied des Bundestags, beantragte ich über ein Münchner Reisebüro eine Touristeneinreise nach Prag und erhielt nun endlich das Visum. Beim Betreten des Prager Flughafens am 16. Februar bangte ich trotzdem ein wenig, wie übrigens in diesen Tagen auch unser Botschafter Hermann Huber, den ich zuvor schon von meinem Vorhaben unterrichtet hatte. Es ging alles glatt, meine Frau und ich konnten Prag genießen. Dank der freundlichen Unterstützung unserer Botschaft war es mir auch möglich, nach dem eine Autostunde von Prag entfernten Konzentrationslager Theresienstadt »auszufliegen«. 16 Monate hat meine Mutter als KZ-

Häftling um ihre Existenz bangen müssen und, Gott sei es gedankt, überlebt. Wir werden in Deutsch angesprochen und einige Zahlen werden genannt, ohne daß ich diese gleich nachprüfen könnte, aber es gibt das ausgezeichnete Buch von H.G. Adler über Theresienstadt, über das ich mit dem Autor auch korrespondiert habe. In Theresienstadt seien 140 000 Menschen im Laufe der Jahre eingesperrt gewesen, 40 000 seien hier gestorben, 80 000 seien nach Auschwitz deportiert und vergast worden, 20 000 hätten schließlich überlebt. Die Zeit scheint seit 1945 stehen geblieben zu sein, aber heute ist die alte österreichische Festungsstadt wieder wie vor der Errichtung des Konzentrationslagers bewohnt. Der uns begleitende Beamte der deutschen Botschaft drängt sehr, weil ihn all das als einen Nichtbetroffenen und im Nachkriegsdeutschland Großgewordenen nicht unmittelbar berührt, wofür man auch Verständnis aufbringen kann. Es bleibt gerade noch Zeit für einen Abstecher in das zwei Kilometer entfernte Leitmeritz, das ich noch von meinen Besuchen 1945 in schönster Erinnerung hatte; heute ist es eine armselige Landstadt mit verfallenen Kirchen, Wohnhäusern und lehmig aufgeweichten Straßen, und war doch einmal eine stolze, schöne Bischofsstadt, wo ich im bischöflichen Palais des Sommer 1945 ein langes Gespräch mit Bischof Anton Alois Weber führen konnte, es war damals ein einziger Bericht des Jammers und Elends und der Verzweiflung.
Über Prag erst noch viele Worte zu manchen, hieße Bekanntes und Rühmendes wiederholen. In der Botschaft wurden lange Gespräche geführt über die bis zu neun und mehr pro Tag hier anklopfenden »Bürger der DDR«, über unsere Landsleute, die auf diesem für sie nicht ungefährlichen Umwege den Weg in den freien Teil Deutschlands gehen wollen. Im Sommer 1989 waren es dann viele viele Tausende, die unsere Botschaft »belagerten« und mit ihrem Begehren nach Freiheit die Ereignisse, die schließlich zur Wende geführt und den Sturz des Kommunismus ausgelöst hatten, in Gang gesetzt haben. Unsere Botschaft im Palais Lobkowitz, damals noch scharf von der Gegenseite fotografisch überwacht, wurde zum Anlaufhafen in die Freiheit. Und das Schicksal von Václav Havel, der zu dieser Zeit wieder im Gefängnis inhaftiert war, wird ausführlich erörtert: Wird trotz der internationalen Proteste die Regierung stur bleiben?, welche Konsequenzen ergäben sich für die Herrschenden, wenn die nicht zu überhörende Unruhe explodiert?, wer bleibt, koste es was es wolle, ein strammer Ideologe? Erhellend die Bemerkung der Frau des Botschafters: Wer mit seinen in der Sowjetunion erworbenen russischen Sprachkenntnis-

sen auf dem Markt russisch spricht, weil man des Tschechischen nicht mächtig ist, wird abgewimmelt, Russisch will man nicht mehr hören. Es war für mich eine angenehme Überraschung, als mich Friedrich Zimmermann, CSU-Landesgruppenvorsitzender, mit auf die knapp bemessene Liste seiner Begleiter für die Reise nach China, nach Rot-China, gesetzt hatte. Die Reise sollte im Herbst 1977 stattfinden. Die Rot-Chinesen stießen sich jedoch an meinen Beziehungen, die ich zur Republik China auf Taiwan seit Jahr und Tag gepflegt hatte, was darin zum Ausdruck gekommen war, daß ich stellvertretender Vorsitzender der deutsch-chinesischen Gesellschaft war, und diese stand in engster Verbindung zur Republik China auf Taiwan. Ich hatte auch bereits Taiwan besucht, weshalb mein Einreisevisum im Paß eingestempelt war und jetzt von der Bonner Botschaft Rot-Chinas als Affront empfunden wurde. Zimmermann ließ mir über seinen persönlichen Referenten Wighard Härdtl, mit dem ich später jahrelang im Rundfunkrat der Deutschen Welle, in den er vom Bundesinnenministerium als Ministerialdirektor entsandt worden war, gut zusammengearbeitet habe, wissen, daß ich doch von meiner Teilnahme an dieser Reise zurücktreten sollte, denn sonst wäre die ganze Reise gefährdet. Ich widersprach diesem Ansinnen, weil ich mich durch Rot-China nicht nötigen und zensieren lassen wollte. Die Reise kam 1977 dann nicht mehr zustande, sondern erst 1978, nachdem ich durch Zimmermann ausgebootet worden war.

»Der Spiegel« hatte über die Absage der ursprünglich geplanten Reise im November 1977 Kunde erhalten und unter der Überschrift »Abfuhr für Hupka« gemeldet: »Die Regierung in Peking hat ein Mitglied der Zimmermann-Delegation zurückgewiesen, mit dem der CSU-Mann bei den Chinesen einen besonders guten Eindruck zu machen glaubte: den militanten Entspannungsgegner Herbert Hupka. Peking verweigerte dem Abgeordneten das Einreisevisum, weil Hupka früher enge Beziehungen zu National-China unterhalten hatte.« Zimmermann sandte gleich eine Gegendarstellung, die auch nach fast zwei Monaten im »Spiegel« abgedruckt worden ist. Von Zimmermann wurde die Meldung des »Spiegel« als Falschmeldung klassifiziert: »Richtig ist vielmehr, daß die chinesische Regierung kein Delegationsmitglied zurückgewiesen hat, indem sie einem das Visum verweigerte. Falsch ist demzufolge auch Ihre Behauptung, daß ich wegen eines nicht erteilten Visums die Reise abgesagt habe. Richtig ist, daß ich aus persönlichen Gründen die chinesische Regierung gebeten habe, meine Reise zu einem späteren Zeitpunkt antreten zu können.« In der Gegenerklä-

rung Zimmermanns war allerdings der Satz gestrichen:« Richtig ist vielmehr, daß die chinesische Regierung allen Delegationsmitgliedern ein Visum erteilen wollte.« In seinen Erinnerungen »Kabinettstücke. Politik mit Strauß und Kohl 1976–1991« hat Zimmermann eine neue Version der seinerzeit von ihm abgesagten China-Reise des Jahres 1977 veröffentlicht. »Zunächst war meine Reise«, so lesen wir jetzt, »1977 vereinbart worden. Sie scheiterte an Herbert Hupka. Der Vertriebenenpolitiker, ein gewiß aufrechter Mann, der wegen Brandts Ostpolitik von der SPD zur Union gewechselt war, allerdings noch weniger diplomatisch als ich selbst, hatte an einer Veranstaltung zum Nationalfeiertag der Republik China (Taiwan) teilgenommen. Das war den Chinesen westlich der Formosa-Straße nicht entgangen. ›Die Reise stehe unter einem schlechten Stern‹, gab mir der Gesandte zu verstehen. Hupka hatte kein Visum und sah nicht ein, weshalb er verzichten sollte. Und natürlich lud ich ihn nicht aus, so wichtig uns auch die Reise war. Die Chinesen wiederum luden uns auch nicht aus. Wir können fahren, aber es wird keine interessanten Orte und vor allem keine interessanten Gesprächspartner geben. Am Ende blieben wir daheim, was uns die Chinesen hoch anrechneten.«
Leider muß hier angemerkt werden, daß weder die eine noch die andere Darstellung Zimmermanns der Wahrheit entspricht. Ich war wegen meiner Verbindung zum freien China der Stein des Anstoßes und hätte, wozu mir auch Härdtl auf Wunsch Zimmermanns geraten hatte, vor dem Einspruch der Rot-Chinesen kapitulieren sollen, entsprechend der Rechnung von Peking: Ohne Hupka ja, mit Hupka nein. Daß damals Zimmermann den fadenscheinigen Grund eines Krankheitsfalles in der Familie für die abgesagte China-Reise vorgab, hat mich genau so enttäuscht wie seine danach sowohl im »Spiegel« als auch in den Erinnerungen gelieferten Erklärungsversuche. Für Geradheit und Aufrichtigkeit sprach solches Verhalten nicht.
Im Mai 1979 unternahm ich den Versuch, ein Einreisevisum in die Sowjetunion zu erhalten. Unter der Rubrik »Zweck der Reise und voraussichtliche Dauer des Aufenthaltes« hatte ich im Antrag geschrieben: »Informationsreise als Mitglied des Auswärtigen Ausschusses vom 3. bis 12. Juli 1979«. Von der deutschen Botschaft in Moskau war bereits ein Programm für Moskau und Leningrad ausgearbeitet worden, aber 24 Stunden vor Reiseantritt wurde mir von der Botschaft der UdSSR in Bonn ohne Angabe von Gründen das Einreisevisum verweigert, nachdem mein Antrag über drei Wochen trotz Interventionen der deutschen Botschaft in Moskau unbeantwortet geblieben war. Als

Vorsitzender der Kommission für Volksgruppenrecht und Aussiedlerfragen der CDU/CSU-Bundestagsfraktion und als Vorsitzender des Unterausschusses für Rundfunkfragen des Auswärtigen Ausschusses (mit Beginn der 11. Legislaturperiode ist dieser Unterausschuß gestrichen worden) hatte ich die Gespräche führen wollen und sollen. Nach der Sommerpause wollten sowohl die Bundestagsfraktion als auch Staatssekretär Günther van Well im Auswärtigen Amt durch Intervention unmittelbar beim Botschafter Wladimir Semjonow die Gewährung eines Einreisevisums erwirken. Aber geschehen ist dann nichts mehr. Im Sommer 1988 habe ich zusammen mit meiner Frau als Tourist und in einer Reisegesellschaft Moskau, Kiew und Leningrad besucht.

Gleich zu Beginn des Jahres 1977 lieferte eine Fernsehproduktion von Radio Bremen, Drehbuch Heribert Schwan, Gründe genug, um heftig zu reagieren und zu protestieren. Die Sendung nannte sich »Reservate. Schlesien bewahren... Beobachtungen in Neuenrade«, dauerte 45 Minuten und wurde zur besten Sendezeit um 20.15 Uhr von einer der beiden Monopolsender ausgestrahlt, 3,8 Millionen Zuschauer sollen es an diesem 9. Februar bei ARD gewesen sein. In einer der vielen »wohlwollenden« Fernsehkritiken unserer Presse hieß es: »Vor zehn Jahren hätte Heribert Schwan noch seine liebe Not gehabt, einen solchen Film im Deutschen Fernsehen zeigen zu dürfen – so mächtig waren die Vertriebenenverbände. Aber das Häuflein der Traditionsbewußten dezimiert sich ständig – teils auf natürliche Weise durch Überalterung, teils durch den Wandel der Gesinnung.« Darauf war es dem Drehbuchautor angekommen: er wollte den Zwiespalt zwischen den biederen Folklore pflegenden Schlesiern und der Führungsschicht entdecken und demonstrieren. Wer für die Ost-Politik der SPD/FDP-Koalition eintritt, habe eben in der Landsmannschaft Schlesien keine Möglichkeit zu wirken, denn hier haben die Radikalen obsiegt und das Sagen. Anders ausgedrückt, das Fußvolk ist bereits viel weiter als die »Vertriebenenfunktionäre«. Deutlich genug war gesagt worden: »Der Vorstand macht die Politik, ganz auf Hupka-Linie.« In einer Kritik der »Süddeutschen Zeitung« wurde das Fazit im Sinne des Autors gezogen: »Der Kalte Krieg gegen die Ostpolitik ist deutlich ein Generationenkonflikt, und von Aussöhnung sprechen nur die Ungarn.« Als dramaturgischer Kontrast mußte eine kriegerische Stimme in diesem Film vorgeführt werden, und diese kam von einem 80jährigen Schlesier, dessen Aussagen hübsch zerschnipselt eingeblendet wurden und der den Krieg als letztes Mittel der Politik nicht ausschloß, und sogleich wurde dieser Ausspruch eines einzelnen zum Leitmotiv des ganzen Films.

Gleich am Tage nach der Sendung erhielt ich die Möglichkeit, im »Deutschland-Union-Dienst« der CDU/CSU unter der Überschrift »Den Linken ein Ärgernis« den Protest zu artikulieren. »›Überhebliches deutschnationales Denken, Rückfall in die unheilvolle Tradition des deutschen Nationalismus und Chauvinismus, unerträglich die Gesinnung der Ewiggestrigen, der deutsche Dünkel‹, das ist nicht etwa ein Zitat aus ›Trybuna Ludu‹ in Warschau, sondern das Fazit, das der Fernsehjournalist Heribert Schwan über die Landsmannschaft Schlesien, über die Landsmannschaften, die Organisation der Vertriebenen, ziehen zu müssen glaubte. ›Unverzeihliche Agitation‹, dieser Vorwurf, der der Landsmannschaft Schlesien gelten sollte, war in Wirklichkeit die Selbsterkenntnis des Fernsehjournalisten. Eine um Objektivität bemühte Gegendarstellung muß gefordert werden, doch wie dieses als Otto Normalverbraucher und Außenstehender bewerkstelligen? Protest und Empörung über dieses gegen die Vertriebenen produzierte Machwerk (im Original des Abdruckes steht das Wort Machtwerk, und gegen diesen Druckfehler war eigentlich gar nichts einzuwenden!) bleiben darum leider die einzigen Möglichkeiten der Reaktion. Die Wahrheit hat es im Deutschen Fernsehen sehr schwer.« Daß auch der Vorsitzende der Landsmannschaft Schlesien in dem jäh bekannt gewordenen Städtchen Neuenrade im Sauerland, Bernhard Schäfer, in gehöriger Weise protestiert hat, war selbstverständlich: »Sie sprachen in Ihrem Kommentar von den Heimatvertriebenen als den ›besseren Deutschen‹ und einer gewollten Zurückerziehung von Deutschen zu ›Schlesiern‹! Wir Heimatvertriebene verstehen uns nicht als ›bessere Deutsche‹, sondern schlicht als Deutsche. Die ›Zurückerziehung‹ bedarf wohl keines besonderen Kommentars, da sie völlig aus der Luft gegriffen und absurd ist«. So war auch der ganze Film.
Der von der Landsmannschaft Schlesien sachlich und wohlbegründet vorgetragene Protest beim Intendanten von Radio Bremen erhielt die Antwort, daß der Rundfunkrat mit großer Mehrheit der Machart und dem Inhalt nicht nur zustimme, sondern ausdrücklich den ganzen Film gutheiße, indem dem Autor wie seinem Produkt eine »sachliche Berichterstattung und eine faire Kommentierung« bescheinigt wird. »Der Rundfunkrat weist mit Entschiedenheit Vorwürfe und Angriffe gegen die Sendung und die verantwortlichen Mitarbeiter von Radio Bremen zurück, die darauf gerichtet sind, dieser Sendung agitatorische Tendenzen zu unterstellen und aus durchsichtigen Gründen abzuqualifizieren.« Was mögen das für »durchsichtige Gründe« gewesen sein, die den berechtigten Zorn nicht nur unter den Zuschauern, sondern vor allem

unter den unmittelbar von diesem Film in Neuenrade Betroffenen hervorgerufen hatten? Schon mit dem Titel »Reservate« war bewußt die Assoziation verknüpft worden, daß es sich um ein Thema handeln sollte, vergleichbar den Reservaten für die Indianer in Nordamerika. Radio Bremen hatte seinen Titel so erklärt: »Gesellschaftliche Bereiche, die an sich keine große Rolle mehr spielen.« Das heißt, eine aussterbende Minorität, über die sich die Überlebenden stolz erhaben fühlen, sollte dargestellt werden. Liebe Ostpolitiker der gegenwärtigen Bundesregierung, laßt Euch nicht ärgern, wenn Gegenstimmen zu vernehmen sind, das stirbt allmählich aus, was sich noch laut artikuliert, einige wenige Schreier sind nur noch zu hören, aber wen stört das schon! Das war in der Tat tendenziöse und darum manipulierte Berichterstattung.

Bereits im Januar hatte Heribert Schwan in einem Rundfunkinterview mit mir den Versuch unternommen, uns Schlesier und besonders mich in die Ecke des Revanchismus zu manövrieren: »›Unterwegs nach Schlesien bleiben‹, so haben Sie formuliert. Ist dies nicht ein Stück Revanchismus?« Meine Antwort: »Um Gottes willen, wir sind weit entfernt von Revanchismus, und es sind immer nur die Kommunisten gewesen, die uns dies vorgeworfen haben. Warum sollen wir nach drei Jahrzehnten bereits sagen können, aus Unrecht ist Recht geworden? Dann könnte man zu der Schlußfolgerung kommen, hätte Hitler länger als sechs Jahre geherrscht, dann wäre heute noch Polen nicht Polen, sondern das Generalgouvernement. Und nie hätte sich ein Pole mit diesem Unrecht abgefunden.« Und auch mir war die Frage gestellt worden: »Wollen Sie die junge Generation, die Söhne und Töchter der Heimatvertriebenen und jüngere Menschen nicht doch bewußt wieder statt zu Deutschen, zu Rheinländern oder Bayern, was sie längst geworden sind, zu Schlesiern zurückerziehen?« Meine Antwort: »Es hat jeder eigentlich einen doppelten Bezugspunkt. Es wäre töricht und unverantwortlich, jemanden erziehen zu wollen im Gegensatz zum Rheinland oder zu Bayern. Aber zum anderen hat man natürlich auch einen Bezugspunkt als Deutscher zu seinem geteilten Vaterland. Sonst würden wir uns gar nicht mehr um Berlin sorgen oder Mitteldeutschland und in gleicher Weise auch um Ostdeutschland. Es kommt aber auf ein neues Verhältnis des einzelnen zu Deutschland an, sowohl zu seiner unmittelbaren Heimat, in der er groß wird, das ist, sagen wir einmal, Niedersachsen oder Baden-Württemberg, als auch zu den Gebieten, die jenseits des Eisernen Vorhanges liegen, in Mitteldeutschland, in Ostdeutschland, also Ostpreußen oder Pommern oder Schlesien.« An der vorgefaßten Meinung, dem Vorurteil, das durch den Film erhärtet werden sollte, haben auch meine als

Ouvertüre gedachten Ausführungen nichts zu ändern vermocht, auf die gegenteilige Ansicht wurde erst gar nicht Rücksicht genommen, denn die vertriebenen Schlesier in Neuenrade sollten vorgeführt werden, in des Wortes schlechtester Bedeutung.
Nachdem unser Sohn Thomas sein Abitur mit guten Zeugnissen bestanden hatte, wurde ich gebeten, die Abschiedsrede für die Elternschaft zu halten. Hier hatte die Schulleitung, die die Schulfeier vorzubereiten hatte, wohl weniger an mein jahrelanges Mittun in der Elternpflegschaft des Beethoven-Gymnasiums in Bonn gedacht als vielmehr an meine Eigenschaft als Bundestagsabgeordneter. Ich übernahm es gern, vor und zu den Abiturienten des Jahrganges 1978 (Schulabschluß) zu sprechen. »Daß wir gemeinsam diese Abschiedsfeier begehen, zeichnet die Schüler aus, und es spricht auch ein neues Zeitgefühl daraus. Offenbar hat man, Eltern, Lehrer und Schüler, wieder mehr Verständnis füreinander.« Ich zitierte dann den bayerischen Kultusminister Professor Hans Maier: »An der Frage, ob an unseren Schulen (und Hochschulen) Feiern noch oder wieder möglich sind, entscheidet sich weit mehr als die Zukunft unserer Bildungseinrichtungen; es entscheidet sich daran, ob die Kräfte des Veränderns und des Bewahrens im Gleichgewicht sind und ob Erziehung als Umgang der Generationen in unserem Land noch möglich ist.«
Es war eine Zeit, als jegliche Feierlichkeit mit dem »Staub unter den Talaren« verdächtigt wurde. Zuerst stellte ich den Bezug zur Bundeshauptstadt Bonn her: »Bonn ist die Hauptstadt der Bundesrepublik Deutschland und hat in löblicher Weise nie den Anspruch erhoben, auch Deutschlands Hauptstadt zu sein und Berlin zu verdrängen (nach 1990 hörte man es allerdings im Deutschen Bundestag und besonders in Bonn selbst ganz anders). Aber in Bonn wird Politik für die Bundesrepublik Deutschland gemacht und sollte auch Politik für ein erst noch zu vollendendes Deutschland gemacht werden.«
Die Aktualität des Zeitgeschehens miteinbeziehend erwähnte ich als Meldungen des Tages, als die schriftlichen und mündlichen Prüfungen zu bestehen waren: »Entführung und Ermordung von Hans-Martin Schleyer, dem Präsidenten der Arbeitgeberverbände, Entführung und Ermordung von Aldo Moro, dem Vorsitzenden der Democrazia Cristiana in Italien und früheren Ministerpräsidenten, Verurteilung von Juri Orlow, dem russischen Physiker und Bürgerrechtler zu zwölf Jahren Freiheitsentzug, Belgrader KSZE-Treffen mit Abschlußkommuniqué ohne Erwähnung der Menschenrechte, Besuch von Leonid Breschnew in Hamburg und Bonn.«

Kurz vor Ende der Ansprache sprach ich die »Fixierung, vielleicht auch Beschwörung der Werte wie Frieden und Freiheit, die Nation, das Vaterland, Deutschland, Europa und der Staat« an. Zuvor hatte ich die Bitte vorgetragen: »Der Friede möge Ihnen erhalten bleiben und zugleich sollten Sie alles tun, daß es immer ein Friede in Freiheit ist. Nicht der Friede rangiert vor der Nation, wie uns kürzlich gesagt worden ist, sondern die Freiheit ist unser höchstes Gut, sie rangiert vor der Nation. Sie haben es leichter als wir, denn Sie sind in die Freiheit hineingewachsen. Sie haben es aber auch schwerer als wir, denn die Phantasie reicht nicht aus, sich vorzustellen, was es heißt, in Unfreiheit leben zu müssen, weshalb die Freiheit ein so kostbares Gut ist.«

»ALS ICH OBSERVIERT WURDE« – POLITISCHE STATIONEN 1980

Es war gerade in der Presse eine Umfrage veröffentlicht worden, worin es hieß: »In der jungen Generation der Bundesrepublik schwindet die Beziehung zum anderen Teil Deutschlands. Für jeden zweiten Bürger von 14 bis 29 Jahren ist die DDR Ausland.« Das war auch das Datum des für den 22. und 23. Februar 1980 in Mannheim angesetzten »Deutschlandpolitischen Kongresses« mit dem Thema »Die Zukunft Deutschlands«. Auf diesem Kongreß, zu dem ich für die »Union der Vertriebenen und Flüchtlinge der CDU/CSU« (damals stand der andere Name »Ost- und Mitteldeutsche Vereinigung« in der Unterzeile) eingeladen hatte, sprach der Kultusminister des Landes Baden-Württemberg, Professor Roman Herzog, vor 500 Delegierten zum Thema »Deutschland in der Schule« das Einleitungsreferat. Mit viel Skepsis und zugleich realistischer Einsicht in die tatsächliche Lage in der Öffentlichkeit und in der Schule behandelte Herzog sein Thema. Wie könne man von Schülern erwarten, daß sie über Deutschland Bescheid wüßten, wenn sie von Lehrern unterrichtet werden, die entweder selbst nichts von Deutschland wüßten oder vielleicht auch gar nicht wissen wollten. »Eine Frage, die mich umtreibt: Wie stellt man jungen Menschen dar, wie groß Deutschland ist? Wir sprechen von Deutschland in den Grenzen von 1937, entsprechend dem Auftrag des Grundgesetzes. Dieses Deutschland muß im Bewußtsein der Jugend verankert werden.« Herzog forderte, daß den Lehrern mehr Materialien zur Verfügung gestellt werden sollten. Die Empfehlung der Kultusministerkonferenz vom November 1978 reiche hierzu nicht aus, sie stelle lediglich eine einigermaßen tragfähige Plattform dar, die durch die halbherzige Zustimmung und Verwirklichung durch die SPD-Kultusminister nur einen Kompromißcharakter habe. Die unionsgeführten Länder hätten sich darauf verständigt, nur noch solche Kartenwerke mit politischen Grenzen in den Schulen zuzulassen, die auch die deutschen Grenzen von 1937 wiedergäben. Aber man könne von der Schule nicht verlangen, was die Gesellschaft als Ganzes leisten müßte. Es sei eine

Änderung des öffentlichen Bewußtseins in der Deutschlandfrage nötig, die Schule allein sei überfordert. »Wie kann ich erwarten, daß ein Lehrer das Deutschlandlied einübt, wenn kaum noch ein Erwachsener die Hymne singt.«

Am zweiten Tage des Kongresses stand eine Kundgebung mit nahezu 3000 Teilnehmern im Mannheimer Rosengarten im Mittelpunkt. Allerdings wurde diese Kundgebung durch etwa 200 Randalierer wiederholt gestört. Angriffsziel der Störer war Franz Josef Strauß, der zum Kanzlerkandidaten für die Bundestagswahl 1980 gekürt worden war. Strauß, der nach Helmut Kohl und Lothar Späth, dem Ministerpräsidenten des gastgebenden Landes, sprach, machte es mir allerdings nicht leicht, die Versammlung zu leiten. Als nämlich rote Fahnen und Transparente gegen ihn entrollt wurden, weigerte er sich, auch nur ein Wort weiterzusprechen: »Solange in diesem Saal ein rotes Transparent gezeigt wird, rede ich nicht.« Da die vorgesehenen Ordner nicht Ruhe schaffen konnten, mußte die Polizei eingreifen, nachdem sich zuvor auch Späth in das Getümmel gestürzt hatte, um selbst handgreiflich für Ordnung zu sorgen. Dies machte uns wiederum große Sorge, weil es für Augenblicke schien, als sei Späth den Demonstranten unterlegen. Für die Empfindsamkeit von Strauß habe ich, obwohl ich mich an sein Veto strikt halten mußte, kein Verständnis aufbringen können, denn sicher war, daß die übergroße Mehrheit, die ihn schon stehend mit lautem Beifall begrüßt hatte, nicht nur zu ihm hielt, sondern auch seine Mitstreiter waren und von irgendwelchen Krachmachern der »Sozialistischen Deutschen Arbeiterjugend« nicht gestört werden konnten. Aber Strauß argumentierte anders, er wollte überhaupt nicht gestört werden und auch nicht auf Transparente blicken müssen, die ihn dann zu Zornesausbrüchen provoziert hätten. Er nannte übrigens die Störer Vertreter der »linken Volksfrontmafia«.

Auf dem Berliner Parteitag der CDU leitete ich am 19. Mai 1980 meinen Diskussionsbeitrag, der mir viel Beifall eingebracht hat, mit einem Zitat aus dem Wahlprogramm für die Bundestagswahl, die für den 5. Oktober angesetzt war, ein: »Deutschland bleibt unser Vaterland«:

»Wiederholt wird gesagt: Die deutsche Frage ist offen, es reicht aber nicht aus, nur diese Feststellung ›Die deutsche Frage ist offen‹ zu treffen. Wir müssen hinzufügen: Die deutsche Frage muß offengehalten werden. Sie muß offengehalten werden, erstens, damit die Wiedervereinigung wieder ein Thema unserer deutschen Politik wird, zweitens, damit die Teilung Deutschlands und deren Überwindung wieder bewußt gemacht werden können, drittens, damit die junge Generation hier eine

Aufgabe sieht, die sie als zu diesem Volk Gehörige in ihrer Haftungsgemeinschaft übernehmen muß, und damit viertens die Teilung Deutschlands und ihre Überwindung endlich auch wieder ein Thema der Weltpolitik werden. Der ursächliche Auslöser der deutschen Teilung ist Hitler. Die Fortdauer der deutschen Teilung hat nun nichts mehr mit Hitler zu tun; sie ist die Schuld der Sowjetunion. Wir aber müssen uns davor hüten, aus eigenen freien Stücken an dieser Teilung mitschuldig zu werden. Deutschland hat Zukunft, wenn wir Deutschland Zukunft geben.«
Das Ringen der polnischen Gewerkschaft »Solidarnosc« auf der Danziger Leninwerft hatte gerade begonnen, als wir, von der CDU so angekündigt, ich als »Sprecher der Vertriebenen«, und mein Fraktionskollege Wolfgang Vogt für die »Christlich Demokratische Arbeitnehmerschaft«, zu einer Solidaritätskundgebung für den 25. August 1980 auf dem Bonner Münsterplatz ganz spontan durch Flugblätter und Informationen über die Lokalzeitungen aufrufen. In der Presse war gleich noch zu lesen: »Der Bonner Kreisvorsitzende des Deutschen Gewerkschaftsbundes begrüßte die Aktion der CDU, sah sich aber nach Rücksprache mit dem DGB-Landesvorstand aus Gründen der parteipolitischen Neutralität des DGB (!) nicht in der Lage, dessen Teilnahme am Schweigemarsch zuzusagen.« Im Aufruf zum Schweigemarsch und zur Kundgebung hatte es geheißen: »Arbeiter, Intellektuelle und Kirche in Polen suchen einen Ausweg aus einer schwierigen innenpolitischen Situation, die durch die kommunistische Regierung verantwortet werden muß. Die mit dieser Aktion ausgedrückte moralische Unterstützung verbinden wir mit der Hoffnung, daß der Weg des polnischen Volkes zu mehr Demokratie und zur vollen Verwirklichung der Menschenrechte ohne erneutes Blutvergießen vollendet werden kann.« Entweder war die ganze Aktion voreilig und zu dilettantisch vorbereitet worden oder es lag auch an der noch keineswegs zu beobachtenden Betroffenheit der Bevölkerung durch den Aufstand der polnischen Arbeiter an der Ostsee, der Schweigemarsch fiel aus, und als ich als einziger Redner das Wort nahm, waren es eigentlich nicht so sehr Mitglieder der CDU als vielmehr der Jungen Union, die auf den Bonner Münsterplatz gekommen waren – leider nur wenige Hundert. Vollmundig hatte es im Aufruf geheißen: »Die Bevölkerung der Bundeshauptstadt bekundet 41 Jahre nach dem Beginn des Zweiten Weltkrieges den Respekt vor dem Freiheitskampf des polnischen Volkes und bestätigt damit den Willen zur Versöhnung.«
Als vom 16.–24. September 1980 in Ost-Berlin die Jahreskonferenz der

Interparlamentarischen Union (IPU) tagte, gehörte auch ich wieder, wie schon auf früheren Konferenzen der Versammlung von Abgeordneten aus aller Welt, zu der Delegation des Deutschen Bundestages. Der aus 19 Abgeordneten bestehenden Delegation stand Franz Amrehn vor, als CDU-Mann Jahre hindurch Stellvertreter von Berlins Regierendem Bürgermeister Willy Brandt. Vor Beginn dieses spektakulären Unternehmens mit 1200 Delegierten aus 87 Ländern, unabhängig von der jeweiligen Staatsform, hatte der Präsident der Ost-Berliner Volkskammer, Horst Sindermann, gegen die Entsendung von Amrehn in einer Delegation des Deutschen Bundestages protestiert, und die Sowjetunion hatte sich diesem Protest angeschlossen, denn für die Kommunisten war West-Berlin nach wie vor eine separate politische Größe. »Der schwarze Kanal«, die schmutzigste aller DDR-Propagandasendungen unter Karl Eduard von Schnitzler, rieb sich noch einen Monat später an Amrehn und meiner Teilnahme. Im »Neuen Deutschland« war dieser Ausschnitt aus dem dieses Mal von Heinz Grote kommentierten Film vom 20. Oktober zu lesen: »Lassen wir die Geschmacklosigkeit mal außer Acht, die darin liegt, ausgerechnet einen Mann wie den Abgeordneten Hupka in die Delegation aufzunehmen, den Chef der Schlesischen Landsmannschaft, die in der BRD regelmäßig mit lautstarken revanchistischen Forderungen gegenüber Polen auftritt. Oder den CDU-Politiker Amrehn zum Delegationsleiter zu machen, also einen Bürger Westberlins, das einen besonderen politischen Status hat, nicht zur BRD gehört und nicht von ihr regiert werden darf. Wer solche kleinkarierten Selbstaufwertungsversuche für große Politik hält, der kann damit vielleicht heute noch in Bonn oder Westberlin Abgeordneter werden. Aber wenn er beginnt, wider besseres Wissen gefährliche Illusionen zu nähren, daß Geschichte einfach rückgängig gemacht werden könnte, dann ist Vorsicht geboten...«
Ich selbst blieb während der ganzen Veranstaltung persönlich unbehelligt, aber wie ich jetzt weiß, nicht unbeaufsichtigt. Das WDR-Fernsehen nahm lediglich Annemarie Renger, damals Vizepräsidentin des Bundestages, und mich während eines Ganges über den Marx-Engels-Platz auf. Amrehn und ich ließen uns ganz bewußt nicht in einem der Ost-Berliner Nobel-Hotels einquartieren, einmal wegen der sicherlich eingebauten Abhörwanzen, zum anderen, und dies vor allem, um die »Grenzpolizei« zu zwingen, früh und abends zwei den Kommunisten unliebsame Personen kommentarlos und ohne Kontrolle passieren zu lassen. Einen der Kongreßtage nutzte ich zu einer Fahrt in meine alte Universitätsstadt Leipzig, die ich 1947 das letzte Mal besucht hatte. Im Wagen der ersten

Klasse, der voll besetzt war, sprach niemand ein Wort mit dem anderen, so viel gesammelte Stummheit hatte ich auf einer Zweistunden-Bahnfahrt noch nie erlebt. Ich las seelenruhig »Die Welt« und die »Frankfurter Allgemeine Zeitung«, was mich auf der Rückfahrt in einem von anderen Fahrgästen unbeachteten Augenblick beim Umsteigen in die Berliner S-Bahn die verschämte Frage hören ließ: »Können Sie mir bitte unauffällig die Zeitungen überlassen?« Und schon waren die Zeitungen in einer Aktentasche verstaut.
In Leipzig suchte ich meine alte Studentenbude auf, in der Roßstraße 17, in einem mehrstöckigen Bürgerhaus. Mit berechtigtem Mißtrauen ließ man den Fremden eintreten, zu meinem Entsetzen war die Tapete dieselbe wie vor 40 Jahren und in einem dementsprechenden Zustand. Jetzt wohnten zwei Elevinnen der Balletschule der Oper hier. Auf der Straße wucherte Gras. »Ja, so sieht jetzt unsere Roßstraße aus«, sagte mir die Friseuse freimütig vor vollbesetztem Frisiersalon, der jetzt in dem Haus untergebracht war. In »Auerbachs Keller« wurde ich zu einem Platz kommandiert, den ich gar nicht in Anspruch nehmen wollte. Im Café wurde ich zwar bald bedient, aber eine Frau mit ihrer Tochter mußte lange warten, eine reine Schikane, bis ich Krach zu schlagen begann. Vor dem Schalter der Bahn, als ich mir die Platzkarte für die Rückfahrt holte, erkannte man mich in der Warteschlange, aber ich vermied jede Kontaktaufnahme, um ja niemanden zu gefährden, denn ich konnte zur Interparlamentarischen Union nach Berlin zurückfahren. Nicht die im »Palast des Volkes« gehaltenen Reden und Diskussionsbeiträge, obwohl es unter anderem um eine Resolution gegen den Überfall der Sowjetunion auf Afghanistan ging, blieben mir im Gedächtnis, sondern eigentlich nur diese Reise in das »andere Deutschland«, nach Leipzig.
So harmlos, wie ich es hier gerade geschildert habe, verlief dieser Ausflug nach Leipzig keineswegs. Die Behörde des »Bundesbeauftragten für die Unterlagen des Staatssicherheitsdienstes der ehemaligen Deutschen Demokratischen Republik« machte mir inzwischen Aufzeichnungen über mich zugänglich, obwohl die Hauptakte der »Hauptverwaltung Aufklärung« mit Billigung der letzten DDR-Regierung bis zum 30. Juni 1990 vernichtet worden ist. Aus dem Berichtsbogen der »operativen Beobachtung« geht zunächst hervor, daß »Hupka im Palast-Hotel (hier in Ost-Berlin nahmen wir als Delegierte unsere Mahlzeiten ein) für den 17. 9. 80 eine Platzkarte für den Express 66 (sic!) Berlin-Leipzig sowie eine Platzkarte zur Rückfahrt am gleichen Tag um 18.53 ab Leipzig Hauptbahnhof bestellte.« So »frei« waren wir Abgeordnete

und Delegationsmitglieder! Außer den genauen Uhrzeiten der Ein- und Ausreise über die Berliner Übergangsstelle Heinrich-Heine-Straße wird exakt registriert: »Ergebnis der operativen Beobachtung. Am 17. 09. 80 fuhr H. 09.56 Uhr ab Berlin-Ostbahnhof mit dem ›Express 67‹ (sic!) nach Leipzig, wo er 12.44 Uhr eintraf. Nach Verlassen des Bahnhofs begab sich H. zur ›Nicoleikirche‹ (sic!). Anschließend aß H. in der Gaststätte ›Auerbachs Keller‹ zu Mittag. 14.10 Uhr betrat H. die Karl-Marx-Universität (wo ich mich übrigens nach dem Grab meines Doktorvaters Theodor Frings erkundigt hatte) u. fuhr mit dem Fahrstuhl in die 3. Etage. In der Universität stand H. nicht unter Kontrolle. Nach Verlassen der Universität ging H. durch das Altbaugebiet Roßstraße, Nürnberger Straße zur Thomaskirche, die er 15.36 Uhr betrat. 16.10 suchte H. kurzzeitig das ›Café am Hochhaus‹ in der Goethestraße auf (mein Besuch in der Studentenbude in der Roßstraße wurde offenbar nicht observiert, nachträglich noch eine Rüge meinerseits) und begab sich danach zum Hauptbahnhof. 16.53 Uhr fuhr H. von Leipzig zurück nach Berlin. 18.53 Uhr traf er in Berlin ein, wo die operative Beobachtung beendet wurde. Während der operativen Beobachtung wurden keine Verbindungen des H. zu anderen Personen festgestellt. Ausreise Westberlins 17. 09. 80 22.00 Uhr Heinrich-Heine Straße.« Wie viele Beobachter mögen beschäftigt worden sein, um diesen Tagebuch-Ersatz höherenorts abzuliefern?

Die Gelöbnisse der Rekruten unserer Bundeswehr lösten im Jahre 1980 wütende Reaktionen von den auf der äußersten Linken agierenden Gruppen aus. In Bremen war es bereits in Anwesenheit des Bundespräsidenten Karl Carstens zu heftigsten Gegendemonstrationen dieser Gruppierungen gekommen. Gleiches wurde im Vorfeld für die auf dem Bonner Münsterplatz für den 12. November angesetzte öffentliche Vereidigung von 150 Soldaten der Bundeswehr befürchtet. »Der Streit um Sinn und Zweck öffentlicher Gelöbnisse«, so schrieb der Bonner »General-Anzeiger« wenige Tage zuvor, »der die 25-Jahrfeier der Bundeswehr überschattete, ist auch gestern weitergegangen.« Auf einer Demonstrationsveranstaltung der Jungen Union für das Gelöbnis von 150 Soldaten hatte ich erklärt: »Die jetzt gegen das Gelöbnis der Bundeswehr geführte Kampagne ist nur die Schauseite eines gegen die Verteidigungsbereitschaft und Verteidigungsfähigkeit der Bundeswehr geführten Feldzuges, bei dem ideologische Pazifisten ebenso mittun wie linksradikale Gruppen, deren Auftraggeber im Osten hochgerüstet sind und gerade jetzt Polen auf das Gefährlichste bedrohen. Der Bundeswehr gebührt unser Dank für ihre Einsatzbereitschaft und Einsatzfähigkeit zur Verteidigung unser aller Freiheit. Jeder Soldat, der seine Pflicht erfüllt, hat einen Anspruch darauf, daß wir Demokraten zu ihm stehen, denn er tut seine Pflicht für uns, die freien Bürger der Bundesrepublik Deutschland. Wer gegen das Auftreten der Bundeswehr in der Öffentlichkeit aufmarschiert und Obstruktion betreibt, will das Verhältnis zwischen Staatsbürger und Soldat stören, ja zerstören. Zum Selbstbewußtsein eines jeden Volkes gehört die Achtung vor der Geschichte und die Pflege der Tradition. Das öffentliche Gelöbnis und der Große Zapfenstreich stehen in dieser Tradition. Diese Tradition ist zwar von Hitler mißbraucht worden, aber dadurch ist doch die Tradition nicht schädlich und verdammenswert. Die Bundeswehr hat einen Anspruch darauf, sich in der Öffentlichkeit zu zeigen und sich selbst darzustellen. Die Feinde der Demokratie dürfen nicht darüber bestimmen, ob unsere Bundeswehr das feierliche Gelöbnis ablegt oder ob es ihr versagt wird. Die Bundeswehr ist Teil unserer Demokratie. Die jetzt geführten Attacken gegen die Bundeswehr und deren Tradition sind Attacken gegen das Selbstverständnis der Bundesrepublik Deutschland.«

Es mußten für den 12. November 5000 Polizisten aufgeboten werden, damit das Gelöbnis überhaupt störungsfrei ablaufen konnte. Nur mit größter Mühe konnte man sich einen Weg zum abgesperrten Geviert, wo auch die politische Prominenz mit Bundespräsident, Bundeskanzler und Verteidigungsminister versammelt war, bahnen. »Ein beschämendes, ein empörendes Ereignis«, so schrieb ich am nächsten Tage im »Deutschland-Union-Dienst«, »eine johlende Menge meist junger Mitbürger – vielleicht besser als reisende Anarchisten zu bezeichnen – bricht das Gesetz der Toleranz und will das Gelöbnis verhindern, zumindest aber mit höchstem Geräuschpegel stören, die Soldaten aus der Öffentlichkeit ausschließen, im Grunde aber die totale Kapitulation des freiheitlichen Rechtsstaates. Die Parolen lauteten ›Nieder mit der Bundeswehr‹, ›Raus aus der NATO‹. Unsere Polizei, der für ihren Einsatz besonders zu danken ist, mußte den Soldaten den Raum für das Gelöbnis in des Wortes wahrer Bedeutung freikämpfen, sollte nicht die aufgeputschte Straße das Kommando übernehmen.«

»Für Freiheit und Menschenrechte« –
Breschnew in Bonn – Kriegsrecht in Polen

Kurz vor dem Besuch von Leonid Breschnew in Bonn hatten CDU und Junge Union zu einer Demonstration »Für Frieden und Menschenrechte« nach Bonn aufgerufen. Es war ein verregneter Sonntag, 21. November 1981, als zwischen 30 000, wie die Polizei angab, und 50 000 vor dem Bonner Rathaus nach einem Marsch durch die Stadt versammelt waren. Mit dieser Demonstration, deren Teilnehmerzahl weit höher lag als es die Einberufer erwartet hatten, sollte schon vom Datum her nicht nur allgemein für Freiheit und Frieden demonstriert, sondern gegen Leonid Breschnew und seinen Überfall auf Afghanistan protestiert werden. Es traten während der Demonstration auch afghanische Freiheitskämpfer und die russischen Bürgerrechtler Wladimir Maximow und Wladimir Bukowski auf. In vorderster Reihe während des Demonstrationszuges marschierten der FDP-Politiker Jürgen Möllemann aus dem Lager der Regierungsparteien, der an der Spitze einer Initiative »Freiheit für Afghanistan« stand und zusammen mit Matthias Wissmann, dem Vorsitzenden der Jungen Union, zu Demonstration und Kundgebung aufgerufen hatte, neben den CDU-Politikern Norbert Blüm, Bernhard Worms, Kurt Biedenkopf und dem CDU-Generalsekretär Heiner Geißler. Unter den Demonstranten wurden 60 Mitglieder des Deutschen Bundestages gezählt, aber die SPD glänzte durch Abwesenheit. Große Erregung setzte während der Kundgebung ein, als bekannt gegeben wurde, daß mehreren in Bonn lebenden Afghanen durch den sozialdemokratischen Innenminister von Nordrhein-Westfalen eine Teilnahme an der Kundgebung untersagt, gleichsam eine Art von Schutzhaft über sie ausgesprochen worden war, um den Staatsgast aus der Sowjetunion nicht zu brüskieren. Sie sollten ihre Wohnungen nicht verlassen dürfen.

Zu den Teilnehmern gehörte auch ich. Ich bedauerte nur, daß über die Deutschen, die einen Antrag auf Ausreise gestellt hatten und nicht ausreisen durften, nicht mit der gleichen Lautstärke gesprochen wurde. Während einer Aktuellen Stunde im Bundestag und in Presse-Erklärungen hatte ich auf dieses Problem aufmerksam zu machen versucht und es für die Traktandenliste der Gespräche und Verhandlungen mit Breschnew als besonders vordringlich gefordert. Am 11. November 1981 hatte ich im Bundestag als erster Redner zum Thema der Rußlanddeutschen gesagt: »Der Satz aus der Tischrede des Bundesaußenministers im April dieses Jahres in Moskau hat seine Richtigkeit. Er sagte: ›Uns liegt daran, daß die Aussiedlung von Deutschen aus der Sowjetunion von sowjetischer Seite wieder in größerem Umfang ermöglicht wird‹. Wenn aber derartige Reden ohne jede Reaktion, ohne Auswirkung bleiben, ja wenn ihnen eine grausame Restriktion im Umgang mit den Ausreiseanträgen folgt, müssen, so meinen wir, Konsequenzen gezogen werden. Wo bleibt der Widerspruch, wo der Aufschrei, wo der Protest, wo die Mahnung, wo die Forderung, wo die Erfüllung der Schutzpficht für die Deutschen in der Sowjetunion? Die Nordatlantische Versammlung der 15 NATO-Staaten hat soeben in München einen ausgezeichneten Bericht über das Los der Deutschen in Rußland vorgelegt. Wo aber bleibt der Bericht der Bundesregierung? Wir müssen erwarten und fordern, daß während des Besuches von Breschnew in Bonn endlich auch die Lage der Deutschen in der Sowjetunion, das ihnen verweigerte Volksgruppenrecht und die Ausreisemöglichkeit ausführlich behandelt werden und daß man verbindliche Zusagen über die Prozedur und die Zahl erhält. Es muß ein Ende mit den Schikanen und Pressionen haben. Die Zahl muß um ein Vielfaches pro Jahr erhöht werden. Feste Zahlen im Jahresdurchschnitt sollten verabredet werden. Der Begriff Familienzusammenführung darf nicht mehr so eng wie bisher ausgelegt werden. Die Zahl der Ausreisewilligen dürfte zwischen 100 000 und 200 000 liegen. Erfolg und Mißerfolg des Besuchs von Breschnew ist an dem Ergebnis abzulesen, das von der Bundesregierung für die Deutschen in der Sowjetunion erreicht wird.« Ich verwies darauf, daß die Zahl derer, die im Jahre 1981 bis jetzt zu uns gekommen sind, im Monatsdurchschnitt 327 betragen habe, »ein Minusrekord. Das heißt: 60 Prozent weniger als 1976. 1975, als auch die Sowjetunion die KSZE-Schlußakte unterschrieben hat, waren es 499 Aussiedler im Monatsdurchschnitt. Erfreulicherweise waren es 1976 dann 808 und jetzt sind es nur 327!« Der Redner der SPD, Volker Neumann (Bramsche), hielt sich in seinem Text streng an die Parteilinie, obwohl er in den menschenrechtlichen Fragen als Kombattant gelten durfte: »Glauben Sie wirklich, daß wir den Menschen helfen, wenn wir hier vor dem Besuch des Generalsekretärs lautes Getöse produzieren?« Ich rief dazwischen: »Sollen wir etwa schweigen?« Die Situation der Deutschen verbesserte sich auch nach dem Besuch Breschnews in Bonn überhaupt nicht. Wiederholt wurde im Bundestag auch über die Besuchsmöglichkeiten im Norden Ostpreußens, also in dem von der Sowjetunion zur Oblast Kaliningrad erklärten Gebiet von Königsberg, Gumbinnen und Tilsit diskutiert. Als dieses Thema am 10. Dezember 1981 nach Abschluß des Besuchs von Breschnew anstand, wurde vom SPD-Abgeordneten Georg Schlaga aus eine Tischrede des Bundeskanzlers vom 23. November 1981 zitiert, die aber in der von Schlaga zitierten Fassung gar nicht gehalten worden ist. »Ein bemerkenswertes Ereignis«, wie ich in der ein Jahr später angesetzten Debatte über eine Beschlußempfehlung des Auswärtigen Ausschusses mit dem Thema »Reiseverkehr in den nördlichen Teil Ostpreußens« sagte, indem ich meine Zustimmung zu diesem Phantom einer Tischrede bekundete und den Bundeskanzler zitierte: »So warten viele Menschen in der Bundesrepublik Deutschland darauf, Gebiete in der Sowjetunion besuchen zu können, die, wie das nördliche Ostpreußen, noch immer für Ausländer gesperrt sind.« Meine Rede am 13. Mai 1982 begann ich mit dieser Feststellung: »Zwischen der Bundesrepublik Deutschland und der Sowjetunion, zwischen uns und den Russen, befinden sich drei Problemkreise. Es sind dies: erstens die Situation der Deutschen in der Sowjetunion, zweitens die Sorge um die Kriegsgräber aus dem Zweiten Weltkrieg und drittens die Verweigerung einer Besuchsmöglichkeit im Norden von Ostpreußen.« Ich konnte dann auf eine Information zurückgreifen, die ich aus dem Bundespräsidialamt erhalten hatte. Bundespräsident Karl Carstens hatte Breschnew wegen des Besuchsverbotes im nördlichen Ostpreußen angesprochen und dabei erfahren müssen, daß Breschnew überhaupt nicht Bescheid wußte, was offensichtlich aber auch gar nicht geheuchelt war. Der sowjetische Außenminister Andrej Gromyko habe erst Breschnew davon in Kenntnis setzen müssen, daß es sich erstens so verhalte und zweitens dieses Gebiet ein aus militärischen Gründen geschlossenes Gebiet sei. Ich führte weiter aus, Breschnew in seiner Antwort an Carstens zitierend: »Jedes Land habe seine internen Regelungen, aber die Angelegenheit sollte überprüft werden. Jedenfalls dauert die Überprüfung bis heute, denn wir haben seitdem nichts vernommen. Es ist nämlich gar nichts geschehen. Zum Schlechteren, wie etwa bei der Ausreise der Deutschen aus der Sowjetunion, konnte es sich nach Breschnews Besuch überhaupt nicht entwickeln, denn es ist schon schlimm genug, daß es nicht möglich ist, als Tourist, als Besucher in den Norden Ostpreußens zu reisen.« Übrigens war die

Vorlage des Auswärtigen Ausschusses einstimmig beschlossen worden, wobei »während der Beratungen im Ausschuß ausdrücklich auf die ergänzende Formulierung ›beharrlich‹ Wert gelegt worden ist. Das besagt, daß die vielen Gelegenheiten der ständigen Gespräche und Konsultationen dazu benutzt werden sollten, um beharrlich auf unser berechtigtes Verlangen hinzuweisen, doch endlich den Tourismus in das nördliche Ostpreußen freizugeben.«

In der Bundesrepublik Deutschland setzte geradezu eine Paket-Flut nach Polen ein, nachdem das Kriegsrecht am 13. Dezember 1981 von Wojciech Jaruzelski verkündet worden war und die allgemein in Polen herrschende Not bekannt wurde. Mit drei in gewissen Abständen veröffentlichten Aufrufen, jeweils in anderer Funktion (als Bundesvorsitzender der Landsmannschaft Schlesien, dann Vorsitzender des Ständigen Rates der Ostdeutschen Landsmannschaften und Landesvertretungen und schließlich als Vorsitzender der Ost- und Mitteldeutschen Vereinigung der CDU/CSU), wandte ich mich an die Öffentlichkeit mit der Bitte um Paketsendungen. Unter dem 12. Januar 1982 schieb ich: »Alle Möglichkeiten des Miteinandersprechens, sei es während eines Besuches oder in Telefonaten, sind durch das Kriegsrecht außer Kraft gesetzt, die Briefpost wird zensiert, und viele Tausende bangen darum, ob die Erlaubnis zur Ausreise überhaupt noch erteilt wird. Wenn allerorten erfreulicherweise zur Hilfe aufgerufen wird, dann sollten im besonderen unsere Landsleute jenseits von Oder und Neiße mit Paketen und Hilfssendungen bedacht werden.« In einem anderen Aufruf führte ich später Klage darüber, »daß die Regierung der Volksrepublik Polen an diesen Hilfssendungen verdient. Sie verlangt für Zubringerweg und Auslieferung ihre Postgebühren. Niemand will der polnischen Bevölkerung die Hilfe versagen, und Paketsendungen auch an Polen sind ein Stück tatkräftiger Nächstenliebe. Aber zuerst bitten wir, unsere Landsleute mit Paketen zu bedenken. Dies ist unsere moralische Pflicht.« Ich erklärte ausdrücklich: »Gemeinsam wollen wir allen, die in Not sind – ob Deutsche oder Polen – helfen.«

Nachdem seit Februar 1982 die Pakete portofrei auf den Weg gebracht werden konnten, wurden in der Zeit vom 1. Juli bis 31. Oktober 1982 wieder Gebühren erhoben. Erst als die neue Bundesregierung nach dem 1. Oktober 1982 ihre Amtsgeschäfte übernahm, wurde der Paketversand erneut portofrei ermöglicht. Für die fünf Monate zwischen dem 8. Februar und dem 30. Juni 1982, als nach Auskunft 4,3 Millionen Pakete (!) abgefertigt worden waren, mußte die Bundesregierung jedoch auf eine schriftliche Frage von mir erklären: »Der Bundespost entstand ein Gebührenausfall von 77 758 108 DM, der aus dem Titel ›Humanitäre Hilfe‹ des Auswärtigen Amtes erstattet wird. Von diesen ca. 78 Millionen DM erhält die polnische Verwaltung ca. 41 v. H. (32 Millionen DM), die DDR ca. 13 v. H. (10 Millionen DM), und der Deutschen Bundespost verbleiben ca. 46 v. H. (36 Millionen DM) für ihre postalischen Leistungen.« Mit 42 Millionen DM waren die Kommunisten in Warschau und Ost-Berlin die Gewinner dieser spontanen deutschen Pakethilfe. Im ganzen seien es, wie man nach der erneuten Freigabe für die Paketsendungen nach Polen errechnet hatte, 130 Millionen DM, die der Bundespost durch die gebührenfreie Beförderung und die nach wie vor notwendigen Erstattungen des Portos an die DDR und an Polen 1982 entgangen sind, für welche Summe der Haushalt des Auswärtigen Amtes bemüht werden mußte. Ich sprach von einer »Kapitalisierung der Nächstenliebe«, weil an dieser großen humanitären Aktion die kommunistischen Diktaturen ganz schön verdient hätten. »In dem zuerst betroffenen Zeitraum von fünf Monaten hatte sich der Paketversand gegenüber 1981 um das Sechsfache gesteigert. Man ließ sich also nicht nur wie gewohnt trotz des besonderen Charakters dieser Hilfssendungen die Portogebühren weiterhin bezahlen, sondern man verdiente an der großen Zahl der Paketsendungen noch zusätzlich. Unabhängig von allen ideologischen Barrieren sollte es möglich sein, darauf zu verzichten, an dieser Hilfe noch zusätzlich verdienen zu wollen.« Dies blieb leider nur ein frommer Wunsch.

Wahlkreis Wuppertal-Barmen – 10. Deutscher Bundestag

Nach der vorzeitigen Auflösung des 9. Deutschen Bundestags war für die Neuwahl der 6. März 1983 festgelegt worden. In der CDU des Rheinlandes legte man neuerdings entscheidenden Wert darauf, daß möglichst alle Kandidaten auch über einen Wahlkreis verfügten. Der Wahlkreis Erftkreis, den ich seit 1980 als Abgeordneter ohne eigenen Wahlkreis als Aufgabe und zur Repräsentanz zugewiesen bekommen hatte, war durch Alfons Müller (Wesseling) besetzt. Durch Vermittlung von Bernhard Worms, den rheinischen Landesvorsitzenden, mit dem ich auch befreundet war und in einem engeren Zirkel mit Kollegen aus Bundestag und Landtag viele Jahre harmonisch zusammengearbeitet habe, wurde ich für Wuppertal vorgeschlagen. Es sollte von den beiden Wuppertaler Wahlkreisen allerdings der weniger erfolgreiche von Wuppertal-Barmen, Wuppertal II, sein. Gegenkandidat bei der Nominierung war der ehemalige Bundestagsabgeordnete Pfarrer Manfred Schmidt, im Bundestagshandbuch mit dem Zusatz Wuppertal geführt, ein gebürtiger Pommer. Ich wurde mit 32 zu 27 Stimmen gewählt. Gegenkandidat auf Seiten der SPD war der in Wuppertal geborene Staatsanwalt Willfried Penner, der den Wahlkreis auch stets geholt hat. Auf vielen Podiumsdiskussionen taten wir uns persönlich nicht weh, denn es gab gegenseitig keine Ausfälle, wiewohl wir den jeweiligen parteipolitischen Standpunkt ohne Abstriche zu vertreten wußten. Für die FDP kandidierte in Wuppertal Bundesaußenminister Hans-Dietrich Genscher, den wir aber während des ganzen Wahlkampfes nicht zu Gesicht bekommen haben.

Wie es Wahlkämpfe so an sich haben, begann die Frühschicht schon um 5 Uhr vor den Fabriktoren, wobei man sich auch manch garstige, intolerante Bemerkung anhören mußte. An den Sonnabenden stand ich brav am Eck der Hauptgeschäftsstraße und übte mich in Canvassing. Abends ging es in die vielen Vororte oder auch Hauptorte, aus denen das sich zu Westfalen zählende (im Gegensatz zum rheinischen Elberfeld) Barmen zusammensetzt. Die Unterstützung durch die Freunde aus der Partei war ausgezeichnet. Es war ja auch die erste Wahl, in der wieder ein Bundeskanzler der CDU/CSU zur Wahl stand, und dieses Mal nicht nur als Kanzlerkandidat. »Helmut Kohl, der Enkel Konrad Adenauers«, wie oft habe ich das nicht über den Lautsprecherwagen verkündet. Ich habe sowohl eifrig Klinken geputzt als auch abends in kleinen und großen Versammlungen Rede und Antwort gestanden. Zu den prominentesten Wahlhelfern zählten der CDU/CSU-Fraktionsvorsitzende Alfred Dregger und Bundesinnenminister Friedrich Zimmermann. Richard Stücklen als Bundestagspräsident half in einem Gespräch bei der Lokalzeitung, die hier leider ein Monopol hat, die Wahl gewinnen. Daß sie gewonnen worden ist, entschied sich in den letzten vier Wochen, bis dahin sah es eher nach einem Sieg von Hans-Jochen Vogel aus.

Während des Wahlkampfes waren aus verständlichen Gründen die Vertriebenen als Wählerpotential ein gern gesehener Gast sowohl beim Bundeskanzler als auch beim Bundesaußenminister. Aber auch der Bundespräsident stand für einen Termin des Ständigen Rates der Ostdeutschen Landsmannschaften und Landesvertretungen zur Verfügung. Beim Bundespräsidenten Karl Carstens ging es vor allem um die Vermittlung und Festigung unseres gesamtdeutschen Geschichtsbewußtseins. Der Bundespräsident, ein geschichts- und nationalbewußtes Oberhaupt unseres Staates, unterstützte uns gerade in dieser Feststellung und Forderung. Carstens konnte aufmerksam zuhören und bekundete zugleich seine patriotische Gesinnung sowohl mit dem Blick auf die vaterländische Geschichte als auch in Richtung eines Engagements für die rechtliche Lage der Deutschen dort, wo sie als Volksgruppe und Minderheit leben. Ich habe viele Gespräche mit Carstens führen können, und diese waren stets ein Gewinn, auch dann, wenn der Bundespräsident (und zuvor als Fraktionsvorsitzender der CDU/CSU-Bundestagsfraktion wie auch als Bundestagspräsident) etwas behutsamer und diplomatischer formulierte und zu operieren sich vorgenommen hatte. Er vertrat einen festen, im besten Sinne des Wortes nationalen Standpunkt. Das Gespräch beim Bundeskanzler, dem in den folgenden Jahren in gewissen Abständen weitere folgten, zeichnete sich dadurch aus, daß der Präsident des Bundes der Vertriebenen, Herbert Czaja, ausführlich, stets zu ausführlich, und gründlich alle offenen Fragen aufblätterte und auf ein ausführliches Schlußkommuniqué entscheidenden Wert legte, indem er bereits einen eigenen Entwurf in die Zusammenkunft mitbrachte. Der Bundeskanzler war immer von hochrangigen Entscheidungsträgern umgeben, hörte gut zu, griff die genannten Probleme

bereitwillig auf, sagte da und dort Klärung und auch Entscheidung zu. Man hatte nach diesem und manchem anderen Gespräch stets den Eindruck, den Kanzler und seine Umgebung klüger gemacht zu haben. Aber sich danach auf ein verbindliches Wort des Kanzlers berufen zu können, war nicht gegeben und wurde auch absichtlich vermieden.
Das Gespräch mit dem Bundesaußenminister Hans-Dietrich Genscher, das dieses Mal wieder der Ständige Rat der Ostdeutschen Landsmannschaften und Landesvertretungen führte, verlief am hitzigsten, obwohl sich der Bundesaußenminister, seinem allgemeinen Habitus entsprechend, jovial und geschmeidig gab. Die Sprecher der Vertriebenen vermißten bei ihm einen klaren und notfalls auch kämpferisch zu vertretenden Standpunkt. Man spürte nur zu deutlich, daß hier jemand Außenpolitik zu machen entschlossen war, wie er sie bislang schon seit 1974 unter Bundeskanzler Helmut Schmidt gemacht hatte. »Harte Diskussion mit dem Bundesaußenminister«, so wurde der Bericht über dieses Gespräch im Auswärtigen Amt überschrieben. Die Härte meinte sowohl den Widerspruch zu einer auf Appeasement eingeschworenen Politik des Außenministers als auch das ständige Anrennen der Sprecher der Vertriebenen gegen die Unverbindlichkeit und das bequeme Ausweichen auf die Entspannungspolitik, wie sie seit der Kanzlerschaft von Willy Brandt betrieben worden war. In dem gemeinsam veröffentlichten Kommuniqué hieß es: »Es entwickelte sich eine harte, aber sachliche Diskussion über die verschiedenartige Auslegung der Verträge von Moskau und Warschau und des Textes der Gemeinsamen Entschließung des Deutschen Bundestages vom 17. Mai 1972.« Weitere Themen waren »die große Not unserer deutschen Landsleute in Ostdeutschland, denen die Ausübung der Volksgruppen- und Menschenrechte bis heute verweigert wird«, ferner »die falsche Darstellung Deutschlands auf Landkarten nicht nur in den Massenmedien, sondern auch in den Vertretungen der Bundesrepublik Deutschland im Ausland. Dadurch könnte im Ausland zu der sowieso mangelnden Information über die deutsche Frage der Eindruck erweckt werden, als hätten sich die Deutschen mit der Teilung abgefunden.«
In der letzten Phase des Wahlkampfes zum 10. Deutschen Bundestag verbreitete die oppositionelle SPD eine Wahlanzeige, in der erklärt wurde: »Zimmermann stellt die polnische Westgrenze in Frage«. Gleichlautende Formulierungen gebrauchten auch die sozialdemokratischen Wahlkämpfer. Es sollte der Eindruck vermittelt werden, als habe der Bundesinnenminister Friedrich Zimmermann eine aggressive, antipolnische Politik in Gang gesetzt und zu verantworten, so daß man in der

Volksrepublik Polen, wo übrigens nach wie vor das am 13. Dezember 1981 verkündete Kriegsrecht herrschte, Angst vor der Bundesrepublik Deutschland und deren neuer Regierung haben müsse.

Zu Beginn des Jahres 1983 hatte der Bundesinnenminister auf der bayerischen Landesversammlung des Bundes der Vertriebenen in München am 29. Januar unter anderem gesagt: »Bei aller Entschlossenheit, sich in Gesellschaft und Wirtschaft unseres Landes einzugliedern und zu einem gerechten Ausgleich mit den östlichen Nachbarn beizutragen, haben die Vertriebenen stets beharrlich auf die Wahrung der Rechtsposition gedrungen, die ihre Heimatgebiete betreffen. Die Vertriebenen können gewiß sein, daß die neue Bundesregierung sich nachhaltig für ihre Belange einsetzen wird. Sie wird im Sinne der Präambel des Grundgesetzes handeln, die die Verpflichtung zur Wahrung der nationalen und staatlichen Einheit ebenso zum Ausdruck bringt wie die Verpflichtung, in freier Selbstbestimmung die Einheit und Freiheit Deutschlands zu vollenden. Sie wird stets in der gebotenen Deutlichkeit klarstellen, daß die Ostverträge und der Grundlagenvertrag mit der DDR weder eine Friedensregelung für ganz Deutschland vorwegnehmen noch eine solche Regelung ersetzen. Dabei wird sie keinen Zweifel lassen, daß sie bei der Offenhaltung der deutschen Frage ›von der im Grundgesetz vorausgesetzten, in ihm verankerten Existenz Gesamtdeutschlands bei einem deutschen (Gesamt-)Staatsvolk und einer (gesamt-)deutschen Staatsgewalt‹ ausgeht. Tendenzen, die deutsche Frage auf die Bundesrepublik Deutschland und die DDR zu beschränken und die ostdeutschen Gebiete jenseits von Oder und Neiße nicht einzubeziehen, wird es bei der neuen Bundesregierung nicht geben. Wir werden auch keinen Zweifel daran aufkommen lassen, daß die Vertreibung von Deutschen und die entschädigungslose Enteignung ihres Grundeigentums sowie anderer Vermögenswerte völkerrechtswidrig ist.«

Die Zeitungen hielten stramm mit, um die Äußerungen des Bundesinnenministers nicht nur zu verbreiten, sondern auch heftigste Kritik anzubringen. Die »Süddeutsche Zeitung« in München beschwor sogar das Schreckgespenst einer anvisierten Wiederherstellung des Großdeutschen Reiches, und die »Frankfurter Rundschau« warnte davor, »mit radikalen Sprüchen außenpolitischen Ärger zu provozieren«. Der »Süddeutschen Zeitung« schrieb ich: »30. Januar 1983, jedermann sprach im Rückblick auf Hitlers Machtübernahme zu Recht von der brutalen Gewalt des Nationalsozialismus und dem Unrecht, dem zu wenig und zu spät Widerstand entgegengesetzt worden ist. Als Demokraten sollten wir die Lehre aus der Geschichte ziehen, heute nicht wieder schuldig

werden, dieses Mal in unserer Antwort, besser gesagt: mit unserer fehlenden Antwort, auf die brutale Gewalt und das Unrecht, deren Urheber die Kommunisten und deren Opfer die Deutschen sind. Die Teilung Deutschlands bleibt so lange ein Unrecht, solange dem deutschen Volk das Recht auf Selbstbestimmung nicht eingeräumt wird. Daran wieder einmal erinnert zu haben, ist das Verdienst des Bundesinnenministers. Daß der Kommentar denn auch noch die Erpreßbarkeit mit der Ausreise der ausreisewilligen Deutschen anführt, ist geradezu atemberaubend und kann nur mit Empörung zurückgewiesen werden. Nur wer den Mund hält und sich der Gewalt beugt, kommt zum Ziel; diesem verwerflichen Grundsatz wird doch bestimmt auch der Kommentator nicht zustimmen wollen.« Der Warschauer Korrespondent der »Frankfurter Allgemeinen Zeitung«, Jörg Bremer, hatte zum Beweis für das durch die Rede Zimmermanns über die Einbeziehung Ostdeutschlands jenseits von Oder und Neiße in die offene deutsche Frage angeblich gestörte deutsch-polnische Verhältnis an die »Politikerfreundschaften erinnert, die zum Beispiel der polnische Vizepremierminister Rakowski nach Westen hin aufgebaut hat«. Ich ergänzte diesen peinlichen Erinnerungsposten des Warschauer Korrespondenten mit den Sätzen: »Rakowski, dieser prominenteste Kollaborateur des obersten Kriegsherrn Jaruzelski, ist der schlechteste Leumund für eine ›Politikerfreundschaft‹ zwischen Kommunisten und Demokraten, wenn es überhaupt solche Freundschaften geben kann. Im Zusammenhang mit derartigen ›Politikerfreundschaften‹ muß aber auch von Freundschaften wie zwischen dem damaligen Bundeskanzler Schmidt und dem KP-Chef Gierek oder dem SPD-Fraktionsvorsitzenden Wehner und dem Ministerpräsidenten Babiuch gesprochen werden; beide sind heute als Kommunisten von Kommunisten in die Wüste geschickt worden. Ob Gierek, Babiuch oder Rakowski – die Fehleinschätzungen, deren sich deutsche Politiker im Umgang mit polnischen Kommunisten schuldig gemacht haben, dürfen nicht in Vergessenheit geraten.«
Einen ganz anderen Standpunkt nahm der ehemalige Bundesminister im Kanzleramt, Hans-Jürgen Wischnewski, ein. Je weiter wir uns von der Ratifizierung der Ostverträge entfernten, um so nachhaltiger und lauter wurde von Sozialdemokraten in Regierungsverantwortung gestern und als Sprecher der Opposition heute dafür plädiert, die Verträge als Verträge der Anerkennung der Oder-Neiße-Linie als Polens Westgrenze zu lesen und zu interpretieren. Während einer Podiumsdiskussion in der Kölner Universität, in deren Verlauf Hans-Jürgen Wischnewski und ich das Streitgespräch führten, hatte Wischnewski

die Ostverträge als Anerkennungsverträge ausgelegt und jeden, der dem widerspreche, zum Ewiggestrigen und unheilbaren Nationalisten erklärt. In der Wochenschrift »Das Parlament« wurde er noch deutlicher, weshalb ich meinen Kommentar dazu überschrieb »Übernimmt Wischnewski sowjetische Westpolitik?«, mit der Unterzeile »Gewaltverzicht zur Anerkennung des Status quo hochstilisiert«. Ich schrieb: »Hätte es die Ostpolitik unter den Bundeskanzlern Brandt und Schmidt nicht gegeben, so erklärte es uns Wischnewski, wäre die Bundesrepublik Deutschland ein Feindstaat geblieben. So aber sind wir zum Vertragspartner aufgerückt. Wörtlich: ›Es gab nach Lage der Dinge nur die Möglichkeit des Konfliktes oder der Bereitschaft zur Anerkennung des territorialen Status quo. Die Notwendigkeit zur Entspannungspolitik in Europa ergab sich aus dem engen Zusammenhang zwischen territorialem Status quo und Kriegsrisiko.‹ Das ist eine ganz neue Ausgangslage, derzufolge ein Krieg oder vielleicht nur ein Konflikt ins Haus gestanden hätten, wenn nicht Egon Bahr schleunigst nach Moskau gefahren wäre! Man meint, einen Interpreten der kommunistischen Auslegung der Verträge vor sich zu haben. Basis der Verträge, wie es uns nach mehr als zwölf Jahren mitgeteilt wird, ist die ›uneingeschränkte Anerkennung des territorialen Status quo in Europa. Auf dieser Basis wurden der Moskauer und der Warschauer Vertrag abgeschlossen. Insgesamt kommen die Regelungen, die als Folge der neuen Ostpolitik in bezug auf Berlin, Deutschland und die Verhältnisse in Europa getroffen werden konnten, einer friedensvertraglichen Regelung sehr nahe‹. Bekanntlich steht aber in den Ostverträgen kein Wort von Anerkennung, und der damalige Außenminister Walter Scheel legte zur Einbringung der Verträge aus gutem Grund Wert auf die Feststellung, daß selbst der sowjetische Außenminister Andrej Gromyko bereit gewesen ist, auf eine Anerkennung des Status quo zu verzichten.«
Die Rechnung der SPD, auf eine angebliche Stimmung im deutschen Volk in Richtung der Preisgabe jeglichen Rechtstitels der Deutschen zu setzen und zugleich auf die Angst ob einer drohenden, gefährlichen Reaktion der kommunistischen Machthaber gegenüber Deutschland, die durch die Rede von Bundesinnenminister Zimmermann ausgelöst werden könnte, ging am Wahltag nicht auf, denn CDU/CSU erlangten bei den entscheidenden Zweitstimmen 48,8 Prozent gegenüber 38,2 Prozent der SPD. Diese verlor gegenüber 1980 4,7 Prozent, während CDU/CSU um 4,3 Prozent besser als 1980 abschnitten.
Direkt waren weder Wuppertal-Elberfeld noch Wuppertal-Barmen für die CDU zu gewinnen, aber es kam darauf an, Prozentsätze zuzulegen,

und dies gelang erfreulicherweise. Das Ergebnis sah dann so aus: Bei den Erststimmen hatte die CDU gegenüber 1980 mit mir als Wahlkreiskandidaten um sechs Prozent zulegen können; der Stimmenanteil stieg von 37,3 Prozent auf 43,3 Prozent. Bei den Zweitstimmen, die bekanntlich für die Sitzverteilung zählen, lag ich mit 4,1 Prozent ein wenig unter dem Zuwachs der CDU im Bundesdurchschnitt. Am erfreulichsten war, daß die Spanne bei den Zweitstimmen in Wuppertal II zwischen SPD und CDU nicht mehr 11,4 Prozent wie noch 1980, sondern nunmehr nur noch 4,2 Prozent betrug.
Auf der Landesliste war ich gut abgesichert, mein Platz 31 mußte unbedingt ziehen. Für Wuppertal war es eine Erleichterung, daß es nun endlich wieder im Bundestag vertreten war. Mein Hauptwohnsitz blieb weiterhin in Bonn, aber ich bin sehr häufig die 100 km nach Wuppertal gefahren, mit dem Auto oder mit der Bahn, wobei ich mehr und mehr diese vorgezogen habe, denn im Zuge konnte ich sehr gut arbeiten und gewann für Hin- und Rückfahrt je eine Stunde, die ich sonst auf der Autobahn als Selbstfahrer verloren hätte. In den regelmäßig abgehaltenen Sprechstunden und in vielen Gesprächen, gerade auch mit Industriellen und den Sozialausschüssen der CDU, bekam ich einen guten Einblick in die Strukturen des Wahlkreises. Zum Wahlkreis gehörten auch die Standorte der Bundeswehr, und ich versäumte es nicht, engen Kontakt zu pflegen. Da in Wuppertal Claus Graf von Stauffenberg als Offizier stationiert war, unternahm ich den Vorstoß, seiner durch eine besondere Ehrung, einen Gedenkstein, zu gedenken. Am 1. August 1938 war der Rittmeister Graf Stauffenberg nach Wuppertal versetzt worden, und er hatte hier seine Wohnung bis 1943, bevor die Familie nach Bamberg umgezogen ist. Die Wohnung hatte sich in Barmen in der Lönsstraße 25 befunden. Professor Walter Bussmann, ein nicht nur von mir hochgeschätzter Historiker, hielt die Festrede, obwohl es eine Gedenkfeier in einem allzu kleinen Rahmen auf offenem Platz war. Auch mein Fraktionskollege Ludwig Schenk von Stauffenberg, Sohn des Verschwörers gegen Hitler, war mit zugegen.
Vor der Regierungserklärung am 4. Mai 1983 hatte ich ein fünfseitiges Manuskript »Politik für Deutschland« erstellt und dem Bundeskanzler übermittelt. Ich wollte damit einen bestimmten, nach Möglichkeit klaren Duktus in die bevorstehende Regierungserklärung einbringen helfen. Sätze aus dieser Stellungnahme seien hier zitiert: »Das Wiedervereinigungsgebot aus dem Grundgesetz muß Inhalt der Politik und Aussagen der Bundesregierung sein. Die Ostverträge stehen dazu nicht im Widerspruch, sie sind verfassungskonform auszulegen. Es sind keine

Anerkennungsverträge oder Vorfriedensverträge, sondern Verträge des Gewaltverzichts und eines modus vivendi; in ihnen wird der gegenwärtige Zustand Deutschlands beschrieben. Die deutsche Frage ist nicht nur offen, sondern offen zu halten. Die Forderung nach dem Recht auf Selbstbestimmung und das Bekenntnis zu ganz Deutschland als unserem Vaterland müssen wieder den gebührenden Rang in unserer Politik zurückerhalten. Wer davon spricht, daß das Rad der Geschichte nicht zurückgedreht werden kann, muß sich fragen lassen, wer dieses Rad der Geschichte in Bewegung gesetzt hat, wider das Recht und den Willen des deutschen Volkes. (Dieser Satz zielte auf den Bundesaußenminister Hans-Dietrich Genscher, der wiederholt das Bild gebraucht hatte, man dürfe das Rad der Geschichte nicht zurückdrehen.) Dem Satz aus dem Deutschlandpapier der CDU/CSU ›Das Deutsche Reich besteht in den Grenzen von 1937 fort‹ ist uneingeschränkt zuzustimmen. Die Forderung, ganz Deutschland in allen seinen Teilen darzustellen und zu zeigen, richtet sich nicht nur an die Politik, sondern auch und vor allem an die Öffentlichkeit, das heißt die Massenmedien. Niemand erhebt mit dieser Darstellung von Deutschland einen Anspruch auf fremdes Territorium, wohl aber wird die Rechtsposition Deutschlands bekräftigt. ›Die deutsche Frage findet an unseren Schulen nicht statt?‹, ein Satz des Präsidenten des deutschen Lehrerverbandes Clemens Christians. Es darf nicht dazu kommen, daß wir selbst an der Teilung Deutschlands dadurch mitschuldig werden, indem wir ganz Deutschland in allen seinen Teilen verschweigen oder unterschlagen. In unserem Volk droht das Bewußtsein von der Einheit Deutschlands verloren zu gehen, indem man sich mehr und mehr an die Teilung gewöhnt oder absichtlich daran gewöhnt wird. Das gesamtdeutsche Bewußtsein umfaßt alle Teile Deutschlands und darf nicht auf den Zusammenhalt mit Mitteldeutschland eingeengt werden.«

In meiner Rede, die ich als Bundesvorsitzender der Ost- und Mitteldeutschen Vereinigung der CDU/CSU kurz nach der Bundestagswahl am 6. Mai in Bonn auf deren Bundesdelegiertentagung gehalten habe, versuchte ich,»mit drei Tätigkeitswörtern« zu umschreiben, was wir uns vorgenommen haben: »Wir wollen bewahren: das Erbe, politisch und kulturell, das Erbe heißt Deutschland, seine Geschichte und Existenz. Wir wollen behaupten: das Selbstbestimmungsrecht und den Wiedervereinigungswillen des deutschen Volkes. Die Teilung darf nicht das letzte Wort über Deutschland sein. Wer auf Gewalt verzichtet hat, darf nicht zusätzlich gezwungen werden, fremde Gewalt anzuerkennen. Wir wollen bewirken: die Zukunft darf nicht verloren werden, darum wollen

21 »Macht das Tor auf«
Sammlung des Kuratoriums Unteilbares Deutschland

22 »Tag der Deutschen Einheit« am 17. Juni in Nürnberg

23 Mitglied des Deutschen Bundestages (von 1969 bis 1987)

25 Kundgebung des Bundes der Vertriebenen mit dem von schwerer Krankheit gezeichneten CSU-Abgeordneten Karl Theodor Freiherr von und zu Guttenberg am 11. Februar 1972 in Bonn

26 Mit dem Vorsitzenden des Auswärtigen Ausschusses Gerhard Schröder

27 CDU-Parteitag 1983 in Köln: Mit Roman Herzog und Peter Boenisch

24 Im Gespräch mit Karl Carstens, Richard Stücklen und Walter Wallmann am 19. Februar 1976

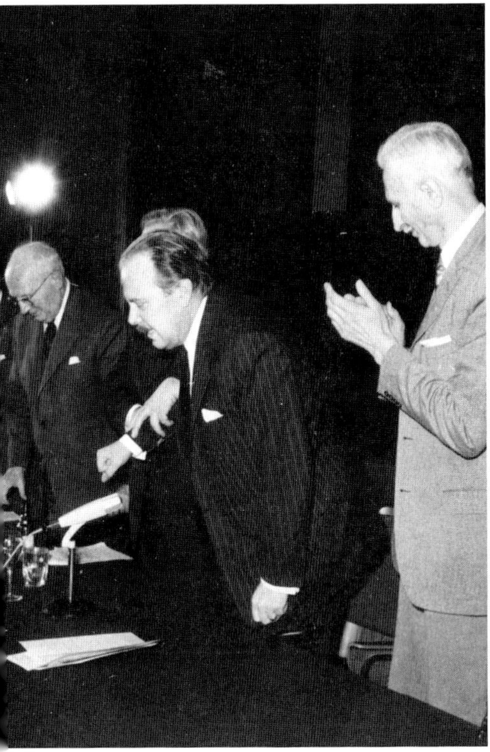

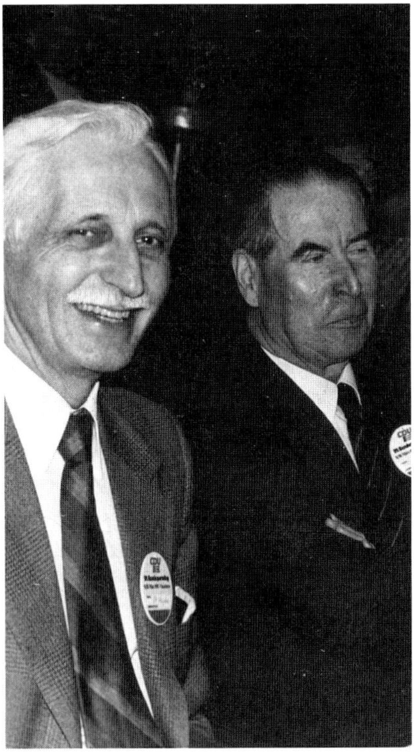

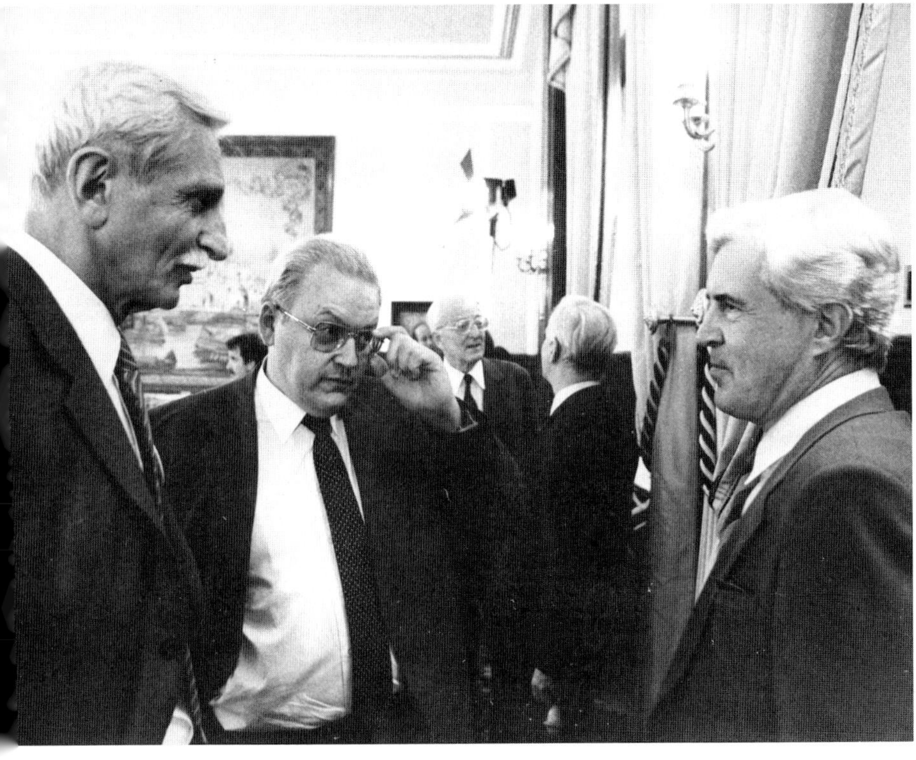

28 1986: Gratulation zum 65. Geburtstag von Heinrich Windelen, Bundesminister für innerdeutsche Beziehungen

29 Das Präsidium de Bundes der Vertriebenen 1970 mit dem ne gewählten Präsidente Herbert Czaja (2.v.r.)

wir den jungen Menschen den Auftrag mit auf den Weg geben, von Deutschland nicht zu lassen und für Deutschland zu handeln. Wir wollen bewirken, daß der gegenwärtige Zustand, in dem sich Deutschland befindet, nur ein Provisorium, wie lange auch dieses Provisorium dauern mag, nie aber Endgültiges bedeutet. Deutschland liegt nicht als Vergangenheit hinter uns, sondern als Aufgabe und Ziel vor uns. Es gilt, sich für Deutschland begeistern zu lassen, sich für Deutschland zu engagieren, für Deutschland zur Stelle zu sein, für Deutschland zu streiten.«

»IN TUCHFÜHLUNG MIT POLNISCHEN KOMMUNISTEN« – KRIEGSRECHT IN POLEN

Herbert Wehner war einer der umstrittensten, zugleich aber einer der genialsten, einer der dynamischsten, zugleich aber auch einer der rätselhaftesten Politiker der Bundesrepublik Deutschland. Einst Kommunist, hatte er jetzt als Sozialdemokrat mit dem Godesberger Programm das neue Gesicht der SPD geprägt. Für die SPD war er der Aufwühler, Einpeitscher, selbstloser Organisator und Vordenker, aber über die Jahrzehnte immer nur der zweite Mann, und er wäre doch so gern die Nummer Eins gewesen. Er hat darunter seelisch, wohl aber auch physisch gelitten. Das Wort vom »politischen Urgestein« ist auf Wehner genauso angewandt worden wie auf Franz Josef Strauß. Eine solche Anerkennung behagte ihm sehr wie er zum anderen daran schwer getragen hat, daß ihm immer wieder Mißtrauen begegnete, obwohl er bereits mit 36 Jahren die Kommunistische Partei verlassen hatte. Die Verdächtigung, daß er, wenn auch nicht in persönlich enger, so doch vielleicht noch in geistiger Verbindung zum Kommunismus stünde, wollte nicht verstummen, verbal von den bürgerlichen Parteien immer wieder andeutungsweise und verdächtigend ausgesprochen, von den Mitgliedern der eigenen Partei eher im Unterbewußtsein vergegenwärtigt oder bewußt aufrechterhalten. Sicherlich, so darf man behaupten, hatte Wehner keinerlei Beziehungen mehr, weder direkte noch indirekte, zum Kommunismus als Partei. Aber es muß dennoch angemerkt werden, daß er seine sozialistische Verwurzelung nicht nur nicht verdrängt hat, sondern auch und sogar, je länger er für die SPD an vorderster Stelle Politik zu machen hatte, dem Kommunismus in seinen vordersten Repräsentanten und angesichts der von ihm ausgeübten Macht weit aufgeschlossener begegnet ist als den Repräsentanten und den Staaten des Westens. Als einmal auf Veranlassung der CDU/CSU-Opposition im Deutschen Bundestag Auskunft eingeholt wurde, welche Staaten Wehner zwischen 1967 und 1979 aufgesucht habe, fand sich außer Frankreich und Italien kein westlicher Staat, vor allem nicht die USA, auf dieser Reiseliste, wohl aber dreimal Polen, zweimal Jugoslawien,

dann Ungarn und die Tschechoslowakei, für 1973 erstmalig auch die Sowjetunion und Ost-Berlin. Diese beiden Ereignisse sorgten in der politischen Öffentlichkeit für Aufsehen und zugleich Verdächtigungen. Zweimal gehörte auch Israel für diesen Zeitraum zu den Reisezielen.
Die Verpflichtung zur Wiedergutmachung war vor allem gegenüber Polen und Israel tief sitzender moralischer Beweggrund. Der Angriff Hitlers 1939 auf Polen und auch die Verfolgung der Juden waren für ihn die schwersten Lasten, die auf die freiheitliche Politik der Bundesrepublik Deutschland drückten und die aufgearbeitet werden mußten. Aufschlußreich hierbei, daß der Überfall Stalins auf Polen immer ausgeklammert blieb, so als ob es nur den 1. September 1939, nicht aber auch den 17. September 1939 gegeben hat. Aufsehen erregte Wehner, als er nach dem Überfall der Sowjetunion auf Afghanistan im Dezember 1979 von defensiven Absichten des Aggressors sprach und sich auch später noch, im März 1980, sehr gewunden auszudrücken beliebte: »Was ich so gedeutet wissen möchte, daß sie (die Russen) halten wollen, was in ihrem Bereich ist seit dem Zweiten Weltkrieg, und daß sie auch aus Gründen dieses Imperiums nicht einfach zusehen können, wenn sich die eine oder andere Seite in diesem Imperium plötzlich sozusagen selbständig machen würde. So ist das zu verstehen.« Im weiteren Verlauf dieses Interviews des Deutschlandfunks wollte Wehner den Begriff der Verteidigung des Imperiums ersetzt wissen durch den der Vorbeugung: »Vorbeugung. Und dennoch dadurch nicht appetitlicher. Das ist eine folgenschwere Sache. Aber das war Vorbeugung. Und ich gestehe offen, daß ich, und das klingt sehr privat, mir durchaus auch habe gedacht und weiter denke, daß es auch im Bereich der Union der Sozialistischen Sowjetrepubliken einige Zigtausende Mohammedaner gibt, die nicht völlig außerhalb dessen, was sich in der sogenannten islamischen Welt der verschiedenen Länder gibt und sich entwickelt, nicht auch dort sich regen. Das hat sicher auch eine gewisse Rolle gespielt...«
Großes Aufsehen erregten zwei Reisen Wehners nach Polen. 1976, als er seinen innenpolitischen Gegner, die CDU/CSU-Bundestagsfraktion, in Warschau mehrmals schwer angriff, und vor allem 1982, als Wehner der erste westliche Politiker und in dieser Eigenschaft als Vorsitzender der stärksten Fraktion der Regierungskoalition eines Staates in der NATO war, der im Februar 1982, also wenige Wochen nach dem Verhängen des Kriegsrechtes (13. Dezember 1981) den kommunistischen Machthabern, Wojciech Jaruzelski und Mieczyslaw Rakowski, seine Aufwartung machte. 1976, im Januar gleich zu Beginn des neuen Jahres, hatte Wehner seinen dritten Besuch in Warschau absolviert,

unmittelbar nach Abschluß und Unterzeichnung des deutsch-polnischen Ausreiseprotokolls. Wehner leitete eine fünfköpfige Parteidelegation, die Einladung hatte der Fraktionsvorsitzende der Kommunisten in Polen, Edward Babiuch, übrigens wiederholt Wehners Gesprächspartner in Bonn, ausgesprochen, Edward Gierek war damals der starke Mann im Lande, ein Mann, dem Bundeskanzler Helmut Schmidt die besten Eigenschaften für einen Ministerposten in seinen Kabinett zugesprochen hat. Als (Juli 1977) ich in der Fragestunde über die Freundschaft zwischen Schmidt und Gierek Auskunft haben wollte und Gierek einen kommunistischen Diktator nannte, rief Wehner zornig dazwischen: »Ein taktvoller Mensch« und später »Da gehört schon etwas dazu!« Wehner sprach in Warschau von »virulentem antipolnischem Chauvinismus, antipolnischem Ungeist«, von »infamen Fragen« und »Unterstellungen«, die in jeder Bundestagswoche zu vernehmen seien. Gemeint waren damit die Fragesteller Herbert Czaja und ich. Franz Alt vom Südwestfunk machte sich die Mühe, wenige Tage danach die Fragesteller wörtlich zu zitieren. Hupka (Juli 1975 während der Parlamentsferien): »Kann die Bundesregierung Auskunft darüber geben, warum die Aussiedlung der Deutschen jenseits von Oder und Neiße ständig rückläufig ist?« Czaja (18. September 1975): »Ist die Nennung der Zahl von 125 000 Deutschen mit dem im Grundgesetz verankerten Rechtsanspruch der übrigen 150 000 Deutschen und mit dem Gleichheitsgrundsatz vereinbar?« Hupka (18. September 1975): »Welche Kriterien waren maßgebend, einer Zahl von etwa 120 000 bis 125 000 Personen zuzustimmen, obwohl die Bundesregierung durch das DRK weiß, daß für 280 000 Personen Anträge auf Aussiedlung vorliegen?« Hupka (23. Oktober 1975): »Können Sie mir darin zustimmen, daß der Tatbestand des Unrechts des Nationalsozialismus nicht zur Folge haben kann, daß nun ein Tatbestand neuen Unrechts entsteht und hingenommen werden muß?« Hupka (6. November 1975): »Herr Staatsminister, ist die Bundesregierung darüber informiert, daß nur deswegen so viele Deutsche den Antrag auf Aussiedlung stellen, weil ihre Kinder keine Chance haben, deutsche Schulen zu besuchen?« Czaja (4. Dezember 1975): »Trifft es zu, daß deutsche Universitätsstudenten, die mit ihren Eltern aus den Oder-Neiße-Gebieten ausreisen wollen, sehr hohe Entschädigungssummen an die Universität zahlen müssen?« Franz Alt: »Die zitierten Fragen sind typisch für das, was die beiden Unionspolitiker im letzten halben Jahr die Bundesregierung zur Polenpolitik gefragt haben. Doch für Herbert Wehner waren das in Warschau ›infame Fragen‹, ›antipolnischer Ungeist‹, ›antipolnischer Chauvinismus‹.

Diese Fragen waren im Stil sachlich und inhaltlich wichtig. So glänzend ausgehandelt war nämlich der Vertrag mit Warschau von 1970 gar nicht, daß eine Opposition zu den jüngsten Vereinbarungen mit Polen keine Fragen stellen dürfte. Nach einer Statistik der Bundesregierung kamen vor Abschluß des Warschauer Vertrages mehr Deutsche aus Polen als nachher, wurden auch nach dem Warschauer Vertrag Deutsche in Polen schikaniert, nur weil sie Ausreiseanträge stellten, und verloren Deutsche in Oberschlesien z. B. ihre Arbeitsplätze, wenn sie ausreisen wollten. Wehners jüngste Tiefschläge sind mehr als nur schlechter politischer Stil. Sie verraten eine Mißachtung der Funktion parlamentarischer Opposition.«
In einem gleich nach Bekanntwerden der Äußerungen Wehners für die Fraktion gesprochenen Kommentar sagte ich: »Anstatt Anwalt der Deutschen zu sein, denen die elementaren Menschenrechte verweigert werden, so auch das im Godesberger SPD-Parteiprogramm geforderte Volksgruppenrecht, hat sich Wehner lieber als Fürsprecher des offiziellen polnischen Standpunktes betätigt und uns Deutsche auf das Unflätigste beschimpft, die zur kommunistischen Unmenschlichkeit nein sagen.«
Die Reise im Februar 1982 zu den Mächtigen des Kriegsrechts löste zwar in der Bundesrepublik und überhaupt in der freien Welt des Westens Bestürzung aus, aber sie fand auch in den deutschen Medien einen wohlwollenden und verständnisvollen Kommentar. In einem Interview hatte Wehner nicht so sehr an der Tatsache des Kriegsrechts als vielmehr an dem Begriff »Kriegsrecht« Anstoß genommen. Er hatte sich in Warschau Auskunft erteilen lassen, die er nun naiv – eine gespielte Naivität – auch prompt weitergab: »Sie stellen nur die Leute nach ihrem Recht vor Gericht, die dort in der Zeit, seitdem es diesen sogenannten Kriegszustand gibt – das ist ein ganz schlechter Begriff, das sagen sie auch selbst, das liegt aber in ihrer Verfassung, die hätten keinen anderen nehmen können als diesen Begriff – etwas getan haben, seitdem es diesen sogenannten Kriegszustand gibt, seit dem 13. Dezember 1981.«
Der wohlwollende Kommentator des Norddeutschen Rundfunks, Jürgen Kellermeier, der sich ausdrücklich stets auf die enge Verbindung zu Wehner berufen konnte – »wenn man in diesen Tagen einige Stunden mit Herbert Wehner spricht« – nahm nicht nur keineswegs Anstoß daran, daß Wehner, wie übrigens auch stets der SPD-Vorsitzende Willy Brandt, kein Gespräch mit dem Gewerkschaftsführer Lech Walesa gesucht hatte, sondern gab Proben der Wehnerschen Dialektik: »Mit einiger Empörung spricht Wehner von der Heuchelei derer, die sich

jetzt in großen Worten und Deklamationen für ›Solidarnosc‹ ergingen, deren Sympathien für Gewerkschaften und Streikaktionen ansonsten aber sehr begrenzt seien, und die es jedenfalls massiv zurückweisen würden, wenn hierzulande Gewerkschaften die Rolle einer politischen Opposition beanspruchen wollten.« Leider blieb der Zwischenruf aus, daß es in den demokratischen Staaten die freie Meinungsäußerung aller und die jeweilige parlamentarische Opposition gibt. Auf den Einwand, daß er das Militärregime aufgewertet haben könnte, antwortete Wehner lapidar: Er sei Realpolitiker, Polen gehöre zum Warschauer Pakt, das Regime lasse sich weder wegreden noch wegsanktionieren, und durch Nichtbeachtung der Militärregierung sei dem polnischen Volk nicht zu helfen.

Sich den Tatsachen beugen, auch wenn oder gerade weil eine Diktatur, zudem eine kommunistische, diese Tatsachen verschuldet hat, das war der Pragmatismus eines Mannes, der auch Visionär sein konnte, so wenn es um die Zukunft eines wiedervereinigten Deutschlands ging. Das war einmal Wehner in den fünfziger und sechziger Jahren.

»DEUTSCHLAND IN ALLEN SEINEN TEILEN« – FORTSCHREITENDER EROSIONSPROZESS

Obwohl gerade auch durch die Entscheidungen des Bundesverfassungsgerichts die Auslegung der Ostverträge, insbesondere des Warschauer Vertrages eindeutig geklärt zu sein schien, wurde in den siebziger Jahren seitens der SPD/FDP-Regierung ebenso hartnäckig wie geschickt daran gearbeitet, sich mit der eigenen Auslegung der Verträge in Richtung der Endgültigkeit des gegenwärtigen Zustandes hinzubewegen. Aus den Verträgen sollte ein Vorfriedensvertrag, wenn nicht sogar ein Friedensvertrag mit der Anerkennung der Oder-Neiße-Linie als Grenze herauskristallisiert werden. Die Darstellung von ganz Deutschland auf Landkarten bot sich für dieses Vorhaben an, weshalb ich zusammen mit anderen Kollegen der Fraktion aufmerksam darüber wachte, daß aus dem Status quo nicht ein Status quo minus werde. Der Bielefelder Professor der Juristischen Fakultät, Jochen Frowein, hatte 1979 vor den deutschen Schulgeographen ganz im Sinne der Endgültigkeit des gegenwärtigen Zustandes von Deutschland über die kartographische Darstellung Deutschlands gesprochen, gleichsam wissenschaftlich die Absichten der gegenwärtigen Bundesregierung unterstützend. Den Standpunkt der ostdeutschen Landsmannschaften hatte ich 1978 für den Ständigen Rat der ostdeutschen Landsmannschaften und Landesvertretungen so formuliert: »Wir müssen Deutschland in allen seinen Teilen immer wieder zeigen und bewußt machen. Wer nicht das ganze Deutschland auf Landkarten zeigt, trägt zur Verstümmelung und schließlich endgültigen Teilung unseres Vaterlandes bei. Deutschland in allen seinen Teilen muß Inhalt der Schulbücher und Lernziel in unseren Schulen bleiben. Wer Deutschland verschweigt, rechtfertigt Annexion und findet sich mit der Realität des Unrechts ab.« In einem Leserbrief griff ich Frowein an, weil er den Artikel 1 des Warschauer Vertrages falsch wiedergegeben hatte. Es heißt nämlich im Warschauer Vertrag über die Oder-Neiße-Linie, »daß die bestehende Grenzlinie die westliche Staatsgrenze der Volksrepublik Polen bildet«, während Frowein – wie auch schon vor den Schulgeographen – behauptete, daß die Oder-

Neiße-Linie »die Staatsgrenze zwischen Polen und der DDR ist. Wie die DDR laut Görlitzer Vertrag von 1950 die Oder-Neiße-Linie einordnet, steht nicht im Text des zwischen der Bundesrepublik Deutschland und der Volksrepublik Polen abgeschlossenen Vertrages.« Die gegenwärtige Zugehörigkeit Ostdeutschlands zu Polen sollte laut Froweins Thesen, und diese entsprachen auch der Auffassung der Bundesregierung, »nicht in Frage gestellt« werden.

In der Beantwortung einer Frage von mir während der Fragestunde des Bundestages ging Staatssekretär Klaus Bölling sogar noch einen Schritt weiter, denn er wollte schon jegliche Diskussion über die Darstellung von Deutschland auf Landkarten wegen der dadurch möglichen Verschlechterung des Verhältnisses zwischen Bonn und Warschau am liebsten ausschließen. Er erklärte am 30. März 1979 im Bundestag, »daß eine ständige Diskussion über die Ortsbezeichnungen in Landkarten dieser auch von Ihnen gewünschten Verbesserung der Beziehungen zur Volksrepublik Polen nicht dienlich sein kann, ja, daß im Gegenteil ein fortwährendes Hin- und Herwenden dieses Themas womöglich Zweifel an der Ehrlichkeit unseres Willens zur Aussöhnung mit Polen wecken kann, was, so denke ich, nicht im Interesse unseres Landes liegt.« Diese Art von Anpassung an die Vorstellungen der polnischen Kommunisten und Nationalisten war kaum noch zu überbieten.

Trotz eines guten, sogar einstimmig gefaßten Beschlusses der Kultusministerkonferenz von 1978 über »Die deutsche Frage im Unterricht« strebten die sozialdemokratisch regierten A-Länder und die von CDU und CSU regierten B-Länder auseinander. Die A-Länder legten Wert darauf, daß nur noch in »den einschlägigen kartographischen Werken« auch die Grenzen von 1937 eingetragen werden sollten. Für Nordrhein-Westfalen sollte dies überhaupt nur noch die Karte für Deutschland im tatsächlichen Jahr 1937 sein.

Als die Bundesregierung 1982/83 gewechselt hatte, wäre zu erwarten gewesen, daß man sich wieder auf die Darstellung von ganz Deutschland in allen seinen Teilen besonnen hätte, die durch die falsche Auslegung der Ostverträge offiziell unterdrückt worden war. Im Auswärtigen Amt wurde an eine derartige Korrektur nicht gedacht, warum auch, denn der vorige Bundesaußenminister war auch der jetzige. Der Staatsminister im Auswärtigen Amt, Jürgen Möllemann, verschanzte sich für das Ausland und die Darstellung von Deutschland hinter zwei unterschiedlichen Adressaten, als ich mit ihm nach unbefriedigenden Antworten, die ich von ihm während der Fragestunde im Bundestag erhalten hatte, im Anschluß daran eine längere Korrespondenz führte. Er schrieb: »Bei

Karten, die in den Auslandsvertretungen verwendet werden, ist zu unterscheiden zwischen solchen für dienstlichen Gebrauch und anderen, die im Rahmen der politischen Öffentlichkeitsarbeit verwendet werden.« Diese Ausrede war insofern peinlich, als ich dem Staatsminister zuvor eine Mitteilung zugehen ließ, die mir aus einer deutschen Botschaft übermittelt worden war und worin es geheißen hatte: »Ich habe weder im Auswärtigen Amt noch in irgendeiner deutschen Auslandsvertretung jemals eine Karte gesehen, die nur die Bundesrepublik Deutschland zeigt. Vielmehr sind in der Regel Weltkarten ausgehängt, die keinerlei Hinweise auf Deutschland in allen seinen Teilen enthalten und die deutschen Ostgebiete als integralen Bestandteil Polens beziehungsweise der Sowjetunion darstellen. Die im allgemeinen gezeigte Landkarte trägt die Überschrift ›Bundesrepublik Deutschland und Deutsche Demokratische Republik‹ und verwendet für Ortschaften jenseits der Oder-Neiße-Linie die polnischen Ortsbezeichnungen, denen die deutschen in Klammern beigefügt sind; die Ostgebiete aber sind ohnehin nur in ihrem westlichen Teil zu sehen.«

Inzwischen sorgten wenigstens Bundesinnenminister Fritz Zimmermann und der Bundesminister für innerdeutsche Beziehungen, Heinrich Windelen, für Klärungen. Unter demselben Datum, 6. September 1983, als Möllemann noch immer hinhaltend und doppelbödig geantwortet hatte, schrieb der Bundesinnenminister: »Wenn die rechtliche und politische Situation Deutschlands veranschaulicht werden soll, kann es keinen Zweifel geben, daß Deutschland in den Grenzen vom 31. Dezember 1937 darzustellen ist, wobei deutlich werden muß, daß die Grenze zwischen der Bundesrepublik Deutschland und der DDR keine Auslandsgrenze ist. Es wird bei Kartendarstellungen stets darauf ankommen, deutlich zu machen, was dargestellt wird: Deutschland als Ganzes oder (nur) die Bundesrepublik Deutschland. Mein Haus wird darauf achten, daß hier keine Zweifel auftauchen können und daß in den Kartendarstellungen nicht der Eindruck erweckt wird, als gäbe es bereits eine endgültige friedensvertragliche Regelung hinsichtlich der Grenzen Deutschlands.« Heinrich Windelen legte in seinen Erklärungen stets Wert darauf, daß in der seinerzeit vom Bundespresseamt geplanten Broschüre für ausländische Benutzer über die Bundesrepublik Deutschland, »und das schließt ihre Rechtspositionen ein, unmißverständlich orientiert« wird. Für die Neuauflage der Publikation »Tatsachen über Deutschland«, die wegen der Darstellung von Deutschland in seinen rechtmäßigen Grenzen von 1937 ins Gerede gekommen war, teilte der Chef des Bundeskanzleramtes, Staatssekretär Professor Waldemar Schreckenberger, mit dem ich jahrelang im Rundfunkrat der Deutschen Welle gut zusammengearbeitet habe, in einem offiziellen Schreiben vom 18. Januar 1984 mit: »Die Haltung der Bundesregierung zur Rechtslage Deutschlands, das heißt auch zur Frage der Grenzen, ist eindeutig. Sie entspricht der Rechtsprechung des Bundesverfassungsgerichts. Bezüglich der kartographischen Darstellung haben die beteiligten Ressorts (Presse- und Informationsamt der Bundesregierung, Auswärtiges Amt, Bundesministerium des Innern und Bundesministerium für innerdeutsche Beziehungen) – Anmerkung: wieviele Ressorts zusammengebracht werden mußten! – vereinbart, daß sowohl eine Karte Deutschlands in den Grenzen vom 31. 12. 1937 als auch eine Darstellung der politisch-geographischen Verhältnisses am 8. Mai 1945 aufgenommen wird.« Man wollte amtlicherseits aber bereits den deutschen Ortsnamen nur noch »auf historischen Karten ihren Platz einräumen«. Auch dies die Andeutung eines Rückzuges, wie diesen schon längst, was die Darstellung von ganz Deutschland betrifft, die Anstalten ARD und ZDF angetreten hatten, denn sie zeigten allabendlich in ihren Fernsehprogrammen lediglich entweder die physikalische Karte von Mitteleuropa, in das der Zuschauer sein Deutschland ja projizieren konnte, oder die Bundesrepublik Deutschland und, wenn es hoch kam, die DDR zusätzlich.

Inzwischen unterlag Deutschland als politischer Auftrag einem fortschreitenden Erosionsprozeß. Umfragen ergaben, daß nur noch zehn bis fünfzehn Prozent der Bevölkerung auch Ostdeutschland zu Deutschland zählten, die Hälfte in der Bundesrepublik Deutschland bereits das endgültige Deutschland sehen wollte, so daß die DDR mithin zum Ausland erklärt war. In vielen Aufsätzen habe ich den (mutigen?, vergeblichen?) Versuch unternommen, einen deutschlandpolitischen Dammbruch zu verhindern. Ich trat immer wieder dafür ein, daß auszugehen sei von Deutschland in den Grenzen des 31. Dezembers 1937, ohne daß natürlich vorausgesagt werden könnte, wie das zukünftige Deutschland ausschauen wird. Am 23. August 1983 schrieb ich für den »Deutschland-Union-Dienst«: »Wir werden überhaupt nie zu Friedensverhandlungen gelangen, wenn wir Schritt für Schritt Teile dieses Deutschlands aufgeben, uns von den Grenzen Deutschlands gemäß dem Datum 31. Dezember 1937 entfernen. Darum ist dieses Datum kein Abrückpunkt, sondern der rechtlich fundierte Ausgangspunkt. Wer heute die Grenzen von 1937 in Frage stellt, schwächt die Position des deutschen Volkes, mindert in gefährlicher Weise die Chance, die Einheit und Freiheit Deutschlands erst noch in freier Selbstbestimmung zu

vollenden. Das Deutsche Reich in den Grenzen von 1937 ist kein historisches Datum, sondern die zutreffende politisch-rechtliche Darstellung und Behauptung ganz Deutschlands.«
In einem Gespräch, das Bundespräsident Karl Carstens mit Vertretern der Landsmannschaften und des Bundes der Vertriebenen am 15. Februar 1983 führte, wurde von ihm die Frage aufgeworfen, »ob das Ersitzen der annektierten Gebiete ein Argument für die polnische Seite sein könnte und in zunehmendem Maße wohl auch ist«. Daraufhin wurde der Würzburger Lehrstuhlinhaber für Völkerrecht und Staatsrecht, Professor Dieter Blumenwitz, als Vorsitzender der Studiengruppe für Völkerrecht und Politik beim Bund der Vertriebenen um eine wissenschaftlich fundierte Antwort auf die aufgeworfenen Fragen gebeten. In seinem Gutachten schrieb Blumenwitz, und dieses Gutachten habe ich dann auch gleich dem Bundespräsidenten zugeleitet: »Auf Grund der bestehenden Völkerrechtslage (Friedensvertragsvorbehalt, auf den der Warschauer Vertrag Bezug nimmt) kann vorerst noch nicht von einer Duldung polnischer territorialer Souveränität (im Gegensatz zur Duldung polnischer Staatsgewalt) in den deutschen Ostgebieten ausgegangen werden. Im Gegensatz zum internationalen Recht kennt das Völkerrecht keine bestimmten Ersitzungsfristen. Der Ersitzung als völkerrechtlichem Titel zum Erwerb von Staatsgebiet steht im modernen Völkerrecht das Gewaltanwendungs- und Annexionsverbot entgegen. Die Staatenpraxis vermittelt keinen Präzedenzfall für den Erwerb durch Ersitzung eines politisch und wirtschaftlich so bedeutenden Territoriums, wie die deutschen Ostgebiete es darstellen. Der ersitzende Staat erwirbt Staatsgebiet nach dem Grundsatz von ›Treu und Glauben‹; er kann sich deshalb nicht auf Umstände berufen, die er (wie zum Beispiel die Vertreibung der angestammten Bevölkerung) selber völkerrechtswidrig herbeigeführt hat.« Professor Blumenwitz, der seinerzeit auch Gutachter und Prozeßvertreter der Bayerischen Staatsregierung beim Bundesverfassungsgericht war, als es 1973 um den innerdeutschen Grundlagenvertrag ging, hat sich wiederholt mit klaren Argumenten und dank des juristischen Sachverstandes als Anwalt des Rechts und als Fürsprecher für die Vertriebenen engagiert und überzeugend geäußert.

»WER DIE ODER-NEISSE-LINIE ANERKENNT« – LOCCUM 1983 – DER PAPST IN SCHLESIEN

Am 24. Mai 1983 verbreitete die Deutsche Presseagentur unter der sinnigen Überschrift »Verständigung« mit der Unterzeile »Warschau sagt ab – Loccum-Tagung fällt aus« die Meldung: »Das polnische Außenministerium hat die Reisegenehmigung für eine Journalistendelegation zurückgezogen, die an einer deutsch-polnischen Tagung der Evangelischen Akademie Loccum teilnehmen sollte. Als Grund für die Absage wurde, wie die Akademie in Loccum mitteilte, die Entscheidung der CDU/CSU-Bundestagsfraktion angegeben, Herbert Hupka als Sprecher der Fraktion zu der Tagung zu schicken.« Aus Loccum wurde gleichzeitig verlautbart: »Auf dem Programm standen die Bündnis- und Sicherheitspolitik sowie aktuelle wirtschaftspolitische Fragen. Den politischen Schwerpunkt sollte ein Diskussionsforum unter Beteiligung von Parlamentariern und Regierungsvertretern aus beiden Ländern bilden. Die Evangelische Akademie hatte für diese Podiumsdiskussion die beiden größten Fraktionen im Deutschen Bundestag um Benennung von Sprechern gebeten. Die CDU/CSU-Bundestagsfraktion benannte Dr. Herbert Hupka, die SPD-Fraktion Karsten D. Voigt. Die polnische Seite akzeptierte diese Entscheidung der CDU/CSU-Bundestagsfraktion nicht und erteilte der Delegation keine Reisegenehmigung.«

Im kommunistischen Zentralorgan Polens »Trybuna Ludu« verbreitete sich Marian Podkowinski als Vorsitzender des Klubs für Internationale Publizistik: »Kurz vor der Abreise in die BRD erhielten wir von der Botschaft der VRP in Köln die Mitteilung, daß der führende Revisionist und Bundestagsabgeordnete Herbert Hupka die Christdemokraten vertreten werde. Angesichts dieser Situation fahren wir nicht nach Loccum. Wir meinen, daß von einer positiven Diskussion über eine weitere Normalisierung der Beziehungen zwischen unseren Staaten auf der Grundlage des Vertrages von 1970 nicht die Rede sein kann, da Herr Hupka diesen Vertrag nicht nur nicht anerkennt, sondern leidenschaftlich bekämpft. Da Herbert Hupka mit der Aufgabe betraut wird, die

Ansichten der Christlichen Demokraten darzulegen, ist dies ein Beleg dafür, daß nach Meinung der CDU die Anwesenheit von Polen in Loccum nicht erwünscht ist.« Podkowinski war bislang ein eifriger Besucher der CDU-Parteitage und hatte in einem Gespräch mit mir ebenso salopp wie zynisch eine Einladung nach Warschau angekündigt, denn »wir müssen endlich einmal einen richtigen Revanchisten« kennenlernen. Unter der kommunistischen Staatsführung galt er stets als ein parteitreuer, auf internationalem Parkett sich auszeichnend bewegender und gut schreibender Journalist. Im vorliegenden Fall gab es übrigens einen Widerspruch zwischen der offiziellen Erklärung, daß die Ausreisegenehmigung nicht erteilt worden sei, und der journalistischen Begründung, daß man aus freien Stücken beschlossen habe, nicht nach Loccum zu fahren.

Im außenpolitischen Arbeitskreis der CDU/CSU-Fraktion, in dem die Sitzungen des Auswärtigen Ausschusses vorbereitet werden, hatte der außenpolitische Sprecher der Fraktion, Hans Klein, den Vorschlag gemacht, mich zu dieser Podiumsdiskussion nach Loccum zu entsenden, da ich »doch etwas von der Sache verstünde«. Auf die polnische Absage der Teilnahme antwortete Klein in der Öffentlichkeit mit der Feststellung: »Die CDU/CSU-Bundestagsfraktion läßt sich vom polnischen Außenministerium so wenig vorschreiben, wen sie zu einer mit deutschen Steuermitteln finanzierten Tagung in der Bundesrepublik Deutschland entsendet wie sie dem polnischen Sejm oder einer anderen polnischen Einrichtung vorschreiben würde, wen diese für eine deutsch-polnische Diskussion benennt.« Ganz anders dagegen lautete die Reaktion der SPD, für die Karsten D. Voigt zwar der CDU/CSU zubilligte, »selbst zu entscheiden, wen sie zu einer solchen Veranstaltung entsende«, aber, nun kommt der Pferdefuß, »Hupka sei jedoch ein Symbol für die Strömung in der CDU, die Grenzfrage nicht ruhen zu lassen. Die Entsendung Hupkas sei deshalb ein Zeichen für den Bruch der Rechtskoalition mit der Politik der Verständigung und reiht sich konsequent an die Äußerung von Bundesinnenminister Zimmermann über die Oder-Neiße-Linie. Auf der Grundlage solcher Signale der CDU/CSU sei eine Aussöhnung nicht denkbar.« In der Wochenzeitung »Die Zeit« meldete sich Peter Bender zu Wort, ein wacher und zugleich missionarisch besessener, links angesiedelter Journalist, der sich jahrzehntelang mit der Tendenz und Empfehlung ausgezeichnet hat, daß wir gleich ihm schnellstens unseren politischen Frieden mit den im Ostblock Herrschenden schließen sollten, von Honecker über Gierek und Jaruzelski bis zu Breschnew. Die Kommunisten hatten bei ihm Vorfahrt. Die

zeitbedingten Tendenzen wie Opportunismus, Appeasement, Gefälligkeit gegenüber der kommunistischen Gegenseite waren gefragt, und dementsprechend schrieb und kommentierte Bender in den Medien auch sehr fleißig. Nach der Wende tat er so, als sei gar nichts gewesen und er stets im Recht, was ihn auch weiterhin bis ins »Parlament« hoffähig bleiben ließ!
Im Dezember 1984, im Zusammenhang mit einem bevorstehenden Besuch des Außenministers in Warschau, riet er davon ab, etwa das Grabmal des Märtyrerpriesters Jerzy Popieluzko zu besuchen. Ohnehin könne ein offizieller Besuch auf dem Besuchsprogramm nicht stehen, und privat gelte, was der Sprecher der Regierung der Militärdiktatur erklärt hatte. »Wenn Herr Genscher das Grab besucht hätte, niemand hätte ihm verwehrt, beim polnischen Volk einen schlechten Eindruck zu machen.« 1983 schrieb er zum Fall Loccum: »Warschau spricht von ›Provokation‹ und hat damit ausnahmsweise recht. Wenn zur Aufgabe gestellt würde, wie man die Polen jeder Couleur am wirksamsten vor den Kopf stoßen kann – Hupka zu schicken wäre die Lösung. Im ganzen Bundesgebiet ist kein Name zu finden, der zum Symbol wurde für alles, was die Verständigung mit Polen behindert.« Acht Jahre danach, im November 1991 in Breslau, als ich aus Anlaß der feierlichen Beisetzung von Kardinal Adolf Bertram nach 46 Jahren im Breslauer Dom, der von 1914 bis 1945 seine Bischofskirche gewesen ist, Schlesiens Hauptstadt besuchte, kam ich mit einem Kaplan in der Dorotheenkirche ins Gespräch. Als er meinen Namen erfuhr, sagte er lächelnd und ironisch: »Sie sind also der Kinderschreck. Meine Mutter hatte immer gedroht, wenn ich nicht folgen wollte: ›Jetzt kommt der Hupka und der Czaja!‹« Es waren die Kommunisten, die jahrzehntelang das Bild vom »Revanchisten« verbreitet und geschürt hatten, und einer der deutschen Kolporteure war Peter Bender.
In der Zeitung »Die Welt« äußerte sich Carl Gustav Ströhm, in Wien residierender Experte für Mittel-, Ost- und Südosteuropa, ein ausgezeichneter Analytiker und sachkundiger Berichterstatter wie auch leidenschaftlicher Kommentator, zum Fall Loccum: »Allerdings stellt sich die Frage, ob nicht viele dieser mit teutonischer Leidenschaft (und gelegentlicher Betriebsblindheit) veranstalteten ›Verständigungstagungen‹ à la Loccum mehr zur Vernebelung und Verwirrung als zur Klärung der Geister beitragen. Wer, wie man in Loccum diesmal vorhatte, die deutsch-polnischen Beziehungen ausschließlich mit polnischen Journalisten besprechen will, die mehr oder weniger gehorsame Diener des Militärregimes sind (sonst säßen sie ja nicht in den ›gesäuberten‹

Redaktionen), wird bestenfalls ein einseitiges, schlimmstenfalls ein propagandistisches Polen-Bild vermitteln. Das aber wäre nichts anderes als ein Beitrag zur Desinformation der deutschen Öffentlichkeit.« Wie aus meinem Briefwechsel hervorging, hat die Loccumer Akademie schwer darunter gelitten, daß mit meiner Nominierung als Auslöser das Diskussionsforum (es herrschte zu dieser Zeit übrigens noch das Kriegsrecht in Polen!) nicht hat stattfinden können. Zum Schuldigen wurde nicht etwa die kommunistische Intoleranz, sondern die CDU/CSU-Fraktion erklärt. »Es ist schon eine kaum mehr zu überbietende Anmaßung der heute in Polen regierenden Kommunisten«, schrieb ich abschließend, »selbst darüber zu befinden, wer deutscherseits mit ihnen diskutieren darf. Es hat übrigens auch schon zuvor die gleichen Erpressungsversuche gegeben, und diese hatten sogar Erfolg. Das war zur Zeit der sozial-liberalen Koalition. Was schert uns die Opposition, wenn sie den polnischen Kommunisten nicht paßt, war das Prinzip des Handelns. Heute kann man jedoch beim besten Willen die Regierung und deren stärkste Koalitionsfraktion schlecht draußen vor der Tür stehen lassen.« Auch Fritz Sänger, eine Zeitlang SPD-Bundestagsabgeordneter, im Dritten Reich wichtiger Mann bei der deutschen Presse, weshalb er trotz seiner Beteuerung, immer auf der Gegenseite gestanden zu haben, später doch noch in ein nicht unbegründetes Gerede gekommen ist, nicht nur mit dabei gewesen zu sein, hat sich mit der kommunistischen Haltung ausdrücklich identifiziert und dem Präsidenten der Deutsch-Polnischen Gesellschaft, Professor Helmut Ridder, mitgeteilt: »Es wäre ein Zeichen der Stärke und des Selbstbewußtseins gewesen, nicht aber ein Zeichen der Schwäche, wenn die Teilnahme des Herrn Dr. Herbert Hupka an dem Gespräch von seiner Partei oder gar von ihm selbst zurückgenommen worden wäre.« Anpassung, gestern an den Nationalsozialismus, heute an den Kommunismus, war gefragt, nicht hingegen Standfestigkeit gegenüber jeglicher Spielart von Diktatur.
Später berichtete Alois Mertes, der als Staatsminister im Auswärtigen Amt an einer Diskussion über »Vertrauensbildende Maßnahmen zwischen Ost und West« in Loccum teilgenommen hatte, daß der CDU mit Vehemenz die Entsendung von mir zum jüngsten Kolloquium in Loccum und die damit verbundene und dadurch ausgelöste Absage seitens der Polen vorgeworfen wurde. Seine Antwort habe gelautet: »Hupka und die CDU/CSU seien gesprächsbereit gewesen. Mangelnde Dialogbereitschaft mit Hupka habe doch die polnische Seite bewiesen.«
Da ich vor Antritt der neuen Bundesregierung ohne Erfolg, nach der Ernennung von Helmut Kohl zum Bundeskanzler mit erstem Erfolg die

Forderung nach der Veröffentlichung der unter Verschluß gehaltenen Bilanzierung von 40 000 Seelenlisten mit den tatsächlichen Verlusten an Menschenleben während der Vertreibung gestellt hatte, wurden mir von dem in Augsburg erscheinenden katholischen »Weltbild« einige sich darauf beziehende Fragen gestellt (27. Mai 1983): »Frage: Massenexekutionen an der Zivilbevölkerung, Vergewaltigungen, Ausplünderungen, Folterungen – das ist die entsetzliche Bilanz der Dokumentation über Vertreibungsverbrechen. Sie haben die Veröffentlichung dieser Berichte immer wieder gefordert. Warum? Antwort: Wir stellen uns all dem Furchtbaren und Grausamen, das im deutschen Namen anderen zugefügt wurde und sich im Begriff ›Auschwitz‹ manifestiert. Doch darf das Furchtbare und Grausame, das von anderen den Deutschen zugefügt worden ist und das sich im Namen des polnischen Lagers Lamsdorf in Oberschlesien manifestiert, nicht verschwiegen werden. Niemand will, kann und darf die Verbrechen gegeneinander aufrechnen, aber Verbrechen sind Verbrechen, und die Täter müssen zur Rechenschaft gezogen werden. Im übrigen darf bei einer Betrachtung der Dokumente aus dem Bundesarchiv nicht verallgemeinert werden. Ich weiß mich mit der jüdischen Philosophin Hannah Arendt einig, daß man nicht sagen darf, ›die Deutschen‹, ›die Polen‹, ›die Russen‹ oder ›die Tschechen‹ hätten diese Verbrechen begangen, sondern die Unmenschen unter den Deutschen, unter den Polen, unter den Tschechen, unter den Russen. Frage: Sie sprechen davon, Täter zur Verantwortung zu ziehen, heißt das, daß Sie Russen, Polen und Tschechen auffordern wollen, Verfahren gegen jene einzuleiten, die damals Verbrechen an Deutschen begangen haben? Antwort: Manche läßt es an der Gerechtigkeit irre werden, daß wir alle Täter, die für derartige Verbrechen bis 1945 verantwortlich waren, vor Gericht gestellt haben, soweit wir ihrer habhaft werden konnten. Daß auf der anderen Seite aber Täter, von denen man weiß, daß sie für Verbrechen an Deutschen verantwortlich sind, amnestiert, ja sogar befördert worden sind. Es ist keinem Deutschen klarzumachen, warum hier mit zweierlei Maß gemessen wird. Darum ist die moralische, rechtliche und politische Forderung aufrechtzuerhalten, daß alle Verbrecher, die man ermitteln kann, zur Verantwortung gezogen werden müssen. Frage: Befürchten Sie aber nicht, daß durch eine solche Forderung der überfällige Versöhnungsprozeß mit den östlichen Nachbarn erst recht erschwert wird? Antwort: Verständigung ist nur möglich auf der Basis des Rechtes und der Wahrheit. Man darf, wenn man sich mit dem anderen verständigen will, nicht ausgerechnet das verschweigen, was bisher der Verständigung im Wege gestanden hat. Wir selbst haben das dunkle Kapitel der deutschen Vergangenheit aufgearbeitet und bewältigt. Die Bewältigung dieses Kapitels von tschechischer, polnischer und sowjetischer Seite steht noch aus. Wir haben schuld, Ihr habt schuld, wir vergeben einander – so haben es die katholischen Bischöfe Polens 1965 in ihrem Brief an die deutschen Bischöfe geschrieben, und so ist es von den deutschen Bischöfen aufgenommen und in derselben Weise beantwortet worden. Frage: Bisher haben sich die Regierungen der östlichen Nachbarländer aber geweigert, ein solches Schuldbekenntnis abzulegen... Antwort: Das Schuldbekenntnis paßt nicht in das Konzept der Kommunisten, weil diese sich als Befreier verstehen und als solche keine Verbrechen begangen haben wollen. Die Berichte darüber werden von ihnen als Fälschung bezeichnet und sollen ihrer Auffassung nach nur von der deutschen Schuld ablenken. An dieser Einstellung der Regierungen dieser Länder wird sich so lange nichts ändern, solange diese vom Kommunismus beherrscht werden. Aber ich baue darauf, daß dies nicht für alle Zeiten so bleiben muß.«

In Bonn regierte wieder ein Bundeskanzler der CDU/CSU-Bundestagsfraktion, wenn auch mit dem aus der SPD/FDP-Koalition übernommenen Bundesaußenminister Hans-Dietrich Genscher. Die beiden Schwesterparteien waren auf dem Deutschlandtreffen der Schlesier 1983 in Hannover sehr gut vertreten. In der Festlichen Stunde zur Eröffnung am 18. Juni sprachen für die Landesregierung Ministerpräsident Ernst Albrecht und der Vizepräsident des Deutschen Bundestages, der CSU-Politiker Richard Stücklen. Auf der Hauptkundgebung am folgenden Tage des Treffens, das unter dem Motto »Heimat Schlesien – Vaterland Deutschland« stand, waren die Reden des Bundesministers für innerdeutsche Beziehungen, des Schlesiers Heinrich Windelen, und die des Bundesvorsitzenden der Landsmannschaft Schlesien Mittelpunkt. Man hatte an den beiden Haupttagen 150 000 Teilnehmer gezählt. Aus den USA war der republikanische Kongreßabgeordnete Lawrence P. Mac-Donald aus dem Staate Georgia herübergekommen und hatte ein Grußwort gesprochen. Weniger sein Grußwort ist in Erinnerung geblieben als die Katastrophe wenige Wochen später, sein tragischer Tod, denn er befand sich in der Maschine, die auf dem Wege nach Süd-Korea am 1. September 1983 von den Sowjets mit einer höchst verlogenen Begründung abgeschossen worden ist. MacDonald, 45 Jahre alt, gehörte in den USA zu einem Kreis militant eingestellter Anti-Kommunisten, den »Western Goals«, weswegen es ob seiner harten Opposition gegenüber der eigenen republikanischen Regierung im Bundesvorstand der Landsmannschaft Schlesien einen längeren Disput gegeben hatte, aber schließlich setzte sich der stellvertretende Bundesvorsitzende, der aus Ost-Oberschlesien, aus Kattowitz, stammende, stets kämpferische Helmut Kostorz, der zu den Western Goals enge Verbindung hielt, durch. MacDonald war von Hause aus Arzt und kein Politiker. Ihn beflügelten Idealismus und die Vision einer vom Kommunismus zu befreienden und befreiten Welt. Sein Grußwort schloß mit den Sätzen: »Echter Friede besteht durch Stärke, nicht durch Kompromiß und Schwäche. Wir dürfen nie den Kampf der unterjochten Völker für Freiheit und Selbstbestimmung vergessen. Mit der Selbstbestimmung wird die Souveränität zurückkehren, Souveränität für den einzelnen wie für die Nationen. Und Souveränität bedeutet auch Recht auf die Heimat. Der Friede muß eine Rückkehr zu Freiheit und Würde für alle Deutschen einschließen, für alle Europäer, Polen, Ungarn, Esten, Letten, Ukrainer und alle anderen.«

Kaum war das Treffen in Hannover beendet, als auch gleich eine Kampagne gegen die Reden von Bundesminister Windelen und mir einsetzte. Schon vor Beginn des Treffens hatte der SPD-Oberbürgermeister Herbert Schmalstieg erneut jegliche Bezuschussung des Treffens, es war um 10 000 DM ersucht worden, verweigert. Das Schreiben des Oberbürgermeisters klang zwar fiskalisch, war aber selbstverständlich politisch gemeint, als er schrieb: »Verursacht durch die finanzielle Situation, in der sich die Landeshauptstadt Hannover befindet, sind im Haushaltsplan 1983 keinerlei Mittel zur Förderung von Veranstaltungen Dritter eingeplant.« Das Beispiel des seinerzeitigen Münchner Oberbürgermeisters Hans-Jochen Vogel aus dem Jahre 1971 und dessen Verweigerung eines finanziellen Zuschusses hatte Schule gemacht, zugleich auch die Verweigerung eines Grußwortes.

Der SPD mit ihrer euphorischen Haltung gegenüber der Volksrepublik Polen wollte das Treffen in Hannover gar nicht gefallen. Zuerst wurden sowohl Windelen als auch ich wegen unserer Reden attackiert, dann sollte ein Gegensatz zwischen dem moderaten Bundesminister und dem Bundesvorsitzenden der Landsmannschaft Schlesien hergestellt werden, denn man glaubte, unterschiedliche Auslegungen des Warschauer Vertrages herausgehört haben. Als Sprecher des SPD-Vorstandes verkündete Wolfgang Clement, später Mitglied der monokoloren Regierung von Nordrhein-Westfalen unter Johannes Rau, das Wort von »großnationalen Illusionen«, um die Reden der CDU/CSU-Repräsentanten von Hannover abzukanzeln. »Diese Reden«, so hieß es in der Presseerklärung der SPD unter der Überschrift »Gefährliche Signale von der äußersten Rechten. Die Union muß die Grenze zum Rechtsextremismus klar ziehen«, »waren geeignet, längst und schmerzlich zu Grabe getragene Illusionen über eine deutsche Lösung im weitesten nationalistischen Sinne wiederzuerwecken. Von Hupkas Unbelehrbarkeit einmal abgesehen: Wenn der Bundesminister Windelen die These vertritt, wer die Oder-Neiße-Linie anerkenne, könne sich nicht auf das Recht berufen, dann geht dies wohl an die Substanz der Entspannungspolitik als auch des deutsch-polnischen Vertrages«, und in diesem Tone lief es weiter. In einer zweiten, dieser Erklärung nachgeschobenen Verlautbarung der SPD wurde Windelen insofern exculpiert, als mir der Satz unterstellt wurde, daß, wer die Oder-Neiße-Linie anerkenne, nicht auf dem Boden des Rechts steht, während dies Windelen nicht gesagt habe. Aber dafür wurde ihm gleich ein Wort, gesprochen auf dem Deutschlandtreffen der Ostpreußen, vorgeworfen: »Die Frage der Einheit Deutschlands beantwortet sich nicht allein aus dem Verhältnis der Bundesrepublik Deutschland zur DDR. So wichtig dies auch ist. Wir brauchen eine Politik, die deutlich macht: Auch Ostpreußen ist deutsches Land.« Ich, der Bösewicht, hatte in Hannover diesen Satz gesprochen: »Wer die Oder-Neiße-Linie als Grenze anerkennt, worauf entgegen dem Text des Warschauer Vertrages gezielt wird, handelt wider das Recht.« Als SPD-Obmann im Bundestagsausschuß für innerdeutsche Beziehungen meldete sich Hans Büchler zu Worte, mit der großsprecherischen Forderung: »Im Interesse des Ansehens der Bundesrepublik Deutschland sollte sich der Bundeskanzler von den Parolen der Herren Windelen und Hupka ausdrücklich distanzieren.« Und der Parlamentarische Geschäftsführer der SPD-Bundestagsfraktion, Helmuth Becker, der gern und häufig nach Polen reiste, zitierte gleich den Warschauer Vertrag gegen mich, vergaß aber absichtlich bei diesem Zitat den Artikel 4: »Dieser Vertrag berührt nicht die von den Parteien früher geschlossenen oder sie betreffenden zweiseitigen oder mehrseitigen internationalen Vereinbarungen.« Diese sogenannte Vorbehaltsklausel schloß ausdrücklich den Deutschlandvertrag mit dem Friedensvertragsvorbehalt ein. Auch das wurde mir vorgeworfen, daß ich den Papst kritisiert hätte, weil er die »Rechte der einheimischen deutschen Bevölkerung« nicht erwähnt habe. Ich hatte unter Anspielung auf den Besuch des Papstes in Polen und Schlesien gesagt: »Wir Schlesier würden es sehr begrüßen, wenn der Heilige Vater als Papst aller Katholiken für die Rechte der Deutschen einträte, so wie er in verdienstvoller Weise während seiner Reise nach Mittelamerika in Guatemala für die Rechte der eingeborenen Bevölkerung das Wort genommen hat.« Ich zitierte in diesem Zusammenhang Altbischof Heinrich Maria Janssen: »Wenn wir

erleben, wie unser Heiliger Vater seine Heimat liebt und so gerne in sie zurückkehrt, wenn er so viel für seine Landsleute wagt, wer kann es dann uns verwehren, daß wir nach unserer Heimat uns sehnen, für sie uns einsetzen und die Hoffnung nicht aufgeben, sie wiederzusehen.«
Während des Besuches in seiner polnischen Heimat hat Papst Johannes Paul II. im Sommer 1983 Ansprachen gehalten, die den Widerspruch der von mir vertretenen Landsmannschaft Schlesien auslösen mußten. Es waren die Ansprachen in Deutsch Piekar und auf dem Annaberg, den beiden oberschlesischen Wallfahrtsorten, und in Schlesiens Hauptstadt Breslau. Ich erklärte: »Der Papst ist der Heilige Vater aller Katholiken, der Polen und der Deutschen, der Amerikaner und auch der Filipinos, der Katholiken aller Nationen. Nach den Predigten in Schlesien konnte indessen der Eindruck aufkommen, daß hier in manchen Aussagen eher ein Pole als der Papst gesprochen hat. Der anhaltende und laute Beifall, den der Papst hier von den Machthabern erhielt, wurde offen damit begründet, daß Johannes Paul II. den gegenwärtigen Besitzstand und die Endgültigkeit der Oder-Neiße-Grenze besiegelt habe. Auch für uns ist die heilige Hedwig eine zwischen Deutschen und Polen brückenschlagende Heilige. Aber sie ist keine Gestalt, die man einseitig und in historisch unzutreffender Weise als Kronzeugin der gegenwärtigen Situation in Anspruch nehmen kann. Der Papst wollte die Neueinteilung der Diözesen jenseits von Oder und Neiße, so wie sie nach der Ratifizierung des Warschauer Vertrages durch den Deutschen Bundestag veranlaßt worden war, mit Berufung auf die heilige Hedwig begründen, als er erklärte: ›Man kann sagen, daß der Apostolische Stuhl auch durch ihre Fürbitte die kirchliche Normalisierung auf diesem Gebiete vollziehen konnte, die nach dem Zweiten Weltkrieg nach vielen Jahrhunderten erneut wie zu den Zeiten der Piasten ein Teil des polnischen Staates wurden.‹ Hier ist gleich in mehrfacher Hinsicht Widerspruch anzumelden. Die Neueinteilung der ostdeutschen Diözesen hat mit der heiligen Hedwig, der Frau des Piastenherzogs Heinrichs I., nicht das Geringste zu tun. Im Gegensatz zu der früher üblichen Praxis des Vatikans wollte man nicht mehr bis zu einem Friedensvertrag mit der Neugliederung der Diözesen warten, sondern handelte so, als sei, wie es der Warschauer Auslegung des Warschauer Vertrages bis heute entspricht, dieser Vertrag ein Vorfriedensvertrag. Die Erinnerung an die Zeiten der Piasten, also an eine Zeit vor 700 Jahren, kann über die Annexion Schlesiens und ganz Ostdeutschlands durch den imperialistischen Kommunismus und den polnischen Nationalismus nicht hinwegtäuschen. Und es entspricht auch nicht der historischen Wahrheit, wenn der Papst auf dem Anna-

berg nur die Opfer unter den polnischen Insurgenten von 1921 erwähnt und feiert, nicht aber auch nur mit einem Wort der Deutschen gedenkt, denen der Annaberg nach dem deutschen Abstimmungssieg vom 20. März 1921 durch einen Handstreich abgejagt werden sollte. Wäre es übrigens auch nicht angebracht gewesen, der Millionen deutscher Heimatvertriebener zu gedenken? Der Papst hat sich doch gerade auch in jenen Gebieten aufgehalten, aus denen die Deutschen von seinen polnischen Landsleuten vertrieben worden sind.«
Es waren übrigens gerade katholische Kommentatoren, beispielsweise der Katholischen Nachrichtenagentur (KNA), die das Papstwort der Anteilnahme für die Vertriebenen besonders vermißt haben. Die Überschriften in den Zeitungen lauteten »Hupka: Der Papst hat uns Deutsche bitter enttäuscht«, »Schlesier rügen Papst«, »Hupka attackiert den Papst«.
Dieses Aufbegehren, diese von uns Schlesiern vorgetragene Kritik, die bis in die Reihen der katholischen Geistlichkeit, gerade auch der schlesischen reichte, hatte schließlich Erfolg. Kardinalstaatssekretär Agostino Casaroli richtete im Auftrag des Papstes ein Schreiben, das als Entschuldigungsschreiben gewertet werden durfte, an Kardinal Josef Höffner, den Vorsitzenden der Deutschen Bischofskonferenz. Es sei, so wird versichert, eine »Pilgerreise« des Papstes gewesen, was besagen sollte, daß das Religiöse dieser Reise zu bedenken sei. Aber es wird zugegeben, daß »sich nicht wenige Deutsche, besonders Vertriebene aus Schlesien, in ihren Empfindungen verletzt gefühlt und sich in Bitterkeit und Enttäuschung gegenüber der Person des Papstes geäußert haben. Der Heilige Vater bedauert das zutiefst. Der Heilige Vater weiß besonders um das Leid der aus den Ostgebieten vertriebenen Deutschen und ist tief betroffen.« In meiner Erklärung, in der ich den Inhalt des Schreibens von Casaroli an Höffner ausdrücklich begrüßt habe, heißt es: »Noch fehlt die Verurteilung der Vertreibung und der Vertreiber aus päpstlichem Mund, aber es ist gut zu wissen, daß der Papst aus Polen den Begriff der ›aus den Ostgebieten vertriebenen Deutschen‹ gebraucht hat, eine zutreffende Bezeichnung, die vom offiziellen Polen geleugnet wird. Daß der Papst sein Bedauern ausgesprochen hat, kann nur mit Dankbarkeit aufgenommen werden. Es dürfte schwerfallen, vergleichbare Ereignisse ausfindig zu machen, in denen sich der Papst bei denen, die ihn zu Recht kritisiert haben, entschuldigt.«
Geradezu erheiternd war, daß ich selbst unter den mir besonders wohlgesonnenen Fraktionsmitgliedern wegen meiner Kritik an den Sätzen des Papstes, so wie ich sie nach dessen Ansprachen im Juni

geäußert hatte, vielfach auf Unverständnis und Unbehagen gestoßen war, denn einem Papst und gerade diesem polnischen Papst sollte man nicht so hart widersprechen, wie ich es getan hatte. Als dann aber der Brief der Entschuldigung bei Kardinal Höffner eintraf, waren es dieselben Kollegen, die mir schulterklopfend versicherten, wie gut es doch gewesen sei, daß ich so klar Stellung bezogen hatte. So rasch kann sich politisches Klima wandeln, zuerst bewußte kritische Zurückhaltung und sogar Tadel, dann aber nach dem Erfolg Zustimmung, Lob und die Bekundung, es eigentlich schon immer so gewußt zu haben, was gut und richtig ist.

DER BUND DER VERTRIEBENEN –
»ANWALT FÜR DEUTSCHLAND«

Kurz vor dem Deutschlandtreffen der Schlesier 1983 in Hannover stellte mir »Die Welt« drei Fragen, von denen die eine lautete: »Hat sich die Rolle der Vertriebenen gewandelt – vom Fürsprecher in eigener Sache hin zum ›Anwalt für Deutschland‹?« In meiner Antwort kam ich auf den Namen des »Bundes der Vertriebenen« zu sprechen, denn seit langem bewegte mich die Überzeugung, daß der Bund der Vertriebenen in seinem Tun sich nicht auf die von der Vertreibung unmittelbar Betroffenen einengen lassen sollte. Meine Antwort auf die Frage lautete: »Die Vertriebenen sollen Fürsprecher in eigener Sache und in der Tat ›Anwalt aller Deutschen‹ sein, die sich um die Zukunft Deutschlands Sorgen machen. Viele werden vielleicht vom Mittun abgehalten, wenn sie den Namen ›Bund der Vertriebenen‹ lesen, weil sie dann meinen, das sei lediglich eine Organisation für die Vertriebenen. Mein Vorschlag: Schon der Name sollte deutlich machen, daß alle Deutschen angesprochen sind. Ich empfehle deshalb, daß man den Namen ›Bund der Vertriebenen‹ nicht tötet – das würde ein Frohlocken derer bewirken, die uns vertrieben haben –, sondern ihn in die Unterzeile nimmt. Aber als Hauptziel könnte ich mir künftig vorstellen: ›Bund für Deutschland‹ oder ›Patriotischer Bund‹. Über den Namen kann man sich ja streiten. Mir geht es vielmehr darum, daß alle, für die die deutsche Frage offen ist, den Zugang zu einer Vereinigung haben, die für die deutsche Frage Flagge zeigt.« Schon früher hatte ich derartige Gedanken geäußert, aber stets Widerspruch vom Präsidenten des Bundes der Vertriebenen, Herbert Czaja, erhalten. Auch jetzt wieder, obwohl mir fast ausnahmslos aus den Reihen der Betroffenen, der Vertriebenen, Zustimmung signalisiert wurde. Im Präsidium des BdV wurde kurz darüber debattiert, ob man überhaupt über meinen Vorschlag reden sollte, und die Abstimmung fiel nach dem Willen von Czaja aus. Nach wie vor halte ich dieses Festhalten an dem guten überkommenen Namen zwar für ehrenwert, aber nicht zukunftsorientiert. Wer sich in der Öffentlichkeit schon vom Namen her als Sprecher der Vertriebenen darstellt, kann nicht erwarten, daß sich in gleicher Weise wie die unmittelbar von der Vertreibung Betroffenen auch die mittlere und jüngere Generation angesprochen fühlt. »Eine Vereinigung, die bestimmte Interessen für einen bestimmten Kreis von Menschen vertritt«, diesen Eindruck hinterläßt vielerorts der Bund der Vertriebenen schon aufgrund seines Namens. Der Kreis müßte größer gezogen werden, um auch andere teilhaben zu lassen an den Aufgaben, die sich der Bund der Vertriebenen eben nicht nur auf dem Felde des Sozialen, sondern gerade und zunehmend auf dem der Politik für alle Deutschen und für das ganze deutsche Vaterland gestellt hat.

Ohnehin meine ich, daß unter den Organisationen der Vertriebenen die Zukunft nicht dem Bund der Vertriebenen, sondern den einzelnen Landsmannschaften gehört. Das Geschichtliche über Jahrhunderte Gewachsene ist stärker als das ausschließlich mit der Vertreibung sich verbindende Schicksal. Da sind einmal die ostdeutschen Landsmannschaften, die in einer Arbeitsgemeinschaft »Ständiger Rat der Ostdeutschen Landsmannschaften und Landesvertretungen« bereits seit Jahrzehnten zusammenarbeiten, dann die Sudetendeutschen, die immer sehr selbständig politisch operiert haben, was auch ihr gutes Recht ist, so wie die ostdeutschen Landsmannschaften als die ewigen Nachbarn Polens eben mit Polen und auch Rußland als Gesprächspartner rechnen müssen. Eine dritte Gruppe sind die Auslandsdeutschen, die stets als deutsche Minderheit in einem fremden Land ein anderes Verhältnis zu Deutschland und seiner Geschichte hatten als die Ostdeutschen, die den deutschen Stämmen innerhalb der Grenzen des Deutschen Reiches zuzuordnen sind.

Zwei Jahre zuvor, 1981, hatte ich als Vorsitzender der Union der Vertriebenen und Flüchtlinge der CDU/CSU mit einen zutreffenden und ansprechenden Namen, um nicht nur Vertriebene und Flüchtlinge anzusprechen, mehr Glück. Diese »Union der Vertriebenen und Flüchtlinge«, der ich von 1977 bis 1989 vorgestanden habe, führte bereits in der Unterzeile den Namen »Ost- und Mitteldeutsche Vereinigung«. Seit 1981 wurde die Unterzeile zur Oberzeile und damit zum Namen, während die bisherige Bezeichnung als neue Unterzeile beibehalten wurde. Schon bei diesem Namenstausch war ich davon ausgegangen, daß das Vertriebenen- und Flüchtlingsschicksal allein nicht ausreicht, Mitbürger anzusprechen, die nachgewachsenen Generationen zu gewinnen, übergreifende Probleme anzugehen. Auch der einmal in der Woche erscheinende Pressedienst, der bislang »Der Heimatvertriebene und Flüchtling« geheißen hatte, erschien nunmehr unter dem Namen »Gesamtdeutsche Nachrichten und Kommentare«. Herbert Czaja, der Landesvorsitzende unserer Vereinigung in Baden-Württemberg, beharrte auf dem alten Namen und opponierte wiederholt gegen den neuen Namen, aber auch andere Landesverbände, so auch die Vereinigung innerhalb der CSU (»UdV«, Union der Vertriebenen), behielten schon aus Gründen der Traditionspflege die früheren Bezeichnungen bei. Gerade heute, da der Name Ostdeutschland für die neuen Bundesländer, also für das politisch während der DDR-Zeit so benannte Mitteldeutschland, in Umlauf gesetzt worden ist, so daß Luther, Bach und Fontane nunmehr Ostdeutsche sein sollen, hat der Name »Ost- und Mitteldeutsch« eine besondere Aussagekraft und erinnert zu Recht an die Geschichte und den Zusammenhalt unseres deutschen Volkes.

»Das ganze Deutschland soll es sein!« –
Mertes, Grewe und Hillgruber

Zweimal haben Alois Mertes, zu dieser Zeit außenpolitischer Sprecher der CDU/CSU-Fraktion, mit der Bildung der Regierung unter Helmut Kohl Staatsminister im Auswärtigen Amt, und ich in der Öffentlichkeit die Klingen gekreuzt. Mertes, der dem Bundestag seit 1972 angehört hat, war ein Mann hoher Intelligenz und fest im katholischen Glauben verwurzelt. In der mir zum 70. Geburtstag gewidmeten Festschrift »Für unser Schlesien« hatte er seinen Beitrag unter das Fragezeichen gestellt: »Politik und Ethik unversöhnliche Brüder?«, mit der Unterzeile »Gedanken zum Thema ›Politische Gestaltung und ethische Güterabwägung‹«. Bevor dieser Beitrag erschien, ist Mertes am 16. Juni 1985 im Alter von 64 Jahren, nachdem er kurz zuvor bei einer Vortragsveranstaltung über die Berliner Erklärung der Siegermächte vom 5. Juni 1945 plötzlich zusammengebrochen war, gestorben. Bundeskanzler Kohl kam mit der traurigen Nachricht vom Tode des Staatsministers Mertes zur politischen Hauptkundgebung des Deutschlandtreffens der Schlesier nach Hannover. In den grundsätzlichen Fragen wie Verpflichtung aus dem Grundgesetz zur Vollendung der Einheit und Freiheit Deutschlands in freier Selbstbestimmung, in der Ablehnung jeglicher Gefälligkeitspolitik gegenüber dem Kommunismus, im Nein zu den Ostverträgen der sozial-liberalen Koalition, im Ringen um die Menschenrechte auch und in besonderem Maße für die Deutschen waren wir eines Sinnes. Gemeinsam hatten wir auch an Tagungen der Nordatlantischen Versammlung im Ausland teilgenommen. Aber im Sommer und Herbst 1982 und im Sommer 1983 haben wir in Leserbriefen, die in der »Frankfurter Allgemeinen Zeitung« erschienen sind, kontrovers miteinander diskutiert, in einer Debatte, die auch manchen anderen Leserbriefschreiber in die Arena gerufen hat. Das Reizthema hat beide Male die von Mertes gebrauchte Formulierung »territoriales Zieldatum« und dessen Interpretation geliefert. Was ist unter Deutschland in den Grenzen des 31. Dezember 1937 zu verstehen, dazu hatte sich Mertes wie folgt geäußert: »Der Begriff ›Deutschland in den

Grenzen von 1937‹ ist nach der völkerrechtsmäßigen Auffassung der Westmächte und der Bundesrepublik Deutschland ein verhandlungsrechtliches Ausgangsdatum für die Regelung der Deutschlandfrage in der Gesamtheit (Beendigung der Vorbehaltsrechte der Siegermächte, Wiedervereinigung Deutschlands durch Ausübung des Selbstbestimmungsrechts, verbindliche Einordnung Deutschlands in eine europäische Staatengemeinschaft). Der Begriff ›Deutschland in den Grenzen von 1937‹ ist hingegen nicht – dafür gibt es auch keinen Beweis – ein territoriales Zieldatum der deutschen Politik; jedermann weiß, daß es weder die Westmächte noch die übrigen Verbündeten und Freunde der Bundesrepublik Deutschland teilen würden.«

Meinem durch diese neue politische Logik ausgelösten Leserbrief gab die Zeitung die Überschrift »Keine Abstriche machen vom ›ganzen Deutschland‹«. Ich bezog mich auf die Rechtspositionen, die uns darin bestärken, von ganz Deutschland in seinen Grenzen von 1937 für einen künftigen Friedensvertrag auszugehen, denn das »Deutsche Reich existiert fort«, wie es in der Entscheidung des Karlsruher Bundesverfassungsgerichts festgeschrieben worden ist. »Das ist nicht anders zu verstehen«, so schrieb ich, »als daß das Deutsche Reich in den Grenzen von 1937 nicht untergegangen ist. Unsere Aufgabe ist es, für ganz Deutschland in allen seinen Teilen einzutreten, es bewußt zu machen und bewußt zu erhalten. Das bedeutet, daß wir Deutschland in seiner Substanz bewahren und erhalten müssen. Wer dieses ganze Deutschland in Frage stellt, aus welchen Gründen auch immer, schwächt das Selbstverständnis der Deutschen in ihrem Verhalten zum Vaterland. ›Das ganze Deutschland solle es sein!‹ Hier heute davon Abstriche machen zu wollen, heißt überhaupt jede Chance für Deutschland in einem Friedensvertrag verspielen. Mit dem Zwitter ›territoriales Zieldatum‹ und der damit verbundenen Behauptung, daß es keine Garantie für den zukünftigen Umfang ganz Deutschlands gebe, sticht man in den eigenen Autoreifen ein großes Loch und braucht sich dann nicht zu wundern, wenn dieser Reifen seine Luft verliert.«

Ein Jahr später ging es noch einmal um Ausgang und Ziel einer auch Ostdeutschland jenseits von Oder und Neiße umfassenden Deutschlandpolitik. In einem in der »Frankfurter Allgemeinen Zeitung« veröffentlichten Bericht vom 14. Juli 1983 war wiederum der Begriff des »territorialen Zieldatums« gegen den des »historischen Ausgangspunktes« gesetzt worden. Ich nahm gleich dazu und dagegen Stellung, indem ich in einem Leserbrief, der dann einen Leserbrief von Mertes ausgelöst hat, geschrieben habe: »Niemand weiß, wann und mit welchem territo-

rialen Umfang und in welchem größeren (europäischen) Zusammenhang Deutschland in Freiheit wiederhergestellt werden kann, aber es ist unangebracht, ja geradezu unverantwortlich – gleichsam als Vorleistung –, von Deutschland in den Grenzen von 1937 abzurücken. Darum ist auch der Formulierung, die Grenzen von 1937 seien nichts anderes denn ein ›historischer Ausgangspunkt‹, entschieden zu widersprechen. Wer einer Historisierung der Grenzen von 1937 das Wort redet, muß sich fragen lassen, ob er nicht, sicherlich ungewollt, mit dieser Auffassung den Standpunkt der DDR übernimmt, für die das Deutsche Reich längst untergegangen ist und – politisch und rechtlich – aufgehört hat zu bestehen. Jede auch nur verbale Minderung der Substanz ganz Deutschlands in seinen rechtmäßigen Grenzen ist zugleich eine Minderung der Möglichkeit, überhaupt über ganz Deutschland verhandeln zu können.«
Mertes widersprach einer Diskussion über die Grenzfrage, obwohl sie auch von mir und vielen Deutschlandpolitikern nicht als die aktuelle Frage in den Vordergrund gerückt wurde, aber sie sollte nicht ausgeklammert oder gänzlich verschwiegen werden, während er befürchtete, daß »über die Wahrung des Friedensvertragsvorbehaltes hinaus mit der offenen Grenzfrage die Notwendigkeit einer Revitalisierung unseres nationalen Anliegens in einem deutschlandpolitisch gleichgültig oder abweisend gewordenen Westen belastet wird. Damit mindert (man) die Chancen, den Westen wieder stärker für das Ziel der Wiedervereinigung Deutschlands gemäß dem Deutschlandvertrag zu gewinnen«. Das historische Ausgangsdatum (Deutschland in den Grenzen von 1937) wollte er jetzt, sich selbst ein wenig korrigierend, nicht nur als Historie verstanden wissen: »Vielmehr handelt es sich um ein rechtsverbindliches Ausgangsdatum für die Siegermächte und den gesamtdeutschen Souverän, der den Friedensvertrag auszuhandeln hat. Es wäre jedoch deutschland- und bundespolitisch unverantwortlich, den Eindruck zu erwecken, als ob ›Deutschland in den Grenzen vom 31. Dezember 1937‹ ein verbindliches territoriales Zieldatum unserer und westlicher Deutschlandpolitik wäre. Auf eine Zielvorgabe verpflichtet weder das Grundgesetz noch der Deutschlandvertrag.«
Mertes wollte als Außenpolitiker der bisherigen Oppositionspartei und zugleich auch jetzt als Politiker der Regierungspartei, als Staatsminister, gerade neu im Amt, seine Unterscheidung zwischen ehrenwertem, verbindlichem Ausgangsdatum und unverbindlichem, territorialem Zieldatum, aufrechterhalten. Er hegte die Befürchtung, daß ein Beharren auf dem Begriff der Grenzen Deutschlands von 1937 den Eindruck vermitteln könnte, vor allem bei den Westmächten, die er für ein

Engagement zugunsten der staatlichen Einheit gewinnen wollte, daß die Deutschen das große Ziel einer Wiederherstellung des Deutschen Reiches in den Grenzen von 1937 vordringlich und ausschließlich erstrebten. In einer den Leserbriefaustausch begleitenden Korrespondenz sprach sich Mertes nachdrücklich dafür aus, »daß sich der Westen – nicht nur aus Vertragstreue, sondern aus wohlverstandenem Eigeninteresse – für die Wiedervereinigung Deutschlands in Freiheit einsetzen muß, für eine geschichtlich-politische Notwendigkeit ersten Ranges. Wer bei diesen Bemühungen in den Deutschland-Vertrag mehr hineinlegt als unsere Partner und wir darin vereinbart haben, das heißt, wer den Begriff ›Deutschland in den Grenzen vom 31. Dezember 1937‹ als rechtlich-politisches Zieldatum bezeichnet, der macht die Chance einer Revitalisierung der Deutschlandfrage im Westen von vornherein kaputt.«
Mertes beabsichtigte zu beschwichtigen, sowohl nach innen wie nach außen, nach innen, indem er die Position Deutschlands in den Grenzen von 1937 nur noch historisch als einen nun einmal 1945 von den Siegermächten zur Definition von Deutschland benutzten Begriff verstanden wissen wollte, nach außen, indem er den Begriff von Deutschland in den Grenzen von 1937 gleichsam annullierend den Westen für die staatliche Einheit bis zur Oder-Neiße-Linie zu gewinnen hoffte.
Warum sollte überhaupt mit dem Blick auf ganz Deutschland differenziert werden, warum sollte es einen bevorzugten und einen hintangestellten Teil geben, zumal doch über beide Teile – Mittel- und Ostdeutschland – der Kommunismus verfügte. Für Mertes war es aber keineswegs ein Spiel mit Begriffen, sondern ein bewußtes Abrücken von der Verantwortung für ganz Deutschland. Recht hatte Mertes insofern, als eine feste, verbindliche Aussage der (westlichen) Siegermächte über die endgültigen Grenzen Deutschlands nicht gegeben worden war, aber dennoch war es eine Politik in Richtung des Substanzverlustes, wenn deutscherseits bereits auf offenem Markt Möglichkeiten angedeutet und eröffnet wurden, wie man am besten heute und morgen Deutschlandpolitik betreiben sollte. Indem er vor einer »Ziel-Vorgabe«, wie Mertes in einem Brief an Professor Dieter Blumenwitz den Begriff »Zieldatum« verstanden wissen wollte, warnen zu müssen glaubte, hat er das angebliche Ziel einer möglichen Deutschlandpolitik, von der er bewußt abgerückt ist, nicht nur extensiv, sondern falsch interpretiert.
Als 1994 unter dem Titel »Der Primat des Politischen« Reden und Aufsätze von Mertes veröffentlicht wurden, erhielt man Kenntnis von einem Memorandum, das dem seinerzeitigen Oppositionspolitiker Hel-

mut Kohl 1980 aus Anlaß der Reise einer Delegation der Deutschen Bischofskonferenz nach Warschau zugeleitet worden ist. Darin unterschied Mertes den politisch wirksamen Charakter der Grenzen. Die Oder-Neiße-Linie verlaufe als Grenze zwischen zwei Völkern, während die innerdeutsche Grenze ein Volk willkürlich zerreiße. Hier ist noch nachträglich Protest und Widerspruch anzumelden. Folgt man dieser Beweisführung, dann sind durch die Vertreibung eben vollendete Tatsachen geschaffen worden, und diese habe man nicht nur hinzunehmen, sondern auch als neue politische Ordnung zu akzeptieren. Hingegen bietet die Demarkationslinie zwischen den beiden getrennten Teilen Deutschlands die Chance zur Veränderung. Mit diesem Memorandum operierte Mertes gegenüber dem polnischen (zugleich katholischen) Standpunkt, wie ich meine, geradezu in unverantwortlicher Weise gefällig.

Im November 1984 führte ich eine Fehde mit der Waffe des Leserbriefes mit Professor Wilhelm Grewe, dessen Klugheit ich stets bewundert habe und mit dem ich in lockere Verbindung getreten war, als er zum Botschafter in Tokio (nach Botschafterposten in Washington, wo er sich mit John F. Kennedy überhaupt nicht verstand, und bei der NATO in Brüssel) ernannt worden war. Er erzählte mir damals von seinem Eifer, mit dem er Japanisch zusammen mit seiner Frau zu lernen im Begriffe sei. Jetzt aber ging es um Deutschland und dessen Einordnung in das Konzept der politisch Handelnden. Ausdrücklich hatte die »Frankfurter Allgemeine Zeitung« in ihrem Vorspann zum Abdruck eines Vortrages von Grewe vor dem Kuratorium Unteilbares Deutschland in Münster seine Position als Verhandlungsführer der deutschen Delegation genannt, als es um das Aushandeln des sogenannten Deutschlandvertrages 1951 bis 1954 gegangen war.

In diesem Deutschlandvertrag, so sagte es jetzt Wilhelm Grewe, sei bewußt überhaupt nicht von ganz Deutschland, identisch mit dem Deutschen Reich in seinen Grenzen von 1937, die Rede, wenn in seinem Artikel 7 von der »frei vereinbarten friedensvertraglichen Regelung für ganz Deutschland« gesprochen wird. Lediglich aus Rücksicht auf die Stimmen der Vertriebenen habe man es seinerzeit unterlassen, »einen endgültigen formellen Verzicht auf die Ostgebiete auszusprechen.« Auf deutsch: man hat zwar »ganz Deutschland« gesagt, aber einen Teil von diesem ganzen Deutschland bereits geistig-konzeptionell und politisch wirksam ausgegrenzt. So die Interpretation Grewes als Mithandelnder beim Aushandeln des Deutschlandvertrages. Ich widersprach dieser Auslegung post festum, 20 Jahre danach, und erinnerte daran, daß

Grewe in einem Kommentar zum Deutschlandvertrag durchaus Zweifel an der Verbindlichkeit der Absprachen von Jalta und Potsdam geäußert hatte, also an Konferenz-Protokollen, in denen die Endgültigkeit der Aufteilung Deutschlands dergestalt beschlossen worden war, daß Ostdeutschland polnisch und sowjetisch werden und bleiben müsse. Ich schrieb: »Gebietserwerb durch Annexion ist völkerrechtswidrig, es sei nur an die Stimson-Doktrin von 1932 erinnert, weshalb auch der Deutschlandvertrag nicht als Anerkennung einer Annexion ausgelegt werden darf. Deutschland ist auch im Deutschlandvertrag nicht anders denn als ganz Deutschland und dieses nicht anders als das Deutsche Reich in seinen rechtmäßigen Grenzen nach Versailles und vor dem Anschluß Österreichs und dem des Sudetenlandes auszulegen. Auch die Ostverträge will Professor Grewe so verstanden wissen, daß sie ›in vielem unausweichlich‹ waren und in ihnen eben wiederholt worden ist, was schon im Deutschlandvertrag nicht mehr Inhalt der Aussage war, das heißt der Verzicht auf Ostdeutschland. Brandt und Bahr wären dann nur die Vollstrecker einer Einsicht, die nahezu zwei Jahrzehnte alt ist. Wir müssen uns strikt davor hüten, Deutschland, mögen die Motive auch noch so redlich sein, unsererseits zu schwächen. Dies tut, wer Unterschiede der Rechtsqualität zwischen dem mittel- und ostdeutschen Teil unseres Vaterlandes entdecken zu müssen glaubt. Über beide Teile jenseits von Elbe und Oder herrscht heute die kommunistische Diktatur, die uns Deutschen das Recht auf Selbstbestimmung verweigert. Dieses nehmen wir, das deutsche Volk, weshalb Professor Grewe zu widersprechen ist, nicht nur für einen Teil, sondern für ganz Deutschland in Anspruch.«

Grewe war es, wie er in einem Antwortbrief in der »Frankfurter Allgemeinen Zeitung« daraufhin schrieb, um »taktische Beweglichkeit (der) deutschen Politik« gegangen. »Geschwächt wird die Deutschland-Politik, wenn man sie auf Rechtsbehauptungen setzt, die unhaltbar sind; wenn man in den Deutschland-Vertrag und das Grundgesetz etwas hineinzuinterpretieren versucht, was nun einmal nicht darin enthalten ist; wenn man damit die deutsche Politik jeder taktischen Beweglichkeit beraubt«. Natürlich muß hier gefragt werden, ob nicht diese Interpretation von Grundgesetz und Deutschlandvertrag mit Grewes eigenem Verbum »hineininterpretieren« zu charakterisieren ist. Die Anpassung an die Realitäten, auch wenn es Realitäten des Unrechts sind, ist immer noch und immer wieder ein gern empfohlenes und leider wiederholt praktiziertes Handlungsprinzip in der Politik.

In den Jahren 1984, 1985 und 1986 habe ich mich mit dem in Köln lebenden, aus dem ostpreußischen Angerburg stammenden Historiker Professor Andreas Hillgruber polemisch auseinandergesetzt. Später haben wir zwar nicht in der Sache, aber persönlich zusammengefunden, gottlob noch kurz vor seinem frühen Tod 1988, was mir um so leichter fiel, weil ich den Historiker Hillgruber stets zu schätzen wußte, aber dessen ungeachtet an seinem politischen Urteil und an seinem historisch begründeten Anspruch, Politik mitzubestimmen, auch weiterhin Anstoß nahm. Als der Konflikt während des sogenannten Historikerstreites 1986 gerade auch an seiner Person und seinen Aussagen entbrannt war, habe ich eindeutig für ihn Partei ergriffen. Seine Einlassungen zu Ostdeutschland und zur Aufrechterhaltung eines Rechtsanspruches auf Ostdeutschland hatten meinen Widerspruch herausgefordert, 1984: »Der Wahrung von Rechtspositionen wurde ein allzu großes Übergewicht gegenüber Ansätzen zu einer aktiven Deutschland- und Wiedervereinigungspolitik gegeben.« 1985: »Schlesien war eine preußische, eine deutsche Provinz, die einen sehr wesentlichen Anteil hatte an der Kulturgeschichte Deutschlands, auch der politischen Geschichte Deutschlands, wenn man an die Befreiungskriege denkt, aber Schlesien ist im Verlauf des Zweiten Weltkrieges und durch die Vertreibung der Deutschen aus den Ostgebieten bis zur Oder und Neiße inzwischen ein Teil Polens geworden. Und die Parole kann niemals lauten ›Schlesien ist deutsch‹, sondern nur ›Schlesien war deutsch‹, und die Erinnerung an dieses deutsche Land gilt es zu bewahren. Aber genau so klar muß man sagen, daß die Polen heute einen Anspruch haben, in gesicherten Grenzen zu leben, und daß Schlesien heute und in Zukunft zu Polen gehört.« 1986: »Jede Stadt, jede Siedlung, jede Landschaft, die die deutschen Truppen beim Zusammenbruch der Ostfront im Winter 1944/45 aufzugeben gezwungen waren, war in einem ganz elementaren Sinne für Deutschland und für seine deutschen Bewohner verloren. (Unter Bezugnahme auf die Rede des amerikanischen Außenministers James F. Byrnes vom 6. September 1946 in Stuttgart: ›Das Ausmaß des an Polen abgetretenen Gebietes muß festgelegt werden, wenn die allgemeine (Friedens-)Regelung getroffen wird.‹) Solche Illusionen ließen sich auch durch die jahrzehntelange Fortdauer der Situation an Oder und Neiße bei den Deutschen im allgemeinen und den Vertriebenen im besonderen nur mühevoll durch den Fluß der Zeit korrigieren. So blieb eine Diskrepanz zwischen der sozialen Realität der Integration der Vertriebenen in Westdeutschland (und auf andere Weise in Mitteldeutschland) und deren politischer Sonderstellung, die die Vertriebenenorganisationen ja ausdrücklich betonten«.

In einem Vortrag vor der Rheinisch-Westfälischen Akademie der Wissenschaften in Düsseldorf hatte Hillgruber zwar das Selbstbestimmungsrecht auch für das deutsche Volk in Anspruch genommen, aber es auch gleich wieder relativiert: »Das Recht auf Selbstbestimmung ist eines der verpflichtenden Prinzipien, und zwar politisch konkret in den Gebieten, in denen die Völker gegenwärtig leben, also im Falle der Polen zwischen Bug und Oder/Neiße, im Falle der Deutschen zwischen Oder/Neiße und Aachen. Ein politisches Pochen auf historisch noch so gerechtfertigte Grenzen führt unweigerlich zu Konflikten zwischen den europäischen Nationen.« Und zu den »historisch gerechtfertigten Grenzen« wußte Hillgruber auch noch die Einschränkung zu machen, daß Ostdeutschland eigentlich bereits in Potsdam 1945 zu Polen geschlagen worden sei, denn es sei »unumstößlich klar, daß die Absprache zwischen den Alliierten in Potsdam eindeutig Polen einschließlich der jetzt so bezeichneten ›ehemaligen deutschen Ostgebiete‹ meinte. Nur in der Eile des Aufbruchs am Ende der Konferenz war der beabsichtigte Zusatz, der Klarheit enthalten sollte, nicht mehr in den Text eingefügt.« Dies war also eine nachträgliche Korrektur zum Schaden für Deutschland. In meiner Entgegnung schrieb ich: »Die Vertreibung der Millionen Deutschen aus ihrer Heimat hat, folgt man dem Gedankengang des Historikers, Endgültiges geschaffen und wird dadurch gerechtfertigt. Wer also sagt, daß die Vertreibung ein Verbrechen gegen die Menschlichkeit ist und somit ein Unrechtstatbestand, durch den kein neues Recht entstanden ist, wird nunmehr eines besseren, sprich schlechteren belehrt. Da nun einmal die Deutschen aus ihrer Heimat vertrieben worden sind, sind Fakten geschaffen worden, die nicht nur endgültig sind, sondern auch noch anerkannt werden müssen. Um des lieben Friedens willen soll Ruhe herrschen und nichts, was 1945 gewaltsam verändert worden ist, darf in Frage gestellt werden. Die Expansion Polens aufgrund der Macht der Sowjetunion soll nicht nur hingenommen, sondern auch noch bestätigt werden. Man fragt sich, wie ein Historiker als Kenner der Geschichte dem Unrecht vor dem Recht die Vorfahrt einräumt und dem Satz huldigt, daß Macht vor Recht ergeht. Mit Sicherheit wäre es nie einem polnischen oder tschechischen Historiker in den Sinn gekommen, das Generalgouvernement und das Protektorat Böhmen und Mähren, beides von Hitlers Gnaden, um des lieben Friedens willen als das Schlußwort der Geschichte anzuerkennen.«
Auch dagegen nahm ich Stellung, daß Hillgruber aus der bisherigen Entwicklung der deutschen Frage und des gegenwärtigen Schicksals von Deutschland schlußfolgerte: »So ist zu einer offenen Frage geworden,

ob die Geschichte der Deutschen als der von der Reichsgründung geprägten Nation ausrinnt oder doch noch eine Zukunft hat.« Ich erwiderte in meinem Leserbrief: »Ich erinnere mich, im Zweiten Weltkrieg einen deutschen Historiker – gemeint war Hermann Heimpel und seine Vorlesung im Wintersemester 1939/40 in Leipzig – genau so prophetisch und falsch, mit dem Wort von der ›zu Recht im Osten verdämmernden Grenze des Deutschen Reiches‹ gehört zu haben. Jetzt soll, von genau umgekehrter Position aus, wiederum prophetisch und falsch angekündigt werden, daß ›die Geschichte der Deutschen als der von der Reichsgründung geprägten Nation ausrinnt‹. Ein Historiker sollte in historischen Kategorien denken und nicht von Aktualitäten besessen voreilig urteilen, vor allem sollte er dem Willen eines Volkes und dem Recht die Handlungsfähigkeit nicht absprechen, gestern im Verhältnis zum polnischen, heute im Verhältnis zum deutschen Volk.«

Zu denen, die in der Teilung Deutschlands etwas Endgültiges zu sehen bereit waren, gehörte auch Professor Golo Mann, der wiederholt daran erinnerte, daß das Deutsche Reich doch erst 1871 gegründet worden sei und eben dann nur 74 Jahre bis 1945 Bestand gehabt habe, weshalb es auch gar nicht einzusehen sei, auf dieses Deutsche Reich, das ohnehin schon 1919 kleiner geworden sei, zu tendieren und es als den Normalzustand auszugeben. Hier gehörte auch Dolf Sternbergers »Verfassungspatriotismus« zitiert, auch dies ein Versuch, den gegenwärtigen Teilungszustand Deutschlands wenn auch nicht gleich zu rechtfertigen, so doch aber als das neue historische Faktum sowohl hinzunehmen als auch der Teilung eine historische Bedeutung zuzusprechen.

Mit dem Blick auf Polen – Sozialdemokratische Assistenz für Jaruzelski

Am 7. Juni 1984 wurde eine Fragestunde mit anschließender Aktueller Stunde dadurch ausgelöst, daß Friedrich Vogel im Bundeskanzleramt als Staatsminister beim Bundeskanzler nicht nur eine Petition der Schlesischen Jugend mit 20 000 Unterschriften für die Gewährung der Menschenrechte an die Deutschen in der Heimat angenommen hatte, sondern daß diese Nachricht über das Bundespresseamt auch verbreitet worden war mit einem Text, der den Aufruhr der gesamten Polen-Lobby der SPD-Fraktion ausgelöst hat. Wortführer für die SPD war Karsten Voigt, der keine Gelegenheit ungenutzt ließ, den Warschauer Grenzvertrag im Sinne der polnischen Kommunisten und entgegen dem Paragraphen 4 mit dem Friedensvertragsvorbehalt auszulegen. Die Schlesische Jugend hatte in ihrer Petition von »Schlesien und anderen Teilen Ostdeutschlands« gesprochen, um die Region zu bezeichnen, in der den Deutschen von Polen die Menschenrechte verweigert werden. Der Bundesaußenminister, der selbst gegenüber den Fragestellern zur Beantwortung ihrer Fragen im Parlament zur Verfügung stand, mußte den aufgebrachten Sozialdemokraten – welch ein Vergehen oder gar Verbrechen war hier anzuklagen! – einräumen: »Es trifft zu, daß das Bundespresseamt am 23. Mai eine Pressemitteilung über den Besuch der Delegation der ›Schlesischen Jugend‹ beim Staatsminister beim Bundeskanzleramt, Vogel, herausgegeben hat, in der versehentliche Bezeichnungen hineingeraten waren. Staatsminister Vogel hat von sich aus die Korrektur unverzüglich veranlaßt, nachdem er die Redaktion des Textes bemerkt hatte. Die Pressemitteilung wie die Korrektur sind im üblichen routinemäßigen Verfahren am 24. Mai über den Informationsfunk des Bundespresseamtes den Auslandsvertretungen der Bundesrepublik Deutschland zugegangen.« Genscher fügte hinzu: »Proteste der in den Fragen (der SPD-Abgeordneten) erwähnten Art hat es nicht gegeben.« Die SPD hatte nämlich wissen wollen: »Wie hat der Bundeskanzler auf den Protest reagiert, der gegen diese ›Korrektur‹ des Auswärtigen Amtes bei ihm eingelegt worden ist?«

Mit dieser Zwischenfrage schaltete auch ich mich ein: »Es ist Ihnen bekannt, daß in der DDR der Begriff Mitteldeutsch als Verlags- und als Zeitungsname erscheint. Was spricht nun dagegen, daß wir Schlesien, Ostpreußen, Pommern unter dem Begriff Ostdeutschland subsumieren, da es Ostdeutschland gibt, ausgehend vom Urteil des Bundesverfassungsgerichts vom 31. Juli 1973?« Mit dialektischer Eleganz antwortete darauf Genscher: »Herr Abgeordneter, Sie wissen, daß meine Frau Schlesierin ist. Sie betrachtet sich deshalb als Ostdeutsche, weil auch die Vertreibung den Tatbestand nicht ungeschehen machen kann, daß sie in dem deutschen Kreis Liegnitz geboren wurde, auch wenn inzwischen eine Veränderung stattgefunden hat; so wie ich, ein im Saalekreis Geborener, mich als Mitteldeutscher betrachte. Das ist doch ganz selbstverständlich. Das eine ist etwas, was seine Berechtigung aus der Vergangenheit herleitet. Das andere ist die Frage, wie wir unsere nationalen Interessen in einem Europa des Friedens, der Zusammenarbeit und der Versöhnung am besten verwirklichen können.« Mit lockerer Hand wurde auf diese Weise nicht nur Geschichte ausradiert, es wurde zugleich auch das Unrecht zum Recht erklärt, und dazu bediente man sich der sich schnell einstellenden Begriffe des Friedens und der Versöhnung, ganz in Richtung einer pax sovietica und einer Appeasementpolitik gegenüber der kommunistischen Übermacht.

Auf der Einladung zum Kongreß der Ostdeutschen Landsmannschaften und Landesvertretungen am 10. November 1984 in Bonn, den ich zu leiten hatte, war zu lesen, daß die Vorsitzenden von CDU, CSU, FDP und der stellvertretende Vorsitzende der SPD sprechen würden. Also waren die Namen des Bundeskanzlers Helmut Kohl, des bayerischen Ministerpräsidenten Franz Josef Strauß, des Bundesaußenministers Hans-Dietrich Genscher und des Ministerpräsidenten von Nordrhein-Westfalen, Johannes Rau, ausgedruckt. Aber es kam anders. Nur die Vorsitzenden der CDU und der CSU, Helmut Kohl und Franz Josef Strauß, standen zu ihrem gegebenen Wort. Sie wurden daher auch mit viel Beifall von den 700 Delegierten und Gästen, die den großen Saal des Konrad-Adenauer-Hauses in Bonn bis zum letzten nachgeschobenen Stuhl füllten, begrüßt. Es fehlten jedoch Genscher und Rau. Der FDP-Vorsitzende und Bundesaußenminister Hans-Dietrich Genscher ließ sich wegen dienstlicher Geschäfte kurzfristig entschuldigen. Statt seiner erschien der stellvertretende FDP-Fraktionsvorsitzende im Deutschen Bundestag, Uwe Ronneburger. Und drei Tage vor dem Kongreßbeginn teilte der Bundesgeschäftsführer der SPD, Peter Glotz, mit, daß Johannes Rau andere Verpflichtungen wahrnehmen müsse, für ihn werde man den SPD-Bundestagsabgeordneten Günter Herterich entsenden, stellvertretender Obmann seiner Fraktion im Auswärtigen Ausschuß, also nicht gerade ein hochkarätiger SPD-Repräsentant. Der Grund, der die SPD bewogen hat, kurzfristig abzusagen, ließ sich leicht ausmachen. Zu derselben Zeit, als der Kongreß in Bonn stattfand, befand sich der Vorsitzende der SPD-Bundestagsfraktion, Hans-Jochen Vogel, in Warschau. Fast zur selben Stunde, als der stellvertretende SPD-Vorsitzende Johannes Rau hätte reden sollen, machte Vogel dem obersten Gebieter Polens, General Wojciech Jaruzelski, unter dem Bilde Lenins seine Aufwartung. Der FDP-Vorsitzende mag sich ausgerechnet haben, daß seine Rede vielleicht nicht nur mit Beifall bedankt würde und ihm obendrein bei seinem bevorstehenden Besuch in Warschau vorgehalten werden könnte, falls er doch Töne angestimmt hätte, die nicht so ganz in das Konzept der heute über das polnische Volk Gewalt Ausübenden gepaßt haben würden.

Seitdem der Pfarrdiakon Horst Sielaff, ein gebürtiger Stettiner, der den Wahlkreis Frankenthal für die SPD vertritt, dem Deutschen Bundestag angehörte, seit 1980, versuchte er für die kommunistischen Machthaber in Ostdeutschland jenseits von Oder und Neiße und in den deutschen Siedlungsgebieten, vor allem in der (heute ehemaligen) Sowjetunion geradezu missionarisch Partei zu ergreifen. Als Vorsitzender des »Zentralverbandes Mittel- und Ostdeutscher«, sich auch Zentralverband für Mittel- und Osteuropa nennend (ZMO), bemühte er sich, versprengte Vertriebene aus den Reihen der SPD um sich zu scharen und auf einen strammen kommunistenfreundlichen Linkskurs einzuschwören. Inzwischen ist es ihm sogar gelungen, in den Verwaltungsrat des VdA (Verein für das Deutschtum im Ausland) vorzurücken. Nicht die Kommunisten waren seine Gegner, sondern die Organisationen der Landsmannschaften und der Bund der Vertriebenen. Mit den Kommunisten in der Volksrepublik Polen und in der Sowjetunion pflegte er die besten Beziehungen. Zulieferer für seine Informationen, die er gegen die sogenannten Revanchisten sammelte, war Georg Herde, ein bekennender Kommunist schlesischer Herkunft, aus Neisse, während der Kriegsgefangenschaft »umgedreht«, und jetzt der fleißigste und aufmerksamster Beobachter des Tuns und Redens der sogenannten Vertriebenenfunktionäre und der Aktivitäten der Landsmannschaften und des BdV. Er belieferte die gesamten kommunistischen Medien und trug alles zusammen, was sich unter dem Rubrum »Revanchismus« für den kommunistischen Apparat sammeln ließ. Auch die SPD bezog ihre Informationen, um die Sprecher der Vertriebenen »vorzuführen« und sich selbst gegenüber den Kommunisten liebedienerisch zu bewähren, aus den »Neuen Kommentaren« und anderen Dokumentationen dieses Georg Herde, dem der DKP-Kreisverband Frankfurt am Main in einer Anzeige zum 65. Geburtstag 1984 ausdrücklich dafür dankte, daß er »sich speziell mit der Ostpolitik der Bundesregierung und der revanchistischen Politik der Landsmannschaften befaßte. Diese Arbeit brachte ihm von seiten seiner politischen Gegner die Bezeichnung ›Revanchistenjäger‹ ein.« Ohne sich auf diese Quelle zu beziehen, veröffentlichte Horst Sielaff im »Sozialdemokratischen Pressedienst« am 25. September 1984 eine Attacke gegen Bundeskanzler Helmut Kohl unter der Überschrift »Kohl nimmt Ewiggestrige in Schutz« und zitierte mich mit einem Wort aus dem Bundestag, das sogar stimmte, weil ich von der »gewaltsamen Polonisierung von deutschen Städten« gesprochen hatte, und mit folgenden Sätzen: »Die illegale Fremdbestimmung Ostdeutschlands stellt absolut kein Faktum dar, an dem nicht mehr gerüttelt werden dürfe. Eine Repatriierung der dort nach 1945 angesiedelten Menschen wäre beileibe keine ›zweite Vertreibung‹. Es ist nicht unbillig, vom Unrechtsverursacher zu verlangen, die ihm durch die Wiederherstellung des Rechtszustandes entstehenden Härten in Kauf zu nehmen.« Mit dem Zusatz in Klammern: »CDU-MdB Hupka im Mai 1984«. Dieses Zitat hatte mit mir nicht das Geringste zu tun, denn es war, wie leicht festgestellt wurde, der Leserbrief eines gewissen Peter Zeitz aus Schwenningen, erschienen in der Wochenschrift »Der Schlesier«, die zwar als »Offizielles Organ der Landsmannschaft Schlesien« firmierte, aber ich als Bundesvorsitzender stand weder im Impressum als verantwortlicher Redakteur noch hatte die Landsmannschaft Schlesien den geringsten Einfluß auf das als Privat- und Familienunternehmen wirtschaftende Blatt. Es bedurfte erst der Androhung gerichtlicher Schritte, bevor mich Sielaff über einen Anwalt wissen ließ, daß ein Widerruf im SPD-Pressedienst erscheinen werde, was dann auch nach fast einem Monat, am 22. Oktober 1984, geschehen ist. All das hat jedoch den Bundesgeschäftsführer der SPD, Peter Glotz, ein Vierteljahr später im Januar 1985 nicht davon abgehalten, in der »Dokumentation der Deutschland- und Ostpolitik: Nach 13 Jahren vor dem Ende?« erneut die Falschmeldung wörtlich zu wiederholen. Er tat übrigens damit nichts anderes als Radio Moskau, das unter dem 16. Oktober 1984 gleichfalls die Fälschung veröffentlicht hatte, ich sollte also Sätze geschrieben haben, die ich gar nicht verfaßt hatte. Wiederum wurden Anwaltskanzleien bemüht, die Sache schleunigst in Ordnung zu bringen, das heißt, daß das falsche mir unterstellte Zitat zwar in der Welt war, aber

zumindest nicht mehr wiederholt werden durfte. »Namens unseres Mandanten (gemeint war SPD-Bundesgeschäftsführer Peter Glotz) teilen wir mit, daß diesem die Richtigstellung im SPD-Pressedienst vom 22. Oktober 1984 nicht bekannt war, sonst wäre die betreffende Veröffentlichung unterblieben«, so die Anwälte der SPD.
Die Absage des Besuches von Bundesaußenminister Hans-Dietrich Genscher in Polen löste wieder einmal eine Debatte im Deutschen Bundestag mit dem Thema Polen, Oder-Neiße-Linie und die Vertriebenen aus. Polen war im November 1984 an einem Besuch des Bundesaußenministers nicht interessiert, weswegen es ein Journalistenvisum nicht gewähren wollte und auch Anstoß an dem vorgesehenen Besuch des Grabes eines unbekannten deutschen Soldaten in Warschau nahm, doch die SPD glaubte, tiefer loten zu müssen, und warf dem Bundesaußenminister vor, daß er sich von der CDU/CSU gängeln lasse, während gleichzeitig Bundeskanzler Kohl zu eng auf Kontakt mit den Vertriebenen aus sei. Was die SPD längst vollzogen hatte, die kompromißlose Anerkennung der Oder-Neiße-Linie als Grenze, ohne Wenn und Aber, übrigens unter Hintanstellung aller im Warschauer Vertrag und in den Entscheidungen des Bundesverfassungsgerichtes zum Ausdruck gebrachten Vorbehalte, war Hauptinhalt der von der SPD, hier mit Unterstützung der FDP, geführten Debatte am 27. November 1984. Die CDU/CSU hatte erwartet, falls Genscher nach Warschau ginge, daß er dann auch einen Kranz am Grabe des am 19. Oktober 1984 auf brutale Weise umgebrachten polnischen Priesters Jerzy Popieluszko niederlege. Damit sollte auch eine anerkennende Verneigung vor der gewerkschaftlichen Opposition der Solidarnosc zum Ausdruck gebracht werden. »Der Herr Kollege Hupka hat Herrn Genscher öffentlich geraten«, so ließ sich der SPD-Abgeordnete Horst Ehmke ein, »das Grab des ermordeten polnischen Priesters zu besuchen – so als ob sich ein Bundesaußenminister in die Gefahr begeben dürfte, in die innenpolitischen Auseinandersetzungen eines anderen Staates hineingezogen zu werden.« Dies brachte ihm den Zwischenruf des CSU-Abgeordneten Hans Klein »Unglaublich« ein. Übrigens hatte derselbe Sozialdemokrat, als Mitglied der damaligen Bundesregierung, unmittelbar in die innenpolitische Auseinandersetzung eines anderen Staates eingegriffen, als er während der Obristen-Diktatur in Griechenland einen oppositionellen griechischen Politiker ausfliegen ließ. Auch der SPD-Fraktionsvorsitzende Hans-Jochen Vogel hatte sich dagegen gewehrt, politisch offiziell vom Tode des ermordeten polnischen Kaplans Notiz zu nehmen: »Die Frage, ob man Trauer, Abscheu und Empörung über den

Tod des Priesters Popieluszko im Hause des katholischen Episkopates in Warschau oder an seinem Grab zum Ausdruck bringt, zur zentralen Frage des deutsch-polnischen Verhältnisses macht, hat von all dem nichts, aber auch gar nichts verstanden«, worauf das Protokoll den Zwischenruf des CDU-Abgeordneten Klaus Bühler notierte: »Fragen Sie einmal einen Polen, der gibt Ihnen eine Antwort«.
Im Zusammenhang mit der Ermordung des Arbeiterpriesters Popieluszko (am 29. Juli 1992 habe ich in Warschau vor seinem Grabe gestanden) und angesichts der in Polen herrschenden kommunistischen Diktatur sollte eine Aktuelle Stunde von der CDU/CSU-Bundestagsfraktion beantragt werden; die fünf Redner mit je Fünfminuten-Beiträgen waren schon bestimmt, darunter auch ich, aber es kam zu dieser Aktuellen Stunde nicht, weil der Bundesaußenminister nachdrücklich diese zu verhindern gewußt hatte. Er wollte auch nicht die leiseste Störung des deutsch-polnischen Verhältnisses, gehörte er doch zu den Verantwortlichen der alten Koalition für den jetzt allerdings ganz anders ausgelegten deutsch-polnischen Vertrag von 1970.

»Alle politischen Schattierungen« – Kurzer deutsch-polnischer Dialog

Ein Leserbrief in der »Süddeutschen Zeitung« vom 5. Mai 1984, in dem ich zur Interpretation des Warschauer Vertrages Stellung genommen hatte, löste eine Korrespondenz mit Ludwig Frendl, dem (trotz seines deutschen Namens) Vorsitzenden des »Polnischen Nationalrates in der Bundesrepublik Deutschland«, aus und schließlich ein zweistündiges Vieraugengespräch in München, seinem Wohnsitz. In dem ersten Schreiben an mich erklärte der Sprecher der in London operierenden Leitung der polnischen Emigration: »1. Nicht nur die polnischen Kommunisten interpretieren den Warschauer Vertrag so, daß er eine Anerkennung der Oder-Neiße-Grenze darstellt, sondern das ganze polnische Volk ist der Meinung, diese Grenze habe einen endgültigen Charakter. 2. Sie zitieren richtig die Aussage des Herrn Außenministers Scheel vom 19. Februar 1972. Leider haben Sie vergessen, seine weitere Aussage vom 17. Mai 1972 zu zitieren, in welcher er feststellte, daß die Bundesrepublik Deutschland sich im Artikel 1 des Warschauer Vertrages dazu verpflichtet hat, die Oder-Neiße-Grenze als Westgrenze Polens nicht in Frage zu stellen.« In meiner schriftlichen Entgegnung bezog ich mich zum einen auf die »Gemeinsame Entschließung« des Deutschen Bundestages, in der ausdrücklich gesagt wird, daß die Ostverträge eine friedensvertragliche Regelung für Deutschland nicht vorwegnehmen. Zum anderen unterbreitete ich dem Polen »folgenden Analogieschluß: Ein überzeugter Gegner des Nationalsozialismus hielte die Eroberungen von Straßburg und Polen für eine großartige Tat. Einem solchen Mitbürger hätte man in aller Deutlichkeit den Widersinn seines Handelns und Urteilens entgegenhalten müssen. Ist es nicht genau so, wenn nationalbewußte Polen – und ich achte das Nationalbewußtsein der Polen hoch – den Kommunismus zu Recht verurteilen, aber die Eroberungen des Kommunismus sich nicht nur zu eigen machen, sondern sogar diese loben und preisen.« Das Angebot von mir, daß es, anstatt eine ausführliche Korrespondenz miteinander zu führen, »das Beste wäre, daß wir uns bald einmal sehen und sprechen«, wurde aufgegriffen, allerdings mit der Bemerkung: »Ich glaube nicht, daß wir uns gegenseitig überzeugen können, aber man soll sich treffen mit dem Willen, den Standpunkt der Gegenseite kennenzulernen.« Als wir uns am 24. November trafen, begegnete mir zuerst Mißtrauen, denn ich wurde gleich abgefragt, was ich und wo während des Krieges getan hätte. Da kurz vor unserer Zusammenkunft die Nachricht von der Ermordung des polnischen Priesters Jerzy Popieluszko bekannt geworden war und ich einen Kommentar dazu geschrieben hatte, fanden wir uns einmütig in der Verurteilung dieses Verbrechens und in der von mir herausgestellten Bedeutung des »Wächteramtes der Kirche in Polen gegenüber der atheistischen kommunistischen Diktatur« zusammen. Aber das war auch bereits die ganze Gemeinsamkeit, denn in bezug auf das deutsch-polnische Verhältnis gingen wir von unterschiedlichen Positionen aus: Bedingungslose Anerkennung der Oder-Neiße-Grenze auf seiner Seite, Friedensvertragsvorbehalt gegenüber der Endgültigkeit der Oder-Neiße-Linie als Grenze und die Verurteilung der Vertreibung, durch die die Oder-Neiße-Linie überhaupt erst entstanden ist, auf der anderen Seite.

Über dieses erste (und leider einzige) Gespräch zwischen einem Repräsentanten der Landsmannschaft Schlesien und einem Repräsentanten der polnischen Emigration war Stillschweigen verabredet worden, es sollten lediglich der Bundesvorstand der Landsmannschaft Schlesien durch mich und das Präsidium des Polnischen Nationalrates durch Ludwig Frendl informiert werden. Inzwischen war das Motto zum Deutschlandtreffen der Schlesier 1985 in Hannover heiß diskutiert worden, weshalb sich mein polnischer Gesprächspartner veranlaßt sah, mir noch einmal in einem elf Seiten umfassenden Brief, der wohl eher für seinen eigenen polnischen Adressaten in London als für mich bestimmt war, den Standpunkt der polnischen Emigration darzustellen: »Ich habe mich daher gezwungen gesehen, unsere weiteren Gespräche abzusagen, der Dialog soll leider dann abgebrochen werden, wenn er gar keine Voraussetzung dafür gibt, daß der Gesprächspartner seine sture und weltfremde Haltung ändert.« Aufgrund des mit mir geführten Gespräches sah sich Frendl den heftigsten Angriffen und einer Auseinandersetzung im »Polnischen Nationalrat« selbst ausgesetzt, weshalb er sich in der exilpolnischen Zeitschrift »Kultura« zu einer Rechtfertigung seines Tuns genötigt sah. »Viele Bewohner der Westgebiete haben weiterhin Angst vor einem deutschen Revisionismus und sind gleichfalls der Auffassung, daß man mit Deutschen aller politischen Schattierungen reden müsse.« Übrigens habe er nicht nur mit dem Bundesvorsitzenden der Landsmannschaft Schlesien, Herbert Hupka, gesprochen, sondern auch mit anderen »deutschen Politikern, die Gegner der Oder-Neiße-Grenze sind«. Der katholisch bestimmte Exilpolitiker in Deutschland (er hatte den Dr.-Grad sowohl in Krakau als auch in Nizza erworben und war als Antikommunist in seinem Vaterland zu 15 Jahren Gefängnis verurteilt worden) zog aus den gegen ihn vor allem von der Polnischen Sozialistischen Partei geführten Attacken die Konsequenz, indem er auf seinen Antrag die Auflösung des »Polnischen Nationalrates in der Bundesrepublik Deutschland« beschließen ließ. Eine Episode im deutsch-polnischen »Dialog«, die nach einem ersten tastenden Versuch abrupt geendet hat.

»Recht auf muttersprachliche Seelsorge« –
Der Kardinal und die Wahrheit

Am 15. August 1984 hielt der Primas von Polen, Kardinal Josef Glemp, eine geradezu provozierende Predigt in Tschenstochau, in der er deutlich genug die Existenz der Deutschen im heutigen Polen nicht nur leugnete, sondern auch jegliche seelsorgerliche Fürsorgepflicht in Abrede stellte, weil es eben die Deutschen nicht gebe. Der Kardinal zitierte eine Frau, die ihn während seiner Reise durch die Bundesrepublik Deutschland jüngst angesprochen habe: »Unter den Gläubigen kam einmal eine alte Frau zu mir und bat mich, ich möchte mich dafür einsetzen, daß man den Deutschen in Polen kein Unrecht zufüge, daß ihnen Gerechtigkeit widerfahre. Ich fragte: welche Deutschen, welches Unrecht? Die alte Frau zitierte noch einmal ihre eingelernte Formel und verbarg sich in der Menge. Das war peinlich.« Damit stand für Glemp fest, daß es eine Lüge sei, von Deutschen in Oberschlesien zu sprechen, obwohl er es hätte besser wissen müssen und auch wußte, aber als polnischer Nationalist war er nicht bereit, es zur Kenntnis nehmen zu wollen. Nach der Wende und meinem ersten Besuch seit 45 Jahren in Oberschlesien, im Sommer 1990, lachte ein Kaplan laut auf und freute sich über den von mir vorgetragenen Satz, der seit der Tschenstochauer Predigt in Deutschland geläufig geworden war: »Können Sie sich denken, daß ein katholischer Kardinal lügt?« »Nein!« Antwort: »Kardinal Glemp ist der erste Kardinal, der gelogen hat.« »Ja, richtig, das hätte man wissen müssen!«
In der Tschenstochauer Predigt ging Glemp auch zum Angriff über: »Wenn sich jemand nach 40 Jahren, also in der zweiten Generation, zum Ausländer erklärt, obwohl er weder die Sprache noch die Kultur noch die Bräuche seines angeblichen Vaterlandes kennt, so haben wir es mit einem künstlichen Prozeß zu tun, der eher durch niedrige Beweggründe ausgelöst wurde, einfach durch Geld, den Willen zu einem leichteren Leben mit Bequemlichkeiten und manchmal durch den Wunsch, sich den Mühen des Kampfes durch eine bessere Zukunft zu entziehen.« Das war eine Attacke gegen die aussiedlungswilligen Deutschen. Zu der nur

zu berechtigten Forderung, daß für die Deutschen in der Heimat der Gottesdienst in deutscher Sprache gehalten werden sollte, wußte der polnische Kardinal nur zu antworten. »Wir können nicht mit gutem Gewissen Andachten in fremder Sprache für diejenigen organisieren, die die Sprache nicht kennen und sie erst in der Liturgie lernen wollen. Denn es kann nicht ein Ausländer sein, der das Ausland nie in seinem Leben gesehen hat.«

Drei Tage nach dieser Predigt schickte Glemp einen Brief zur Erklärung seiner Sätze an Kardinal Höffner und schrieb: »An mich wurde die Forderung herangetragen, eine besondere Seelsorge für die in Polen lebenden Deutschen einzurichten. Weil diese Stimmen, auf Liturgie in deutscher Sprache für bestimmte Gruppen hinzielend, sich von Gläubigen außerhalb Polens hören ließen und nicht von Gläubigen, die in Polen selbst wohnen, bedarf dies einer sorgfältigen Klärung.« Auch dies wieder eine Unverfrorenheit. Zuerst dürfen die Deutschen laut kommunistischer Praxis keine Deutschen sein und auch nicht Deutsch sprechen, dann stellt man fest, daß ja niemand im Lande selbst die Forderung nach deutschem Gottesdienst stelle, und Glemp fügte gleich hinzu, daß die Kirche nicht dazu da sei, durch die Liturgie die fehlenden Sprachkenntnisse in Deutsch zu vermitteln, womit die Deutschen ein zweites Mal bestraft werden sollen. Leider konnte eine die Äußerungen des polnischen Kardinals zustimmend paraphrasierende deutsche kirchliche Stimme nicht fehlen, denn Prälat Wilhelm Schätzler, Sekretär der Deutschen Bischofskonferenz, beantwortete eine diesbezügliche Frage der katholischen Illustrierten »Weltbild«: »Kardinal Glemp hat den Deutschen in Polen das Recht auf besondere Seelsorge abgesprochen?« mit diesem Satz: »Das ist so nicht richtig. Der Primas hat darauf hingewiesen, daß einige dieser Deutschstämmigen gar kein Deutsch können, es also gar keinen Sinn hatte, für sie eine deutschsprachige Seelsorge einzurichten.«

In einem Interview, das in der Wochenzeitung »Die Zeit« veröffentlicht wurde, hatte Kardinal Glemp am 14. Juni 1985 trotz aller Kritik an seiner Predigt ausdrücklich erklärt: »Unsere Beziehungen (zwischen deutschem und polnischem Episkopat) sind nie erschüttert worden, auch nicht nach meiner Predigt in Tschenstochau im vorigen Jahr, die so viel Lärm verursacht hat. Die Predigt war nötig, um zu zeigen, wie wenig reif wir noch zu wirklicher Verständigung sind.« Indem der befragte Kardinal von »dem wieder anwachsenden politischen Einfluß der Landsmannschaften, der Aussiedlerorganisationen in der Bundesrepublik Deutschland spricht«, antwortete er auf die Frage: »Gibt es nicht

einfach ein Bedürfnis nach deutscher Sprache im Gottesdienst?« mit einem Bezug auf die Predigt von Tschenstochau: »Eben nicht. Es ist – und ich bleibe dabei – ein künstliches Problem, das von außen erzeugt wird. Das Hochspielen einer deutschen Minderheit in Polen und revisionistisches Gerede – das richtet nur Schaden an, stiftet Unruhe. Was wir in Polen brauchen, ist Ruhe, innere und äußere ...«
Das Geschichtsbild dieses Kardinals war ohnehin dank seiner Einfältigkeit nicht zu überbieten: »Nach dem Krieg kam es zu der großen Völkerwanderung unter dem Diktat der Siegermächte. Nicht die Kirche und nicht der polnische Staat haben sie gewollt und ausgelöst. Deutsche und Polen wurden von Osten nach Westen umgesiedelt.« Ich schrieb dazu im »Schlesischen Pressedienst«: »Die Gebiete jenseits von Bug und San, jenseits der vom britischen Staatsmann Lord Curzon 1919 vorgeschlagenen Grenzlinie zwischen Polen und Rußland, heute identisch mit der neuen Grenzlinie zwischen der Sowjetunion und der Volksrepublik Polen, mußten 1,5 Millionen Polen verlassen, und diese wurden nicht vertrieben, sondern in der Tat umgesiedelt. Mußten deshalb nahezu acht Millionen Deutsche aus Ostdeutschland vertrieben werden? Der Ausdruck von der ›Völkerwanderung‹ klingt historisch und angenehm, aber er stimmt nicht. Auch der Kardinal muß zur Kenntnis nehmen, daß die Deutschen vertrieben worden sind. Außerdem muß angemerkt werden, daß die katholische Kirche sich keineswegs so passiv verhalten hat, wie es sich in den Augen des Kardinals abgespielt haben soll. Die Vertreibung wurde auch von Repräsentanten der katholischen Kirche – nicht von allen – mitbetrieben. Es gibt erschütternde Zeugnisse für das unmenschliche Verhalten katholischer Priester polnischer Nationalität gegenüber den deutschen Geistlichen. Ein Blick in die ›Dokumentation der Vertreibung der Deutschen aus Ost-Mitteleuropa‹, in das Buch ›Letzte Tage in Schlesien‹ könnte den Kardinal eines Besseren, richtiger gesagt, eines Grausameren belehren.« Ich griff auch noch diese Sätze des Kardinals aus dem Interview auf: »Ich meine, daß diese Organisationen der Aussiedler, indem sie auf künstliche Weise das Heimweh aufrechterhalten, wahrhafte Verständigung behindern. Wenn sich die polnischen Umsiedler in Polen integriert haben, warum können sich dann Deutsche nicht in Deutschland integrieren? Das fragen wir uns.« Die Antwort war leicht zu erteilen: »Die Deutschen, die nie daheim eine Minderheit waren, sind vertrieben worden, ihnen ist Unrecht geschehen, weshalb die Integration nicht gleichzusetzen ist mit dem Verzicht auf das Recht. Die Polen waren daheim eine Minderheit, sind nicht grausam vertrieben worden und dürfen auch erst gar nicht bekunden,

wie sie denken, denn über allen herrscht die Diktatur des Kommunismus. Dies ist doch auch Glemp bestens bekannt. Warum diese unzutreffende Gedankenspielerei!«

Die Existenz der Deutschen, vor allem in Oberschlesien, die Möglichkeit des Gebrauchs der deutschen Sprache im Gottesdienst seit 1989, die Wahlergebnisse in Oberschlesien mit nahezu 30 mehrheitlich deutschen Gemeindevertretungen und deutschen Bürgermeistern, der Einzug von sieben Deutschen 1991 in den Sejm und eines Senators in den Senat (1993: vier deutsche Sejmabgeordnete und ein deutscher Senator) haben inzwischen Kardinal Glemp hoffentlich darüber belehren können, daß seine Darstellung der Verhältnisse und des Begehrens der Gläubigen ein Trugbild gewesen ist. Entweder hatte sich Glemp das bewußt so eingeredet, um sich gegenüber den Mächtigen gefällig zu erweisen, oder er war wirklich so einfältig, daß er selbständig zu sehen und zu urteilen nicht fähig gewesen ist. Weder das eine noch das andere allerdings ein Ruhmesblatt für den ersten Mann der katholischen Kirche Polens!

»SCHLESIEN BLEIBT UNSER« – DEUTSCHLANDTREFFEN DER SCHLESIER 1985

Ein großer Medienwirbel wurde zum Ende des Jahres 1984 durch einen Vierspalter in der »Frankfurter Allgemeinen Zeitung« (14. Dezember 1984) unter der Überschrift »Was meint ›Schlesien bleibt unser‹?« ausgelöst. Der langjährige Polen-Korrespondent dieser Zeitung, Erik-Michael Bader, später dann für die Leserbriefe dieser Zeitung zuständig und auch familiär mit Polen eng verbunden, hatte sich darin über »Das mehrdeutige Motto für das 21. Deutschlandtreffen der Schlesier« verbreitet und festgestellt, daß dieses Motto für das Schlesiertreffen, zu dem im Juni 1985 Bundeskanzler Helmut Kohl als Hauptredner eingeladen worden war und auch bereits zugesagt hatte, eine dreifache Auslegung zulasse, wobei es dem Journalisten vor allem auf die dritte Interpretationsmöglichkeit angekommen ist. »Schlesien bleibt unser« könnte die »Bekräftigung unzerstörbarer Verbundenheit mit dem Herkunftsland, der schlesischen Heimat« bedeuten, dann aber auch zu lesen sein als »der jahrhundertelang deutsche Charakter dieses Landes«, und schließlich sollte damit »ein fortdauernder Rechtsanspruch als uneingeschränkt geltend bekundet« werden. Diese dritte Möglichkeit der Auslegung des Mottos »Schlesien bleibt unser« wurde eingehend in der Absicht und mit der sicheren Annahme abgeklopft, daß gerade dieses Motto in Polen, hier vor allem, aber auch sonst in der Welt nicht nur Mißfallen, sondern Aufregung und höchste Beunruhigung auslösen muß. Als Folge dieses Mottos wurde mit Warschauer Blickwinkel unterstellt, »daß nach Auffassung der Landsmannschaft Schlesien der gegenwärtige Zustand verändert werden müsse; wann und mit welchen Mitteln wird dann für die vom Veränderungsverlangen betroffenen Polen zweitrangig. Dieses Motto macht es schwieriger, der Revanchismus-Kampagne des Ostens gegen die Bundesrepublik entgegenzutreten.« Zwar wurde anerkennend bestätigt, daß im Begleittext zum Motto von mir gesagt worden war, was ich schon zum wiederholten Male gleichklingend erklärt hatte: »Es gilt der Satz: Eine Vertreibung war bereits eine Vertreibung zu viel in der Weltgeschichte. Niemand will

und darf um den Preis einer neuen Vertreibung das Recht wiederherstellen. Dies kann aber zugleich nicht bedeuten, daß durch den Zeitablauf aus dem Unrecht Recht geworden ist.« Zustimmend wird in dem Aufsatz der Zeitung mit diesen beiden Sätzen »die wünschenswerte Eindeutigkeit, die dem Motto fehlt« gern bestätigt, aber dann wird auch gleich der dritte Satz als ungeheuerlicher Störfaktor nach vorn gerückt und mit dem auf Revanchismus deutenden Fragezeichen ausgestattet: »Wie soll und könnte denn praktisch dem gewehrt werden, daß aus Unrecht Recht wird, wie könnte ›Schlesien bleibt unser‹ vom Anspruch in konkrete Wirklichkeit verwandelt werden ohne eine neue Vertreibung?« Auf diese Weise wurde der berechtigten und auch durch geschichtliche Analogien bekräftigten Aussage, daß aus der Annexion Ostdeutschlands und aus der Vertreibung kein neues Recht geworden ist, unterstellt, daß die Landsmannschaft Schlesien erneut für Vertreibung, Gewaltanwendung und welche Schandtaten noch immer eindeutig plädiere. Es störte also gar nicht das Unrecht als das historische Faktum, sondern die für das Unrecht Verantwortlichen und Schuldigen sollten die Zusicherung erhalten, daß das Unrecht noch nicht einmal verbal in Frage gestellt werden dürfe. »Unweigerlich neues Unrecht«, »eine Aufgabe dieser Gebiete käme fast einem Selbstmord des polnischen Staates gleich«, daß »ein Wegzug der polnischen Bewohner auch Heimatrecht verletzen würde«, »die zuallermeist inzwischen im Westen gut integrierten Vertriebenen«, so lautete die Kette der vom Artikelschreiber vorgetragenen Gegenargumente, um das Motto »Schlesien bleibt unser« als unverantwortliche Drohung bloßzustellen und aufzuspießen, wobei der erste Teil des Mottos »Vierzig Jahre Vertreibung« bewußt unterschlagen wurde.
Gefragt werden muß, wer hier souffliert, wer hier mittelbar oder auch unmittelbar Einfluß ausgeübt hat, damit dieses Motto angeprangert und die sich daraus ergebenden politischen Folgen ausgelöst werden konnten. Die Spur weist hin auf das Auswärtige Amt und dessen Interesse daran, die Rede eines Bundeskanzlers vor den Schlesiern – die erste Bundeskanzlerrede seit Ludwig Erhards Rede vor 20 Jahren – nach Möglichkeit zu verhindern. Ein Sturm der Entrüstung brach wie verabredet los, keine größere Zeitung ließ sich bis in den Januar 1985 hinein die Gelegenheit entgehen, mich als den für die Landsmannschaft Schlesien Verantwortlichen und die Schlesier insgesamt grell zu belichten, vor allem aber richtete sich die verkrampfte Aufmerksamkeit auf den Bundeskanzler. Wie könnte und sollte unter einem solchen Motto seine Zusage noch aufrechterhalten werden, zu den Schlesiern sprechen zu

wollen! Der Sprecher der Bundesregierung Peter Boenisch hatte seine liebe Not, noch vor der Weihnachtspause die künstlich erhitzten Gemüter zu beschwichtigen. Er begnügte sich mit der Formulierung »mißverständliche Parole« und der als Hilfestellung gemeinten Interpretation »Schlesien bleibt in unserem Herzen«.
Natürlich nutzte die sozialdemokratische Opposition die »Gunst des Augenblicks« und riet dringend, daß der Bundeskanzler seine Zusage noch einmal bedenken sollte, am besten aber gleich widerrufe. Die Polen würden durch dieses Motto »bis aufs Blut« gereizt. »Ich weiß nicht, ob Kohl überhaupt sieht, was er damit anrichtet«, wenn er auf seiner Zusage zu reden beharrt, so Oppositionsführer Hans-Jochen Vogel.
In einer seltsamen Vorstellung von demokratischen Meinungsprozessen drängten die Journalisten auf eine schnelle Entscheidung des Bundesvorsitzenden der Landsmannschaft Schlesien binnen Tagesfrist und ließen sich nur mühsam damit abspeisen, daß erst Mitte Januar (19. Januar 1985) der geschäftsführende Bundesvorstand der Landsmannschaft zusammentrete und darüber beraten könne, wie Mißverständnisse beseitigt und böswillige Interpretationen verhindert werden könnten. Der Bundeskanzler ließ verlauten, daß er den landsmannschaftlichen Vorstand auch zu einem persönlichen Gespräch bitten werde, was dann aber nicht geschehen ist. Es entbehrte übrigens nicht einer pikanten Note, daß zwei Mitglieder des Gesamtvorstandes der Landsmannschaft Schlesien, nachdem über das Motto nach einer Ausschreibung und aufgrund von vielen Einsendungen der 25 Mitglieder zählende Gesamtvorstand einstimmig befunden hatte, »aus der Reihe tanzten« und in Presseerklärungen weniger auf das Motto als vielmehr auf sich selbst aufmerksam machen wollten. Sowohl der CDU-Abgeordnete Helmut Sauer als landsmannschaftlicher Landesvorsitzender von Niedersachsen als auch sein Assistent, der Vorsitzende der Schlesischen Jugend, Hartmut Koschyk, ließen sich in bereitwillig gewährten Interviews und Artikeln dahingehend vernehmen, daß sie ein anderes und besseres Motto vorgeschlagen hätten, wenn sie dazu Gelegenheit gehabt hätten, was zu behaupten überhaupt nicht stimmte. Das Motto hätte nach diesen Aussagen lauten sollen »Heimat Schlesien, Vaterland Deutschland, Zukunft Europa«, indem lediglich die Variation eines früheren Mottos vorgetragen wurde. Blaß fiel Koschyks Vorschlag – »40 Jahre Vertreibung – 40 Jahre Teilung Deutschlands« aus, aber Koschyk versuchte damit als der bessere und zugleich kooperative Schlesier sich der Öffentlichkeit vorzustellen.

Während der Vorbereitung der Fraktionssitzung der CDU/CSU im Berliner Reichstag am Nachmittag des 21. Januars 1985 saßen Kohl und ich mit Wolfgang Schäuble, dem Bundesminister im Kanzleramt, und dem Kontaktmann für die Medien im Kanzleramt, Eduard Ackermann, eine knappe Stunde zusammen, um über das Motto für das Deutschlandtreffen in Hannover zu beraten, denn die vom geschäftsführenden Bundesvorstand der Landsmannschaft Schlesien am 20. Januar einstimmig beschlossene Modifikation »Schlesien bleibt unsere Heimat« schien Kohl nicht zu überzeugen. Es war Heinrich Windelen, der zuvor den Zusatz Europa ins Spiel gebracht hatte, so daß dann die Formulierung in dieser Runde beschlossen wurde: »40 Jahre Vertreibung – Schlesien bleibt unsere Zukunft im Europa freier Völker«. Ich stimmte für meine Person zu, mußte aber erst, was dann des Nachts telefonisch geschehen ist, die Zustimmung der übrigen sechs Mitglieder des geschäftsführenden Bundesvorstandes einholen. Zuerst waren wir nur drei, die uneingeschränkt zustimmten, die anderen drei (ein Mitglied war auf Urlaub und unerreichbar) waren zwar auch für ein Ja, aber unter der Voraussetzung, daß der Hinweis auf Europa nicht als Leerformel benutzt werde. Die Medien beschimpften mich, daß ich nicht gleich nach dem Gespräch mit Kohl Auskunft erteilen wollte und statt dessen mit der nächsten Maschine von Berlin in Richtung Köln/Bonn abgeflogen war, so daß ich an der Fraktionssitzung am 22. Januar vormittags im Reichstag gar nicht teilnehmen konnte.

In einem Brief teilte ich dem Bundeskanzler den gefaßten Beschluß mit, »das Motto für das Deutschlandtreffen der Schlesier interpretierend zu ergänzen«. In fünf Punkten legte ich den Standpunkt der Landsmannschaft Schlesien dar, zugleich damit den Inhalt des Mottos erläuternd: »1. Die Vertreibung dauert bereits vier Jahrzehnte, denn bis heute ist den Vertriebenen das Recht auf die Heimat verwehrt. 2. Schlesien ist historisch, geistig-kulturell, rechtlich und politisch Teil Deutschlands in seinen Grenzen von 1937 (Bundesverfassungsgericht 31. Juli 1973: ›Das Deutsche Reich existiert fort.‹) 3. Die deutsche Frage ist offen, erst in einem demokratisch legitimierten Friedensvertrag kann endgültig über ganz Deutschland und seine Grenzen entschieden werden. 4. Auch durch den Warschauer Vertrag werden weder Annexion noch Vertreibung und die dadurch entstandenen Grenzlinien anerkannt. 5. Schlesien ist nicht nur die Heimat der Schlesier, sondern Eigentum aller Deutschen.« Allerdings vermochte dieser Brief der Landsmannschaft Schlesien an den Bundeskanzler das Bundeskanzleramt (und wohl auch das Auswärtige Amt) nicht zufriedenzustellen, denn 24 Stunden später, am

23. Januar, lief bereits über die Nachrichtenagenturen, bevor der Adressat, das war ich, den Brief in den Händen hatte, ein Antwortschreiben des Bundeskanzlers. Mit einer Rüge beginnt der Brief: »Die öffentliche Diskussion über das ursprüngliche Motto für das Deutschlandtreffen der Schlesier und Ihre eigenen notwendig gewordenen Interpretationen haben deutlich bewiesen, daß es wünschenswert gewesen wäre, die Festlegung des Mottos von Anfang an mit größter Sorgfalt zu treffen. Damit hätten von vornherein Mißverständnisse wie auch der propagandistische Mißbrauch der legitimen Anliegen der Schlesier vermieden werden können. Beides konnte auch nicht im Interesse der Landsmannschaft Schlesien liegen.« Aufklärend und belehrend wird dann noch einmal der bekannte Standpunkt der Bundesregierung ausführlich dargelegt, mit der Vorbemerkung: »Ihr Brief und Ihre jüngsten Erklärungen veranlassen mich, noch einmal auf die Position der Bundesregierung und als Parteivorsitzender auf die der CDU hinzuweisen.« Es schien, wofür die Medien eifrig gesorgt hatten, daß die Landsmannschaft Schlesien nicht mehr auf dem Boden der inzwischen abgeschlossenen Verträge stünde, weshalb die Verpflichtung zu Verständigung und Frieden bis hin zur »Botschaft des Friedens« in der Charta der deutschen Heimatvertriebenen in diesem Antwortschreiben besonders akzentuiert wurde. Daß ich in meinem Brief den Satz geschrieben hatte: »Schlesien ist nicht nur die Heimat der Schlesier, sondern Eigentum aller Deutschen«, hatte die Gemüter erregt, wobei gefragt werden muß, ob denn nach der Vertreibung und dem tatsächlich vollzogenen Raub des Eigentums nicht mehr die Frage bezüglich des Eigentums und der rechtmäßigen Eigentümer gestellt werden durfte. Es ist eine alte Juristenweisheit, daß eine geraubte Uhr solange eine geraubte Uhr bleibt, bis nicht der Eigentümer selbst oder dessen Nachkommen die Uhr wieder ihr eigen nennen können.
Gehörige Begleitmusik tönte auch aus der Debatte, die im Niedersächsischen Landtag die oppositionelle SPD für den 16. Januar veranlaßt hatte, dies auch schon deswegen, weil Niedersachsen das Treffen mit 180000 DM finanzieren half. Der FDP-Sprecher Walter Hirche meinte, daß »einige Vertriebenenfunktionäre den Friedenswillen aller Vertriebenen aufs Spiel setzten«. Auch der CDU-Fraktionsvorsitzende Werner Remmers argwöhnte Schlimmes und Bedrohliches, rügte die »Rückwärtsgewandtheit des Mottos« in der bisherigen Fassung und wehrte eine angeblich herauszukristallisierende Absicht mit dem Satz ab: »Niemand will Heimat gewinnen, indem er anderen nimmt, was ihnen Heimat geworden ist.« Sicherlich gut formuliert, aber ohne Grund

gesprochen, denn gegen eine Vertreibung um des Rechtes willen wurde wiederholt gerade auch von mir eindeutig Stellung bezogen. Niedersachsens Ministerpräsident Ernst Albrecht nannte in seiner Regierungserklärung das Motto »mißverständlich und bedauerlich«, versäumte es aber nicht, sich vor die aus der Heimat vertriebenen Schlesier zu stellen und an die 1951 unter dem sozialdemokratischen Ministerpräsidenten Hinrich Wilhelm Kopf begründete Patenschaft zwischen dem Lande Niedersachsen und den Schlesiern zu erinnern, indem er gleichzeitig die Zusage, auf dem Deutschlandtreffen der Schlesier zu sprechen, erneuerte.

Die Aufregung über das Motto zum Deutschlandtreffen der Schlesier war noch gar nicht abgeebbt, als es schon wieder Empörung, Protest und wildes Geschrei ob der Schlesier gab. Dieses Mal war die Wochenzeitung »Der Schlesier«, die als »Offizielles Organ der Landsmannschaft Schlesien« zeichnete, das Objekt, obwohl diese keinen unmittelbaren Einfluß auf die Zeitung hatte. Der Artikel »Nachdenken über Deutschland« eines Mitgliedes des Vorstandes der Schlesischen Jugend, Thomas Finke, ließ die Öffentlichkeit aufhorchen. In dem Artikel war ein Zukunftsgemälde entworfen, in dem »die Streitkräfte der Bundesrepublik Deutschland, ohne auf nennenswerten Widerstand zu stoßen, durch das Warschauer-Pakt-Gebiet in Mittel- und Osteuropa marschiert waren und jetzt an der sowjetischen Grenze standen«, mit dem Erfolg der geglückten Wiedervereinigung. »Der Tag der deutschen Wiedervereinigung war gekommen – ohne Krieg!« Und alles war gemäß dieser Vision so gut verlaufen, weil die Sowjetunion angesichts der Bedrohung durch Rot-China einen Zweifrontenkrieg vermeiden wollte und mußte. Diese Phantasterei eines jungen Deutschen hätte erst gar nicht wegen des martialischen Bodensatzes aufgenommen werden dürfen, oder man hätte das Ganze als Traumbild oder Glosse mit einem Vorspann versehen sollen. Anstatt sich mit dem Autor im Alter von 22 Jahren kritisch auseinanderzusetzen, rollte ein Strafgericht über ihn hinweg. Der schlesische Jugendverband nicht anders als die CDU in Goslar warfen den jungen Mann aus ihren Reihen.

Gleich nach Bekanntwerden des Artikels von Thomas Finke – ich war genau so überrascht wie die allgemeine Öffentlichkeit – gab ich die Erklärung ab: »Der in der Wochenzeitung ›Der Schlesier‹ in Nr. 4/5 vom 25. Januar 1985 unter der Überschrift ›Nachdenken über Deutschland‹ veröffentlichte Artikel steht im krassen und unvereinbaren Widerspruch zur Überzeugung und zum Konzept der Landsmannschaft Schlesien und wird auf das schärfste zurückgewiesen. Die Zeitung ›Der

Schlesier‹ ist ein selbständiges kommerzielles Unternehmen, das in eigener Verantwortung tätig ist. Die Unterzeile ›Offizielles Organ der Landsmannschaft Schlesien – Nieder- und Oberschlesien‹ drückt lediglich aus, daß hier auch die Mitteilungen der Landsmannschaft Schlesien regelmäßig veröffentlicht werden können. Der Standpunkt der Landsmannschaft Schlesien wird in dieser Zeitung entsprechend dem Impressum ausdrücklich nur von den Mitgliedern des geschäftsführenden Bundesvorstandes in namentlich gezeichneten Artikeln veröffentlicht.«
Das Presse- und Informationsamt der Bundesregierung reagierte gleichzeitig deutlich und heftig: »Der Artikel in der neuen Ausgabe ›Der Schlesier‹ steht im klaren Widerspruch zu der Haltung des Friedens und der Versöhnung, die die Schlesier in den letzten 40 Jahren immer gezeigt haben. Er schadet deshalb dem Ansehen der Vertriebenen. Die Bundesregierung erwartet daher, daß die Führung der schlesischen Landsmannschaften (ein falscher Plural) gegenüber den Verantwortlichen für diese Fehlleistung Konsequenzen zieht.«
In derselben Ausgabe der Zeitung hatte ich auf der ersten Seite einen mit meinem Namen gezeichneten Artikel unter der Überschrift »Weil ein Krieg ausscheidet« veröffentlicht und mich mit dem vielfach zu hörenden Argument auseinandergesetzt, daß es, gerade weil ein Krieg als Mittel der Politik ausscheide, notwendig sei, mit den Argumenten des Rechts zu operieren, damit nicht erneut Macht und Krieg vor Recht und friedlicher Auseinandersetzung ergingen: »Daß der Krieg als Mittel der Politik ausscheidet, ist eine oft genug wiederholte und auch gültige Wahrheit, aber das darf nicht bedeuten, daß eine Veränderung der Unrechtstatbestände noch nicht einmal gedacht werden sollte. Wer sich ausschließlich auf die These bezieht, daß der Krieg als Mittel der Politik ausscheidet, versucht auf diese Weise allzu gern, jede politische Verantwortung für die Zukunft der Freiheit und des Rechts und des eigenen Vaterlandes von sich abzuschütteln... Unglaubwürdig bleibt, wer zwar die brutale Gewalt von gestern verdammt, aber heute bereit ist, die brutale Gewalt anzuerkennen.«
Schwerstes Geschütz fuhr der Bundesaußenminister Hans-Dietrich Genscher zugleich auch in seiner Eigenschaft als FDP-Vorsitzender auf, als er in der Tagesschau des ARD-Fernsehens sofort erklärte: »Eine Handvoll Funktionäre treibt Schindluder mit der Friedenspolitik der Bundesrepublik Deutschland, mit den Friedenserklärungen der Vertriebenen und mit dem guten Namen der Schlesier. Nach den Zumutungen der letzten Wochen gegenüber dem Bundeskanzler ist jetzt die Grenze des Erträglichen überschritten. Wer unsere Friedenspolitik ins

Zwielicht bringt, schadet unseren nationalen Interessen. Wir lassen die Früchte von Jahrzehnten deutscher Friedenspolitik nicht verspielen.« Hier wurde in der Tat mit Kanonen auf Spatzen geschossen. Zu denen, auf die hier geschossen wurde, gehörten aber nicht nur der Schreiber eines törichten und unverantwortlichen Artikels in einer Zeitung mit 10 000 Stück Auflage, sondern auch ich und die Landsmannschaft Schlesien in ihrer Führung. Ich antwortete noch an demselben Tag in einem Fernsehinterview: »Ich möchte mich auf das Heftigste gegen die Sätze von Minister Genscher verwahren. Ich habe erstens mit dem Artikel überhaupt nicht das Geringste zu tun, der jetzt Gegenstand der Diskussion geworden ist. Und zweitens, ich mache Herrn Genscher auch nicht verantwortlich für den Fall Scholl (ein FDP-Mann aus der ersten Reihe war wegen krimineller Handlungen verdächtigt und angeklagt worden). Mit dieser Art von Polemik können wir als Demokraten nicht miteinander umgehen. Das sieht aus wie eine Treibjagd, nachdem es zuvor einen Streit um das Motto gegeben hat. Und jetzt wird der Hupka noch zum Neonazi gestempelt. Ich war weder ein alter Nazi noch bin ich ein Neonazi.«
Die Schlesier, die Landsmannschaft Schlesien, deren Bundesvorsitzender, »Der Schlesier« standen seit der um das Motto entfachten Kampagne unter strengster Aufsicht, in der Presseagentur dpa beschäftigte sich ein Redakteur bei gleichzeitig engem Draht zum Bundeskanzleramt mit unüberbietbarer Aufmerksamkeit mit uns. Nach dem 8. Mai 1985 und der Rede des Bundespräsidenten Richard von Weizsäcker vor dem Deutschen Bundestag wurde man wieder fündig, obwohl Kritik an Teilen dieser Rede durchaus berechtigt und angebracht schien, war doch das historische Faktum der Vertreibung der Deutschen im Zusammenhang mit den Ereignissen um den 8. Mai 1985 lediglich als »unfreiwillige Wanderung« wiederzufinden. Aber »Der Schlesier« böllerte mit gröbstem Kaliber und schoß in unverantwortlicher Weise weit über das Ziel hinaus. Zwar hatte die Landsmannschaft Schlesien inzwischen der Wochenzeitung »Der Schlesier« das Führen der Unterzeile »Offizielles Organ der Landsmannschaft Schlesien« untersagt, so daß diese jetzt nur noch als »Mitteilungsblatt der Landsmannschaft Schlesien – Nieder- und Oberschlesien« firmierte, aber trotzdem wurde das Blatt geradezu als »Zentralorgan der Bundesrepublik Deutschland« behandelt, so daß schon deswegen jeder Schreiber in diesem Blatt mit bundesweiter Beachtung rechnen konnte und darum auch, wie im vorliegenden Fall, seinen Artikel so angelegt hatte. Manfred Jenke, der bis zu seiner Verrentung Redakteur des »Straubinger Tageblattes« gewesen war und

über dessen abwegige Einlassungen als regelmäßiger Mitarbeiter ich schon vor Jahren mit dem Herausgeber der Wochenschrift »Der Schlesier« einen ohne jede Folgen gebliebenen Briefwechsel geführt hatte, setzte sich in seinem Leitartikel nicht nur mit dem Inhalt der Rede des Bundespräsidenten auseinander, sondern griff mit vorgefaßter Meinung und in der Absicht, für die Entfesselung des Zweiten Weltkrieges Hitler zu exkulpieren und statt seiner »Roosevelt, Churchill und Co. als die Kriegstreiber« vorzustellen, den Bundespräsidenten frontal an. In dem Artikel wurde sogar behauptet, daß an dem grausamen Untergang des Judentums eigentlich der Westen schuld sei, weil dieser die Juden nicht habe einwandern lassen, »für die Kriegstreiber Roosevelt, Churchill und Co. gab es kein gefunderes Fressen, ihre Völker gegen das wiedererstarkte Deutschland aufzuhetzen«. Zugleich stellte sich der Schreiber als Märtyrer vor, weil er »sofort als ›NS-Anhänger‹ verleumdet« werde, obwohl er doch nur die Wahrheit schreibe. Da ich als Bundesvorsitzender der Landsmannschaft immer wieder mit Aufsätzen in dieser Wochenschrift vertreten war, wurde genüßlich ein Zusammenhang zwischen irgendwelchen Artikelschreibern und mir hergestellt. Ich sollte für alles und jedes in diesem Blatt verantwortlich sein. In einer gleich nach Erscheinen der betreffenden Ausgabe veröffentlichten Verlautbarung meinerseits hieß es darum: »Die Landsmannschaft Schlesien muß es ablehnen, für Artikel irgendeines Mitarbeiters dieser Wochenzeitung zur Verantwortung gezogen zu werden. Die Landsmannschaft besitzt keinerlei Einflußmöglichkeiten auf die innere und äußere Gestaltung der Wochenzeitung. Die Landsmannschaft ist bereit, für all das einzustehen, wofür sie die Verantwortung trägt, setzt sich aber dagegen zur Wehr, in eine Art Sippenhaft für all das zur Rechenschaft gezogen zu werden, was irgendein Schlesier schreibt, redet oder tut.« Auch dem Bundespräsidenten übermittelte ich eine Erklärung zur Richtigstellung der redaktionellen Zusammenhänge und eine Entschuldigung, ohne mich etwa jeglicher Kritik zu enthalten.
Der Attacke auf den Bundespräsidenten folgte kurz danach und damit unmittelbar vor dem Schlesiertreffen eine weitere Attacke auf den Bundeskanzler. Es konnte durchaus sein, daß bestimmte Kreise weit rechts von der Mitte ein Interesse an der bewußten Dramatisierung und sogar an einem Scheitern des Kanzlerauftritts hatten, nicht anders als die äußerste Linke bis hin zur SPD, die bereitwillig die ihr frei Haus gelieferte Munition gegen das Treffen stapelte, um sie samt dem Treffen doch noch rechtzeitig hochgehen zu lassen.

»Noch ist Schlesien nicht verloren« – Auseinandersetzung um ein Motto

Gleich zu Beginn des Jahres 1985 schrieb ich im »Pressedienst Schlesien« (damals pds abgekürzt, was dann aber schleunigst unterlassen wurde, als sich die SED-Nachfolgepartei PDS nannte) einen Artikel unter der Überschrift »Noch ist Schlesien nicht verloren«. Er sollte das Motto des Schlesiertreffens 1985 »40 Jahre Vertreibung – Schlesien bleibt unser« kommentieren. In den Medien und bis in den Bundestag hinein hat dann dieser Aufsatz Aufsehen erregt und Angriffe ausgelöst. In dem Aufsatz heißt es: »Jedermann, ganz gleich wo er politisch stehen mag, rühmt das polnische Volk wegen des Wortes, das seinen Niederschlag auch in der Nationalhymne gefunden hat ›Noch ist Polen nicht verloren‹. Dieses Wort spricht für die nationale Haltung unseres Nachbarn, auch in schwerster Zeit der Teilungen oder jetzt unter kommunistischer Herrschaft, das Vaterland nicht aufzugeben, sich zum Vaterland zu bekennen, für das Vaterland zu streiten. Es ist gerade auch die intellektuelle Linke, die deswegen das polnische Volk so hoch schätzt. Nur dürfen wir Deutsche offenbar Gleiches nicht für uns in Anspruch nehmen. Wenn dem Deutschlandtreffen der Schlesier ein Motto vorangestellt wird, das nichts anderes besagt als dies: ›Noch ist Schlesien nicht verloren‹, soll dies von Übel sein. Der SPD-Fraktionsvorsitzende Hans-Jochen Vogel meinte sogar, man würde die Polen bis zur Weißglut reizen. Was dem polnischen Volk immer wieder zugebilligt wird, kann doch nicht plötzlich, vom deutschen Volk für sich in Anspruch genommen, schlecht sein. Wir würden Polen nur noch enger an den Kreml ketten, wenn wir erklärten, daß Schlesien noch nicht verloren sei, weil doch erst in einem demokratisch auszuhandelnden Friedensvertrag endgültig über ganz Deutschland zu entscheiden ist. Wie man es auch immer wenden mag, die heute in Polen Mächtigen werden immer dem Kreml dankbar sein, denn gäbe es die Rote Armee nicht, wären sie nicht an der Macht, und wenn die Deutschen anerkennen sollten, was heute ist, müßte das selbstverständlich als das große Verdienst der Sowjetunion und des Kommunismus ausgelegt werden, denn nur dem sozialistischen Bruder sei es zu verdanken, daß wir, die Volksrepublik Polen, an der Oder und Görlitzer Neiße stehen. Wollen aber die Deutschen nicht anerkennen, weil sie dies rechtlich auch gar nicht dürften, hieße es in Warschau, daß allein der Große Bruder in Moskau uns die Westgrenze Polens an der Oder und Görlitzer Neiße garantiert. Man hat in das Motto des Deutschlandtreffens der Schlesier ›40 Jahre Vertreibung – Schlesien bleibt unser‹ etwas Aggressives, Expansionistisches, Gewalttätiges hineinlegen wollen, obwohl dazu überhaupt kein Anlaß besteht, denn nach wie vor gilt die Charta der deutschen Heimatvertriebenen des Jahres 1950, als fünf Jahre nach Kriegsende feierlich auf Rache und Gewalt verzichtet worden ist. Auch das ist zu hören, daß die Oder-Neiße-Linie als polnische Westgrenze noch nicht einmal verbal in Frage gestellt werden dürfe, denn es sei nun einmal im Warschauer Vertrag die Oder-Neiße-Linie als Polens Westgrenze anerkannt worden. Diese Behauptung ist durch nichts zu beweisen, denn nirgendwo ist von einer Anerkennung die Rede, jedenfalls gibt das der Text des Warschauer Vertrages nicht her. Es soll und darf nichts gewaltsam verändert werden, das ist richtig, und dagegen wendet sich auch niemand hierzulande. Aber gewaltsame Unterdrückung des Willens eines Volkes, gewaltsame Verweigerung des Selbstbestimmungsrechtes eines Volkes ist und bleibt Unrecht. Dieser Vorwurf darf nicht nur an die Adresse des toten Diktators gerichtet werden, dieser Vorwurf ist auch den heute agierenden Diktaturen zu machen. 40 Jahre Unrecht haben kein neues Recht schaffen können. Schlesien bleibt unsere Heimat, bleibt unser Auftrag. Oder soll die Folge der Vertreibung sein, daß die Heimat dieser Vertriebenen nachträglich aufzugeben ist. Das würde bedeuten, daß nunmehr die Vertreibung ein Mittel der Politik ist, und wer vertrieben ist, hat auch keine Heimat mehr dort, wo er Heimat hatte, mit der Vertreibung hört die Heimat und jeglicher Rechtsanspruch auf die Heimat auf. Daß Schlesien historisch unser bleibt, wird doch wohl niemand bestreiten. Daß dies auch geistig und kulturell gilt, ist nicht minder überzeugend, denn sollten die großen Schlesier Angelus Silesius und Andreas Gryphius, Joseph Freiherr von Eichendorff und Gerhart Hauptmann, August Borsig und Paul Ehrlich, Adolph von Menzel und James Graf Moltke nicht mehr unser sein? Moralisch heißt es, daß Macht nicht vor Recht ergehen darf. Politisch aber bleibt der Anspruch auf unsere Heimat Schlesien. Schlesien wurde nicht freiwillig aufgegeben, sondern Schlesien wurde fremdbestimmt. Es ist nicht die verlorene Heimat, sondern die gewaltsam annektierte, die geraubte Heimat.«

Auseinandersetzung um ein Motto 347

Die Überschrift eines Berichtes aus Bonn vom 8. Februar 1985 »Vertriebene nehmen Hupka unter Feuer« war sicherlich ein wenig zu keß formuliert, aber richtig war, daß sich in der Ost- und Mitteldeutschen Vereinigung der CDU/CSU Vorstandsmitglieder zusammengefunden hatten, die mich spüren lassen wollten, daß ich es gewagt hätte, mit dem Motto zum Deutschlandtreffen der Schlesier dem Bundeskanzler und Parteivorsitzenden Schwierigkeiten bereitet zu haben. Gehorsam rangierte vor Überzeugung, eine uns Deutschen nicht zu Unrecht gern nachgesagte Eigenschaft. Man sammelte die notwendigen Unterschriften, um eine außerordentliche Sitzung der Ost- und Mitteldeutschen Vereinigung nach Bonn ins Bundeshaus einzuberufen und mich dort Rede und Antwort stehen zu lassen. Der in dieser Sitzung geführte Disput endete weder mit einem Vertrauensbeweis noch mit einer Mißfallensbekundung, aber man hatte das Gefühl, sich ausgesprochen zu haben. Am nächsten Tag wurde vom Adenauer-Haus in die Presse lanciert, daß meine Wiederwahl am 21. Juni 1985 in Frage gestellt sei. Der Vorsitzende der Vereinigung in Westfalen, wo diese sehr schlecht organisiert war, der Ahlener Stadtdirektor Walter Priesnitz, später bis zum Staatssekretär im Bundesinnenministerium hochgestiegen, ließ bereits verlauten, daß jüngere Parteifreunde zur Verfügung stünden, und nannte die Namen von Ottfried Hennig und Helmut Sauer. Aber so ernst auch derlei Intentionen gewesen sein mögen, eine Abwahl, wie sie von den Medien für 1985 bereits vorausgesagt worden war, fand dann nicht statt, eine übergroße Mehrheit der Mitglieder in der Vereinigung stand zustimmend hinter mir. Erst vier Jahre nach der angekündigten Abwahl trat Helmut Sauer meine Nachfolge an, mit dem Argument, daß jüngere Kräfte jetzt an der Reihe seien, obwohl die Effizienz der Vereinigung seitdem in erschreckender Weise geringer geworden ist.

Auch und gerade 1985, diesem Jahr des Wirbels, eines künstlich entfachten Wirbels, war ich wiederholt Objekt von Interviewern, die uns Schlesiern und besonders mir selbst ans Leder wollten, wogegen ich aber gar nichts einzuwenden hatte, denn es ist nun einmal journalistischer Brauch, und ich zähle mich ja auch selbst zu dieser Zunft, direkt und provokativ zu fragen. Die Deutsche Welle fragte: »Ist die Oder-Neiße-Grenze für Sie die Westgrenze Polens?« Meine Antwort: »Die Oder-Neiße-Linie ist heute nach den realpolitischen Fakten die Westgrenze Polens. Sie ist aber nicht die von uns anerkannte Westgrenze Polens. Erst in einem Friedensvertrag kann endgültig unter Einforderung des Selbstbestimmungsrechts über Deutschland entschieden werden. Ich darf mir kein Phantom vormachen, aber ich habe die Pflicht, für das

Recht einzutreten, sonst würde ich unglaubwürdig in meinem Verhältnis zur Diktatur.« Frage: »Nach dem Warschauer Vertrag hat Bonn keinerlei Gebietsansprüche und will sie auch in Zukunft nicht mehr erheben. Sehen Sie das auch so?« Antwort: »Im Augenblick ist die Sache so, daß Polen Gebietsansprüche auf deutsches Territorium erhebt. Niemand von uns erhebt einen Gebietsanspruch auf polnisches Territorium. Völkerrechtlich ausgedrückt: Polen besitzt zur Zeit die Gebietshoheit über die Gebiete, nicht aber die territoriale Souveränität. Es ist der Besitzer, nicht aber der rechtmäßige Eigentümer.«

Das Deutsche Fernsehen fragte in der Tagesschau: »Glauben Sie wirklich, daß 40 Jahre nach Kriegsende die Grenzen noch einmal verändert werden können? Der Oppositionsführer der SPD, Herr Vogel, hat erklärt, man könne nicht sagen, was Hitler ein für allemal verspielt hat, gehört uns noch immer.« Antwort: »Wenn ich damit komme, was Hitler ein für allemal verspielt hat, dann kann ich nur fragen: Hat er nur Ostpreußen und Schlesien verspielt, warum hat er nicht auch Berlin verspielt, warum hat er nicht auch München verspielt – da war ja Herr Vogel Oberbürgermeister? So einfach geht das nicht, daß man in die Tasche des Nachbarn greift und sagt, das ist verspielt, aber ich behalte das, wo ich wohne.«

Einmal hat mich eine Karikatur doch nicht ruhig sein lassen, obwohl ich stets ein Freund von Karikaturen gewesen bin und für das in Hamburg erscheinende »Allgemeine Sonntagsblatt« sogar einmal einen längeren Essay über die Karikatur verfaßt habe. Ausgerechnet der »Rheinische Merkur/Christ und Welt« hatte gleichsam als Kommentar zur Auseinandersetzung wegen des Mottos für das Deutschlandtreffen am 16. Februar 1985 eine karikierende Bildfolge veröffentlicht und den angeblichen Widerspruch zwischen dem Schlesier, als der ich mich aufspiele, und dem Ceylonesen, der ich doch von Geburt eigentlich sei, groß herausgestellt, mit der Schlußpointe: »... und jetzt zack, zack in fünf Minuten geht die Maschine nach Ceylon. Heimat, ich komme!« In einem Leserbrief meldete ich Widerspruch an: »Die Toleranz schlägt nach wie vor Purzelbäume. Da meine Eltern während des Ersten Weltkrieges wider das Völkerrecht von Großbritannien auf Ceylon interniert worden sind, bin ich dort geboren und habe genau drei Monate auf Ceylon zugebracht. Auch wenn ich im Rheinland geboren worden wäre oder sonstwo in der Welt, wird es einem hoffentlich noch zustehen, daß ein Deutscher für einen Teil Deutschlands streitet. Ich dachte, daß die Zeit des Nachweises einer arischen Großmutter vorbei sei, aber offenbar muß man jetzt, wenn man für Schlesien Flagge zeigt, seine schlesische Großmutter nachweisen. Dies gelänge mir leicht, aber was täte ich, wenn es diese nicht gäbe! Darum meine Bitte, sich auch weiterhin so heftig wie möglich mit mir auseinanderzusetzen, aber nicht mit dem Mittel der Intoleranz.« Der Schlesier aus Ceylon spukt bis heute immer noch in den Köpfen politischer Gegner herum, ein Grund mehr, fröhlich dreinzublicken.

Wie es schon Bundespräsident Karl Carstens gehalten hatte, auch Bundespräsident Richard von Weizsäcker lud die Sprecher der Vertriebenen, und dies wenige Wochen vor seiner Rede im Bundestag aus Anlaß der 40. Wiederkehr des Tages der Kapitulation der deutschen Wehrmacht und des Unterganges der Hitler-Diktatur, in die Villa Hammerschmidt ein. Es gab bei diesen Begegnungen einen deutlichen Unterschied, der allerdings nicht den Umgang miteinander betraf, denn dieser war gestern wie heute höflich und freundlich. Bei Carstens konnte man die Gewißheit mit nach Hause nehmen, daß die eigenen Äußerungen und Stellungnahmen nicht ohne Eindruck und wahrscheinlich auch nicht ohne Folgen für die Meinungsbildung des Bundespräsidenten geblieben waren, während bei von Weizsäcker dieser zwar aufmerksam zuhörte, aber ohne auch nur im geringsten danach zu trachten, vielleicht den Sachverhalt, der einem vorgetragen wurde, neu zu überdenken oder gar den bislang eingenommenen Standpunkt auch nur argumentativ zu variieren. Es war bekannt, daß von Weizsäcker schon früh für die Anerkennung der Oder-Neiße-Linie als Grenze eingetreten war, daß er schon früh fest davon überzeugt war, wir Deutsche müßten für die Schuld, die wir auf uns geladen haben, büßen und dies mit der Preisgabe ganz Ostdeutschlands tun. Als es um das Ja oder Nein zu den Ostverträgen 1972 gegangen war, hatte er sich eindeutig für ein Ja ausgesprochen, zusammen mit Erik Blumenfeld, Walther Leisler Kiep und Winfried Pinger, dann aber, als die Stimmenthaltung in der Fraktion beschlossen worden war, um sich nicht mit Ja-Stimmen für Brandts Ostpolitik selbst zu desavouieren, sich an diesen Beschluß auch gehalten, während gleichzeitig 10 Mitglieder der Fraktion beim Moskauer Vertrag und 17 beim Warschauer Vertrag am 17. Mai 1972 mit Nein votierten. Ich selbst war bei jedem der beiden Ostverträge unter den Nein-Sagern. Die Rede des Bundespräsidenten am 8. Mai 1985 enthielt unter anderem eine unsinnige Passage, die er schon kurz zuvor in einem Interview gesprochen hatte, weshalb ich bei der Zusammenkunft vor dieser Rede ausdrücklich auf diese falsche Darstellung hingewiesen hatte, aber, wie die Rede einen hören ließ, vergebens, war doch der Bundespräsident von der Richtigkeit seiner Ansicht überzeugt. Um das Heimatrecht der heute in Ostdeutschland lebenden Polen zu verdeutlichen, hatte er im Südwestfunk erklärt, was er jetzt im Bundestag wiederholte: »Die eigene Heimat ist mittlerweile anderen zur Heimat geworden. Auf vielen alten Friedhöfen im Osten finden sich heute schon mehr polnische als deutsche Gräber.« Generationen von Deutschen haben ihre Toten auf den Friedhöfen in Schlesien, Pommern, Ost-Brandenburg, West- und Ostpreußen beerdigt, während genau gerechnet die neuen Bewohner dies erst seit der Vertreibung der Deutschen aus der Heimat konnten und getan haben.

Zwar sprach der Bundespräsident in seiner Rede, die später übrigens von vielen, vor allem den Sozialdemokraten und Freien Demokraten wie eine Monstranz verehrungswürdig hochgehalten wurde, von den »Heimatvertriebenen«, nicht aber von der Vertreibung. Statt dessen wählte er das Wort von der »erzwungenen Wanderschaft von Millionen Deutschen«. Jahre danach hat übrigens dann auch von Weizsäcker das Wort »Vertreibung« in den Mund genommen. In seinem panegyrischen Buch »Richard von Weizsäcker. Ein Porträt aus der Nähe« hat Friedbert Pflüger, zuvor Pressesprecher des Bundespräsidenten, behauptet: »Der Vertriebenenpolitiker Herbert Hupka spendete spontanen Beifall, als er diese Worte im Bundestag vernahm«, was leider unrichtig ist. Ich habe dies auch dem Buchautor mitgeteilt, was er aber trotzdem für richtig beobachtet (wohl aus irgendeiner Loge des Bundestages) hält, ein brieflicher Widerspruch fruchtete jedenfalls nicht.

40 Jahre Kriegsende hatte viele Köpfe beflügelt und ein Pathos des Schuldbekenntnisses ausgelöst. Ganz oder zumindest gern wurde übersehen, daß der 8. Mai 1945 nicht nur ein Jubeltag war, weil die Hitler-Diktatur und der Weltkrieg endlich ein Ende gefunden hatten, sondern auch ein Tag der Leiden von Millionen Deutschen gewesen ist, weil mit diesem Tag die Vertreibung der Deutschen, die Deportationen, die Morde an den Deutschen, die Vergewaltigungen und die Verfolgung der Deutschen, nur weil sie Deutsche waren, ihren Anfang nahmen. Der Beginn einer von den Siegern, vor allem den östlichen, geübte Selbstjustiz, indem das Ende des einen Elends der Beginn eines neuen Elends geworden ist. Darum konnte und durfte der 8. Mai 1945 nicht nur einseitig gesehen und beurteilt werden.

Selbst diejenigen Sozialdemokraten, für die das Stellen von Fragen während der Fragestunde des Bundestages eine zu subalterne Beschäftigung und höchstens für Hinterbänkler geeignet zu sein schien, um sich wenigstens hier zu profilieren, reichten Fragen für die Fragestunde des 6. Februar 1985 ein, in der Absicht, gegen den Bundeskanzler und die

Vertriebenen, insbesondere die Landsmannschaft Schlesien und deren Bundesvorsitzenden Herbert Hupka loszudonnern. Unter den sechs Fragestellern, die aus den Reihen der SPD Fragen eingereicht hatten, befanden sich unter anderen Horst Ehmke und Jürgen Schmude, beide als stellvertretende Vorsitzende der SPD-Bundestagsfraktion an vorderster Stelle der Hierarchie. Die Antworten mit all den Zwischenfragen umfaßten im Bundestagsprotokoll 13 Seiten! Horst Ehmke fragte gezielt: »Wie wirkt der Bundeskanzler dem innen- und außenpolitisch schädlichen Eindruck entgegen, daß mündliche Äußerungen von Vertriebenen-Funktionären aus jüngster Zeit und schriftliche Äußerungen in Artikeln in von der Bundesregierung subventionierten Organen der Landsmannschaften im In- und Ausland lautgewordenen Vorwürfen vom westdeutschen Revanchismus und Pan-Germanismus Vorschub leisten?« Gleich die nächste Frage stellte Jürgen Schmude: »Welcher Unterschied zwischen den Formulierungen ›Schlesien bleibt unser‹ und ›Schlesien bleibt unsere Zukunft‹ (wobei ›im Europa freier Völker‹ vom Fragesteller bei der Zitierung des Mottos unterschlagen wurde) erlaubt dem Bundeskanzler, auch unter Berücksichtigung der Erläuterungen im Brief des Vorsitzenden der Schlesischen Landsmannschaft, Dr. Hupka, an den Bundeskanzler, nun die Teilnahme am Schlesiertreffen im Sommer 1985 in Hannover?« Für die Bundesregierung antwortete der Staatsminister beim Bundeskanzler, Friedrich Vogel, eher apologetisch und nicht immer gerade überzeugend und in der Materie bewandert. An Angriffen der sozialdemokratischen Fragesteller gegen mich fehlte es nicht, ja ich sollte sogar für jeden Unsinn irgendeines Artikelschreibers in der Wochenzeitung »Der Schlesier« verantwortlich sein.
Vorauszusehen war, daß nach dieser Fragestunde von der SPD eine Aktuelle Stunde beantragt würde. Diese brachte dann in dem Beitrag von Volker Rühe, dem stellvertretenden Vorsitzenden der CDU/CSU-Fraktion, einen neuen, danach oft diskutierten Akzent in die Debatte über die Oder-Neiße-Linie. Er wollte unterschieden wissen zwischen der rechtlichen und der politischen Lage im deutsch-polnischen Verhältnis. »Wir haben«, so Rühe während der Aktuellen Stunde, »Verständnis für den Wunsch des polnischen Volkes, in gesicherten Grenzen und in einem territorial lebensfähigen Staat zu leben. Diesem berechtigten Interesse des polnischen Volkes hat die Bundesrepublik Deutschland im Warschauer Vertrag Rechnung getragen. Sie konnte dabei nur im eigenen Namen handeln und einem Friedensvertrag nicht vorgreifen. Das ist die rechtliche Lage. Aber es gibt auch eine politische Lage. Wer nüchtern und illusionslos nachdenkt, der weiß, daß der Warschauer

Vertrag mit Polen eine politische Bindungswirkung hat, die auch von einem wiedervereinigten Deutschland nicht ignoriert werden könnte.« Mit Recht wurde gegen Rühe während weiterer Diskussionen in der Öffentlichkeit ins Feld geführt, daß die Formulierung »politische Bindungswirkung« eigentlich die Vorwegnahme des erst noch eines Tages auszuhandelnden Friedensvertrages bedeute, wogegen gerade auch vom Bundeskanzler erklärt worden ist, daß politisch durch die Bundesrepublik Deutschland nichts vorwegentschieden werden könne, läge doch die endgültige Entscheidung bei einem gesamtdeutschen Souverän. Deswegen sei es unstatthaft, die sicherlich eines Tages schwierige Frage der Endgültigkeit der Oder-Neiße-Linie zu präjudizieren. Noch während der sich an die Äußerungen von Rühe und einer Erklärung des Bundeskanzlers anschließenden Debatte stellte der SPD-Fraktionsvorsitzende Hans-Jochen Vogel ausdrücklich »Übereinstimmung« fest. »Mit dem, Herr Bundeskanzler, was Sie gesagt haben, können wir mangels klarer Äußerungen diese Übereinstimmung nicht feststellen. Der Bundeskanzler der Bundesrepublik Deutschland hat – wenige Wochen vor dem 40. Jahrestag des Kriegsendes – heute an diesem Pult die Chance gehabt, jedem Revanchismus-Vorwurf den Boden zu entziehen, Vorwürfen, denen Herr Hupka die Stichworte geliefert hat, und die, die ihn unterstützen.« Das Protokoll berichtet dazu: »Beifall bei der SPD. Dr. Hupka: Auf den Scheiterhaufen mit dem Hupka!« Ein wenig süffisant stellte Egon Bahr für seine Fraktion heraus: »Wir haben genau hingeguckt. Wir haben gesehen, Herr Kollege Hupka, daß Sie und Herr Kollege Czaja eben (es handelte sich um Rühes Wort von der ›politischen Bindungswirkung‹) keinen Beifall gegeben haben, was aber den Beifall des Hauses gefunden hat.« Jedenfalls meinte dies Bahr so. Dazu wird im Protokoll mein Zwischenruf registriert: »Sie können mir meinen Beifall nicht vorschreiben!« Pathetisch dann der Schlußsatz im Beitrag von Bahr: »Wer das Bild vom Kniefall des deutschen Bundeskanzlers in Warschau durch die Diskussion um die Revision der Oder-Neiße-Linie ersetzt, der versündigt sich an unserem Volk, übrigens auch an den Vertriebenen und auch an Europa.« Es fehlte hier eigentlich nur noch der Bezug zur ganzen Welt.

Medienwirbel –
Helmut Kohl auf dem Deutschlandtreffen der Schlesier

Begleitet wurde die Auseinandersetzung um das Deutschlandtreffen der Schlesier und dessen Motto von den heftigsten Attacken und neo-nazistischen Verdächtigungen durch die gesamte kommunistische Medienwelt. Daß man dabei mit Zitaten sehr selbstherrlich und auf keine lügnerische Verdrehung verzichtend umging, versteht sich. So meldete die Presseagentur TASS am 11. Februar 1985: »Der Führer der ›Landsmannschaft der Deutschen aus Schlesien‹ und CDU-Bundestagsabgeordnete, Herbert Hupka, behauptete in West-Berlin, daß die ›deutsche Frage nicht nur offen ist‹, sondern daß die ›Spaltung des deutschen Volkes‹ nicht ›durch Hitler verschuldet‹ sei. Daran seien jene schuld, ›die uns das Recht auf Selbstbestimmung verweigern‹. Auf diese Weise wurde in der fortschreitenden aufhetzerischen Tätigkeit der westdeutschen Revanchisten ein weiterer gefährlicher Schritt gemacht. Hupka und seinesgleichen lehnen die Realitäten ab, die nach dem Zweiten Weltkrieg in Europa entstanden sind. In den letzten Tagen richteten sie massive Angriffe gegen den Charakter der europäischen Nachkriegsordnung. Die Revanchisten ignorieren die Existenz des ersten sozialistischen Staates auf deutschem Boden, der DDR, sie treten gegen die Grenzen auf, die auf der politischen Karte nach dem Zweiten Weltkrieg entstanden sind. Jetzt hat Hupka beschlossen, wie nach allem zu urteilen ist, einen ›soliden Verbündeten‹ – Hitler – für seine subversive Tätigkeit zu finden. Hitler, weil der ›Führer die Spaltung des deutschen Volkes nicht verschuldete‹. Die Revanchisten haben einflußreiche Schirmherren. Dazu gehören die Bonner Führer, die sich mit vielen Forderungen der Revanchisten solidarisieren und an ihren Zusammenrottungen teilnehmen.« Selbstverständlich ließen sich Ost-Berlin und Warschau sowie Prag von der Moskauer Zentrale nicht überflügeln, im Gegenteil, die gehorsamen Satelliten setzten noch eins drauf.
Wo auch immer ich in den Wochen und Monaten vor und nach dem Deutschlandtreffen der Schlesier eingeladen worden bin, gab es wüste Beschimpfungen auf Flugblättern zuvor und Radauszenen entweder vor

Betreten der Versammlungsorte oder in den Sälen, wo ich auftrat, und schließlich noch Farbbeutel und Eier als Wurfgeschosse nach den Veranstaltungen. Aus dem äußersten linken Spektrum kamen die Randalierer und Verbreiter von Hetztiraden. Irgendeine Leitstelle, über deren Standort erst gar nicht lange gerätselt werden mußte, hatte die »Anti-Hupka-Bewegung« ausgelöst.

Da überdies das Jahr 1985 in Erinnerung an das Ende des Zweiten Weltkrieges und an die Kapitulation der deutschen Wehrmacht, besser gesagt an den Sieg der einen und die Niederlage der anderen gleichsam zum »Heiligen Jahr« erklärt worden war, hätte ich, weil ich an die Verbrechen erinnerte, die den Verbrechen unter Hitler und auf den 8. Mai 1945 gefolgt sind, nach dem Konzept der radikalen Linken am besten schweigen sollen, denn die Verbrechen unter Stalin und seinen Gefolgsleuten durfte es nicht gegeben haben. In Oberhausen waren es die Jungsozialisten der SPD, die vor mir lauthals warnten: »Wer Hupka unterstützt, macht sich schuldig. Wir fordern die CDU auf, sich von Hupka zu distanzieren. Wer zu Hupka steht, macht Entspannungspolitik unmöglich. Stoppt den Rückschritt zum Kalten Krieg. Wir lassen Willy Brandts Ost-Politik nicht kaputtmachen.« Als ich in Bremen auf Einladung des Bundes der Vertriebenen am 7. Mai 1985 einen Vortrag über den »Widerstand in Ostdeutschland« halten sollte, gemeint war der Widerstand gegen Hitler und der Anteil der Ostdeutschen an diesem Widerstand (von Helmuth James Graf von Moltke und dem Kreisauer Kreis bis Carl Goerdeler, worüber ich auch publiziert habe), meldete sich eine »Initiative gegen den Hupka-Auftritt in Bremen« zu Wort. »Der Berufsvertriebene Herbert Hupka kommt in unsere Stadt. Er und weitere Spitzenfunktionäre der Vertriebenenverbände wollen anläßlich des 40. Jahrestages der Befreiung von Faschismus und Krieg die geschichtlichen Realitäten nach 1945 leugnen und bekämpfen. Dabei werden sie nicht unmaßgeblich von der Politik der Bundesregierung ermutigt. So will Bundeskanzler Kohl bekanntlich am Schlesiertreffen im Juni teilnehmen...« Vor dem »Deutschen Haus« in Bremen standen an die 100 Protestierer mit Plakaten wie diesem: »Hupka und der 8. Mai. Provokation und Revanchismus«.

Der Herausgeber des Magazins »Der Spiegel«, Rudolf Augstein, meinte genau acht Tage vor dem Deutschlandtreffen der Schlesier, daß es das einzig Richtige und Notwendige für den Bundeskanzler gewesen wäre, seine Teilnahme an dem Treffen abzusagen: »Er hat die gesamte deutsche Versöhnungspolitik seit 1949 ins Zwielicht gerückt, als er dem Treffen unter dem Motto ›Schlesien bleibt unser‹ nicht eine barsche

Absage erteilte, sondern die übriggebliebenen Berufs-Schlesier karessierte, als wären sie eine Großmacht... Daß Rußland den Kommunismus in absehbarer Zeit abschüttelt, ist unwahrscheinlich und vielleicht nicht einmal wünschenswert... Und Schlesien? Nun ja, es mag dereinst unser, aber bewohnbar wird es dann wohl nicht mehr sein.« Auch hier das Schreckensgemälde eines Atomkrieges, der als ein Mittel der von den Vertriebenen zu verantwortenden Politik geführt werden könnte. Und all dies, weil Bundeskanzler Helmut Kohl die Einladung zum Deutschlandtreffen der Schlesier angenommen hatte. An politischer Hysterie nicht mehr zu überbieten! In den Hunderten von Zuschriften überwog einerseits Protest gegen die Infragestellung und gleichzeitige Verdächtigung des Inhalts des Mottos und andererseits Zustimmung zu dem ursprünglich gewählten Leitwort. Nachdem das Motto modifiziert worden war, setzten heftige Proteste dagegen ein, mehrheitlich von den Schlesiern, aber nicht nur von diesen, wie schon zuvor die Zustimmung keineswegs auf die Vertriebenen beschränkt gewesen war. »Bei den Schlesiern wächst eine aus Verbitterung geborene neue Solidarität«, so schrieb Angela Nacken, die viele Jahre als kluge und aufmerksame Korrespondentin der »Frankfurter Allgemeinen Zeitung« von Warschau aus berichtet hatte und jetzt ihr Augenmerk auf das Schlesiertreffen und die dieses begleitenden Beunruhigungen und Verunsicherungen gerichtet hielt. Sie schrieb: »Die Attacken gegen die Landsmannschaft Schlesien und ihren Vorsitzenden Hupka, die erzwungene Änderung des Mottos ›Schlesien bleibt unser‹ für das Treffen in Hannover, die wohlausgewogenen Formulierungen von CDU-Politikern zu den Texten der Ostverträge und den Rechtspositionen der Bundesrepublik haben offensichtlich die Reihen der Betroffenen nur fester geschlossen. Auf dem Düsseldorfer Deutschlandtreffen der Ostpreußen Ende Mai erhielt Hupka den längsten und stärksten Beifall, obwohl er nicht zu den offiziellen Rednern gehörte.«

Vielfach wurde jetzt argumentiert, daß die Landsmannschaft Schlesien auf die Anwesenheit und Rede des Bundeskanzlers hätte lieber verzichten sollen, bevor man zu einer Modifizierung des Mottos hätte bereit sein sollen. Hiergegen wurde von mir und meinen Mitstreitern in der Landsmannschaft Schlesien vorgetragen, daß eine Absage durch den Bundeskanzler wie eine verlorene Schlacht gewesen wäre, denn das hätte bedeutet, daß die vertriebenen Schlesier lediglich unter sich bleiben, mit sich selbst einverstanden, klagend und anklagend, aber ohne von den Handelnden in der Politik überhaupt noch ernst genommen zu werden. Immer wieder mußte und muß darauf verwiesen werden, daß die Vertriebenen bei aller Anerkennung ihres und des Rechts überhaupt der Zahl nach eine Minderheit im deutschen Volke sind, so daß es notwendig bleibt, zum einen Mehrheiten zu gewinnen, zum anderen von der Politik, also den Entscheidungsträgern auch ernst genommen zu werden, und sei es zuerst als Wählerstimmen.

»Politische Schatten liegen über dem Heimat-Fest der Schlesier«, so hatte am Vorabend die »Neue Rhein-Ruhr-Zeitung« gemeldet. Am Tage nach dem Treffen las man in der »Frankfurter Allgemeinen Zeitung«: »Nachhutgefechte im Motto-Streit«. Vorher war gemunkelt worden, daß es zu einem Aufmarsch irgendwelcher Rechtsradikaler kommen und daß auch mit Störmanövern der Linksradikalen zu rechnen sein werde. »Und wie beurteilen Sie die Rechtsradikalen?«, diese typische und sich wiederholende Frage wurde mir auf einer Pressekonferenz gestellt. Es hatte sich in den letzten Jahren die von den Medien verstärkte Meinung durchgesetzt, daß, wer für das Vaterland eintritt und auch Ostdeutschland in das Vaterland Deutschland mit einbezieht, entweder ein potentieller oder ein verkappter nationalistischer Extremist zu sein habe.

An der Rede des Bundeskanzlers am 16. Juni hatten viele gearbeitet, vor allem auch sein außenpolitischer Berater Horst Teltschik. Ein Vielfaches war zu berücksichtigen, die Weltöffentlichkeit sollte zufrieden gestellt, die künstlich wild gewordenen Kommunisten sollten beruhigt, die deutsche Öffentlichkeit zutreffend informiert und die Vertriebenen als der eigentliche Adressat nicht enttäuscht werden. Als »Mehrzweckwaffe« erfüllte die Rede die in sie investierten Intentionen, man eckte nirgendwo an, auch wenn sowohl die SPD-Opposition ihren professionellen Unmut verlautbaren ließ wie die Kommunisten mit gedämpfter Stimme herummäkelten. Die Rede enthielt weder etwas Neues noch wurden bisherige Positionen, wie sie auch Inhalt des an mich gerichteten Briefes vom 23. Januar 1985 gewesen waren, in Frage gestellt.

Gewiß, es gab verbal angriffsfreudige Transparente wegen der Auseinandersetzung um das Motto, und es gab gelegentlich schrille Pfeifkonzerte von einer Gruppe, die sich gut plaziert hatte, ohne einen Bezug zur Landsmannschaft Schlesien zu haben. Worauf man gewartet hatte, blieb aus, es wurde kein Versuch unternommen, dieses Treffen zu einem von Radikalinskis und Fanatikern umzufunktionieren, so daß auch die elektronischen Medien keine Gelegenheit erhielten, statt von der Rede des Bundeskanzlers über Krach und lautstarke Unruhe berichten zu können, obschon das Medienspektakel kaum größer hätte sein können.

Nur das fiel unangenehmst auf: als die ARD in ihren 20-Uhr-Nachrichten über Hannover berichtete, war die erste Nachricht eine Meldung aus Warschau mit dem Urteil des als Deutschlandexperten in der Bundesrepublik Deutschland (bis hin zu Herbert Wehner) gern gehandelten Erzkommunisten Ryszard Wojna. Der deutsche Fernsehzuschauer sollte, bevor er über den Inhalt der Reden und den Verlauf des Treffens unterrichtet werden konnte, zur Kenntnis nehmen, was die polnischen Kommunisten über Hannover zu sagen wußten. (Besagter Wojna ist auch jetzt wieder in Polen groß im Geschäft.)

Der Bundeskanzler wiederholte, was er bereits im Bericht zur Lage der Nation ausgeführt hatte, berief sich einmal mehr auf die Charta der deutschen Heimatvertriebenen, bekannte sich zum Inhalt und zur Geltung des Warschauer Vertrages, rühmte Schlesien und die Schlesier ob ihrer großen Persönlichkeiten, deren Aufzählung bis zu Hans Lukaschek, dem letzten Oberpräsidenten Oberschlesiens und ersten Bundesvertriebenenminister, und zu Edith Stein reichte, der »Jüdin aus Breslau, konvertiert zum katholischen Glauben, Karmeliterin, sie starb aufrecht im Glauben im Vernichtungslager von Auschwitz«. Zum Schluß wurde den »lieben Schlesierinnen und Schlesiern«, in geläufige Formulierungen gefaßt, mit auf den Weg gegeben: »Tragen Sie ihr großartiges Erbe weiter. Bewahren Sie den Geist der Versöhnung aus der Charta der Vertriebenen. Sie leisten damit für uns alle in unserem deutschen Vaterland einen großartigen Beitrag zur Einheit der deutschen Nation, zur Überwindung der Teilung Europas. Nur wenn wir alle und jeder für sich dem Frieden in Europa dienen, können wir vor der Geschichte und der Zukunft unseres Volkes bestehen. Lassen Sie uns gemeinsam für diesen Frieden in unserem deutschen Vaterland und in Europa arbeiten.«

Ich hatte meine Rede begonnen mit einem Zitat aus der Ansprache von Bundeskanzler Ludwig Erhard, »fast auf den Tag genau vor 20 Jahren auf dem Deutschlandtreffen der Schlesier in Hannover«, in der er sich auf eine Entschließung auf dem Kongreß der Ostdeutschen Landsmannschaften und Landesvertretungen zustimmend bezog, in der es hieß: »Deutschland ist in seinen Grenzen vom 31. Dezember 1937 von den Unterzeichnermächten der Berliner Deklaration vom 5. Juni 1945 einschließlich der Sowjetunion anerkannt. Annexionswille und Mißachtung der Selbstbestimmung halten es rechtswidrig geteilt. Die wichtigste Aufgabe der deutschen Außenpolitik ist daher das Ringen um Wiederherstellung des Rechts für Deutschland und seine Menschen. Wahrung der Menschenrechte ist Inhalt und Ziel irdischen Rechts. Die Wieder-

herstellung verletzten Rechts muß daher selbst Unmenschlichkeit ausschließen. Dies gilt in den von der Sowjetunion und Polen verwalteten deutschen Gebieten auch gegenüber den Menschen, die von fremden Mächten dort angesiedelt worden sind.« Indem sich der damalige Bundeskanzler die Entschließung zu eigen machte, fügte er hinzu, daß man darin »in Übereinstimmung mit der Bundesregierung und allen im Deutschen Bundestag vertretenen Parteien festgelegt hat, daß wir keinen Quadratmeter fremden Bodens fordern, daß über die östliche Begrenzung deutschen Landes erst durch einen Friedensvertrag entschieden werden kann. Diese Rechtspositionen haben im übrigen nicht wir, sondern die Sieger gesetzt. Die Menschenrechte unserer Bürger können und dürfen niemals zum Handelsobjekt herabgewürdigt werden.« Ich nannte das Datum des 8. Mai 1945 in einem kurzen Rückblick, nahm aber zugleich gegen die einseitig ausgerichtete Auslegung dieses »antifaschistischen Datums« Stellung: »Im Rückblick auf die 40 Jahre zwischen dem 8. Mai 1945 und heute müssen wir bekunden, daß gottlob die eine Diktatur und deren grausames Unrecht ihr Ende fanden, wofür wir dankbar sind, daß aber mit diesem Datum des 8. Mai 1945 neue Gewaltherrschaft entstanden, daß das alte Unrecht durch neues Unrecht fortgesetzt worden ist. So leicht es heute jedermann fällt, den toten Diktator und dies zu Recht zu verurteilen, so schwer kommt es doch manchem gerade auch hierzulande an, die heute herrschenden Diktaturen zu verurteilen. Wer wegen der Verweigerung des Selbstbestimmungsrechts, wie dies gestern praktiziert worden ist, Anklage erhebt, darf doch nicht Beifall spenden, wenn abermals das Selbstbestimmungsrecht den Völkern verwehrt wird, und dieses Mal auch uns, dem deutschen Volk.«
Für die ganz einfache, aber in der Öffentlichkeit durchweg verschwiegene Feststellung, wie nachher in den Medien sowohl registrierend als auch ein wenig zynisch festgehalten worden ist, hätte ich den stärksten Beifall aller Redner dieses Treffens erhalten: »Die Rote Armee siegte, und bald begann die polnische Verwaltung ihre Geschäfte. Das kann aber nichts daran ändern, daß Breslau auch weiterhin für uns Breslau heißt und die Hauptstadt Schlesiens ist und bleibt. Wir lieben unser ›Gruß-Brassel‹ und halten ihm die Treue. Das Rathaus ist Symbol seiner jahrhundertelangen Geschichte. Noch ist über Breslau im Europa freier Völker nicht endgültig entschieden, es sei denn, wir gäben es selbst auf. Weder Annexion noch Vertreibung vermögen über Breslau zu entscheiden. Wer die Vertreibung hinnimmt und anerkennt, erhebt die Vertreibung zu einer neuen Norm des Umganges der Völker miteinander!«

Eine längere Passage war dem deutsch-polnischen Verhältnis gewidmet, wobei heute der 1985 als Vision ausgesprochene Satz, Gott sei es gedankt, zur Realität geworden ist: »Deutsche und Polen werden sich eines Tages als Demokraten und Patrioten frei begegnen, so wie sich heute schon Deutsche und Franzosen als Demokraten und Patrioten frei begegnen.« Ich fügte dem hinzu: »Wer dem polnischen Volk wohl will, und das wollen wir, darf nicht die Macht des Kommunismus stärken und anerkennen, sondern muß sich mit dem Freiheitswillen des polnisches Volkes solidarisieren. Die Zukunft gehört nicht dem Überleben von Diktaturen, sondern dem Sieg der Freiheit.« Zum Schluß beschwor ich ein vierfaches Bewußtsein, das uns Deutschen im geteilten Land not täte: Staatsbewußtsein, Rechtsbewußtsein, Geschichtsbewußtsein und Nationalbewußtsein, indem ich zu diesem den Schweizer Schriftsteller Adolf Muschg zitierte: »Es ist eins, daß die Nation nie wieder mehr das Letzte sein darf. Darf sie darum nie das Selbstverständlichste sein?«, und Kardinal Josef Höffner, den Vorsitzenden der Deutschen Bischofskonferenz: »Der notwendige Schreck, den der Mißbrauch des Vaterlandes vor 1945 eingetragen hat, darf nicht dazu führen, das Wort ›Vaterland‹ überhaupt zu vergessen. Es muß, ohne Selbstverherrlichung und Eigenbrödelei, einen neuen Klang gewinnen, nicht für Alte, sondern auch für Junge«.

»Kriegstreiberei und Kriegshetze« – Destabilisierung erregt die Gemüter

Auf der alle zwei Jahre stattfindenden Bundesdelegiertentagung der Ost- und Mitteldeutschen Vereinigung der CDU/CSU am 21. Juni 1985 in der Akademie Eichholz (zu derselben Stunde wurde mein hochgeschätzter Kollege Alois Mertes beigesetzt, weshalb ich ihm nicht die letzte Ehre habe erweisen können) hatte ich in meiner Rede diese Sätze gesprochen: »Im Verhältnis zur DDR, aber auch zu den anderen vom Kommunismus beherrschten Staaten wird über Stabilisierung und Destabilisierung diskutiert. Die SPD und auch teilweise die FDP plädierten für die strikte Stabilisierung der heutigen Situation, in der sich Deutschland und Osteuropa befinden. Unsere Auffassung zielt auf eine Destabilisierung, allerdings selbstverständlich nur verbal, moralisch, rechtlich und politisch gemeint, nicht etwa mit Gewalt. Wir können nicht durch unser eigenes Verhalten dazu beitragen, daß zementiert wird, was wir ein Gewaltregime nennen und was nicht die Zustimmung der Völker findet. Es muß vielmehr der Zustand in Frage gestellt werden, in dem sich Mittel- und Ostdeutschland und Osteuropa befinden. Wir dürfen nicht noch dazu beitragen, daß die Mächtigen noch mächtiger werden und die Ohnmacht der Unterdrückten noch drückender.« Der Bonner »General-Anzeiger« überschrieb auf der ersten Seite die dpa-Meldung: »Hupka: Den Ostblock destabilisieren«, die »Frankfurter Rundschau« verhielt sich fairer mit der Überschrift »Hupka plädiert für politische Destabilisierung des Ostblocks«, »Westfälische Rundschau«: »Hupka redet von ›Destabilisierung‹. Aufhören!«
Die Rede hatte ich an einem Freitag gehalten, gleich am folgenden Wochenende legte als erster Bundesaußenminister Hans-Dietrich Genscher bei einer Veranstaltung der hessischen Liberalen auf dem Hoherodskopf auf mich an. »Genscher verurteilte«, dies laut dpa, »Traumtänzereien, die von Grenzveränderungen und Destabilisierung anderer Länder handeln. Sie schaden uns und Europa.« Das schwerste Geschütz fuhr die SPD auf. Der »Parlamentarisch-Politische Pressedienst« der SPD verkündete unter der Überschrift »Hupka setzt sich an die Spitze

der Bewegung« und ließ dieser Überschrift den ersten Satz folgen: »Es war zu erwarten, daß Hupka und seine ›Ostlandreiter‹ nach dem für sie erfolgreichen Treffen von Hannover in die Offensive gehen würden.« Später heißt es dann: »Dabei ist klar, daß die Einschätzung Hupkas, eine ›Destabilisierungs‹-Politik dürfe lediglich moralische, rechtliche und politische Formen annehmen, taktisch bedingt war. Hupka hat es überhaupt nicht in der Hand, was seine ›Ostlandreiter‹ aus seiner Destabilisierungsaufforderung machen. Das weiß der Chef der Schlesier auch, er hat eine schreckliche Aufforderung in vollem Wissen um mögliche Konsequenzen in die Welt gesetzt.«
Mit laut hörbarem Knalleffekt meldete sich Rudolf Dressler, SPD-Bundestagsabgeordneter aus Wuppertal(-Elberfeld), zu Wort, angekündigt als »Bundesvorsitzender der Arbeitsgemeinschaft für Arbeitnehmerfragen in der SPD (AfA)« im »Sozialdemokratischen Pressedienst«, Überschrift seines Artikels »Hupka beschmutzt das Ansehen des Parlaments«, Schlußsätze: »Herr Hupka hat mit seiner Aufforderung nach Destabilisierung Ehre und Ansehen des Bundestages, dem er angehört, beschmutzt. Er hat die Friedenssehnsucht und den Friedenswillen unseres Volkes in den Augen unserer Nachbarn in Zweifel gezogen. Sein Verhalten ist eines Parlamentariers unwürdig.«
In dem Artikel gestand mir Dressler zu: »»einschränkend sagte Hupka, diese ›Destabilisierung‹ sei nur ›verbal, moralisch, rechtlich und politisch‹ gezielt, aber dieser Angriff auf den Status quo in Mittel- und Osteuropa muß Angst und Angstreaktionen auslösen.« Dressler trug dann seine Interpretation von Destabilisierung vor: »Die Regierungen in Osteuropa (es folgen die Staaten des Ostblocks) und nicht zuletzt in der DDR sollen erschüttert, in Bedrängnis gebracht werden. Destabilisierung heißt also weitergedacht, auf Aufstände in den genannten Ländern setzen, Aufstände und Unruhen in den genannten Ländern zur Basis der eigenen Politik zu erklären.« Die mir immerhin eingangs noch zugebilligte »Einschränkung« wird nunmehr als »augenzwinkernde Ablenkung« verdächtigt. Dressler verdächtigte mich sogar, daß ich für neue und mehr Rüstung im Ostblock verantwortlich wäre: »Wir können uns alle bei Herrn Hupka und seinen Gesinnungsfreunden ›bedanken‹, wenn die sowjetische Führung in ihrer traumatischen Angst vor Bedrohung noch viel mehr Waffen einschließlich neuer Raketen in ihrem Vorfeld stationiert. Vielleicht setzt sogar ein Hupka auf die neuen Rüstungsrunden, weil er sich so wachsenden Widerstand in Polen oder in der DDR zum Beispiel gegen die Sowjetunion ausrechnet.«
Die Schlußfolgerung Dresslers kam dann knüppeldick: »Hupkas Desta-

bilisierungs-Politik ist das Ergebnis eines kranken Gehirns. Hupkas Destabilisierungs-Politik ist nichts als Kriegstreiberei und Kriegshetze, jedenfalls in der Konsequenz. Subjektiv erfüllt die These Hupkas nach meiner Überzeugung auch den Tatbestand der Aufforderung zur Kriegsvorbereitung. Mit einem Kriegstreiber möchte ich nichts zu tun haben, schon gar nicht im Bundestag. Ich schäme mich, unter meinen Parlamentskollegen einen Vertreter zu wissen, der seine Erorberungspläne nur mühsam zügeln kann, und der es offenbar darauf anlegt, die Jugend erneut in einen Krieg hineinzutreiben.«

Noch heute, da ich dies niederschreibe, bin ich empört über diese Diffamierung und Beschimpfung als »Kriegstreiber und Kriegshetzer«. Das war aber auch gleich nach Erscheinen des SPD-Pamphletes nicht anders. Die Bonner Anwaltskanzlei, die die Fraktion zu beraten pflegte, riet von gerichtlichen Schritten ab und berief sich auf die äußerst weitgestreckte Auslegung der Meinungsfreiheit gemäß Artikel 5, Absatz 1, Satz 1 des Grundgesetzes durch die Rechtsprechung des Bundesverfassungsgerichts. Eine Klage, auf die ich gezielt hatte, denn ich wollte die Beschuldigungen, ein »Kriegstreiber«, ein »Kriegshetzer« zu sein, nicht auf mir sitzen lassen, wurde also nicht erhoben. Offenbar ist ein Politiker wehrlos, und seine Ehre, sein Ansehen können nicht geschützt werden, alles ist erlaubt, auch die gröbste Unwahrheit. Eine bittere Einsicht! An diesem Umgang miteinander nimmt die Demokratie Schaden. Aber auch und gerade substantiell war die SPD-Attacke gegen mich und den Satz von der »Destabilisierung« höchst aufschlußreich. Das Gegenwort heißt bekanntlich Stabilisierung, und darauf war es der SPD und gleichzeitig auch dem Bundesaußenminister angekommen. Es sollte der Status quo nicht nur hingenommen und bestätigt werden, er durfte erst gar nicht in Frage gestellt werden, nicht einmal verbal und moralisch und rechtlich und politisch. Dieses Status-Quo-Denken hat mit dazu beigetragen, daß der Kommunismus im Ostblock so lange und so machtvoll hat herrschen können. Zum einen konnte er durch die Untertanen, die unter diesem Zwangsregime leben mußten, nicht in Frage gestellt werden, es sei denn unter Lebensgefahr. Zum anderen lieferten wir in der Bundesrepublik Deutschland und im freien Westen das bereitwillig aufgegriffene Argument, daß unbedingt alles so bleiben müsse, wie es jetzt ist, denn sonst drohe eine kriegerische Auseinandersetzung oder Aufstände seien zu befürchten, und darum müsse die (bestimmt nicht so benannte) Friedhofsstille gewahrt und gesichert bleiben. Wie wir heute wissen, ist das Herrschaftssystem im Osten und auch in der damaligen DDR nicht nur zerbrochen, weil von

Moskau aus eine neue Politik vor allem aus ökonomischen Gründen betrieben werden mußte, sondern weil im Inneren der jeweiligen Ost-Block-Staaten das System destabilisiert worden ist, übrigens in jedem dieser einzelnen Staaten auf unterschiedliche Weise, so daß man aufgrund der Umbrüche 1989 und danach versucht ist, Völkerpsychologie zu treiben. Der Kurs der SPD und auch des Bundesaußenministers war ganz auf Bestätigung und Festigung des Status quo ausgerichtet, und Befürworter dieser höchst bedenklichen und auch gefährlichen Haltung gab es nicht zuletzt bei unseren Medien in großer Schar, man muß wohl sagen, so dachte und äußerte sich eine Mehrheit.
Als sich zum Beginn der neuen Woche nach meiner Rede vor der Ost- und Mitteldeutschen Vereinigung der Parlamentarische Staatssekretär beim Bundesminister für innerdeutsche Beziehungen, Ottfried Hennig, im Deutschlandfunk befragen ließ, bemühte er sich um Distanz und redete sich darauf hinaus, daß »Herr Hupka ein freigewählter Abgeordneter ist, der auch in Einzelpunkten eine abweichende Meinung vertreten kann.« Zuvor war Hennig gefragt worden: »Hupka hat am Wochenende sich für eine Destabilisierung der DDR ausgesprochen. Verträgt sich so etwas mit den Zielen der Bundesregierung?« Hennigs ausweichende Antwort, obwohl das Zitat aus meiner Rede ungebührlich verkürzt worden war und Hennig auch den Text gar nicht kannte: »In dieser Einzelheit ist das ausdrücklich nicht die Politik der Bundesregierung. Das haben wir der DDR auch mehrfach gesagt...« Bestimmt war es nicht die Politik der Bundesregierung, die DDR zu stabilisieren, etwa im Sinne der vier Geraer Forderungen Erich Honeckers: Anerkennung einer DDR-Staatsbürgerschaft, Verlegung der Demarkationslinie auch de jure in die Mitte der Elbe, Aufhebung der Meldestelle in Salzgitter für Verbrechen von DDR-Untertanen, Umwandlung der Ständigen Vertretung der Bundesrepublik Deutschland in Ost-Berlin in eine Botschaft und vice versa in Bonn. Das Ziel der Bundesregierung konnte schon aufgrund des Auftrags aus dem Grundgesetz nicht eine Stabilisierung der DDR sein, ganz zu schweigen vom Willen der 17 Millionen Deutschen in der DDR, und dieser Mehrheitswille war der Bundesregierung selbstredend wohl bekannt.
In einem abschließenden Kommentar schrieb ich: »Wer zum gegenwärtigen Zustand der kommunistischen Gewaltherrschaft über Teile von Deutschland sowie Mittel- und Osteuropa Ja sagt, vergeht sich an seinem demokratischen Auftrag, für die Freiheit zu streiten, und an den Menschen, die unter dieser Gewaltherrschaft leben müssen. Mit Hamburgs früherem Bürgermeister Professor Herbert Weichmann (Rede am

17. Juni 1982 im Deutschen Bundestag) ist zu fragen: ›Können wir das im Westen vorherrschende Rechtsprinzip so weit relativieren, daß es für das östliche Machtprinzip nicht mehr als Störfaktor vorhanden ist?‹ Die Antwort lautet Nein, denn sonst wird auch ›zugleich die Hoffnung der Menschen im östlichen Einflußbereich dauerhaft zerstört, daß es eine bessere Welt für sie mit garantierten Menschenrechten geben kann und könnte‹.«

Im Deutschen Bundestag wetterten Horst Ehmke (SPD) in seinem rechthaberischen und scharfen Tonfall und der Bundesaußenminister Hans-Dietrich Genscher (FDP) geschmeidig und zugleich gezielt offensiv am 27. Juni gegen mich und diesen offenbar unverantwortlichen und Demokraten nicht zumutbaren Begriff der friedlichen Destabilisierung herrschender Diktaturen. Was im Falle der Militär-Junta von Chile nicht nur gestattet, sondern auch wünschenswert sein sollte und so geblieben ist oder nach 1977 in Griechenland im Verhältnis zu der Obristen-Herrschaft erstrebenswert war, hatte gegenüber den kommunistischen Diktaturen von Ost-Berlin bis Moskau nicht zu gelten, hier war friedlich-lächelndes Zuschauen, von Fall zu Fall von starken Worten begleitet (etwa nach der Erklärung des Kriegsrechtes am 13. Dezember 1981 durch den polnischen General Wojciech Jaruzelski) am Platze. »Wir verurteilen Ihr verantwortungsloses Geschwätz über die Destabilisierung der osteuropäischen Staaten und Gesellschaften«, Hupkas Äußerungen, so meinte Ehmke, seien eine Provokation und könnten von den Menschen in Osteuropa nur als zynisch empfunden werden. Menschenrechtspolitik brauche politisches Augenmaß und müsse frei von Überheblichkeiten sein. Es gelte zu helfen und nicht zu richten. Zugleich wurden der gute Außenminister gestreichelt und die angeblich »unbelehrbare Kraftmeierei von Unionspolitikern wie Hupka und Dregger« vorgeführt. Auch Genscher distanzierte sich in seiner Regierungserklärung deutlich von jeglicher Destabilisierung der im Ostblock herrschenden Systeme, blauäugig wie er sich nun einmal gern im Umgang mit seinen kommunistischen Amtskollegen verhielt. Man wollte ja auf jeden Fall alles unterlassen, um nicht anzuecken oder gar die kalte Schulter gezeigt zu bekommen. Es könne zwar, so sagte Genscher, »keine realistische Entspannungspolitik um die Menschenrechte herum« geben, aber auch »keine realistische Menschenrechtspolitik in einem Klima der Konfrontation und polemischen Anfeindungen«. Wer die unabläßliche Mitarbeit der östlichen Regierungen in Menschenrechtsfragen erreichen wolle, dürfe nicht den Eindruck erwecken, es komme ihm auf die Destabilisierung der Systeme an. Wie denn, es sollte

also die kommunistische Diktatur in ihrer Existenz und Grausamkeit gesichert bleiben, während gleichzeitig höflich an die Gewährung der Menschenrechte zu erinnern sei? Heben sich nicht aber Diktatur und Menschenrechte gleichzeitig auf, entweder herrscht Freiheit, dann sind die Menschenrechte auch nicht in Frage gestellt, oder aber das Gewaltregime regiert, dann gibt es auch keine Menschenrechte.
Hier war also Übereinstimmung zwischen der SPD-Opposition und dem Bundesaußenminister offenkundig. Wer für die Menschenrechte im Ostblock eintreten wollte, hatte zuerst auf die Stabilität der herrschenden Systeme daselbst Rücksicht zu nehmen. Der stets bitterböse Oppositionsführer, Hans-Jochen Vogel, wollte es genau wissen, was und ob überhaupt noch Genscher etwas in dieser Koalition zu sagen habe, indem er polemisch fragte: »Wer bestimmt eigentlich in der Außenpolitik? Mit wem müssen andere Führungen rechnen, mit Ihnen, Herrn Teltschik, Herrn Strauß, Herrn Dregger, oder auch mit den Herren Czaja und Hupka?«
Es steht nicht fest, wer der Urheber des Begriffs einer »Stahlhelm-Fraktion« gewesen ist, ob der SPD-Bundesgeschäftsführer Peter Glotz oder der stellvertretende Fraktionsvorsitzende Horst Ehmke, jedenfalls wurde dieser Begriff im Sommer 1985 geboren und auch alsbald von den Medien beflissen in Umlauf gesetzt. Bis in die Reihen der CDU/CSU-Bundestagsfraktion hatte dieser Begriff seine Wirkung, denn einige Fraktionskollegen distanzierten sich jetzt ausdrücklich von denen, die seitens der SPD als die »Stahlhelmer« beschimpft wurden. Der Begriff von den »Stahlhelmern« meinte die sogenannten Hardliner, das heißt diejenigen Mitglieder der CDU/CSU-Fraktion, die sich der Entspannungseuphorie der SPD und auch des Bundesaußenministers nicht unterwerfen wollten, das heißt diejenigen, die mit dem Kommunismus nach wie vor verbal hart umgingen, das heißt diejenigen, die die Ostverträge der Regierung Brandt/Scheel für schlechte und obendrein unterschiedlich von den vertragschließenden Parteien je nach der eigenen Macht- oder Schwächeposition ausgelegte Verträge hielten. Der Begriff des »Stahlhelmes« sollte schwarzweißrot und deutschnational aus der Weimarer Republik assoziieren, unverbesserlich reaktionär, aggressiv mit dem Stahlhelm auf dem gehirnlosen Kopf, an die Organisation der alten Frontsoldaten aus dem Ersten Weltkrieg erinnernd, denn im »Stahlhelm – Bund der Frontsoldaten« hatten sich diese nach dem Ersten Weltkrieg politisch zusammengeschlossen. Der Begriff des »Kalten Kriegers«, der bislang gern gebraucht worden war, um seitens der Linken den politischen Gegner zu etikettieren, war wohl inzwischen

nicht mehr zugkräftig genug. Zu dieser bösen »Stahlhelmfraktion« wurden gezählt, laut den Kommentaren der Journalisten, die sich bei der SPD-Fraktion ihre Informationen einschließlich eines bestimmten Sprachgehabes einzuholen wußten: Manfred Abelein, Herbert Czaja, Herbert Hupka, Hans Graf Huyn, Lorenz Niegel, Jürgen Todenhöfer. Gleichzeitig wurde der Begriff der »Genscheristen« gefunden für diejenigen, die sich mehr oder weniger auf dem Kurs des Bundesaußenministers befanden. Zu diesen »Genscheristen« wurden aus der CDU/CSU-Fraktion gezählt: Michaela Geiger, Karl-Heinz Hornhues, Karl Lamers, Hans-Peter Repnik, Volker Rühe. In einem Zeitungsinterview hatte Karl Lamers über die »Stahlhelmfraktion«, ohne sie so zu nennen, Klage geführt: »Dieser rechte Flügel ist in der Fraktion zahlenmäßig eindeutig in der Minderheit. Aber in der Öffentlichkeit entsteht der Eindruck, als ob diese Gruppe die Mehrheitsmeinung repräsentierte. Das schadet der CDU und der Regierung.« Richtig ist an diesen Sätzen, daß mit Ausnahme von Volker Rühe die anderen »Genscheristen« weit weniger bekannt waren als die sogenannten »Stahlhelmer«, aber man traf sich bereits regelmäßig, um doch noch den richtigen Einfluß auf die Fraktion nehmen zu können. Vielleicht war dies auch nur eine Reaktion auf die Runde, die sich um Abelein und Niegel gebildet hatte und sich gelegentlich mittwochs in Sitzungswochen des Bundestages traf. Auffällig ist jedoch, daß die »Genscheristen«, von heute, 1994 aus gesehen, sich alle in den besten politischen Positionen befinden, während die »Stahlhelmer«, so wie sie gerade genannt worden sind, nicht mehr dem Deutschen Bundestag angehören.

»ANERKENNEN, WAS IST« –
POLEN UND DIE ODER-NEISSE-LINIE

Ein treu katholischer und zugleich nationalbewußter Pole, so haben wir in den achtziger Jahren Wladyslaw Bartoszewski in der Bundesrepublik Deutschland kennengelernt. Als polnischer Historiker und Schriftsteller trat er auf vielen katholisch ausgerichteten Veranstaltungen auf und wurde 1986 sogar mit dem hochangesehenen Friedenspreis des Deutschen Buchhandels – erster Friedenspreisträger war der im oberschlesischen Beuthen geborene Max Tau – ausgezeichnet. Ein grausames Schicksal hatte ihn in die Gefängnisse und Konzentrationslager sowohl Hitlers als auch Stalins verbannt, im ganzen waren es acht Jahre der Freiheitsberaubung. Wiederholt bin ich Bartoszewski in Deutschland begegnet, auch auf CDU-Veranstaltungen, wiederholt haben wir miteinander diskutiert, übrigens stets fair, obwohl wir keinen gemeinsamen Nenner haben finden können. Vielleicht allerdings doch darin, daß er ein erklärter und scharfer Gegner des Kommunismus war, dies einmal als Demokrat, zum anderen aus einer immer wieder durchscheinenden, geradezu von Haß erfüllten polnischen Haltung gegenüber dem russischen Nachbarn. Was nun aber Schlesier oder Ostpreußen betraf, so stellte er sich, ohne irgendwelchen Gegenargumenten auch nur aufgeschlossen zu begegnen, auf den Boden der Realität, und diese besagte für ihn, daß alles so in Ordnung ist, wie es ist, ganz gleich ob an dieser »Ordnung« nun die sowjetischen und polnischen Kommunisten mitgewirkt haben, weil die Oder-Neiße-Linie als Grenze zwischen Deutschland und Polen nichts anderes sei als die logische Konsequenz des von Hitler entfesselten Zweiten Weltkrieges. Zwar wurde der Anteil Stalins an der Kriegsentfesselung nicht geleugnet, aber der erste und hauptschuldige Auslöser sei nun einmal Hitler-Deutschland gewesen.

Er führte stets auch gleich an, daß Millionen seiner Landsleute aus Ost-Polen und Wilna 1945 nicht anders als die Deutschen ihre Heimat hätten aufgeben müssen und daß diese nun eine neue Bleibe finden mußten. Hier hielt er es genau so, ohne es so deutlich auszusprechen, wie der gleichfalls auf das engste mit der katholischen Kirche seines Landes verbundene spätere langjährige polnische Außenminister Krysztof Skubiszewski, der in Bonn während eines Vortrages im Februar 1990 erklärte, daß es eben den Polen nach 1945 nicht zuzumuten gewesen sei, mit den Deutschen zusammenzuleben. (Ähnliches hatte man von den Nationalsozialisten gehört, die auch immer sagten, daß es einem Deutschen nicht zuzumuten gewesen sei, mit Juden zusammenzuleben!) Bartoszewski, der nach der Wende Botschafter seines Landes in Österreich wurde, mit über 70 Jahren, wußte auch in der deutschen Sprache so zu formulieren, daß er sich und seinem Vaterland nichts vergab, aber doch den Versuch zu machen schien, sich dem deutschen Standpunkt zu nähern. »Die Besiedlung«, so sagte Bartoszewski in seiner Dankesrede nach der Verleihung des Friedenspreises des Deutschen Buchhandels in Frankfurt am Main, »dieses Territoriums der Oder-Neiße-Gebiete muß man als unmittelbare Folge des vom Dritten Reich verursachten Zweiten Weltkrieges erachten. Flüchtlinge, Heimatvertriebene, Umsiedler, Spätaussiedler – sie alle gehören zu den Opfern des Krieges ebenso wie jene Polen, die infolge des Zweiten Weltkrieges ihre eigentliche Heimat in Lemberg, Wilna und anderswo im europäischen Osten verloren haben. Den Menschen ihre unmittelbare Heimat zu entziehen, ist nie eine gute Tat gewesen, sondern immer eine böse Tat, selbst wenn man keinen anderen Ausweg aus der bestimmten historischen und politischen Lage sieht.«

Ich widersprach in einem Kommentar, denn man könne dem nicht zustimmen, »wenn das, was 1945 den Deutschen widerfahren ist, als ausweglose Situation geschildert wird, so daß offenbar den Polen gar nichts anderes übriggeblieben war als zu vertreiben und zu annektieren.« Ein klares Wort der Verurteilung des Verbrechens der Vertreibung, auch eine derartige Bezeichnung der Vertreibung findet sich bei ihm nicht, höchstens Worte des Bedauerns. Er meinte sogar, »verglichen mit dem, was an Untaten von deutscher Seite im Zweiten Weltkrieg und während der Okkupation geschehen ist, verglichen auch mit dem, was an Rachegefühlen vorhanden war, haben sich meine Landsleute nach der Niederlage Deutschlands besser benommen, als man von ihnen erwarten konnte. Als Masse, als kollektive Racheengel sind die Polen kaum aufgetreten. In ihrer Mehrheit haben sie nicht alles, was sich zum Deutschtum bekannt hat, verfolgt. Ich schreibe nicht über die Armee, die nicht unsere Armee war, ich vergesse nicht die Greuel in Ostpreußen beim Vormarsch der Roten Armee...« Hier bricht nicht nur das antirussische Ressentiment durch, sondern auch der Wahrheits-

gehalt all dieser Sätze muß leider in Frage gestellt werden. Der nationalstolze Pole wollte nicht für wahr halten, was wirklich an Grausamkeiten gerade auch von Angehörigen seines eigenen polnischen Volkes den Deutschen widerfahren ist.
Nicht nur derlei unscharfe und falsche Sätze, nicht die eigene geradezu nationalistische Überzeugung waren das Bedrückende bei den Begegnungen mit Bartoszewski. Entscheidend war das Klima, dessen sich ein Pole bei uns Deutschen in jener Zeit jederzeit erfreuen konnte. Widerspruch war nicht erwünscht, Zustimmung aus eigenem wie auch immer zu begründendem Schuldbewußtsein war gefragt. Es gab selbst dann keinen Widerspruch, wenn auch von ihm Rache zum Recht erklärt wurde, und wer widersprach, wurde in die Ecke eines verbohrten Vertriebenen, eines sich nicht um Verständigung mit dem polnischen Volk bemühenden Deutschen gedrängt. Ich schloß darum einen Kommentar mit dem Satz: »Wir respektieren den leidenschaftlichen Polen Wladyslaw Bartoszewski, aber wir erwarten auch, daß wir als leidenschaftliche Deutsche polnischerseits endlich respektiert werden.«
Bereits vor der Wende in Polen während des Jahres 1989 kam es 1985 und 1986 zu einem im »Rheinischen Merkur/Christ und Welt« ausgetragenen Disput zwischen dem polnischen Schriftsteller Andrzej Sczypiorski und mir. (Nach der Wende wurde Sczypiorski für zwei Jahre Mitglied des polnischen Senats und in Deutschland vor allem durch seinen lesens- und rühmenswerten Bestseller »Die schöne Frau Seidenman« weithin bekannt, auch als Mitarbeiter vieler Print- und elektronischen Medien.) Ich hatte mich gegen Einlassungen des Polen geäußert, weil er sowohl für die Oder-Neiße-Linie als die anzuerkennende und Polen auch zustehende Grenze plädiert als auch den polnischen Verlust von Wilna und Lemberg nach dem Zweiten Weltkrieg mit dem deutschen Verlust von Breslau und Stettin verglichen und für historisch gleichbedeutend erklärt hatte. Lemberg gehört zu den Streitfällen zwischen den Polen und den Ukrainern, je nach dem eigenen Standort wird es ganz für Polen oder ganz für die Ukraine in Anspruch genommen. Für Wilna wäre zu sagen gewesen, daß es 1920 durch einen Handstreich der Polen in deren Besitz übergegangen ist und davor wie auch jetzt wieder Hauptstadt Litauens gewesen ist. Aber Gleiches, wie man auch den Standort wählen mag, ließe sich nun einmal weder für Breslau noch für Stettin und Königsberg sagen. Polemisch aufgerüstet schrieb Sczypiorski: »Dr. Hupka weiß das alles (so wie es der Pole wieder einmal gesehen hat); er hat einfach den bequemeren Weg gewählt: auf die Polen einschlagen und den Russen schmeicheln. Das ist übrigens eine

alte Methode, die nicht von Dr. Hupka erfunden wurde; vor allem gab es in Deutschland größere Staatsmänner, die in der Vergangenheit jahrzehntelang eine solche Politik betrieben haben.« (Gemeint war damit einmal Otto von Bismarck, zum anderen artikulierte der Pole hier das alte polnische Trauma – bis in die jüngste Zeit höchst lebendig! – von der deutsch-russischen Allianz auf Kosten Polens.)

»Was die Grenze an Oder und Neiße betrifft«, so schrieb Sczypiorski, »kann ich nur hinzufügen, daß nicht alles, was die Kommunisten sagen oder tun, für Polen und die polnischen Nationalinteressen schlecht oder schädlich ist. Es ist wahr, daß die heutige territoriale Gestalt Polens geschaffen wurde, ohne dabei das polnische Volk zu fragen, am Verhandlungstisch in Jalta und Potsdam, kraft der Entscheidung Stalins und seiner braven und demütigen britischen und amerikanischen Verbündeten. Es ist wahr, daß in der ersten Nachkriegszeit nur die Kommunisten oder vor allem die Kommunisten die neuen Grenzen propagiert haben. Doch die Jahre vergingen, es kamen neue Menschen zur Welt, ganze Generationen haben in diesen Gebieten bereits Wurzeln geschlagen, ein beachtlicher Abschnitt der Geschichte Europas ist verstrichen, zumal in der heutigen Zeit vierzig Jahre entschieden mehr sind als in der Vergangenheit, bedenkt man die Entwicklung der heutigen Zivilisation und geistigen Weltkultur. Heute darf man, ja sollte man sogar mit den Kommunisten polemisieren, auch in Polen, wo dies außerordentlich schwierig und gefährlich ist, viel Mut und Risikobereitschaft voraussetzt, was aber noch lange nicht heißt, daß man – mit gesundem Menschenverstand – das geschichtliche Erbe des Volkes zunichte machen und die territoriale Gestalt des Staates in Frage stellen sollte. Herbert Hupka bezeichnet dies als polnischen Nationalismus und als polnisches Diktat. Ich bin kein Nationalist und kann auch niemandem etwas diktieren – einen solchen Vorwurf weise ich von mir.«

Ich antwortete, aber die Antwort wurde erst mit zwei Monaten Verspätung im »Rheinischen Merkur/Christ und Welt« abgedruckt: »Wer es gut mit Polen meint, so wird gern suggeriert, muß anerkennen, was ist. Wir sollten uns jedoch davor hüten, die Sowjetunion zur ›Patrona Poloniae‹ zu erheben. Dies aber täten wir, wenn wir die Oder-Neiße-Linie als Grenze anerkennten. Es ist ausschließlich der sowjetische Imperialismus, der das heutige Polen bis zur Oder und Görlitzer Neiße expandiert hat. Wer zur endgültigen Anerkennung bereit ist, bestärkt daher die Macht der Sowjetunion über Polen. Schwer zu begreifen ist, daß die katholische Kirche Polens, deren Auseinandersetzung mit dem Kommunismus als einer atheistischen Ideologie zu bewundern ist, der

Ausdehnung Polens bis zur Oder-Neiße-Linie begeistert zustimmt. Auch Andrzej Sczypiorski stimmte zu, obwohl er gleichzeitig manch kritisches Wort am herrschenden System mutig zu formulieren wußte. Wir müssen uns unvoreingenommen begegnen. Jeder muß auf seine Weise die Vergangenheit aufarbeiten. Wir Deutsche sind nicht nur Anwalt in eigener Sache für die Freiheit des deutschen Volkes, sondern auch Anwalt unserer polnischen Nachbarn. Ein freies Europa bauen – heute bestimmt erst eine Zukunftsvision –, heißt, dem Nationalismus abschwören und sich miteinander verständigen.«

»DAS IST UNTER DER GÜRTELLINIE!« –
IM BUNDESTAG 1986

Viel zu selten ereignet es sich im Bundestag, daß Beschlußvorlagen, von Gesetzen allerdings ganz zu schweigen, einstimmig angenommen werden, quer durch die Parteien. Dies widerfuhr dem SPD-Antrag zur »Lage der Juden in der Sowjetunion«, indem die SPD die Empfehlung des Straßburger Europarates übernommen hatte, daß sich die nationalen Parlamente mit der Diskriminierung der Juden in der Sowjetunion befassen sollten. Ich sprach für meine Fraktion: »Wiederholt ist im Deutschen Bundestag über die Lage der Deutschen in der Sowjetunion gesprochen worden, und es wird sicherlich wohl noch des öfteren notwendig sein. Es ist für uns jedoch eine Pflicht der Menschlichkeit und der Solidarität, daß wir uns entsprechend der Empfehlungen der Parlamentarischen Versammlung des Europarates engagieren und für das Schicksal der Juden in der Sowjetunion Partei ergreifen. Wir wollen hier und heute nicht nur die Situation schildern, wie sie bedauerlicherweise ist, sondern vor allem an die Sowjetunion appellieren, den Juden die Rechte der religiösen, nationalen und kulturellen Autonomie endlich zu gewähren, all denen, die das Land verlassen wollen, dies zu gestatten, und alle Juden, die, nur weil sie Juden sind, inhaftiert sind, freizulassen.« Zum Schluß meiner Einlassung, in der ich auch erwähnte, daß nach der jüngeren sowjetrussischen Volkszählung die Deutschen mit 1,9 Millionen und die Juden mit 1,8 Millionen den 14. und 16. Platz in einer Liste von über 90 eigens aufgeführten Nationalitäten und Volksgruppen einnehmen, erinnerte ich in einem Atemzug mit dem Los der Juden an das Los der Deutschen: »Das, was wir hier für die Juden in der Sowjetunion sagen und fordern, gilt in gleicher Weise auch für die Deutschen. Juden und Deutsche handeln aus nur zu berechtigten Gründen in einer Solidargemeinschaft für die Glaubensbrüder und Landsleute.«
Obwohl an diesem 17. April 1986 der Vertreter der Grünen polemisch wurde und den »barbarischen Luftangriff von vorgestern der USA auf Libyen« in die Debatte mit einführte und nur für sich erklären konnte,

daß er mit Ja stimmen werde, lautete das Ergebnis: »Diese Beschlußempfehlung des (Auswärtigen) Ausschusses ist einstimmig angenommen worden.«
Irgendeine, die Veränderung des sowjetischen Verhaltens auslösende Wirkung hat unsere Entschließung nicht bewirkt. Richtig war hingegen, was ich zum Schicksal der Deutschen ausgeführt hatte und was genau so für die sogenannten Refuseniks, die jüdischen Ausreisewilligen, Geltung hatte: »Es sieht bis zur Stunde nicht danach aus, daß die Sowjetunion unter der Führung von Michail Gorbatschow in einem überschaubaren Zeitraum die Deutschen, die ausreisen wollen, ausreisen läßt, und den Deutschen, die daheim in Kasachstan oder Usbekistan, wo die Mehrheit der Deutschen wohnt, bleiben wollen, ihre elementaren Menschenrechte, darunter das einer kulturellen Autonomie, einzuräumen bereit ist.« Erst 1987/88 begann sich die Ausreisemöglichkeit zu lockern, und die Zahl der Ausreisegenehmigungen sprang ab 1988 gottlob um viele Zigtausende nach oben.
Es war mein letzter Auftritt im Deutschen Bundestag, als in einer Aktuellen Stunde am 2. Oktober 1986 der Tagesordnungspunkt hieß: »Der Tod von Johannes Dick und die Verletzung deutschen Hoheitsgebiets durch die CSSR.« Absicht der CDU/CSU-Bundestagsfraktion, die diese Aktuelle Stunde beantragt hatte, war es, die Brüchigkeit des mit Prag abgeschlossenen Vertrages von 1973, die illusionäre Entspannungspolititik, zugleich aber auch Äußerungen und Verhalten des deutschen sowie des tschechoslowakischen Außenministers darzustellen und zu erörtern. Für die Bundesregierung antwortete Jürgen Möllemann, Staatsminister im Auswärtigen Amt. Unter den fünf Rednern meiner Fraktion kam ich als zweiter an die Reihe und eigentlich als erster der CDU, denn eingeleitet hatte die auf eine Stunde bemessene Debatte Hans Klein von der CSU. Der für die FDP sprechende Abgeordnete Burkhard Hirsch hatte noch vor mir zurecht gesagt: »Es fällt mir schwer, im Fünf-Minuten-Stakkato einer Aktuellen Stunde zu diesem Vorgang zu sprechen.«
Den Sachverhalt, durch den die Debatte ausgelöst worden war, faßte ich noch einmal zusammen: »Zwei Polen nutzen – am 18. September 1986 – die Möglichkeit, da die kommunistisch beherrschte Tschechoslowakei an die freie Bundesrepublik Deutschland grenzt, zur Flucht – gegen 13 Uhr – und werden bei diesem Vorhaben aufgespürt. Gleichzeitig stirbt der Deutsche Johannes Dick, 59 Jahre alt, ein pensionierter Oberstleutnant der Bundeswehr, in Amberg zu Hause, an jenem 18. Oktober im Kreise Tirschenreuth zum Spaziergang aufgebrochen.

Er wurde auf deutschem Boden von tschechoslowakischen Häschern erschossen. Die Häscher sollen angenommen haben, in ihm den gejagten und gesuchten Flüchtling entdeckt und gefunden zu haben, weshalb es dann entsprechend einer Instruktion nach kommunistischer Staatsräson die Pflicht gewesen sein soll, von der Schußwaffe Gebrauch zu machen. Anzuklagen ist auch das weitere Verhalten dieser tschechoslowakischen Grenzsoldaten: Das noch lebende Opfer wird von deutschem Boden auf tschechoslowakisches Territorium verschleppt und in das Krankenhaus des nahegelegenen Städtchens Tachau, das bis 1945 nahezu 8000 deutsche Einwohner gezählt hat, transportiert. Auf diesem Transport sei Johannes Dick dann gestorben. Später wird die Leiche obduziert, und als sie endlich an die Bundesrepublik Deutschland übergeben wird, fehlen einige Körperteile.«
Mehr als den Sachverhalt nachzuzeichnen, mehr als »Empörung über eine Tat der Unmenschlichkeit«, mehr als »Aufklärung und Bestrafung der Schuldigen«, mehr als »Wiedergutmachung« zu fordern und überhaupt erst einmal daran zu erinnern, was in dieser Mittagsstunde geschehen ist, war nicht möglich. »Der Satz ist richtig: ›Solange an Grenzen gemordet wird, kann es keine gutnachbarlichen Beziehungen geben.‹ Wieder einmal wird uns allen bewußt, daß wir an der Trennungslinie zwischen Freiheit und Unfreiheit, zwischen Demokratie und Diktatur, zwischen der freien Welt und dem sowjetischen Imperialismus leben. Auch und gerade gegenüber unseren östlichen Nachbarn, den Tschechen und Polen, suchen wir eine ebenso gute Nachbarschaft, wie wir sie bereits zu unseren Nachbarn im Norden, im Westen und im Süden pflegen. Mit guter Nachbarschaft hat all das, was wir angesichts des Todes von Johannes Dick zu beklagen haben, nichts gemein, und wir erheben Anklage.« Dies die Sätze zum Schluß meines Fünf-Minuten-Beitrages.
Als dann der Amberger SPD-Abgeordnete Wolfgang Sieler es unternahm, mit dem »Bayernkurier« als Zielscheibe polemisch zu werden, indem er der CSU vorwarf, sie benutze diesen Fall als »Wahlkampfthema«, rief ich laut Protokoll dazwischen: »Das ist unter der Gürtellinie!« Ganz im Sinne der Entspannungsillusionen wußte dieser Abgeordnete, der sich sogar auf die persönliche Bekanntschaft mit dem Erschossenen berief: »Wir sollten beharrlich weiter an konkreten Entspannungs- und Abrüstungsschritten arbeiten, bis schließlich diese unmenschliche Grenze verschwindet und überflüssig wird. Johann Dick wäre (dann) nicht vergeblich gestorben.« Auf so viel falsches Pathos kann man nur mit strafendem Schweigen antworten.

»Demokrat und Patriot« – Bundestagswahl 1987

Den Wahlkreis Wuppertal, das heißt die beiden Wuppertaler Wahlkreise 69 und 70, die mit Rudolf Dreßler und Willfried Penner für die SPD im Deutschen Bundestag vertreten waren, habe ich vier Jahre hindurch für die CDU wahrgenommen. Dies bedeutete immer wieder Präsenz in Wuppertal, auch wenn ich meinen Wohnsitz nicht von Bonn nach Wuppertal verlegt hatte, bedeutete die Einbringung der Wuppertaler Probleme in die Beratungen des Bundestages, vor allem Kontakte zu den darüber befindenden Ministerien, Berichterstattung über die CDU/CSU-Politik von Bundestag und Bundesregierung in den vielen Ortsvereinen der CDU und in den großen Parteiversammlungen, Repräsentanz in den gesellschaftlichen Gruppierungen mit Verbindungen zur Bundeswehr, zur Wirtschaft, zu den Kirchen und in der Öffentlichkeit überhaupt.
Allerdings hatte ich ein Handicap: Ich war nämlich kein Wuppertaler, weder einer aus Elberfeld noch aus Barmen. Die CDU in Wuppertal legte aber Wert darauf, nicht nur, wie dies bei mir seit 1983 der Fall war, von einem Auswärtigen über die Landesliste im Deutschen Bundestag vertreten zu sein, sondern man wünschte sich einen Wahlkreiskandidaten, der unmittelbar aus Wuppertal kommen sollte. Darum wurde frühzeitig in der Kreispartei ein Revirement eingeleitet. Claus Vogt, ein Wuppertaler und bereits 1983 für den Wahlkreis Wuppertal I mit mir für den Wahlkreis Wuppertal II im Rennen, sollte über einen sicheren Landeslistenplatz einziehen, ohne daß ich diesen Platz als Nicht-Wuppertaler einnähme. Für mich wäre doch ohnehin in meiner Eigenschaft als Bundesvorsitzender der Landsmannschaft Schlesien und Vizepräsident des Bundes der Vertriebenen ein Listenplatz sicher. Diese Überlegung führte auch dazu, daß man mich nicht mehr für Wuppertal II als Bundestagskandidaten favorisieren wollte. Allerdings tat man so, daß die Entscheidung den Delegierten selbst, ohne daß zuvor der Kreisvorstand ein Votum abgegeben hätte, überlassen werden sollte. Diese entschieden sich dann am 25. April 1986 wieder für Claus Vogt (Wup-

pertal I) und für den aus dem Bergischen Land kommenden Geschäftsführer der Arbeitgeberverbände, Günter Schrof (Wuppertal II), dem ich in einer Kampfabstimmung unterlegen war. Im Gegensatz zu späteren Behauptungen des seinerzeitigen Landesvorsitzenden des Rheinlands, Dieter Pützhofen, daß ich mich zu wenig um den Wahlkreis gekümmert hätte, war mein Engagement für den Wahlkreis zu keiner Stunde Gegenstand der Kritik, wohl aber schwang unterschwellig mit, daß ich eben ein gar zu prominenter Sprecher der Vertriebenen, insbesondere der Schlesier, sei und überhaupt, wie gesagt, nicht aus dem Bergischen Lande stammte. Vor allem Wuppertals CDU-Bürgermeister Kurt Drews pochte auf Wuppertaler oder zumindest bergisches Geblüt.

Als dann die Landesliste des Rheinlandes im Landesvorstand gezimmert wurde, erinnerte man sich nicht mehr an die Zusage, daß ich auf jeden Fall mit einem aussichtsreichen Platz auf der Landesliste abgesichert werde, auch ohne einen Wahlkreis wie die Vertreter der Frauen und der Jugend vorweisen zu müssen, um gerade die von mir bundesweit vertretene Klientel zufriedenzustellen, daß sie in der CDU eine politische Heimat habe. Jetzt wurde aber anders gewichtet, und dies aus persönlicher Rücksichtnahme auf den für den Platz 15 der rheinischen Landesliste zu bestimmenden Kandidaten, bislang ein von mir eingenommener Platz, was Platz 31 auf der Liste von Nordrhein-Westfalen bedeutete. Bernd Wilz, Wahlkreiskandidat von Solingen/Remscheid, hatte einen unsicheren Wahlkreis, den er 1983 mit nur 0,6 Prozent Vorsprung geholt hatte, weshalb er besonders abgesichert werden sollte. Außerdem sei er gerade zum Bundesvorsitzenden des Bundes der Mitteldeutschen erstmalig gewählt worden. Schließlich sei er jünger als ich, überdies auch im Gegensatz zu mir nach 17 Jahren meiner Zugehörigkeit zum Parlament noch nicht pensionsberechtigt. Der Vorschlag des Landesvorstandes wurde von der Delegiertenversammlung abgesegnet, wie das stets der Gang der Dinge gewesen ist. Mir hatte man, gleichsam als Gnadenbrot wegen der damit zu bekundenden Alibi-Funktion, den Platz 22 auf der rheinischen Landesliste, das war dann etwa Platz 45 auf der gemeinsamen Liste von Nordrhein-Westfalen, angeboten. Ich lehnte sofort ab, denn auf einen aussichtslosen Nachrückeplatz, nachdem bei der Wahl von 1983 ohnehin nur bis zum Platz 38 die CDU-Landesliste von Nordrhein-Westfalen gezogen hatte, wollte ich mich nicht abdrängen lassen. Auch sah dieses Angebot ganz danach aus, lediglich eine Alibifunktion vorgaukeln zu wollen. Nicht so sehr Kurt Biedenkopf und Norbert Blüm, die Spitzenreiter auf der CDU-

Liste von Nordrhein-Westfalen, machten Schlagzeilen, sondern »Hupka draußen« beflügelte die Journalisten, und dies mehr zu hämischen denn zu registrierenden Kommentaren. Ein geschickt während der gemeinsamen Tagung von Rheinland und Westfalen in Essen geschossenes Foto von mir machte die Runde; es zeigte mich mit einem ins Leere blickenden, auf beide gefalteten Hände gestützten Kopf, so daß sich jedmögliche Unterschrift geradezu anbot.

Daß ein Sturm der Entrüstung nach der Nicht-mehr-Nominierung für den 11. Deutschen Bundestag ausgebrochen wäre, kann natürlich nicht behauptet werden, aber es gab, vor allem auf seiten der Schlesier und der aus der Heimat vertriebenen Mitbürger, auch vieler konservativ und national eingestellter Wähler den in der Öffentlichkeit so formulierten Ausdruck der »Bestürzung und Empörung«. Viele schrieben Leserbriefe, viele wandten sich aber auch an den Parteivorsitzenden und den Generalsekretär, an Ministerpräsidenten Ernst Albrecht und den CDU-Parteivorsitzenden in Niedersachsen, Wilfried Hasselmann, um für einen Landeslistenplatz im Patenland Niedersachsen für den Schlesier zu plädieren, vor allem an die Parteivorsitzenden in Nordrhein-Westfalen, Kurt Biedenkopf und Dieter Pützhofen. Jedenfalls erreichte mich eine Fülle von Zuschriften und Durchschriften von Petitionen und Protesten. Gleich am Tage des Bekanntwerdens der Nachricht von meinem nun feststehenden Ausscheiden aus dem Bundestag schrieb mir Gerhard Schröder, bis 1966 Bundesaußenminister und dann mehrere Wahlperioden hindurch Vorsitzender des Auswärtigen Ausschusses, handschriftlich: »Lieber Freund Hupka, mit Bestürzung höre ich, daß Sie dem nächsten Bundestag nicht mehr angehören werden. Wir haben lange und gut zusammengearbeitet. Schlesien braucht Sie. Ihre Zähigkeit und Ihre Hingabe an Volk und Vaterland bleiben ungebrochen. Sie werden den rechten, maßvollen und immer getreuen Weg finden. Sie waren, sind und bleiben ein Vorbild. In Verehrung und Sympathie bleibe ich immer Ihr Gerhard Schröder«. Rainer Barzel schrieb einen Tag danach: »Lieber Herr Hupka! Meine Gedanken und Gefühle sind bei Ihnen und mit Ihnen. Manche lernen's leider nie. Lassen Sie sich bitte menschlich nicht erschüttern. Von Herzen alles Gute für Sie! Ihr Rainer Barzel.«

Nachdem in Essen die gesamte Liste von Nordrhein-Westfalen von den beiden Landesverbänden Rheinland und Westfalen beschlossen worden war, eine Bestätigung der jeweiligen von den Vertreter-Versammlungen verabschiedeten Vorschläge, schrieb gleich am 21. Juli 1986 Prälat Hubert Thienel an Dieter Pützhofen unter anderem: »Ich bin seit

Jahrzehnten Mitglied der CDU, und als ehemaliger Apostolischer Visitator für die katholischen Heimatvertriebenen aus Schlesien habe ich mich leidenschaftlich gegen die in der letzten Zeit zu beobachtenden Tendenzen der Schlesier, bei der Wahl 1987 Stimmenthaltung zu üben, gewandt. Diese Instinktlosigkeit der Parteiführung und der Delegierten der Rheinischen CDU, die in dem Essener Beschluß deutlich wird, hat mich aber doch schockiert und nimmt mir praktisch alle Argumente aus der Hand, mit denen ich dieser Tendenz entgegentreten könnte. Die vielen in NRW ansässigen schlesischen Heimatvertriebenen müssen die Zurücksetzung ihres Bundesvorsitzenden als eine Brüskierung empfinden, die auch sie selbst trifft. Wenn an Stelle von Herrn Dr. Hupka ein jüngerer Kandidat vorgeschlagen worden wäre, so wäre das noch einsichtig zu machen; die Tatsache, daß in Solingen ein Mitteldeutscher das Rennen machte, kann für die Schlesier in keiner Weise ein Trostpflaster sein. Aus dieser Brüskierung eines Vertreters der schlesischen Heimatvertriebenen ziehe ich für meine Person Konsequenzen. Ich werde ab 1987 meine Mitgliedschaft in der Rheinischen CDU aufkündigen. Ich bin sicher, daß ich nicht der einzige bin, der diesen Schritt unternimmt, sondern daß mir viele folgen werden. Sofern ein anderer Landesverband der CDU Herrn Hupka und den Schlesiern gegenüber einsichtiger ist, werde ich Mitglied dieses Landesverbandes werden.«

Franz Josef Strauß schickte mir die Kopie eines an Helmut Kohl gerichteten Briefes, geschrieben am 8. Juli: »Lieber Helmut! Zahlreiche Briefe, die mich in den letzten Tagen aufgrund der vorgesehenen Nichtnominierung von Dr. Hupka für die kommenden Bundestagswahlen erreichen, drücken eine tiefe Unruhe und Enttäuschung im Vertriebenenbereich aus. Die Vertriebenen zählen bei allen Wahlen seit jeher zu unseren treuesten Stammwählern. Eine Nichtberücksichtigung von Dr. Hupka wäre für die Vertriebenen eine große Enttäuschung und bei nicht wenigen, die sich auch durch Dir bekannte Äußerungen aus der CDU verunsichert fühlen, ein Grund zum Wahlboykott. Ich wäre Dir sehr dankbar, wenn Du Dich für einen aussichtsreichen Platz auf der Landesliste Nordrhein-Westfalen für Dr. Hupka einsetzen würdest. Mit freundlichem Gruß Dein F. J. Strauß«.

Es kam dann der Vorschlag auf, daß ich doch in Niedersachsen zwar nicht mit einem Wahlkreis, wohl aber auf der Landesliste plaziert werden könnte und sollte. Es war vor allem Ministerpräsident Ernst Albrecht, der sich für diese Möglichkeit persönlich engagierte: »Wenn es eine realistische Chance gibt, den Fehler Nordrhein-Westfalens zu reparieren, werde ich sie selbstverständlich nutzen. Sie können sich

denken, daß die Vorgänge in Nordrhein-Westfalen mich ausgesprochen betrübt haben.« Das war am 8. Juli, aber bereits am 29. Juli schrieb Albrecht in einem handschriftlichen Postskriptum: »Was die Bundestagskandidatur angeht, so besteht in Niedersachsen nur eine Chance, wenn die Landesgruppe (Seiters etc.) nicht geschlossen dagegen ist (Gruppenegoismus).« Früh schon signalisierte Wilfried Hasselmann, daß eine Kandidatur Hupkas in Niedersachen nicht in Frage komme, und es waren auch bereits Gegenstimmen mobilisiert worden, als würde ich dem schlesischen Landesvorsitzenden in Niedersachsen, Helmut Sauer, seinen Landeslistenplatz streitig machen wollen oder jüngere Bewerber, die um einen aussichtsreichen Platz bangten, bekämpfen. Das ganze Unternehmen mit einem Listenplatz in Niedersachsen war ohnehin ebenso tollkühn wie aussichtslos. Zwar hatte ich im niedersächsischen Wahlkampf soeben erst für den Landtag 30 Einsätze als Wahlredner hinter mich gebracht, aber das zählte selbstverständlich jetzt überhaupt nicht.
Während in Nordrhein-Westfalen über einen Wiedereinzug in den Bundestag mit Nein entschieden worden war, traf an demselben Tag der Ablehnung einer weiteren Kandidatur, am 21. Juni 1986, bei mir als dem für den Bundestagswahlkampf eingeplanten »Bundesredner« als »Service-Angebot« der CDU-Bundesgeschäftsstelle ein vorformulierter Lebenslauf ein, den ich bis zum 10. Juli zustimmend oder korrigierend wieder zurückschicken sollte. Der Lebenslauf begann mit den Sätzen: »Die Treue zu seinen vertriebenen Landsleuten geht dem Schlesier Dr. Herbert Hupka über alles. Das hat Herbert Hupka 1972 bewiesen, als er im Streit um die Ostpolitik der Regierung Brandt nach langjähriger Mitgliedschaft aus der SPD austrat und zur CDU wechselte. In zahlreichen Büchern hat er sich mit Schlesien und dem Schicksal der Heimatvertriebenen beschäftigt, in Artikeln und Vorträgen um Verständnis für ihr Los geworben.«
Zu Schlagzeilen wurde die Behauptung verarbeitet, daß ich zum Wahlboykott aufgerufen hätte, aus persönlicher Verärgerung. Ich hatte in einer Erklärung gesagt, daß ich, was geschehen sei, werte »als Desinteresse an den Belangen der Millionen Vertriebenen, das bei der Wahl zu Boykottmaßnahmen gegen die Union führen kann«. Aber zugleich hatte ich hinzugefügt, daß ich mich in keiner Weise mit einer derartigen Reaktion identifiziere. Im Mittagsmagazin des Südwestfunks hatte ich ausdrücklich auf die Frage: »Sagen Sie ja zum Wahlboykott oder sagen Sie nein zum Wahlboykott der Millionen Vertriebenen gegen die Union?« geantwortet: »Ich weiß gar nicht, warum Sie mich danach

fragen, denn ich habe nie zu einem Wahlboykott aufgerufen, im Gegenteil, ich kann nur wiedergeben, was Zuschriften in mein Haus tragen. Warum soll ich zu einem Wahlboykott ja sagen, wenn ich selber für die CDU für zehn Wahlkampfeinsätze vor Weihnachten bereits programmiert bin und für fünf Wahlkampfeinsätze nach Weihnachten.«
Hier der Widerspruch zwischen einem Kommentar im »General-Anzeiger« in Bonn und dem Westdeutschen Rundfunk in Köln. Im »General-Anzeiger« schrieb Chefredakteur Friedhelm Kemna: »Seine (meine) Meinung ist keine Allerweltsmeinung, und sie ist, wo sie Aufruhr und Unruhe stiftet in der matten ostpolitischen Meinungslandschaft, meist auch nicht mehrheitsfähig. Aber diese Stimme eines unabhängigen Mannes ohne Rückversicherung in irgendwelchen öffentlichen Diensten würde fehlen im Deutschen Bundestag, der in der Masse seiner Sitzreihen vom öffentlichen Dienst besetzt wird. Wenn geistige Führung in der Union mehr ist als eine Worthülse, müßte sich die CDU aus ihrer Mitte und gerade in den Reihen der Kritiker Hupkas dem unannehmbaren Versuch der Degradierung des Kandidaten auf einen Zitterplatz der Landesliste widersetzen. Daß Hupka selbst das Angebot der Rheinländer ablehnte, war eine Frage der Selbstachtung.« Im Westdeutschen Rundfunk gab an demselben Tag Heiner Liechtenstein diese Meinung zum besten: »Hupka mag zwar Vertriebenenfunktionär bleiben, auf die Privilegien der Bundestagsabgeordneten muß er dann aber verzichten. Das dürfte ihm schwerfallen, vielleicht aber die Einsicht beflügeln, daß 41 Jahre nach der Befreiung von den Nazis auch die Zeit dieser Funktionäre sich unaufhaltsam ihrem Ende zuneigt.«
Während CDU-Freunde zur Erklärung und Entschuldigung für mein bevorstehendes und keineswegs so zufälliges Ausscheiden aus dem Deutschen Bundestag immer wieder mein Alter anführten, entgegnete ich mit dem Hinweis auf Konrad Adenauer, der überhaupt erst mit 73 Jahren Bundeskanzler geworden sei, und auf den mit mir gleichaltrigen Franz Josef Strauß, ohne mich etwa mit beiden messen zu wollen. Auch Ronald Reagan, der amerikanische Präsident, vier Jahre älter als ich, wurde von mir genannt, denn mein Alter sollte lediglich als Finte dienen. Ich wollte aber auf keinen Fall etwa aus persönlicher Verärgerung zum Sieg des Gegners beitragen, sondern mithelfen, daß die gegenwärtige Bundesregierung überzeugend bestätigt wird. Auch hatte ich die Absicht, vor einer Wahlenthaltung oder gar vor einem Hinüberschwenken zu Gruppierungen rechts von der CDU/CSU durch mein eigenes Beispiel des Engagements zu warnen. Mehrheitlich fand diese Haltung auch Zustimmung, obwohl es nicht leicht war, mein Ausschei-

den aus dem Bundestag ohne Gesichtsverlust für die CDU vorzutragen. Da half auch wenig, daß ich wenigstens den Wiedereinzug von Herbert Czaja in den Bundestag bekanntgeben konnte. In den »Stuttgarter Nachrichten« hatte es geheißen: »›Hupka-Effekt‹ verhilft Czaja zum Erfolg.« Gleich Czaja, der 1990 dann nicht mehr kandidiert hat, wollte auch ich nur noch ein letztes Mal in den Bundestag einziehen. Im Rückblick muß ich sagen, daß mir durch die Nicht-Zugehörigkeit zum Bundestag nichts an Wirkungsmöglichkeit, Einflußnahme und Respektierung in der Öffentlichkeit verlorengegangen ist.

In den ersten Augusttagen 1986 waren es dann gleich zwei Meldungen, die sich mit mir befaßten und zu grimmigen Kommentaren nach langen, informierenden Artikeln Gelegenheit boten. Die Meldung vom 4. August lautete: »Der Landesverband der NPD (gemeint: die rechtsradikale »Nachfolgepartei der NSDAP«) hat dem CDU-Abgeordneten und Vorsitzenden der Landsmannschaft Schlesien, Hupka, Platz zwei auf einer Landesliste für die kommende Bundestagswahl angeboten.« Einen Tag später kam es noch dicker, jetzt hieß es sogar, daß ich zur Gründung einer neuen Partei entschlossen sei und aufgerufen hätte. Es scheint an dem berüchtigten Sommerloch in Bonn gelegen zu haben, daß die Deutsche Presseagentur nahezu 80 Zeilen der in Abständen über den Ticker verbreiteten Meldung einräumte, um unter die Leute zu bringen, was in der Wochenzeitung »Der Schlesier« soeben erschienen war. Hier veröffentlichte ein Artikelschreiber namens Georg Schiller-Werra im »Mitteilungsblatt der Landsmannschaft Schlesien«, ohne jeden Bezug zur Landsmannschaft, ohne deren Auftrag oder Billigung, als Alleinunterhalter einen mehrspaltigen Aufruf zur »Sammlung aller Patrioten«, zur Gründung einer »Wiedervereinigungspartei«. Begleitet wurde der Artikel von einem offenen Brief, unterzeichnet von Jochen Schulz. Die Deutsche Presseagentur, die den Artikel auszugsweise veröffentlichte, teilte dann gewissenhaft mit, daß der Bundesvorsitzende der Landsmannschaft Schlesien – die Konklusion der Agentur lautete: Mitteilungsblatt der Landsmannschaft Schlesien, Bundesvorsitzender Hupka, Hupka soeben nicht wieder als Bundestagskandidat aufgestellt, also...
– »für eine Stellungnahme nicht erreichbar war, da er nach Angaben seines Büros außerhalb der Bundesrepublik Urlaub macht. Der Chefredakteur und Herausgeber des ›Schlesier‹ sagte, die Veröffentlichung sei nicht mit Hupka abgesprochen.« Die bösen Kommentare überschlugen sich, und immer wurde mein Name mit genannt; auch das kann nur mit der Sommerflaute zusammengehangen haben. Mein Büro versuchte, mich in Nairobi über unsere Botschaft zu erreichen und zur schnellen

Rückkehr zu überreden, denn man könnte sich der aufgeregten Fragesteller gar nicht mehr erwehren. Ich setzte meinen ersten Urlaub mit Familie in Afrika fort, weil ich all diesen künstlichen Aufregungen aber auch gar nichts beigemessen habe. Die drei stellvertretenden Bundesvorsitzenden der Landsmannschaft Schlesien, Heinz Lorenz, Rudi Pawelka und Georg Märtsch, hatten sich längst von dem NPD-Angebot und dem Aufruf zur Parteigründung – angeblich aus den Reihen der Landsmannschaft Schlesien hochgekommen – distanziert und jegliche Verbindung wohlbegründet dementiert, was aber die Presse nicht hinderte zu verbreiten: »Plant Hupka Gründung einer ›Wiedervereinigungspartei‹?«, »Mit Forderung nach eigener Partei isoliert«, »›Krönung des Lebenswerkes‹ für Herbert Hupka?«, »›Schlesier‹ ermuntert Hupka zur Gründung einer eigenen Partei«.

Ich habe dann gern und engagiert Wahlkampf gemacht, obwohl mir auch der Vorwurf entgegenklang, daß ich die Tür zur CDU/CSU heftig hätte zuschlagen sollen, nachdem man mich so behandelt habe. Mir aber ging es darum, »Deutschland in allen seinen Teilen« aus dem CDU-Grundsatzprogramm mit zum Inhalt der Wahlauseinandersetzung zu machen, vor allem aber zu verhindern, daß Wahlenthaltung die Gegenseite stärke und daß es zu einer rot-grünen Koalition kommen könnte. Es sei zugegeben, daß zu den mit mir veranstalteten Wahlversammlungen von Delmenhorst bis Ravensburg vor allem die Vertriebenen und Flüchtlinge gekommen sind, aber gerade auch sie wollten klare Worte und eine Erläuterung der von CDU und CSU verantworteten Politik für ganz Deutschland hören, ihre von sehr viel Zweifel und Skepsis erfüllten Fragen stellen und ehrliche Antworten eines Politikers vernehmen.

Es gab allerdings auch diese Deutung meines Ausscheidens aus der Bundestagsfraktion, daß es die Reaktion auf die Auseinandersetzung im vorigen Jahr wegen des Mottos zum Deutschlandtreffen der Schlesier gewesen sei. Vordergründig habe man zwar so getan, als bemühe man sich um meine Kandidatur, aber in Wirklichkeit sollte ein Denkzettel diesem Hupka verpaßt werden. In der »Frankfurter Allgemeinen Zeitung« hatte am 2. August 1986 Karl Feldmeyer geschrieben: »Je länger die Diskussion um Hupkas Nominierung dauert, um so deutlicher dürfte zum einen erkennbar werden, daß Hupkas Bewerbung Züge einer Machtprobe mit der CDU-Führung hat; zum anderen, daß es der CDU immer schwerer fällt zu verleugnen, daß die Mehrheit ihrer Mitglieder die Grenzen längst als endgültig akzeptiert hat, mit denen sich die Vertriebenenpolitiker nicht abfinden. In der CDU-Führung wird dieser Sachverhalt ebensowenig verkannt wie die Konsequenz, die von einem

Scheitern Hupkas ausgehen dürfte. Vorsichtige Schätzungen bewegen sich um ein Prozent Stimmenverlust durch Wahlverweigerung. Dabei schließt man bei der CDU nicht aus, daß es auch mehr werden können, je nachdem, wie stark die Reaktion in den Vertriebenen-Kreisen ausfallen wird. Hupka ist – dessen ist man sich in der CDU bewußt – nicht nur der Vertriebenenpolitiker mit dem höchsten Bekanntheitsgrad im In- wie im Ausland, sondern auch ein Mann mit außerordentlicher Popularität bei den Vertriebenen.«

Die Ost- und Mitteldeutsche Vereinigung der CDU/CSU hatte in einem eigenen Faltblatt die wichtigsten Aussagen der Bundesregierung, der CDU und CSU aus ihren Wahlprogrammen und der eigenen Vereinigung zusammengetragen und ein wenig für die Umsetzung in der potentiellen Wählerklientel Sorge getragen. Mit der von Generalsekretär Heiner Geißler ausgedachten Wahlparole hatte ich meine Schwierigkeiten und opponierte auch deswegen, allerdings ohne viel Rückenwind und ohne Erfolg. Das Wort zur Wahl hieß »Weiter so, Deutschland«, womit die Forderung nach einer Kontinuität der unter Bundeskanzler Helmut Kohl betriebenen Politik erhoben werden sollte. Ich schlug statt dessen die Wahlparole »Weiter so für Deutschland« vor, »denn dann würde deutlich geworden sein, daß mit Deutschland nicht nur die gegenwärtige Bundesrepublik Deutschland gemeint ist«. Mich störte die Gleichsetzung des Fragments von ganz Deutschland mit dem ganzen Deutschland, das ja erst noch anzustreben ist.

Für Wuppertal ging die Rechnung bei der Wahl 1987 nicht auf, mit einem »Ureinwohner« auf der nordrhein-westfälischen Landesliste wenigstens einen der beiden Wuppertaler Kandidaten abzusichern. Dies hatte zur Folge, daß die CDU in Wuppertal während der 11. Legislaturperiode des Bundestags überhaupt keinen eigenen Bundestagsabgeordneten vorzuweisen hatte. Überdies war bei den Zweitstimmen der Abstand zwischen dem siegreichen SPD-Kandidaten und dem CDU-Vertreter von 1983 – 4,2 Prozent – wieder auf 11,8 Prozent gestiegen. Ich war seinerzeit stolz darauf, daß ich diesen Abstand, der 1980 noch 11,4 Prozent betragen hatte, halbieren konnte.

Nach der Bundestagswahl am 25. Januar 1987 schrieb ich in einem Kommentar: »Die CDU/CSU hat während des Wahlkampfs leider die Gelegenheit, ein aussagekräftiges Wahlprogramm für ganz Deutschland in allen seinen Teilen vorgelegt zu haben, nicht dadurch genutzt, gerade diese Teile des Programms ins allgemeine Bewußtsein zu rücken. So sehr es richtig war, sich seitens der CDU/CSU in besonderer Weise um die Frauen oder die Bauern zu bemühen – durch überzeugende Bekenntnisse und aussichtsreiche Plazierung von Kandidaten –, so wurde das mit dem Blick auf die Vertriebenen und nationalbewußten Deutschen unterlassen. Heimat und Vaterland sind hohe Werte, nicht anders denn die Freiheit und deren Sicherung, das ungeborene Leben und dessen Schutz. Darum die Aufforderung, bei aller notwendigen Fürsorge für Arbeitsplatz und Wohlstand Heimat und Vaterland in die Politik des Tages einzubeziehen und dementsprechend überzeugend zu handeln.«

Der Abgesang durch den Fraktionsvorsitzenden Alfred Dregger auf der ersten Sitzung des neu gewählten Parlaments und dessen CDU/CSU-Fraktion war ein mich ehrender und auszeichnender Lobgesang. Dregger hatte 47 Kollegen der alten Fraktion zu verabschieden, namentlich führte er Rainer Barzel, Paul Mikat, Adolf Müller-Remscheid, Benno Erhard, Gerhard Braun und mich an und widmete jedem von uns eine Art Nachruf. In seiner Laudatio hieß es unter anderem: »Wenn ich den Politiker Hupka charakterisieren soll, so tue ich das am besten mit seinen eigenen Worten: ›Man sollte Diktaturen nicht dadurch mästen, daß man deren Forderungen nach Bestätigung ihrer Macht erfüllt. Das war schon im Verhältnis der Demokratien Hitler gegenüber von Übel, und das ist heute nicht anders.‹ Ich stimme Ihnen zu. Hupka ist Demokrat und Patriot.«

30/31 Mitglied der Nordatlantischen Versammlung von 1973 bis 1987: Auf den Stufen des Kapitols. Empfang durch Außenminister Henry Kissinger

In Privataudienz als Mitglied des Ausschusses für Menschenrechte der Nordatlantischen Versammlung bei Papst Johannes Paul II.

33 Mit Franz Josef Strauß auf dem Deutschlandtreffen der Schlesier in München 1967

36/37 Deutschlandtreffen der Schlesier 1985 in Hannover mit Bundeskanzler Helmut Kohl

34/35 »Tag der Heimat« auf dem Bonner Römerplatz

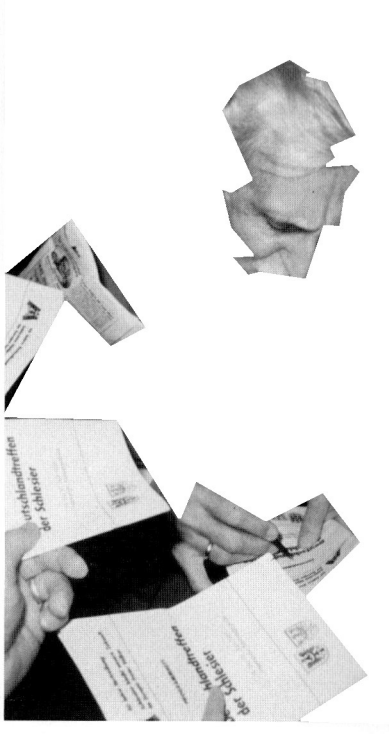

40 Jahre Vertreibung
Schlesien bleibt unsere Zuku[nft]
im Europa freier Völker

38/39 20. Juli 1990: Nach 45 Jahren wieder in der Heimat. Kundgebung in Lubowitz Eichendorffs Geburtsort, mit Otto von Habsburg und Pater Johannes Leppich

40 19. Mai 1991: Auf dem Annaberg, mit Blasius Hanczuch, dem Bezirksvorsitzenden der Deutschen Freundschaftskreise Kattowitz

»Bestimmt kein Anlass zum Jubeln« – als »Scharfmacher« denunziert

In einer Kampfabstimmung, als es um den Vorsitz der sich neu konstituierenden Ost- und Mitteldeutschen Vereinigung in dem durch Zusammenschluß von Rheinland und Westfalen neu geschaffenen Landesverband Nordrhein-Westfalen der CDU ging, sind der Bundestagsabgeordnete Bernd Wilz und ich gegeneinander ins Rennen gegangen. Am 30. Mai 1987 wurde ich in Velbert mit 84 Stimmen gegen 61 Stimmen für Wilz gewählt, nachdem ich bereits seit 1973 Vorsitzender dieser Parteivereinigung im Rheinland gewesen war. Zwei Wochen später wurde ich auch als Bundesvorsitzender dieser Vereinigung von CDU/CSU mit einer Mehrheit von über 90 Prozent im Bonner Adenauer-Haus wiedergewählt. Im Mittelpunkt der Diskussion stand ein Papier »Die Wiedervereinigung der Deutschen als Sicherheitskonzept« des CDU-Bundestagsabgeordneten Bernhard Friedmann zur deutschen Frage und deren Lösung. Friedmann, dem der Bonner Korrespondent der »Frankfurter Allgemeinen Zeitung«, Karl Feldmeyer, zugearbeitet hatte, wollte die deutsche Frage in die laufenden Abrüstungsgespräche einführen und thematisieren, um es der Sowjetunion schmackhaft zu machen, daß ihre Sicherheit größer wäre, wenn sie die DDR aus ihrem Imperium entließe. Ich sagte: »Zuerst sei anerkennend bestätigt, daß hier für Deutschland und nicht gegen Deutschland Stellung genommen wird. Deutschland wurde zur Diskussion, nicht zur Disposition gestellt. Das versteht sich keineswegs von selbst. Es sei aber auch angemerkt, daß das Thema zum falschen Zeitpunkt mit falschem Inhalt aufgegriffen worden ist. Zudem ist die Argumentation falsch. Der falsche Zeitpunkt: Beide Großmächte trachten nach einem Modus vivendi im Sinne der gleichgewichtigen Abrüstung der weitreichenden Nuklearaketen. Dies ist nicht der Augenblick, auch gleich noch die deutsche Frage mitzuerörtern, denn keine der beiden Großmächte wäre dazu bereit. Der falsche Inhalt: Warum sollte angesichts der uneingeschränkt herrschenden Macht der Sowjetunion diese plötzlich bereit sein, die DDR zu entlassen? Warum sollte die DDR den Schutz und Schirm, den ihr die

Sowjetunion gewährt, verlassen, um die eigene Existenz im gegenwärtigen Augenblick aufzugeben? Der Anspruch, Deutschland in freier Selbstbestimmung zu vollenden, bleibt selbstverständlich aufrechterhalten, aber dieser Anspruch wird sich nur dann in die Tat umsetzen lassen, wenn der Kommunismus nicht mehr so mächtig ist, wie er heute ist. Fest steht, daß auch das kommunistische Imperium nicht anders denn alle bisherigen Imperien nicht auf ewige Dauer angelegt ist. Die Aussichtslosigkeit des Augenblicks darf uns nicht zu voreiligen Schlüssen und Aktivitäten verleiten. Das falsche Argument: Das Selbstbestimmungsrecht soll nur für uns und die DDR in Anspruch genommen werden, für Ostdeutschland jenseits von Oder und Neiße soll ein wenig mehr Freizügigkeit ausreichend sein. Warum dieses Aufspaltung des Selbstbestimmungsrechts aus freien Stücken? Warum soll das Selbstbestimmungsrecht dort gelten, wo die Menschen wohnen, aber nicht dort, wo die Menschen gewaltsam vertrieben worden sind.«

Vom Bundeskanzler und Parteivorsitzenden Kohl war übrigens das Thesenpapier Friedmanns spontan als »blühender Unsinn« abgetan worden, was bestimmt zu hart geurteilt war. In den ersten Wochen und Monaten nach Veröffentlichung der Thesen konnte sich der Verfasser der Einladungen und der Aufmerksamkeit der Öffentlichkeit gar nicht mehr erwehren. Es war gut und sicher auch notwendig, daß wieder einmal über Deutschland debattiert und gestritten wurde.

Mir widerfuhr das seltsame Vergnügen, in der September-Ausgabe 1987 des »Playboy« zusammen mit der Bundesministerin für innerdeutsche Beziehungen, Dorothee Wilms, dem USA-Botschafter Richard Burt und anderen die Frage beantworten zu sollen: »Ist die Wiedervereinigung Deutschlands sinnvoll?« Ich antwortete mit der Gegenfrage: »Wäre die Wiedervereinigung sinnlos? Antwort: ganz bestimmt nicht, im Gegenteil, also warum überhaupt diese Frage. Deutschland ist seit 1945 entgegen dem Willen des deutschen Volkes gewaltsam geteilt. Die Achtelteilung konnte inzwischen überwunden werden, heute ist es immer noch viergeteilt: Bundesrepublik Deutschland mit West-Berlin, Mitteldeutschland, das sich DDR nennen lassen muß, mit Ost-Berlin, Ostdeutschland polnisch und russisch verwaltet. Das Selbstbestimmungsrecht wird bis heute dem deutschen Volk durch die Sowjetunion verweigert. Die Einheit und Freiheit Deutschlands in freier Selbstbestimmung zu vollenden, ist Auftrag des Grundgesetzes. Sowohl als Demokraten wie auch und nicht zuletzt als Deutsche haben wir allen Grund, die Teilung unseres Vaterlandes Unrecht und ein in Freiheit wiedervereinigtes Deutschland sinnvoll zu nennen. Das ist ein Stück

Rechts-, Geschichts- und Nationalbewußtsein.« Kurz und bündig gab sich hingegen der Münchner Politologe Kurt Sontheimer, als er im »Rheinischen Merkur/Christ und Welt« erklärte: »Die Wiedervereinigungsrhetorik ist bloßes Palaver, unbedachtes Gerede, das unserer Deutschlandpolitik kaum nützen kann. Die deutsche Frage ist kurzfristig erledigt, auch wenn sie langfristig natürlich offen sein mag, so wie alle Zukunft offen ist.«

Der für den September 1987 geplante Besuch des SED-Vorsitzenden und Staatsratsvorsitzenden der DDR, Erich Honecker, warf seine Schatten voraus. Äußerungen von mir in einem Gespräch mit der »Hamburger Morgenpost«, die der SPD zuzuordnen ist, erregten die Gemüter und machten Schlagzeilen. Ich wurde am 22. Juli mit den Worten von der Nachrichtenagentur AP zitiert: »Wegen des Besuches von Honecker besteht ›bestimmt kein Anlaß zum Jubel‹, sondern schon eher ›Grund für Trauerbeflaggung‹. Wir müssen Honecker höflich empfangen. Aber wir müssen natürlich wissen, wer er ist: Mitschuldig an der Mauer und verantwortlich für den Schießbefehl. Das vermisse ich in der Öffentlichkeit, daß man nicht genug unterscheidet. Daß er eben ein Diktator ist, ein Tyrann, ein Gewaltherr, der nicht demokratisch legitimiert ist‹.« Die Agentur fährt dann, mich wiedergebend, fort: »Hupka bezeichnete Honecker ›bei aller gebotenen Höflichkeit gegenüber einem Gast‹ als ›Statthalter des Kreml‹. Aber wenn es um Deutschland gehe, müsse man ›mit allen sprechen, auch mit dem Teufel verhandeln‹.« Die SPD reagierte mit der Bemerkung: »Wer jetzt das Klima durch Scharfmacherei vergiftet, lädt eine schwere Schuld gegenüber den Menschen in der DDR auf sich, die sich vom Honecker-Besuch in der Bundesrepublik weitere Erleichterungen erhoffen.«

In einem Interview mit der »Neuen Osnabrücker Zeitung« nannte mich Hans Büchler, Mitglied der SPD-Fraktion, gleichfalls einen »Scharfmacher« und beschuldigte mich der »krassen Töne«. Gleichzeitig wurde Edmund Stoiber als Leiter der bayerischen Staatskanzlei gegen mich zitiert, weil er für die CSU gesagt hatte, daß er nichts davon halte, jemanden einzuladen »und dann zu beschimpfen«. Ich hatte mich von dieser Äußerung nicht getroffen gefühlt, denn beschimpfen heißt doch, jemanden unflätig angreifen, ohne einen Grund dafür zu haben, aber das Aussprechen der Wahrheit kann nicht unter dem Rubrum »schimpfen« subsumiert werden.

Am weitesten ging der frühere BHE- und spätere SPD-Abgeordnete Heinz Kreuzmann (als BHE-Mann ein leidenschaftlicher Nationalist), der mir im Monatsblatt der sudetendeutschen Sozialdemokraten »Die

Brücke« sogar gleich »politische Instinktlosigkeit« vorwarf. Die Bereitschaft, vor lauter Gefälligkeit den Mund zu halten und zu kuschen, kannte keine Grenzen mehr.

Der Besuch verlief dann zwar mit großem Protokollaufwand, vor allem auch in Bayern, aber Bundeskanzler Helmut Kohl hielt eine überzeugende und klare Rede, in der er aus seiner Regierungserklärung vom 18. März 1987 zitierte: »Die deutsche Frage bleibt offen.« Die Teilung und Trennung wurde deutlich beim Namen genannt: »Die Menschen in Deutschland leiden unter der Trennung. Sie leiden an einer Mauer, die ihnen buchstäblich im Wege steht und sie abstößt. Wenn wir abbauen, was Menschen trennt, tragen wir dem unmittelbaren Verlangen der Deutschen Rechnung. Sie wollen zueinander kommen, weil sie zusammen gehören. Daher müssen Hindernisse jedweder Art abgebaut werden.« Ich schloß meinen Kommentar »Klare Sätze des Bundeskanzlers« mit der Formulierung: »Es war eine gute Stunde für Deutschland.«

Der Bund der Vertriebenen hatte in Klas Lackschewitz, der vorzeitig aus dem Dienst der Bundeswehr als Kapitän zur See ausgeschieden war, einen tüchtigen und agilen Generalsekretär gewonnen. Aber dieses Amt übte der Deutschbalte Lackschewitz nur für kurze Zeit aus, da er sich aus Gesundheitsgründen ins Privatleben zurückziehen müsse. Zunächst aber ließ er sich zum Vizepräsidenten des Bundes der Vertriebenen wählen, in welcher Funktion er bei der nächsten Wahl nicht mehr zur Verfügung stand. Der Besuch von Erich Honecker 1987 in der Bundesrepublik Deutschland und das Gepränge des Empfanges waren für ihn eine bittere Enttäuschung, die zu seinem Austritt aus der CDU führte und zu einer Frontstellung gegen diese. In einem Leserbrief-Duell in der Zeitung »Die Welt« haben wir uns im Juli 1988 auseinandergesetzt. Im Leserbrief von Lackschewitz stand der Satz: »In dieser die Regierung tragenden Partei gibt es in bezug auf Deutschland gähnende Passivität, obwohl die Sowjets zunehmend Zeichen geben, daß zumindest für sie die offene deutsche Frage wieder an Aktualität gewinnt. Es scheint, in Wirklichkeit ist für die CDU nur die West-Integration mit ihren für Deutschland immer offenkundiger werdenden Gefahren von großer Bedeutung, nicht aber die staatliche Wiedervereinigung Deutschlands.« Ich fragte in meinem Leserbrief, wo »zunehmend Zeichen« der Sowjetunion in Richtung auf die Einheit Deutschlands in Freiheit zu entdecken seien, und »auch das ist eine Behauptung ohne jeden Bezug zur Wirklichkeit, wenn von einer ›West-Integration mit ihrer für Deutschland immer offenkundiger werdenden Gefahr‹ geredet wird. Sollte damit eine Absage an ein freies Vaterland in einem freien

Europa gemeint sein, sollte der Weg in ein neutrales Gesamtdeutschland gewiesen werden, so ist heftiger Widerspruch anzumelden.« Lackschewitz erhielt in weiteren Leserbriefen Zustimmung, und ich mußte Vorwürfe einstecken: »Bedenkenträger haben seit 40 Jahren jede gesamtdeutsche Bewegung bislang unterlaufen, derer bedarf es jetzt nicht mehr. Wer sich im Konrad-Adenauer-Haus so weit einbinden läßt, daß er zu kritisieren hat, was andere denken, ist kein Werbefaktor für die Demokratie.«

Lackschewitz gründete einen »Freundschaftskreis Deutschland« und entwickelte über Rundbriefe und Artikel eine gewisse Aktivität, die aber nicht allzu lange anhielt, obwohl er ausdrücklich kundgetan hatte: »Wir, ein Kreis gleichgesinnter Freunde, sorgen uns um die Zukunft des deutschen Volkes. Wir tun dies um so mehr, als wir in der Bundesrepublik Deutschland keine Partei mit demokratischer Legitimation und politischem Gewicht erkennen können, die so handelt wie es notwendig wäre, um diese Gefahren abzuwenden. Sie kümmern sich vor allem um ihr eigenes Wohlergehen, nicht um das des Volkes. Das Interesse an Deutschland und am Deutschen Volk und den Willen, deren Einheit wiederherzustellen, haben sie verloren...« Das war für manchen Engelsmusik. Nach dem Prinzip: die da oben tun nichts für Deutschland, aber ihre Taschen stopfen sie sich voll, sollten Mitläufer in Unzufriedenheit gewonnen werden. In der geringer werdenden Wahlbeteiligung, nicht so sehr in einem Abschwirren zu den Republikanern oder gar zur Deutschen Volksunion und ähnlichen nationalistischen Gebilden fand dieses Haltung, zu deren Dolmetscher sich Lackschewitz gemacht hatte, ihren Niederschlag. Daß seine Aktivität schnell verrauschte, gehört auch zu den sich bei solchen Aktivisten leicht aufdrängenden Eindrücken.

»Hat mich nie abschreiben lassen!« – Pater Johannes Leppich

Zur guten Gewohnheit wurde es in den fünfziger Jahren, daß Städte und Gemeinden in der Bundesrepublik Deutschland Patenschaften über Städte und Kreise in Ostdeutschland und im Sudentenland übernahmen. Für Ratibor fiel die Wahl, eher zufällig denn ob bestimmter Zusammenhänge, es sei denn, der Rhein ließ einen an die Oder erinnern, auf Leverkusen. Hier hat man sich, wie es inzwischen Tradition geworden ist, bis heute alle zwei Jahre getroffen. 5000 und mehr Bürger der Stadt Ratibor und aus dem Landkreis kamen und kommen dann zusammen. Für den Landkreis Ratibor hatte ursprünglich, als es noch den selbständigen Kreis Opladen gab, dieser die Patenschaft übernommen. Jetzt befindet sich in Opladen das Ratiborer Heimatarchiv. Wiederholt habe ich auf diesen Heimattreffen gesprochen, so auch 1994 wieder. Der wichtigste Redner, besser gesagt der große Prediger und damit auch der Mittelpunkt der ganzen Veranstaltungsfolge war bis zu seinem Tode Johannes Leppich, 1915 in Ratibor geboren, 1992 in Münster gestorben, Jesuitenpater und von so großem Bekanntheitsgrad und großer Berühmtheit, daß er auch in der jüngsten Ausgabe der Brockhaus Enzyklopädie seinen Platz hat. In einer seiner Predigten hatte er mich entdeckt und gleich, wie es seine Art war, in diese miteinbezogen, indem er sagte: »Unser Herbert Hupka ist ein guter Mann, ein prima Kerl, aber in der Schule hat er mich nie abschreiben lassen!« Nach dem Gottesdienst in der überfüllten Hauptkirche kamen gleich Ratiborer auf mich zu und meinten zurecht, Pater Leppich korrigieren zu müssen, denn wir hatten zwar den gleichen Schulweg, aber wir besuchten unterschiedliche Schulen, er das Realgymnasium, ich das humanistische Gymnasium. Auf keinem anderen der vielen Heimattreffen, die ich auch selbst besucht habe, stand der Gottesdienst derartig im Mittelpunkt des Geschehens wie bei den Ratiborern, und dies allein dank Pater Leppich und seiner großen rhetorischen Kunst.

Johannes Leppich sprach ein freies, ein mutiges, aber auch zorniges Wort, er nahm kein Blatt vor den Mund, schonte auch die eigenen

Amtsbrüder, ja sogar den Papst Johannes Paul II. mit seiner Verquikkung von polnischem Nationalismus und seinen Pflichten im Amt nicht. Aber er wußte auch die Laschheit und frömmelnde Gewöhnung seiner unmittelbaren Landsleute zu geißeln. Das über ihn verbreitete Schlagwort »Maschinengewehr Gottes« ist zwar eingängig, aber zu grob und unzutreffend.

Als Erfolg durfte ich verzeichnen, daß es mir gelungen war, für drei bedeutende Männer aus Ratibor die Benennung von Straßen in Leverkusen zu erreichen. So gibt es seit 1968 in Leverkusen eine Karl-Ulitzka-Straße, eine Adolf-Kaschny-Straße und eine Julius-Doms-Straße. Prälat und Domherr Karl Ulitzka, über den ich wiederholt Aufsätze und Essays veröffentlicht habe, war nicht nur von 1919 bis 1933 Mitglied des Deutschen Reichstages, sondern als Vorsitzender des Zentrums in Oberschlesien so etwas wie der »ungekrönte König in Oberschlesien«. Adolf Kaschny, aus dem Hultschiner Ländchen stammend, war bis 1934 Ratibors Oberbürgermeister und bis 1933 als preußischer Staatsrat Kollege von Konrad Adenauer. Der Fabrikant und Gutsbesitzer Julius Doms war im Gegensatz zu den beiden Zentrumspolitikern zwar ebenso ein treuer Sohn der katholischen Kirche, aber zugleich ein Mitglied der Deutschnationalen Volkspartei, ohne nach 1933 je mit den Nationalsozialisten gemeinsame Sache gemacht zu haben; nach 1945 wurde der kluge Jurist einer der führenden Köpfe auf dem Felde der Heimatpolitik und war über mehrere Jahre Bundesvorsitzender der Landsmannschaft Schlesien.

Obwohl ich wiederholt darüber intensiv verhandelt hatte, konnte ich es nicht erreichen, daß die Stadt Leverkusen als Patenstadt für Ratibor und die Ratiborer die Ratiborer jüdischen Glaubens, heute weit in der Welt verstreut, zu einem Besuch einlüde, so wie dies in vorbildlicher Weise zum Beispiel Berlin und Bonn praktizieren. An der Kostenfrage scheiterte dieser Vorschlag, obwohl überhaupt nie ein derartiger Vorschlag durchgerechnet worden wäre. Ich selbst habe es allerdings nie versäumt, ob in den USA, Brasilien, Chile, Uruguay oder in Israel mit den Ratiborern einen herzlichen Kontakt zu pflegen, darunter auch mit einigen Konpennälern unseres Gymnasiums. In Porto Alegre gab mir H. H. Schlesinger – habent sua fata libelli – das Ratiborer Adreßbuch aus dem Jahre 1938 mit, als Geschenk, denn man hatte dieses Buch im Emigrationsgepäck nach Brasilien mitgenommen. Das Ratiborer Stadtarchiv konnte es inzwischen fotokopieren, und ich selbst habe schon manche Auskunft erteilen können.

Als sich die Politik deutlich nach links fortbewegte, woran die Grünen ihren gehörigen, mit großem Nachdruck ausgestatteten Anteil hatten, stand auch die Patenschaft zwischen Leverkusen und Ratibor zur Disposition. Schließlich wollte man sich auf einen Dreijahresrhythmus einigen, worauf es heftigen Protest der Betroffenen gegeben hat. Es blieb beim Zweijahresintervall, aber die Verwaltung der ohnehin sparsam ausgegebenen Patenschaftsmittel und die organisatorische Durchführung wurden nunmehr allein den vom Personal her gar nicht dazu befähigten Ratiborern übertragen. Jedenfalls konnten von einem eigens deswegen gegründeten »Bund Ratibor« diese Treffen trotzdem nach wie vor abgehalten werden, jetzt auch angereichert durch zahlreiche Besuche von Landsleuten aus Ratibor selbst. Auch die Aussiedler der früheren Jahre, meist jüngere Mitbürger, sind in großer Zahl jeweils mit dabei. Allerdings ist ihre Umgangssprache eher Polnisch denn Deutsch, war doch bis 1989/90 in der Heimat Deutsch zu sprechen unter Strafe gestellt. Wiederholt wurde dann darüber Beschwerde geführt, dies auch und vor allem bei den Deutschlandtreffen der Schlesier, daß man allzu viele polnische Laute höre, und man bat mich als »Häuptling der Schlesier«, dies über eine Mikrophon-Durchsage zu unterbinden, was ich aber nie getan habe. Meine Gegenposition war und ist ganz einfach: Zuhause durfte man nicht Deutsch sprechen, darum kann man sich besser auf Polnisch ausdrücken, und jetzt sollen wir wiederum mit einem Verbot auftreten, dieses Mal soll das Polnische verboten werden. Dieser Appell an die Toleranz wurde zwar nicht immer gebilligt, aber dann wohl doch auch verstanden, hat verstanden werden müssen.

»SCHLESIERSCHILD« 1987 –
MIT FRANZ JOSEF STRAUSS

Im Jahre 1987 fand das Deutschlandtreffen der Schlesier wieder in Hannover statt. Als Hauptredner traten in der festlichen Stunde der Fraktionsvorsitzende der CDU/CSU, Alfred Dregger, und auf der Politischen Hauptkundgebung der Bayerische Ministerpräsident, Franz Josef Strauß, auf. Strauß, der auch schon 1967 in München auf dem Schlesiertreffen gesprochen hatte, konnte des uneingeschränkten Beifalls der Versammelten sicher sein. Im ganzen waren an den beiden Tagen 150 000 (man las auch die Meldung von 170 000) Schlesier zusammengekommen. Strauß wurde mit der höchsten Auszeichnung der Schlesier, dem Schlesierschild, geehrt. Zwei Jahre später widerfuhr diese Ehrung auch Alfred Dregger. In meiner Laudatio hieß es: »Der Bayerische Ministerpräsident Franz Josef Strauß ist uns ein Vorbild in seiner Liebe und Treue zu seiner bayerischen Heimat, zu seiner Stadt München, wo er geboren ist. Vom berühmten Pädagogen und Philosophen Eduard Spranger stammt das Wort: ›Wenn wir von jemandem sagten, er habe keine Heimat, so ist das ungefähr so viel als ob wir sagten: Sein Dasein habe keinen Mittelpunkt.‹ Kardinal Höffner erklärte vor der Deutschen Bischofskonferenz in Fulda im vorigen Jahr: ›Heimatlosigkeit ist Identitätsverlust. Wenn das Vaterland aus dem Sprachgebrauch verschwindet, gehen auch andere Lebensinhalte verloren.‹ Sie sind uns nicht nur ein Vorbild in Ihrer Liebe zur Heimat, sondern auch in Ihrem Bekenntnis zu unserem Vaterland Deutschland. Ihnen und der Bayerischen Staatsregierung verdanken wir die Anrufung des Bundesverfassungsgerichts in Karlsruhe, durch die die Verfassungskonformität des innerdeutschen Grundlagenvertrages geklärt werden sollte. Die Begründung zum Urteil vom 31. Juli 1973 gibt uns die Möglichkeit, die Verträge des Jahres 1970 und 1971 so auszulegen, daß wir behaupten dürfen und auch müssen, die Begründung wörtlich zitierend: ›Das Deutsche Reich existiert fort ... Kein Verfassungsorgan der Bundesrepublik Deutschland darf die Wiederherstellung der staatlichen Einheit als politisches Ziel aufgeben.‹ Ihnen verdanken wir auch diese Sätze in Ihren Reden: ›Die Ostverträge haben nichts an der völkerrechtlichen Lage Deutschlands und an der Viermächteverantwortung für ganz Deutschland geändert. Vor allem sind die Ostverträge keine Grenzanerkennungsverträge völkerrechtlicher Art für immer. Über die Grenzen Deutschlands kann erst in einem Friedensvertrag mit einem wiedervereinigten Deutschland beschlossen werden. Das Deutsche Reich besteht rechtlich in den Grenzen von 1937 fort. Daran ändern auch die Ostverträge nichts.‹« Der Schlußsatz der Laudatio lautete: »Franz Josef Strauß hat sich um Heimat und Vaterland verdient gemacht.«

In seiner Rede in der überfüllten Messehalle ging Strauß als Außen- und Verteidigungspolitiker, der er auch als bayerischer Ministerpräsident stets sein und bleiben wollte, auf das gerade zwischen dem Westen und Osten geführte große Gespräch über die Abrüstung ausführlich ein, und vieles davon war eher für die zahlreich vertretenen Medien und den Nachhall in der Öffentlichkeit bestimmt als für die Zuhörer auf dem Schlesiertreffen.

Im ersten Teil seiner Rede hatte Strauß die offene deutsche Frage behandelt. »Ich wende mich«, so heißt es gleich zu Beginn der Rede, »mit allem Nachdruck gegen die Herausnahme der Deutschen aus dem Selbstbestimmungsrecht. Rechtsgrundsätze, das gilt auch für Völkerrechtsgrundsätze, müssen auch dann gültig sein und als verbindlich anerkannt werden, wenn sie einmal zugunsten der Deutschen sich auswirken und nicht nur im gegenteiligen Falle. Ich verwahre mich mit allem Nachdruck dagegen, daß das Anliegen der deutschen Einheit, die Offenheit der deutschen Frage als ein Sonderanliegen, ja vielleicht sogar als ein Hobby, ein Spleen einzelner aus dem Bereich der Flüchtlinge, der Vertriebenen kommenden Gruppen hingestellt werden. Natürlich sind die Heimatvertriebenen besonders eng mit dem deutschen Schicksal und mit der deutschen Frage verbunden, und darum sind ihre Verbände unablässige Mahner, daß unsere Rechtsansprüche gewahrt werden und der Wille zur Wiederherstellung der nationalen Einheit erhalten wird. Es gilt im allgemeinen mit Recht als ein Verstoß gegen demokratische Sitten, gegen Urteile des obersten Gerichts zu verstoßen oder zu polemisieren. Wenn aber das oberste Gericht feststellt, daß die deutsche Frage offen ist und bleibt und diese Offenhaltung eine Pflicht aller Parteien ist, dann sollte man auch hier diese Sitte, dieses selbstverständliche Recht, in einer parlamentarischen Demokratie praktizieren. Es gab in Europa, wenn wir an die vielen geschichtlichen Veränderungen denken, manchen Wandel und manchen Wechsel, aber eines ist gleichgeblieben –

und das ist urewig – die Liebe zur Heimat und das Recht auf diese Heimat. Wer jemandem seine Heimat nimmt, der verstößt gegen seine menschliche Identität. Aber dieses Heimatrecht schließt auch ein gesellschaftliches und politisches System ein, in dem man sich zu Hause fühlen kann. Ich unterstütze jedes Wort, das mein Freund Hupka zu diesem Thema in seiner Rede vorher ausgeführt hat. Ich verurteile aufs schärfste, wenn heute versucht wird, der Vertreibung den Charakter des Unrechts zu nehmen, wenn das als Umsiedlung bezeichnet wird, wenn sie auch noch gar als gerecht, als selbstverständlich, als Sühne für die Verbrechen der Nationalsozialisten hingestellt wird. Solche Behauptungen sind historisch unhaltbar.«

In einer Punktation hatte ich auf dem Schlesiertreffen am 21. Juni 1987, meine Aussage meist in die Frageform kleidend, zum deutsch-polnischen Verhältnis Stellung genommen: »So wie die gewaltsame Germanisierung von ehedem ein Übel war, ist auch die gewaltsame Polonisierung von heute von Übel. Macht endlich Schluß mit der bewußt betriebenen Entnationalisierung der Deutschen. Das heißt, wir fordern die Anerkennung unserer Landsleute daheim als Deutsche und die Gewährung aller Rechte, die den Deutschen verweigert werden, nur weil sie Deutsche sind. Warum wird die Existenz von mehr als einer Million Deutschen in Ostdeutschland jenseits von Oder und Neiße hartnäckig geleugnet? Warum wird aber auch in Bonn zu diesen Lügen, daß es keine Deutschen mehr gebe, geschwiegen? Warum dürfen nicht alle Deutschen, die ausreisen wollen, ausreisen? Im ganzen sind über 250 000 Ausreiseanträge bekannt. Aber in Friedland werden kaum noch Aussiedler mit einem Aussiedlervisum registriert, denn bis zu 90 Prozent sind es Deutsche, die als Besucher die Gelegenheit eines Besuchervisums zur Ausreise benutzen und ihre Familienmitglieder zurücklassen müssen. Warum wird dem Volksbund Deutscher Kriegsgräberfürsorge die Sorge und Pflege von 400 000 Soldatengräbern aus dem Ersten Weltkrieg verwehrt? Wann endlich wird es den Deutschen erlaubt sein, am Ort des deutschen Widerstandes gegen Hitler, in Kreisau, eine Gedenktafel zu errichten, wann endlich wird eine deutsch-polnische oder internationale Begegnungsstätte in Kreisau im schlesischen Kreise Schweidnitz errichtet werden? Wann endlich wird es deutschen Journalisten möglich sein, genau so wie dies der polnische Kommunist und Journalist Ryszard Wojna seit Jahrzehnten in kürzesten Abständen über die Medien bei uns tut, in Polen in den Massenmedien regelmäßig aufzutreten und den deutschen Standpunkt zu vertreten? Wenn der Bundesaußenminister demnächst die Volksrepublik Polen besucht, müßte auf jeden Fall auch ein Besuch dort stattfinden, wo die Mehrheit der Deutschen lebt, in Oberschlesien und im Süden Ostpreußens, damit er sich ein Bild von den Lebensumständen macht, unter denen die Deutschen leben müssen und sich nicht zusammenschließen dürfen. Warum diese ängstliche Zurückhaltung? Die Erfüllung der Obhutspflicht der Bundesrepublik Deutschland für die Deutschen daheim ist anzumahnen.«

»Mit uns für Schlesiens Zukunft« lautete das von der Schlesischen Jugend vorgeschlagene Motto des Treffens, das in der deutschen Presse wiederum dadurch ausgezeichnet wurde, daß man es entweder totschwieg oder die Redner attackierte. Für die SPD griff der deutschlandpolitische Sprecher der Bundestagsfraktion, Hans Büchler, gleich am Tage danach, am 22. Juni, nicht anders denn die Kommunisten es wieder mit ihren Stereotypen taten, die Redner und die ganze Veranstaltung an. Büchler sprach im Ton des Vorwurfs von »Aggressionen« und einem »nicht fairen Umgang mit Polen«. Die SPD hatte längst jeglichen Kontakt zu den Vertriebenen und deren Landsmannschaften verloren. Gleichzeitig machte man sich seitens der SPD gegenüber den polnischen Kommunisten gefällig. Man wollte die Kritik an der Landsmannschaft Schlesien nicht den Kommunisten überlassen, sondern sich selbst als Gegner profilieren!

»Wir, deutsche Kommunisten und Sozialdemokraten« – Krampfhafte Anbiederung

Entspannungspolitik wurde leider vielerorts von Sozialdemokraten als Politik des Appeasement, der Anpassung, im Stile Neville Chamberlains gegenüber Adolf Hitler, verstanden. Begleitet durch den Hang zum Aktionismus, es sollte etwas Außerordentliches, etwa Ungewöhnliches geschehen. Dazu gehörte auch die Tendenz, durch Städtepartnerschaften mit Städten im heutigen Polen die eigene Versöhnungsbereitschaft zu bekunden. Nachdem es bereits Partnerschaftsabschlüsse zwischen Hannover und Posen, Kiel und Gdingen, Göttingen und Thorn, Bremen und Danzig gegeben hatte, bemühte sich der sozialdemokratische Oberbürgermeister von Wiesbaden, Achim Exner, 1944 in Breslau geboren, um eine Partnerschaft mit der heutigen Stadtverwaltung in Breslau. Zuvor schon hatte der Landkreis Aachen unter gleichzeitiger Kündigung der Patenschaft mit den aus dem Landkreis Breslau vertriebenen Mitbürgern seine Fühler in den Landkreis des heutigen Breslau ausgestreckt, dies aber vergebens getan. Wiesbadens Oberbürgermeister hatte mehr Glück, denn die Polen gingen bereitwillig auf das Angebot aus Wiesbaden ein, stellten aber die Bedingung, daß nicht nur der Warschauer Vertrag von 1970 beim Namen genannt, sondern auch die deutsch-polnischen Schulbuchempfehlungen von 1976 – berüchtigt wegen der Geschichtsverfälschung und tendenziösen Einseitigkeit – und die durchgehende Bezeichnung von Breslau mit dem heutigen polnischen Namen auch im deutschen Text festgeschrieben werden. Niemandem würde es einfallen, daß wir in einem deutschen Text Straßburg nur Strasbourg nennen dürfen! Die Warnung, daß eine Kommune nicht Außenpolitik betreiben sollte, auch Proteste der CDU-Opposition wegen der von der kommunistischen Stadtverwaltung des heutigen Breslau geforderten Auflagen vermochten den Oberbürgermeister von seinem Vorhaben nicht abzubringen. Es durfte laut Abkommen über diese Partnerschaft Breslau nur noch in einem Klammerzusatz »bis 1945 Breslau« so genannt werden, und die deutschen Partner dieses Vertrages willigten ohne Widerspruch ein.

In schriftlichen Äußerungen und auch in einer Rede, die ich als Bundesvorsitzender der Ost- und Mitteldeutschen Vereinigung der CDU in Wiesbaden hielt, prangerte ich diesen Kniefall vor dem Kommunismus und der nationalistischen Expansion an. Fast gleichzeitig wurde bekannt, daß dank der jahrzehntelangen Aktivitäten der Evangelischen Akademie in Mülheim/Ruhr, mit den polnische Kommunisten den engsten Kontakt zu pflegen, von der Stadt Mülheim/Ruhr der Plan betrieben wurde, eine Partnerschaft mit Oppeln einzugehen, auch wieder unter der Bedingung, daß die deutsch-polnischen Schulbuchempfehlungen Bestandteil der Übereinkunft sein sollten und daß Oppeln nur mit seinem polnischen Namen genannt werden dürfe. Die deutsche Bezeichnung der Städte in Schlesien müßte, so wurde verlautbart, von den Polen als Annexionsanspruch ausgelegt werden, und dies sollte dadurch vermieden werden, daß man jetzt nur noch Wroclaw statt Breslau und Opole statt Oppeln sagte. Auf deutsch: die Kaufhäuser in jüdischem Eigentum haben hinfort nur noch den ihnen nach der Enteignung der rechtmäßigen Eigentümer durch den Nationalsozialismus aufgezwungenen fremden Namen zu führen... Will jemand Mailand annektieren, wenn er Mailand und nicht Milano sagt?

Immer wieder preschten Sozialdemokraten nach vorn, um die Teilung Deutschlands nicht nur anerkennend zu bestätigen, sondern darüber hinaus ihr einen besonderen geschichtlichen Sinn zu verleihen. Im Juni 1987 veröffentlichte der Berliner SPD-Bundestagsabgeordnete Professor Gerhard Heimann einen Aufsatz, in dem es hieß: »Das Fortbestehen der Bundesrepublik Deutschland und der Deutschen Demokratischen Republik hat den unbestreitbaren Vorteil, daß die neue Mittellage der Deutschen nicht wieder zwangsläufig zu politischer Isolierung mit schwankender Orientierung führen muß. Die fortdauernde Zweistaatlichkeit erlaubt der Bundesrepublik, zwei elementare Interessen miteinander zu vereinbaren, die unter einer anderen Konstellation sich gegenseitig im Wege stehen würden. Sie kann im westlichen Bündnis bleiben, solange dies nötig ist. Gleichzeitig kann sie alle Vorteile (!) nutzen, die sich aus ihrer Nachbarschaft zum anderen deutschen Staat und zur Sowjetunion ergeben. Die Frage des Selbstbestimmungsrechts wird sich unter solchen Voraussetzungen in einem historischen Sinne von selbst erledigen.«

Dies war eine an Deutlichkeit nicht zu überbietende Festschreibung des geteilten Deutschlands. »Deutschland sollte geteilt bleiben«, »Ein Sozialdemokrat verschenkt das Selbstbestimmungsrecht«, so lauteten die Überschriften von Kommentaren aus meiner Feder. Eine ganz einfache

Rechnung, die auch schon deswegen von Heimann aufgemacht wurde, weil eben Deutschland dank seiner Geschichte von 1933 und 1945 überhaupt keinen Anspruch auf einen Nationalstaat habe, und diese Rechnung besagt, daß der eine Teilstaat nunmehr westorientiert und auf die Europäische Gemeinschaft ausgerichtet ist, während der andere Teilstaat in der Sowjetunion seinen Zielpunkt gefunden hat. Das Selbstbestimmungsrecht des deutschen Volkes ist angesichts dieser neuen Lage, die nur zu begrüßen sei, nunmehr obsolet geworden, jedenfalls dies der Standpunkt Heimanns, dem übrigens die Fraktionsspitze der SPD mit Hans-Jochen Vogel nie widersprochen hat.
»Wir, Deutsche Kommunisten und Sozialdemokraten« war ein Kommentar zu einem gemeinsamen von der »Grundsatzkommission der SPD« und der »Akademie für Gesellschaftswissenschaften beim ZK der SED« erarbeiteten und im Sommer 1987 veröffentlichten Papier überschrieben. Ich führte aus:»Dieses SPD/SED-Papier ist das gefährlichste und schlimmste Papier, das eine demokratische Partei seit 1945 uns Bürgern vorgelegt hat.« Die SPD entdeckte plötzlich bei den Kommunisten in Ost-Berlin das »humanistische Erbe Europas«, denn es heißt in diesem Papier: »Beide, Sozialdemokraten und Kommunisten, berufen sich auf das humanistische Erbe. Beide nehmen für sich in Anspruch, dieses Erbe weiterzugeben, den Interessen der arbeitenden Menschen verpflichtet zu sein, Demokratie und Menschenrechte zu verwirklichen.« Ich fragte: »Wie läßt sich mit diesem ›humanistischen Erbe‹ der Mauerbau, der Schießbefehl, die Diktatur und die Unterdrückung des Mehrheitswillens der Deutschen, die Invasion in der Tschechoslowakei 1968 und in Afghanistan 1979 in Einklang bringen oder gar rechtfertigen? Wie kann die SPD ein Papier unterzeichnen, das den Kommunisten, auch wenn sie das seit eh und je in ihrer Selbstdarstellung frech behaupten, die Berechtigung zuspricht, sich auf das ›humanistische Erbe‹ der Freiheit und des Rechts zu beziehen?« In dem den Kommunisten überlassenen Monolog zur Selbstdarstellung war zu lesen: »Marxisten-Leninisten nehmen für sich in Anspruch, durch das gesellschaftliche Eigentum und die damit verbundenen politischen Machtverhältnisse die sozial-ökonomischen Grundlagen für die freie Entfaltung des Menschen geschaffen zu haben. Soziale Sicherheit, Vollbeschäftigung, soziale Gerechtigkeit und reale Bildungsmöglichkeiten für alle sind für sie unabdingbare Grundlage für Demokratie und die Entfaltung deren Menschenrechte...«
Das Eintauchen in den roten Morast konnte gar nicht tiefer vonstatten gehen. Der Streit zwischen beiden politischen Positionen – Kommunis-

mus und Sozialdemokratie – sollte bewußt ausgeklammert und sich in »einer Kultur des politischen Streits« wiederfinden, indem gesagt wurde: »Keine Seite darf der anderen die Existenzberechtigung absprechen. Unsere Hoffnung kann sich nicht danach richten, daß ein System das andere abschafft. Niemand darf für sich ein Recht der deutlichen Kritik und der polemischen Darstellung in Anspruch nehmen, ohne es dem Kritisierten in gleichem Maße zuzubilligen.« Das besagte auf deutsch, wie ich in meinem Kommentar schrieb, daß »kommunistische Diktaturen nicht mehr polemisch dargestellt und kritisiert werden dürfen, es sei denn, man gewährt den Kommunisten das Recht zur Kritik an uns ›Kapitalisten, Militaristen, Revanchisten‹. Hier aber besteht der große Unterschied: Demokraten kritisieren um der Freiheit und des Rechtes, auch des Selbstbestimmungsrechtes willen, Kommunisten, wie zum Beispiel die SED, ohne jegliche demokratische Legitimation, um der Ausdehnung ihrer Macht und marxistischen Ideologie willen. Die SPD wird jetzt den Mund zu halten haben, bevor sie Kritik übt, weil sie erst abfragen muß, ob auch die deutschen Kommunisten uns deutsche Demokraten kritisieren. Das ist die Einladung zum Wohlverhalten von Demokraten gegenüber dem Nationalsozialismus, pardon Kommunismus. Wie will die SPD in Zukunft ihr demokratisches Selbstverständnis rechtfertigen, wenn sie mit den Kommunisten auf deutschem Boden von gleich zu gleich spricht, verhandelt und handelt.« Es heißt in dem ominösen Papier auch bereits: »Die ideologische Auseinandersetzung ist so zu führen, daß eine Einmischung in die inneren Angelegenheiten anderer Staaten unterbleibt.« Das bedeutete: »Wenn wir auch in Zukunft weiterhin entsprechend unserem Grundgesetz das Selbstbestimmungsrecht für alle Deutschen und für ganz Deutschland einfordern, ist das bereits eine ›Einmischung in die inneren Angelegenheiten anderer Staaten‹, ja wir dürfen nicht einmal die Existenzberechtigung dieses Staates DDR in Frage stellen. Salut für die kommunistische Diktatur auf deutschem Boden!« Der Schlußsatz meines Kommentars lautete: »Der Unvereinbarkeitsbeschluß zwischen Sozialdemokraten und Kommunisten ist offensichtlich durch dieses Papier aufgekündigt worden.« Allerdings verwunderte mich auch, was ich Heiner Geißler wiederholt gesagt habe, daß die CDU die harte Auseinandersetzung gegenüber der SED unterlassen hat. Man war wohl zu wenig ideologisch vorbereitet. Mein vielerorts nachgedruckter Kommentar konnte die geforderte und gewünschte Auseinandersetzung mit der SPD nicht ersetzen.

»Saisonschlußverkauf mit Albertz«, so überschrieb ich eine Glosse im

August 1968. Aus dem Inhalt dieser Glosse sprach nicht nur Kritik an Äußerungen des am 26. September 1967 zurückgetretenen Regierenden Bürgermeisters von Berlin, Heinrich Albertz, sondern auch Enttäuschung über den Albertz von heute gegenüber dem Albertz von gestern. Wir aus der Heimat vertriebenen Schlesier, soweit wir Sozialdemokraten waren, sahen in dem 1915 in Breslau geborenen Pastor und späteren niedersächsischen Vertriebenenminister Albertz einen Mann in der Nachfolge von Paul Löbe, bescheiden, heimatbewußt, engagiert. 1968 kam die große Wende. Im Zweiten Deutschen Fernsehen erklärte Albertz: »Die Zeit ist überfällig, in der wir dem Osten gegenüber auch auf Fragen eingehen, die er uns politisch stellt: ›Wie lauten die Rechnungen des verlorenen Krieges? Wie steht's mit den Grenzen? Wie steht's mit den Fragen atomarer Bewaffnung im deutschen Bereich?‹ Das sind keine Vorleistungen, das sind Nachleistungen für die bedingungslose Kapitulation.« Ich kommentierte: »Wurde bislang von ›Vorleistungen‹ gesprochen, übrigens seidem Kurt Schumacher immer wieder mit dem Blick auf das ganze Deutschland davor leidenschaftlich gewarnt hatte, so erfand Heinrich Albertz jetzt das Wort von den ›Nachleistungen‹.
Saisonschlußverkauf im Stile von Albertz: Mit Nachleistungen für die bedingungslose Kapitulation läßt sich in Moskau alles Erdenkliche an Erpressungen zu Papier bringen und in die Tat umsetzen.«
Mit zynischen Anmerkungen reicherte 1985 Albertz seinen Bericht »Die Reise. Vier Tage und siebzig Jahre« über Breslau an, nachdem er die Stadt 1984 wiedergesehen hatte. »Die Herren Hupka und Czaja mit ihren typisch deutschen Namen, der letzte hat nie im alten Reichsgebiet gelebt. Da reden sie, subventioniert aus Bundes- und Landesmitteln für kulturelle Heimatpflege, diesen verbrecherischen Unsinn. Will Herr Hupka Oberpräsident von Schlesien werden? Und was heißt ›Vertriebene‹? Die Hupkas und Czajas sind Brandstifter, wenn man ihre Sprüche ernst nehmen soll. Niemand kann zurück. Niemand will es auch im Ernst. Die Bonner Fleischtöpfe verlassen und nach Oberschlesien gehen? Die polnische Regierung sollte es den Hupkas erlauben. Sie blieben bestimmt in Bonn...« Ich schrieb dazu, obwohl mich diese Häme nicht erschüttern konnte: »Ein evangelischer Pfarrer, auch wenn er sich als Politiker empfindet, sollte mit seinen Mitbürgern christlicher, das heißt liebevoller umgehen und bei der Wahrheit bleiben. Auch Albertz weiß hoffentlich, daß niemand freiwillig sich in das Reich des Kommunismus begibt, warum dann diese krampfhaften Hypothesen?«

»... GRENZEN VERSCHIEBEN« –
HEINER GEISSLER UND DIE DEUTSCHE FRAGE

Als zu Beginn des Jahres 1988 vom Adenauer-Haus der Entwurf eines für die CDU verbindlichen Papiers zur Deutschland- und Ostpolitik als Vorlage für den CDU-Parteitag im Juni in Wiesbaden der Öffentlichkeit vorgelegt wurde, gab es gleich von den deutschlandpolitischen Sprechern, wie man einen bestimmten Kreis der mit der Deutschlandpolitik vertrauten Parlamentarier der Fraktion zu betiteln pflegte, Protest. Der erste Protest kam von der Ost- und Mitteldeutschen Vereinigung der CDU in Nordrhein-Westfalen, deren Vorsitzender ich neben dem Amt eines Bundesvorsitzenden dieser Partei-Vereinigung von CDU/CSU (ursprünglich des Rheinlandes) 21 Jahre gewesen bin. Im ersten Satz der am 23. Februar 1988 in Düsseldorf vom Vorstand beschlossenen Stellungnahme heißt es: »Das Papier (der CDU) geht entgegen dem Grundsatzprogramm der CDU von 1978 nicht von ganz Deutschland in allen seinen Teilen aus und beschränkt sich auf das Verhältnis zwischen der Bundesrepublik Deutschland und der DDR. Unter den Rechtspositionen, die aufgeführt werden, sind entgegen den Regierungserklärungen von 1982, 1983 und 1987 die Gemeinsame Entschließung des Deutschen Bundestages von 1972 und der Brief zur deutschen Einheit weggelassen. Die Inanspruchnahme und Einforderung des Selbstbestimmungsrechtes darf nicht von einem möglichen Veto unserer Nachbarn abhängig gemacht werden.« Auch dagegen wurde aufbegehrt, daß offizielle Kontakte zur Volkskammer der DDR erwogen werden sollten. Und es hieß dann in der ersten Stellungnahme: »Das Deutschlandpapier der CDU darf in seiner Aussage nicht schwächer ausfallen als das Grundsatzprogramm der CDU von 1978, die Wahlaussagen von 1983 und 1987 und die Regierungserklärungen des Bundeskanzlers und CDU-Vorsitzenden Dr. Helmut Kohl.«
Der Protest der Ost- und Mitteldeutschen Vereinigung durfte trotz berechtigten Verlangens von mir in der wöchentlich erscheinenden Korrespondenz »Gesamtdeutsche Nachrichten und Kommentare« der Vereinigung auf Geißlers Anordnung hin nicht abgedruckt werden. Zur

Begründung wurde einem mitgeteilt, daß dies schon deswegen nicht geschehen könne, weil der Entwurf für die Entschließung auf dem Parteitag überhaupt noch nicht alle Gremien der Partei erreicht habe, weswegen man nicht bereits jetzt mit Kritik kommen dürfe. Der omnipotente Herr im Adenauer-Haus war der Generalsekretär, und er wachte scharf über das eigene Image und Prestige.
Ich schrieb daraufhin Heiner Geißler: »Ich kann mich mit dieser Entscheidung nicht einverstanden erklären und sehe in ihr eine unzulässige Zensur. Es muß der Ost- und Mitteldeutschen Vereinigung nach meinem demokratischen Verständnis erlaubt sein, ein Papier, das zur Diskussion gestellt wird, auch selbst zu diskutieren und dann die Schlußfolgerungen aus einer Diskussion zu Papier zu bringen. Gerade Sie waren es, der immer wieder zu Recht zur innerparteilichen Diskussion aufgerufen hat. Ich schreibe diesen Brief auch deswegen, weil ich als Demokrat bisher nicht habe akzeptieren können, in der freien Meinungsäußerung einem Veröffentlichungsverbot unterstellt zu werden.« Zuvor schon hatte ich darüber Beschwerde geführt, daß zu der Kommission, die das Papier erarbeiten sollte, weder ein Mitglied des Arbeitskreises für Deutschlandpolitik aus der Bundestagsfraktion noch ein Vorstandsmitglied der Ost- und Mitteldeutschen Vereinigung hinzugezogen worden sei. »Es ist nicht einzusehen und kann auch nicht begründet werden, warum bei der Beschlußfassung eines so bedeutsamen Papiers für die Deutschland- und Außenpolitik der CDU so verfahren worden ist.«
In einem Interview hatte ich am 20. Februar 1988 in den »Stuttgarter Nachrichten« gegen die Formulierung des Entwurfs opponiert, weil es darin geheißen hatte, daß wir davon Abstand nehmen sollten, »Grenzen zu verschieben«. Ich sagte: »Man muß sich erst einmal darüber unterhalten, wie die Grenzen entstanden sind. Diese Vorgabe ist in dem Papier leider nicht enthalten. Die Zonengrenze soll sicherlich durchlässig gemacht werden, aber sie stellt so Unrecht dar wie die Oder-Neiße-Linie. Das muß gesagt werden. Was heißt denn verschoben werden? Das klingt feuilletonistisch. Keiner will gewaltsam etwas verändern. Aber selbst in der KSZE-Schlußakte ist die Rede von einer friedfertigen Veränderung des heute Bestehenden mit Übereinstimmung der Nachbarn.« In der endgültigen Fassung des Antrages hieß es dann auch: »Grenzen zu überwinden durch Menschlichkeit und Verständigung mit unseren östlichen Nachbarn, das ist ein friedensfördernder Beitrag unserer Ost- und Deutschlandpolitik.« Vom »Verschieben« war nicht mehr die Rede.

Freude und Zustimmung löste die Vorlage für den Wiesbadener Parteitag bei der Herausgeberin der Wochenzeitung »Die Zeit«, Marion Gräfin Dönhoff, und bei den ihr Gleichgesinnten im linken Spektrum der Medien aus. Sie überschrieb ihren Kommentar »Unser Ziel: Nicht ›Wiedervereinigung‹, sondern Annäherung zwischen Ost und West.« Selbstverständlich rangierten all diejenigen, die Geißler nicht zustimmen konnten und wollten, als »Ewiggestrige«: »Ein neues Denken hat also auch in Bonn eingesetzt und läßt neue Hoffnungen zu, sofern nicht die Ewiggestrigen dieses Konzept wieder verwässern oder gar zunichte machen. Sie haben noch immer nicht begriffen, daß die Proklamierung der Wiedervereinigung als Ziel der Bonner Außenpolitik genau das ist, was den Weg dorthin blockiert, weil diese Vision jede Entwicklung unmöglich macht. Kein Nachbar – weder im Osten noch im Westen – kann sich in der Mitte Europas ein geeintes Deutschland mit 80 Millionen Bürgern wünschen, welches das Potential von Bundesrepublik Deutschland und DDR zu einer erdrückenden Potenz vereinen würde; folglich werden sie alles tun, um jegliche Vereinigung zu verhindern und lieber den Status quo aufrechterhalten. Heute wäre Gorbatschow sicherlich bereit, den Osteuropäern mehr Freiheit zu gewähren, sofern die Völker, die dieses Glacis bilden, nicht verführt werden, zum Westen überzugehen, sondern sich weiterhin als Moskaus Verbündete betrachten.«

Nicht nur im vorliegenden Fall hat diese mit Preisen über die Maßen eingedeckte Journalistin geirrt, ja schon das erste Glied ihrer Kausalkette war falsch und überdies gegen das eigene nationale Begehren der Deutschen nach Wiedervereinigung gerichtet. Aber all die falschen Analysen und Schlußfolgerungen haben dem Ansehen dieser Publizistin mit ihren linken Neigungen keinen Abbruch getan, ihre Reputation ist auch nach der Wende um nichts geringer geworden, trotz der Unglaubwürdigkeit ihrer Argumentation und ihrer selbst verschuldeten Irrtümer.

Der Begriff und das Postulat der Wiedervereinigung kam erst nach hartnäckigem Debattieren mit Heiner Geißler, dem eigentlichen Vater des für den Wiesbadener Parteitag erarbeiteten Papiers, in den Text hinein, übrigens ein Wort von Konrad Adenauer: »Die Wiedervereinigung Deutschlands in Freiheit war und ist das vordringlichste Ziel unserer Politik. Auf uns allein gestellt, würden wir nichts erreichen, mit dem Westen vereinigt würden wir unsere Freiheit behalten und die Wiedervereinigung Deutschlands in Frieden und Freiheit im Laufe der Zeit verwirklichen.« Daraus wurde dann in dem in Wiesbaden beschlos-

senen Deutschland-Papier gefolgert: »Diese Worte Konrad Adenauers umreißen unseren nationalen und europäischen Auftrag, in einem freien und geeinten Europa ein freies und geeintes Deutschland zu schaffen.«
Helmut Kohl, auf dessen angebliche Zustimmung zum Entwurf dieses Papiers sich später Geißler berufen hat, hatte ein offenes Ohr und war ein aufmerksamer Zuhörer, als in einer der sogenannten Klausurtagungen von mir, darin unterstützt auch von anderen Vorstandsmitgliedern (ich gehörte kooptiert als Vereinigungsvorsitzender mit Sitz und ohne Stimme dem Bundesvorstand der CDU an), Bedenken und Korrekturen vorgetragen wurden. Überhaupt war immer wieder erstaunlich, wie rasch von Kohl das besondere Politikum des einen oder anderen Ausdrucks, des einen oder anderen Satzes erkannt und abgeklopft worden ist. Ich habe stets in ihm einen ganz wachen Politiker erlebt, der, was nicht als Vorwurf gemeint ist, in Machtkategorien zu denken und zu handeln wußte, denn ihm war die Wählerklientel in der Vielschichtigkeit ihrer gesellschaftlichen Zusammensetzung und angesichts der zu befriedigenden Erwartungen und Postulate stets gegenwärtig. Hier unterschied er sich augenfällig von vielen Mitgliedern im Parteivorstand, die nur eingleisig und vordergründig dachten und entscheiden wollten.
All die Konzessionen, mit denen der herrschenden Mode des Anbequemens Tribut gezahlt werden sollte, wurden gestrichen. »Das Ziel der Einheit ist von den Deutschen nur mit Einverständnis ihrer Nachbarn in West und Ost zu erreichen«, was auch als Vetorecht verstanden werden mußte, wurde ausradiert, jetzt hieß es: »Wir brauchen für die Verwirklichung des Rechtes unseres Volkes auf Selbstbestimmung das Verständnis und die Unterstützung unserer Nachbarn.« Der Satz aus dem Entwurf der Kommission: »Die Lösung der deutschen Frage ist gegenwärtig nicht zu erreichen«, wurde ersatzlos gestrichen. Wäre dieser Satz stehengeblieben, wären nur Passivität und Resignation die Reaktion von Politik und Volk die Folge gewesen. Auch der Hinweis auf »Deutschland in allen seinen Teilen«, übernommen aus dem Grundsatzprogramm, konnte als Erfolg der Bemühungen um Korrektur verbucht werden. Neu eingefügt wurde das Bekenntnis zur Solidargemeinschaft im deutschen Volk: »Die CDU fühlt sich jenen Deutschen besonders eng verbunden, die durch Flucht und Vertreibung ihre Heimat haben verlassen müssen und sich um den Aufbau der Bundesrepublik Deutschland verdient gemacht haben. Das gleiche gilt für die Aussiedler, die Übersiedler und die politischen Häftlinge.«

Während die SPD bereit war, die vier geradezu popularisierten Geraer Forderungen des SED-Chefs Erich Honecker in Politik umzusetzen, zögerlich eigentlich nur bezüglich des Status von Botschaften statt »Ständiger Vertretungen« in Ost-Berlin und Bonn, wurden mit diesem Wiesbadener Papier für die CDU ein klarer Standpunkt bezogen und die Geraer Forderungen Honeckers strikt abgelehnt. Der feste Standpunkt wurde unter anderem auch dadurch manifestiert, daß die Empfehlungen aus dem Kommissionsentwurf, »zwischen dem Deutschen Bundestag und der DDR-Volkskammer Kontakte zu knüpfen«, auch wenn diese an die uneingeschränkte Geltung des Berlin-Status und eine offizielle Absage an jegliche Diskriminierung der Berliner Abgeordneten geknüpft werden sollte, herausgestrichen wurde, um jeglichen Verdacht einer Kooperation des demokratisch gewählten Bundestags mit dem Pseudoparlament der Volkskammer auszuschließen, zumal die SPD und auch in zunehmendem Maße die FDP gerade eine derartige Kooperation ins Auge faßten. Mit einem allerdings allzu vordergründigen Argument hat in Wiesbaden Ottfried Hennig, der sich dabei auf sein Amt des Sprechers der Landsmannschaft Ostpreußen bezog, für die Antragskommission den von Gerhard Meyer-Vorfelder für die CDU in Stuttgart eingebrachten Antrag, den Gebietszustand Deutschlands in den Grenzen vom 31. Dezember 1937 in den Leitantrag des CDU-Vorstandes einzufügen, vom Parteitag ablehnen lassen. Hennig verschanzte sich dabei hinter seine Landsleute aus dem Memelland, denn das Memelland sei nun einmal nicht unter Deutschland in den Grenzen von 1937 zu begreifen, da es vor dem Zweiten Weltkrieg 1939 durch eine litauisch-deutsche Vereinbarung wieder zu Deutschland zurückgekehrt war. Auch Westpreußen mußte für Hennigs Argumentation herhalten. In Wirklichkeit ging es ihm jedoch darum, Deutschland in den Grenzen von 1937 in dem Papier überhaupt nicht wiederfinden zu wollen. Hier obsiegte die Richtung Geißler, die sich bereits in der Antragskommission, der auch ich angehört habe, mehrheitlich in vielen Punkten durchgesetzt hatte, so auch wegen der Einführung einer Passage über das Volksgruppenrecht, die schließlich, auch zu meinem Verdruß, unterblieben ist.
Nach dem Gerangel, als der erste Entwurf für den Parteitag in Wiesbaden bekannt geworden war, und angesichts des jetzt verabschiedeten Parteitagsbeschlusses war ich wohl zufrieden und veranlaßte auch gleich, daß die Ost- und Mitteldeutsche Vereinigung ein eigenes Faltblatt zur Verbreitung des Wiesbadener Beschlusses erarbeitete.
Wie nach der Wende von 1989/90 von Geißler in dessen autobiographi-

schen Aufzeichnungen selbst zu erfahren war, wollte er mit diesem Deutschland-Papier die Oder-Neiße-Linie als polnische Westgrenze verbal und parteiamtlich vorwegnehmen. Da Geißler gern zu denen gehört, die nicht verloren, sondern immer nur gewonnen haben, erfand er bald nach dem Wiesbadener Parteitag den mit einer bestimmten Häme ausgestatteten Begriff von »Deutschland in den Grenzen von 19xy«, womit er auf den Begriff von Deutschland in den Grenzen von 1937 zielte. Dieser Begriff war ihm, der längst den innerdeutschen Grundlagenvertrag nicht im Sinne des Bundesverfassungsgerichts und der Rechtsauffassung der gegenwärtigen, seiner eigenen Bundesregierung ausgelegt wissen wollte, sondern so, wie die SPD dies bereits tat, seit langem zuwider. Für ihn, so wollte er interpretiert werden, seien Grenzen unbedeutende Linien, die man im kleinen Grenzverkehr wie im Westen der Bundesrepublik Deutschland herüber und hinüber überschreitet, ohne daß sie einen deswegen beschweren müßten.

Dies war auch Inhalt seiner Rede, die Geißler auf der Bundesdelegiertentagung der Ost- und Mitteldeutschen Vereinigung der CDU/CSU am 24. Juni 1989 in Bonn hielt. Auf dieser Tagung trat ich als Bundesvorsitzender zurück und wurde in geheimer Abstimmung einstimmig zum Ehrenvorsitzenden gewählt; ich übergab nunmehr dem Bundestagsabgeordneten Helmut Sauer den Vorsitz. Geißlers Rede zeichnete sich aber weniger durch derlei Sätze eher beifälliger Art aus, als vielmehr durch eine offen zur Schau gelegte Übereinstimmung zwischen der Ost- und Mitteldeutschen Vereinigung und dem Grundsatzprogramm der CDU von 1978. Dies war ein bemerkenswerter Kurswechsel gegenüber dem Vorspiel zum Wiesbadener Parteitag und angesichts von »Deutschland in den Grenzen von 19xy«. Was Geißler tatsächlich gesagt hat, ist lediglich in dem Bericht nachzulesen, der in der Korrespondenz der Ost- und Mitteldeutschen Vereinigung fragmentarisch erschienen ist, denn Geißler verbot eine Nachschrift des Mitschnitts und veranlaßte sogar die Vernichtung des Tonbandes. Was er aus Freundlichkeit gegenüber dem Adressaten, den Vertriebenen und Flüchtlingen, unter starkem Beifall gesagt hatte, war nicht ein ehrliches Bekenntnis, weshalb er gleich nach diesem Auftritt sich selbst zensiert hat.

Als Bundesvorsitzender der Ost- und Mitteldeutschen Vereinigung der CDU/CSU hatte ich am 3. November 1988 zu der Bemerkung des CDU-Generalsekretärs Heiner Geißler über Deutschland in den Grenzen von 1937 erklärt: »›Das Deutsche Reich existiert fort‹, so steht es in der Begründung des Urteils des Bundesverfassungsgerichts vom 31. Juli 1973, das heißt Deutschland in den Grenzen vom 31. Dezember 1937.

Dieser Begriff von Deutschland ist auch Inhalt des Grundgesetzes, Artikel 116. Es ist darum eine Verhöhnung geltenden Rechts, wenn Heiner Geißler in zynischer Weise Deutschland in den Grenzen von 1937 in Frage stellt, indem er von Deutschland ›in den Grenzen von neunzehnhundertixypsilon‹ spricht. Was er ein ›historisches Fehlurteil‹ nennt, ist der Deutschlandbegriff, den die Siegermächte 1944 in London und 1945 in Berlin zugrunde gelegt haben, als sie über Deutschland zu befinden hatten. Trotz Geißler besteht Deutschland in den Grenzen von 1937 fort und kann auch durch seine unverantwortliche Äußerung nicht demontiert werden. Wer dieses Deutschland in den Grenzen von 1937 in Frage stellt, gibt jeden Anspruch auf einen Frieden des Rechts auf, denn von diesem Deutschland muß ausgegangen werden, wenn über Deutschlands Grenzen zu entscheiden sein wird. Zu Deutschland in den Grenzen von 1937 gehören Ost- und Westpreußen, Pommern, Brandenburg und Schlesien, die Teile Deutschlands, aus denen Millionen Deutsche vertrieben worden sind. Weder Vertreibung noch Annexion haben ein neues Recht geschaffen. Das Todesurteil, das Geißler über den Nationalstaat spricht, kann nur den Nationalstaat des 19. Jahrhunderts im Vollbesitz aller Souveränitäten meinen, nicht aber den modernen Nationalstaat als Bauelement eines Europas der freien Vaterländer. Die Ost- und Mitteldeutsche Vereinigung der CDU/CSU wird auch weiterhin entsprechend dem Grundgesetz und dem Grundsatzprogramm der CDU für ganz Deutschland in allen seinen Teilen, für Deutschland in den Grenzen von 1937 Position beziehen. Dies entspricht auch der Tradition der CDU seit Konrad Adenauer und dem politischen Erbe von Franz Josef Strauß.«

»Die Geschichte in Ruhe lassen« – Demokratischer Aufbruch in Polen

Das Jahr 1989 hatte mit einem Besuch des neuen polnischen Ministerpräsidenten Mieczyslaw Rakowski spektakulär begonnen. Der polnische Gast war aus Anlaß der vom Bundespräsidenten Richard von Weizsäcker arrangierten Nachfeier zum 75. Geburtstag von Willy Brandt als dessen Freund eingeladen worden. Bevor Rakowski in der Bundesrepublik Deutschland eintraf, war er begehrter Gesprächspartner für Interviews. Die deutschen Interviewer zeichneten sich dadurch aus, daß sie dem Polen bereitwillig die Gelegenheit zur Selbstdarstellung boten, ohne auch nur eine etwas kitzlige oder gar provokatorische Frage stellen zu wollen. In einem Leserbrief nach dem von der Zeitung »Die Welt« mit Rakowski geführten Interview erinnerte ich an die Vergangenheit dieses Kommunisten und Vizepremiers unter General Wojciech Jaruzelski. »Es ist merkwürdig: Pinochet im fernen Chile gilt nach wie vor als Diktator, aber Rakowski wird wie ein Demokrat beurteilt und empfangen, obwohl auch er – allerdings ein kommunistischer – Diktator ist. Nichts dagegen, daß man auch mit Kommunisten sprechen und verhandeln muß, aber man sollte auch wissen, mit wem man es zu tun hat.« Ich listete dann sieben »konkrete Punkte zum deutsch-polnischen Verhältnis« auf, diese reichten von der Verurteilung der Vertreibung als eines Verbrechens gegen die Menschlichkeit bis zu einem deutsch-polnischen Jugendwerk und der Errichtung eines Goethe-Instituts in Warschau. In einem Leserbrief, der durch ein Interview im »Rheinischen Merkur« ausgelöst worden war, habe ich mich daran gestoßen, daß Rakowski nach seiner eigenen Verantwortung und auch seinem schuldhaften Verhalten (Kriegsrecht, Internierungswelle, deren Opfer auch der Gewerkschaftsführer Lech Walesa geworden war, Verbot der Gewerkschaft ›Solidarität‹) nicht nur nicht befragt worden ist, sondern sich auf die Formel zurückziehen konnte: »Ich würde die Geschichte jetzt in Ruhe lassen.« Und ich fuhr fort: »Daß Rakowski Auschwitz nannte, versteht sich, und wir müssen uns immer wieder diesem Auschwitz stellen, aber es hat auch die Vertreibung stattgefunden, und es hat Lamsdorf gegeben, aber davon schwieg der polnische Interviewpartner.« Als Ausflucht, um nicht zu den Deutschen und deren Schicksal als Opfer der gewaltsam betriebenen Polonisierung Rede und Antwort stehen zu müssen, hatte Rakowski in dem von mir aufgeblätterten Interview gesagt: »Weil wir eine Erinnerung daran haben, welche Rolle die deutsche Minderheit bei uns einmal gespielt hat, sind wir heute dagegen, über eine deutsche Minderheit zu sprechen.« Ich meinte, daß »Rakowski schon deutlicher werden müßte, bevor er derartige Anschuldigungen über die Deutschen der Nachkriegszeit erhebt, und es müßte ihm dann auch mit polnischen Exzessen gegenüber den Deutschen geantwortet werden, übrigens nicht nur gegenüber den Deutschen, sondern gegenüber den Ukrainern, Weißrussen, Tschechen und auch Juden. Auch daran wäre zu erinnern, als Polen im Schatten des Münchner Abkommens am 1. Oktober 1938 in das sogenannte Olsa-Gebiet einmarschiert war. Nur der ehrliche Umgang mit der Geschichte hilft weiter. Was aber das Geld, das Polen zu erhalten sich bemüht, betrifft, so muß doch gefragt werden, warum Polen in ›einer schwierigen Lage‹ ist. Offenbar haben 104000 qkm des Territoriums Ostdeutschland keinen Nutzen abwerfen können, trotz seines Reichtums. Warum haben es eigentlich rote Diktatoren bei uns leicht? Schon Edward Gierek, heute eine Unperson in Polen, versuchte vor 15 Jahren Schönwetter zu machen; heute versucht dies Rakowski, und schon wieder wird der rote Läufer ausgerollt, obwohl er nichts anderes denn das Regierungsoberhaupt eines diktatorisch regierten Landes ist.«

Parallel zu diesem Besuch Rakowskis in Bonn liefen die Vorbereitungen für einen Besuch von Bundeskanzler Helmut Kohl in Warschau und Auschwitz, seinem ersten Besuch in Polen. Der Besuch kam allerdings erst am 8. November zustande, wurde dann auch gleich wieder angesichts der dramatischen Ereignisse in der DDR und in Berlin – Öffnung der Mauer am 9. November – für einen Tag unterbrochen. An sich wollte Kohl vor dem Besuch von Michail Gorbatschow in Bonn, der für die Zeit vom 12. bis 15. Juni geplant war, die Reise nach Polen antreten. Jedenfalls lag es nahe, im Kanzleramt ein Gespräch zu erbitten, um meine, unsere Vorstellungen der Landsmannschaft Schlesien vorzutragen und die Vorstellungen des Bundeskanzlers von seinen Gesprächen in Polen zu erfahren. Das Gespräch mit Horst Teltschik, dem Kanzlerberater, fand am 14. Februar 1989 statt. Es waren zehn Punkte, die ich vortrug, und ich erhielt die Zusicherung, all das auch ernst zu nehmen und zu erwägen, ja sogar zu erwirken, daß neue Tatsachen nicht zuletzt

für unsere deutschen Landsleute geschaffen werden. Vieles ist dann, unter anderen, das heißt verbesserten, Umständen in der Übereinkunft zwischen Helmut Kohl und Tadeusz Mazowiecki vom 14. November 1989 Wirklichkeit geworden, schließlich zum Teil auch in den deutsch-polnischen Nachbarschaftsvertrag eingegangen. Meinen Eindruck unseres Gespräches im Kanzleramt schrieb ich so nieder: »Gespräche sind schon sehr weit gediehen. Harte Forderungen an die polnische Adresse werden wohl nicht gestellt werden, etwa die Verurteilung der Vertreibung. Polen tendiert in Richtung Kredite. Ich habe ein Junktim gefordert: Es muß sich etwas für die Menschen, vor allem auch für die Deutschen rühren. Es müßte etwas aus Polen mitgebracht werden, wenn Polen etwas haben will.«
Gesprächspartner für Teltschik war zu dieser Zeit Ernest Kucza, Leiter der Abteilung Außenpolitik im Zentralkomitee der Vereinigten Polnischen Arbeiterpartei. Dieser Kucza, der sich früher Ernst Kutscha schrieb, stammte wie ich, wenn auch nahezu 15 Jahre jünger, aus Ratibor. In seinem Falle haben die Kommunisten seine Intelligenz entdeckt und für sich genutzt, und er hat sich zur kommunistischen Partei bekannt. Gelegentlich soll Kucza deutschen Besuchern in Warschau ironisch erklärt haben, daß er genauso wie der Hupka für Deutschland in den Grenzen von 1937 eintreten könnte, denn er stamme wie dieser aus Ratibor. Ein Gegenbeispiel ist Alfons Nossol. Auch er ist wie Kucza Sohn deutscher Eltern, aber in seinem Fall wurde die katholische Kirche für den Lebensweg dieses ebenso klugen wie gläubigen Mannes zur bestimmenden und prägenden Kraft. Noch eine Anmerkung: Viele Leute heute in Oberschlesien, die eine nicht gerade geringe intellektuelle Stufe erreicht haben, stammen aus deutschen Elternhäusern, ich könnte hier auch gleich noch eine Professorin nennen, aber da die Eltern in der oberschlesischen Heimat geblieben waren, hatten bleiben können, hatte die Studentin der Germanistik ihren beruflichen Weg unter polnischen Auspizien gehen müssen. Anders ausgedrückt, hier sind den Deutschen potentielle Intellektuelle verloren gegangen, und Polen hat ganz neue intellektuelle Schichten gewinnen können.
In einem dreiseitigen Schreiben hatte die Landsmannschaft Schlesien all das zusammengefaßt, was sie als Inhalt und Ergebnis eines Besuches des Bundeskanzlers in Warschau erwartete. Darin waren auch die sich gerade in diesen Monaten bildenden Deutschen Freundschaftskreise in der Heimat Schlesien besonders erwähnt: »Den Deutschen in Ostdeutschland ist es nach wie vor verwehrt, sich als Deutsche zu ihrem

Deutschtum zu bekennen. Es sind viele Hunderttausende. Der ›Deutsche Freundschaftskreis‹, der sich da und dort gebildet hat, operiert jenseits jeglicher Legitimierung durch die offiziellen Organe. Im Gegenteil, es muß mit Schikanen und Verfolgung oder mit einer kurzfristig angeordneten Ausweisung rechnen, wer sich zum ›Deutschen Freundschaftskreis‹ bekennt. Deutsch als Muttersprache zu gebrauchen oder Deutsch in der Schule, was vor allem für Oberschlesien gilt, zu lernen, ist offiziell verboten.« Unverständlich war hingegen, daß in der Öffentlichkeit von den Journalisten geradezu Erstaunen signalisiert wurde, weil zum Beispiel die Landsmannschaft Schlesien sehr deutlich für den Besuch des Bundeskanzlers in Warschau eingetreten ist. So fragte am 30. Juni 1989 der Deutschlandfunk: »Der Polen-Besuch des Bundeskanzlers steht eventuell bevor. Wie sehen Sie die Situation in Polen?« Antwort: »Ich freue mich, daß zum ersten Male die Polen haben deutlich machen können, daß die gegenwärtige Regierung in Warschau eine Regierung ohne Volk ist. Die Polen legen Wert darauf, daß sie Geld bekommen. Aber das kann ja nur geschehen, wenn gleichzeitig auch schriftlich fixiert die Rechte der Deutschen zu Papier gebracht werden. Hier muß man aufpassen, daß man sich nicht über den Tisch ziehen läßt, ohne daß der Kreditgeber auch für die Deutschen etwas erreicht hat.«

Mit Genugtuung und zustimmend haben wir die demokratischen Fortschritte in Polen beobachtet, und ich habe diese auch für den Deutschland-Union-Dienst der CDU/CSU kommentiert. Der Weg in die Demokratie führte von der Einrichtung des »Runden Tisches« über die ersten allerdings noch mit Vorgaben belasteten Wahlen zum Senat und für den Sejm bis zum ersten demokratisch – zumindest halbwegs – legitimierten ersten Ministerpräsidenten Tadeusz Mazowiecki. Allerdings war es gleichzeitig nicht gelungen, den Deutschen Freundschaftskreisen durch das Woiwodschaftsgericht in Oppeln den Stempel der Legalisierung aufzudrücken; dies ist dann erst nach einem halben Jahr zu Beginn des Jahres 1990 geschehen; in Kattowitz geschah es sogar einige Wochen früher. Im Bezirk Oppeln hatte Johann Kroll mit Wohnsitz in Gogolin unweit Oppeln sich geradezu geschichtliche Verdienste erworben. Er hatte zur Registrierung auf freiwilliger Basis aufgerufen, und Hunderttausende wollten als Deutsche registriert werden.

Die ersten Erfolge der sich wandelnden Verhältnisse in Polen konnten wir mit Freude registrieren. Es war dies der erste deutschsprachige Gottesdienst am 4. Juni 1989 auf dem Annaberg, es war dies der erste Besuch einer Delegation der Deutschen Freundschaftskreise Anfang

Oktober bei der Landsmannschaft Schlesien im Hause Schlesien. Während des Besuches stand auch der Kanzlerberater Horst Teltschik für ein Gespräch mit den Landsleuten aus der Heimat zur Verfügung. Gleichzeitig bedankte sich die Landsmannschaft Schlesien beim Parlamentarischen Staatssekretär Carl-Dieter Spranger vom Bundesinnenministerium und beim Bundesarbeitsminister Norbert Blüm für deren Besuche bei den Deutschen in der Heimat. Auch der Fraktionsvorsitzende der CDU/CSU, Alfred Dregger, gehörte bald zu den Besuchern Schlesiens.

»Recht und geschichtliche Wahrheit« –
Revitalisiert und gekündigt

Am 23. März 1990 hatte es noch einmal unter der Schirmherrschaft des »Patenonkels« der Schlesier, unter Ministerpräsident Ernst Albrecht, in Hannover, von uns die »heimliche Hauptstadt Schlesiens« genannt, solange dies Breslau nicht selbst wahrnehmen kann, eine große Veranstaltung gegeben. Anlaß war der 40. Geburtstag der Patenschaft des Landes Niedersachsen für Schlesien. Wir Schlesier hatten Ernst Albrecht Dank abzustatten, denn seitdem er Ministerpräsident des Landes Niedersachsen war, wurde die seit 1950 bestehenden und von Ministerpräsident Hinrich Wilhelm Kopf gegründete Patenschaft revitalisiert. Das war seit 1976. Als ich die Stiftung eines »Kulturpreises Schlesien des Landes Niedersachsen« vorgeschlagen hatte, sagte Ernst Albrecht nicht nur ja, sondern er setzte sein Ja-Wort auch in die Tat um, wie überhaupt die vertrauensvolle Zusammenarbeit zwischen Niedersachsen und der Landsmannschaft Schlesien für Schlesien gar nicht besser hätte sein können.

»Bewegter Albrecht bei Gesinnungsschlesiern«, so überschrieb die »Frankfurter Rundschau« einen Bericht ihres Korrespondenten Eckart Spoo, der sich stets durch linke Einseitigkeit und tendenziöse Berichterstattung gegen die Vertriebenen wie auch gegen Ernst Albrecht ausgezeichnet hat. Angesichts der gerade laufenden Verhandlungen der Zwei-Plus-Vier-Staaten, die sowohl auf die staatliche Einheit als auch auf die Anerkennung der Oder-Neiße-Linie als Grenze zielten, sagte Albrecht: »Die vier sogenannten Siegermächte, die noch Verantwortung für ganz Deutschland tragen, aber auch alle anderen europäischen Staaten machen die Anerkennung der Oder-Neiße-Grenze zur Bedingung ihrer Zustimmung zur deutschen Einheit. Diktieren können sie nichts. Die Zeiten sind vorbei. Aber wir müssen und wollen mit ihnen leben, und deshalb müssen wir ihre Position ernst nehmen.« In meiner Rede nahm ich Stellung zur aktuellen Lage, das heißt zu der in der Öffentlichkeit geführten Diskussion über die Oder-Neiße-Linie als deutsch-polnische Grenze: »Fundament einer deutsch-polnischen Ver-

ständigung, die wir wollen, muß das Recht und die geschichtliche Wahrheit sein. Sicherlich wird es notwendig sein, neue Formen des Miteinanders dieser beiden ewigen Nachbarn zu finden. Aber nationalistische Überheblichkeit und Grenzdiktat schaffen Unfrieden, nicht aber Frieden. Sichere Grenzen setzen das Recht voraus. Ein Grenzdiktat schafft keine sicheren Grenzen. Zum Miteinander gehören die Lebensrechte der in der Heimat verbliebenen Deutschen unter polnischer Gebietshoheit. Darum begrüßen wir die deutsch-polnische Erklärung vom 14. November 1989, doch die darin niedergelegten Absichtserklärungen müssen vertraglich abgesichert werden.«
In die Schlagzeilen kam ich mit dem Satz. »Wir fordern eine Volksabstimmung der von der Vertreibung Betroffenen, bevor über unsere Heimat Schlesien entschieden wird.« Ich griff damit nur auf, was das Präsidium des Bundes der Vertriebenen bereits beschlossen und woran ich mitgewirkt hatte. Durch eine Unterschriftenaktion eine Abstimmung über die Zukunft Ostdeutschlands zu erreichen und an dieser Abstimmung alle Betroffenen dieser Region zu beteiligen, die Vertriebenen wie die inzwischen ansässig Gewordenen. Die Abstimmung könnte dann darüber angesetzt werden, ob das Gebiet, sprich Ostdeutschland entweder zu Deutschland zurückkehren oder bei Polen bleiben oder unter einen europäischen Status gestellt werden sollte. Die Aktion nannte sich »Frieden durch Abstimmung«. Es zeichneten prominente Politiker wie aber auch Landsleute aus der Heimat. Nach dem Ablauf von einem Jahr waren allerdings nur knapp mehr als 200 000 Unterschriften zusammengekommen, und diese wurden im Kanzleramt Bundesminister Rudolf Seiters übergeben. Es war dies eine zwar wohldurchdachte Aktion, aber sie scheiterte bereits an der Möglichkeit, auch zu realisieren, was geboten erschien, dies schon deswegen, weil leider die Gegenseite nicht das geringste Interesse an den Tag legte, hier »mitspielen« zu wollen.
Bevor es zur Kundgebung mit Ernst Albrecht in Hannover gekommen war, setzte bereits Widerspruch von Gerhard Schröder, SPD, und Jürgen Trittin, Die Grünen, ein. Trittin, der von der äußersten Linken kam, forderte als Fraktionschef der Grünen im Landtag die sofortige Aufkündigung der Patenschaft. Dies wurde dann auch gleich nach der Wahl vom 13. Mai 1990 und der Bildung einer rot-grünen Koalition, denn die CDU hatte diese Wahl verloren, vollzogen. Als Trittin vier Jahre später abtreten mußte, weil nun eine monokolore SPD-Regierung gebildet wurde, brüstete er sich als scheidender Minister: »Schlesiertreffen: Einstellung der Förderung der Revanchisten«. Eigentlich ein

Grund zur Klage, aber in unserem Rechtsstaat ist leider die Garantie für eine Verurteilung ob dieser unverschämten Beleidigung der Vertriebenen nicht gegeben! Jedenfalls wurde der Landsmannschaft Schlesien 1990 durch die neue Regierung in Hannover versichert, daß die Patenschaft für Schlesien nur noch symbolischen Aussagewert habe und daß jeglicher Zuschuß, sowohl zur Unterstützung der landsmannschaftlichen Arbeit als auch der Deutschlandtreffen, ab sofort gestrichen worden ist.

Die bayerische Staatsregierung nahm inzwischen die Schlesier wohlwollend und mit finanzieller Unterstützung für die Deutschlandtreffen der Schlesier gern auf, mit dem Ergebnis, daß die Treffen seit 1991 (im ganzen waren es zehn) nun nicht mehr in Hannover stattfinden, sondern in Nürnberg.

»KETTE DES UNRECHTS« –
THEO WAIGEL VOR DEN SCHLESIERN

Wirbel um Waigels Schlesier-Rede«, so überschrieb die »Augsburger Allgemeine« ihren Bericht vom Deutschlandtreffen der Schlesier in Hannover. Dieser Wirbel währte dann weit über einen Monat und trug mit dazu bei, das Sommerloch im Juli und August 1989 zu füllen. Es hatte nahegelegen, den CSU-Vorsitzenden und Bundesminister der Finanzen, Theo Waigel, als Hauptredner auf der politischen Kundgebung am 2. Juli 1989 nach Hannover einzuladen, hatte doch zwei Jahre zuvor Franz Josef Strauß als CSU-Vorsitzender auf dem Deutschlandtreffen der Schlesier in Hannover das Wort genommen. Für den Wirbel sorgte gar nicht so sehr zuerst der Inhalt der Rede als vielmehr die betont distanzierende und kritische Stellungnahme des Bundesaußenministers Hans-Dietrich Genscher, der glaubte, daß der Warschauer Vertrag von 1970 auf dem Spiel stünde, weil die Sätze von Waigel angeblich dem Text dieses Vertrages widersprächen. Genscher hatte auch gleich die von ihm gar zu gern und bis zum Überdruß benutzte Formulierung parat, daß das Rad der Geschichte nicht mehr zurückgedreht werden dürfe. Er meinte damit stets die Anerkennung der Oder-Neiße-Linie als Polens Westgrenze, und jeder deutsche Rechtsanspruch demgegenüber war für ihn bereits eine Fortsetzung der »Kette des Unrechts«, denn das Unrecht war nach seiner Überzeugung längst zum neuen Recht geworden. Die Medien bezogen in ihren von Genscher gleichsam initiierten Attacken auf Waigel auch liebedienerisch das Echo aus Polen mit ein, das von beiden Seiten, den Kommunisten und der Solidarnosc, negativ ausgefallen war, denn wenn es um die Festschreibung der Oder-Neiße-Linie ging, schöpften beide Seiten aus den unversiegbaren Quellen des tradierten polnischen Nationalismus.

Die »Frankfurter Rundschau« schwang sich dazu auf, die entscheidenden, die Gemüter angeblich so erregenden Passagen aus der Rede von Waigel im Wortlaut wiederzugeben. Hier einige der inkriminierten Sätze aus der Rede: »Mit den Entscheidungen des Bundesverfassungsgerichts von 1973, 1975 und 1987 wurde allen Bestrebungen ein Riegel

vorgeschoben, die darauf aus waren, aus dem Grundlagenvertrag einen Teilungs- und Anerkennungsvertrag werden zu lassen. Und das Bundesverfassungsgericht hat die verfassungsrechtlichen Tatbestände für alle bindend festgeschrieben, wonach das Deutsche Reich in den Grenzen von 1937 rechtlich fortbesteht, die vier Mächte weiterhin Verantwortung für Gesamtdeutschland tragen und es nur eine einheitliche deutsche Staatsangehörigkeit gibt, die zugleich die Staatsangehörigkeit der Bundesrepublik Deutschland ist. Mit der Kapitulation der deutschen Wehrmacht am 8. Mai 1945 ist das Deutsche Reich nicht untergegangen. Es gibt keinen völkerrechtlich wirksamen Akt, durch den die östlichen Teile des Deutschen Reiches von diesem abgetrennt worden sind. Solange es keinen Friedensvertrag gibt, bleibt die deutsche Frage rechtlich, politisch und geschichtlich offen und kann erst dann entschieden werden, wenn das deutsche Volk sein Selbstbestimmungsrecht frei auszuüben in der Lage ist.«
Schwerste Angriffe führte der SPD-Partei- und Fraktionsvorsitzende Hans-Jochen Vogel, indem er Waigels Rede »verantwortungslos« und eine »friedensstörende Initiative« nannte, wozu in seinen Augen belastend noch hinzukam, daß der CSU-Politiker mit seiner Rede »ausgerechnet einen Zeitpunkt gewählt hat, in dem der 50. Jahrestag des deutschen Überfalls auf Polen unmittelbar bevorsteht und zwischen der Bundesrepublik und Polen schwierige Verhandlungen über eine weitere Normalisierung der deutsch-polnischen Beziehungen stattfinden«. Noch deftiger tönte das SPD-Präsidiumsmitglied Egon Bahr in der Illustrierten »Stern«, als er glaubte entdeckt zu haben: »Die Herren Waigel, Hupka und Schönhuber haben etwas gemeinsam. Sie können Deutschland in den Grenzen des Jahres 1937 fordern, aber nicht verwirklichen, sie können Illusionen wecken, aber keine Glaubwürdigkeit gewinnen, denn die Besiegten können nicht über die Sieger bestimmen.« Vae victis!, der Besiegte darf noch nicht einmal vom Recht sprechen und erst gar das Recht nicht einfordern, so die Weisheit Bahrs. Und dann auch gleich die prophetischen Worte, im Juli 1989 veröffentlicht: »Das Gewicht der Bundesrepublik nimmt für den Westen, das der DDR für den Osten zu. Nicht über die Einheit träumen, sondern Gemeinsamkeiten entwickeln, das ist die Aufgabe der nächsten Phase.« Und phrasenhaft geht es in Bahrs Diktion weiter: »Den Schlußstrich unter die Nachkriegsgeschichte sollten beide Staaten als Befreiung zu einer selbstbewußten Politik im Dienst Europas betrachten, erwachsen, loyal zu ihren Bündnissen und Werten, so souverän und unabhängig, wie sie sich das im Grundlagenvertrag be-

stätigt haben.« Nur gut, daß dieses Geschwätz vier Monate später Makulatur geworden ist!
Auch unter dem Etikett »konservativ« segelnde Blätter wie die Wochenzeitung »Rheinischer Merkur« entwickelten ein Lustgefühl, gegen Waigels Rede in Hannover zu opponieren und sie als der deutschpolnischen Versöhnung abträglich zu denunzieren. Seit langem betätigte sich in diesen Blatt Jürgen Wahl als Protagonist der polnischen Staatsräson, das heißt in Richtung einer an sich schon längst überfälligen Anerkennung der Oder-Neiße-Linie als Polens Grenze. Waigel habe den Interessen der Bundesrepublik Deutschland schweren Schaden zugefügt und den Politikern der polnischen Solidarnosc einen Schock versetzt. Und in einem Atemzug mit dieser Behauptung aus der Retorte der »Verdacht, die Bedrohung der CSU von rechts durch nationalistische Manöver ausbremsen zu wollen«, wie dies in einem Gastkommentar dieses Journalisten im »Parlament« zu lesen war. Man spürte auch gleich wieder des Bundesaußenministers Handschrift: »Wer bereits die Betonung von Rechtsstandpunkten für praktische Politik im Interesse des Zusammenhalts der Nation und der Einheit Deutschlands hält, der lenkt ungewollt von der Tatsache ab, daß Freiheit, Menschenrechte und Selbstbestimmung der Kern der deutschen Frage ist.« Der Hinweis auf den »Hintergrund der bitteren historischen Erfahrungen von Deutschen und Polen, weil wir in einigen Wochen des Überfalls der nationalsozialistischen Gewaltherrscher auf Polen gedenken, durch den der Zweite Weltkrieg ausgelöst wurde«, durfte selbstverständlich nicht fehlen.
Guten Flankenschutz erhielt Waigel durch Bundesminister Hans Klein, den Chef des Presse- und Informationsamtes, zugleich auch CSU-Mitglied. Die von seinem Amt erstellte Dokumentation wurde am 8. August 1989 verbreitet: »Die deutsche und internationale Rechtslage, zu der insbesondere die Rechte der vier alliierten Mächte gehören, lassen eine endgültige Grenzfestlegung vor Abschluß eines Friedensvertrages nicht zu.« Der Kernsatz der 24 Seiten umfassenden Dokumentation lautete: »Die deutsche Frage ist offen.« Zum Begriff »Deutschland als Ganzes« wurde erläuternd angemerkt: »Da der Begriff ›Deutschland als Ganzes‹ entsprechend der Rechtslage auch heute noch relevant ist, ergibt sich aus dieser Relevanz folglich auch die politisch-geographische Abgrenzung dieses Gebietes.« Dies eine Variation aus dem Grundgesetz-Urteil von Karlsruhe vom 7. Juli 1973: »Das Deutsche Reich existiert fort.«
Die Landsmannschaft Schlesien hat in ihrer Broschüre mit den Reden,

die auf dem Deutschlandtreffen am 1. und 2. Juli 1989 gehalten worden sind, auf dem Titelblatt ausdrücklich auf die Rede Theo Waigels vom 2. Juli hingewiesen, einmal wegen des Inhalts der Rede, zum anderen, weil zum Zeitpunkt der Veröffentlichung der Broschüre mit den Reden, Ende des Jahres 1989, Waigels Rede bereits nur noch ein historisches Dokument geworden zu sein schien. Im Zuge der Entwicklung zum Zwei-Plus-Vier-Vertrag von Moskau gab es dann auch viele Proteste gerade von denen, die Waigels Rede entweder gehört oder später gelesen hatten.

Da die veröffentlichte Meinung nahezu ausschließlich, schon dank des Gegensatzes Waigel–Genscher innerhalb der Koalition, den Scheinwerfer auf Waigels Rede gerichtet hatte, wurde über meine Reden eigentlich nur in der kommunistischen Presse ausführlich und dann auch gleich mit der dazugehörigen Schärfe berichtet. »Unverbesserliche Revanchisten« überschrieb das polnische Zentralorgan der Kommunisten »Trybuna Ludu« ihren Bericht. Der einfache Satz, für jeden heimattreuen Schlesier eine Selbstverständlichkeit: »Wir werden von Schlesien nicht lassen«, erregte die Kommunisten. Aber auch daran rieb man sich: »Als Deutscher kommt man sich bisweilen vor wie jemand, dem sein Haus geraubt worden ist, aber von dem nachträglich verlangt wird, er solle doch die Ölheizung nachliefern, denn man sei nicht in der Lage, das Haus zu beheizen. Dies wird ausgeführt, um deutlich zu machen, daß man auch in Bonn nicht so tun sollte, als sei Polen trotz der Annexion Ostdeutschlands plötzlich zum verarmten Land geworden und wir seien schuld daran.«

Die sowjetrussische Nachrichtenagentur TASS nannte es absurd, daß ich gesagt hätte: »Nicht wir, die Deutschen, beanspruchen polnisches Territorium, sondern die Polen erheben einen Anspruch auf einen Teil von Deutschland.«

AUF DERSELBEN WELLENLÄNGE –
GENSCHER UND SKUBISZEWSKI

Größten Kummer bereitete uns wieder einmal Bundesaußenminister Hans-Dietrich Genscher, der am 27. September 1989 vor der Vollversammlung der Vereinten Nationen seinem polnischen Gegenüber, dem neu im Amt befindlichen Außenminister Krzysztof Skubiszewski weitgehendst – hier ist der Superlativ geboten – entgegenkam, indem er erklärte:»Das polnische Volk ist vor 50 Jahren das erste Opfer des von Hitler-Deutschland vom Zaune gebrochenen Krieges geworden. Ich wende mich an Sie, Herr Außenminister Skubiszewski, als den Außenminister des neuen Polens. Ihr Volk soll wissen, daß sein Recht, in gesicherten Grenzen zu leben, von uns Deutschen weder jetzt noch in Zukunft durch Gebietsansprüche in Frage gestellt wird. Das Rad der Geschichte wird nicht zurückgedreht. Wir wollen mit Polen für ein besseres Europa der Zukunft arbeiten. Die Unverletzlichkeit der Grenzen ist Grundlage des friedlichen Zusammenlebens.« Die Schönschreiber der Politik des Bundesaußenministers, Richard Kießler, der Journalist, und Frank Elbe, der Mann aus dem Auswärtigen Amt, haben in ihrem Buch »Ein runder Tisch. Der diplomatische Weg zur deutschen Einheit« protokollarisch festgehalten: »Diese persönliche Ansprache Skubiszewskis hatte Genscher im Plenum, wenige Minuten vor seiner Rede handschriftlich in sein Manuskript eingefügt. Wie sich später zeigen sollte, wurde diese Feststellung zur Unverletzlichkeit der Grenzen zu einem erheblichen Konfliktpotential in der Bonner Koalition.« Dies stimmt, denn die eigenmächtige Erklärung des Bundesaußenministers war mit dem Bundeskanzler, dessen Reise nach Polen jetzt unmittelbar bevorstand, überhaupt nicht abgesprochen und war nichts anderes als ein Vorgriff auf den Friedensvertrag und eine Vorleistung zugunsten einer möglichen staatlichen Einheit, die aber zu dieser Zeit noch gar nicht zur Debatte stand. Es wurde also sowohl der Friedensvertrag als auch die Möglichkeit, zur staatlichen Einheit zu gelangen, durch diese »außergewöhnliche Demonstration« (Text der eben genannten Autoren!) präjudiziert. Im Zusammenhang mit dem Bericht zur Lage der Nation wurde dann in einer Bundestagsentschließung, insoweit hatte sich Genscher abermals durchgesetzt, der Wortlaut seiner New Yorker Ansprache »wörtlich übernommen«, allerdings ergänzt um den Zusatz der Klausel vom Friedensvertragsvorbehalt aus dem Warschauer Vertrag. Nach diesem Sowohl-als-Auch gab es im Bundestag nur eine Gegenstimme und mehrere Stimmenthaltungen zu dieser Entschließung. Ich schrieb dazu, »daß mit dieser Entschließung die von Genscher eigenwillig vorweggenommene politische Bindungswirkung des Warschauer Vertrages für das gesamte deutsche Volk eliminiert worden ist. Erstaunlich, daß die SPD zugestimmt hat, denn sie hatte noch zum 1. September 1989 vorgeschlagen: ›Der Deutsche Bundestag bekräftigt den dauerhaften Bestand der Westgrenze Polens.‹«

Polens Außenminister Skubiczewski arbeitete ebenso intelligent wie zielstrebig auf die Anerkennung der Oder-Neiße-Linie als Grenze hin, besser gesagt, er argumentierte aus der Pose des Siegers von 1945, indem er sich auf die eigentlichen Siegermächte bezog. In einem Artikel, der viel nachgedruckt wurde, allerdings nicht in der allgemeinen Presse, sondern ausschließlich in der Presse der Vertriebenen, zitierte ich den polnischen Außenminister aus einem Aufsatz und einem Interview mit seinen Erklärungen: »Deutschland war (1945) von den Großmächten beherrscht, und die Sieger konnten legal über das Schicksal des besiegten Gegners, darunter auch über dessen Grenzen entscheiden. Angesichts der totalen – faktischen und rechtlichen – Abhängigkeit Deutschlands von den Besatzungsmächten und angesichts der fehlenden Regierung (als in Potsdam verhandelt wurde) kam eine solche (deutsche) Unterschrift gar nicht in Frage und war auch nicht erforderlich. Wir haben große Territorien im Osten verloren. Das waren die Großmächte, die in Jalta sagten, die Grenzen Polens sollen so festgelegt werden. Polen war in Jalta nicht anwesend. Die nach dem Kriege entstandene Lage ist jetzt unmöglich zu ändern. Der Fortbestand der Grenzen von 1937, das erleichtert unsere Beziehungen nicht. Wir sollten 1937 vergessen. Man zeigt uns die Versöhnung zwischen Deutschland und Frankreich, aber diese Versöhnung wurde auf der Basis einer Grenzregelung durchgeführt.« Dazu mein hier verkürzt wiedergegebener Kommentar: »Eine Inanspruchnahme des freien Selbstbestimmungsrechtes durch das ganze deutsche Volk über ganz Deutschland in allen seinen Teilen wird von diesem polnischen Nationalisten verworfen. Das besiegte Deutschland muß sich zum einen dem Wort der vier Siegermächte unterwerfen, zum anderen als vielleicht wiedervereinigtes Deutschland Rücksicht nehmen, ob dies den europäischen Nachbarn gefalle oder nicht. Hier ein Zitat aus Skubiszewskis Einlassungen: ›Ob im Herzen Europas eine neue Großmacht entsteht – denn ein wiedervereinigtes Deutschland ist eine Großmacht – ist eine Frage für ganz Europa und besonders für die Nachbarn von Deutschland‹. Auf eine Kurzformel gebracht heißt das mit den Worten Skubiszewskis: ›Wir respektieren das Selbstbestimmungsrecht der Deutschen, aber im Rahmen der existierenden Grenzen, die zur europäischen Ordnung gehören.‹ Es wird auf diese Weise zum Ausdruck gebracht, daß aus Vertreibung und Annexion ein neues Recht entstanden sein soll, und wir Deutsche haben uns als die Besiegten dem Diktat der Siegermächte (Jalta und Potsdam) zu beugen. Dies ist kein guter, kein angemessener Dialog zwischen uns Deutschen und Polen. Die zwischen Deutschen und Polen so notwendige Verständigung darf nicht mit einem Diktatfrieden beginnen.«

»Wir lassen von Schlesien nicht« – Freude und Besorgnis

Mit Freude und Besorgnis, mit Erleichterung und innerer Zufriedenheit begleitete ich die Ereignisse des Sommers und Herbstes 1989. Als ich in diesen Tagen für ein paar Stunden im oberbayerischen Törwang Station machte und vom Wirt der Wirtschaft erkannt worden war, erklang mir im besten Oberbayerisch ein Wort der Gratulation entgegen, so als hätte ich selbst unmittelbar mitgewirkt. Aber richtig war sicher, daß ich in all diesen Jahrzehnten in Wort und Tat, um es einmal so und ein wenig selbstgerecht auszudrücken, mitgewirkt und mitgestritten hatte, damit die Teilung unseres Vaterlandes nicht das letzte Wort der Geschichte sein und werden dürfe. Allerdings machte ich zu meinem Dank für die Gratulation gleich die Einschränkung, daß das Schicksal Ostdeutschlands, meiner Heimat Schlesien, noch ungeklärt sei, ja eher skeptisch, wenn nicht sogar pessimistisch beurteilt werden müsse.

In einem Kommentar für die »Schlesischen Nachrichten« schrieb ich, die Folge der Ereignisse von der österreichisch-ungarischen Grenze über Prag bis nach Leipzig wiederholend, in der Zukunftsperspektive gar zu optimistisch: »Jede Vorentscheidung in Richtung eines Friedensvertrages ist eine Bevormundung des höchsten Souveräns, des Volkes, unseres deutschen Volkes, denn ›Wir sind das Volk‹. Es kann überhaupt keine vorweggenommene Entscheidung bezüglich ganz Deutschlands geben, es sei denn ein Diktat. Aber gegen jegliches Diktat ist der Satz gerichtet ›Wir sind ein Volk‹. Man ziehe sich nicht darauf zurück, als habe das nur in Mitteldeutschland Aussagekraft und Brisanz. Nein, über die offene deutsche Frage kann nur das Volk selbst und im Auftrag des Volkes die dazu legitimierte demokratische Regierung Beschlüsse fassen und Entscheidungen fällen.« »Garaus für den Status quo« überschrieb ich den Aufsatz, in dem ich nochmals den von mir absichtlich und gern gebrauchten Begriff der Destabilisierung wieder aufnahm: »Der Status quo hat sich jetzt von selbst destabilisiert, das heißt der Status quo ist durch das Volk destabilisiert worden. Zwar muß zur Kenntnis

genommen werden, daß es diesen Status quo der letzten vier Jahrzehnte nicht mehr gibt, aber gleichzeitig wird an vielen Stellen alles getan, um wenigstens noch ein gewichtiges Stück des Status quo zu retten und als unveränderbar zu beschwören. Soeben hat dies erst wieder der FDP-Vorsitzende Otto Graf Lambsdorff mit seiner schnellen Zunge unternommen, indem er dem Bundeskanzler Helmut Kohl vorwarf, in dem ausgezeichneten Zehn-Punkte-Programm (vorgetragen im Bundestag am 28. November 1989) über die Gewinnung der Wiedervereinigung Deutschlands auf dem Wege konföderaler Bauelemente als elften Punkt die Anerkennung der Oder-Neiße-Linie als Grenze vergessen zu haben.«
Ende November hatte die »Badische Zeitung« in Karlsruhe die Frage an einige Politiker ins Land geschickt: »Blicken Sie zehn Jahre voraus, ins Jahr 2000. Was ist aus der Bundesrepublik, was aus der DDR geworden? Gibt es eine Wiedervereinigung?« Klaus Bölling, einmal Pressesprecher des Bundeskanzlers Helmut Schmidt und Ständiger Vertreter der Bundesrepublik Deutschland in Ost-Berlin, bangte in seiner Antwort vor einem »Vierten Reich«. Berlins Regierender Bürgermeister, der Sozialdemokrat Walter Momper, antwortete: »Ich hoffe, in zehn Jahren ist es geschafft, den europäischen Prozeß entscheidend voranzubringen und die Konföderation der beiden deutschen Staaten darin zu integrieren. Ein übermächtiges Großdeutschland im Herzen Europas reißt nur die alten Wunden wieder auf.« Aus meiner Antwort sei zitiert, und diese war frei von Ängsten und unverantwortlicher Vergangenheitsbeschwörung, als ob wir ein »auserwähltes Volk« des Größenwahnsinns seien: »Zehn Jahre zurück. Wohl niemand hätte gewagt vorauszusagen, was 1989 Wirklichkeit geworden ist, in Deutschland, im sogenannten Ostblock. Zehn Jahre Vorausblick: Wir haben die Gewißheit erhalten, daß der Kommunismus am Ende ist, gleichfalls der Sozialismus, daß der demokratische Wille des Volkes stärker ist als jegliche Diktatur. Wenn das Selbstbestimmungsrecht obsiegt, wie es zum Selbstverständnis von uns Demokraten gehört, werden die Deutschen über Deutschland selbst bestimmen. Das aber bedeutet das Ende des künstlich geschaffenen und gewaltsam aufrechterhaltenen Staates DDR. Berlin wird wieder Hauptstadt Deutschlands sein. Auf einen vertraglich legitimierten Friedensvertrag baue ich, in dem Unrechtstatbestände, wie sie durch Vertreibung und Annexion geschaffen worden sind, friedlich-schiedlich überwunden werden, das heißt: Die Anerkennung der Oder-Neiße-Linie darf uns Deutschen nicht aufgezwungen werden, auch wenn wir wissen, daß es bestimmt nicht mehr genau so, wie es war, wieder werden kann,

aber auch nicht bleiben darf, wie es ist. Die Zukunft ganz Deutschlands wird in Harmonie mit Freunden und Bundesgenossen in Europa und in den USA, aber zugleich auch in Übereinstimmung mit unseren Nachbarn zu meistern sein, ganz bestimmt nicht im Alleingang.«

Nach einer Pressekonferenz, die ich am 28. Dezember 1989 in Bonn gab, griff man wiederholt den Satz heraus und machte ihn zur Überschrift mit der Meldung: »Wir lassen von Schlesien nicht«, wobei zu fragen ist, was an dieser Aussage so sensationell sein soll, ist sie doch eine Selbstverständlichkeit. Und so wurde auch das Motto für die nächsten beiden Deutschlandtreffen der Schlesier 1991 und 1993 gefaßt: »Schlesien bleibt unser Auftrag« und »Unsere Heimat heißt Schlesien«. In dem der Presse vorgelegten Papier bedankte ich mich bei Václav Havel, der die Vertreibung der Sudetendeutschen Rache und nicht Recht genannt und an Bundespräsidenten Richard von Weizsäcker geschrieben hatte: »Ich persönlich – ebenso wie viele meiner Freunde – verurteile die Vertreibung der Deutschen nach dem Krieg. Sie erscheint mir als zutiefst unmoralische Tat.«

»Polen will Aufklärung« – Erste Begegnungen in der bisherigen DDR

Als der Vorstand der CDU in Nordrhein-Westfalen Mitte Januar 1990 nach Weimar fahren wollte, gab es meinetwegen Schwierigkeiten, denn als die Namen der DDR übermittelt wurden, verlangte man, daß ich aus der Liste der Teilnehmer gestrichen werde, denn ich sollte keine Einreiseerlaubnis erhalten. Der Repräsentant unserer Ständigen Vertretung in Ost-Berlin wurde vorstellig, der Landesvorsitzende der CDU, Bundesminister Norbert Blüm, kündigte intern an, daß die Reise dann nicht stattfinde, falls Hupka nicht mitreisen dürfte. Innerhalb von 24 Stunden war der Fall Hupka erledigt. Unsere erste Station an diesem 19. Januar 1990 war die Wartburg, ein Gespräch mit der einheimischen CDU von Eisenach und eine Situationsschilderung durch den Maler Wolfgang Mattheuer aus Leipzig. Es war ein sehr kritischer Bericht über die Situation der Geistesschaffenden in der DDR. Inwieweit der Maler selbst noch bis vor kurzem in das System verstrickt war, kam nicht zur Sprache und sollte der Vergangenheit angehören. Es war gegen 2 Uhr des Morgens, als wir im Hotel »Russischer Hof« in Weimar ankamen. Handwerker aus Karl-Marx-Stadt, wie Chemnitz damals noch offiziell hieß, begrüßten uns sehr herzlich. Vor allem Chemnitzer, die sich als Schlesier vorstellten, eröffneten ein begeistertes Hallo, als sie mich erkannten, den sie bislang nur vom Fernsehen und den Plakatierungen in den DDR-Medien als »Revanchisten« gekannt hatten.
Auf der nächtlichen Fahrt wurde im Auto-Radio bekannt, daß am 19. Januar Herbert Wehner gestorben war. Am nächsten Tag gedachte seiner Norbert Blüm ehrend.
Unter den Gesprächsteilnehmern, die zu unserer Begegnung eingeladen waren, gehörten Industrielle, soweit man sie in der DDR so überhaupt hat nennen dürfen, denn die Wirtschaft war das eigentliche Thema der Zusammenkunft. Es war aber auch der polnische Journalist und Außenpolitiker der »Solidarität«, Kazimierz Woycicki aus Warschau zugegen, so daß sich vor dem Auditorium zwischen ihm und mir ein heftiger, aber fair geführter Disput entwickelte. Es war für die Mehrheit der Anwesen-

den wohl die erste Begegnung mit dem jetzt endlich freien Nachbarn Polen und mit dem Gegensatz zwischen dem deutschen und dem polnischen Standpunkt in Sachen Oder-Neiße-Linie. An einem Referat des Kölner Professors Martin Kriele hatte sich unsere Auseinandersetzung entflammt, nachdem sich Professor Kriele ganz auf die soeben erst im Bundestag verabschiedete Beschlußempfehlung vom 8. November 1989 in seiner Argumentation gestützt hatte. Für Kriele war Ostdeutschland »unwiderbringlich verloren«. Woycicki nannte kurzerhand jede Diskussion über die Oder-Neiße-Linie als Grenze »Zeitverlust«, denn diese Grenze zwischen Deutschland und Polen muß als »sicher gelten«. Es seien wohl eher innenpolitische Gründe, weshalb immer noch über diese Grenze diskutiert werde, in Deutschland Rücksichtnahme auf die Vertriebenen, in Polen werde die Frage von den Kommunisten gegen Ministerpräsident Mazowiecki hochgespielt. Man solle aber, wofür sich der Pole einsetzte, über die Tragödie der Vertreibung gemeinsam miteinander sprechen. Es sei bereits ein Fortschritt, daß sich die Deutschen nun selbst organisieren könnten. Für meine Argumente erhielt ich zwar nicht die Zustimmung des Polen, aber es machte ihm sichtlich intellektuelles Vergnügen, das Streitgespräch mit mir zu führen. Die anwesenden Parteifreunde waren eher aufmerksame Zuhörer denn Beifallspender, aber sie lobten mich für meinen von Leidenschaft freien und trotzdem engagierten Diskussionsbeitrag.

Zwei Jahre danach bin ich Woycicki bei meinem ersten Besuch in Warschau wieder begegnet, jetzt in seiner Eigenschaft als Chefredakteur von »Zycie Warzawa«. Wir führten nachts im Hotel ein langes Interview, das war im Juli 1992, aber das Interview unter der reißerischen Überschrift »Polenfresser oder ein Opfer der europäischen Geschichte« wurde erst im November am Vorabend des Besuches der Ministerpräsidentin Hanna Suchocka in Bonn veröffentlicht.

Zum ersten Male wieder seit meiner Studentenzeit besuchte ich in Weimar, indem ich mich aus der Runde geschlichen hatte, das Goethe-Haus am Frauenplan und die Gräber der beiden Klassiker. Am Abend war eine Dichterlesung mit Diskussion angesetzt. Für den Sonntag waren Gottesdienstbesuche vorgesehen, vor der Messe begrüßte uns der Pfarrer namentlich, und in der Herder-Kirche, die sich gottlob in einem gut restaurierten Zustand präsentierte, erhielt Blüm während eines Ökumenischen Gottesdienstes das Wort zu einer kurzen Ansprache, die ihm nur Zustimmung und Anerkennung eingebracht hat. Bedrückend für uns der Zustand der Häuser, bedrückend auch die rußige Luft, die der Heizung mit der Braunkohle zu danken war.

Nicht viel besser die Situation in Görlitz, wo wir Schlesier im Mai unsere erste Vorstandssitzung auf schlesischem Boden abhielten. Mit den politischen Repräsentanten, die ehemaligen Kommunisten ausgenommen, wurde eine ausführliche Diskussion geführt, wobei später der eine und andere, der zunächst aus Görlitz mit dabei war, als Informant des Ministeriums für Sicherheit enttarnt worden ist. Erfreulich, daß sich in Görlitz, das sich jetzt gern die westlichste Stadt Schlesiens und die östlichste Stadt der Bundesrepublik Deutschland nennen läßt, eine niederschlesische Initiativgruppe, die auf ihre Unabhängigkeit besonderen Wert legte, gebildet hatte. Heute ist in der Verfassung des Freistaates Sachsen an zwei Stellen die besondere schlesische Identität dieser Region garantiert. Die niederschlesische Oberlausitz zählt an die 350 000 Einwohner. Wappen und Flagge Schlesiens wurden in den ersten Jahren nach der Wende geradezu demonstrativ gezeigt, und nicht zu leugnen ist, daß das schlesische Idiom überall hörbar ist. Neuerdings wird auch die Speisekarte in den Wirtschaften auf schlesisch getrimmt. Nur gut, daß die ersten Begegnungen mit der Görlitzer Hotellerie nun der Vergangenheit angehören und sich nur noch zu Histörchen eignen.
Anfang April 1990 waren Meldungen von ADN, der bisher kommunistisch parteitreu geführten Nachrichtenagentur der DDR, und deren Warschauer Korrespondenzbüro verbreitet worden: »Polnisches Außenministerium: Besorgt über geplanten Aufmarsch von Vertriebenen in Görlitz« und die »Frankfurter Allgemeine Zeitung« schob mit einem eigenen Bericht des Warschauer Korrespondenten nach. »Polen will Aufklärung über Auftritt Hupkas«. Bald danach wurde der DDR-Außenminister Markus Meckel (SPD) in Polen ausdrücklich dafür gelobt, daß die Regierung der DDR das »Revisionistentreffen« am Ostermontag »verhindert« habe. Die erste Meldung hatte besagt, daß »am 16. April in Görlitz ein revanchistisches Treffen der Schlesier unter Teilnahme des Chefs der ›Vertriebenenverbände‹, Herbert Hupka, organisiert werde. Der DDR-Botschafter Jürgen van Zwoll wurde gebeten, nähere Einzelheiten zum Charakter der Veranstaltung zu geben. Zugleich forderte der Vertreter des polnischen Außenministeriums die strikte Einhaltung des Vertrags über Freundschaft, Zusammenarbeit und gegenseitigen Beistand zwischen Polen und der DDR vom 28. Mai 1977.« Die polnische Presseagentur PAP verbreitete auch in ihrem englischen Dienst diese Meldung: »Diplomatische Schritte des polnischen Außenministeriums wegen Schlesiertreffens am Ostermontag in Görlitz.«
Ich schickte der »Frankfurter Allgemeinen Zeitung« postwendend ein

Dementi, das diese auch unter der Überschrift »Hupka weist polnische Verdächtigung zurück« sofort in der nächsten Nummer abgedruckt hat. Ich nannte die über mich in Görlitz verbreitete Meldung eine »Falschmeldung«, übrigens hätte ich mich am Ostermontag in München aufgehalten und nicht in Görlitz: »Der CDU-Politiker wandte sich auch gegen eine ›offizielle Demarche Polens an den DDR-Botschafter in Warschau‹ in dieser Sache. Es gehe ›die polnische Regierung überhaupt nichts an‹, wo und wann er als ›freier Bürger in Deutschland das Wort nehme‹. Hupka wies auch ›polnische Verdächtigungen‹ zurück, beim Wirken der Landsmannschaft Schlesien handele es sich um ›Erscheinungen von Revanchismus, Revisionismus und Militarismus‹; die bekannten Schlag- und Schimpfworte aus der Ära des Kommunismus sollten im Sprachgebrauch von Demokraten keinen Platz mehr haben.« Mit diesem Dementi hatte die Sache ihre Ruh. Man mußte sich nur fragen, warum das ganze Spektakulum überhaupt erfunden wurde, jedenfalls war dies ein echtes Gebräu aus der kommunistischen Küche, die kommunistische Presseagentur der DDR hatte das gängige Rezept zur Hand, und bevor überhaupt recherchiert wurde, las man all dies in der freien westdeutschen Presse, und das Phantom wurde polnischerseits nicht ungeschickt in den Westen transportiert.

»Zum Schaden für ganz Deutschland« – der 21. Juni 1990

In vielen Erklärungen habe ich für die Landsmannschaft Schlesien zu dem bevorstehenden Abschluß eines Vertrages mit Polen über die Oder-Neiße-Linie aufgrund der vorausgegangenen Zwei-Plus-Vier-Gespräche, wie sie zu Beginn des Jahres 1990 in Ottawa beschlossen worden waren, Stellung genommen. In der Presse brachte mir das die Bezeichnung »Unbelehrbar« ein oder die hämische Überschrift über eine Meldung: »Hupka nennt Westgrenze Polens ein ›Unrecht‹«. Am schwersten getroffen waren wir durch die Entschließung des Deutschen Bundestages vom 21. Juni 1990 »zur deutsch-polnischen Grenze«. Am Tage zuvor hatte der sogenannte Kleine Parteitag der CDU im Bonner Adenauerhaus getagt, und es wurde über die nunmehr zu beschließende Vorlage für den kommenden Tag im Bundestag debattiert. Mit Ausnahme von zwei Nein-Stimmen – das waren der aus Ostpreußen stammende niedersächsische BdV-Kreisvorsitzende Wilhelm Czypull und ich – und noch nicht einmal einer Handvoll Enthaltungen wurde dem zugestimmt, was dann sowohl im Bundestag als auch in der Volkskammer bei wenigen Gegenstimmen das Ja zugesprochen erhielt. Die Entschließung war fast wörtlich die Vorwegnahme des Warschauer Grenzbestätigungsvertrages vom 14. November 1990. Mit der Entschließung wurde für den die Zwei-Plus-Vier-Gespräche abschließenden Moskauer Vertrag vom 12. September 1990 die darin enthaltene Konditio vorweggenommen, daß die Oder-Neiße-Linie nunmehr die Westgrenze Polens nicht nur bildet, wie es noch im Warschauer Vertrag vom 1970 geheißen hatte, sondern nunmehr ist.
In einer ausführlichen Erklärung vom 3. Juli legte ich all die Gründe dar, die gegen diese Entschließung sprechen. Im Positiven die bisher für die Bundesrepublik Deutschland geltenden Rechtspositionen einschließlich der Entscheidungen des Bundesverfassungsgerichtes. Im Negativen, daß jetzt sowohl das Görlitzer Abkommen von 1950, das zwischen zwei kommunistischen Diktaturen zustande gekommen war und vom Deutschen Bundestag von allen demokratischen Parteien mit Aus-

nahme der Kommunisten als einseitiger, völkerrechtlich nicht verbindlicher Akt verworfen worden war, und der Warschauer Vertrag von 1970, obwohl dieser Vertrag nur als Gewaltverzichtsabkommen ausgelegt worden war, daß nunmehr diese beiden Abkommen die rechtlichen Voraussetzungen für die Oder-Neiße-Linie als Grenze geschaffen haben sollen. »Ohne daß überhaupt die geringste Chance zu Verhandlungen ergriffen worden wäre, soll ein Grenzdiktat zum Schaden für ganz Deutschland bestätigt werden. Die Entschließungen der beiden deutschen Parlamente sind Folge einer uns Deutschen von Freund und Gegner aufgezwungenen Lage, die Folge einer Nötigung, der zu widersprechen und die zu verwerfen Aufgabe der freien Deutschen sein muß. Wir Deutsche sind zum Ausgleich mit Polen bereit, das heißt selbstverständlich auch zu sicherlich schmerzlichen Kompromissen, aber das setzt voraus, daß frei und mit Ausdauer verhandelt und nicht uns Deutschen diktiert wird, indem Polen alles erhält und wir uns damit abzufinden haben. Das jetzt vorgelegte Grenzdiktat rechtfertigt die Vertreibung als ein Mittel der Politik, indem der Vertreiber nicht nur Gebiete gewaltsam entvölkert, sondern auch noch zusätzlich diese Gebiete vertraglich zugesprochen erhalten soll.«

Fest steht, und das habe ich seitdem immer wieder in der Öffentlichkeit erklärt, daß mit dieser Entschließung und dem dann paraphierten und schließlich mit überwältigender Mehrheit beschlossenem Warschauer Grenzvertrag ein Unrecht bestätigt worden ist, denn Voraussetzung für die Oder-Neiße-Linie sind die Vertreibung der Deutschen und die Annexion der von den Deutschen entleerten Gebiete jenseits von Oder und Görlitzer Neiße gewesen.

»SCHLESIEN IN LIEBE UMARMT« – WIEDER IN DER HEIMAT

Einen Monat nach der so entscheidenden und präjudizierenden Entschließung der beiden deutschen Parlamente zur Oder-Neiße-Linie habe ich zusammen mit meiner Frau und unserem Sohn Thomas am 20. Juli 1990 – welch historischer Tag unserer Geschichte, welch bedeutsamer Tag für meinen eigenen Lebensweg – die Neiße bei Görlitz überschritten. Es war dies der erste Besuch in der Heimat seit 45 Jahren, an einem prachtvollen Sommertag. Ein wenig Herzklopfen beim Überschreiten der Neiße spürte ich, denn ich wußte keineswegs, ob es nicht doch noch Schwierigkeiten für diesen »Revanchisten«, zu dem ich vier Jahrzehnte hindurch gestempelt worden war, geben könnte. Erstaunen beim jungen Zöllner; als er mein Visum zur Einreise sah (man mußte sich noch ein Visum zur Einreise beschaffen), fragte er wohlwollend skeptisch. »Hat man Sie also doch hereingelassen?« Ich hatte es stets mir selbst versagt, von den Kommunisten in meine schlesische Heimat ein Visum zu erbetteln oder es gar für eine Reise in die Heimat abgelehnt zu bekommen. (Der Wechselkurs für eine Mark betrug 1990 5700 Zloty, 1994 waren es 13 000!)
Ich hatte den einen der beiden Schicksalsströme für Schlesien und Deutschland überquert und die Fahrt nach Ratibor, das von hier aus noch einmal 340 Kilometer entfernt liegt, ging los, zur Oder, dem anderen Schicksalsstrom. Der Zufall wollte es so, daß ich kurz zuvor von einer großen Zusammenkunft der Landsleute in Lubowitz erfahren hatte. Am frühen Nachmittag war ich zum ersten Male wieder auf dem Ring, dem Marktplatz meiner Heimatstadt, anderthalb Stunden später in Eichendorffs Geburtsort. Hier waren vor der Ruine des Schlosses, in dem am 10. März 1788 Joseph Freiherr von Eichendorff geboren worden ist, 15 000 Deutsche, vielleicht waren es auch 20 000, wie es in einer Meldung des Deutschen Freundschaftskreises hieß, versammelt. Pfarrer Heinrich Rzega hielt den Gottesdienst, es assistierten der Benediktinerabt Adalbert Kurzeja aus Maria Laach, geboren im Kreise Ratibor, und Pater Johannes Leppich, der wie ich zum ersten Male wieder in

seiner oberschlesischen Heimat weilte. Pfarrer Rzega, 1947 in Ratibor geboren, spricht von sich selbst als einem Deutschen in Oberschlesien und hat sich durch die liebevolle Pflege von Eichendorffs Geburtsort die größten Verdienste (der Superlativ ist berechtigt) erworben. Allerdings haben weniger die Polen als mancher deutscher Durchreisejournalist an der Verehrung Eichendorffs durch die Deutschen daheim Anstoß genommen, weil sie den Dichter zum Säulenheiligen erklärt hätten. Für die Deutschen in Schlesien ist in der Tat Eichendorff die alles überragende große Lichtgestalt, in ihm finden sich die deutschen Oberschlesier wieder. Anwesend in Lubowitz sind nicht nur die aus ganz Oberschlesien herangereisten Landsleute, sondern auch Otto von Habsburg, der Abgeordnete des Europäischen Parlaments, dem die Landsmannschaft Schlesien 1991 die höchste Auszeichnung, den Schlesierschild, verliehen hat, und der Generalsekretär des Bundes der Vertriebenen, Hartmut Koschyk, die schon lange zuvor vom Plan dieser Kundgebung erfahren hatten.

Angesichts meines unerwarteten Eintreffens ist nicht nur die Überraschung, sondern auch die Begeisterung sehr groß: Der Hupka, unser Hupka mitten unter uns in unserer Heimat!, so ist es in vielfacher Variation zu hören. Und ich muß in das gerade neu erstellte Gesangbüchlein mit den alten Kirchenliedern aus dem »Weg zum Himmel«, wie unser Gebet- und Gesangbuch immer geheißen hat, in dem jetzt deutsch und polnisch die Texte abgedruckt sind, ein Geschenk der Diözese Augsburg, immer wieder meinen Namenszug eintragen, obwohl ich mich anfangs dagegen sträube, diese weltliche Handlung in einem Kirchenliederheft zu vollziehen. Meine wenigen Sätze – die Versammelten mußten ja stundenlang stehen – erhielten eigentlich Satz für Satz Zustimmung und spontanen Beifall. Nicht anders ist es einen Tag später in Guttentag, wo 1000 Landsleute bei glühender Hitze versammelt sind. Es herrscht so etwas wie Aufbruchstimmung, endlich können wir uns als Deutsche wieder zu unserem Deutschtum bekennen. Ich werde gleichsam wie ein begehrter und sehnlichst erwarteter Importartikel herumgereicht, und überall gibt es zur Begrüßung den besten schlesischen Kuchen, so daß meine Frau, die Münchnerin, feststellt: So guten Kuchen gibt es nur in Schlesien! »Sommer gibt es nur in Schlesien«, dieses geflügelte Wort hat also eine kulinarische Variation erhalten.

»Schlesien in Liebe umarmt«, so überschrieb ich einen Bericht über meine ersten 14 Tage in der Heimat. Darin stehen die Sätze: »Das Gefühl des Heimkehrers nach 45 Jahren ist nicht zu beschreiben, es soll auch nicht der Versuch unternommen werden, es jemandem kundtun zu

wollen. Die barocke Mariensäule mitten auf dem Ratiborer Ring steht noch kerzengerade (1994 mit deutschen Geldern gänzlich renoviert), eine musikalisch-heitere Begrüßung in einer nicht fremden, wohl aber verfremdeten Stadt. In der Dominikanerkirche zur Linken war unser Schulgottesdienst, in der Liebfrauenkirche zur Rechten haben meine Eltern 1914 geheiratet, ging ich zur ersten Kommunion, wurde ich von Kardinal Bertram 1931 gefirmt. Die Wohnung in der Parkstraße, jetzt ist sie entsprechend polnisch benannt, steht nicht mehr, sie wurde zwecks Erweiterung der gegenüberliegenden Badeanstalt (so nannten wir unser Schwimmbad, in eine Abteilung für Frauen und Männer streng getrennt) demontiert, einige Häuser sind stehen geblieben. Das Grab des einen Großvaters ist, wie der ganze Friedhof, eingeebnet und heute ein Park, wo offenbar die Betrunkenen, bei uns Wermut-Brüder genannt, ihr Domizil haben. Das Grab des anderen Großvaters ist ausgezeichnet durch eine Ratiborer Familie gepflegt, mit der eingravierten Gedenk-Inschrift für meinen auf hoher See versenkten Vater. Die beiden Gräber auf dem Evangelischen Friedhof, wo Großmutter und Tante mütterlicherseits begraben liegen, finde ich spontan in dem gottlob noch nicht aufgelassenen Evangelischen Friedhof, als wäre ich eben erst von den Gräbern weggegangen; die große Marmortafel steht noch, auch wenn das kupferne Kreuz entfernt worden ist. Die Oder, unser heimatlicher Strom, enttäuscht mich bitter, denn sie ist nur noch ein schmales Rinnsal, wurde sie doch bereits in der Vorkriegszeit, in den 30er Jahren, wegen der Hochwassergefahr umgebettet.«
Ich wurde gefragt, ob ich an einem Gespräch mit dem Stadtpräsidenten, bei uns dem Oberbürgermeister, bereit sei, es könnte beim Stadtverordneten und späteren Sejm-Mitglied Fabian stattfinden. Nach meinem Ja soll das Gespräch jetzt im Rathaus selbst stattfinden. Unter den 36 Stadträten gibt es drei Vertreter der Deutschen, aber auch der Vorsitzende des Stadtparlaments spricht gut Deutsch und ist deutscher Abkunft. »Wenn man nur gleich helfen könnte«, so steht es in meinen Notizen, »das neue Krankenhaus ist eine Bauruine, eine Kläranlage wird benötigt, ein vorzeigbares Hotel fehlt, ein Kaufhaus wäre zu wünschen.« Nach den Eingemeindungen zählt die Stadt heute 63 000 Einwohner, in der großen Mehrheit sind es Polen, im Gegensatz zu manchem Dorf des Kreises Ratibor, wo die Deutschen in der Mehrheit sind.
Seitdem es die »Solidarität« gibt, seit 1980/81 pflegte ich einen regelmäßigen Briefkontakt mit Leo Stosch, der mich im Frühjahr 1981 im Bundestag auch persönlich aufgesucht hatte, aber diese Briefverbin-

dung lief über die Privatanschrift meiner Mitarbeiterin Ursula Dapper. In den ausführlichen Briefen, die ich wie eine Chronik der Jahre und Verhältnisse gesammelt habe, steht stets die Formel: »Grüßen Sie bitte unseren gemeinsamen Bekannten«. Wir sind die engsten Freunde geworden, Leo Stosch, der jetzt ein gewichtiges Amt im Zentralverband der Deutschen Freundschaftskreise innehat, ist für die Politik geboren, obwohl er gar keine politischen Ambitionen pflegt. Er ist Betriebsleiter in der Ratiborer Seifenfabrik, die heute zu 75 Prozent in Händen der Firma Henkel in Düsseldorf sich befindet. An den langwierigen Verhandlungen hat Stosch nicht nur als hervorragender Kenner der beiden Sprachen, deutsche Muttersprache und polnische Umgangssprache, bis hin zum Ergebnis starken Anteil gehabt. Mit ihm zusammen haben wir, meine Frau und ich, inzwischen ganz Oberschlesien durchmessen und dies wiederholt. Zu nennen wäre auch Blasius Hanczuch, jetzt Vorsitzender der Deutschen Freundschaftskreise des Bezirkes Kattowitz, mit Sitz in Ratibor, Tischler und Imker in einer Person, auch des Mährischen, wie es im benachbarten Hultschiner Ländchen gesprochen wird, mächtig. Daß jetzt das Eichendorff-Denkmal auf dem alten Platz in Ratibor, nachdem es 1945 von den neuen polnischen Herren der Stadt demontiert worden war und seitdem spurlos verschwunden ist, wieder als neu gegossenes Denkmal nach der alten Vorlage errichtet werden konnte, ist vor allem sein Verdienst.
Von Leo Stosch bin ich auch zum Jüdischen Friedhof, am Rande der Stadt gelegen, geführt worden. Ein erschreckendes Erlebnis, denn alle 150 bis 200 Gräber sind dem Erdboden gleichgemacht worden, und dies geschah in den achtziger Jahren durch die Stadtverwaltung. Grund: Die angrenzende Molkerei sollte erweitert werden, man brauchte Land. Wüßte nicht dieser heimattreue Ratiborer darüber Bescheid, was da geschehen ist, erführe man überhaupt nichts mehr von der Existenz eines jüdischen Friedhofs, den sogar die Nationalsozialisten verschont hatten. Eine grausame, aber leider wahre Geschichte.
In Oberglogau, einem Städtchen mit 7000 Einwohnern, ehedem Sitz der Reichsgrafen von Oppersdorf, und unweit Oberglogau, in Deutsch Müllmen, waren die Hupkas zu Hause, machte ich Station, weil dort ein Deutscher als Stadtpräsident regiert. Ich war kurzfristig angekündigt, weshalb man mir sogar einen kleinen Empfang gab, doch das Stadtoberhaupt mußte sich vertreten lassen, durch den Verwaltungschef, einen aus Krakau stammenden Polen. In meinen freundlichen Dankesworten erwähnte ich, daß man mich in den vier Jahrzehnten zuvor als »Polenfresser« vorgestellt und attackiert habe und sicher dieses Bild von mir

noch gegenwärtig sei. Antwort des Polen: »Das kann schon deswegen nicht stimmen, daß sie früh, mittags und abends ein Polenfresser gewesen sein sollen, denn dazu sind Sie viel zu schlank«, und es gab ein schallendes Gelächter.

Gleich während der ersten Reise in die Heimat ging es auch ins Riesengebirge und auf die Schneekoppe, aber auch nach Schreiberhau, wo ich den Friedhof, hier liegt Carl Hauptmann begraben, in einem barbarischen Zustand vorfand, und nach Agnetendorf zum Haus Wiesenstein, wo Gerhart Hauptmann 46 Jahre gelebt hat und gestorben ist. Es ist jedesmal ein großer Gnadenakt, wenn einem erlaubt wird, wenigstens die Paradieshalle mit den Fresken von Johannes M. Avernarius (mir gefallen sie allerdings nicht besonders) betreten darf.

»Ein Haus in Oberschlesien«, so wurde eine Fernsehkritik überschrieben, in der über ein 45-Minuten-Gespräch berichtet wurde, das Viktor Oertzen am 31. August für das Dritte Programm des Südwestfunks mit mir geführt hatte. Daß ich nach meinem Lebenslauf und meiner politischen Position abgefragt worden bin, war selbstverständlich. Ein Kritiker hatte gar »18 Themenkreise, biographische, historische, politische« gezählt und dazu bemerkt, daß mein »Lebenslauf in vielen Einzelheiten der Öffentlichkeit nicht bekannt war«. Da das Gespräch kaum vier Wochen nach meinem Besuch in Schlesien aufgenommen wurde, berichtete ich auch eingehend über die mit Polen geführten Gespräche und die höfliche, wenn nicht sogar freundliche Aufnahme, die ich in der Heimat von den Polen erfahren hatte. Aufsehen erregte, was ich später aus vielen Zuschriften erfuhr und was bis jetzt in Gesprächen wiederkehrt, daß ich die Absicht geäußert hatte, mir eine Wohnung in meiner Heimatstadt Ratibor zu nehmen. Heute würde ich sagen, daß ich eine derartige Wohnung, aus der in einer Besprechung gleich ein ganzes Haus geworden war, noch lieber in Schlesiens Hauptstadt Breslau bezöge. Wie steht es damit, so lauten immer wieder die Fragen. Leider ist dies ein frommer Wunsch geblieben. So aufgeschlossen ist man polnischerseits nun gerade nicht. Nichts ist für einen Deutschen schwieriger, als sich in Schlesien oder Ostpreußen niederlassen zu wollen, wobei noch nicht einmal gleich an Grundstückserwerb oder ein eigenes Haus gedacht werden muß. Die Angst vor den Deutschen ist nach wie vor ein innen- und außenpolitisches Kampfmittel.

Man behandelt mich in den Gesprächen und Interviews fair, indem man gewissenhaft ohne Abstriche oder zusätzlich abträgliche Kommentare meine Antworten auf die zum Teil geradezu provokativ gestellten Fragen, die zu stellen das gute Recht des Journalisten ist, wiedergibt.

Damit ist selbstverständlich nicht gesagt, daß man auch schon mit meinen Antworten übereinstimmt. Es überwiegt die Neugierde zu erfahren, wie und was jemand denkt und sagt und vorhat, den man die letzten Jahrzehnte hindurch nur als »Revanchisten« sehen und beurteilen durfte.

»SCHLESISCHE NACHRICHTEN« –
POLNISCHE BEHÖRDEN GREIFEN EIN

Da die extremen Ausfälle in der Wochenzeitung »Der Schlesier« in wiederkehrenden Abständen zunahmen, entzog die Landsmannschaft Schlesien schließlich, im November 1988, auch die letzte Unterzeile, die die Zeitung noch mit der Landsmannschaft verbunden hatte, nämlich die Aufnahme von offiziellen Mitteilungen. In seiner Ausgabe vom 25. November 1988 erschien als Aufmacher ein nur als antisemitisch zu bezeichnender Aufsatz aus Anlaß der Gedenkfeiern in Erinnerung an die sogenannte Kristallnacht im November 1938. Mit dem Datum 23. November 1988 erklärte ich für die Landsmannschaft Schlesien: »Die jüngste Einlassung der privaten Wochenzeitung ›Der Schlesier‹ zum Gedenken an die brutale nationalsozialistische Verfolgung der Juden wird von der Landsmannschaft Schlesien entschieden und mit Empörung zurückgewiesen und verurteilt. Die Landsmannschaft Schlesien, die sich der Wochenzeitung ›Der Schlesier‹ seit über drei Jahren nur noch als Mitteilungsblatt für organisatorische Fragen bedient hat, wird aufgrund der jüngsten unverantwortlichen Äußerung zum Schicksal der Juden in unserem deutschen Volk ab sofort ihre Mitteilungen nicht mehr in der Wochenschrift veröffentlichen.« Kurz danach, am 24. November, so der Eingangsstempel in der Geschäftsstelle der Landsmannschaft, traf ein Brief des Bundeskanzlers Helmut Kohl vom 22. November bei mir ein: »Lieber Herr Hupka, beigefügt sende ich Ihnen eine dpa-Meldung von heute. Die Äußerungen im ›Schlesier‹ sind unerträglich und in gar keiner Weise zu akzeptieren. Ich halte es für dringend notwendig, daß Sie in der gebotenen Weise sich sehr rasch von diesem Pamphlet distanzieren und deutlich herausstellen, daß die von Ihnen vertretenen Organisationen damit nichts zu tun haben. Mit freundlichen Grüßen Ihr Helmut Kohl«. Da dieser Brief der Presse übergeben worden war, bevor ich ihn erhalten konnte, war inzwischen die Nachricht verbreitet worden, daß die Landsmannschaft Schlesien erst auf Druck des Bundeskanzlers reagiert habe. Ich habe daher guten Gewissens eine mit dem wahren Zeitablauf übereinstimmende Presse-

mitteilung am 24. November vor Eintreffen eines Anrufes oder Briefes des Bundeskanzlers veranlaßt: »Zu Falschmeldungen, wonach die vollständige Trennung der Landsmannschaft Schlesien von der Wochenzeitung ›Der Schlesier‹ auf ein Einwirken des Bundeskanzlers zurückzuführen sei, erklärt der Bundesgeschäftsführer der Landsmannschaft Schlesien, Bernhard Schäfer: Die einmütige Entscheidung des geschäftsführenden Bundesvorstandes der Landsmannschaft Schlesien, die vollständige Trennung von der Wochenzeitung ›Der Schlesier‹ zu vollziehen, ist ohne Einwirkung durch Bundeskanzler Helmut Kohl zustande gekommen. Es hat in dieser Sache von seiten der Landsmannschaft Schlesien bisher keinen Gesprächskontakt mit dem Bundeskanzler gegeben. Der Bundesvorsitzende Dr. Herbert Hupka hat bisher von keinem Brief des Bundeskanzlers in dieser Sache Kenntnis genommen, und auch bei der Bundesgeschäftsstelle der Landsmannschaft liegt kein entsprechendes Schreiben vor. Grundsätzlich entscheidet die Landsmannschaft als demokratische und überparteiliche Organisation über verbandsinterne Fragen.«
In einem vom Pressedienst der Landsmannschaft Schlesien verbreiteten Aufsatz hatte ich unter dem 28. November 1988 die Vorgänge noch einmal dargelegt, darin aber auch unter der Überschrift »Ein Abschied« geschrieben: »Es ist unerträglich, daß wir Schlesier im allgemeinen und die Landsmannschaft Schlesien im besonderen durch Sumpfblüten in die Schlagzeilen geraten. Die Schlesier sind bekanntlich ein tolerantes Völkchen, aber dort hört die Toleranz auf, wo die Intoleranz nach gestrigem Strickmuster verbreitet wird. Jeglicher Radikalismus ist uns zuwider, sowohl von links als auch von rechts...« In den folgenden Ausgaben hieß die Unterzeile im »Schlesier« nunmehr »Mitteilungsblatt des Förderkreises Deutsche Einheit«, später variiert in »Förderkreis Deutsche Einheit für die Ostprovinzen und das Sudetenland«, ohne daß über diesen sogenannten Förderkreis bislang eine zuverlässige Auskunft erteilt worden wäre; die Mit-Nennung »Sudetenland« ist obendrein eine falsche Etikettierung der traditionsgemäß sich »Breslauer Nachrichten« nennenden Zeitung.
Seit dem 1. Oktober 1986 gab die Landsmannschaft Schlesien das bisher im Quartformat erschienene Mitteilungsblatt als »Monatsblatt« unter dem Titel »Schlesische Nachrichten« heraus. Vom ersten April 1988 ab erschienen die »Schlesischen Nachrichten« zweimal im Monat und sollten eigentlich wöchentlich vorliegen, wenn das Geld reichte. Im Aufmacher der ersten Nummer schrieb ich: »Immer wieder sind wir Schlesier als Landsmannschaft mit irgendwelchen Nachrichten und

Artikeln in Verbindung gebracht worden, ohne daß überhaupt ein begründeter Anlaß bestanden hätte, die Landsmannschaft Schlesien dafür in die Verantwortung zu nehmen. Die ›Schlesischen Nachrichten‹ sind, um einen früher gebrauchten Ausdruck zu übernehmen, das offizielle Organ der Landsmannschaft Schlesien.« Selbstverständlich gab es aus den Reihen der Mitarbeiter der Wochenzeitung »Der Schlesier« gleich heftigsten Widerspruch, aber diesen haben die »Schlesischen Nachrichten« gut überstanden. Sie haben inzwischen den »Oberschlesischen Kurier«, den Helmut Kostorz jahrzehntelang in verdienstvoller Weise herausgegeben hatte, aufgekauft und liegen allmonatlich mit Sonderseiten für die Landsleute in Berlin vor.

Im Verlauf der Jahre hat sich das Blatt die Unterzeile »Zeitung für Schlesien« zugelegt und stand von Beginn an unter der Leitung von Alfred Theisen, meinem früheren Mitarbeiter im Bundestag. Theisen ist schon insofern ein Glücksfall, als er, Jahrgang 1959, ein Sohn der Eifel ist, ohne schlesische Spurenelemente im Stammbaum, der sich inzwischen zu einem ausgezeichneten Kenner der Geschichte und politischen Verhältnisse heute in Schlesien entwickelt hat. Dies geht nicht zuletzt auf seine vielen Reisen, vor allem nach Oberschlesien, zurück und die seitdem sich entwickelnden persönlichen Kontakte zu den Landsleuten. Zwar hat sich Theisen inzwischen beruflich verändert, ist aber der Zeitung als Mitarbeiter weiterhin verbunden.

Aber auch die »Schlesischen Nachrichten« erregten Aufsehen, denn die Ausgabe vom 15. März 1991 wurde von den polnischen Behörden beschlagnahmt und konnte nicht ausgeliefert werden. Als Grund wurde unter der Hand angegeben, daß die erste Seite der beschlagnahmten Ausgabe Grund für das behördliche Eingreifen gewesen sei. Auf der Titelseite wurde ein von der Landsmannschaft Ostpreußen verbreitetes Plakat abgebildet, das Deutschland in den Umrissen der Grenzen von 1937 zeigte mit der Aufschrift »750 Jahre gemeinsame deutsche Geschichte und Kultur – Völkerrecht auch für Ostpreußen, Danzig, Pommern und Schlesien. 114 000 Quadratkilometer Deutschland dürfen nicht verschenkt werden!« Im Begleittext hieß es dazu: »Die Vertriebenen befürchten in diesen Tagen, daß ihre Heimat ohne das Bemühen um einen gerechten Ausgleich an Polen abgetreten wird, ohne daß ihnen die Rückkehr und ein gleichberechtigtes Miteinander mit den polnischen Nachbarn, vor allem auch eine ungehinderte wirtschaftliche Entfaltung ermöglicht wird.« Vom Auswärtigen Amt erwartete die Landsmannschaft Schlesien, die sofort gegen diesen Eingriff in den freien Austausch von Meinungen Protest erhoben hatte, Widerrede und Beschwerde durch die Botschaft der Bundesrepublik Deutschland in Warschau. Eine Intervention erfolgte nicht, und dies wurde seitens des Auswärtigen Amtes so begründet: »Das Grundrecht der Meinungs- und Pressefreiheit steht außer Zweifel. Es ist nicht Sache des Auswärtigen Amtes, die in Frage gestellte Ausgabe Ihrer Zeitschrift zu bewerten. Dem Leser vermittelt sich jedoch der Gesamteindruck, daß Ihre Zeitschrift eine grundsätzliche Absage an das von der Bundesregierung zu Polen angestrebte Vertragswerk zum Ausdruck bringt. Sie werden verstehen, daß das Auswärtige Amt sich durch eine Unterstützung Ihrer Zeitschrift im gegebenen Falle nicht in Widerspruch setzen kann zu seinem Verhalten gegenüber dem polnischen Vertragspartner.« Widerspruch zur vorherrschenden Regierungsmeinung sollte es also nicht geben dürfen. Man hätte sich ja distanzieren können, weil in der beschlagnahmten Nummer der »Schlesischen Nachrichten« nicht der offizielle Standpunkt der Bundesregierung vertreten wird, aber zugleich wäre es um der Meinungsfreiheit willen notwendig gewesen, gegenüber der polnischen Zensurbehörde zu intervenieren. In Polen verhielt man sich schließlich toleranter als die Bundesregierung und hob das Verbot der Auslieferung am 17. Mai wieder auf. Ein weiterer offizieller Eingriff seitens einer polnischen Dienststelle ist seitdem gegenüber den »Schlesischen Nachrichten«, von denen zwei Drittel der Auflage Bezieher in Schlesien, vor allem in Oberschlesien, sind, nicht bekannt geworden.

»DIE STALIN-LINIE WIRD BESTÄTIGT« –
DIE BEIDEN VERTRÄGE MIT POLEN

Am 14. November 1990 wurde in Warschau der Grenzvertrag zwischen Deutschland und Polen unterzeichnet und politische Wirklichkeit, auch wenn dieser Vertrag und der Nachbarschaftsvertrag erst am 17. Oktober 1991 vom Deutschen Bundestag ratifiziert wurden und am 16. Januar 1992 in Kraft getreten sind. In einer Erklärung für die Landsmannschaft Schlesien erinnerte ich zuerst an die Prämissen dieses Vertrages: »Ergebnis der Zwei-Plus-Vier-Verhandlung (die Ausgangslage illustrierend von mir später gern 4+2-Vereinbarung genannt) vom 12. September 1990 in Moskau, Bestätigung der von Josef Stalin willkürlich an der Oder und Görlitzer Neiße gezogenen Grenzlinie, Wiederholung des von zwei kommunistischen, demokratisch nicht legitimierten Regierungen 1950 in Görlitz abgeschlossenen Grenzabkommens, Falschauslegung des Warschauer Vertrages von 1970 im Widerspruch zur Vorbehaltklausel eines künftigen Friedensvertrages, wider das Selbstbestimmungsrecht des deutschen Volkes zustandegekommen, widerspricht dem Recht, indem die Vertreibung von Millionen Deutschen mit einem territorialen Gewinn von 104 000 qkm durch Polen legalisiert wird. Die Antwort heißt Protest und Einspruch«. Ich fragte nach der Geltung all unserer Rechtspositionen, die offenbar nun zur Makulatur geworden sein sollen, einschließlich des Auftrages aus dem Grundgesetz zur Vollendung der Einheit und Freiheit Deutschlands in freier Selbstbestimmung, weil nunmehr das Selbstbestimmungsrecht mit der staatlichen Einheit bereits verbraucht sei, die staatliche Einheit Deutschlands stünde aber für den Anspruch auf die Wiedervereinigung ganz Deutschlands. Ich nannte ferner den Friedensvertragsvorbehalt aus dem Deutschlandvertrag, die Gemeinsame Entschließung des Deutschen Bundestages vom 17. Mai 1972, worin bekräftigt wurde, daß auch der Warschauer Vertrag von 1970 eine »friedensvertragliche Regelung für Deutschland nicht vorwegnimmt«, den Brief zur Deutschen Einheit als Bestandteil des Moskauer Vertrages und des innerdeutschen Grundvertrages mit dem Verweis auf das Selbstbestimmungsrecht, die Entschei-

dungen des Bundesverfassungsgerichts von 1973, 1975, 1983, 1987. »Heute ist allerdings nur noch zur Kenntnis zu nehmen, daß die Urteile und Entscheidungen des Bundesverfassungsgerichts aufgehoben worden sind: Wann, durch wen, mit welcher Rechtsbefugnis? Was gestern noch galt und von den führenden Männern und Frauen unserer Bundesrepublik Deutschland beschworen worden ist, wurde auf den Müllhaufen der Geschichte gekehrt. Aber nicht nur das ist empörend, nicht minder empörend ist, daß es niemandem aufgefallen zu sein scheint, was mit unseren Rechtspositionen geschehen ist, weder im Parlament noch in den Medien. Zuerst gab es den vorauseilenden Gehorsam deutscher Politiker, dann das Diktat der Zwei-Plus-Vier-Vereinbarung in Moskau, und jetzt wird ausgeführt, was bereits beschlossen und ohne Widerspruch hingenommen worden ist.«
Die Landsmannschaft Schlesien legte gegen den Warschauer Grenzbestätigungsvertrag Rechtsverwahrung ein. Diese wurde auf einer Bundesdelegiertentagung im Haus Schlesien, mit Datum 7. April 1991, einstimmig beschlossen und enthält unter anderem im ersten und fünften, letzten Absatz diese Sätze. »Polen hat weder einen rechtlichen, historischen, moralischen noch politischen Anspruch auf dieses seit Jahrhunderten zu Deutschland gehörende und von Deutschen bewohnte Land. Die seit 1945 erfolgte Integrierung in das polnische Staatsgebiet ist völkerrechtswidrig. Die Vertreibung der Deutschen aus ihrer angestammten Heimat und die Enteignung der deutschen Bevölkerung verstößt gegen die allgemein anerkannten Grundsätze des Völkerrechts. Die Schlesier protestieren gegen den Rechtsakt der ›Bestätigung der bestehenden Grenze‹. Der Vertrag ist ohne ihre Mitwirkung und Zustimmung abgeschlossen worden und widerspricht dem Selbstbestimmungsrecht der Völker (jus cogens).« Der Schlußsatz: »Die Schlesier bekräftigen ihren Willen, mit dem Ziel eines tragfähigen Ausgleichs und partnerschaftlicher Beziehungen mit Polen in einem freien, geeinten Europa zusammenzuleben und -arbeiten zu wollen.« Unterzeichnet ist diese Rechtsverwahrung vom gesamten Bundesvorstand, darunter die drei Bundestagsabgeordneten Ortwin Lowack, Helmut Sauer und Hartmut Koschyk.
Zum Warschauer Grenzvertrag hat es in der Folgezeit nicht an Erklärungen gefehlt, um deutlich zu machen, daß gar keine andere Entscheidung möglich gewesen sei. Richtig ist, daß wir inzwischen wissen, wie die Siegermächte bei den Vorverhandlungen zum Moskauer Vertrag nach Abschluß der Zwei-Plus-Vier-Gespräche einschließlich der sehr zielbewußt und stark auftretenden polnischen Regierung, die vom Rande her

erfolgreich eingewirkt hat, vorgegangen sind. Die Sowjetunion war von vornherein darauf bedacht, daß an der Stalin-Linie nicht gerüttelt werden dürfe, von Polen ganz zu schweigen. Frankreich beharrte darauf, daß Voraussetzung für die staatliche Einheit die Anerkennung der jetzt bestehenden polnischen Grenze sei. Margret Thatcher war sogar zu einer französisch-britischen Allianz bereit, um die staatliche Einheit Deutschlands entweder zu verhindern (Deutschland als neue starke Großmacht!) oder ihrer »Gefährlichkeit« wegen abzublocken.

Die deutschen Erklärungen besagen, daß es gar keine andere Möglichkeit gegeben habe, als so zu entscheiden, wie dann auch entschieden worden ist, wollte man die staatliche Einheit erreichen. »Wir standen unter Druck«, »Wir mußten uns erpressen lassen«, zwar hat man diese Sätze bis heute nicht so vernommen, aber derartige Sätze entsprechen wohl am ehesten der uns von den Verantwortlichen beredt geschilderten tatsächlichen Lage. Allerdings gibt es auch die Einlassung des Bundesaußenministers Hans-Dietrich Genscher, daß wir, die Bundesrepublik Deutschland, alles »gern und freiwillig« getan haben. Der Widerspruch zwischen dieser Aussage und den Erklärungen von Helmut Kohl und Theo Waigel ist bis heute nicht aufgeklärt.

Unabhängig vom Inhalt des Grenzbestätigungsvertrages und der bereits daran geübten Kritik muß gefragt werden, warum bisher keine Nachricht bekannt geworden ist, derzufolge um die in dem Vertrag zum Ausdruck gebrachte Bestätigung der Oder-Neiße-Linie als Grenze nicht gerungen, ja sogar gestritten worden ist. Selbst wenn das Ergebnis nicht anders, nicht besser ausgefallen wäre, die Gewißheit hätte bestanden, daß unsere deutschen Unterhändler bis zum Äußersten gegangen sind, aber sie hätten eben nichts zu erreichen, sich nicht durchzusetzen vermocht.

Fest steht, daß in diesem Grenzvertrag von einer Anerkennung der Grenze verbal nicht die Rede ist, obwohl unmißverständlich zum Ausdruck gebracht wird, daß über Ostdeutschland jenseits von Oder und Neiße Polen die Souveränität ausübt. Als in einer Entschließung der Landsmannschaft Schlesien, beschlossen am 18. April 1993 in Eisenach, der Satz zu lesen war: »Die Souveränität über Ostdeutschland jenseits der Oder-Neiße-Linie wurde Polen übertragen«, setzte Widerspruch des juristischen Beraters des Bundes der Vertriebenen ein, weil er den Standpunkt auch vor dem Bundesverfassungsgericht, von dem allerdings eine Klage des Bundes der Vertriebenen abgewiesen worden ist, vertreten hat, daß Polen lediglich Gebietshoheit, nicht aber die Souveränität in Anspruch nehmen könne und dürfe. Das Faktum ist indes, wie aus dem Text des Vertrages hervorgeht, daß Polen im Besitz der Souveränität ist.

Bis in die jüngste Zeit bin ich gerade auch von polnischen Journalisten über mein Verhältnis zur Oder-Neiße-Linie befragt worden. Man hat polnischerseits meine Antwort zur Kenntnis genommen und kommentarlos darüber berichtet, ohne sich selbstverständlich mit meiner Antwort auch zu identifizieren. Ich sagte. »Der Grenzvertrag mit Polen ist rechtmäßig zustande gekommen. Es gilt das Wort ›Pacta sunt servanda‹, abgeschlossene Verträge sind einzuhalten. Aber als Demokraten zuerst, dann auch als Deutsche haben wir den Anspruch auf ein unabhängiges und, wie wir glauben, zutreffendes Urteil. Es ist zwischen Recht und Unrecht zu unterscheiden. Die Voraussetzung des Grenzbestätigungsvertrages ist das Unrecht der Vertreibung. Wenn wir diese heute zu Recht als ein Verbrechen gegen die Menschlichkeit im ehemaligen Jugoslawien verurteilen, dann war und ist die Vertreibung der Deutschen aus ihrer Heimat 1945 und danach gleichfalls ein Unrecht und Verbrechen. Wir dürfen, wir müssen daher dem Satz ›Pacta sunt servanda‹ hinzufügen: ›Sed sunt pacta injuriae‹, aber es sind Verträge des Unrechts. Klar muß allerdings hinzugefügt werden, daß um des Rechts willen kein neues Unrecht begangen werden darf. Gut ist, und dies muß besonders herausgestellt werden, mit allen Konsequenzen, die sich daraus ergeben, daß es sich um offene Grenzen handelt.«

Ich bin dann immer gefragt worden, wie wir uns die Zukunft Schlesiens denn überhaupt vorstellten, eine Frage, die sowohl von den vertriebenen Schlesiern und deren Nachkommen hierzulande gestellt, aber auch in Polen aufgeworfen wird. Meine Antwort: »Es gibt in der Geschichte keinen Schlußstrich. Wir Deutsche plädieren mit Engagement für den Beitritt Polens zur Europäischen Union, wann auch immer dies möglich sein wird. Diese Mitgliedschaft zur Europäischen Union verlangt auch von Polen als Mitglied die Anerkennung des europäischen Wertekodex, und in diesem gilt die Freizügigkeit, die Niederlassungsfreiheit und also auch das Recht auf die Heimat, demzufolge sich jeder dort niederlassen kann, wo er will, also auch und gerade die aus der Heimat Vertriebenen in ihrer Heimat. Es gilt aber auch die Schlußakte der KSZE in Helsinki von 1975, die besagt, was ›peaceful change‹ genannt worden ist, daß bestehende Zustände auf friedliche Weise verändert werden können, in Übereinstimmung mit den Betroffenen. So verklausuliert diese Erklärung auch sein mag, der Grundsatz aus der Schlußakte der KSZE hat Bestand. Meine Vision ist (diese habe ich übrigens schon sehr oft in der Öffentlichkeit vorgetragen), »daß Deutsche und Polen gemeinsam

Schlesien aufbauen und wieder in einen besseren Zustand, als es der gegenwärtige ist, emporheben.«
Vor dem Mitarbeiterkongreß der Landsmannschaft Schlesien sagte ich in Görlitz am 18. Juni 1994: »Die Deutschen allein können Schlesien nicht wieder zurückgewinnen, es sei denn um den Preis eines Krieges, und dieser scheidet aus. Die Polen allein haben es bis jetzt nicht vermocht, Schlesien wieder so herzustellen, wie es einmal gewesen ist. Nichts sollten und dürfen die Deutschen gegen die Polen, nichts sollten und dürfen die Polen gegen die Deutschen in und für Schlesien tun. Also verlangen Zeit und Umstände, daß wir, Deutsche und Polen, gemeinsam ans Werk gehen. Ich weiß aber auch, daß diese Sätze von der Gemeinsamkeit weder bei uns Deutschen noch und erst recht bei den Polen sofort Zustimmung, von Beifall gar nicht erst zu sprechen, finden. Aber wer Politik betreibt, bedarf der Vision.«
Beim Grenzvertrag war alles längst festgezurrt, so daß es auch gar nicht mehr besondere Gespräche der eigentlich Betroffenen, der Vertriebenen, mit den Regierenden bedurfte. Dies war jedenfalls die Überzeugung von Bundeskanzleramt und Auswärtigem Amt. Anders wurde bezüglich des Nachbarschaftsvertrages mit Polen operiert. Hier kam es zu Gesprächen, in denen es aber, auch das muß gesagt werden, weniger darum ging, ob mit Vertretern des Bundeskanzleramts oder mit denen des Auswärtigen Amtes, noch etwas zu verändern, Zusätzliches unterzubringen, als vielmehr lieber so zu tun, als könnten die Sprecher der Vertriebenen tatsächlich vor der endgültigen Fassung gehörig mitwirken. Ich schrieb in den »Schlesischen Nachrichten«: »Im Gegensatz zu den mehrtägigen sechs Gesprächsrunden mit Polen hat das Auswärtige Amt mit den Betroffenen nur einmal 90 Minuten gesprochen. Im Gegensatz zu den mehrstündigen Gesprächen zwischen dem deutschen und dem polnischen Außenminister hat Bundesaußenminister Hans-Dietrich Genscher keine Zeit für ein Gespräch mit den Betroffenen gehabt. Der deutsch-polnische Nachbarschaftsvertrag ist übereilt und höchst unzulänglich ausgehandelt worden. Die Regierungsparteien werden daher aufgefordert, den Nachbarschaftsvertrag in der vorliegenden Fassung in Ruhe und als Anwalt der deutschen Interessen zu korrigieren.« Es folgen dann einige Positionen, die ich besonders herausgestellt und kritisiert habe: »1. Im Nachbarschaftsvertrag ist die Bestätigung und Absicherung der deutschen Staatsangehörigkeit der Deutschen und ihrer Nachkommen jenseits von Oder und Neiße ausgeklammert worden. 2. Niederlassungsfreiheit, Freizügigkeit und das Recht auf die Heimat haben keinen Niederschlag gefunden. 3. Die Eigentumsfrage,

das Recht auf das Eigentum und die Wiedergutmachung des geraubten Eigentums sind unberücksichtigt geblieben. 4. Die Obhutspflicht der Bundesregierung als Schutzmacht – vergleichbar der Schutzmacht Österreich gegenüber Italien für die deutschen Südtiroler – ist auf unverbindliche Gespräche zwischen den Ressortministern und zwischen dem Bundeskanzler und dem polnischen Ministerpräsidenten abgeschoben worden. Eine Berufungsinstanz bei Streitfällen ist nicht vorgesehen. 5. Die Zweisprachigkeit der Ortsschilder, wie sie den Sorben in der Bundesrepublik Deutschland gewährt wird (60 000 hier, eine Million Deutsche in der Heimat!) ist ausgeschlossen. 6. Mit keinem Wort wird die Vertreibung verurteilt. 7. Zur Eile des Abschlusses dieses Nachbarschaftsvertrages bestand schon deswegen kein Anlaß, weil es zur Zeit bis zur Neuwahl eines polnischen Parlaments nach demokratischen Spielregeln im Herbst 1991 kein polnisches Parlament gibt, dem ein deutsch-polnischer Nachbarschaftsvertrag zur Ratifizierung vorgelegt werden könnte.«

Am 6. September und 17. Oktober 1991 beschäftigte sich der Deutsche Bundestag mit beiden Verträgen. Auffallend war, daß der Bundesaußenminister und der Sprecher der Opposition, Hans-Jochen Vogel, nur bei der ersten Lesung anwesend waren, nicht bei der entscheidenden zweiten, und daß nicht namentlich abgestimmt worden ist. Als es um 104 000 qkm deutschen Territoriums in den Grenzen von 1937 ging, wurde eine namentliche Abstimmung unterlassen!

Schon in der Präambel zum Grenzvertrag vom 14. November 1990 war nur vom »Leid der Vertreibung«, nicht aber vom Unrecht der Vertreibung die Rede, und diesen Tenor übernahm jetzt auch der Bundesaußenminister in seiner Rede am 6. September, deren Inhalt ich in einem Artikel für den Pressedienst Schlesien eingehend analysiert und zugleich kritisiert habe, unter der Überschrift »Falscher Zungenschlag im Deutschen Bundestag«. Ich zitiere auszugsweise: »Im Gegensatz zu Hitler genießt Stalin Schonfrist, denn der Name des sowjetrussischen Diktators wird strikt und bewußt gemieden. Auch vom Verbrechen der Vertreibung ist nicht die Rede, sondern höchstens vom ›Leid der Vertreibung‹, um den Bundesaußenminister zu zitieren: ›Die Folgen der von Hitler-Deutschland gegen Polen geführten Gewaltpolitik, aber auch das von Deutschen erlittene Leid‹. War es etwa keine Gewaltpolitik, die von den Kommunisten, ob russischer oder polnischer oder tschechischer Kommunismus, den Deutschen gegenüber betrieben worden ist? ›Dieser Vertrag unterbricht ein für allemal den Teufelskreis von Unrecht und neuem Unrecht.‹ Das soll besagen, daß diejenigen, die auf das Recht setzen, das Unrecht fortsetzen wollen. Warum dann immer die huldigenden Worte für die Charta der deutschen Heimatvertriebenen wegen des Verzichts auf Rache und Gewalt, wenn gleichzeitig diejenigen eines neuen Unrechts verdächtigt werden, die gerade als die aus der Heimat Vertriebenen für das Recht eintreten. Wenn schon von einem ›Teufelskreis von Unrecht, Rache und Gewalt‹ die Rede ist (so sprach auch der Bundeskanzler), dann kann dieser doch nur durch das Recht und nicht durch die Bestätigung des Unrechts durchbrochen werden. Nach des Bundesaußenministers Auffassung sind Vertreibung und deren jetzige Bestätigung die ganz selbstverständliche ›Folge eines verbrecherischen Krieges‹ und eines verbrecherischen Systems‹. Was 1945 und danach geschehen ist, war offenbar nicht verbrecherisch, denn für die Vertreibung und die Annexion ganz Ostdeutschlands jenseits von Oder und Neiße gibt es die Bezeichnung ›verbrecherisch‹ nicht. Was schon Willy Brandt wiederholt erklärt hat, macht sich auch der Bundesaußenminister gern zu eigen, ›daß der deutsch-polnische Grenzvertrag nichts aufgibt, was nicht längst vorher verloren war‹. Warum sollen eigentlich ›nur‹ Breslau, Stettin und Königsberg ›verloren‹ sein, und dies in angeblich logischer Konsequenz, warum nicht auch Halle oder Berlin! Sind tatsächlich Vertreibung und der gegenwärtige Grenzbestätigungsvertrag zwingende Kriegsfolge? ›Auch Polen mußten ihre Heimat verlassen.‹ Weshalb dann die Aufregung, so ist daraus zu schließen, ›daß Deutsche als Folge des Krieges ihre Heimat verloren haben‹. Ausdrücklich wird vermerkt: ›nicht nur Deutsche‹. Nicht zu billigen ist, daß 1,5 Millionen Polen des ehemals zu Polen gehörenden Gebietes jenseits von Bug und San vertrieben worden sind. Aber es gibt einen Unterschied zwischen Deutschland und Polen: Polen hatte Ost-Polen gewaltsam 1920/21 annektiert und stellte hier stets eine Minderheit von 20 bis 25 Prozent der Bevölkerung dar, die Deutschen in Ostdeutschland waren indes mit nahezu 100 Prozent der Bevölkerung in ihrer Heimat zu Hause. Warum dieser falsche Vergleich gegen uns Deutsche? Immer wieder wird, wenn es um die Deutschen von der jungen Oder bis zur Ostsee geht, von der ›deutschen Minderheit in Polen‹ gesprochen. Ja diese ›deutsche Minderheit in Polen‹ wird im Nachbarschaftsvertrag mit der polnischen Minderheit in der Bundesrepublik Deutschland gleichgesetzt. Hier muß der Bundesaußenminister (aber auch der Bundeskanzler) aufgeklärt werden. In der Bundesrepublik Deutschland gibt es wirklich eine aus den eingewanderten und weiterhin einwandernden Polen bestehende Minderheit. Die Deutschen in der Heimat sind keine Einwanderer in Polen und keine Auswanderer aus Deutschland, son-

dern die seit Jahrhunderten angestammte Bevölkerung. Darum ist die ›deutsche Minderheit in Polen‹ die Restbevölkerung der gewaltsam vertriebenen Deutschen. Alles sei jetzt ›völkerrechtlich verbindlich festgeschrieben‹. Gleichzeitig wird gesagt, daß wir Deutsche angesichts des Zwei-Plus-Vier-Vertrages gar nicht anders entscheiden durften, also das Machtwort der Sieger des Zweiten Weltkrieges hat entschieden.«
Die Abstimmung ergab eine überwältigende Mehrheit für die beiden Verträge. Gegen den Warschauer Grenzvertrag stimmten 20 Abgeordnete (ausschließlich aus der CDU/CSU), 10 Abgeordnete enthielten sich. Gegen beide Verträge, also auch den Nachbarschaftsvertrag, stimmten die CDU/CSU-Abgeordneten Wilfried Böhm, Bernhard Jagoda, Helmut Sauer und Fritz Wittmann sowie Ortwin Lowack als fraktionsloser Abgeordneter.
Für die Landsmannschaft Schlesien übergab ich der Öffentlichkeit eine sieben Punkte umfassende Stellungnahme, in der es unter anderem heißt: »Unrecht ist zum Recht erklärt worden: das Unrecht der willkürlich von Josef Stalin gezogenen Demarkationslinie an Oder und Neiße, das Unrecht der Vertreibung von Millionen Deutschen aus ihrer seit Jahrhunderten angestammten Heimat, das Unrecht des von zwei kommunistischen Diktatoren in Potsdam beschlossenen Grenzverlaufs, das Unrecht der Verweigerung des Selbstbestimmungsrecht. Ob in Europa oder Asien, durch Beharrlichkeit und Standpunktfestigkeit haben sich die baltischen Völker und die Japaner ausgezeichnet im Ringen um die nationale Identität und die Behauptung des territorialen Bestandes gegenüber dem Eroberer und Okkupanten. Die Bundesrepublik Deutschland zeichnet sich hingegen durch eine Politik der Bestätigung des Unrechts aus.« Nach Sätzen zum Nachbarschaftsvertrag steht in dieser Erklärung: »Die Vertreibung der Deutschen aus ihrer Heimat dauert so lange fort, solange nicht die vertriebenen Deutschen vom Recht auf die Heimat Gebrauch machen können.«
Es hat für das Protokoll des Deutschen Bundestages von mehreren Mitgliedern der CDU/CSU-Fraktion persönliche Erklärungen zum Abstimmungsverhalten gegeben. Die beste dieser Erklärungen, wofür wir Schlesier uns auch gleich bedankt und mit dem Abgeordneten aus Berlin die Verbindung aufgenommen haben, hatte Dietrich Mahlo protokollieren lassen. Einige Sätze sollen wiedergegeben werden: »Ich lehne die willkürliche Verschiebung von Landesgrenzen und die Wegnahme jahrhundertealter Siedlungsgebiete eines Volkes als Mittel der Politik ab, übrigens unabhängig davon, wer Nutznießer und wer Leidtragender solcher Annexionen ist. Die jetzige Grenze ist ahistorisch und völker-

rechtswidrig. Ihr Geist nicht europäisch, sondern nationalistisch, der Versuch, sie zu rechtfertigen, unwahrhaftig. Ich bin nicht Mitglied einer Vertriebenenorganisation. Ich bin kein Nationalist. Aber ich bin auch keiner, der sein eigenes Volk haßt und fremden Maximalforderungen an uns applaudiert. Gestern wollten wir die halbe Welt unterjochen, heute wollen wir ganze Provinzen abtreten, die jahrhundertelang Siedlungs- und der Kulturraum unserer Vorfahren waren. Vielleicht wäre die Welt uns gegenüber weniger mißtrauisch, wenn wir gestern mehr Mut und heute mehr Festigkeit zeigten. Völker haben ein langes Gedächtnis. Ich bezweifle, daß das Bestehen auf Abtrennung von 25 Prozent unseres Landes wirklich die ideale Voraussetzung für Vertrauen und Freundschaft zwischen Deutschen und Polen sein wird. Wenn wir Aussöhnung wollen, wenn ein gemeinsames abendländisches Kulturbewußtsein zwischen Deutschen und Polen entstehen soll, kann dies glaubwürdig nur auf der Grundlage gegenseitigen Nachgebens, nicht einseitiger, sondern beiderseitiger Opfer heranwachsen.«

Am 17. Mai 1992 schied Bundesminister Hans-Dietrich Genscher aus dem Amt, die Ankündigung war eine Überraschung, weshalb viel spekuliert worden ist, ob es Amtsmüdigkeit oder gesundheitliche Gründe, ob eine jetzt neu notwendige Außenpolitik ihn überfordert haben könnte oder ob es irgendwelche zu enge Kontakte zu den Mächtigen von gestern gewesen sein mögen. Nachfolger wurde Klaus Kinkel, den ich seit langem kenne und mit dem mich ein unkompliziertes und offenes Verhältnis verbindet seit mancher Begegnung in einem kleinen Kreise von Werner Marx Ende der siebziger und der beginnenden achtziger Jahre. Beide verband die Zugehörigkeit zum katholischen Cartellverband (CV), zu deren Mitgliedern ich auch mich zähle, ohne daß ich jemals davon Gebrauch gemacht hätte, weder in meinem Berufsleben noch in der Öffentlichkeit. Damals ging es um Südwest-Afrika, und wir vertraten unterschiedliche Standpunkte. Rücksichtnahme auf die SWAPO und eine künftige Regierung von Namibia, deswegen Abzug unserer diplomatischen Vertretung oder im Lande bleiben und in Namibia mit allen demokratischen Kräften kooperieren, nicht zuletzt mit dem Blick auf die 30 000 Deutschen im Lande.

»Freude über einen Abschied« nannte sich der Aufsatz, der im Deutschen Ostdienst erschien und viele Nachdrucke erhielt. Der Artikel ist unmittelbar vor dem Ausscheiden Genschers aus dem Amt veröffentlicht worden und kann auch in der Rückschau, wie ich meine, bestehen. Auszugsweise soll zitiert werden: »Wenn unsere berufsmäßigen Befrager, auch Demoskopen genannt, zur Popularität der Politiker die Bürgermeinung erforschen, rangierte seit Jahr und Tag der bisherige Bundesaußenminister Hans-Dietrich Genscher ganz oben, nämlich an erster Stelle. Aber obwohl er seit acht Legislaturperioden, seit 1965, dem Deutschen Bundestag als Mitglied der Freien Demokratischen Partei angehörte, hatte er es nie geschafft, als direkt gewählter Abgeordneter ein Mandat zu gewinnen. Auch unter dem Parteivorsitz von Genscher in den Jahren 1974 bis 1985 hatte es die FDP nicht vermocht, die unter Erich Mende 1961 erreichte Rekordzahl von 67 Abgeordneten wieder zu gewinnen, nur seit 1990 vermochte die FDP in dem nunmehr 662 zählenden Deutschen Bundestag 79 Abgeordnete zu stellen. Aber dieses Zahlenspiel sagt nichts, aber auch gar nichts über den Einfluß, über die Macht der FDP im jeweiligen Regierungsbündnis aus. Der Einfluß, ja die Macht der FDP hatte sich noch zu keiner Zeit der Bundesrepublik Deutschland so eindeutig manifestiert wie unter Hans-Dietrich Genscher.

Daß er aus Mitteldeutschland kam, hat er nie verleugnet. Der Hallenser Genscher hatte sich mit der staatlichen Teilung nie abgefunden, aber gleichzeitig hat er Ostdeutschland jenseits von oder und Görlitzer Neiße preisgegeben. Das war sein festes Konzept, und dieses ging nach der sogenannten Wende auch tatsächlich auf. Der Kreislauf des Unrechts müsse endlich unterbrochen werden, aber unter Unrecht verstand er nur die Einparteienherrschaft in der DDR und die Errichtung der Mauer mitten in Berlin, während die Vertreibung und die Annexion ganz Ostdeutschlands als Kriegsfolgen registriert, akzeptiert und schließlich anerkannt werden sollten. Mit allen Außenministern, auch denen aus dem sowjetischen Imperium, hat Genscher stets guten Kontakt und diplomatisches Einvernehmen gesucht und erreicht. Wir erinnern uns noch des sensationell aufgemachten Besuches von Andrej Gromyko in der alten Bundesrepublik, der Gespräche mit dem polnischen Außenminister oder dem tschechoslowakischen kommunistischer Abhängigkeit, Spaziergänge eingeschlossen, aber auch des behenden Kurswechsels, als der polnische Außenminister der ersten demokratischen Regierung Polens sein Gegenüber auf der UN-Vollversammlung am 27. September 1989 war. Richtig ist, daß den Zwei-Plus-Vier-Gesprächen 1990 die Erklärung Genschers in New York 1989 vorausgegangen war, die Präjudizierung durch die Bundesrepublik Deutschland, und dies selbst bereits vor der Wende. Wer über die Deutschlandpolitik der letzten beiden Jahrzehnte urteilt, muß den gar nicht zu unterschätzenden Anteil Genschers an dieser Politik beurteilen und gewichten. Es war eine Politik, die durch viele Reisen Konzepte zu ersetzen wähnte, die den

Opportunismus, die Gefälligkeit zum Prinzip erhob, die nicht für ganz Deutschland in allen seinen Teilen eingetreten ist und gestritten hat. Sicherlich nicht unmittelbar eine Politik des Ostens, aber eine Politik, die trotz der engen Verbindung mit dem Westen die deutschen Interessen nicht voll wahrgenommen hat, wohl auch gar nicht wahrnehmen wollte. Appeasement, Anpassung, war ihm nicht fremd. Zwar war Genscher länger deutscher Außenminister als Konrad Adenauer Bundeskanzler, aber im Gegensatz zu unserem Verhältnis zu Adenauer besteht kein Anlaß, Hans-Dietrich Genscher zu rühmen. Er hat unserem Vaterland Schaden zugefügt. Darum fällt uns der Abschied von ihm so leicht.«

»WEDER PROVOZIEREN NOCH KAPITULIEREN« – ANNABERG, PFINGSTSONNTAG 1991

Was sich am 19. Mai, Pfingstsonntag 1991, auf dem Annaberg ereignete, war nicht gerade, schlesisch gesprochen, eine »Zuckerlecke«. Es sollte ein »Freundschaftstreffen der Oberschlesier« werden. Auch ich war zur Teilnahme eingeladen. Andere aus der ersten Reihe der Vertriebenen (Herbert Czaja, Hartmut Koschyk) hatten ebenfalls Einladungen erhalten, aber dann abgesagt, weil sie befürchteten, es könnte kein so leichter Besuch auf Oberschlesiens »Heiligem Berg« werden. Es war ein naßkalter Maitag, als ich am frühen Nachmittag auf dem Annaberg zusammen mit meiner Frau eintraf. Ich wurde gleich zu einem Gespräch in die Wohnung der Familie Boenisch (polnisch Benisz geschrieben) gebeten und schwer ins Gebet genommen, darunter auch vom deutschen Bürgermeister von Leschnitz, Hubert Kurzal. Es sei irgendeine hohe Beamtin aus Warschau angereist, und der für dieses Treffen, das eigentlich, wie mir gesagt wurde, ein Folklore-Treffen sein sollte, in Aussicht gestellte staatliche Zuschuß von 13 000 DM müßte gestrichen werden, wenn ich auftreten und reden würde. Die Angst stand den Veranstaltern ins Gesicht geschrieben, aber auch die Bereitschaft, sich gefällig zu erweisen. Ich verwies hartnäckig auf die mir gegenüber mündlich und schriftlich ausgesprochene Einladung und daß man von mir keine Flucht vom Annaberg erwarten oder gar verlangen könne. Es verbreitete sich, auch unter manchem verantwortlichen Deutschen der Freundschaftskreise, ein Zagen und Zittern. Ich teilte mit, daß ich bliebe und schon wüßte, welche Verantwortung ich hier auf dem Annaberg sowohl für die Heimat als auch für uns Deutsche zu tragen hätte, nämlich weder zu provozieren noch zu kapitulieren.
Die Veranstaltung, die mit 50 000 Teilnehmern gerechnet hatte, was Hochstapelei gewesen war, fand schon wegen des schlechten Wetters im Pilgerheim statt. Ein Folkloreprogramm rollte ab, mit einheimischen deutschen Gruppen, darunter der ausgezeichnete Eichendorff-Chor unter der Leitung des Ehepaares Oslislo aus Ratibor, und aus der Bundesrepublik Deutschland eingeladene Gruppen. Als wir den Saal

betreten wollten, durften meine Frau und ich und Blasius Hanczuch nicht hinein. Der Saal sei überfüllt. Es gab ein dickes Menschenknäuel, bullenstarke Kräfte, die auf höheren Befehl hier eingesetzt zu sein schienen, verwehrten jeden Zutritt, bis es uns doch noch gelang, mit eigener Brachialgewalt wenigstens den Balkon des Saales zu betreten. Von der Brüstung herab durften wir zuschauen und zuhören, während in den Pausen mein Name skandiert wurde, denn man hatte mich seit langem entdeckt und wollte mich sehen und hören. Einem Trick ist es zu verdanken, daß ich doch noch einige Sätze vom Balkon herab sprechen konnte. Es wurde vom Ratiborer Chor zur Begrüßung des Ratiborers Herbert Hupka ein Chorlied angestimmt, so daß ich jetzt auf diese freundliche Begrüßung auch antworten mußte. Es waren nur wenige Sätze, aber der Dirigent machte Anstalten, nach jedem Satz bereits wieder ein neues Lied anzustimmen, denn man hatte auch im Saal Angst angesichts der (nicht von mir provozierten) Begleitumstände meiner Anwesenheit.

Ich sprach von der heiligen Hedwig und Trebnitz, vom Breslauer Dom und meinem Besuch soeben erst wieder, von der Schönheit unserer schlesischen Heimat, von meiner Heimatstadt Ratibor, und das war es dann auch, indem ich mit dem Gruß »Unserer Heimat Schlesien Gottes Segen und ein herzliches oberschlesisches Glückauf!« schloß.

Die Medien waren gut vertreten, deutsche Korrespondenten und die Redaktion der Deutschen Presseagentur waren aus Warschau angereist. Polnischerseits forderte man mich zu Statements und Interviews auf, die ich aber angesichts dieser Hochspannung mir versagen mußte, denn ich fuhr im Wagen weiter, während die Landsleute in der Heimat Vorwürfe auszuhalten hätten, die man aus meinen Erklärungen hätte drechseln können. Den Text meiner Ansprache, die ich vorbereitet mitgebracht hatte, konnte ich, durfte ich nicht sprechen, weil ich nicht zu Worte kam. Die Landsleute waren enttäuscht, daß sie mich nicht haben reden hören, ich war enttäuscht, daß ich nicht hatte sprechen dürfen. Ich war auf dem Annaberg mit dem staatlich gelenkten und vielleicht sogar gewünschten, auf Deutschfeindlichkeit ausgerichteten polnischen Nationalismus konfrontiert worden.

»WIE ENTSPANNT DIE ATMOSPHÄRE WAR« – KARDINAL BERTRAMS HEIMKEHR IN DEN BRESLAUER DOM

Am 9. November 1991 sollte endlich wahr werden, was Adolf Kardinal Bertram über vier Jahrzehnte verwehrt worden war, die Heimkehr in den Breslauer Dom, nachdem er am 6. Juli 1945 auf seinem Sommersitz Schloß Johannesberg bei Jauernig, Tschechoslowakei seit 1918/19, zuvor Österreichisch-Schlesien, gestorben war. Wiederholt war darüber geredet und auch verhandelt worden, ob überhaupt Kardinal Bertram im Breslauer Dom beigesetzt werden dürfe. Von 1914 bis 1945 war er der Oberhirte der Diözese, im Alter von 86 Jahren ist er gestorben und in Jauernig erst einmal beigesetzt worden. In mehreren Gesprächen, die ich nicht nur in dieser Angelegenheit bei Kardinal Josef Höffner in Köln erbeten hatte, wurde auch dieser Fall besprochen. Es gab den polnischen Vorschlag, da man sich weigerte, Bertrams Leiche in den Breslauer Dom zu überführen, doch einen Ausweg zu beschreiten und die Beisetzung in Hildesheim, seinem ersten Bischofssitz, vorzunehmen. Hier zeigte sich Kardinal Höffner in bewundernswerter Weise hartnäckig, indem er erklärte und dies auch höchstenorts wissen ließ: Entweder wird Kardinal Bertram in seinem Dom, dem Dom zu Breslau, beigesetzt, oder er bleibt auf dem Friedhof in Jauernig liegen.
Jetzt war es endlich so weit. Eine größere deutsche Abordnung von Geistlichen – die meisten von ihnen waren noch von Bertram geweiht worden – und Laien waren nach Breslau gereist, um wenigstens jetzt dem toten Kardinal die letzte Ehre zu erweisen. Der höchstrangige deutsche Kirchenmann war der Kölner Kardinal Joachim Meisner, 1933 in Breslau-Lissa geboren. Die Delegation der schlesischen Katholiken wurde von Prälat Winfried König, dem Apostolischen Visitator für Priester und Gläubige aus dem Erzbistum Breslau, geleitet. Nachdem der Sarg aus Jauernig nach Breslau überführt worden war, erfolgte die Einsegnung in der Kreuzkirche auf der Dominsel am 8. November. Am 9. November wurde in einer kurzen Prozession der Sarg von der Kreuzkirche in den Dom geleitet und daselbst ein feierlicher Gottesdienst gehalten. Die beiden polnischen Kardinäle aus Breslau und Krakau,

Henryk Gulbinowicz und Franciszek Macharski, waren auch zugegen. Man vermißte Kardinal Jozef Glemp, Primas von Polen, und Bischof Karl Lehmann, Vorsitzender der Deutschen Bischofskonferenz. Breslaus Kardinal Gulbinowicz hielt die Predigt und würdigte Kardinal Bertram auch wegen der in der Breslauer Diözese gepflegten und bis in den Nationalsozialismus hinein aufrechterhaltenen Zweisprachigkeit in Oberschlesien. Auch für seinen persönlichen Einsatz für gefährdete und verfolgte polnische Geistliche widerfuhr Kardinal Bertram Dank und Anerkennung. Das Wort nahmen auch Kardinal Meisner und als weltlicher Vertreter der schlesischen Gläubigen Clemens Riedel.

Heute kann man auf dem Wege zur Sakristei ein Bild des Kardinals sehen, und ständig werden von den deutschen Besuchern des Domes Blumen niedergelegt.

Nach den Feierlichkeiten im Dom traf man sich in gedrängter Enge in den erzbischöflichen Räumen zum Essen. Drei Erlebnisse sind mir haftengeblieben. Neben mir saß ein hochrangiger polnischer Geistlicher, Dechant eines niederschlesischen Dekanats, der wußte, wer ich bin und der auch des Deutschen einigermaßen mächtig war. Es ging damals in Polen gerade um die Bestellung eines neuen Ministerpräsidenten. Die von mir genannten Namen, die auch ihm geläufig waren, erhielten sofort stets das Etikett »Jude« oder »jüdischer Abkunft«, womit auch Tadeusz Mazowiecki belegt wurde. Dieser Antisemitismus, der gerade auch in Polen nach wie vor weit verbreitet ist, ist offenbar unausrottbar. Zum anderen kam beim Abschied Bischof Alfons Nossol ganz spontan auf mich zu, wir hatten uns bis dahin noch nie gesehen und gesprochen. Die Herzlichkeit überzeugte mich, und seine Einladung, ihn doch beim nächsten Besuch in der Heimat aufzusuchen, habe ich inzwischen sehr gern und schon des öfteren befolgt. Ihm hat Oberschlesien, ihm haben die Deutschen in der Heimat sehr viel zu danken. Um so unverständlicher, daß polnische Nationalisten mit Schmierereien gegen den Oppelner Bischof Stimmung machen, indem sie ihn als »Germanisator« beschimpfen und ihm empfehlen, nach Deutschland »auszuwandern«. Ich traf während des gemeinsamen Mittagessens erstmalig auch den Warschauer Korrespondenten der »Süddeutschen Zeitung« in München, Thomas Urban, dessen Berichte aus Polen mir ob seiner um Objektivität bemühten Tendenz gefallen hatten. Nicht viel später ist sein Buch »Deutsche und Polen. Geschichte und Gegenwart einer Minderheit« erschienen, gleichfalls ein Zeugnis der objektiven Berichterstattung. Dem Buch ist eine Widmung mit auf den Weg gegeben: »Für meine Eltern, deutsche Breslauer, und meine Frau Ewa, eine polnische Breslauerin«, überzeugender und knapper kann man ein deutsches Nachkriegsschicksal nicht wiedergeben. Thomas Urban ist 1954 in Leipzig geboren und hat seinen Schritt in die Ehe ganz bewußt in Breslau begonnen.

Daß ich bei dieser feierlichen Umbettung von Kardinal Bertram mitzugegen war, hat die deutschen Journalisten beschäftigt, denn es war von den aus Warschau angereisten Korrespondenten zu lesen: »Einen politischen Akzent setzte die Anwesenheit von Vertretern des Bundes der Vertriebenen unter den Ehrengästen des Breslauer Bistums, darunter der Vorsitzende der Landsmannschaft Schlesien, Herbert Hupka.« Übrigens war auch der CDU-Bundestagsabgeordnete und Vorsitzende der Landsmannschaft Schlesien in Niedersachsen, Helmut Sauer, mit unter den Gästen. »Wie entspannt die Atmosphäre war«, so las man es in der »Frankfurter Rundschau«, »zeigte sich auch darin, daß der in Polen sehr bekannte und früher als Verkörperung des Revanchismus geltende Bundesvorsitzende der Landsmannschaft Schlesien, Herbert Hupka, zu den geladenen Gästen zählte und sogar der größten Breslauer Tageszeitung ein Interview gab.« In der Tat war es ein Erfolg in Richtung des Sich-gegenseitig-Ernstnehmens, in der lobenswerten Absicht, auch gegensätzliche Standpunkte seinen polnischen Lesern zu übermitteln, als am 13. November die »Gazeta Robotniza« ein ausführliches Interview mit mir veröffentlichte. »Auf diese Weise«, so schrieb später Michael Leh in den »Schlesischen Nachrichten«, »lesen viele Polen zum ersten Male autorisierte Aussagen von verketzerten deutschen Vertriebenen›funktionären‹.«

Auch das war ein Ereignis, daß Kardinal Meisner, als er zum Schluß des Gottesdienstes das Wort nahm, wohl der erste Kirchenmann gewesen sein dürfte, der seit 1945 im Breslauer Dom in deutscher Sprache predigte. Er bekannte sich ausdrücklich (nicht zuletzt wohl auch als Schlesier) zur Heimat: »Heimat ist für den Menschen jenes Stückchen Erde, auf dem er seine ersten Welterfahrungen machen durfte. Darum gehört die Heimat zu seiner Identität, wo immer der Mensch auch später leben wird.«

Als der deutsche Text der Würdigung von Kardinal Bertram durch Kardinal Gulbinowicz verteilt wurde, fiel gleich auf, daß der Erzbischof von Breslau »Erzbischof von Wroclaw« genannt worden ist. Auf deutsch Breslau auch Breslau zu nennen, denn so heißt die Stadt in der deutschen Sprache, fällt den Polen (ob weltlich oder kirchlich) bis heute sehr schwer. Warum diese Angst vor den deutschen Ortsnamen, spricht daraus ein Stück Unsicherheit gegenüber der geschichtlichen Wahrheit?

30. MAI 1992 –
IN MEMEL UND AUF DER KURISCHEN
NEHRUNG

Eine der nachhaltigsten Eindrücke und Erlebnisse verbinde ich, seitdem das kommunistische Imperium zusammengebrochen ist, mit einer Reise in die drei baltischen Republiken, die erst nach dem Sturz von Michail Gorbatschow im Herbst 1991 wieder freie Staaten geworden sind. Seit Jahrzehnten waren wir eng mit der litauischen Familie des Professors Zenas Ivinskis in Bonn bekannt, dann befreundet. Dafür sorgten unsere beiden Söhne, denn sie waren bis zum Abitur Schulfreunde. Aber nicht nur deswegen habe ich wiederholt das Schicksal der drei baltischen Völker in Kommentaren begleitet und das Verhalten der USA besonders herausgestellt, die nie die diplomatischen Beziehungen zu den letzten Vertretern der einst selbständigen drei baltischen Staaten aufgekündigt, sondern vorbildlich aufrechterhalten haben. Auch die Bundesregierung legte Wert darauf, daß mit dem Moskauer Vertrag von 1970 nichts über die drei baltischen Republiken präjudiziert worden sei.
Die Reise, erste Station war Reval, von den Esten Tallinn genannt, begann am 30. Mai 1992 mit der Landung der Maschine aus Frankfurt am Main. Wir, meine Frau und ich, hatten die Reise nach eigenem Konzept geplant. Sie sollte mit den öffentlichen Verkehrsmitteln bestritten werden, die, wie wir seitdem wissen, sehr gut funktionieren, und uns bis nach Vilnius bringen, wo wir wieder mit dem Flugzeug die Heimreise nach zehn Tagen angetreten haben. Der Ankunftstag in Reval, dieser prachtvollen Stadt, blieb aus zwei Gründen in fester Erinnerung. Einmal, weil wir von der Nachricht des Todes unseres früheren Bundespräsidenten Karl Carstens überrascht wurden, zum anderen weil sich geballte politische Prominenz hier eingefunden hatte, eingeladen für ein Symposium der »Bergedorfer Gespräche« Hamburg. Wir begegneten unserem Moskauer Botschafter Klaus Blech, dem Chef des Bundespräsidialamtes und früheren Moskauer Botschafter, Staatssekretär Andreas Meyer-Landrut, dem Parlamentarischen Staatssekretär im Bundeskanzleramt, Bernd Schmidbauer, dem Journalisten Carl

Gustav Ströhm, hier in Reval geboren. Im Fahrstuhl stießen, dies aber nur bildlich gemeint, Polens Botschafter Janusz Reiter und ich zusammen, es war unsere erste und bis heute einzige Begegnung. Wir unterhielten uns dann eine reichliche Stunde über polnische Politik, und ich gab mein Urteil über Polens Außenminister Skubiszewski freimütig ab; bis zur Oder-Neiße-Linie sind wir, was auch meine Absicht war, nicht vorgedrungen. Noch nachträglich hatte Janusz Reiter, der ein ausgezeichnetes Deutsch spricht, was wohl auf seine Heimat in der sich zwischen Hinterpommern und Danzig erstreckenden Kaschubei zurückgeht, darüber erregt, was seiner Frau mit ihrem Auto soeben in Warschau passiert war. Nicht so sehr der Diebstahl des Wagens war das Empörende, dieser allerdings auch, sondern vor allem, daß die Polizei, nachdem der Vorfall ihr gemeldet worden war, lakonisch sagte: Wenn Ihnen der Wagen vor zwei Stunden gestohlen worden ist, dann ist er längst auf dem Wege in die Urkaine oder nach Weißrußland oder gleich nach Rußland. Daß das so war und realistisch geschildert wurde, erschütterte den polnischen Botschafter noch in der späten Abendstunde. In demselben Jahr 1992 hatte ich in dem Buch »Deutsche und Polen – 100 Schlüsselbegriffe« gute Sätze des Botschafters Janusz Reiter gelesen. »Daß die Steine in Breslau auch deutsch sprechen (Kardinal Stefan Wyszynski hatte bekanntlich das Gegenteil behauptet, mein Einschub), kommt schon vielen, vor allem jüngeren Polen viel leichter über die Lippen. Und auch das Wort Vertreibung ist kein Tabu mehr (in der offiziellen Politik immer noch, mein Einschub). Die Polen gewöhnen sich sogar an den Gedanken, daß selbst ein Volk, das meistens Opfer war, auch selber einmal Täter sein kann.«
Wollte man zwischen den drei baltischen Staaten, abgesehen vom Sprachlichen, Unterscheidungen festhalten, so ging es am westeuropäischsten in Reval zu. Man spürt die Nähe von Helsinki und Stockholm. Riga wirkte im Vergleich zu Reval wie eine unruhige, übervölkerte, russisch dominierte Großstadt gegenüber einer liebenswürdigen Idylle, 70 Prozent der Bevölkerung in dieser Millionenstadt sind Russen. In Vilnius gab es nicht mehr die in den anderen beiden baltischen Staaten noch gängigen zweisprachigen Straßen- und Verkehrsschilder, sondern nur noch litauische. Allerdings tönte es aus den Radios der Taxifahrer meist polnisch, und eine Jugendgruppe verließ die herrliche Barockkirche der Dominikaner, indem sie sofort die weiß-rote polnische Flagge aufrollte, das heißt, die polnische Minderheit ist allerorten präsent und tritt auch selbstbewußt auf.
In Litauen war es dann endlich so weit, daß wir Simon Dach und Thomas

Mann unsere Reverenz erweisen konnten. Das Denkmal vor dem Theater in Memel ehrt Simon Dach und sein »Ännchen« in würdiger Weise. Seit 1912 stand hier bereits ein Brunnen zu beider Ehren. In den achtziger Jahren hat ein in der Bundesrepublik Deutschland gegründeter Verein dafür gesorgt, und Litauen war damals noch eine Sowjetrepublik, daß das Denkmal und die Gedenkstätte neu entstehen. Der Berliner Bildhauer Harald Haacke schuf das zarte Geschöpf in seiner lieblichen Gestalt, und die umlaufende Inschrift gibt in deutscher Sprache die ersten Verszeilen dieser zum Volkslied gewordenen Dichtung wieder. Die auf der Rückseite angebrachte Tafel teilt in litauischer und deutscher Sprache die Entstehungsgeschichte knapp mit. In der Taxe stimmte die deutsche Memelländerin, die ebenso gut Deutsch wie Litauisch sprach, das Lied begeistert an, während auf dem Platz Mitglieder einer deutschen Reisegruppe begeistert zu berichten wußten, soeben erst auf der Kurischen Nehrung einen Elch in greifbarer Nähe gesehen zu haben. Der zweite Besuch in Memel galt Thomas Mann auf der Kurischen Nehrung in Nidden.

Geradezu schwärmerisch hat Thomas Mann die Schönheit von Ort und Landschaft bechrieben. In den von hier abgesandten Briefen steht zu lesen, daß er in den Jahren 1930 bis 1932 in Nidden Wohnung nahm und die ersten beiden Bände der Roman-Tetralogie »Joseph und seine Brüder« zu Ende geschrieben hat. Reizvoll an diesem Besuch bei Thomas Mann ist der schöne Standort und das Haus, wo er in den Jahren 1930 bis 1932 Wohnung nahm, als Gebäudekomplex mit einer langen umlaufenden Bank auf der Terrasse, viele Gäste seinerzeit zum Besuch einladend. In Memel hört man dann noch eine bittere Klage des Vorsitzenden des »Deutsch-Litauischen Kulturverbandes Litauen«, Gerhard Sedelies. Ehedem zählte das Memelland über 150 000 Deutsche, heute mögen es noch 4000 sein. Eine vierklassige deutsche Schule ist in Vorbereitung, aber gleichzeitig das Erscheinen der Monatszeitung »Deutsche Nachrichten für Litauen«, gefährdet.

Die Fragerei nach dem rechten Weg in die Altstadt von Kaunas brachte uns sogar am Pfingstsonntag auf die Spur von Litauens Präsidenten Vytautas Landsbergis. Er wurde mit Jubel und Händeklatschen begrüßt. Vor einem offiziellen Gebäude, wohin der Präsident raschen Schritts entschwand, versammelte sich eine große Zahl von singenden Landsleuten, die auch oft die Nationalhymne anstimmten und die Nationalfahne zeigten, wobei in einem kurzen Gespräch – das Englisch war verbrüdernd – heftigst an die Russen appelliert wurde, schleunigst das Land zu verlassen. Inzwischen ist aus demokratischen Wahlen

Algirdas Brazauskas, einst führender Kommunist in Litauen, als Präsident hervorgegangen. Der Abschied von Vilnius rief die Ereignisse der jüngsten Vergangenheit ins Gedächtnis zurück, denn das litauische Parlament ist rundum verbarrikadiert. Betonklötze türmen sich, spanische Reiter sperren bestimmte Zufahrtswege, ein kleiner Altar erinnert an die Toten des Jahres 1991, wie auch in Riga einzelne Gedenksteine im Park – Maiglöckchen und Fliederzweige lagen frisch gepflückt auf diesen – an die sechs Gefallenen dieses Jahres der Befreiung gemahnen. Man betritt den – eher wohl auf Propellerflüge eingerichteten – Flughafen in Vilnius nicht nur mit großer Freude über diese erste Begegnung mit dem Baltikum, sondern mit großem Verständnis für die Sorgen der Esten, Letten und Litauer um ihre Zukunft in Freiheit, angesichts der großen Zahl der in den letzten vier Jahrzehnten angesiedelten und ansässig gewordenen Russen mit den sich daraus ergebenden Komplikationen und der immer noch sehr großen militärischen Präsenz des großen Nachbarn.

»OFFENE GRENZEN« – DIE GROSSE CHANCE

Die Stiftung Ostdeutscher Kulturrat, die sich mit der Sicherung, Behauptung, Pflege und Fortschreibung der Kultur Ostdeutschlands jenseits von Oder und Neiße und der deutschen Siedlungsgebiete befaßt und ihren Etat zu zwei Dritteln aus Mitteln des Bundesinnenministeriums, zu einem Drittel aus den Zinsen eines Stiftungsvermögens bestreitet, hat sich all die Jahrzehnte mit der Kultur Ostdeutschlands nur diesseits des Eisernen Vorhanges befassen und beschäftigen können. Mit der Wende von 1989/1990 konnte die Arbeit neu konzipiert werden, bald stellte sich das Stichwort »Grenzüberschreitende Kulturarbeit« ein. Diese Arbeit, für deren Konzept ich seit 1982 als Vorsitzender, laut Satzung sogar Präsident!, des Ostdeutschen Kulturrates verantwortlich bin, bemächtigte sich gleich der neuen Chancen, nun auch Kontakt mit unseren östlichen Nachbarn aufzunehmen und zu pflegen, in den Nachbarstaaten präsent zu sein und somit auch dem uns verpflichtenden Paragraphen 96 des Bundesvertriebenen- und -flüchtlingsgesetzes, die Kultur Ostdeutschlands im weitesten Sinne betreffend, durch neue Projekte zu entsprechen.

Der Erzählerwettbewerb, der vom Ostdeutschen Kulturrat alle zwei Jahre ausgeschrieben wird, erhielt ganz neue thematische Vorgaben: 1990 gleich »Offene Grenzen – die Freiheit hat gesiegt«, 1992 »Grenzen überschreiten – zueinander finden«, 1994 wurde es schon wieder etwas skeptischer »Auf dem Wege zur guten Nachbarschaft – Zwischen Hoffnung und Ernüchterung«.

Für das Jahr 1992 wurde die Vortragsreihe »Polen und Deutsche, Litauer und Deutsche, Tschechen und Deutsche in Vergangenheit und Gegenwart« angesetzt. Wir hielten es so, daß jeweils ein Vertreter der fremden Nation und ein Deutscher, durchweg Historiker, in Vilnius, Posen und Prag das Wort nahmen und daß die Parallelveranstaltungen in der Bundesrepublik Deutschland, so in Frankfurt am Main, Bonn und Dresden gehalten worden sind. Nach Vilnius schickte ich ein Grußwort. In Posen und Prag leitete ich die Veranstaltungen selber ein. Zum ersten

Male war ich in Posen. Dank einer zufälligen Bekanntschaft, ich hatte nach dem Wege zur Dominsel gefragt, wurde ich von einem Polen, dessen Vater vor dem Ersten Weltkrieg in Breslau studiert und Examen gemacht hatte, zu den Sehenswürdigkeiten der Stadt geführt. Am Sonntag vor unserer Vortragsveranstaltung fuhr ich schnell in das 50 km von Posen entfernte Gnesen, einen für die katholische Kirche geschichtsträchtigen Ort, stand vor dem Grab des Heiligen Adalbert und dem Denkmal von Kardinal Stefan Wyszynski. »Eine verlassene öde Stadt«, schrieb ich in mein Tagebuch, jedenfalls am Sonntag war dem so. Ich versäumte auch nicht, das (in unsern Augen berüchtigte) bis 1989 ganz im Sinne der kommunistischen und nationalistischen Staatsräson arbeitende »West-Institut« zu besuchen, und man nahm mich freundlich, wohl eher neugierig auf. Vor der eigentlichen Veranstaltung hatte es noch einige Komplikationen gegeben, denn ich sollte unsere Vortragsreihe nicht einleiten dürfen, doch bestand ich nicht nur darauf, sondern auch der Widerspruch löste sich in eine gehörige Portion Skepsis auf. Es war das erste Mal, daß ich in einer Stadt Polens das Wort nahm, und es war die dritte Stadt Polens, die ich besuchte, die erste Stadt war 1991 Krakau, die zweite im Sommer 1992 Warschau. Zum Schluß meines Grußwortes, über das die polnische Presse ausführlich und zutreffend, ohne kritischen Begleitkommentar, berichtet hat, zitierte ich mich selbst, um ehrlich zu bleiben, aus einem gerade in der »Frankfurter Allgemeinen Zeitung« erschienenen Leserbrief: »Leider wird zwischen Deutschen und Polen kein offenes und faires Gespräch geführt. Unterschied und Gegensätze werden immer zugedeckt oder mit schönklingenden Phrasen wahrheitswidrig übertönt. Unter freien Nachbarn, und das sind jetzt Deutsche und Polen, muß doch auch ein Streitgespräch möglich sein, ohne daß dann gleich immer Mißhelligkeiten wegretouchiert oder Sünden der Vergangenheit vorgehalten werden.«
Für das Jahr 1993 lautete das Leitthema »Gemeinsame Verantwortung für die Kulturdenkmäler östlich von Oder und Neiße«. Dieses Mal kamen Kunsthistoriker polnischer und deutscher Nationalität zu Wort, in Breslau, Stettin und Danzig, in Karlsruhe, Oldenburg und Hannover. Wieder war es für mich eine Premiere, ich sprach das Grußwort in der Hauptstadt Schlesiens, in einem Universitätsinstitut; ich hatte übrigens nie in Breslau studiert. Ich begann mit dem Hinweis auf das Hedwigsjahr, das aus Anlaß des 750. Todestages der Herzogin von Schlesien und Heiligen »von beiden Völkern, den Deutschen und den Polen, in feierlicher Weise begangen wird. Die Nennung der heiligen Hedwig

führt uns sogleich zu zwei mit ihrem Namen auf das Engste verbundenen Kulturdenkmälern, in die Klosterkirche Trebnitz und in die Klosterkirche Wahlstatt, die als Pfarrkirche der heiligen Hedwig gewidmet ist. Beide Baudenkmäler habe ich erst – das ist ein Stück lebendiger Zeitgeschichte – sehen können, nachdem Grenzlinien zu offenen Grenzen geworden sind, nachdem Deutsche und Polen einander als freie Nachbarn und freie Europäer haben begegnen können.« Daß sich seitdem der Ostdeutsche Kulturrat, woran ich nicht ganz unschuldig bin, für die Restaurierung der großen barocken Klosteranlage von Leubus an der Oder, 60 km von Breslau entfernt, einsetzt, wurde zuerst während dieser Vortragsveranstaltung dokumentiert. In gleicher Weise haben wir uns auch um Glogau bemüht, das während der letzten Kriegstage fast dem Erdboden gleichgemacht worden ist und wo der Stadtpräsident Jacek Zielinski alles daran gesetzt hat, den alten Kern der Stadt zusammen auch mit den Bürgern der Stadt, die bis 1945 hier gewohnt haben und Heimat hatten, wieder herzustellen. »Wir müssen gemeinsam dieser Stadt wieder eine Seele geben«, so sagte mir Zielinski während eines Besuches.

In Stettin wurde ich nach dem Grußwort und mehreren Interviews von Repräsentanten der polnischen Intelligenz nach den Gründen befragt, wieso ich mich plötzlich gewandelt hätte. Es steckte in vielen Köpfen eben das Bild des professionellen Feindes Polens, des Revanchisten, so daß man ganz erstaunt war, durch mein Auftreten und meinen Vortrag einem anderen Hupka, als der ich hätte sein sollen, zu begegnen. In Stettin brachte ich während der im Rathaus geführten Diskussion das Gespräch auf Alfred Döblin, den bekannten, ja berühmten deutschen Schriftsteller von »Berlin Alexanderplatz«, der in Stettin geboren wurde. Hier herrschte reinstes Unwissen vor. Gerade diejenigen Deutschen, die aus Ostdeutschland stammen und während der Hitler-Diktatur verfolgt worden sind, dürfen heute nicht erneut aus der Kulturgeschichte einer Stadt, eines Landes vertrieben werden. Hier wäre auch an die Schriftsteller Max Herrmann-Neisse und Jochen Klepper und die Philosophin Edith Stein zu erinnern, was ich auch wiederholt meinem Polen gegenüber ins Gespräch gebracht habe.

In meinem Breslauer Grußwort hatte ich zum Schluß Professor Thomas Nipperdey, den Münchner Historiker, der viel zu früh gestorben ist, zitiert: »Wir können das, was in der Geschichtswissenschaft und dem von ihr geleiteten öffentlichen Umgang mit der Vergangenheit als Identität präsentiert und reflektiert wird, auch als Erbe bezeichnen. Die Wissenschaft verwaltet und bewahrt ein Erbe. Identitäten können wir

nicht wählen, Erbe können wir annehmen oder ausschlagen.« Von der Verpflichtung oder auch der Verweigerung des kulturellen Erbes sprach auch der polnische Widerstandskämpfer und Professor Jan Józef Lipski, auch er viel zu früh verstorben, der gesagt hat: »Die erste der Pflichten ist es, einer Zerstörung beziehungsweise materiellen Degradierung der Denkmäler entgegenzutreten. Es ist kein gutes Zeugnis für den polnischen Patriotismus, wenn man den Verfall zuläßt und ihren Wert gering einschätzt, weil sie nicht ›unsere‹ sind, und wenn ihre deutsche Herkunft verwischt wird. Im Gegenteil, sie sollten uneingeschränkt in Ehren gehalten werden.«
Die gemeinsame Verantwortung für die Kulturdenkmäler sollte allerdings nicht nur auf das deutsch-polnische Verhältnis eingeengt werden, weshalb jetzt auch das deutsch-tschechische Verhältnis in die Vortragsreihe, durch die Anstöße zu gemeinsamem Handeln gegeben werden sollen, ausgedehnt worden ist.

»SCHLESIEN, DAS UNGEHEURE GESCHENK« – MAX FRISCH IN SEINEM TAGEBUCH

Im Jahre 1948 hatte Polen zu einem großen Treff der Intellektuellen nach Breslau, in der Einladung nur Wroclaw genannt, aufgerufen, das Unternehmen hieß »Congrès Mondial des Intelluels pour la Paix«. Prominentester Sowjetrusse war der Schriftsteller Ilja Ehrenburg, prominentester Bürger Frankreichs der Maler Pablo Picasso, und aus der Schweiz kam der Schriftsteller Max Frisch. Daß Max Frisch nicht nur Dramatiker und Romancier, sondern auch ein glanzvoller Tagebuchschreiber war, ist seit langem bekannt. Sein Tagebuch des Jahres 1948 enthält Eintragungen zum internationalen Stelldichein in Breslau. Über Berlin und Prag – »Prag, scheint mir, hat ein verändertes Gesicht, lustlos, verarmt« – ging es nach Breslau, wo die »Ankunft um Mitternacht« für den 24. August 1948 notiert wird. Bereits in der dritten Zeile wird niedergeschrieben. »Ein sehr ungutes Gefühl, das mich beim Betreten des Bahnsteiges erfaßt, hat mich über Nacht nicht verlassen. Rathaus heißt Razhus (muß richtig ratusz heißen). Ich weiß nicht, wo ich bin. Schlesien ist die Heimat von Gerhart Hauptmann.« An demselben Tage war auch ein offizieller Besuch der Breslauer Jahrhunderthalle, des gottlob unzerstört gebliebenen Meisterwerkes von Max Berg aus dem Jahre 1913, eingeplant. Polen als Gastgeber dieses Kongresses hatte eine große »Ausstellung über die neuen Gebiete, die zu Polen gekommen sind« hergerichtet, und eine junge Polin übersetzte dem Gast aus der Schweiz die Beschriftungen. »Architektonisch und graphisch ist die Ausstellung eine helle Freude«, wie angemerkt wird, um dann Widerspruch zur Absicht der Ausstellung anzumelden: »Der Beweis, daß Schlesien ein polnisches Land sei: mit dem gleichen Beweis könnte Österreich verlangen, daß wir (Schweizer) nach siebenhundert Jahren unter seine Herrschaft zurückkehren. Die liebenswerte Polin, die seit einem Vierteljahr in Breslau wohnt, empfindet meine Einwände als feindselig. Zu Unrecht.« Die widerrechtliche Vertreibung der Deutschen aus der Heimat spricht Max Frisch indirekt an: »Wir fahren aufs Land hinaus, besuchen schlesische Gehöfte. Eine Schlesierin, die in

Berlin schlesische Flüchtlinge betreut, hat mir vieles erzählt. Jetzt bin ich da, empfinde es einmal mehr als meine Aufgabe, das Hier zu sehen und das Dort zu wissen, immer beides zusammen; als eine überall gleiche Aufgabe.« Dies ein Eintrag unter dem 27. August. Aber bereits drei Tage zuvor hatte Max Frisch den Widerspruch zwischen propagandistisch vorgetragenem Anspruch einerseits und dem eigenen Urteil andererseits gespürt, indem er über die Ausstellung in der Jahrhunderthalle berichtet: »Das Schauen ist erfreulich, nur das Denken ist erschreckend. Es wirkt wie eine Gebärde der Beschwörung, was sie jetzt überall anbringen, Polens neuen Umriß, überall, groß und klein, gemalt und gemodelt, Fresko, Relief, Maquette, geschrieben mit Glühbirnen, umflattert von Fahnen. Polen ohne die östlichen Gebiete, die Rußland genommen hat; dafür Schlesien, das ungeheure Geschenk.« Die Bedeutung dieses »ungeheuer« ist doppelsinnig, einmal meint es das Unheimliche, so die Wortwurzel aus dem Althochdeutschen, zum anderen meint es das Ausmaß, die Übergröße, das Unvorstellbare im Umfang. Der Schweizer Max Frisch hatte in den wenigen Tagen seines Aufenthaltes 1948 in Breslau ein Gespür für das Richtige und Rechte. So registriert er auch seine Gegenfrage auf die Frage, ob er sich in Polen wohlfühle, »En Pologne –?« Und er gibt seinem Gefühl freien Lauf, wenn er schreibt: »Abend an der Oder. Jetzt zum erstenmal, fühle ich mich wohler; allein in der Landschaft, die etwas Weites und doch Schweres hat...«

Namenregister

Abderhalden, Emil 25
Abelein, Manfred 193, 366
Ackermann, Eduard 339
Adenauer, Konrad 70, 82 ff., 98 f.,
 104, 186, 200, 224 f., 282, 380, 391,
 404 f. 408, 453
Adler, H. G. 261
Ahlers, Conny 154, 216
Ahrens, Wilfried 237
Albertz, Heinrich 401
Albrecht, Ernst 305, 341, 377 f., 414 f.
Alker, Eckard 187
Alt, Franz 292
Ambesser, Axel von 203
Amrehm, Franz 272
Anagnostpoulos, Penelope 34
Anders, Jochen 24
Anders, Wladyslaw 89 ff.
Apel, Hans 241
Appel, Reinhard 141
Arendt, Hannah 57, 66, 304
Arendt, Walter 139
Arndt, Klaus Dieter 157
Aschheim, Isi 187
Aubin, Hermann 28
Augstein, Rudolf 354
Avernarius, Johannes M. 437

Babiuch, Edward 285, 292
Bach, Johann Sebastian 313
Bader, Erik-Michael 336
Baesecke, Georg 26
Bahr, Egon 136, 163, 286, 318, 352,
 418

Baier, Albert 69
Bartoszewski, Wladyslaw 367 ff.
Bartsch, Willy 134, 196 f., 202
Barzel, Rainer 180, 198, 203, 377, 384
Baum, Gerhart 245
Baumeister, Willi 187
Becher, Johannes R. 60
Becher, Walter 180
Becker, Helmuth 247, 307
Beckmann, Joachim 109
Beckmann, Max 70
Beisch, Ernst Günther 61
Bender, Peter 301 f.
Berg, Max 467
Berger, Hans 189 f., 203
Bergner, Elisabeth 22
Berkhan, Wilhelm 161
Berndt, Siegfried 218
Bertram, Adolf 23, 39, 42, 302, 435,
 456 ff.
Berve, Helmut 31, 33, 193
Bevin, Ernest 70
Bidault, Georges 70
Biedenkopf, Kurt 276, 376 f.
Bischoff, Friedrich 80, 233
Bismarck, Klaus von 109
Bismarck, Otto von 370
Blech, Klaus 459
Bluhm, Georg 113 f.
Blüm, Norbert 276, 376, 413, 427 f.
Blumenfeld, Erik 187, 299, 349
Blumenwitz, Dieter 317
Boenisch, Peter 338
Böhm, Wilfried 450

Böll, Alfons 138
Böll, Heinrich 179
Bölling, Klaus 237, 296, 425
Borger, Hugo 187
Borsig, August 346
Bortfeldt, Hermann 217 f.
Brandt, Willy 62, 82, 84, 86 f., 104, 120, 133 ff., 139 ff., 148 ff., 160 ff., 166 f., 170, 177, 179, 183, 187, 199, 205, 212, 272, 283, 286, 293, 318, 349, 354, 365, 409, 449
Braun, Gerhard 384
Brazauskas, Algirdas 462
Bremer, Heiner 212
Bremer, Jörg 285
Brentano, Heinrich von 101
Breschnew, Leonid 267, 276 ff., 301
Brundert, Willi 119
Brüning, Heinrich 18 f., 65, 70
Buber-Neumann, Margarete 203
Büchler, Hans 138, 307, 387, 396
Bühler, Klaus 328
Bukowski, Wladimir 276
Burauen, Theo 86
Burda, Josef 16
Burt, Richard 386
Bussmann, Walter 287
Byrnes, James f. 320

Camaro, Alexander 187
Carstens, Karl 213, 274, 278, 282, 299, 349, 459
Casaroli, Agostino 190, 192 ff., 309
Chamberlain, Neville 397
Chnoupek, Bohuslav 260
Christians, Clemens 288
Christoph, Hugo 15
Chruschtschow, Nikita 83, 106
Churchill, Winston 344
Chwalek, Josef 19
Ciolkosz, Adam 89
Clement, Wolfgang 306
Cohn, Ernst 125 ff.

Comenius, Johann Amos 22
Crosby, John 64
Cube, Walter von 59, 61 ff., 80
Curzon, George Nathaniel 334
Czaja, Herbert 156, 186, 190, 192, 240, 282, 292, 302, 311, 313, 352, 365 f., 381, 401, 454
Czypull, Wilhelm 431
Czyrek 95

Dach, Simon 460 f.
Daniels, Wilhelm 81
Dante 38
Dapper, Ursula 436
Dehler, Thomas 70 f., 101
Dick, Johannes 373 f.
Dirks, Walter 58, 132
Disler, Franz J. 210 ff.
Döblin, Alfred 70, 465
Doms, Julius 391
Dönhoff, Marion Gräfin 404
Döpfner, Julius 130, 189
Döring, Heinz 34
Dregger, Alfred 204, 282, 364 f., 384, 393, 413
Dreßler, Rudolf 361 f., 375
Drews, Kurt 376
Drzerga, Joseph 194
Duckwitz, Georg 167 f.

Ebert, Friedrich 65, 70, 177
Eckert, Georg 226
Egel, Karl-Georg 63
Egert, Jürgen 173 f.
Eggert, Carsten 176
Ehard, Hans 74
Ehmke, Horst 142, 212 f., 327 f., 351, 364 f.
Ehrenburg, Ilja 467
Ehrlich, Paul 20, 346
Eichendorff, Joseph Freiherr von 17, 87, 164, 346, 433 f.
Eisenburger, Eduard 248

Elbe, Frank 421
Engelmann, Bernt 179
Eppler, Erhard 115, 136
Erhard, Benno 384
Erhard, Ludwig 104, 337, 357
Erler, Fritz 104, 118
Erzberger, Matthias 70
Eschenburg, Theodor 154 f.
Etzdorf, Hasso von 203
Exner, Achim 397

Fabian, Willibald 435
Falin, Valentin 253
Feininger, Lyonel 25
Feldmeyer, Karl 382 f., 385
Fellhauer, Heinz 216
Ferche, Joseph 82
Figgen, Werner 138
Finck, Werner 59
Fink, Alois 64
Finke, Thomas 341
Fittkau, Gerhard 214
Fleissner, Herbert 234
Fontane, Theodor 66, 313
Franke, Günter 59
Freedman, Paul 57
Frendl, Ludwig 329 ff.
Frey, Gerhard 181
Friedmann, Bernhard 385 f.
Friedmann, Werner 77
Friedrich, Anton 50
Friedrich, Bruno 244, 254 f.
Friedrich, Erich 39
Frings, Theodor 27 ff., 54, 274
Frisch, Max 467 f.
Fritsche, Heinz Rudolf 112
Frowein, Jochen 295 f.
Fuhr, Xaver 70, 187
Furch, Anton 203
Furtwängler, Wilhelm 32
Fuss, Dieter 64

Gabert, Volkmar 101

Gadamer, Hans-Dietrich 27
Gaulle, Charles de 91
Geerdes, Walter 78 f.
Geiger, Michaela 366
Geißler, Heiner 276, 383, 400, 402 ff.
Genscher, Hans-Dietrich 145, 243,
  259 f., 281, 283, 288, 302, 305,
  323 f., 327, 342 f., 360, 364 f., 417,
  420 ff., 445, 447 ff., 451 ff.
George, Manfred 64
Gerstenmaier, Eugen 115
Gessner, Herbert 63
Gierek, Edward 241, 285, 292, 301,
  410
Glemp, Josef 332 ff., 457
Glotz, Peter 215, 324, 326 f., 365
Goebbels, Joseph 30, 43
Goerdeler, Carl 32, 354
Gogol, Nikolai 66
Goldammer, Karl W. 141
Golombek, Oskar 125
Gomulka, Wladyslaw 128, 151, 239
Goppel, Alfons 121, 178
Gorbatschow, Michail 84, 220, 404,
  410, 459
Göring, Hermann 30
Gottschalk, Josef 121
Gradl, Johann Baptist 101, 104
Graßmann, Siegfried 229
Grewe, Wilhelm 107, 318 f.
Gromyko, Andrej 107, 278, 286, 452
Grote, Heinz 272
Grotewohl, Otto 30
Grundmann, Herbert 33
Grünfeld, Norbert 58
Gryphius, Andreas 85, 346
Gulbinowicz, Henryk 457 f.
Gurland, Gottfried 206
Guttenberg, Karl Theodor Freiherr
  von und zu 186, 203 f.

Haacke, Harald 461
Habe, Hans 210 ff.

Habsburg, Otto von 434
Hack, Walter 145
Hallstein, Walter 193, 203
Hammerscheidt, Helmut 62
Hammerstein, Ludwig Freiherr von 99
Hanczuch, Blasius 436, 455
Händel, Georg Friedrich 25
Hannstein, Huschke von 203
Hansen, Karl-Heinz 221
Härdtl, Wighard 262 f.
Harlan, Veit 67
Hase, Karl-Günther von 106
Hassel, Kai-Uwe von 125, 203
Hasselmann, Wilfried 377, 379
Hauptmann, Carl 437
Hauptmann, Gerhart 22, 34, 180 f., 346, 437, 467
Havel, Václav 261, 426
Heidenberger, Felix 66
Heigert, Hans 132, 183
Heilfurth, Gerhard 70
Heimann, Gerhard 398 f.
Heimpel, Hermann 29, 31, 41, 230, 322
Hein, Udo 148 f.
Heinemann, Gustav 115, 169, 175
Heinsen, Ernst 214 f.
Heisenberg, Werner 109
Heizler, Rudolf 211 f.
Helms, Wilhelm 144
Hengsbach, Franz 93
Hennig, Ottfried 347, 363, 406
Herde, Georg 325 f.
Hermsdorf, Hans 168
Herrmann-Neisse, Max 465
Herter, Christian A. 107
Herterich, Günter 325
Hertz, Martin f. 211
Herzog, Roman 214, 217 f., 269
Hesse, Hermann 76
Hetzer, Theodor 32
Heuß, Alfred 27
Heuss, Theodor 98, 104, 144
Heyduck, Birgitta 187
Heye, U.-K. 185
Hildebrandt, Dieter 180
Hillgruber, Andreas 320 f.
Hilpert, Heinz 79
Hindemith, Paul 70
Hindenburg, Paul von 19
Hirche, Walter 340
Hirsch, Burkhard 373
Hirsch, Kurt 179
Hirsch, Martin 138
Hitler, Adolf 20, 31, 42, 66, 69, 72, 79, 85, 88, 97, 111, 121, 127 f., 131 f., 165, 174 f., 191, 200, 207, 227, 235, 240, 284, 287, 344, 348, 353 f., 367, 384, 395, 397, 448
Höcherl, Hermann 169
Hochfelder, Harry 89
Hoegner, Wilhelm 70
Höffe, Wilhelm 24
Höffner, Josef 309 f., 333, 359, 393, 456
Hofmann, Karl 159
Hofmannsthal, Hugo von 22
Höhne, Heinz 70
Holle, Elfi 45
Holtzmann, Walther 26
Honecker, Erich 301, 363, 387 f., 406
Hönsch, Max 75
Hopf, Volkmar 203
Höpker, Wolfgang 202
Horine, Field 56, 63
Horkheimer, Max 66
Hornhues, Karl-Heinz 366
Hornung, Klaus 203
Huber, Hermann 260
Hundhammer, Alois 58
Hupka, Erich (Vater) 13 ff., 18, 21, 94, 348, 435
Hupka, Eva (geb. Zink) 59, 80, 127, 169, 248, 259, 264, 433 f., 455

Hupka, Therese (Mutter) 13 ff., 19 f.,
    22, 30, 33, 38, 40 ff., 52 f., 57, 260,
    348, 435
Hupka, Thomas 80, 259, 267, 433
Hupka, Valentin 435
Husserl, Edmund 26
Huyn, Hans Graf 187, 366

Ivinskis, Zenonas 459

Jacobsen, Hans-Adolf 228 f., 232
Jaeckel, Willi 187
Jaene, Hans Dieter 218
Jaenicke, Wolfgang 84, 127
Jäger, Willi 145
Jagoda, Bernhard 450
Jahn, Gerhard 171
Jahn, Johannes 32
Jaksch, Wenzel 89, 101, 110 f., 114 f.,
    118 f., 138, 148, 201
Janssen, Heinrich Maria 82, 131 f.,
    193 f., 307 f.
Jarczyk, Herbert 62
Jaruzelski, Wojciech 246, 279, 285,
    291, 301, 325, 364, 409
Jaschke, Günter 134
Jenke, Manfred 343
Johannes Paul II. (Papst) 308, 391
Jokiel, Maria 43 f.
Jünger, Ernst 203
Jungmann, Horst 247

Kaisen, Wilhelm 79
Kaiser, Harald 207
Kaiser, Jakob 70, 76, 98 f., 167, 199
Kant, Immanuel 164, 233
Kappelsberger, Ruth 61
Kasack, Hermann 58
Kaschny, Adolf 15 f., 49, 75, 391, 436
Kästner, Erich 59, 179
Kather, Linus 186
Keim, Paul 118
Keitel, Wilhelm 38

Keller, Hans 203
Kellermeier, Jürgen 175 f., 293
Kemna, Friedhelm 380
Kennedy, John F. 83, 318
Kerneck, Heinz 78
Kiep, Walter Leisler 349
Kiesinger, Kurt Georg 76, 135, 208
Kießler, Richard 421
Kimminich, Otto 203
Kinkel, Klaus 451
Kinon, Helmut 68
Kirsch, Botho 203, 217 f.
Kirst, Hans-Hellmut 179
Klein, Albert 247
Klein, Hans 301, 327, 373, 419
Kleist, Heinrich von 26
Klepper, Jochen 465
Kluxen, Kurt 203
Kobbe, Friedrich Carl 62
Koch, Bernhard 233 f.
Kochanke, Eva Maria 61
Kogon, Eugen 132
Kohl, Helmut 190, 204, 215, 246, 263,
    270, 282, 303, 314, 317 f., 324,
    326 f., 336 ff., 354 ff., 378, 383, 386,
    388, 405, 410 f., 425, 439 f., 445
Köhl, Hermann 19
Kominek, Boleslaw 91 f., 113 f., 194
Konietzny, Bärbel 47
Konietzny, Fritz 47
König, Winfried 456
Konrad, Joachim 82, 113 f.
Kopf, Hinrich Wilhelm 82, 84, 177,
    341, 414
Köppel, Norbert 203
Korfanty, Wojciech 15
Körner, Theodor 37
Koschyk, Hartmut 338, 434, 444, 454
Kostorz, Helmut 177 f., 306, 441
Kreuzmann, Heinz 387 f.
Kriele, Martin 428
Kroll, Johann 412
Kröpelin, Walter 62

Kropf, Friedrich 118
Krüger, Hans 106
Kubel, Alfred 163, 177 ff.
Kückelmann, Gertrud 57
Kucza, Ernest (d.i. Ernst Kutscha) 411
Kühlmann-Stumm, Knut Freiherr von 144
Kühn, Heinz 138
Kulski 95
Külz, Wilhelm 70
Kurzal, Hubert 454
Kurzeja, Adalbert 433

Lackschewitz, Klas 388 f.
Lambsdorff, Otto Graf 425
Lamers, Karl 366
Landsbergis, Vytaulas 461
Lange, Horst 74
Langgässer, Elisabeth 58
Laqueur, Richard 26
Lassalle, Ferdinand 86
Leber, Georg 163, 189
Lechner, Odilo 121
Leh, Michael 458
Lehmann, Karl 457
Lemmer, Ernst 104
Leppich, Johannes 21, 390 f., 433
Lessing, Gotthold Ephraim 35
Lichnowsky, Karl Max Fürst von 23
Liebermann, Max 70
Liechtenstein, Heiner 380
Liliencron, Detlef von 74
Lipski, Jan Józef 466
Litt, Theodor 32, 76
Löbe, Paul 15, 74, 84, 86, 98, 126, 201, 401
Lorenz, Heinz 153, 382
Loritz, Alfred 58
Lowack, Ortwin 444, 450
Löwenthal, Gerhard 211
Lübke, Heinrich 104, 189

Lukaschek, Hans 74, 99, 186, 200, 357
Lütgenhorst, Manfred 70
Luther, Hans 79
Luther, Martin 313

MacDonald, Lawrence P. 305 f.
Macharski, Franciszek 457
Macke, August 187
Mader, Franz 124
Maerker, Rudolf 160
Mahler, Gustav 70
Mahlo, Dietrich 450 f.
Maier, Hans 267
Maizière, Ulrich de 161
Mann, Golo 23, 322
Mann, Thomas 460 f.
Manzoni, Alessandro 66
Marshall, George 70
Martin, Walter 35
Märtsch, Georg 382
Marx, Franz 179
Marx, Karl 256
Marx, Werner 223, 451
Marx, Wilhelm 19
Marzian, Herbert 154 f.
Mattheuer, Wolfgang 427
Mattick, Kurt 170, 198, 224 f., 240
Matull, Wilhelm 138
Maximow, Wladimir 276
Mayer, Hans 60
Mazowiecki, Tadeusz 190, 411 f., 428, 457
Meckel, Markus 429
Meidner, Ludwig 187
Meiser, Hans 74
Meisner, Joachim 456 ff.
Mende, Erich 82, 144, 452
Mendelssohn-Bartholdy, Felix 32
Menzel, Adolph von 187, 346
Menzel, Josef Joachim 231
Menzel, Wilhelm 62
Menzer, Paul 26

Mertes, Alois 246, 254f., 303, 314ff., 360
Mertineit, Walter 226, 228f.
Metz, Erwin 70
Metzger, Günther 224
Metzger, Ludwig 115
Meyer, Enno 226
Meyer-Landrut, Andreas 459
Meyer-Vorfelder, Gerhard 406
Micewski, Andrzej 189f.
Mikat, Paul 230, 384
Moersch, Karl 204f., 240, 242
Moll, Oskar 187
Möllemann, Jürgen 246f., 276, 296f., 373
Molotow, Wjatscheslaw 70
Moltke, Helmuth James Graf von 128, 346, 354
Momper, Walter 425
Moro, Aldo 267
Mueller, Otto 59, 187
Müller, Alfons 281
Müller, Josef 70f.
Müller-Meiningen jr., Ernst 66
Müller-Remscheid, Adolf 384
Müller-Seidel, Walter 34, 70
Münster, Clemens 58
Muschg, Adolf 359
Mutschmann, Martin 32

Nacken, Angela 355
Nannen, Henri 202, 211, 213
Napoleon I. 128, 167
Nathan, Otto 65
Naumann, Friedrich 65
Neumann, Gerhard 187
Neumann, Volker 277
Neven-DuMont, Jürgen 84ff.
Nick, Edmund 62, 80
Niegel, Lorenz 366
Niehoff, Hermann 113
Nipperdey, Thomas 465
Noelte, Rudolf 203

Nossol, Alfons 411, 457

Oertzen, Viktor 437
Ollenhauer, Erich 87, 104, 134
Olszowski, Stefan 242
Orlow, Juri 267
Ostmann von der Leye, Wilderich 157f.
Oulmàn, Gaston (d. i. Walter Ullmann) 65
Oxfort, Hermann 154f.

Pant, Eduard 42
Papen, Franz von 65
Paul VI. (Papst) 194
Paul, Ernst 134
Paul, Wolfgang 17
Pawelka, Rudi 382
Pawlik, Georg 42, 50
Penner, Willfried 281, 375
Pflüger, Friedbert 350
Picasso, Pablo 467
Pieck, Wilhelm 70
Pinger, Winfried 349
Pinkus, Max 34
Pinochet, Augusto 409
Piontek, Hans 15
Podkowinski, Marian 300f.
Pöhler, Heinz 134
Polke, Sigmar 187
Popieluzko, Jerzy 302, 327f., 330
Posser, Diether 170
Prelinger, Kurt 234
Preußen, Kyra Prinzessin von 170
Preußen, Louis Ferdinand Prinz von 82, 170
Preußler, Otfried 61
Priesnitz, Walter 347
Prittwitz und Gaffron, Friedrich Wilhelm von 66, 70
Proske, Alfons 15
Pszon, Mieczeslaw 190
Pückler, Otto Graf 121

Purucker, Willy 69 f.
Pützhofen, Dieter 376 f.

Rahner, Karl 132
Raiser, Ludwig 109, 111, 114
Rakowski, Mieczyslaw 285, 291, 409 f.
Rasch, Wolfdietrich 26
Rassow, Peter 29 f.
Rastelli, Enrico 22
Rathenau, Walter 70
Rau, Johannes 206, 306, 324 f.
Reagan, Ronald 380
Reddemann, Gerhard 253
Reed, Carroll 126
Rehs, Reinhold 106, 114 f., 131, 134 f., 138 f., 147 f., 163
Reinisch, Leonhard 61
Reiter, Janusz 246, 459
Reiter, Otto 50
Remmers, Werner 340
Renger, Annemarie 139, 202, 252, 272
Repgen, Konrad 203
Repnik, Hans-Peter 366
Reuter, Ernst 60, 201
Reuter, Otto 22
Rhode, Gotthold 227 f.
Ridder, Helmut 303
Riedel (Forstrat) 23
Riedel, Clemens 156, 457
Riemel, Gerd 24
Rinke, Walter 73, 121, 138
Rintelen, Friedrich Maria 24
Risse, Heinz Theo 189
Ritzel, Gerhard 260
Roegele, Otto B. 130
Rommerskirchen, Josef 231
Ronneburger, Uwe 324
Roosevelt, Franklin D. 344
Rose, Ambrosius 235
Rosenthal, Bertha 435
Rosenthal, Julius 22

Rosenthal, Margarete 435
Rosenthal, Margot 40
Rosenthal, Max 18, 435
Rubin, Wladyslaw 193
Rudolph, Fritz 34
Ruete, Hans H. 95, 97
Rühe, Volker 351 f., 366
Rzega, Heinrich 433 f.

Sänger, Fritz 303
Sauer, Helmut 338, 347, 379, 407, 444, 450, 458
Schäfer, Bernhard 265, 440
Schätzler, Wilhelm 333
Schäuble, Wolfgang 339
Schechter, Edmund 63
Scheel, Walter 62, 143 f., 160 f., 170, 189, 286, 329, 365
Scheler, Max 26
Schellenberg, Ernst 119
Schellhaus, Erich 85, 124
Schenke, Ernst 62
Scheperjans, Wilhelm 163
Scheyer, Ernst 121
Schieder, Theodor 102
Schiller, Karl 139, 157
Schiller-Werra, Georg 381
Schlaga, Georg 250, 278
Schlesinger, H.H. 391
Schleyer, Hans-Martin 267
Schlüter, Otto 26
Schmalstieg, Herbert 306
Schmid, Carlo 115, 187
Schmidt, Helmut 150, 161 ff., 231, 247, 257, 283, 285 f., 292, 425
Schmidt, Manfred 281
Schmidt-Gellersen, Martin 119
Schmidtbauer, Bernd 459
Schmidthenner, Heinrich 29
Schmitt, Hatto H. 203
Schmitt-Vockenhausen, Hermann 202
Schmude, Jürgen 351

NAMENREGISTER

Schnabel, Franz (Historiker) 58
Schnabel, Franz (Komponist) 61
Schnitzler, Karl Eduard von 272
Schockemöhle, Alwin 203
Schoeps, Hans-Joachim 203
Schöffler, Herbert 169
Scholl (FDP) 343
Scholtis, August 16, 436
Scholtz, Rudolf von 63
Scholz, Franz 93
Schondorff, Hans 81
Schönhuber, Franz 62, 418
Schreckenberger, Waldemar 297 f.
Schröder, Gerhard (CDU, Bundesaußenminister) 100 f., 377
Schröder, Gerhard (SPD, Ministerpräsident) 415
Schrof, Günter 376
Schubbe, Ingeborg 239
Schücking, Levin Ludwig 34
Schulz, Jochen 174 f., 381
Schulz, Klaus-Peter 200
Schulze, Martin 154
Schumacher, Kurt 65, 70, 72, 86, 134 f., 201
Schütz, Klaus 151 ff., 202, 216, 219
Schütz, Wilhelm Wolfgang 98 ff.
Schütz-Sevin, Barbara 101
Schwan, Heribert 264 ff.
Sczypiorski, Andrzej 369 ff.
Sczyrocki, Marian 85
Sedelies, Gerhard 461
Seewald, Heinrich 203
Seghers, Anna 60
Seiboth, Frank 82
Seidel, Max 120
Seiters, Rudolf 379, 415
Semjonow, Wladimir 264
Seume, Franz 196 f., 201 f.
Sielaff, Horst 325 f.
Sieler, Wolfgang 374
Silesius, Angelus 346
Sindermann, Horst 272

Sintenis, René 187
Skubiszewski, Krysztof 368, 421 ff., 459
Slotta, Günter 180
Smolka, Georg 130
Sontheimer, Kurt 387
Späth, Lothar 270
Sperling, Fritz 70
Spoo, Eckart 183, 414
Spranger, Carl-Dieter 413
Spranger, Eduard 32, 393
Springer, Axel 185, 203, 210 f., 217
Spyrka, Alois 44
Stadelmayer, Franz 80
Stalin, Josef 131, 291, 367, 370, 443, 448, 450
Starke, Heinz 144
Stauffenberg, Claus Graf Schenk von 287
Stauffenberg, Ludwig Graf Schenk von 287
Stegerwald, Adam 56
Stehle, Hansjakob 151
Steigner, Walter 216 ff.
Stein, Edith 357, 465
Stephan, Hans 87
Sternberger, Dolf 322
Stoiber, Edmund 387
Stoltenberg, Gerhard 203 f.
Stomma, Stanislaw 189
Storch, Rudolf 89
Stosch, Leo 435 f.
Strauß, Franz Josef 119, 122 f., 155 f., 158, 193, 203, 263, 270, 290, 324, 365, 378, 380, 393 ff., 408, 417
Stresemann, Gustav 18, 70, 101
Stribrny, Wolfgang 231
Ströhm, Carl Gustav 203, 302 f., 459 f.
Stücklen, Richard 117, 119 f., 203, 282, 305
Stürmer, Kurt 203
Suchocka, Hanna 428
Sudermann, Hermann 22

Suhr, Otto 76
Szczesny, Gerhard 61

Tau, Max 66, 367
Teltschik, Horst 190, 356, 365, 410 f., 413
Thadden, Adolf von 153
Thatcher, Margret 445
Theisen, Alfred 441
Thienel, Hubert 195, 377 f.
Todenhöfer, Jürgen 366
Trittin, Jürgen 415
Tucholsky, Kurt 70

Uecker, Bernhard 69 f., 183 f.
Ulbricht, Walter 30, 128, 131, 161
Ulitz, Otto 106
Ulitzka, Carl 15 f., 49, 391
Unruh, Fritz von 66
Urbach, Ernst 40
Urban, Thomas 457 f.

Vehlen, Victor 63
Veldeke, Heinrich von 28
Verheugen, Günter 220
Vogel, Bernhard 65
Vogel, Friedrich 323, 351
Vogel, Hans-Jochen 121, 179 f., 282, 306, 325, 327 f., 338, 345, 348, 352, 365, 399, 418, 448
Vogt, Claus 375
Vogt, Wolfgang 271
Voigt, Karsten D. 300 f., 323
Völker, Eberhard 231
Vossler, Karl 30
Vossler, Otto 30

Waetzoldt, Wilhelm 26
Wagner, Richard 32 f.
Wahl, Jürgen 419
Waigel, Theo 417 ff., 445
Walesa, Lech 293, 409
Wallenberg, Eckart von 120

Wallraff, Günter 179
Walser, Martin 179
Wartburg, Walther von 28
Weber, Anton Alois 52, 261
Websky, Wolfgang von 187
Wehner, Herbert 87, 101, 104, 115, 121 f., 136 f., 140 ff., 147 ff., 157, 161 f., 189, 196, 198, 201, 205 f., 221, 256 f., 285, 290 ff., 357, 427
Weichmann, Herbert 363 f.
Weirich, Dieter 216
Weisskopf, Max 21
Weizsäcker, Carl Friedrich von 109
Weizsäcker, Richard von 255, 343, 349 f., 409, 426
Well, Günther van 264
Welser, John (Hans) 211
Wenger, Paul Wilhelm 203
Werfel, Franz 58, 70
Wester, Reinhard 114
Wiemers, Gerald 27, 29
Wilder, Thornton 58
Wilkens, Erwin 114
Wilms, Dorothee 386
Wilz, Bernd 376, 385
Windelen, Heinrich 154 f., 208, 236, 297, 305 ff., 339
Wischnewski, Hans-Jürgen 115, 159, 168 f., 173, 185, 218, 255, 257 f., 285 f.
Wisekmann, Elizabeth 125
Wissmann, Matthias 276
Wittmann, Fritz 450
Wojna, Ryszard 357, 395
Wolf, Friedrich 60
Wördehoff, Bernhard 185
Worms, Bernhard 276, 281
Woycicki, Kazimierz 427 f.
Wulffius, Georg 57
Wygoda, Issy 48
Wysocki, Adam 95 f.

Wyszynski, Stefan 91 f., 114, 464

Zdralek, Franz 117
Zeitz, Peter 326
Zenker, K. A. 203
Zielinski, Jacek 465

Zillmann, Felix 15, 42
Zimmermann, Friedrich 262 f., 282 ff., 297, 301
Zimnik, Reiner 187
Zoglmann, Siegfried 144
Zweig, Stefan 70
Zwoll, Jürgen van 429

Die Rechtslage zu einem völkerrechtlichen Problem

FELIX ERMACORA
Die sudetendeutschen Fragen

RECHTSGUTACHTEN

Mit dem Text des Vertrages zwischen der Bundesrepublik Deutschland und der Tschechischen und Slowakischen Föderativen Republik über gute Nachbarschaft und freundschaftliche Zusammenarbeit

LANGEN MÜLLER

Langen Müller

Professor Felix Ermacora, der europaweit bekannt gewordene Menschenrechtler, hat vorliegendes Rechtsgutachten über die sudetendeutschen Fragen und ihren Gegenwartsbezug im Auftrag der Bayerischen Staatsregierung verfaßt. Selbstbestimmungsrecht, Recht auf die Heimat und die Vermögenskonfiskation im Zuge der Vertreibung werden in diesem Buche kritisch beurteilt und nach europäischen Rechtsmaßstäben gemessen.